务实知识产权判例精选

ZHIMING SHANGPINQUAN PANLI

第3辑

知名商品权判例

主　编：程永顺

副主编：裴　铮　吴莉娟

编　委

岑宏宇　陈　勇　关媛媛

韩元牧　胡　洪　刘晓军

欧　爽　王苏丹　张晔华

知识产权出版社

内容提要

本丛书收集、整理了近千个自2000年以来全国各地各级具有审理知识产权案件管辖权的人民法院审理结案的具有典型性的知识产权案例。本丛书不仅对具体案例的一审、二审，甚至再审的裁判文书进行了全面梳理，而且提炼出每个案件的关键词、争议焦点，将每个案例立体化地呈现给读者。每个案例由12个部分组成，包括：案件的基本情况、案由、关键词、涉案法条、争议焦点、审判结论、起诉及答辩、事实认定、一审判决及理由、上诉理由、二审查明事实、二审判决及理由，便于读者进一步研究、利用。本书是知名商品权判例卷。

读者对象：法官、律师、代理人、企业知识产权主管、法律顾问、高校师生。

责任编辑：李　琳　卢海鹰　　**责任校对**：董志英
版式设计：卢海鹰　　**责任出版**：卢运霞
特邀编辑：蒋开界

图书在版编目（CIP）数据

知名商品权判例/程永顺主编．—北京：知识产权出版社，2010.1
（务实知识产权判例精选）
ISBN 978-7-80247-841-1
Ⅰ．知…　Ⅱ．程…　Ⅲ．商标法—审判—案例—中国　Ⅳ．D923.435
中国版本图书馆CIP数据核字（2010）第005675号

务实知识产权判例精选（第3辑）
知名商品权判例
程永顺　主编

出版发行：知识产权出版社
社　　址：北京市海淀区马甸南村1号　　邮　　编：100088
网　　址：http://www.ipph.cn　　邮　　箱：bjb@cnipr.com
发行电话：010-82000860转8101/8102　　传　　真：010-82005070/82000893
责编电话：010-82000860转8122　　经　　销：新华书店及相关销售网点
印　　刷：保定市中画美凯印刷有限公司　　印　　张：24.75
开　　本：787mm×1092mm　1/16　　印　　次：2010年6月第1次印刷
版　　次：2010年6月第1版　　定　　价：49.00元
字　　数：553千字
ISBN 978-7-80247-841-1/D·917（2808）

前　言

北京务实知识产权发展中心是经北京市知识产权局、北京市民政局批准，于2005年12月成立的一家民办知识产权研究机构。自成立以来，北京务实知识产权发展中心本着“务实、独立、共享”的宗旨，重点关注实务研究，着力解决知识产权保护中遇到的实际问题，立足于研究成果为法律、政策的制定和决策者，为企业管理者提供决策参考，力求做到“说实话、办实事、出实招、求实效”。其所从事的业务包括：独立开展知识产权热点、难点问题实务研究；接受政府、企业事业单位、行业协会等委托，进行知识产权战略与策略及相关专项课题研究；进行知识产权侵权专题分析、论证、咨询，提供法律意见书；接受委托担任企业、事业单位知识产权顾问；组织开展知识产权专题论坛、讲座、研讨及培训活动；为解决纠纷进行策略分析，出谋划策，指导诉讼；应当事人的请求协调解决知识产权争端；组织编写出版知识产权实务刊物、书籍。故此，出版《务实知识产权判例精选》丛书，一直是务实中心近年来的核心业务项目。

改革开放三十年来，我国的《专利法》《商标法》《著作权法》等知识产权相关法律以及与之相配套的行政法规历经多次修改、完善，知识产权法律制度不断完善、发展；近年来，尤其是中国加入世界贸易组织（WTO）以来，中国知识产权法律的实施日渐成为国际、国内社会关注的焦点。而人民法院通过公正审判、严肃执法，加强知识产权司法保护，维护知识产权权利人及公众利益，大量判例作为知识产权法律实施的重要组成部分，受到社会的广泛关注。

尽管中国没有判例法传统，但人民法院生效的裁判文书记录了法院在司法审判过程中，如何将抽象的法律条文适用于具体案件，如何解释与适用各种法律原则，对知识产权制度的理论及实践研究具有重要的指导意义。自2000年起，各地法院按照最高人民法院“阳光工程”的要求，纷纷将各种知识产权裁判文书在网上公开（但其公布的数量和内容都是有限的）。但业界同行普遍认为，各地法院所公布的裁判文书均未经加工、编排，不便于业界对其研究、利用。

北京务实知识产权发展中心自成立以来，一直注重各类知识产权裁判文书的收集和整理工作，并对大量裁判文书进行归类整理，力图使海量的文书资源能够高效地呈现给使用者，方便读者阅读、使用、对比、分析、研究，使浩如烟海的知识产权裁判文书更具实践利用价值。为方便读者及研究人员利用本套丛书的资源，我们对丛书体例进行如下安排。

1. 在对裁判文书进行初步整理、加工的基础上，对案件的关键词、争议焦点进行归纳、总结。在体例上，每个案例由12个部分组成，包括：案件的基本情况、案由、关键词、涉案法条、争议焦点、审判结论、起诉及答辩、事实认定、一审判决及理由、上诉理由、二审查明事实、二审判决及理由，以便于读者进一步研究、利用。

2. 该丛书中涉及的案例不仅仅局限于某一特定地区或某一特定法院的裁判文书。本丛书中的案例打破了地域界限，将全国各地法院同类知识产权案件的裁判文书整合在一起，全面、宏观地给读者呈现中国知识产权审判概况。

3. 与一般的案例集在一册书中包含各类知识产权案件不同，该丛书的每一册仅涉及一类知识产权案件的某一方面，如反不正当竞争中的商业秘密、著作权中的网络著作权等，收集、整理的案例数量丰富，更能反映该类知识产权案件的状况，也便于法官、律师及企业更有针对性地选择参考。

4. 将同一类别的知识产权案件进行整合，便于读者就法院对同一或相似的法律问题的解释和裁决进行比较，了解各地法院对相关问题的看法，以及他们对相关问题进行考量时所考虑的因素。

5. 在基本案情部分，从多个方面对案件的相关情况进行介绍，方便读者阅读与检索，能够做到尽快根据相关信息，了解相关案例的情况。

6. 每个案例均按照诉讼程序进行层次分割，方便读者阅读。对部分裁判文书中的部分措辞进行调整，力求体现为对相关案例的客观评述，而不是简单地将相关裁判文书进行整合。

7. 鉴于中国知识产权相关法律制度历经多次修改，为使这些案例更具有利用价值和借鉴意义，本丛书选取的案例主要是近 10 年人民法院审结的案例。

需要说明的是，本丛书选择的案例并不一定在程序、实体、法律适用等各方面均为社会公众认可，而将其整理、编辑、出版的目的是为了学习、研究、参考，而不是作为法律执行的依据。希望本丛书对法官、律师、代理人、企业知识产权主管、法律顾问、大学在校学生具有较高的学习、研究、参考价值。

目 录

侵犯知名商品或服务特有名称

侵犯知名商品或服务包装、装潢

侵犯知名商品或服务特有名称、包装、装潢

侵犯知名商品或服务特有名称

案例1：爱特福保健品公司与地坛医院、爱特福化工公司、北京庆余药品经营部仿冒知名商品特有名称纠纷案

原告（被上诉人）：北京地坛医院（以下称“地坛医院”）

被告（上诉人）：江苏爱特福药物保健品有限公司（以下称“爱特福保健品公司”）

被告：金湖县爱特福化工有限责任公司（以下称“爱特福化工公司”）

被告：北京庆余药品经营部

一审法院：北京市高级人民法院

一审案号：（2001）高知初字第79号

一审合议庭成员：刘继祥、魏湘玲、周翔

一审结案日期：2001年11月15日

二审法院：最高人民法院

二审案号：（2002）民三终字第1号

二审合议庭成员：蒋志培、段立红、夏君丽

二审结案日期：2003年3月23日

案由：仿冒知名商品特有名称纠纷

关键词：知名商品，特有名称，仿冒，联合生产，代销

涉案法条

《反不正当竞争法》第五条第（二）项、第二十条第一款

《民事诉讼法》第一百五十三条第一款第（三）项

争议焦点

- 知名商品的特有名称，是指不为相关商品所通用，具有显著区别性特征，并通过在商品上的使用，使消费者能够将该商品与其他经营者的同类商品相区别的商品名称，

但已经注册为商标就不再具有知名商品特有名称的属性，而具有注册商标权的专有性。

- 特有名称是相对于商品的通用名称而言，商品的通用名称不能获得知名商品特有名称的独占使用权。判断通用名称时，不仅国家或者行业标准以及专业工具书、辞典中已经列入的商品名称，应当认定为通用名称，而且对于已为同行业经营者约定俗成、普遍使用的表示某类商品的名词，也应认定为该商品的通用名称。
- 知名商品的特有名称依法受到保护，权利人有权制止他人未经许可擅自使用其知名商品特有名称进行不正当竞争的行为，但是如果知名商品并非特有名称，则不能为一家所独占使用。

审判结论

一、撤销北京市高级人民法院（2001）高知初字第79号民事判决。

二、驳回地坛医院的诉讼请求。

一、二审案件受理费共计56 020元，由地坛医院承担。

起诉及答辩

原告地坛医院诉称："84"消毒液又名"84"肝炎洗消剂，系原告前身北京第一传染病医院开发完成，由于"84"消毒液是在1984年研制成功并投放市场，故原告将该消毒液名称命名为"84"。经过原告近20年的不懈努力，"84"消毒液产品在市场上取得了良好的声誉，为普通消费者所认知，成为知名商品。

1987年8月21日，爱特福化工公司的前身金湖县有机化工厂与原告签订《关于联合生产"84"肝炎洗消剂合同书》，合同约定：原告许可金湖县有机化工厂生产并销售由原告研制并负责监制的"84"消毒液；原告保留对上述技术成果的所有权和转让权。

1992年7月2日，金湖县有机化工厂以其厂房、设备和原告向其转让的"84"消毒液的生产技术与香港励锵行有限公司合资，在金湖县有机化工厂厂址内注册成立了爱特福药物保健品公司；该公司成立当年即大量生产消毒液，并将该消毒液名称亦命名为"84"。

爱特福药物保健品公司在生产、销售"84"消毒液过程中，使用与原告龙安牌"84"消毒液相同的名称和相近似的包装装潢；同时还以"84"消毒液知名商品名称享有者自居，向公众做虚假广告；特别是近期爱特福药物保健品公司连续以电视广告和广告招贴等形式宣传其生产的"84"消毒液，足以造成与原告产品的混淆和消费者的误认。其行为严重侵犯了原告的产品声誉和商业信誉。

北京庆余药品经营部经销爱特福药物保健品公司生产的"84"消毒液的行为，侵犯了原告的合法利益，应承担连带责任。

请求法院判令：1. 三被告立即停止在其生产销售的消毒液产品上使用"84"名称，停止在媒体上以"84"消毒液为名称的广告宣传；2. 三被告向原告公开赔礼道歉、消除影响；3. 三被告赔偿原告经济损失人民币360万元。

被告爱特福药物保健品公司、爱特福化工公司辩称：1. 原告对“84”消毒液不享有知名商品名称专用权。“84”消毒液因被全国数十家生产企业在冠以不同品牌后使用，已客观成为一种通用产品名称；原告并非是“84”消毒液商品的生产者与经营者，既无商品，岂有知名商品存在的可能？目前，全国市场上经批准销售“84”消毒液的各厂商均有各自的品牌，不存在将被告生产经营的爱特福牌“84”消毒液误认为龙安公司生产的龙安牌“84”消毒液的事实和可能。

2. 爱特福药物保健品公司生产销售爱特福牌“84”消毒液合法有据。爱特福药物保健品公司自行研制与开发“84”系列产品，“84”是爱特福药物保健品公司三类注册商标；销售爱特福牌“84”消毒液是经省、部卫生管理部门批准的。

3. 爱特福化工公司不应承担本案任何民事责任。爱特福化工公司与爱特福药物保健品公司是两个不同性质的企业法人，两者之间除有投资关系外，并无其他法律上的权利、义务关系；原告称爱特福化工公司将有关“84”消毒液的技术转让给爱特福药物保健品公司无事实依据；爱特福化工公司与原告有关联合生产“84”肝炎洗消剂的合同争议，目前仍在有关法院审理中，与本案无任何关系。

请求法院依法驳回原告的诉讼请求。

被告北京庆余药品经营部辩称：被告不是“84”消毒液商品名称的使用人，本案诉讼前，没有任何人告知其爱特福牌“84”消毒液是侵权产品，故请求法院依法驳回原告的诉讼请求。

事实认定

1984 年，原告地坛医院的前身北京第一传染病医院研制成功能迅速杀灭各类肝炎病毒的消毒液，经北京市卫生局组织专家鉴定，授予应用成果二等奖，定名为“84”肝炎洗消剂，后更名为“84 消毒液”。1985 年 3 月，北京市人民政府授予原告科技成果三等奖。

1984 年，原告设立了“北京第一传染病医院劳动服务公司”，委托该公司生产销售“84”肝炎洗消剂。1992 年 6 月，原告出资设立“北京龙安医学技术开发公司”，该公司由北京第一传染病医院劳动服务公司改制设立，原告遂授权委托该公司生产销售“84”消毒液。当时双方约定，凡今后在“84”消毒液的生产、研制开发及经营销售中处理有关法律纠纷均以原告的名义，由原告出面解决。原告事业单位法人证书上载明其资金来源为差额补贴。原告除自己开发市场外，还于 1997 年 3 月通过组建集团公司的形式，联合全国众多的生产厂家，许可其使用原告的生产技术和产品名称生产、销售“84”消毒液，从而使该产品在全国同类产品中占有了相当大的市场份额。

近年来，随着“84”消毒液知名度的提高，在全国各地相继出现了多家仿冒其产品名称生产同类产品的厂家，严重扰乱了市场秩序，损害了广大消费者的合法权益。为此，国家工商行政管理局公平交易局于 2000 年 5 月 30 日发函，要求对仿冒“84”消毒液知名商品的行为进行查处。

原告在推广该项技术过程中，曾于1987年8月21日与金湖县有机化工厂签订《关于联合生产“84”肝炎洗消剂合同书》。该合同约定：双方联合生产“84”肝炎洗消剂，由原告提供技术，为被告培训生产技术人员和检测人员；金湖县有机化工厂向原告支付科研经费1万元。同时约定原告保留本技术成果的所有权和转让权。

1992年7月2日，金湖县有机化工厂以现金、厂房、设备及商标专用权与香港励锵行有限公司合资成立了爱特福药物保健品公司，金湖县有机化工厂的法定代表人沈开成出任合营公司的董事长。合营公司主要生产经营消毒清洁、卫生及日化用品、蚊香、饮料及保健食品。该公司成立当年即大量生产消毒液，并将该消毒液名称亦命名为“84”。爱特福药物保健品公司在生产、销售“84”消毒液过程中，使用与原告龙安牌“84”消毒液相同的名称。自1994年5月至今爱特福药物保健品公司先后以报刊广告、电视广告及广告招贴等形式大肆宣传其生产的爱特福牌“84”消毒液。

1991年8月30日，金湖县有机化工厂在第三类商品上获得“84”商标注册，核定使用商品为沐浴露、洗涤剂。1999年10月，金湖县有机化工厂变更名称为“爱特福化工公司”。

另查，北京庆余药品经营部在京销售的“爱特福牌84消毒液”，系从北京安琪华尔纳医药发展有限公司进的货，其性质为代销。北京安琪华尔纳医药发展有限公司系经北京市工商行政管理局核准登记注册的企业法人，持有北京市卫生局核发的药品经营企业许可证。

上述事实，有《科学技术研究成果鉴定证书》、科技成果三等奖证书、地坛医院事业单位法人证书、北京第一传染病医院劳动服务公司营业执照、北京龙安医学技术开发公司企业法人营业执照、北京市工商行政管理局密云分局证明、授权委托书、北京龙安医学技术开发公司的情况说明、国家工商行政管理局公平交易局公函字（2000）第26号函、《关于联合生产“84”肝炎洗消剂合同书》《江苏爱特福药物保健品有限公司合同》、爱特福药物保健品公司企业法人营业执照、有关报刊广告、（2001）京国证民字第1312号公证书、发票、北京安琪华尔纳医药发展有限公司企业法人营业执照及药品经营企业许可证、商品销售清单及发票、开庭笔录等证据在案佐证。

一审判决及理由

知名商品，是指在市场上具有一定的知名度，为相关公众所知悉的商品。根据本案查明的事实，“84”消毒液自1985年投放市场以来，由于其能迅速杀灭各类肝炎病毒，功效显著，且产品性能稳定，质量不断提高，受到消费者的普遍欢迎和广泛认同。原告地坛医院为“84”消毒液的市场化投入了大量的人力、物力，经过近20年的不懈努力，其产品在全国同类产品中已占有相当大的市场份额，其产品的知名度已远远超出了行业范围。随着“84”消毒液知名度的提高，近年来，在全国各地相继出现了多家仿冒其产品名称生产同类产品的厂家，扰乱了市场秩序，损害了广大消费者的合法权益。为此，国家工商行政管理部门曾发函，要求对假冒“84”消毒液知名商品名称权的行为进行查处。由于该商品在市场上具有一定的知名度，属于为公众所知悉的商品，故应认定该商品为知名商品。

知名商品特有的名称，是指知名商品特有的与通用名称有显著区别的商品名称。知名商品特有的名称不需要任何部门的认定和授予，只要这种商品名称在市场上具有了区分相关商品的作用，就应认定具有了特有名称的意义。“84”作为一种消毒液的名称系由原告地坛医院地坛医院最早使用，且系由原告地坛医院的使用而知名。“84”一词已经与地坛医院及其研制生产的消毒液密切相关，不可分割，成为该商品的代表和象征，使公众看到这一名称时，立刻会与地坛医院联系在一起。故“84”已经具有与其他相关商品相区别的显著特征，应认定“84”为原告地坛医院生产的消毒液的特有名称。

从1984年至今，地坛医院作为“84”消毒液生产技术的研制者和该产品名称的最早使用者，其无论是委托劳动服务公司，还是北京龙安医学技术开发公司生产、销售“84”消毒液，从未将权利转移或者转让，而仅仅是授权有关单位使用其研制的“84”消毒液的生产技术和该产品的名称生产、销售“84”消毒液。原告地坛医院虽不是该产品的生产经营者，但由于其资金来源为差额补贴，根据国家有关政策精神，其完全有权委托他人生产、销售“84”消毒液，且不影响原告地坛医院作为权利主体来主张权利。鉴于“84”消毒液产品名称为原告地坛医院首先在国内消毒剂市场上使用，且自1985年投放市场至今，原告地坛医院一直使用“84”消毒液名称从未间断，故原告地坛医院依法享有该知名商品特有的名称权。

被告爱特福药物保健品公司仅在第三类商品上获得商标注册，商品使用范围仅限于沐浴露和洗涤剂，其在第五类商品上，即消毒液产品上并未取得“84”商标注册。被告爱特福药物保健品公司未经原告地坛医院许可，擅自使用“84”消毒液作为其产品名称在市场上销售自己生产的消毒液产品，足以造成与原告地坛医院产品的混淆和消费者的误认，严重损害了原告地坛医院的合法权益，其行为已构成不正当竞争，应承担相应的民事责任。原告地坛医院要求其停止侵权，公开赔礼道歉，消除影响，赔偿损失，理由正当，一审法院应予支持。

原告地坛医院指控爱被告特福化工公司将有关“84”消毒液的技术转让给被告爱特福药物保健品公司无事实依据；被告北京庆余药品经营部系从合法、正式渠道购进的“爱特福牌84消毒液”，其在本案中没有过错。故被告爱特福化工公司、北京庆余药品经营部不应承担侵权责任。

根据现有证据对原告地坛医院的损失额与被告的获利额均不能准确计算并予以确认，一审法院根据最高人民法院1998年7月20日《关于全国部分法院知识产权审判工作座谈会纪要》的相关规定，并考虑本案的具体情况，酌情确定本案的赔偿数额。

综上，一审法院依照《反不正当竞争法》第五条第（二）项、第二十条第一款的规定，判决如下：

一、被告爱特福保健品公司立即停止在其生产销售的消毒液上使用“84”作为其商品名称，停止在各媒体上以“84”消毒液为名称进行广告宣传；

二、被告爱特福保健品公司于一审判决生效之日起30日内，在《新民晚报》《北京晚报》上，向原告地坛医院公开赔礼道歉（道歉内容须经一审法院审核，逾期不执行，一审法院将在相同的报纸上公布判决的主要内容，所需费用由被告爱特福保健品公司承担）；

三、被告爱特福保健品有限公司于一审判决生效之日起10内，赔偿原告地坛医院经济损失25万元。

案件受理费28 010元，由原告地坛医院负担26 066.1元（已交纳），由被告爱特福保健品公司负担1 943.9元（于一审判决生效之日起7日内交纳）。

上诉理由

爱特福保健品公司不服一审判决，向最高人民法院提起上诉，请求撤销原判，驳回被上诉人的诉讼请求。

爱特福保健品公司的上诉理由是：1. 一审判决认定"84消毒液"系由被上诉人的使用而成为知名商品属认定事实错误。被上诉人没有提供证据证明该技术如何市场化，在全国同类市场上占有的份额。"84消毒液"是因上诉人生产的"爱特福牌'84'消毒液"而知名。2. "84"系同类消毒液产品的通用名称，不应认定为被上诉人所特有。3. 被上诉人不具备原告的诉讼主体资格。

地坛医院答辩称：1. "84"消毒液产品名称由"消毒液"的通用名称部分和"84"特有名称部分组成，与通用名称有显著区别，系答辩人生产的含氯消毒液产品的特有名称，而非所有含氯消毒液产品的通用名称。2. "84"消毒液在市场上具有一定知名度，为相关公众所知悉，系知名商品。3. 答辩人依法具备本案的诉讼主体资格。4. 上诉人未经答辩人同意，在其消毒液产品上擅自使用"84"这一特有名称，构成不正当竞争。

爱特福化工公司、北京庆余药品经营部服从一审判决。

二审查明事实

一审法院所查明的事实基本属实，但对影响本案处理结果的案件事实有所遗漏。

二审法院另外查明如下事实：1984年地坛医院的前身北京第一传染病医院研制成功"84"肝炎洗消剂后，先后在全国范围内转让该项技术达三十余家。各受让企业在其产品上均标明商标及"84"肝炎洗消剂或"84"消毒液名称。

1987年8月21日，地坛医院亦与金湖化工厂签订《关于联合生产"84"肝炎洗消剂合同书》，约定地坛医院提供有关技术资料，保留本技术成果的所有权和转让权，但在江苏省长江以北及南京市范围内不得再行转让或联营；金湖化工厂支付科研经费1万元，并每年由本项产品纯利润中提取10%作为地坛医院联合生产的分得利润，每年12月份结清。该联合生产合同只对"84"肝炎洗消剂技术成果的权利归属作出约定，并未约定该产品的其他知识产权等及归属。1988年3月14日，金湖化工厂依合同约定向地坛医院支付了技术转让费1万元，并开始批量生产"84"消毒液。

地坛医院和金湖化工厂以及多家企业以组成松散的“84”药械集团的形式进行宣传，推广“84”消毒液生产技术，扩大商品市场销售。1990年2月，金湖化工厂依约支付地坛医院2310元利润分成。1992年前后，金湖化工厂以地坛医院违反合同约定，在江苏省长江以北及南京市再行转让“84”消毒液技术为由，未再向地坛医院支付产品利润分成。

1992年7月2日，金湖化工厂与香港励锵行合资成立爱特福保健品公司，生产销售“84”消毒液。

爱特福保健品公司于1994年7月获得江苏省卫生厅“生产‘84’消毒液卫生许可证”，1997年8月该卫生许可证获得复核。1999年10月，该公司生产的“爱特福‘84’消毒液”获得卫生部国产消毒剂和消毒器械卫生许可证批件。爱特福保健品公司对“爱特福‘84’消毒液”产品的广告投入逐年增加。

1996年8月29日，爱特福保健品公司向国家工商行政管理局商标局（以下简称“商标局”）申请在第五类商品上注册“84”商标。经商标局审查认为，该商标表示了本商品的型号、特点，于1997年8月驳回爱特福保健品公司的注册申请。

1999年1月29日，由地坛医院出资设立的龙安公司也向商标局申请在第五类消毒剂上注册“龙安84”商标。由于该商标中“84”直接表示了本商品的型号特点，商标局于1999年4月8日向龙安公司发出“审查意见书”，要求申请人龙安公司修正。由于龙安公司未作修正，该注册申请被商标局驳回。

二审法院又查明如下事实：1999年3月，地坛医院向国家工商行政管理局商标评审委员会（以下简称“商标评审委员会”）申请撤销商标局误发给爱特福保健品公司在第五类（消毒剂类）商品第1104561号“84”商标注册证。地坛医院在申请书中称：“84”消毒液技术已在国内转让达38家企业，在消毒液市场占有重要的一席之地，该类产品被统称为“84”消毒液。

地坛医院在该申请书中还承认其将“84”消毒液注册了“龙安”牌商标，各受让企业也分别注册了商标，其中一受让企业武汉市硚口扬子洗消剂厂于1990年4月29日向商标局申请拟在第五类商品中注册“84”牌，被商标局以《商标法》第八条第一款第（五）项即商标不得使用通用名称和图形的规定驳回。

1999年12月6日，商标评审委员会以商评字（1999）第2750号《“84”商标驳回复审终局决定书》，驳回爱特福保健品公司在第5类消毒剂商品上申请注册“84”商标的复审申请。《“84”商标驳回复审终局决定书》称，经评审，申请商标“84”虽然已有图形变化，但仍能清晰认读。目前，市场上尚有其他企业生产的“84”消毒液销售，此种称谓已成为该种产品的俗称，不应由一家注册专用。该决定书已经发生法律效力。

二审法院还另外查明如下事实：2000年4月30日，地坛医院向国家工商行政管理局公平交易局投诉市场中的假冒产品，请求保护“84”消毒液产品的信誉。同年5月30日，国家工商行政管理局公平交易局向山东、河北、河南、江苏、湖南等省工商行政管理局公平交易局（经济检查处）发出公函字［2000］第26号函，要求组织力量进行调查，依法严肃查处仿冒“84”消毒液的行为。经查，各地工商行政管理部门从未依据上述公函对爱特福保健品公司生产销售“爱特福牌‘84’消毒液”的行为进行过查处。

2001年4月11日，卫生部发布《卫生部关于印发健康相关产品命名规定的通知》，对包括消毒剂、消毒器械在内的健康相关产品的命名提出了要求。《健康相关产品命名规定》第四条第（三）项规定，健康相关产品命名必须符合的原则包括：名称由商标名、通用名、属性名三部分组成。截至2002年9月，已经获得卫生部卫生许可批件并在有效期内的“84”消毒液有5个，除龙安公司“龙安牌84消毒液”、爱特福保健品公司“爱特福牌84消毒液”外，尚有青岛剑盾洗消剂厂“剑盾牌84消毒液”、安徽省蚌埠防疫制品厂“亚康牌84消毒液”、南京江南消毒剂厂“众智牌84消毒液”等。

二审判决及理由

被上诉人地坛医院虽然不是“84”消毒液产品的直接生产经营者，但是其事业单位的资金来源为差额补贴，其委托龙安公司生产销售“84”消毒液，并不违反国家法律规定。被上诉人地坛医院与龙安公司达成的以被上诉人地坛医院名义处理涉及“84”消毒液生产、研制开发及经营销售中的有关法律纠纷的约定，合法有效，因此，被上诉人地坛医院依法享有本案原告诉讼主体资格。上诉人爱特福保健品公司关于被上诉人地坛医院不具备原告诉讼主体资格的上诉理由缺乏事实和法律依据，二审法院不予支持。

根据《反不正当竞争法》第五条第（二）项之规定，知名商品的特有名称应当受到法律保护，未经许可，任何人不得擅自使用他人知名商品的特有名称。本案涉及的“84”消毒液为知名商品，被上诉人地坛医院和上诉人爱特福保健品公司均无异议，但双方对“84”是否为该商品的特有名称，谁的经营使“84”消毒液知名各执一词，尖锐对立，形成本案主要争议焦点。

所谓知名商品的特有名称，是指不为相关商品所通用，具有显著区别性特征，并通过在商品上的使用，使消费者能够将该商品与其他经营者的同类商品相区别的商品名称，但已经注册为商标就不再具有知名商品特有名称的属性，而具有注册商标权的专有性。特有名称又相对于商品的通用名称，商品的通用名称不能获得知名商品特有名称的独占使用权。判断通用名称时，不仅国家或者行业标准以及专业工具书、辞典中已经列入的商品名称，应当认定为通用名称，而且对于已为同行业经营者约定俗成、普遍使用的表示某类商品的名词，也应认定为该商品的通用名称。本案被上诉人地坛医院自1984年研制开发“84”肝炎洗消剂（后更名为“84”消毒液）以来，向全国多家企业转让该技术，许可其生产销售“84”消毒液。在有关技术转让许可合同中，并未对“84”名称有何特殊约定，以至于“84”消毒液作为该类商品的名称被普遍使用，且各个受让企业均在使用该商品名称的同时，标明各自所使用的商标。目前市场上生产销售“84”消毒液企业获得的经卫生部批准的许可批件上，按照卫生部发布的《健康相关产品命名规定》的要求，其产品名称均是各生产企业的商标与“84”消毒液的文字组合，仅凭"'84'消毒液"的名称已不能区别该商品来源。区别该类产品的标志是各生产厂家的商标，而非"84"消毒液的商品名称，因此，对被上诉人地坛医院所提出的"84"消毒液为其知名商品的特有名称，进而由其专有的主张实难支持。

实际上双方当事人对"84"作为消毒液商品名称的使用状况是明知的，双方都为专有使用"84"的名称而向商标局申请将"84"注册为商标。特别应提到，被上诉人地坛医院曾以"84"为消毒剂类商品的通用名称为由，向商标评审委员会申请撤销他人在第五类（消毒剂类）商品上注册"84"商标。被上诉人地坛医院在商标注册争议过程中所认可的"84"为该类商品的通用名称的内容，如实地反映了"84"名称使用的真实情况，又对其反悔这种陈述并以知名商品特有名称起诉他人侵犯其民事权益的请求，具有一定的约束力。多年来，涉及"84"消毒液生产经销的卫生部、涉及"84"商标的注册争议的商标评审委员会等有关主管部门，也将"84"作为消毒剂的一种通用名称管理，或者认定"84"表现了本商品的型号特点不予注册商标。"84"消毒液已作为本行业普遍认可的商品名称所使用，除本案诉争的双方当事人以外，尚有其他企业经国家卫生行政部门批准合法使用该名称，因此，上诉人爱特福保健品公司关于"84"系同类消毒液产品的通用名称的上诉理由成立，二审法院应予支持。

综上，知名商品的特有名称依法受到保护，权利人有权制止他人未经许可擅自使用其知名商品特有名称进行不正当竞争的行为。但是本案诉争的"84"消毒液不是知名商品的特有名称，不能为一家所独占使用。原审判决对"84"消毒液是否为知名商品特有名称的事实认定不清，适用法律错误，应当予以纠正。二审法院为公正、合理解决双方当事人之间的纠纷，曾在诉讼中做了充分的调解工作，又给双方当事人安排自行协商解决纠纷的机会，但双方当事人仍各执己见，未能达成协议，故此，二审法院根据《反不正当竞争法》第五条第（二）项、《民事诉讼法》第一百五十三条第一款第（三）项的规定，判决如下：

一、撤销北京市高级人民法院（2001）高知初字第79号民事判决。

二、驳回被上诉人北京地坛医院的诉讼请求。

一、二审案件受理费共计56 020元，由被上诉人北京地坛医院承担。

案例2：台联良子公司与樱花良子北京公司侵犯知名服务特有名称纠纷案

原告（被上诉人）：北京台联良子保健技术有限公司（以下称“台联良子公司”）
被告（上诉人）：天津樱花良子健身服务有限公司北京分公司（以下称“樱花良子北京公司”）

一审法院：北京市第二中级人民法院
一审案号：（2004）二中民初字第5574号
一审合议庭成员：刘薇、宋光、钟鸣
一审结案日期：2004年6月18日

二审法院：北京市高级人民法院
二审案号：（2004）高民终字第974号
二审合议庭成员：刘继祥、孙苏理、胡平
二审结案日期：2004年10月19日

案由：擅自使用知名服务特有名称纠纷

关键词：知名服务，特有名称，仿冒，注册商标，字号，在先使用权

涉案法条

《民法通则》第四条
《反不正当竞争法》第二条、第二十条第一款
《民事诉讼法》第一百五十三条第一款第（一）项

争议焦点

- 字号是企业名称中最有显著性特征的部分，是商事主体在经营活动中用于区别其他商事主体的特定名称。
- 商事主体依法对其企业名称和字号享有的使用权受到法律保护，但企业名称和字号的使用不应对他人在先的合法权益造成损害。
- 如果其行为具有主观恶意，而借助于合法的形式，对原告享有的在先权利构成了损害，违背了诚实信用、公平竞争的基本原则，则属不正当竞争行为，其应就此承担

相应的法律责任。

审判结论

一、被告樱花良子北京分公司自一审判决生效之日起，在从事与涉案原告台联良子公司涉案“良子”文字和图形注册商标核定的服务项目相同或类似的经营活动中，停止使用含有“良子”文字的企业名称、字号等商业标志；

二、被告樱花良子北京分公司于一审判决生效之日起 15 日内赔偿原告台联良子公司经济损失 2 万元；

三、驳回原告台联良子公司的其他诉讼请求。

二审判决驳回上诉，维持原判。

一审案件受理费 3 510 元，由樱花良子北京分公司负担（于二审判决生效后 7 日内交纳）；二审案件受理费 3 510 元，由樱花良子北京分公司负担（已交纳）。

起诉及答辩

原告台联良子公司诉称：台联良子公司于 2002 年经合法受让，依法取得了“良子”注册商标的专用权。同时，台联良子公司经合法注册，取得了“良子及宝塔”图形注册商标专用权及“LZ 良子”注册商标专用权。

被告未经台联良子公司许可，在经营与台联良子公司相同的行业过程中，擅自使用“良子”商标并将“良子”商标用于其企业名称，取得了收益。被告的上述行为不仅构成了对台联良子公司注册商标专用权的侵犯，而且误导消费者以为被告与台联良子公司存在联系从而对台联良子公司构成不正当竞争。

为此，台联良子公司诉至法院，请求判令被告：1. 停止侵犯台联良子公司注册商标专用权的行为及对台联良子公司的不正当竞争行为。2. 停止使用其企业名称。3. 赔偿台联良子公司经济损失 10 万元。4. 承担本案全部诉讼费用。

被告樱花良子北京公司辩称：樱花良子北京公司企业名称是在工商部门合法注册并经工商部门批准使用的。台联良子公司将企业名称简称后作为商号在牌匾和宣传资料上使用并无不妥。台联良子公司使用的“樱花良子”字样及图形与原告注册商标既不相同也不近似。原告指控台联良子公司误导消费者没有事实根据。综上，台联良子公司不构成对原告商标专用权的侵犯，也不构成对原告的不正当竞争，请求法院驳回原告的诉讼请求。

事实认定

经审理查明，“良子”文字和图形注册商标由新疆良子健身有限公司向国家工商行政管理局商标局提出注册申请，于 1998 年 12 月 28 日被核准注册，分类号为第 42 类，被核定的服务项目是“按摩、推拿”。该商标由左侧的“良子”文字与右侧的一脚掌图形组合构成。1999 年 1 月 18 日，新疆良子健身有限公司许可原告独家使用该商标。

2002年2月22日，新疆良子健身有限公司将“良子”文字和图形商标转让给原告所有，并经国家工商行政管理总局商标局核准。

原告经工商部门核准，于1999年1月11日成立，其经营范围为包括按摩、推拿等在内的健身服务项目。原告在开业后即开始使用“良子”文字和图形商标。2001年10月21日，原告经国家工商行政管理总局商标局核准，注册了“宝塔图形加良子文字”注册商标，分类号为第41类，被核定的服务项目是“实际培训、安排和组织培训班、健身俱乐部、培训、寄宿学校、提供高尔夫球设备、俱乐部服务、讲课、流动图书馆”。2002年8月21日，原告经国家工商行政管理总局商标局核准，注册了“LZ良子”注册商标，分类号为第42类，被核定的服务项目是“按摩、医疗按摩、公共保健浴、公共卫生浴、理发店、美容院、修指甲、蒸汽浴、蒸汽浴商品”。2004年2月14日，原告经国家工商行政管理总局商标局核准，注册了“良子”文字注册商标，分类号为第44类，被核定的服务项目是“按摩、美容院、高级理发店、修指甲、蒸汽浴室、公共卫生浴室”。

目前，原告在北京及全国开设有多家经营按摩、足浴、足底保健等健身业务的加盟店。

被告经工商部门核准，于2003年12月23日成立，经营范围也为健身服务和劳务服务，现实际经营按摩、足底按摩等健身业务。在经营中，被告在其门外的牌匾、宣传资料、发放给顾客的优惠卡、优惠券、宾客意见卡、塑料袋等处使用了“樱花良子”字样及樱花图案，另在优惠券上使用了一大一小两个脚掌图形。经查，被告未将其使用的前述商业标志进行商标注册。

在诉讼中，原告明确其仅主张被告的行为对其构成不正当竞争。

另查，被告现有床位30余张，对每位顾客的90分钟按摩服务项目全价为132元，70分钟“清足法”足部保健服务项目全价为98元。

上述事实，有双方当事人提交的商标注册证书、商标转让合同、照片、企业营业执照副本、有关实物、法院生效判决书以及双方当事人的陈述等在案佐证。

一审判决及理由

原告台联良子公司经合法受让及合法注册，成为“良子”文字及脚掌图形组合注册商标、“宝塔图形加良子文字”组合注册商标、“良子”文字注册商标、“LZ良子”文字图形组合注册商标的权利人，其就该四种注册商标享有的专用权应受法律保护。

字号是企业名称中最有显著性特征的部分，是商事主体在经营活动中用于区别其他商事主体的特定名称。商事主体依法对其企业名称和字号享有的使用权受到法律保护，但企业名称和字号的使用不应对他人在先的合法权益造成损害。

“良子”二字不仅为原告台联良子公司“良子”文字注册商标的直接、全部内容，而且是原告台联良子公司其他涉案注册商标的核心内容。

原告台联良子公司通过其经营活动，使其注册商标在一定范围内具有一定的知名度，并使“良子”文字与足底保健行业联系起来。

被告樱花良子北京公司所注册的企业名称中含有“樱花良子”文字，其于经营活动中将“樱花良子”作为其企业字号使用。但被告樱花良子北京公司企业名称系于2003年12月23日被核准，从时间上晚于除“良子”文字注册商标以外的前述其他三个原告台联良子公司注册商标被核准注册的时间。

原告台联良子公司将其享有商标权的涉案四种含有“良子”内容的商标用于足底按摩、推拿等经营活动中，被告樱花良子北京公司亦从事按摩、足疗、足浴等经营活动，二者为同一行业内同业竞争关系。被告樱花良子北京公司不仅将“良子”文字作为企业名称中字号的一部分使用，而且在具体经营中将“樱花良子”文字使用在其牌匾、塑料袋、优惠券、会员卡等处。因“良子”和“樱花良子”作为两个近似的整体概念，容易使相关消费者认为二者有“属种关系”或“连锁店”关系，致使消费者对“良子”和“樱花良子”不同服务的来源以及不同经营者之间具有关联关系产生混淆误认。被告樱花良子北京公司的上述行为，具有主观恶意，其借助于合法的形式，对原告台联良子公司享有的在先权利构成了损害，违背了诚实信用、公平竞争的基本原则，属不正当竞争行为，被告樱花良子北京公司亦应就此承担相应的法律责任。

基于以上理由，原告台联良子公司关于判决被告樱花良子北京公司停止不正当竞争行为、赔偿经济损失、承担诉讼费的诉讼请求，一审法院予以支持。但原告台联良子公司请求赔偿的数额过高，一审法院不予全额支持。鉴于原告台联良子公司未提供证据证明其实际损失数额，被告樱花良子北京公司亦未提供其经营获利情况，一审法院将考虑被告樱花良子北京公司不正当竞争行为的主观恶意程度、从事涉案经营行为时间的长短、经营场所的规模大小、服务价格等因素酌定本案的经济损失赔偿数额。

综上，依照《民法通则》第四条、《反不正当竞争法》第二条、第二十条第一款之规定，判决如下：

一、被告樱花良子北京分公司自一审判决生效之日起，在从事与涉案原告台联良子公司涉案“良子”文字和图形注册商标核定的服务项目相同或类似的经营活动中，停止使用含有“良子”文字的企业名称、字号等商业标志。

二、被告樱花良子北京分公司于一审判决生效之日起15日内赔偿原告台联良子公司经济损失2万元。

三、驳回原告台联良子的其他诉讼请求。

案件受理费3 510元，由被告樱花良子北京分公司负担（于一审判决生效后7日内交纳）。

上诉理由

樱花良子公司不服一审判决，向北京市高级人民法院提出上诉，请求二审撤销一审判决，驳回台联良子公司的诉讼请求。

樱花良子公司的上诉理由是：一审判决认定“良子”与“樱花良子”致使消费者

对不同的服务来源及不同的经营者产生混淆误认，并判决樱花良子北京公司赔偿台联良子公司2万元经济损失缺乏法律依据。

台联良子公司服从一审判决。

二审查明事实

二审查明事实与一审相同。另查明台联良子公司在一审审理期间表示放弃对樱花良子北京公司侵犯其商标权的诉讼请求，仅主张樱花良子北京公司使用“良子”的行为对其构成不正当竞争。

二审判决及理由

被上诉人台联良子公司为“良子文字加图形”和“良子”文字注册商标的专用权人，其对上述注册商标的专用权应当受到法律保护。被上诉人台联良子公司对“良子”文字除享有商标专用权外，经过该企业多年的经营活动，“良子”二字确已成为最能体现该企业在一定范围具有知名度的经营内容、代表企业良好信誉的象征。

上诉人樱花良子北京公司作为同业竞争者晚于被上诉人台联良子公司成立，明知被上诉人台联良子公司对“良子加图形”组合商标享有专用权，且明知被上诉人台联良子公司在同业中已经具有一定的竞争优势及在相关消费者中享有较高知名度的情况下，却在其企业名称及经营活动中使用“良子”文字，故意使消费者对其服务来源产生混淆和误认，这一行为违背了诚实信用、公平竞争原则，损害了被上诉人台联良子公司依法享有的在先权利，构成对被上诉人台联良子公司的不正当竞争。对此，上诉人樱花良子北京公司应当承担法律责任。

综上，一审判决认定事实清楚，证据充分，适用法律正确，判决结果并无不当，应予维持。上诉人樱花良子北京公司所提上诉理由和请求缺乏事实与法律依据，二审法院不予支持。依照《民事诉讼法》第一百五十三条第一款第（一）项之规定，判决如下：

驳回上诉，维持原判。

一审案件受理费3 510元，由上诉人樱花良子北京分公司负担（于二审判决生效后7日内交纳）；二审案件受理费3 510元，由上诉人樱花良子北京分公司负担（已交纳）。

案例3：阳光旅行社与三七二一公司、长城国旅侵犯知名服务特有名称纠纷案

原告（上诉人）：北京阳光绿洲旅行社（以下称"阳光旅行社"）
被告（被上诉人）：北京三七二一科技有限公司（以下称"三七二一公司"）
被告（被上诉人）：北京长城国际旅行社（以下称"长城国旅"）

一审法院：北京市第二中级人民法院
一审案号：（2005）二中民初字第00083号
一审合议庭成员：邵明艳、冯刚、潘伟
一审结案日期：2005年6月20日

二审法院：北京市高级人民法院
二审案号：（2005）高民终字第1195号
二审合议庭成员：刘辉、岑宏宇、张冬梅
二审结案日期：2006年3月9日

案由：擅自使用知名服务特有名称纠纷

关键词：知名服务，特有名称，域名，网络实名，网络实名服务，网络搜索

涉案法条

《反不正当竞争法》第一条、第二条第一款及第二款、第五条第（二）项、第九条
《民事诉讼法》第一百五十三条第一款第（一）项

争议焦点

- 当事人所提交的证据不能证明北京市通信管理局是否有权核准其网站名称，该管理局的审批和核发行为是否具有核准网站名称的性质，因此，北京市通信管理局的批复和颁发的经营许可证不能作为核准注册网站名称的行为的证明，也不能证明由此产生上诉人取得网站名称权利的法律效力。
- 网络实名不具有与网站名称或域名的一致性，网络实名服务所涉及的网络实名不能认为是网站名称。
- "北京旅游网"不能作为上诉人提供的服务的特有名称，阳光绿洲旅行社对"北京

旅游网”这一名称不能享有独占权和排他权。

- 由于上诉人在网站上和报纸广告上使用的“北京旅游网”的名称不能作为其提供的服务的特有名称，被上诉人长城旅行社在上诉人放弃享有“北京旅游网”网络实名服务后，通过受让方式从他人手中取得被上诉人北京三七二一公司提供的“北京旅游网”网络实名服务，不能认为被上诉人长城旅行社具有恶意。
- 《民法通则》和《反不正当竞争法》中均规定了诚实信用的基本原则，《反不正当竞争法》是制止不正当竞争行为的专门法，在该法有明确规定的情况下，应适用该法，而不应适用作为基本法的《民法通则》，且在一审法院审理过程中，上诉人明确表示其提起诉讼所依据的法律是《反不正当竞争法》，故一审法院适用《反不正当竞争法》并无不当。

审判结论

驳回阳光旅行社的诉讼请求。

二审判决驳回上诉，维持原判。

一审案件受理费810元，由阳光旅行社负担（已交纳）；二审案件受理费810元，由阳光旅行社负担（已交纳）。

起诉及答辩

原告阳光旅行社诉称：原告于2003年8月经国家信息产业部、北京市通信管理局批准设立“北京旅游网”网站。同年3月，原告到国家工商行政管理局商标局申请注册第42类互联网与信息服务商标。2004年11月，原告在北京市工商行政管理局对“北京旅游网”网站名称进行了备案登记。被告三七二一公司提供的互联网信息服务所使用的“北京旅游网”网络实名与原告所拥有的网站名称“北京旅游网”相同，被告三七二一公司提供的“北京旅游网”网络实名是另外一家从事旅游行业个人网站的电子名片，网站名称也叫“北京旅游网”。

原告多次就上述事件及所造成的影响到被告三七二一公司处投诉，三七二一公司始终不予合作。原告每年在“北京旅游网”的投入约100余万元人民币，被告三七二一公司提供的网络实名服务已经给原告造成了损失，很多客户针对被告三七二一公司提供网络实名名称“北京旅游网”与网站名称“北京旅游网”之间的名称冲突向原告提出质疑。原告对“北京旅游网”网站名称具有专有权，原告在2004年10月前拥有并使用“北京旅游网”网络实名，但在2004年续费时遭到被告三七二一公司拒绝，并恶意将网站名称提供给不具备合法网站资质的他人使用。

被告长城国旅未经原告同意，擅自使用原告的网络实名，在互联网上发布旅游广告信息，其行为对原告网站名称“北京旅游网”构成侵权。故原告诉至法院，请求法院判令二被告停止侵权、公开赔礼道歉、赔偿损失2万元并承担诉讼费用。

诉讼中，针对上述二被告的抗辩主张，原告阳光旅行社又提出相应的主张：

第一，被告三七二一公司提供的网络实名服务是出于商业目的，是有偿服务。被告三七二一公司无论向社会提供什么性质的服务，都应符合国家法律、法规的相关规定，不得侵害他人的利益。被告三七二一公司与被告长城国旅具有侵权的主观恶意。原告与被告三七二一公司建立过为期一年的搜索服务合同关系，并于届满前准备续签合同。被告三七二一公司在与被告长城国旅签订合同时，明知原告享有优先权，却将“北京旅游网”提供给案外人田迎平和长城国旅使用，而长城国旅现在仍然使用该网络实名服务。此行为侵害了原告的权益。

第二，被告三七二一公司将“北京旅游网”这一特定名称通过网络实名搜索服务提供给他人使用，侵犯了原告的名称权。“北京旅游网”这一名称是原告依照审批登记的程序取得的，原告对其享有名称权。原告登陆三七二一网站，对“北京旅游网”网络实名搜索查询，发现使用该名称的主体分别是登记为个人电子名片的田迎平、孟辉及被告长城国旅。前两位个人显然未经合法登记，没有使用“北京旅游网”名称的正当理由，而被告长城国旅的网站名称是“北京国际旅游网”，而非“北京旅游网”。

第三，“北京旅游网”是特定名称而非通用名称。按照名称的自身特性和互联网的常识惯例，互联网用户在查询“北京旅游网”名称时，是希望链接到某一特定网站。原告的许多老用户发现在查询“北京旅游网”却链接到“北京国际旅游网”时，纷纷向原告投诉，证明“北京旅游网”不是通用名称。

第四，被告三七二一公司既然提供网络实名搜索服务，就必须尽到审查接受服务主体资格的义务，并在发现侵犯他人合法权益后立即采取停止侵权等补救措施，否则就必须承担相应的法律责任。

第五，本案中，网络实名搜索是一种特殊的广告发布形式，三七二一公司是广告的经营者，接受服务的长城国旅是旅游业务的经营者，其共同行为造成公众对“北京旅游网”经营主体的误认，属于不正当竞争行为。

第六，原告对“北京旅游网”名称的使用由来已久，并对该名称的宣传推广进行了巨大的广告投入。“北京旅游网”在北京的旅游市场中已经占据了一定的市场竞争地位，在旅游客户中享有良好的商业信誉，应属于知名商品或服务。原告经营“北京旅游网”网站，获得了大量的旅游客户，带来了巨大的经济利益。被告长城国旅作为经营旅游行业的同业竞争者，看好了“北京旅游网”的知名度和良好的商业信誉，故意利用三七二一公司的实名搜索服务，将查询“北京旅游网”的旅游客户引导到自己的网站并通过提供旅游服务牟利，其行为违反了诚实信用原则和商业道德，构成了不正当竞争。

综上，被告三七二一公司与接受实名搜索服务的长城国旅实施了不正当竞争行为，侵犯了原告的网站名称权，违反了《民法通则》和《反不正当竞争法》的规定，应承担相应的法律责任。

被告三七二一公司辩称：第一，网络实名是由三七二一公司在中国内地首次向公众提供的新一代中文搜索直达用户网站、网页的互联网访问技术服务。根据三七二一公司向网络用户公示的《网络实名注册规范》《网络实名服务条款》，网络实名是申请网络实名注册者实现直达其网站的关键词，是一种在已有的数据库中通过IE地址进行搜索的入口关键词，不具有法律意义上的任何权利。网络实名的申请者在获取了三七二一网站的网络实名服务后，就意味着接受了三七二一公司《网络实名注册规范》和《网络实名服务条款》的规则。互联网用户要想使用网络实名搜索服务功能，须事先安装三七二一公司提供的网络实名软件，该软件可以自愿安装和卸载。三七二一公司作为网络服务商提供的只是一种增值服务，法律对此服务没有禁止性规定，因此，三七二一公司的网络实名服务具有合法性。

第二，网络实名不是网站名称，也不等同于域名，不具有法律意义上的权利属性。

第三，目前法律对于网络服务商提供服务时的注意和审查义务没有强制性规定，三七二一公司对于列表实名的申请，无法让注册申请者提供相关的权利证明来予以审查，只能是对于注册申请者因注册和使用由其"起名"的网络实名所可能产生的纠纷和解决的程序，公示和告知给安装了三七二一网络实名服务插件的互联网用户后，也就尽了注意和审查义务。

第四，目前法律法规并未对"网络名称权"给予明确的法定授权规定。从原告提供的"北京市工商行政管理局红盾网提供的经营性网站登记备案信息资料"所载内容来看，其只是地方行政管理部门为了规范网站经营者的市场经营行为而采取的一种行政管理方式，并非法律意义上的授权，原告就此主张其对"北京旅游网"享有法律意义上的名称权没有事实依据。"北京旅游网"这五个字的组合不具有法律意义上名称权的显著性，公众仅凭"北京旅游网"五个字的组合显然难以区分真正的经营主体，原告对于该名称组合不享有专有权和排他性权利。

第五，三七二一公司与原告虽都取得了ICP证书，具备互联网信息服务的市场主体资格，但原告网站所从事的是旅游信息服务，被告三七二一网站所从事的是搜索服务，因此，客观上原告与被告三七二一公司之间不可能形成经营业务或其他关联业务的竞争关系。

综上，原告对于"北京旅游网"不享有法律意义上的名称权，被告三七二一公司所提供的网络实名服务行为与原告所从事的旅游信息服务行为不能形成竞争业务关系，原告依据《反不正当竞争法》主张被告三七二一公司侵犯其所谓网站名称权没有事实和法律依据，请求法院驳回原告的诉讼请求。

被告长城国旅辩称：第一，原告所主张的"网站名称权"无任何法律依据。北京市工商局"经营性网站备案信息"所载的网站名称"北京旅游网"并未赋予原告享有"北京旅游网"法律意义上的名称权。原告的企业名称、商标等商业标识均与"北京旅游网"无任何联系，原告对其不享有任何在先的正当权利或合法利益。

第二，原告对"北京旅游网"不享有任何民事权益，"北京旅游网"文字不具有特有性，不能为任何人专有。"北京旅游网"组合为"北京+旅游+网"，即为"地名+行业名+结构形式"，不具有一般意义上商业标识的显著性和区别性，相关公众也不会依据“北京旅游网”来区分不同的市场主体和商品或服务来源。

第三，网络环境下，真正具有识别功能的是域名，“网站名称”不具有网络上的识别功能，相关公众的混淆、误认无从谈起。

第四，被告长城国旅的网站名称与原告明显不同，不会引起混淆、误认。即使网络用户通过在地址栏中输入“北京旅游网”网络实名而进入被告长城国旅的网站，因被告网站首页显著位置标有网站名称“北京国际旅游网”，与原告的“北京旅游网”差别明显，不会造成相关公众的混淆、误认。

第五，被告使用“北京旅游网”网络实名具有合法依据。被告通过与三七二一公司签订《网络实名注册协议》而取得“北京旅游网”网络实名权。被告亦拥有中国互联网信息中心颁发的“北京旅游网 . cn”和“北京旅游网 . 中国”中文域名。

综上，被告长城国旅不存在不正当竞争行为，请求法院驳回原告的诉讼请求。

事实认定

原告阳光旅行社成立于2002年1月22日，经营范围为主营国内旅游业务；互联网信息服务。2003年3月10日，原告阳光旅行社申请注册了“bjlyw. com”域名。2003年7月16日，原告申请注册了“bjlyw. com. cn”和“bjlyw. net”域名。

2003年3月12日，原告向国家工商管理局商标局申请注册“北京旅游网”商标，该申请于同年3月31日被国家工商管理局商标局受理。

2003年8月25日，北京市通信管理局出具了“关于同意北京阳光绿洲旅行社经营因特网信息服务业务的批复”，主要内容为：同意原告阳光旅行社在北京地区设立两个网站，从事因特网信息服务业务，并核发经营许可证“京ICP证030458号”；网站名称为“中国旅游网”网站 - 1，“北京旅游网”网站 - 2。2003年8月27日，原告取得北京市通信管理局颁发的国家电信与信息服务业务经营许可证，有效期自2003年8月27日至2008年8月26日。

2003年10月13日，原告阳光旅行社取得被告三七二一公司出具的“北京旅游网”网络实名服务证书，服务有效期为2003年10月13日至2004年10月13日。该证书标注：此证书表示贵单位在有效期限内享有相应的网络实名服务，但并不意味贵单位获得上述实名在法律上的所有权。本公司遵守国家相关管理机构的注册命名，涉及网络实名服务的法律事项一律参照《网络实名注册规范》的有关规定处理。

2004年10月22日，登录被告三七二一网站进行“北京旅游网”网络实名搜索，实名直达北京长城国旅总社。2004年11月23日，登录被告三七二一网站进行“北京旅游网”网络实名搜索，实名直达案外人田迎平以电子名片显示的内容。

2004年11月25日，原告阳光旅行社在北京市工商行政管理局红盾315网站就“北京旅游网”网站名称进行经营性网站备案登记。

2003～2004年，原告阳光旅行社多次在《北京青年报》旅游版以“北京旅游网 www. bjlyw. com 北京阳光绿洲旅行社总社”为题标，就其相关旅游业务发布广告。

2003年10月~2005年6月，原告阳光旅行社向北京搜狐新时代信息技术有限公司及搜狐爱特信信息技术（北京）有限公司支付广告费221 000元，向百度在线网络技术（北京）有限公司支付技术服务费14 200元，向北京市西城区公证处支付公证费2 000元。据此，原告在本案请求二被告赔偿其经济损失及合理费用支出2万元。

被告三七二一公司成立于1998年10月14日，经营范围为：技术开发、转让、咨询、服务；互联网信息服务；设计、制作网络广告；利用www.3721.com、www.3721.net.cn、www.3721.com.cn、www.yahoo.com.cn发布网络广告。

2003年7月9日，被告三七二一公司取得北京市通信管理局颁发的国家电信与信息服务业务经营许可证，经营许可证编号为“京ICP证000022号”，有效期自2003年7月9日至2005年12月25日。

网络实名是被告三七二一公司在“3721”网站上提供的互联网服务，在上网用户已经安装网络实名插件的情况下，可根据上网用户在地址栏输入的名称将用户直接引导到一个对应的网站或网页。任何人或企事业单位、组织、社会团体如果希望享受网络实名服务，均可申请注册网络实名。被告三七二一公司在其网站上公示出《网络实名注册规范》和《网络实名服务条款》。《网络实名注册规范》主要规定：“注册网络实名”仅表示申请者通过申请注册享受一段时期的网上服务，并不意味着申请者将因此获得此名称在法律意义上的所有权；该规范基本注册规则包括禁止抢注、名副其实、复议规则、先收费后开通、唯一使用权、先付费先获得、申请者对网站或网页的使用权内容；网络实名服务分为“直达实名”和“列表直达实名”“直达实名”指上网用户在地址栏输入该网络实名后，浏览器将直接到达对应网站或网页。“列表直达实名”指当用户输入该网络实名时，浏览器将在一个单独的窗口中直达注册者网站或网页，同时还将在另一个窗口显示其他相关网络实名的列表，并在列表的第一行显示“网络实名后缀”，其中的“后缀”由网络实名的名称审核人员根据注册者通过的注册信息，或者根据注册者网站或网页上的相关信息予以确定，该名称是注册者的企业、机构的全称；当出现网络排名搜索结果列表时，网络实名的智能推测功能所列出的网络实名的排列次序将根据用户输入的词汇与实名的相似度、用户使用习惯等条件动态变化，“3721”不承诺网络实名在该列表中的特定排列次序。《网络实名服务条款》规定的主要有术语解释、申请者的陈述与保证、费用标准及支付、“3721”的权利保留、申请者的权利与义务等内容。

2004年11月23日，登录“3721”网站，进行“北京旅游网”网络实名搜索，以列表直达实名方式显示案外人田迎平的个人电子名片。被告长城国旅陈述案外人田迎平已将“北京旅游网”网络实名转让给长城国旅，2004年12月，长城国旅向被告三七二一公司提交了其与田迎平签订的“网络实名转让协议”，并与三七二一公司重新签订了“北京旅游网”网络实名注册协议。目前，被告长城国旅享有被告三七二一公司提供的“北京旅游网”列表直达网络实名服务，原告阳光旅行社对此予以认可。

被告长城国旅成立于1984年3月1日，经营范围为：主营入境旅游业务；国内旅游业务等。2004年10月30日，北京市通信管理局出具了“关于同意北京汇才国际会议服务有限公司经营因特网信息服务业务的批复”，主要内容为：同意在北京地区从事因特网信息服务业务，并核发经营许可证“京ICP证041388号”；网站名称为“北京国际旅游网”。2004年12月30日，北京市通信管理局向北京汇才国际会议服务有限公司颁发国家电信与信息服务业务经营许可证，有效期自2004年12月30日至2009年12月29日。

2005年4月8日，北京汇才国际会议服务有限公司申请注册了“北京旅游网.cn”和“北京旅游网.中国”域名。

被告长城国旅陈述北京汇才国际会议服务有限公司负责长城国旅的电子商务运营，为其提供包括电信与信息服务业务经营许可证、网络实名等在内的技术支持，长城国旅与北京汇才国际会议服务有限公司属于关联公司。原告及被告三七二一公司对此未表异议。

另查，2002年9月，北京金友国际旅行社有限公司申请注册“北京旅游网”网络实名服务，申请服务价格为500元。

一审判决及理由

本案为不正当竞争纠纷案件，应适用《反不正当竞争法》等相关规定。《反不正当竞争法》的立法目的是：保障社会主义市场经济健康发展，鼓励和保护公平竞争，制止不正当竞争行为，保护经营者和消费者的合法权益。该法第二条明确规定，经营者在市场交易中，应当遵循自愿、平等、公平、诚实信用的原则，遵守公认的商业道德。

本案双方争议的焦点问题是原告阳光旅行社对“北京旅游网”网站名称是否享有受《反不正当竞争法》保护的权利或权益，被告三七二一公司提供“北京旅游网”网络实名搜索服务及被告长城国旅享有该服务是否属于《反不正当竞争法》所规定的不正当竞争行为。

首先，关于原告阳光旅行社对“北京旅游网”网站名称是否享有受《反不正当竞争法》保护的权利或权益问题。

本案中，原告阳光旅行社主张其依照审批登记程序取得了“北京旅游网”网站名称权，应当受法律保护。对此，一审法院认为，依照国家行政主管机关的规定，设立网站从事互联网信息服务业务，必须经行政管理机关审批并核发国家电信与信息服务业务经营许可证。本案原告虽经北京市电信管理局审批并核发了国家电信与信息服务业务经营许可证，且审批文件中也涉及设立“北京旅游网”网站内容，但该审批行为的目的是核准原告阳光旅行社具有经营互联网信息服务业务的资质，并依据相关行政规定对其进行行业监管。因此，就上述审批行为性质而言，不属于核准注册网站名称的行为，也不产生网站经营者由此取得网站名称权利的法律效力。为加强对北京地区经营性网站的监督管理，北京市工商行政管理局制定了《经营性网站备案管理办法》，本案原告阳光旅行社就“北京旅游网”网站在北京市工商行政管理局进行了经营性网站备案登记，就该备案登记管理行为而言，不具有对网站名称进行审核的职能，因此，对于包括原告阳光旅行社在内的进行了备案登记的经营性网站经营者来说，并不由此取得法律意义上的网站名称权利。基于上述理由，原告阳光旅行社关于其依照审批登记程序取得了“北京旅游网”网站名称权的主张，缺乏依据，一审法院不予支持。

本案原告阳光旅行社主张“北京旅游网”是其特有的网站名称，原告阳光旅行社对该网站名称的使用由来已久，并为此进行了大量广告宣传，“北京旅游网”在北京的旅游市场中已经占据了一定的市场竞争地位，应属于知名服务。对此，一审法院认为，原告阳光旅行社作为从事旅游业务的经营者，通过设立“北京旅游网”网站，提供其经营的旅游业务的信息服务，从“北京旅游网”名称组成来看，其单纯由“地区名称+行业名称+结构形式”组成，因此，就“北京旅游网”的使用方式和名称组成而言，其属于通用名称的范畴，不具有显著性和识别性。依据本案现有证据，原告阳光旅行社虽自2003年8月设立“北京旅游网”网站以来，针对该网站所开展的旅游业务进行了一定的宣传和推广工作，但对于接受过原告旅游服务及其与旅游业务相关的消费者来说，能够看中和了解原告的重要方面还是其旅游服务的质量和信誉，而对于“北京旅游网”提供旅游信息服务来说，尚未因所提供的旅游信息服务具有特色而对网络用户产生影响，从而提高该网站的受关注程度。即使网络用户通过“北京旅游网”网络实名搜索和其他方式的“北京旅游网”关键词搜索，可以链接到原告阳光旅行社的网站，但相关网络用户基于对“北京旅游网”通用名称属性的理解，不会考虑其来源和归属，也不会由此产生混淆或误认，更不会对原告与“北京旅游网”之间产生特定意义的联系。因此，对于涉案“北京旅游网”网站名称，尚未通过原告的涉案使用行为而使其具有“第二含义”，即由于实际使用行为而形成显著的识别性，原告“北京旅游网”所提供的旅游信息服务在相关消费者中尚未具有较高的知名度，原告对“北京旅游网”名称不应享有独占、排他性的权利。综上，原告阳光旅行社“北京旅游网”网站名称不属于《反不正当竞争法》所保护的知名服务特有的名称，原告关于“北京旅游网”提供的信息服务是知名服务，“北京旅游网”是其特有网站名称的主张，证据不足，一审法院不予支持。

其次，关于被告三七二一公司提供“北京旅游网”网络实名搜索服务及被告长城国旅享有该网络实名服务是否属于《反不正当竞争法》所规定的不正当竞争行为。

本案被告三七二一公司在“3721”网站上提供的网络实名服务，是一项提供网上实名搜索的商业性增值服务。其服务对象既包括申请注册网络实名的公民、法人等，也包括安装网络实名插件进行网络实名搜索的网络用户。被告三七二一公司作为网络服务提供商，其行为应依照相关法律规定予以规范。

原告阳光旅行社在本案中主张，其与被告三七二一公司搜索服务合同届满后，被告三七二一公司明知原告享有优先权，却将“北京旅游网”网络实名服务提供给案外人田迎平和长城国旅使用，具有侵害原告权益的主观故意；被告三七二一公司提供网络实名搜索服务，未尽到审查义务及在发现侵犯行为后采取相应措施的义务，应当承担侵权责任。对此，一审法院认为，基于其前述论述，可以认定原告对于“北京旅游网”网站名称尚未享有受《反不正当竞争法》所保护的相关权益。虽原告向被告三七二一公司申请“北京旅游网”直达实名搜索服务具有合理的理由，被告三七二一公司将该服务提供给案外人田迎平及被告长城国旅的行为与实名搜索服务的目的不完全相符，但由于被告三七二一公司提供“北京旅游网”直达实名搜索服务行为及被告长城国旅享有该服务的行为本身未对原告构成侵害，并不属于不正当竞争，因此，发现侵权行为后负有采取相应措施义务这一原则，在本案不存在适用的前提条件。故原告阳光旅行社的上述主张，依据不足，一审法院不予支持。

被告长城国旅主要从事旅游业务服务和提供网络旅游信息服务，与原告形成了同业竞争的关系。但依据一审法院前述相同的理由，原告对于“北京旅游网”名称不具有独占、排他性的权利，其对于该网站名称尚未享有受《反不正当竞争法》所保护的相关权益，因此，被告长城国旅享有被告三七二一公司提供的“北京旅游网”直达实名网络搜索服务，未对原告构成侵害，其行为不属于不正当竞争。原告阳光旅行社主张被告长城国旅涉案行为具有主观恶意，构成不正当竞争，依据不足，一审法院不予支持。

本案中，原告阳光旅行社还主张网络实名搜索是一种特殊的广告发布形式，被告三七二一公司是广告的经营者，接受服务的被告长城国旅是旅游业务的经营者，其共同行为造成公众对“北京旅游网”经营主体的误认，属于不正当竞争行为。对此，一审法院认为，被告三七二一公司作为网络实名搜索服务的提供者，该服务行为本身具有技术服务的性质，因此，其不属于网络信息的经营者。被告长城国旅虽为网络旅游信息的经营者，但其涉案行为不属于散布虚假信息，误导相关消费者的不正当竞争行为。因为网络实名搜索服务从性质上仍属于关键词搜索服务，网络用户通过涉案“北京旅游网”实名搜索服务，可以到达对应的“北京国际旅游网”网站，进而知晓该到达网站的经营主体，虽“北京旅游网”网络实名与所到达网站名称不一致，但相关网络用户并不由此对所到达“北京国际旅游网”网站主体即为“北京旅游网”网站主体产生误认，因此，原告阳光旅行社上述主张，缺乏事实与法律依据，一审法院不予支持。

综上，原告阳光旅行社关于其独家享有“北京旅游网”网站名称权，被告三七二一公司及长城国旅的涉案行为构成不正当竞争的相关诉讼主张均不成立，其据此提出二被告停止侵权行为、公开赔礼道歉、赔偿经济损失 2 万元的诉讼请求，一审法院不予支持。一审法院依据《反不正当竞争法》第一条、第二条第一款及第二款、第五条第（二）项、第九条的规定，判决如下：

驳回阳光旅行社的诉讼请求。

案件受理费 810 元，由阳光旅行社负担（已交纳）。

上诉理由

阳光绿洲旅行社不服一审判决，向北京市高级人民法院提起上诉，请求二审法院撤销一审判决；将本案发回重审或查清事实后依法改判；本案所有诉讼费由北京三七二一公司、阳光绿洲旅行社承担。

阳光绿洲旅行社的上诉理由是：原审判决认定事实不清，适用法律不当。北京市通信管理局对阳光绿洲旅行社对“北京旅游网”网站名称审批并颁发许可证的行为是对于网站名称的确定；长城旅行社不具备网站经营资格，其所提交的经营许可证记载的经营单位是北京汇才公司，与长城旅行社是两个不同的单位，不具有关联性；北京三七二一公司、长城旅行社的行为违反了《民法通则》中关于民事活动应遵循诚实、信用、公平的基本原则，一审法院未适用《民法通则》，适用法律不当。

北京三七二一公司、长城旅行社服从一审判决。

二审查明事实

二审法院查明事实与一审相同。二审法院另外查明如下事实，2002 年 9 月，北京金友国际旅行社有限公司申请注册“北京旅游网”网络实名服务，申请服务价格为 500 元。

二审判决及理由

经营者在经营过程中应依据法律法规规范自己的经营行为。本案中，北京市通信管理局批复同意上诉人阳光绿洲旅行社设立网站从事互联网信息服务业务，网站名称是“北京旅游网”等，但北京市通信管理局作为审批从事互联网信息服务业务资质、核发电信与信息服务业务经营许可证的行政主管机关，其审批、核发行为是核准上诉人阳光绿洲旅行社具有经营计算机网络信息服务业务的资质，并对该旅行社经营计算机网络信息服务业务进行行政监管，而北京市通信管理局的审批和核发行为是否具有核准上诉人阳光绿洲旅行社使用“北京旅游网”网站名称的性质以及北京市通信管理局是否有权核准上诉人阳光绿洲旅行社网站名称，阳光绿洲旅行社提交的现有证据并不能予以证明。由于上诉人阳光绿洲旅行社提交的证据不能证明北京市通信管理局是否有权核准上诉人阳光绿洲旅行社的网站名称，该管理局的审批和核发行为是否具有核准网站名称的性质，因此，北京市通信管理局的批复和颁发的经营许可证不能作为核准注册网站名称的行为的证明，也不能证明由此产生上诉人阳光绿洲旅行社取得网站名称权利的法律效力。

由于上诉人阳光绿洲旅行社在一审法院审理本案时，未对被上诉人长城旅行社关于北京汇才公司与其关系的陈述发表任何意见，一审法院认定上诉人阳光绿洲旅行社对被上诉人长城旅行社的陈述未表异议并无不当。被上诉人长城旅行社虽无经营互联网信息服务业务的资质，但北京汇才公司负责被上诉人长城旅行社的电子商务运营，为其提供包括电信与信息服务业务经营许可证、网络实名等在内的技术支持，故被上诉人长城旅行社并未从事互联网信息服务业务。

被上诉人北京三七二一公司提供的网络实名服务，是在上网用户安装网络实名插件后，根据用户在地址栏中输入的一个名称将用户直接引导到一个对应的网站或网页的一种网上实名搜索的商业服务。由于网络实名是被上诉人北京三七二一公司提供的一种搜索服务，故网络实名不具有与网站名称或域名的一致性，网络实名服务所涉及的网络实名不能认为是网站名称。申请网络实名服务的人，在网络实名服务合同有效期内享有被上诉人北京三七二一公司提供的网络实名服务。上诉人阳光绿洲旅行社虽主张其在“北京旅游网”网络实名服务合同到期前，向被上诉人北京三七二一公司续费时该公司拒收，但未提交证据予以证明，被上诉人北京三七二一公司对此亦予以否认，因此应认定上诉人阳光绿洲旅行社在网络实名服务合同到期后，未再续费，其已放弃享有被上诉人北京三七二一公司提供的“北京旅游网”网络实名服务。在上诉人阳光绿洲旅行社放弃网络实名服务后，被上诉人北京三七二一公司根据他人的申请，将“北京旅游网”网络实名服务提供给他人，不能认为存在恶意。

上诉人阳光绿洲旅行社在其网站上和报纸广告上使用“北京旅游网”的名称进行对外宣传，但是，该旅行社提交的证据仅能证明在报纸上以“北京旅游网”和上诉人阳光绿洲旅行社的名义刊登过广告，而不能证明上诉人阳光绿洲旅行社的网站所提供的服务已经属于知名服务，在消费者中形成“北京旅游网”与阳光绿洲旅行社两者之间一一对应的印象。“北京旅游网”不能作为上诉人阳光绿洲旅行社提供的服务的特有的名称，上诉人阳光绿洲旅行社对“北京旅游网”这一名称不能享有独占权和排他权。上诉人阳光绿洲旅行社和被上诉人长城旅行社虽然均是从事旅游服务的经营者，但由于上诉人阳光绿洲旅行社在网站上和报纸广告上使用的“北京旅游网”的名称不能作为其提供的服务的特有的名称，被上诉人长城旅行社在上诉人阳光绿洲旅行社放弃享有“北京旅游网”网络实名服务后，通过受让方式从他人手中取得被上诉人北京三七二一公司提供的“北京旅游网”网络实名服务，不能认为被上诉人长城旅行社具有恶意。

《民法通则》和《反不正当竞争法》中均规定了诚实信用的基本原则，《反不正当竞争法》是专门为保障社会主义市场经济健康发展，鼓励和保护公平竞争，制止不正当竞争行为，保护经营者和消费者的合法权益而制定的法律，是制止不正当竞争行为的专门法，在该法有明确规定的情况下，应适用该法，而不应适用作为基本法的《民法通则》，且在一审法院审理过程中，上诉人阳光绿洲旅行社明确表示其提起诉讼所依据的法律是《反不正当竞争法》，故一审法院适用《反不正当竞争法》并无不当。

上诉人阳光绿洲旅行社的上诉理由均不能成立，其上诉请求二审法院不予支持。

综上，一审判决认定事实清楚，适用法律正确。依据《民事诉讼法》第一百五十三条第一款第（一）项的规定，判决如下：

驳回上诉，维持原判。

一审案件受理费 810 元，由阳光旅行社负担（已交纳）；二审案件受理费 810 元，由阳光旅行社负担（已交纳）。

案例 4：九龙制药厂与耀德堂药店、康宝公司侵犯知名商品特有名称纠纷案

原告（上诉人）：北京九龙制药厂（以下称“九龙制药厂”）
被告（被上诉人）：北京耀德堂药店（以下称“耀德堂药店”）
被告（被上诉人）：山西康宝生物制品股份有限公司（以下称“康宝公司”）

一审法院：北京市第一中级人民法院
一审案号：（2005）一中民初字第 3857 号
一审合议庭成员：赵静、彭文毅、邢军
一审结案日期：2005 年 12 月 20 日

二审法院：北京市高级人民法院
二审案号：（2006）高民终字第 523 号
二审合议庭成员：张冰、李燕蓉、刘晓军
二审结案日期：2006 年 6 月 23 日

案由：擅自使用知名商品特有名称权纠纷

关键词：知名商品，特有名称权，使用在先原则，药品管理

涉案法条

《反不正当竞争法》第五条第（二）项
《民事诉讼法》第六十四条第一款、第一百五十三条第一款第（一）项
《最高人民法院关于民事诉讼证据的若干规定》第二条

争议焦点

- 被上诉人虽然在其糖浆药品上以注册商标的方式使用了“可立停”字样，但是，判断“可立停”文字是商标标识，还是药品商品名称，应以相关消费者的认知为标准。
- 擅自使用知名商品特有的名称、包装、装潢，或者使用与知名商品近似的名称、包装、装潢，造成和他人的知名商品相混淆，使购买者误认为是该知名商品的，构成不正当竞争行为。
- 在认定知名商品时，应当考虑相关公众对该商品的知晓程度、销售时间及市场占有

率，并结合该商品在广告宣传方面投入的资金、宣传时间及地域范围等因素进行综合判断。认定“特有商品的名称、包装、装潢”还应当依照使用在先的原则予以认定。

- 被上诉人在其国药准字号的该糖浆药品上使用“可立停”商品名称违反了药品商品名称管理的有关行政法规的规定，对该使用行为的纠正不属于民事诉讼审理的范围，故上诉人请求法院判令被上诉人停止在糖浆药品上使用“可立停”商品名称的主张，二审法院不予采纳。

审判结论

驳回原告九龙制药厂的诉讼请求。

二审判决驳回上诉，维持原判。

本案一审案件受理费7 010元，由九龙制药厂负担4 010元（已交纳），康宝公司负担3 000元（在二审判决生效之日起7日内交纳）；二审案件受理费7 010元，由九龙制药厂负担（已交纳）。

起诉及答辩

原告九龙制药厂诉称：原告享有“可立停”商品名的专有使用权。

原告在1993年依法向卫生部申请使用“可立停”药品商品名，1994年卫生部药政管理局批准了原告的申请，同意其生产的治咳产品“磷酸苯丙哌林口服液”使用“可立停”商品名。2003年2月国家食品药品监督管理局对原告重新颁发注册证，批准其在该治咳药品上继续使用“可立停”商品名。

在依法取得了该商品名的专有使用权后，原告投入巨资对其进行宣传，先后在多家报刊、电视台投入大批广告，10多年来凭借“可立停”的显著疗效以及卓有成效的市场宣传和销售，“可立停”已在全国赢得了良好的市场声誉，已经成为全国范围内的知名商品，“可立停”也成为了知名商品的特有名称，原告依法对其享有知名商品的特有名称权。

被告康宝公司未经有权机关批准，擅自将“可立停”用做其生产的“复方美沙芬糖浆”药品的商品名，属于非法使用。自1998年以来，被告康宝公司一直将“可立停”作为其生产的“复方美沙芬糖浆”的商品名，显著标示于该药品的外包装和说明书上，故意混淆该药品与原告的知名商品“可立停”的区别，误导消费者，牟取非法暴利。

此外，康宝公司还恶意向国家工商行政管理总局申请注册“可立停”商标，进一步混淆其药品与原告知名商品的区别，造成更大范围的误认。

康宝公司非法使用“可立停”商品名、故意造成消费者误认的行为已经侵犯了原告对“可立停”所享有的知名商品特有的名称权，给其造成了极其恶劣的市场影响和严重的经济损失。

耀德堂药店不履行注意义务审查康宝公司药品的合法性，销售康宝公司生产的非法使用“可立停”商品名药品的行为，也构成了对原告合法权益的侵害。

综上，原告请求法院判令被告：1. 康宝公司停止使用“可立停”药品商品名；2. 康宝公司就其侵权行为在《中国医药报》上刊登公告消除给原告造成的影响；3. 康宝公司赔偿原告经济损失30万元；4. 耀德堂药店停止销售由康宝公司生产并违法使用“可立停”名称的药品。

被告康宝公司辩称：一、九龙制药厂不具有“可立停”商品名专有使用权。原告药品的“可立停”商品名的被获准使用，仅仅是一种行政机关的行政管理措施，并不产生一种独占性权利，不具有排斥他人使用的效力。任何药品的商品名，如果没有被申请作为商标注册，都不具有专有使用权。

二、九龙制药厂对“可立停”商品名不享有知名商品的特有名称权。原告提供的使用“可立停”商品名的证据中，不论其真实性如何，都只是2001年至2005年之间的证据。也就是说，在1994年至2001年的7年间，原告根本就没有使用“可立停”商品名，也即没有参与任何形式的市场竞争，因此原告与被告之间，不构成竞争关系，原告依据《反不正当竞争法》起诉被告没有法律依据。

三、被告才真正享有“可立停”作为知名商品特有的名称权。自1998年以来，其一直将“可立停”作为镇咳类药品“复方美沙芬糖浆”的商品名，并在1999年通过卫星电视台大量地投放广告，累计广告投入金额达到人民币9 000余万元，使其自己的“可立停”商品名成为了知名商品——“复方美沙芬糖浆”所特有的名称。正是因为被告不懈的经营，使“可立停”商品名家喻户晓，成为了知名商品——“复方美沙芬糖浆”所特有的名称后，原告才在2001年开始使用“可立停”商品名。

原告的行为是利用被告的“可立停”商品名的市场号召力，故意“搭便车”，以造成消费者的误认，这正是《反不正当竞争法》第五条第（二）项所指出的典型的不正当竞争行为。

综上，康宝公司请求法院依法驳回原告的全部诉讼请求。

被告耀德堂药店未提交答辩状，也未到庭应诉。

事实认定

九龙制药厂生产的“可立停”口服液其通用名称为“磷酸苯丙哌林口服溶液”（以下简称“口服液”）。1994年1月21日，卫生部药政管理局批准九龙制药厂将“可立停”用做该口服液的商品名。2003年2月国家食品药品监督管理局对九龙制药厂重新颁发注册证，批准其在该口服液上继续使用“可立停”商品名。九龙制药厂自2001年10月至2004年10月期间，多次在《中国医药报》上刊登“可立停”口服液文字广告。自2003年11月起，九龙制药厂先后与上海、四川、湖北、湖南等省市的广告公司签订广告发布业务合同，由其出资在全国各地方电视台播出“可立停15秒电视”广告。

1995年1月12日，九龙制药厂与黑龙江省北药技术开发总公司签订经销九龙制药厂产品（其中包括“可立停”口服液）的协议书，约定合同有效期限为5年。1995年

1月15日，九龙制药厂与天津开发区太原出口商品基地有限公司签订委托销售“可立停”口服液的合同，合同期限为1995年2月20日至1996年2月20日。1995年7月4日，九龙制药厂与中国医药物资供销中南分公司武汉联营公司签订经销“可立停”口服液的协议书，协议书中未约定合同期限。庭审质证中，康宝公司认为在原告无相应的销售发票予以佐证的情况下，原告提交的这三份合同不能证明其早在1995年就已经公开销售了“可立停”口服液产品，更不能证明其“可立停”口服液系知名商品的特有名称。一审法院对这三份合同的认证意见与康宝公司的质证意见相同。

康宝公司生产的“可立停”糖浆通用名为“复方美沙芬糖浆”（以下简称“糖浆”）。1999年3月17日，山西省卫生厅批准康宝公司生产的该糖浆增加商品名称为“可立停”。1999年至2005年期间，康宝公司就其“可立停”糖浆广告的画面及其文字内容多次向山西省药品监督管理局报批，并获得该局的广告投放批准。被告康宝公司自1999年11月起，投入大量资金在中央电视台《体育频道》和全国26家地方电视台对其“可立停”糖浆进行广告宣传。2001年9月12日，山西省政府办公厅发布晋政办发（2001）95号文件，对2001年山西省标志性名牌产品和山西省名牌产品及创名牌先进企业进行了公开的通报，康宝公司生产的晋康牌“可立停”糖浆（复方美沙芬糖浆）系其中之一。2003年9月2日，山西省名牌产品推荐委员会向康宝公司颁发山西省名牌产品证书，载明“可立停”糖浆（复方美沙芬糖浆）被该委员会认定为2001年山西省名牌产品。

1998年8月19日，康宝公司向广东华夏电视传播有限公司支付广告费566 640元，该广告发票凭据中未显示系何广告费。1999年9月17日，康宝公司销售给北京市医药公司京北分公司1 200瓶“可立停”糖浆。自1999年10月起，康宝公司开始大量向北京市的医药公司及全国其他城市销售其“可立停”药品。

2004年12月3日，北京市延庆县公证处应九龙制药厂的申请，对被告耀德堂药店销售康宝公司生产的商品名为“可立停”、通用名为“愈酚甲麻那敏糖浆”、曾用名为“复方美沙芬糖浆”的“晋康牌”糖浆的行为进行了证据保全，北京市延庆县公证处对此出具了（2004）延证民字第118号公证书。

另查，康宝公司于2000年6月6日向国家工商行政管理总局商标局申请将“可立停”文字及一卡通图形注册在第5类的“医药制剂、药用胶囊”等类别上，商标局经初步审查后在《商标公告》第777期上予以公告，注册号为第1592518号。案外人浙江可立思安制药有限公司在公告期内对该商标提出异议，国家工商行政管理总局商标局经审查认为：“可立停”是康宝公司糖浆药品的特有名称，经过康宝公司的实际使用和广告宣传，在消费者中已具有一定的知名度，“可立停”实际上已经起到区分商品来源的作用，具备了商标的显著性，故裁定异议不成立，浙江可立思安制药有限公司已就该商标向国家工商行政管理总局商标评审委员会（简称“商标评审委员会”）申请复审。现商标评审委员会尚未做出复审裁定。

以上事实有原告九龙制药厂提交的：卫药政发（94）第031号批复、国家食品药品监督管理局颁发的0000689、0000690号药品注册证、《中国医药报》上刊登的“可立停”广告、九龙制药厂与广告公司签订的广告发布业务合同及其付款凭据、“可立停15秒电视”广告审查表、口服液销售合同、北京市延庆县公证处出具的（2004）延证民字第118号公证书，被告康宝公司提交的：山西省卫生厅晋卫药复字（1998）第113号文件、山西省政府办公厅晋政办发（2001）95号文件、No. JMP－2001－086山西省名牌产品证书、山西省药品监督管理局于1999年至2005年期间关于康宝公司“可立停”糖浆的广告投放审查表、广告发票清单、销售凭据、康宝公司在全国省、市级电视台以及中央电视台播放“可立停”糖浆的广告跟踪监测报告、国家工商行政管理总局商标局（2004）商标异字第00512号商标异议裁定书、商标评审委员会“商标异议复审答辩通知书”以及当事人当庭陈述在案佐证。

一审判决及理由

不正当竞争行为是指经营者违反《反不正当竞争法》的规定，损害竞争对手的合法权益，扰乱社会经济秩序的行为。根据该法第五条之第（二）项的规定，擅自使用知名商品特有的名称、包装、装潢，或者使用与知名商品近似的名称、包装、装潢，造成和他人的知名商品相混淆，使购买者误认为是该知名商品的，构成不正当竞争行为。该规定中所称的“知名商品”应是在市场上具有一定知名度，为相关公众所知悉的商品。

原告九龙制药厂在本案中主张被告康宝公司在其糖浆上使用“可立停”这一商品名构成对其“可立停”口服液知名商品特有名称权的侵犯。由于商品是否知名属于事实问题，故原告九龙制药厂应当首先就其“可立停”口服液是否为知名商品承担举证责任。在认定知名商品时，通常应当考虑相关公众对该商品的知晓程度，已在市场上销售的时间长短和市场占有率，以广告或者其他方式宣传该商品的资金投入、持续时间、程度和地域范围，该商品在权威性评奖评优中获奖记录等因素进行综合判断。在一般情况下，认定“特有的商品名称、包装、装潢”还应当依照使用在先的原则予以认定。由本案查明事实可知，被告康宝公司在1999年就开始在其糖浆药品上使用“可立停”商品名称，其“可立停”糖浆于2001年被评定为山西省标志性名牌产品。故原告九龙制药厂应举证证明其产品“可立停”糖浆至少在2000年前就已通过在先使用成为全国的知名商品。原告九龙制药厂虽提供了大量的广告发布业务合同、口服液销售合同，但这些证据所显示的时间除前述1995年的三份销售合同外，均为2001年至2005年期间内签订的销售合同，故原告九龙制药厂的现有证据不能证明其“可立停”口服液自获得商品名批准的1994年至2000年期间已通过在先销售成为全国的知名商品，由此，其“可立停”商品名称也不能被认定为知名商品的特有名称。因此，对原告九龙制药厂关于其“可立停”口服液为知名产品，“可立停”为该知名产品的特有名称的主张，一审法院不予支持。

由查明事实可知，山西省卫生厅早在1998年就向被告康宝公司颁发晋卫药复字

(1998) 第113号文件，批准被告康宝公司在其药品“复方美沙芬糖浆”上将“可立停”作为商品名使用，故被告康宝公司的行为不构成非法使用。原告九龙制药厂主张被告康宝公司的“可立停”商品名未经合法审批，属于非法使用，因缺乏事实与法律依据，一审法院不予支持。

原告九龙制药厂以山西省卫生厅无审批商品名使用之权限为由，主张被告康宝公司将“可立停”作为商品名使用的行为不具合法性。对此，一审法院认为，因本案系民事纠纷，而药品商品名的审批，本质上属于一种行政许可行为，山西省卫生厅是否有权批准被告康宝公司在其药品上使用“可立停”商品名，属于对行政机关具体行政行为合法性审查的行政诉讼范畴，其有关争议不属于本案审理对象及范围，故一审法院在本案中不予涉及。

综上，依据《反不正当竞争法》第五条第（二）项、《民事诉讼法》第六十四条第一款、《最高人民法院关于民事诉讼证据的若干规定》第二条之规定，一审法院判决如下：

驳回原告九龙制药厂的诉讼请求。

案件受理费7 010元，由原告九龙制药厂负担（已交纳）。

上诉理由

九龙制药厂不服一审判决，向北京市高级人民法院提起上诉，请求二审法院依法撤销一审判决，改判支持九龙制药厂在一审提出的诉讼请求。

九龙制药厂上诉的主要理由为：1. 九龙制药厂对“可立停”商品名称享有合法的使用权，康宝公司使用的“可立停”商品名称未经合法审批，属于非法使用；2. 九龙制药厂对“可立停”商品名称使用在先，且使用该商品名称的止咳药品已成为知名商品。

被上诉人耀德堂药店、康宝公司服从原审判决。

二审查明事实

二审法院根据所采信的有效证据认定的案件事实与原审认定基本一致。

二审法院另外查明如下事实：康宝公司于2000年6月6日向国家工商行政管理总局商标局申请将“可立停”文字及卡通图形注册在第5类的“医药制剂、药用胶囊”等类别上。因案外人浙江可立思安制药有限公司在公告期内对该商标提出异议，故该商标申请尚未核准注册。

二审法院还另外查明如下事实，药品商品名称的审批管理原由卫生部药政管理局负责。药品生产管理归口国家食品药品监督管理局后，药品商品名称的审批管理由国家食品药品监督管理局负责，相应的法律及行政规章有：

1.《药品管理法》第五十四条：药品包装必须按照规定印有或者贴有标签并附有说明书。

2. 2000 年 3 月 17 日国家食品药品监督管理局发布的《药品包装、标签和说明书管理规定》。该规定第 6 条载明：药品的商品名须经国家药监局批准后方可在包装、标签上使用。

3. 2001 年 1 月 1 日起执行的《药品包装、标签和说明书管理规定》（暂行）第二条：药品包装、标签及说明书必须按照国家药品监督管理局规定的要求印制，其文字及图案不得加入任何未经审批同意的内容；第六条：药品商品名称必须经国家药品监督管理局批准后方可在药品包装、标签及说明书上标注。

4. 2001 年 11 月 7 日施行的国家食品药品监督管理局《药品包装、标签规范细则》（暂行）第三条规定：药品的名称必须经国家食品药品监督管理局批准后方可在包装上使用。

5. 2006 年 3 月 15 日，国家食品药品监督管理局颁发国食药监注（2006）99 号《关于进一步规范药品名称的通知》，该通知载明：药品商品名称应当符合《药品商品名称命名原则》的规定，并得到国家食品药品监督管理局批准后方可使用；药品广告宣传中不得使用未经批准作为商品名称使用的文字型商标。

以上事实有九龙制药厂提交的：卫药政发（94）第 031 号批复、国家食品药品监督管理局颁发的 0000689、0000690 号药品注册证、《中国医药报》上刊登的“可立停”广告、九龙制药厂与广告公司签订的广告发布业务合同及其付款凭据、“可立停 15 秒电视”广告审查表、口服液销售合同、北京市延庆县公证处出具的（2004）延证民字第 118 号公证书。康宝公司提交的：山西省卫生厅晋卫药复字（1998）第 113 号文件、山西省政府办公厅晋政办发（2001）95 号文件、No. JMP－2001－086 山西省名牌产品证书、山西省药品监督管理局于 1999 年至 2005 年期间关于康宝公司“可立停”糖浆的广告投放审查表、广告发票清单、销售凭据、康宝公司在全国省、市级电视台以及中央电视台播放“可立停”糖浆的广告跟踪监测报告、国家工商行政管理总局商标局（2004）商标异字第 00512 号商标异议裁定书、商标评审委员会“商标异议复审答辩通知书”、国家食品药品监督管理局《关于进一步加强药品标准及名称管理的通知》、《药品包装、标签和说明书管理规定》、国食药监注（2006）99 号《关于进一步规范药品名称的通知》以及当事人当庭陈述等证据在案佐证。

二审判决及理由

本案二审的争议焦点主要为“可立停”是否系知名商品特有的名称；被上诉人康宝公司能否在其糖浆药品上使用“可立停”商品名称。

本案被上诉人康宝公司虽然在其糖浆药品上以注册商标的方式使用了“可立停”字样，但是，判断“可立停”文字是商标标识，还是药品商品名称，应以相关消费者的认知为标准。被上诉人康宝公司在使用“可立停”文字时，虽然在右上角标注有“TM”符号，但因“可立停”文字的位置、字体和颜色比通用名称愈酚甲麻那敏糖浆更突出和显著，使消费者误认为该药品的名称为“可立停”。因此，应认定被上诉人康宝公司是以该药品商品名称的方式使用“可立停”文字。

依据《反不正当竞争法》第五条第（二）项的规定，擅自使用知名商品特有的名称、包装、装潢，或者使用与知名商品近似的名称、包装、装潢，造成和他人的知名商品相混淆，使购买者误认为是该知名商品的，构成不正当竞争行为。在认定知名商品时，应当考虑相关公众对该商品的知晓程度、销售时间及市场占有率，并结合该商品在广告宣传方面投入的资金、宣传时间及地域范围等因素进行综合判断。认定“特有商品的名称、包装、装潢”还应当依照使用在先的原则予以认定。被上诉人康宝公司于1999年就在其糖浆药品上使用“可立停”商品名称并投入大量资金在中央及地方26家电视台进行广告宣传。上诉人九龙制药厂对其生产的口服液也进行了大量的广告宣传，但广告宣传的时间均为2001年至2005年期间。此外，虽然上诉人九龙制药厂在被上诉人康宝公司之前就开始使用“可立停”商品名称，但上诉人九龙制药厂不能举证证明其口服液自取得“可立停”商品名称至2000年期间已通过在先使用成为知名商品。因此，上诉人九龙制药厂关于其“可立停”口服液为知名商品特有名称的主张，因缺乏事实，二审法院不予支持。由于上诉人九龙制药厂关于其“可立停”口服液为知名商品特有名称的主张不能成立，故其基于该主张请求被上诉人康宝公司在《中国医药报》刊登公告消除影响并赔偿经济损失30万元、被上诉人耀德堂药店停止销售被上诉人康宝公司生产的“可立停”糖浆药品亦不能成立，对此二审法院不予支持。

关于被上诉人康宝公司能否在其糖浆药品上使用“可立停”商品名称问题。根据《药品管理法》第五十四条药品包装必须按照规定印有或者贴有标签并附有说明书的规定，并结合2000年3月17日国家食品药品监督管理局发布的《药品包装、标签和说明书管理规定》、2001年1月1日起执行的《药品包装、标签和说明书管理规定》（暂行）、2001年11月7日施行的国家食品药品监督管理局《药品包装、标签规范细则》（暂行）行政规章中规定的：药品的商品名须经国家药监局批准后方可在包装、标签上使用；药品包装、标签及说明书必须按照国家药品监督管理局规定的要求印制，其文字及图案不得加入任何未经审批同意的内容。虽然1998年山西省卫生厅批准被上诉人康宝公司使用“可立停”作为其药品愈酚甲麻那敏糖浆的商品名，但药品生产管理归口国家食品药品监督管理局后，被上诉人康宝公司依法重新申报该糖浆的《药品注册证》时，并未申报和取得“可立停”商品名称，依照前述药品管理的法律及有关行政规章，被上诉人康宝公司在其国药准字号的该糖浆药品上使用“可立停”商品名称违反了药品商品名称管理的有关行政法规的规定。但是，本案系民事纠纷案件，被上诉人康宝公司前述使用行为的纠正不属于本案民事诉讼审理的范围，故上诉人九龙制药厂请求法院判令被上诉人康宝公司停止在糖浆药品上使用“可立停”商品名称的主张，二审法院不予采纳。

此外，上诉人九龙制药厂在一审起诉状中主张被上诉人康宝公司从1998年起即在其糖浆药品上使用未经合法审批的“可立停”商品名，因此，上诉人九龙制药厂并非仅针对被上诉人康宝公司依据山西省卫生厅的许可在其糖浆药品上使用“可立停”商品名称的行为。一审判决认定了被上诉人康宝公司经山西省卫生厅的批准在其糖浆上使用“可立停”商品名称不构成非法使用，但是，一审判决对被上诉人康宝公司重新申报该糖浆的《药品注册证》后，在取得国药准字号的该糖浆药品上使用“可立停”商品名称的情况未予审理，对此，二审法院予以纠正。

综上，上诉人九龙制药厂的上诉主张因缺乏相关事实及法律依据，其上诉请求二审法院不予支持。一审判决程序合法，认定事实基本清楚，适用法律正确，应予维持。依照《民事诉讼法》第一百五十三条第一款第（一）项之规定，判决如下：

驳回上诉，维持原判。

本案一审案件受理费 7 010 元，由上诉人九龙制药厂负担 4 010 元（已交纳），被上诉人康宝公司负担 3 000 元（在二审判决生效之日起 7 日内交纳）；二审案件受理费 7 010元，由上诉人九龙制药厂负担（已交纳）。

案例5：美国鸿利国际公司与金志明侵犯知名商品特有名称纠纷案

原告（上诉人）：美国鸿利国际公司
被告（上诉人）：金志明
第三人（上诉人）：李北祺

一审法院：哈尔滨市中级人民法院
一审案号：（1999）哈知初字第40号
一审合议庭成员：李靖海、刘淑华、马红梅
一审结案日期：1999年9月10日

二审法院：黑龙江省高级人民法院
二审案号：（2000）黑经一终字第6号
二审合议庭成员：单汝黎、田锡平、徐凤良
二审结案日期：2000年7月11日

案由：擅自使用知名商品特有名称纠纷

关键词：知名商品，特有名称，合资经营，商标使用许可

涉案法条

《民法通则》第一百四十二条第二款
《反不正当竞争法》第五条第（二）项、第（三）项和第二十条第一款
《民事诉讼法》第一百五十三条第一款第（二）项

争议焦点

- 知名商品是指在市场上有一定的知名度，为相关公众知悉的商品，并具有地域性特点。
- 商品知名后形成的知名商品特有的名称权利应属在先使用人。
- 如果不能证明是讼争商品的实际使用人，则不能基于使用而产生的权利提出主张，也就无就该主张提起诉讼的主体资格。

审判结论

一、撤销哈尔滨市中级人民法院（1999）哈知初字第40号民事判决；

二、驳回美国鸿利国际公司的诉讼请求。

一、二审案件受理费19780元，由美国鸿利国际公司负担。

起诉及答辩

原告美国鸿利国际公司诉称，原告自1986年至今在华投资开办美国加州牛肉面大王，已有百余家连锁店。“美国加州牛肉面大王”是原告在先使用的专有名称。被告未经原告的许可，擅自使用原告所有的“美国加州牛肉面大王”专有名称进行不正当经营，已构成侵权。要求被告立即停止使用美国加州牛肉面大王名称，向原告赔偿50万元，并在哈尔滨市有关报纸及电台向原告公开道歉。

被告金志明辩称，原告所称自1986年来华投资并已开办百余家美国加州牛肉面大王连锁店与事实不符；原告主张美国加州牛肉面大王是其专有名称的证据不足，其权利主张不能成立；被告使用美国加州牛肉面大王的名称是经美国加州烹饪公司许可的，并已经工商登记。被告未对原告构成侵权，法院应驳回原告的诉讼请求。

第三人李北祺述称，美国加州牛肉面大王是第三人首先创办并在中国最先使用，其专有技术也是第三人研制的，原告对美国加州牛肉面大王这一名称没有所有权，该权利属于第三人。原告公司为第三人与吴京红共同所有。第三人许可被告使用美国加州牛肉面大王是合法的。

事实认定

第三人李北祺原为原告美国鸿利国际公司的总经理。经第三人在北京与中方企业洽谈筹建中外合资公司，1985年11月16日第三人代表原告在《合资经营“北京市美国加州牛肉面大王有限公司”合同》上签字。1986年中外合资企业北京加州牛肉面大王有限公司开业，合资外方为原告公司。原告在取得中国工商局商标局鸿利商标注册证后，以商标使用许可及合作、合资等形式又在中国哈尔滨、上海等一些地区开设了多家美国加州牛肉面大王连锁店。在《商标使用许可合同》中约定，原告许可被许可方使用鸿利商标，商标使用商品为“美国加州牛肉面大王”；在许可人一栏中，许可人为原告公司，在许可人原告公司名下法定代表人兼董事长和创始人兼总经理栏内分别由吴京红和李北祺签名。原告开设的连锁店门前均立有“美国加州牛肉面大王”的招牌。在1991年的《商标使用许可合同》中还约定，原告同意被许可方悬挂“美国加州牛肉面大王”的招牌。

原告最早在哈尔滨开立的连锁店是于1991年5月29日核准注册的中外合资企业哈尔滨加州牛肉面大王有限公司，合资外方为原告公司，董事长和总经理均为吴京红。1996年7月20日原告在《中国工商报》上登载声明，第三人于1996年3月25日起不再担任本公司总经理及所有合作或合资连锁店的董事及总经理的一切职务。

被告金志明于1996年4月9日经工商局核准开办了哈尔滨市道外区美国加州牛肉面大王个体企业。1996年6月25日被告与美国加州烹饪公司董事长第三人李北祺签订了《加盟美国加州牛肉面大王连锁店合同》，约定第三人许可被告使用美国加州牛肉面大王的专有名称和其指定的标志，经营美国加州牛肉面各种产品及酒水和饮料。被告饭店门上悬挂的牌匾左侧书写“中美合作”4个小字及李北祺人头像，其后用大字书写“美国加州牛肉面大王”，其营业面积为93平方米，月营业额为6万元。

1998年上海市高级人民法院以（1997）沪高经终（知）字第532号民事判决认定，李北祺不能举证说明其对“加州牛肉面大王”享有专有名称上的权利，其要求判令美国鸿利国际公司停止使用美国加州牛肉面大王的专有名称于法无据，驳回了李北祺的上诉请求，维持了上海市第二中级人民法院（1996）沪二中经初（知）字第619号不支持李北祺诉讼请求的民事判决。

一审法院确认的上述事实，有商标注册证、商标使用许可合同、合同书、工商档案、公证文书、民事判决、报纸等书证和照片、当事人的陈述等证据在案为凭。这些证据已经一审法院开庭质证和审查核实，具有证明效力，可以采信。

一审判决及理由

原告美国鸿利国际公司是“美国加州牛肉面大王”名称的最早使用者和在哈尔滨市的在先使用者。“美国加州牛肉面大王”基本具备厂商名称的构成要素，实践中原告将其制成牌匾悬挂于自己开设或许可他人开设及合作、合资的连锁店门口，应视为属厂商名称的直接使用。原告在长达十多年的时间里，使用“美国加州牛肉面大王”作为厂商名称和商品名称，在中国北京、上海、哈尔滨等一些地区开设了多家连锁店，这些连锁店均具有相当的知名度，其所经营的商品“美国加州牛肉面”在消费者中享有一定声誉，已构成知名商品，“美国加州牛肉面大王”同时也成为该知名商品的特有名称。《民法通则》规定中华人民共和国缔结或者参加的国际条约的规定。我国与原告所在国美利坚合众国均为成员国的《保护工业产权巴黎公约》中规定，厂商名称应在本联盟一切国家内受到保护，无须申请或注册，也不论其是否为商标的一部分。因此，原告在先使用的“美国加州牛肉面大王”名称在我国应给予法律保护，其他任何人非经权利人原告许可，无权占有、使用、处分原告的这项无形资产。

被告金志明提出的使用“美国加州牛肉面大王”名称已经工商局核准登记和第三人李北祺许可的抗辩理由不能成立。被告在牌匾上虽然增加了“中美合作”和人头像，但其使用的“美国加州牛肉面大王”仍可使消费者误认为是原告经营的“美国加州牛肉面大王”，造成与原告的厂商名称和知名商品相混淆。其未经原告许可，以经营为目的使用原告“美国加州牛肉面大王”名称，构成对原告合法权利的侵害，应向原告赔偿经营期间所获利润，根据本案的具体情况，可按同类企业的平均利润率20%计算赔偿金额。

原告在起诉时未对第三人提出有关诉讼请求，是对自己权利的处分，一审法院予以认可。

综上所述，依据《民法通则》第一百四十二条第二款、《反不正当竞争法》第五条第（二）项、第（三）项和第二十条第一款的规定，判决如下：

一、被告金志明于一审判决生效之日起停止使用“美国加州牛肉面大王”名称；

二、被告金志明于一审判决生效后10日内赔偿原告美国鸿利国际公司49.2万元（自1996年4月9日至1999年9月9日按每月12 000元计算）；

三、原告美国鸿利国际公司的其他诉讼请求不予支持。

案件受理费9 890元由被告金志明负担。

上诉理由

美国鸿利国际公司、金志明、李北祺均不服一审判决，向黑龙江省高级人民法院提起上诉。

美国鸿利国际公司的上诉理由是：上诉人起诉时没有对李北祺提出诉讼请求，是因为当时不知李北祺允许金志明使用“美国加州牛肉面大王”。经黑龙江省高级人民法院发回重审，重审中追加李北祺为第三人。重审开庭时，上诉人要求李北祺停止使用“美国加州牛肉面大王”这一知名商品的特有名称，上诉人从未放弃自己的权利。所以，原审判决认为其放弃权利是错误的。故请二审法院判决李北祺立即停止使用“美国加州牛肉面大王”特有名称并赔偿损失；停止欺骗、唆使他人使用“美国加州牛肉面大王”并获取利益。

金志明上诉请求撤销原判，驳回美国鸿利国际公司的诉讼请求。上诉理由是：1. 原判决认定事实不清。（1）上诉人金志明使用“美国加州牛肉面大王”名称是与美国加州烹饪公司签订的合同，而不是原审判决在“本院认为”中叙述的与李北祺先生个人。（2）认定美国鸿利国际公司开设的连锁店门前均立有“美国加州牛肉面大王”的招牌是没有依据的。美国鸿利国际公司至今未提供其开有“美国加州牛肉面大王”的证据，原审也未查清美国鸿利国际公司到底在什么地方开办、开办了多少家连锁店。（3）美国鸿利国际公司1991年的《商标使用许可合同》中没有同意被许可方悬挂“美国加州牛肉面大王”招牌的内容，原判决是虚构事实。（4）认定哈尔滨加州牛肉面大王有限公司董事长和总经理均为吴京红属事实不清。（5）美国鸿利国际公司不是“美国加州牛肉面大王”名称的最早使用者和哈尔滨市的在先使用者。北京加州牛肉面大王有限公司、哈尔滨加州牛肉面大王有限公司在经营中产生的权利，应属于该企业，不应完全归属于合资外方。且在美国鸿利国际公司成立前，李北祺已经来中国洽谈开办“美国加州牛肉面大王”业务。（6）“美国加州牛肉面大王”不是美国鸿利国际公司的厂商名称。因为美国鸿利国际公司在美国和中国从未将“美国加州牛肉面大王”单独用做厂商名称使用。（7）“美国加州牛肉面大王”不是美国鸿利国际公司知名商品的特有名称。（8）美国鸿利国际公司不是“美国加州牛肉面大王”的直接使用人，不具有本案原告的主体资格。美国鸿利国际公司不从事餐饮业经营，在美国及中国都没有单独经营过“美国加州牛肉面大王”快餐店，没有单独使用、直接使用过“美国加州牛肉面大王”的名称。使用“美国加州牛肉面大王”名称的都是我国国内的企业或个人，所以，美国鸿利国际公司无权就基于使用而产生的权利提出主张。（9）原审判决认定的上海高院判决，没有在开庭时出示质证。2. 原审判决适用法律不当。（1）原审判决对《保护工业产权巴黎公约》的适用是错误的。巴黎公约不是国内法，“美国加州牛肉面大王”的连锁店均是中国法人或经济组织，当然要适用中国的法律，而不能适用巴黎公约。（2）原审判决适用《反不正当竞争法》裁决本案不当。在本案中，其与美国鸿利国际公司之间不存在不正当竞争关系。3. 上诉人金志明使用“美国加州牛肉面大王”的名称是有合法依据的。其与美国加州牛肉面大王创始人李北祺担任董事长的美国加州烹饪公司签有合同，成为美国加州牛肉面大王连锁店，使用“美国加州牛肉面大王”的名称，其中商标使用许可合同经国家商标局备案，营业执照上登记注册的企业名称也是“美国加州牛肉面大王”。所以，其是在合法使用自己登记注册的企业名称。

美国鸿利国际公司针对金志明的上诉答辩称：1. 一审判决是在充分调查的基础上做出的。2. 一审判决认定的事实清楚，金志明的九点上诉理由不成立。（1）李北祺及美国加州烹饪公司均无权使用也无权许可他人使用“美国加州牛肉面大王”这一知名商品的特有名称。美国加州烹饪公司是1995年在美国登记注册的，而此时，“美国加州牛肉面大王”这一名称在中国使用了将近十年的时间，美国加州烹饪公司将属于美国鸿利国际公司的权利许可他人使用，已侵害了美国鸿利国际公司的合法权益，所以不能因为金志明向工商机关提供虚假事实，隐瞒侵犯他人权益的情况，骗取了工商注册，在商标局备案，就不构成侵权。（2）美国鸿利国际公司是“美国加州牛肉面大王”的唯一合法的权利人。这在一审判决中已确认，是无可争议的。（3）美国鸿利国际公司最先在中国使用“美国加州牛肉面大王”名称。（4）“美国加州牛肉面大王”是知名商品的特有名称。美国鸿利国际公司先后在中国成立几十家连锁店，均使用这一名称，报刊广为报导，已被公众所熟知，这一名称具有显著的区别性，同时又不是商品的通用名称，符合知名商品特有的法定条件。（5）“美国加州牛肉面大王”是厂商名称。美国鸿利国际公司在美国早已注册有“美国加州牛肉面大王公司”，而国内的连锁店都是自主经营、自负盈亏的经济组织，“美国加州牛肉面大王”这一名称正是与其他同行业相区别的显著标志，在公众的心目中已得到确认，所以，根据《保护工业产权巴黎公约》的规定，“美国加州牛肉面大王”基本具备厂商名称的构成要素，是厂商名称，一审法院的判定是正确的。此外，不从事餐饮业，不等于不能拥有餐饮业的权利。（6）不存在证据未质证的问题。3. 一审适用法律正确。本案是因金志明擅自使用他人知名商品特有名称引起，属不正当竞争，因此适用《反不正当竞争法》正确。4. 李北祺及美国加州烹饪公司将不属于自己的权利转让给他人属民事欺诈行为，应受制裁。李北祺来中国之前从事什么职业与本案无关。

李北祺上诉请求撤销原判，驳回美国鸿利国际公司的诉讼请求。上诉理由是：1. 上诉人李北祺于1975年在美国洛杉矶创办了“牛肉面大王”这一快餐项目，到1985年时，已有七家“牛肉面大王”餐馆，经营牛肉面、鸡丝面及各种小菜。这些餐馆使用的商号就是“牛肉面大王”，因为其是美国公民，餐馆又在美国加利福尼亚州，所以，“牛肉面大王”就是“美国加州牛肉面大王”。根据《保护工业产权巴黎公约》，对于其在美国加州使用的“牛肉面大王”的商号，在中国应当受到保护。2. 上诉人李北祺于1985年最先将“美国加州牛肉面大王”引入中国。1985年5月至8月，其担任董事长的美国加州“中国烹饪公司”与北京718厂洽谈合作开办“美国加州牛肉面大王”餐馆，该餐馆使用其在美国的商号、引入其经营模式、经营内容。在其与718厂形成的意向书、718厂的可行性研究报告及北京市计委、对外经贸委等几个法律文件中，都出现了“牛肉面大王”和“美国加州牛肉面大王”的字样。合作的中方认可其是“加州牛肉面大王”的创办人，认可“美国加州牛肉面大王”专有技术属于上诉人李北祺，承认“美国加州牛肉面大王”具有商业信誉及商业价值。这些文件中对“牛肉面大王”、“美国加州牛肉面大王”等文字的使用，是具有法律意义的使用，因而，其在中国最先使用了“美国加州牛肉面大王”这一名称。而这时，美国鸿利国际公司还没有成立。3. 是其将“美国加州牛肉面大王”引入中国，而不是美国鸿利国际公司，中国所有“美国加州牛肉面大王”连锁店使用的都是其在美国创办并使用的“牛肉面大王”的商号，而不是美国鸿利国际公司的，因为美国鸿利国际公司在美国根本不经营餐馆业。北京加州牛肉面大王有限公司成立后，代表外方的一直是上诉人李北祺，直至1990年，吴京红才来北京参加公司董事会，与中方合作者有所接触。4. 上诉人李北祺是“美国加州牛肉面大王”专有技术的研制者和所有者。吴京红和她的二个女儿根本不了解“美国加州牛肉面大王”的专有技术。5. 关于“美国加州牛肉面大王”的权属。自1986年“美国加州牛肉面大王”被其引入中国以来，其曾经以三种方式在中国开办业务。（1）以美国商人、“美国加州牛肉面大王”创始人身份与中国企业或个人合作开办连锁店；（2）通过美国鸿利国际公司与中国企业或个人合资、合作开办连锁店；（3）以美国加州烹饪公司名义与中国企业或个人合资、合作开办连锁店。但无论以哪种方式，“美国加州牛肉面大王”的权利都是属于上诉人的。在其通过美国鸿利国际公司开办连锁店时，每一份《商标使用许可合同》都有其作为“美国加州牛肉面大王”创始人的签字认可。此外1993年3月，上诉人李北祺与吴京红签署了一份协议书，有这样的内容：“李北祺先生是美国加州牛肉面大王的创始人”，“美国鸿利国际公司在中国开展‘美国加州牛肉面大王’业务所获取的纯利润的40%归李北祺先生所有。”这说明美国鸿利国际公司使用“美国加州牛肉面大王”的名称是有偿的，要向其交付一定的费用。6. 以上海高院532号判决为本案判例违反民诉法。本案通知其作为第三人参加诉讼，并提交了答辩状和证据材料，原审法院应根据证据和其答辩进行审理和认定，但原审法院却以上海高院的判决为依据进行判决，是不公正的。7. 美国加州烹饪公司与金志明签订的合同是合法有效的。上诉人李北祺在美国最先使用“牛肉面大王”的商号，最先将“美国加州牛肉面大王”引入中国，所以，请求依照《保护工业产权巴黎公约》第八条的规定，保护其在中国使用“美国加州牛肉面大王”商号，开办连锁店的权利。

二审查明事实

二审查明事实与一审基本相同。

二审判决及理由

知名商品是指在市场上有一定的知名度，为相关公众知悉的商品，并具有地域性特点。商品知名后形成的知名商品特有的名称权利应属在先使用人。上诉人美国鸿利国际公司是以“美国加州牛肉面大王”为其知名商品特有名称为由，依据《反不正当竞争法》的有关规定要求保护的。在中国境内，首先将“美国加州牛肉面大王”作为服务标记的是北京——加州牛肉面大王有限公司。在哈尔滨市区域内，使用“美国加州牛肉面大王”的是哈尔滨加州牛肉面大王有限公司。上诉人美国鸿利国际公司提供的证据仅能证明其是上述两家公司的股东之一，未能证明其是使用人，无权就基于使用而产生的权利提出主张，无就该主张提起诉讼的主体资格，上诉人金志明关于美国鸿利国际公司不具有本案诉讼主体资格的上诉理由成立，二审法院予以采纳。依据《民事诉讼法》第一百五十三条第一款第（二）项之规定，并经二审法院审判委员会讨论决定，判决如下：

一、撤销哈尔滨市中级人民法院（1999）哈知初字第40号民事判决；

二、驳回上诉人美国鸿利国际公司的诉讼请求。

一、二审案件受理费19 780元，由上诉人美国鸿利国际公司负担。

案例6：康美医药公司与天佑医药公司、顺发保健公司侵犯知名商品名称纠纷案

原告（被上诉人）： 江西康美医药保健品有限公司（以下称“康美医药公司”）
被告（上诉人）： 江西天佑医药科技有限公司（以下称“天佑医药公司”）
被告： 江西药都顺发生物保健有限公司（以下称“顺发保健公司”）

一审法院： 江西省宜春市中级人民法院
一审案号：（2005）宜中民三初字第15号
一审合议庭成员： 熊德林、胡维、李福星
一审结案日期： 2005年10月25日

二审法院： 江西省高级人民法院
二审案号：（2005）赣民三终字第33号
二审合议庭成员： 刘建玲、徐快华、肖玉华
二审结案日期： 2006年1月23日

案由： 擅自使用知名商品特有名称纠纷

关键词： 知名商品，特有名称，混淆，误认

涉案法条

《民事诉讼法》第一百三十四第一款、第二款、第三款和第一百三十条、第一百五十三条第一款第（一）项、第（三）项、第一百五十七条、第二百三十二条

《反不正当竞争法》第五条第（二）项、第二十条

《民法通则》第一百三十四条第一款、第二款

《最高人民法院关于适用〈中华人民共和国民事诉讼法〉若干问题的意见》第一百八十条

争议焦点

- 所谓“知名商品”，是指在特定市场上具有一定的知名度，为相关的公众所知悉的商品。知名商品不是经法定程序评定出来的荣誉称号，而是行政机关或审判机关在处理个案中认定的法律事实。

- 法院在认定知名商品时，应当遵循个案认定、综合判定的原则，通常应当考虑在具体的案件中，相关公众对系争商品的知悉程度，该商品在市场上销售的时间长短、销售金额和市场占有率，以广告及其他方式宣传系争商品的资金投入、持续时间、程度和地理范围，系争商品在权威性评奖评优中获奖记录等因素，在此基础上综合判断。
- 特有名称则是个体商品独有的称谓，这种称谓能够将同类商品中的此商品与彼商品区分开来。特有名称并非依法定程序取得，而是通过使用产生了显著性，使相关公众将该名称与特定的经营者的知名商品自然联系起来，从而达到区分同类商品的“特有”性。
- 在认定知名商品的特有名称时，通常应考虑以下因素：1. 该名称一般应当具有独创性或在该类商品中最先使用，或者虽然不属最先使用但通过经营者的商业运作和行销策略，使该名称从不知名到知名、从不显著到显著，具有了新的特定的含义。2. 具有显著性与通用名称可区分。3. 相关公众是否将该名称和商品的来源产生联想。4. 经营者自使用该名称以来是否一直在排他性使用，通过合法有效的管理未使该名称淡化，由特有名称转化为通用名称。
- 如果一方在其生产、销售的商品上使用另一方某种商品的特有名称，属于在同类商品中的相同使用，足以造成消费者的误认，则构成不正当竞争行为，对此应承担相应的民事责任。
- 侵权人作为同业竞争者，擅自在其生产的同类商品上使用某特有名称，其主观上具有“搭便车”的意图，以获取不正当的利益，客观上足以引起市场的混淆，其结果是挤占被侵权人的市场份额，对被侵权者的商品信誉及市场造成一定程度的损害，则该行为构成我国《反不正当竞争法》所禁止的擅自使用知名商品的特有名称的不正当竞争行为，依法应承担相应的民事责任。

审判结论

一、维持宜春市中级人民法院（2005）宜中民三初字第 15 号民事判决第三、四、五项；

二、变更宜春市中级人民法院（2005）宜中民三初字第 15 号民事判决第一项为：天佑医药公司于二审判决生效后立即停止在其生产销售的卫生用品［抗（抑）菌洗剂］上使用“妇炎洁”作为商品名称，并不得进行广告宣传；销毁现有库存“佑美”牌“妇炎洁”洗液的全部外包装盒、内包装罐和全部侵权产品；

三、变更宜春市中级人民法院（2005）宜中民三初字第 15 号民事判决第二项为：天佑医药公司因不正当竞争行为侵犯康美医药公司“伊康美宝”牌“妇炎洁”知名商品特有的名称，于二审判决生效之日起 10 日内，赔偿康美医药公司经济损失 5 万元人民币。

一审案件受理费 7 310 元，财产保全费 2 020 元，总计 9 330 元按一审判决执行。

二审案件受理费7 310元，由上诉人天佑医药公司负担。

起诉及答辩

原告康美医药公司诉称：原告康美医药公司系仁和（集团）发展有限公司旗下的一家子公司，主营外用消毒品、医疗保健用品的生产和销售。原告康美医药公司的主打产品“伊康美宝”牌“妇炎洁”洗液，自1999年初投放市场以来，以其清爽、舒适、安全、优质、芳香而赢得广大消费者的青睐。原告康美医药公司为扩大该产品的市场占有率和知名度，长年、持续在中央电视台及各家地方卫视台投放大量广告，使得“伊康美宝”牌“妇炎洁”洗液已家喻户晓，产品年销量已稳居全国同类产品的前列，并多次获得各项殊荣。

随着“知心爱人——妇炎洁”及“我用妇炎洁，洗洗更健康”的电视广告的反复播放以及其他形式的广告宣传，加上原告康美医药公司在该产品的内、外包装盒上突出使用了“妇炎洁”三个字，使得这一由原告康美医药公司在卫生用品上首次用于表达妇科卫生洗液用品的商品名称（妇炎洁），早已经事实上成为了知名商品的特有名称。由于“妇炎洁”已声名远播，故而也成为了一些不法厂家的“目标”，“傍名牌、搭便车”的现象时有发生，而且有愈演愈烈之势。

2005年3月份以来，原告康美医药公司陆续接到陕西、山西、河北等地市场的信息反馈，由被告天佑医药公司生产的“佑美”牌“妇炎洁”洗液，对原告康美医药公司的“伊康美宝”牌“妇炎洁”洗液冲击很大。经调查，被告天佑医药公司在其生产的“佑美”牌妇科卫生洗液的包装盒及宣传单上均使用了“妇炎洁”表达商品名称，且故意突出使用了“妇炎洁”三个字，造成普通消费者误认为天佑医药公司是原告康美医药公司的控股或参股企业，从而误认为“佑美”“妇炎洁”是“伊康美宝”“妇炎洁”的更新产品，属明显有意“傍名牌、搭便车”的侵权行为。

经原告康美医药公司举报，江西省婺源县工商局于2005年7月14日做出了工商公字［2005］第206号《对江西天佑医药科技有限公司仿冒“妇炎洁”知名商品特有名称一案的处罚决定》，对被告天佑医药公司做出了罚款决定，并对仿冒“妇炎洁”知名商品的包装物进行当场销毁。然而，被告天佑医药公司非但不悔改，反而继续实施其对原告康美医药公司的侵权行为。2005年8月24日，在原告康美医药公司本部所在地的市场上竟然也出现了该侵权产品，被告顺发保健公司公然出售由被告天佑医药公司生产的上述侵权产品，其仿冒侵权行为的泛滥及嚣张，已到了实在不能容忍的地步。

综上所述，被告天佑医药公司作为生产者，擅自使用原告康美医药公司知名商品特有的名称，被告顺发保健公司作为经营者，销售了侵犯原告康美医药公司知名商品特有名称的侵权产品。上述两被告的行为，违反了国家的相关法律法规，属扰乱市场经营秩序的不正当竞争行为，已对原告康美医药公司构成共同侵权，给原告康美医药公司造成巨大的经济损失。原告康美医药公司根据《反不正当竞争法》第五条、第二十条的规定，特向一审法院提起诉讼，诉请法院判令：

1. 被告天佑医药公司立即停止对原告康美医药公司生产的“伊康美宝”牌“妇炎洁”洗液的知名商品特有名称的侵权行为，销毁其现有的“佑美”牌“妇炎洁”洗液的全部外包装和内包装罐，召回、清理已流入市场的全部侵权产品，消除负面影响；

2. 被告天佑医药公司赔偿因侵权行为而造成原告康美医药公司的损失 30 万元人民币；

3. 被告顺发保健公司立即停止销售侵犯原告康美医药公司知名商品特有名称的“佑美”牌“妇炎洁”洗液，销毁其库存的全部侵权产品；

4. 两被告赔偿原告康美医药公司为制止被告侵权行为所支付的合理开支及律师费 2 万元；

5. 本案全部诉讼费用由两被告承担。

被告天佑医药公司辩称：被告生产的“天佑”牌“妇炎洁”并未侵犯康美医药公司生产的“伊康美宝”牌“妇炎洁”的产品名称。因为“妇炎洁”属通用名称，并不属于康美医药公司的特有名称，故被告生产的该产品不构成对康美医药公司“妇炎洁”的侵权，请求法院驳回原告康美医药公司的诉讼请求。

被告顺发保健公司辩称：被告销售本案所涉产品，进货渠道正道，且不知道其为侵权产品，依法不应承担民事责任。请求法院驳回原告对被告的诉讼请求。

事实认定

一、“妇炎洁”知名商品的特有的名称系原告康美医药公司于 1999 年 1 月份在卫生用品上最先使用，并连续使用至今。原告长年、连续在中央电视台及全国各大媒体进行广告宣传，使相关公众一看到、听到“妇炎洁”即能区分产品的来源为仁和药业，在使用过程中已经产生了显著性，“妇炎洁”系原告知名商品的特有名称是一个不争的事实。

二、被告天佑医药公司生产的“佑美”牌“妇炎洁”与原告康美医药公司生产的“伊康美宝”牌“妇炎洁”比对，名称相同，足以造成相关人员误认误购。

三、被告天佑医药公司仿冒原告康美医药公司产品特有名称并在全国范围内招商，侵害较大，负面影响较大，给原告造成一定的经济损失。

四、原告为制止被告侵权行为而起诉支出的合理律师代理费为 1 万元。

一审判决及理由

一、“伊康美宝”牌“妇炎洁”洗液产品，已被一审法院 2005 年 9 月 6 日做出的（2005）宜中民三初字第 11 号生效民事判决，业已认定为知名商品，并已认定“妇炎洁”为该知名商品的特有名称。对此事实，原告康美医药公司无须再举证，一审法院也不须重新确认。

二、被告天佑医药公司行为的性质。根据《反不正当竞争法》第五条之规定，经营者不得采用下列不正当手段从事市场交易，损害竞争对手……（二）擅自使用知名商品特有的名称、包装、装潢，造成和他人的知名商品相混淆，使购买者误认为是该知名商品……被告天佑医药公司生产的“佑美”牌“妇炎洁”洗液，其产品名称与原告康美医药公司生产的“伊康美宝”牌“妇炎洁”洗液产品名称相同，足以误导消费者误认、误购。被告对原告康美医药公司的“伊康美宝”牌“妇炎洁”产品特有名称已构成侵权。

三、被告顺发保健公司，由于其进货渠道正道，且无侵权的故意，故该被告依法不承担本案的赔偿责任。

四、赔偿数额。因被告天佑医药公司侵犯原告康美医药公司生产的“伊康美宝”牌“妇炎洁”知名商品的特有名称，严重冲击原告康美医药公司的市场网络，给原告康美医药公司造成一定的可得利益损失。但是由于原告康美医药公司未提供充足证据证明被告天佑医药公司的违法所得及自己的实际损失，一审法院决定采取法定赔偿的方式确定赔偿数额。一审法院综合考虑原告康美医药公司的权利类型为知名商品的特有名称，侵权行为持续的时间、侵权范围及相应销售网络等事实因素，决定给予原告康美医药公司共计 30 万元人民币的赔偿。

此外，赔偿数额还应当包括权利人为制止侵权行为支付的合理费用。本案原告康美医药公司主张调查费用因没有提供有效票据，一审法院不予支持。对原告康美医药公司主张的律师代理费 1 万元，符合相关规定，一审法院予以支持。对原告康美医药公司主张判令被告天佑医药公司立即停止生产“妇炎洁”洗液，销毁现有库存“妇炎洁”洗液的全部外包装盒、内包装罐和全部侵权产品，召回、清理已流入市场的全部侵权产品，消除负面影响的诉求，理由充分，符合法律规定，一审法院予以支持。对原告康美医药公司主张被告顺发保健公司停止侵权，停止销售侵权产品的诉求，鉴于被告已停止销售，对此诉求已无支持的必要，但对原告康美医药公司主张销毁其库存产品的诉求，一审法院予以支持。据此，依照《民事诉讼法》第一百三十四条第一款、第二款、第三款和第一百三十条、第二百三十二条，《反不正当竞争法》第五条第（二）项、第二十条，《民法通则》第一百三十四条第一款、第二款之规定判决如下：

一、被告天佑医药公司于一审判决生效后立即停止仿冒原告康美医药公司的“伊康美宝”牌“妇炎洁”知名商品特有的名称“妇炎洁”的行为；并销毁现有库存“佑美”牌“妇炎洁”洗液的全部外包装盒、内包装罐和全部侵权产品，召回、清理已流入市场的全部侵权产品，消除负面影响。若在一审判决生效后不立即履行上述条款，则每延迟一天，向原告康美医药公司日支付迟延履行金 1 万元人民币。

二、被告天佑医药公司因不正当竞争行为侵犯原告康美医药公司“伊康美宝”牌“妇炎洁”知名商品特有的名称，于一审判决生效之日起 10 日内，赔偿原告江西康美医药保健品有限公司经济损失 30 万元人民币，并赔偿原告康美医药公司律师代理费用 1 万元人民币。

三、被告顺发保健公司立即销毁其库存的全部“佑美”牌“妇炎洁”洗液商品。

四、驳回原告康美医药公司的其他诉讼请求。

五、案件受理费7 310元，财产保全费2 020元，共计人民币9 330元（已由原告康美医药公司预交），由被告天佑医药公司承担，并于一审判决生效后10日内支付给原告康美医药公司。

上诉理由

天佑医药公司不服原审判决，向江西省高级人民法院提起上诉，请求撤销原判，驳回被上诉人康美医药公司的全部诉讼请求，并由被上诉人承担本案所有诉讼费用。

天佑医药公司的上诉理由如下：1. 上诉人提供了四川省乐山市大千药业有限公司于1993年便开始使用“妇炎洁”三字，生产销售“妇炎洁”泡腾片的证据。证明了被上诉人对“妇炎洁”三字不是在先使用，更谈不上首创。2. 上诉人提供了国内部分企业生产销售以“妇炎洁”为通用名的相关产品的证据。证明了“妇炎洁”三字作为通用名在行业内是广泛使用，已成为行业内的通识和惯例。3. 上诉人提供了“妇炎洁”三字作为通用名的有效文件和法律根据。4. 上诉人提供的证据证明了上诉人生产销售“佑美”牌妇炎洁洗液不属于仿冒知名商品的特有名称的行为，而是合法的生产销售行为。

被上诉人康美医药公司答辩称：

一、康美医药公司在卫生用品市场在先使用“妇炎洁”名称生产销售卫生洗液是无可辩驳的事实，大千药业生产的“妇炎洁泡腾片”不属同一相关市场的替代产品，不具有可比性和互换性，原审判决的相关认定正确合法。

二、“妇炎洁”名称具有显著性和区别性，是康美医药公司知名商品的特有名称而非卫生洗液的通用名称，天佑医药公司以部分侵权企业仿冒康美医药公司特有名称生产销售同类商品循环论证“妇炎洁”为通用名称并以大千药业0155690号药品注册证及其药品批文证明通用名称没有事实根据与法律依据，原审判决的相关认定正确合法。

三、鉴于“妇炎洁”并非同类产品的通用名称，鉴于讼争的卫生用品命名并不适用《健康相关产品命名规定》，鉴于康美医药公司以“妇炎洁”为自己知名商品的特有名称并不违法，也鉴于“妇炎洁”已成为康美医药公司知名商品的特有名称，天佑医药公司以一般性的命名标准反推“妇炎洁”系通用名并反证自己命名合法性的上诉理由不能成立，原审判决的相关认定同样正确合法。1. 本案讼争卫生用品的命名不适用《健康相关产品命名规定》，康美医药公司的命名并不违法。第一，从卫生部的产品分类上看，卫生用品的命名也不适用《健康相关产品命名规定》。第二，从《健康相关产品命名规定》第二条的适用范围看，卫生用品的命名也不适用该《健康相关产品命名规定》。2. “妇炎洁”并非同类产品的通用名称而系康美医药公司知名商品的特有名称是不争的事实。

四、天佑医药公司在相同商品上使用康美医药公司知名商品特有名称的行为足以造成混同和误认，其“不可能发生误认误购”的上诉理由不能成立，原审判决的认定同样正确合法。

综上，“妇炎洁”洗液是康美医药公司知名商品特有的名称，天佑医药公司在其生产的“佑美”牌妇科卫生洗液的包装盒及宣传单上使用“妇炎洁”作为其商品名称且故意突出使用“妇炎洁”三字，足以造成消费者误认误购，显属恶意“傍名牌、搭便车”的不正当竞争行为。一审判决认定事实清楚，适用法律正确，实体处理公正合法。综上，恳请二审法院依法驳回上诉，维持原判。

原审被告顺发公司未提交书面答辩意见。

二审查明事实

被上诉人康美医药公司系仁和（集团）发展有限公司（下称“仁和公司”）与香港湘峰企业的合资公司（出资比例为仁和公司75%香港方25%），主要从事中药保健食品、医疗保健品及外用消毒品的开发、生产和销售。“伊康美宝”牌“妇炎洁”系列外用洗液是康美医药公司的拳头产品，于1999年1月投放市场。2001年8月被中国质量检验协会评为国家权威机构检测合格产品，1999年至今先后获得“优秀新产品奖”“绿色消费质量跟踪合格产品”“江西省名牌产品”等荣誉称号。康美医药公司为提升“伊康美宝”牌“妇炎洁”洗液的知名度和市场占有率，投入了巨额广告费，在中央电视台及各省市卫视和其他媒体进行了长时间、大范围、不间断的广告宣传。其中包括著名歌手付笛生、任静夫妇做的电视广告家喻户晓，“妇炎洁”产品的销售网络遍布全国，销售量居同类产品前列。

上诉人天佑医药公司是以研究开发“山腊梅”为主导品种及经营化学试剂、食品、卫生用品（皮肤粘膜卫生用品）的合资企业。2005年7月28日注册了“佑美”商标，2005年4月开始生产“妇炎洁”洗液，2005年6月8日江西省、上饶市、婺源县三级工商部门联合对天佑医药公司进行了查处，认定天佑医药公司生产“佑美”牌妇炎洁的行为侵犯了康美医药公司知名商品的特有名称，属不正当竞争行为。天佑医药公司于2005年6月9日向婺源县工商局提交了《关于“佑美”牌“妇炎洁”生产情况汇报》，2005年7月11日向婺源县工商局提交了《关于要求减免“妇炎洁”产品处罚的请示》，婺源县工商局于2005年7月14日下达了处罚决定书，天佑医药公司不服处罚决定已提起行政诉讼，该行政诉讼案件现在江西省上饶市中级人民法院二审。

顺发公司于2005年8月18日从山东济南东盛医药有限公司购进“佑美”牌“妇炎洁”洗液，单价3.8元，共计1 520元。姓名为陈新如的个人于2005年8月24日从顺发公司购进“佑美”牌“妇炎洁”洗液160瓶，单价4.2元，共计672元。

2005年9月1日购货人为王婷的个人在西安市医药经销公司购买了“佑美妇炎洁”1瓶单价为4.8元。成都科讯药业有限公司出具的一份2005年9月1日销售清单载明，客户：西昌市晨光综合门诊；商品名称：妇炎洁洗液（佑美）；生产厂家：江西天佑科技有限公司；5瓶，单价3.7元；批号0505011，共计18.5元。

天佑医药公司为推销“佑美”牌“妇炎洁”对外进行了广告宣传及招商活动。

康美医药公司于2002年7月8日在第五类卫生用品消毒剂等商品上向国家工商行

政管理总局商标局提出“妇炎洁”商标的注册申请，被商标局驳回。之后康美医药公司提出复审，国家商标局评审委员会认定“妇炎洁”作为商标，通过在市场上的实际使用及广告宣传，已能起到区分商品来源的识别作用，具有商标应有的显著性，可予初审并公告。初审公告之后，四川大千药业有限公司及天佑医药公司等提出了异议，该异议现正在商标局审理之中。

1993 年 8 月 19 日四川省卫生厅下文同意乐山中药厂生产妇炎洁泡腾片。1995 年 11 月 23 日四川省卫生厅下文同意四川乐山大千药业有限公司生产妇炎洁泡腾片。2002 年 7 月 25 日，四川大千药业有限公司获得国家药品监督管理局颁发的生产“妇炎洁泡腾片”药品注册证及批件。

康美医药公司为本案一审支付了律师费 1 万元人民币。

康美医药公司诉广州二天堂制药有限公司、广州确正药业有限公司、南昌市龙腾医疗器械有限公司、廖国兴仿冒、伪造知名商品的特有名称、包装、装潢纠纷一案，江西省宜春市中级人民法院于2005 年9 月6 日作出判决并已发生法律效力，案号为（2005）宜中民三初字第 11 号民事判决。该判决确认了如下事实：1. “伊康美宝”牌“妇炎洁”洗液是知名商品。2. “妇炎洁”是康美医药公司生产的知名商品的特有名称。

二审判决及理由

依据上诉和答辩，并经各方当事人当庭认可，本案二审的争议焦点是：“伊康美宝”牌“妇炎洁”洗液是否为知名商品；“妇炎洁”是属于产品的通用名称还是属于被上诉人康美医药公司知名商品的特有名称；上诉人天佑医药公司的行为是否构成“仿冒”，即是否构成不正当竞争。

1. 被上诉人康美医药公司的“伊康美宝”牌“妇炎洁”洗液是知名商品。

《反不当竞争法》上所称的“知名商品”，是指在特定市场上具有一定的知名度，为相关的公众所知悉的商品。知名商品不是经法定程序评定出来的荣誉称号，而是行政机关或审判机关在处理个案中认定的法律事实。法院在认定知名商品时，应当遵循个案认定、综合判定的原则，通常应当考虑在具体的案件中，相关公众对系争商品的知悉程度，该商品在市场上销售的时间长短、销售金额和市场占有率，以广告及其他方式宣传系争商品的资金投入、持续时间、程度和地理范围，系争商品在权威性评奖评优中获奖记录等因素，在此基础上综合判断。从本案来看，被上诉人康美医药公司的“伊康美宝”牌“妇炎洁”洗液，面市 6 年多，通过著名歌手在中央电视台的广告、全国各地电视台的广告及多种媒介的长时间巨资宣传，并通过全国省、市、县三级网络的销售，使得该产品销售规模及市场占有率在全国同类产品中名列前茅，其产品还获得权威部门的各种奖项，受到政府质监部门的肯定及全国广大消费者的欢迎和信赖，具有良好的声誉。故综合以上因素应认定被上诉人康美医药公司的“伊康美宝”牌“妇炎洁”洗液属于在江西省乃至全国范围内具有一定知名度、为相关公众所知悉的商品，即知名商品。

2. “妇炎洁”名称具有特定性，属于知名商品的特有名称。

商品的名称是对商品的一种称谓，有通用名称与特有名称的区分。通用名称是泛指所有同类商品的名称，不能将同类商品中的此商品与彼商品区分开来。特有名称则是个体商品独有的称谓，这种称谓能够将同类商品中的此商品与彼商品区分开来。特有名称并非依法定程序取得，而是通过使用产生了显著性，使相关公众将该名称与特定的经营者的知名商品自然联系起来，从而达到区分同类商品的“特有”性。

在认定知名商品的特有名称时，通常应考虑以下因素：1. 该名称一般应当具有独创性或在该类商品中最先使用，或者虽然不属最先使用但通过经营者的商业运作和行销策略，使该名称从不知名到知名、从不显著到显著，具有了新的特定的含义。2. 具有显著性与通用名称可区分。该名称未直接表示商品的成分、功能、用途，在相关行业或产品目录或百科全书中并无该产品名称，该名称在某类商品中不具有垄断性。3. 相关公众是否将该名称和商品的来源产生联想。如果通过经营者的使用使相关公众一看到该名称就知道是某一特定厂家的特定品牌（不一定要知道厂家的确切名称），就可以认定该名称具有“特有”属性。4. 经营者自使用该名称以来是否一直在排他性使用，通过合法有效的管理未使该名称淡化，由特有名称转化为通用名称。

就本案而言，根据卫生部的《消毒管理办法》和《消毒产品分类目录》可以明确，本案诉争的产品是属于卫生用品类的皮肤、粘膜卫生用品中的抗（抑）菌洗剂。四川大千药业有限公司的“妇炎洁泡腾片”是药品，与卫生用品是有区别的。根据《最高人民法院关于审理商标民事纠纷案件适用法律若干问题的解释》中关于类似商品及认定类似商品的规定，参照国家工商总局《类似商品和服务区分表》的规定，并结合被上诉人康美医药公司提交的“金圣”“万达”分别在卫生消毒剂和人用药品、片剂上注册为商标，综合分析应认定四川大千药业有限公司的“妇炎洁泡腾片”与被上诉人康美医药公司的妇炎洁洗液是不同类商品。因此，二审法院认定被上诉人康美医药公司在卫生用品上最先使用“妇炎洁”这一事实。

被上诉人康美医药公司在卫生用品上使用的名称“妇炎洁”，是商品名，不属于该类商品的通用名称。“妇炎洁”按照一般的字面理解，并没有特别含义，但从相关的卫生用品行业丛书和上诉人天佑医药公司举证的国家药品标准目录上看，并没有这三个字的组合。江西省卫生厅给上诉人天佑医药公司和被上诉人康美医药公司颁发的卫生许可证上的项目均为“卫生用品：皮肤粘膜卫生用品”。如不是直接表示产品的成分、性能、用途的名称都不应作为通用名称，本案“妇炎洁”未直接表示产品的成分、性能、用途，而且抗（抑）菌洗剂是由多种主要成分组成的，其名称不具有单一性，事实上目前市场上的抗（抑）菌洗剂已有多种名称。“妇炎洁”这一名称也不具有垄断性，其并未排斥其他企业在其商品上使用其他名称。

关于被上诉人康美医药公司的产品名称“妇炎洁”是否通过使用产生了显著性的问题。二审法院认为，被上诉人康美医药公司在1999年将其主打产品“妇炎洁”洗液推向市场时，“妇炎洁”这一名称缺乏显著的区别性特征，但系被上诉人康美医药公司在卫生用品上首先使用，而且被上诉人康美医药公司在多年连续使用中，进行了全国范围的行销及巨资投入广告，并依靠该称谓所标识的优良产品质量赢得了全国广大消费者的认知和信赖，从而具有了区别于同类商品出处的显著的区别性特征，这一显著的区别性特征甚至超过了“伊康美宝”注册商标，足以表征商品的来源。这种基于使用而创造出来的区别性特征，已使“妇炎洁”这一名称在广大消费者心中与被上诉人康美医药公司、仁和药业的知名商品产生了特定的联系，成为识别被上诉人康美医药公司、仁和药业产品的重要标志。因此，应当认定通过被上诉人康美医药公司成功的商业运作和行销策略“妇炎洁”已获得了“特别含义”，构成了竞争法意义上的知名商品特有的名称。

此外，被上诉人康美医药公司提交的24份全国各地工商行政机关的处罚决定书亦说明其将“妇炎洁”洗液投放市场以来，“妇炎洁”作为其知名商品特有的名称一直排他性使用，并未由特有名称淡化为通用名称。

上诉人天佑医药公司认为“妇炎洁”是商品的通用名称，除了四川大千药业使用在先的理由外，主要有两方面证据和理由：

1. 云南昆明恒美医药有限公司及深圳市楚亮生物工程开发有限公司生产了“妇炎洁”洗液（提交了实物）及网上下载的其他厂家生产妇炎洁洗液的信息。二审法院认为，上诉人天佑医药公司并未提交这些产品或厂家在1999年之前就已使用“妇炎洁”的证据，云南恒美公司为此已受到工商行政部门的处罚，该处罚已生效。故不排除在“伊康美宝”牌“妇炎洁”洗液成为知名商品之后，全国有极少数厂商企图搭便车获取不正当利益。因此，这些证据不足以证明“妇炎洁”成为该类商品的通用名称，极少数企业违法使用“妇炎洁”作为产品名称不能成为否认“妇炎洁”为知名商品的特有名称的抗辩理由。

2. 天佑医药公司认为如果“妇炎洁”是特有名称，则被上诉人康美医药公司的“伊康美宝”牌“妇炎洁”洗液不符合卫生部的命名规定。关于命名问题，二审法院认为，卫生部的《健康相关产品命名规定》第二条明确，“本规定适用于保健食品、化妆品、涉及饮用水卫生安全产品、消毒产品等由卫生部审批的健康相关产品”。那么适用该规定有两个条件：一是属于消毒产品，二是应由卫生部审批。而本案双方的产品均是由江西省卫生厅批准的，不需要卫生部审批，故本案讼争的“妇炎洁”洗液不适用该命名规定。即使适用该规定，从《健康相关产品命名规定》和《消毒产品标签说明书管理规范》本身来看，也不是绝对化的，“商标名+通用名+属性名”的命名方式也允许有例外：“有多种消毒或抗（抑）菌用途的消毒产品在命名时可只标注品牌名和属性名。”而且卫生部的规定是2001年以后出台的，被上诉人康美医药公司的商品在1999年就已投放市场，该规范不具有溯及力。

鉴于本案对于被上诉人康美医药公司的产品命名问题卫生行政主管部门没有定论，现有证据不能认定被上诉人康美医药公司产品的命名不合法。故不能以此规范否认被上诉人康美医药公司产品名称的合法性并由此进一步否定“妇炎洁”属于知名商品的特有名称。

3. 上诉人天佑医药公司在其生产、销售的商品上使用“妇炎洁”的名称，属于在同类商品中的相同使用，足以造成消费者的误认，构成不正当竞争行为，对此应承担相应的民事责任。

《反不正当竞争》第五条第（二）项规定的仿冒行为中的“误认”，系指对产品或服务的来源有误信而言。参照《关于禁止仿冒知名商品特有名称、包装、装潢的不正当竞争行为的若干规定》第二条规定，误认包括实际误认和可能误认两种形态，也即仿冒商品只要有引人误认的可能，就可以构成不正当竞争行为，而不必要求已实际产生误认。

结合本案，上诉人天佑医药公司与被上诉人康美医药公司的商品属于同类商品，上诉人天佑医药公司在其商品、包装及广告宣传上突出使用“妇炎洁”三字，而其“佑美”商标的标示及上诉人天佑医药公司厂名相对而言在商品上处于不显著的位置，按照一般消费者的注意能力，足以造成商品来源的混淆，即将其商品误认为是被上诉人的商品。上诉人天佑医药公司作为同业竞争者，擅自在其生产的同类商品上使用该特有名称，其主观上具有“搭便车”的意图，以获取不正当的利益，客观上足以引起市场的混淆，其结果是挤占被上诉人康美医药公司的市场份额，对被上诉人康美医药公司的商品信誉及市场造成一定程度的损害，上诉人天佑医药公司的上述行为构成我国《反不正当竞争法》所禁止的擅自使用知名商品的特有名称的不正当竞争行为，依法应承担相应的民事责任。虽然上诉人天佑医药公司侵权时间较短，但由于其产品销售范围广，遍及四川、山东、陕西、江西等省份，并广为宣传及全国范围的招商，影响较大，一审判决上诉人天佑医药公司停止侵权并赔偿损失30万元并无不当。

二审期间，被上诉人康美医药公司与上诉人天佑医药公司对赔偿数额自愿达成协议为人民币5万元，并以判决形式确认。对此，二审法院予以认可。

对于原审判决第一项中的“……召回、清理已流入市场的全部侵权产品，消除负面影响。若在判决生效后不立即履行上述条款，则每延迟一天，向原告江西康美医药保健品有限公司每日支付迟延履行金1万元人民币”内容。二审法院认为，侵权行为被认定后，制止侵权行为在传统的表达方式上一般为停止生产销售、停止广告宣传及销毁现有全部侵权产品。其中的停止销售即包含了侵权人自判决生效后不得再进行销售，也即应当召回、清理在经销商处尚未销售的侵权产品。而支付迟延履行金的数额应与侵权人不履行法定义务的轻重程度相适应，故一审在判决中固定每日支付1万元人民币的迟延履行金欠妥，可在案件执行阶段视具体情况予以确定。

综上，二审法院认为：上诉人天佑医药公司认为“妇炎洁”为通用名称、不构成知名商品的特有名称、其行为不构成侵权的上诉理由依法不能成立，二审法院不予采信。一审判决认定事实基本清楚，适用法律正确，但第（一）项判决中部分内容缺乏法律依据，应予改判。依照《民事诉讼法》第一百五十三条第一款第（一）项、第（三）项、第一百五十七条、第一百三十条以及《最高人民法院关于适用〈中华人民共和国民事诉讼法〉若干问题的意见》第一百八十条之规定，经二审法院审判委员会讨论决定，判决如下：

一、维持宜春市中级人民法院（2005）宜中民三初字第15号民事判决第三、四、五项；

二、变更宜春市中级人民法院（2005）宜中民三初字第15号民事判决第一项为：上诉人天佑医药公司于二审判决生效后立即停止在其生产销售的卫生用品［抗（抑）菌洗剂］上使用“妇炎洁”作为商品名称，并不得进行广告宣传；销毁现有库存“佑美”牌“妇炎洁”洗液的全部外包装盒、内包装罐和全部侵权产品；

三、变更宜春市中级人民法院（2005）宜中民三初字第15号民事判决第二项为：上诉人天佑医药公司因不正当竞争行为侵犯被上诉人康美医药公司“伊康美宝”牌“妇炎洁”知名商品特有的名称，于二审判决生效之日起10日内，赔偿被上诉人康美医药公司经济损失5万元人民币。

二审案件受理费7 310元，由上诉人天佑医药公司负担。

案例7：艾志公司与冯国光、艾格机械公司、艾格密封公司侵犯知名商品特有名称、虚假宣传纠纷案

原告（上诉人）：艾志（南京）机械工业技术有限公司（以下称“艾志公司”）
被告（被上诉人）：冯国光
被告（被上诉人）：天津市艾格机械工业技术有限公司（以下称“艾格机械公司”）
被告（被上诉人）：天津艾格密封制品有限公司（以下称“艾格密封公司”）

一审法院：天津市第一中级人民法院
一审案号：（2004）一中民三初字第83号
一审合议庭成员：❶
一审结案日期：

二审法院：天津市高级人民法院
二审案号：（2005）津高民三终字第005号
二审合议庭成员：黄耀建、李砚芬、李华
二审结案日期：2005年6月15日

案由：仿冒知名商品特有名称纠纷

关键词：知名商品，特有名称，仿冒，广告宣传

涉案法条

《民事诉讼法》第六十四条第一款、第一百五十三条第一款第（一）项

《最高人民法院关于民事诉讼证据的若干规定》第十一条、第七十六条

《国家工商行政管理局关于禁止仿冒知名商品特有的名称、包装、装潢的不正当竞争行为的若干规定》第三条

争议焦点

● 当事人提供我国领域外形成的证据的，应当经所在国公证机关予以证明，并经我国

---

❶ 由于未收集到（2004）一中民三初字第83号民事判决书，故一审合议庭成员与一审结案日期不明。——编者注

驻该国使领馆认证。主张与域外形成的资料相关的诉讼请求，在诉讼期间不能提供外交途径的公证或认证的，其主张不予支持。

- 在产品宣传过程中，只是对同类产品的型号、功能、尺码等宣传介绍，该产品宣传介绍的文字表达方式不具有独创性，而且当事人双方均是生产经营相同产品的企业，各自在宣传介绍产品中存在的文字表达方式相似之处，属于同类企业在生产经营中，推销产品中的习惯表述方式，故其宣传介绍自己产品的行为不构成对他人的侵权。
- 知名商品特有的名称，是指知名商品独有的与通用名称有显著区别的商品名称。结合本案，上诉人的产品名称，只有对于产品功能和性质的表述，没有产品名称成分的称谓，不具有知名商品独有的商品名称。
- 如果当事人双方的产品，二者在称谓上不同，存在显著差异，在客观上也不会造成产品相混淆，则不会构成侵犯他人知名商品名称权的不正当竞争行为。

审判结论

驳回原告艾志公司的诉讼请求。

二审判决驳回上诉，维持原判。

一审案件受理费 15 010 元，按一审法院判决执行。二审案件受理费 15 010 元，由上诉人艾志公司负担。

起诉及答辩

原告艾志公司诉称：原告是 1995 年在中华人民共和国境内注册成立的美商独资企业，从事工业密封产品生产和销售。

公司一直注重引进国外先进技术，并通过在全国范围内设立办事机构，大力宣传、推广技术含量高、应用范围广的密封产品，为国内机械、化工、钢铁等行业的现代化生产作出了较大贡献，多次被授予外商投资先进技术企业、高新技术企业等称号。公司投入了大量费用进行新技术新产品的推广，公司生产的系列产品、代理销售的美国 Chesterton 品牌产品，在相关行业拥有极高的知名度。

冯国光原为该公司员工（1999 年 4 月 21 日至 2001 年 9 月在原告处工作，并与原告签有保密协议），对原告宣传资料的设计理念、宣传内容以及其他相关信息有着较全面的了解。冯国光辞职后，以自己作为法定代表人先在天津注册成立艾格机械公司，继而以艾格机械公司作为主要股东，另行组建了艾格密封公司，并由冯国光作为艾格密封公司的副总经理。

三被告从 2002 年起开始生产和销售与原告产品同类型的密封产品，在生产、销售其产品的过程中，实施了如下侵权行为：

1. 艾格密封公司利用冯国光在原告处工作期间所得到的相关信息以及从原告处获得的宣传资料文本作为样本，通过复印图片、抄袭文字等手段制作宣传其自身产品的网页和宣传资料，通过设立的网站散播其影响，在南京、武汉、东北三省、内蒙古等地向客户散发虚假宣传资料。在网站页面和宣传资料上，大量甚至全盘抄袭原告的宣传资料文字，擅自使用原告宣传资料上的产品原理图、产品实物照片等图片。

2. 艾格机械公司、艾格密封公司在其公司名称和产品标识上刻意选择，其中，英文名称和产品标识“艾格”“AGG INDUSTRIES”，与原告中、英文名称和商标“艾志”“AIG INDUSTRIES”雷同，加之其宣传资料完全采取原告的知识产权，使得客户误认为被告的产品与原告的产品在设计原理、性能、功能、使用范围和使用效果上完全相同，误认为其产品为原告的产品。

3. 艾格机械公司、艾格密封公司使用原告产品的特有名称活压垫片，也构成不正当竞争行为。

4. 在上述侵权行为的基础上，艾格机械公司、艾格密封公司以显著低于原告产品的价格在各地进行销售，致使客户选用其产品并在发生质量事故后，误认为原告的产品存在质量问题，给原告的声誉造成极大的损害，且其低价销售导致诸多客户认为原告产品在市场上价格不统一，不断发生中止订货现象，导致原告产品的销售额大幅度下降。

综上，三被告的行为严重违反了法律规定，给原告带来了巨大的经济损失和难以挽回的恶劣影响。请求判令三被告：1. 停止侵权行为。2. 在国家级公开媒体上澄清事实，消除影响。3. 赔偿原告经济损失人民币 100 万元并承担连带责任。4. 承担本案诉讼费用。

被告冯国光辩称：其是艾格机械公司的法定代表人，并不从事产品的经营，因此与原告不可能形成不正当竞争关系，故请求依法驳回原告的诉讼请求。

被告艾格机械公司辩称：公司自成立以来从未进行对外宣传，也未发放过任何宣传资料，因此与原告不可能形成不正当竞争关系，故请求依法驳回原告的诉讼请求。

被告艾格密封公司辩称，艾格密封公司是合法注册的字号，公司对外使用自己的字号进行宣传是合法的。国家的主管部门认可了本公司的商标，公司合法使用自己的商标不会侵犯原告的权利。

关于虚假宣传问题，被告从未作过任何虚假宣传，也未抄袭原告的宣传资料，不会使客户误认为被告的产品是原告的产品。关于特有名称问题，艾格密封公司认为，原告的产品名称与本公司的产品名称并不一致。艾格密封公司在自己的宣传资料中标注了自己公司名称，不会使顾客产生误解，故不会侵犯原告的合法权益。

综上，请求法院依法驳回原告的诉讼请求。

事实认定

经审理查明，1995 年 12 月 28 日，艾志公司成立，该公司是外商独资企业，主要生产、加工机械配件、机械部件等。其注册商标为 AIG INDUSTRIES，核定使用商品（第六类）金属垫圈；金属环；螺栓；垫片；金属法兰盘；压缩空气管用金属配件等。2002 年 1 月 1 日，案外人美国赤士盾公司出具《授权书》，授权艾志公司为其在中国产品的独家代理商。艾志公司翻译、制作了大量的宣传资料，在全国范围内宣传推广美国赤士盾公司的产品。

1999 年 4 月 19 日，被上诉人冯国光到艾志公司处工作，主要从事销售工作，离职后，于 2001 年 8 月 27 日成立了艾格机械公司，是该公司的法定代表人。艾格密封公司是 2003 年 1 月 16 日，经天津市人民政府批准，由艾格机械公司、阿联酋国 PANZHIYANG 先生和中国天津紫光同兴技术开发有限公司共同投资成立的中外合资企业。公司的经营范围是：生产、销售密封制品，机械产品及配件等。公司注册商标是 AGG，核定使用商品（第六类）金属垫圈、金属环、金属止动环、金属螺栓、金属螺母、垫片（填隙垫）、金属法兰盘、压缩气体或液体空气瓶等。公司经营期间，制作了宣传资料推销自己的产品。

一审判决及理由

原告与被告艾格机械、艾格密封均为同行业企业，生产同类型产品。原告为美国赤士盾公司产品的代理商，其为推销自己及代销的产品制作了大量宣传资料，但大部分宣传资料是翻译美国赤士盾公司产品的资料，原告认为三被告在经营中非法利用原告的宣传资料，为自己的产品作虚假宣传，使人产生其与原告存在某种联系的误解，属不正当竞争的行为。但其主张对宣传资料享有专有使用权证据不足。

关于原告主张被告艾格机械、艾格密封在经营中使用原告产品特有名称，构成不正当竞争行为的问题，因为双方产品名称并不一致，存在显著差异不可能造成与原告产品相混淆。

对于原告主张被告艾格机械、艾格密封所制作的产品宣传资料，系被告冯国光利用在原告处工作所得，但原告未能举证证明。

综上所述，诸被告的行为不构成不正当竞争行为，原告的诉讼请求，一审法院不予支持。依照《民事诉讼法》第六十四条第一款之规定，判决如下：

驳回原告艾志公司的诉讼请求。

案件受理费 15 010 元，由原告艾志公司负担。

上诉理由

艾志公司不服一审判决，向天津市高级人民法院提起上诉，请求依法撤销原判并改判支持上诉人一审诉讼请求。

艾志公司的主要上诉理由是：1. 上诉人对自己制作和散发的宣传资料享有独立的版权，被上诉人擅自采用上诉人的文字和图片制作宣传材料和网址，使人产生误解，构成不正当竞争。2. 被上诉人非法使用上诉人知名产品特有名称的行为构成不正当竞争。

三被告服从原审判决。

二审查明事实

二审法院经审理查明的事实与一审查明事实基本一致。

二审判决及理由

本案当事人之间主要争议的问题是：被上诉人在产品宣传资料中是否使用了上诉人宣传资料上的文字和产品原理图、产品实物照片；上诉人产品“活压垫片”是否是知名产品特有名称；被上诉人使用“120 补偿活压垫片”产品名称是否构成不正当竞争。

首先，上诉人主张，被上诉人在产品宣传资料中擅自使用和抄袭的文字和照片等宣传资料，是上诉人翻译案外人美国赤士盾公司独家授权使用的中文资料，但上诉人在诉讼期间没能提供外交途径的公证和认证，证明美国赤士盾公司授权该公司独家使用中文资料。根据《最高人民法院关于民事诉讼证据的若干规定》第十一条规定，当事人提供我国领域外形成的证据的，应当经所在国公证机关予以证明，并经我国驻该国使领馆认证。故其主张二审法院不予支持。

其次，被上诉人在宣传介绍自己产品的型号、规格、功能、尺码、使用方法、原理说明等表达方式上，没有夸大其词和搭便车的词句；在产品实物照片上，没有人物和特定场所为背景暗示，作为引人误解的虚假宣传。

再次，上诉人主张的中文翻译宣传资料，只是对同类产品的型号、功能、尺码等宣传介绍，该产品宣传介绍的文字表达方式具有唯一性，不具有独创性，而且被上诉人与上诉人均是生产经营相同产品的企业，各自在宣传介绍产品中存在的文字表达方式相似之处，属于同类企业在生产经营中，推销产品中的习惯表述方式，故被上诉人宣传介绍自己产品的行为不构成对上诉人的侵权。

根据国家工商行政管理局《关于禁止仿冒知名商品特有的名称、包装、装潢的不正当竞争行为的若干规定》第三条规定，知名商品特有的名称，是指知名商品独有的与通用名称有显著区别的商品名称。结合本案，上诉人的产品“活压垫片”，只有对于产品功能和性质的表述，没有产品名称成分的称谓，不具有知名商品独有的商品名称。此外，被上诉人产品“120 活压补偿垫片”与上诉人产品“活压垫片”，二者在称谓上不同，存在显著差异，在客观上也不会造成产品相混淆。故原审法院对此一节性质认定正确，二审法院应予维持。

上诉人主张，被上诉人冯国光在从事经营活动中存在不正当竞争行为，但没有提供证据证明。根据《最高人民法院关于民事诉讼证据的若干规定》第七十六条的规定，当事人对于自己的主张，只有本人陈述而不能提出其他相关证据的，其主张不予支持。

综上，原审法院认定事实清楚，适用法律正确，二审法院应予维持，上诉人上诉主张证据不足，二审法院不予支持。依照《民事诉讼法》第一百五十三条第一款第（一）项的规定，判决如下：

驳回上诉，维持原判。

一审案件受理费 15 010 元，按一审法院判决执行。二审案件受理费 15 010 元，由上诉人艾志公司负担。

案例8：三上公司与运输机械厂仿冒知名商品特有名称、虚假宣传纠纷案

原告（上诉人、反诉被告）：启东三上发展机电制造有限公司（以下称“三上公司”）
被告（被上诉人、反诉原告）：启东市运输机械厂有限公司（以下称“运输机械厂”）

一审法院：江苏省南通市中级人民法院
一审案号：（2004）通中民三初字第0060号
一审合议庭成员：沈兵、黄卫、陶新琴
一审结案日期：2005年3月7日

二审法院：江苏省高级人民法院
二审案号：（2005）苏民三终字第0071号
二审合议庭成员：宋健、汤茂仁、曹美娟
二审结案日期：2005年9月8日

案由：仿冒知名商品特有名称、虚假宣传纠纷

关键词：知名商品，特有名称，仿冒，虚假宣传，承继

涉案法条

《民事诉讼法》第一百零八条、第一百五十三条第一款第（一）项
《反不正当竞争法》第五条第（二）项、第九条第一款

争议焦点

- 作为原告只要在形式上符合《民事诉讼法》第一百零八条所规定的关于“原告是与本案有直接利害关系的公民、法人或者其他组织”的起诉条件，则作为原告主体资格就是适格的。至于其诉因是否成立、请求能否得到支持，则并不影响其作为原告所享有的程序意义上的诉权。
- 如果只是通过破产拍卖程序承受破产公司的资产，即通过购买方式取得了有形资产和无形资产并获得相应的权利，但并未概括承受原债权债务，故该方与原破产公司之间是两个完全不同的主体，不存在法律上的承继关系。
- 《反不正当竞争法》所规定禁止的不正当竞争行为侵害的客体必须是知名商品特有的

名称，而非泛指所有相同商品通用的并且在该商品领域内为全体经营者所普遍使用的商品名称。所谓特有名称，是指商品独有的与通用名称有显著区别的商品名称。由于特有名称具有明显的可识别性，能够将同类商品中不同生产者生产的商品区别开来。当特有名称与知名商品相联系时，其使用者则对该特有名称享有专用权，并借此取得竞争优势、获取经济上的利益，该特有名称也因此而成为《反不正当竞争法》保护的客体。

- 知名商品的特有名称是指该商品名称非为相关商品所通用的名称，其具有显著的区别性特征，能够将该名称与特定经营者生产的商品产生特有的联系。
- 如果宣传用语表述与事实不符，可能误导相关公众，并损害同行业企业的合法竞争利益，则该宣传用语构成虚假宣传。
- 如果双方均存在虚假宣传行为，且其行为性质及后果相当的，则对双方要求对方赔礼道歉及赔偿损失的诉讼请求均不予以支持。

审判结论

一、驳回原告三上公司的诉讼请求。

二、反诉被告三上公司自一审判决生效之日起立即停止在广告中使用“中国第一台 LSY 型螺旋输送机的制造商”“凭借 10 年的生产经验”的内容。

三、驳回反诉原告运输机械厂的其他反诉请求。

一审本诉案件受理费 3 424 元，由原告三上公司负担。反诉案件受理费 1 210 元，由反诉原告运输机械厂负担 807 元，反诉被告负担 403 元。

二审判决驳回上诉，维持原判。

二审案件受理费 4 634 元，由上诉人三上公司负担。

起诉及答辩

原告三上公司诉称：LSY 型螺旋输送机是启东机械厂的技术成果，1994 年通过省级新产品鉴定。1994 年 6 月以启东机械厂和启东市电机厂为核心层，组建了启东三上机电制造集团公司，主营 LSY 型螺旋输送机等产品。1998 年 3 月，启东三上机电制造集团公司分立为启东三上电机有限公司和启东机械厂，启东三上电机有限公司主营产品仍为 LSY 型螺旋输送机。2001 年 1 月，启东三上电机有限公司以租赁的形式，将企业整体转让给吴家慧，并提供技术资料、商标、企业名称冠名权、销售渠道等，企业更名为原告即启东三上发展机电制造有限公司。LSY 型螺旋输送机作为技术成果据此已转让给原告，原告享有该技术成果的使用权、经营权。

被告运输机械厂于 1994 年 4 月改制成立，但其在《建设机械技术与管理》2001 年第 10 期刊登的广告中称其“设计与生产 LSY 型螺旋输送机投入市场已整八年”，在《建设机械技术与管理》2002 年第 7 期刊登的广告中称其“是 1993 年启东市首批股份制改制单位之一，LSY 型系列螺旋输送机系被告 90 年代初……结合该厂设计生产其他系列螺旋机丰富经验而设计开发的产品”。

同时，被告在上述广告中称“被告产品已成为广大用户的首选品牌”，该内容贬低了原告及其他同行业厂家的产品。2004 年 9 月，被告在《启东市生活消费指南邮政黄页》上刊登广告，称其“成立于 1980 年，系专业从事各类运输机械设计与制造的企业，主产品为 LSY 型系列螺旋输送机”。

被告的网络实名选用“启东螺旋输送机”，该名称使人误以为启东市生产螺旋机的仅被告一家，损害了原告及同行厂家的合法竞争权利。

被告在螺旋输送机产品上擅自使用“LSY 型”字样，系使用了原告知名商品特有名称，违反了公平及诚实信用的原则，给原告带来了不利影响。

而且，被告利用广告捏造、散布虚伪事实，误导社会公众，损害了竞争对手的商业信誉、商品声誉，构成了不正当竞争行为。

请求法院判决：1. 被告立即停止不正当竞争的行为，删除使用的“LSY”字样，在刊物、杂志、广告牌、网络上纠正广告中失实内容，并书面道歉；2. 被告赔偿原告商誉损失费人民币 80 000 元，律师费、调查费人民币 12 600 元；3. 诉讼费由被告承担。

被告运输机械厂辩称：LSY 型螺旋输送机是启东机械厂于 1994 年初在参考国外先进机样的基础上改进设计研制的新产品，当时该产品名称不具有知名商品特有名称的特点，作为字母组合的 LSY 只是一个型号名称，“LSY”及“LSY 型螺旋输送机”是商品通用名称，全国有数十家企业生产销售 LSY 型螺旋输送机，本公司也可使用“LSY 型螺旋输送机”这一通用商品型号和名称，不存在对三上公司进行不正当竞争的行为。

原告三上公司没有证据证明启东机械厂将 LSY 型螺旋输送机的技术成果转让给了三上公司，其提供的吴家慧与启东三上电机有限公司签订的资产租赁协议书中也未涉及 LSY 型螺旋输送机的内容，吴家慧仅是租赁启东三上电机有限公司的设备，自行申办了原告三上公司，而启东机械厂、启东三上电机有限公司分别于 2002 年 12 月 30 日、2003 年 2 月 13 日才被法院裁定宣告破产程序终结，法人资格至此才消灭。因此原告三上公司与启东机械厂、启东三上电机有限公司是互相独立的法人。

LSY 型螺旋输送机不是原告三上公司的知名商品，也不是启东机械厂、启东三上电机有限公司的知名商品，因此三上公司作为原告诉讼主体资格不适格。

相反，本公司于 20 世纪 90 年代初为适应国内市场的需求，在原生产 LS 型螺旋输送机基础上，通过对国外相关螺旋输送机进行对比研究，自行设计开发了 LSY 型螺旋输送机。而且，本公司自 1998 年起通过大量的广告宣传 LSY 型螺旋输送机。本公司生产的 LSY 型螺旋输送机 2003 年被评为全国用户满意产品。因此，本公司生产的 LSY 型螺旋输送机已成为在市场上拥有极高知名度、为相关公众所知悉的知名商品。

被告（反诉原告）运输机械厂反诉称：三上公司自 2001 年 1 月成立至今仅三年左右。2004 年 5 月，本公司发现三上公司在《建设机械技术与管理》《建筑机械化》等杂志上发布的广告中使用了“中国第一台 LSY 型螺旋输送机制造商”“凭借十年的生产经验”等虚假性的内容，其以广告形式捏造、散布虚伪事实，误导社会公众，谋取竞争优势，构成对本公司的不正当竞争。2003 年三上公司因发布虚假广告而被南通市启东工商行政管理局施以行政处罚。

请求判决：1. 三上公司立即停止对本公司进行的不正当竞争行为，删除其在刊物、杂志、广告牌、网络等广告中使用的“中国第一台 LSY 型螺旋输送机制造商”以及“LSY 型螺旋输送机”字样，向本公司书面道歉；2. 赔偿本公司经济损失人民币30 000元；3. 本案诉讼费用由三上公司负担。

反诉原告运输机械厂为支持其反诉主张，向一审法院提供了 2003 年第 1 期《建筑机械化》杂志，2003 年第4 期、第11 期，2004 年第4 期《建设机械技术与管理》杂志等证据，用以证明三上公司在上述广告中进行了虚假宣传，构成了不正当竞争行为。

针对反诉，原告（反诉被告）三上公司辩称，启东机械厂开发研制的 LSY 型螺旋输送机属中国第一台 LSY 型螺旋输送机。本公司取得“LSY 型螺旋输送机”名称的使用权，该权利是第一台 LSY 型螺旋输送机的研制者合法传给本公司的。本公司因在广告中使用了广告法禁用的语言而受到工商部门处罚，而并非因虚假广告受到行政处罚。本公司在广告中自称“中国第一台 LSY 型螺旋输送机制造商”不属虚假宣传。

事实认定

1994 年初，启东机械厂在参考国外先进样机的基础上，成功研制了在 0°～90°之间自由移动的螺旋输送机，并将该螺旋输送机命名为 LSY 型螺旋输送机。1994 年 2 月，启东机械厂研制的 LSY 型螺旋输送机分别通过了启东市科学技术委员会和江苏省机械工业厅组织的新产品鉴定。1994 年 6 月 30 日，以启东机械厂和启东电机厂为核心层，与其他二十多家企业组建了启东三上机电制造集团公司，启东机械厂与启东电机厂同时注销。1997 年 12 月，启东三上机电制造集团公司根据董事会决议和股东代表会决议分立为电机厂和机械厂。1998 年 3 月 13 日启东市经济委员会批复同意启东三上机电制造集团公司分立为启东三上电机有限公司和启东机械厂。启东机械厂于 1998 年 1 月 8 日、启东三上电机有限公司于 1998 年 1 月 6 日分别领取了企业法人营业执照。启东机械厂因不能偿还到期债务，于 2002 年 8 月进入破产程序，后于 2002 年 12 月 30 日被法院宣告破产程序终结，2003 年 1 月 9 日启东机械厂被注销。

启东三上电机有限公司于 2000 年 12 月停产，后于 2001 年 1 月 16 日与吴家慧签订了“资产租赁协议书”，约定由吴家慧承租启东三上电机有限公司的生产设备，自主经营，自负盈亏，自行申办工商企业法人营业执照，吴家慧接纳启东三上电机有限公司在册职工 70 人，启东三上电机有限公司提供技术资料、商标、企业名称冠名权、原销售渠道等无形资产，租赁结束后由启东三上电机有限公司无偿收回。协议签订后，吴家慧与陆亚斐、黄剑飞等三人于 2001 年 2 月 13 日投资设立了启东三上发展机电制造有限公司（即原告）。2002 年 8 月，启东三上电机有限公司因无力清偿到期债务被申请破产。破产程序终结后，启东三上电机有限公司于 2003 年 3 月 6 日被注销。

LSY 型螺旋输送机系原告三上公司生产的产品之一。原告三上公司自 2001 年起在《建设机械技术与管理》及全国建筑机械春、秋季交易会会刊上发布广告宣传企业及其产品。自 2002 年至 2004 年 10 月，原告三上公司一直在发布的广告中称其系“中国第一台 LSY 型螺旋输送机的制造商”“凭借 10 年的生产经验、雄厚的技术力量、齐全的生产设备、确保优秀品质”。

启东新港环境保护设备厂成立于 1980 年 5 月，企业性质为集体所有制企业。1994 年 4 月启东新港环境保护设备厂经核准变更为股份合作制企业，同年 5 月，更名为启东市运输机械厂。后又于 2003 年 2 月更名为启东市运输机械厂有限公司即被告。2003 年 10 月 30 日，被告运输机械厂生产的 LSY 型螺旋输送机获得中国质协用户委员会建设机械设备委员会和建设机械设备用户委员会颁发的“被用户推荐为满意产品”荣誉证书。

被告运输机械厂自 1998 年起先后在《建设机械技术与管理》、《建设机械化》、《混凝土》及全国建筑机械交易会会刊上发布广告宣传企业及产品 LSY 型螺旋输送机，广告中使用“成立于 1980 年”“九三年启东市首批股份制改制单位之一”“LSY 型系列螺旋输送机，系该厂 90 年代初，为满足国内主机厂砼搅拌站（楼）的配套需求，在引进、吸收国外同类产品的基础上，结合该厂设计、生产其他系列螺旋输送机的丰富经验而设计开发的产品”等内容。其中，2000 年 10 月 ~ 2002 年 11 月间，被告运输机械厂在《建设机械技术与管理》杂志上刊登的广告中称其生产的 LSY 型系列砼搅拌站用螺旋输送机“成为国内用户首选品牌”。

另查明，通过互联网“一搜”搜索，目前全国共有数十家企业生产销售 LSY 型螺旋输送机，分布于上海、江苏、河南、浙江、湖北等地。江苏省启东市就有原告三上公司、被告运输机械厂及启东唯达机械制造有限公司、启东市绿岛冶金石化机械有限公司等数家企业生产销售 LSY 型螺旋输送机。

一审判决及理由

要正确处理本案，必须解决以下几个双方当事人争议的焦点问题：

一、关于原告三上公司的诉讼主体资格；

二、被告运输机械厂在螺旋输送机上使用“LSY 型”名称的行为是否构成仿冒原告三上公司知名商品特有名称的不正当竞争行为；

三、被告运输机械厂在其发布的广告中使用“成为国内用户首选品牌”等内容是否构成虚假宣传的不正当竞争行为；

四、原告三上公司在其发布的广告中使用“中国第一台 LSY 型螺旋输送机制造商”等内容是否构成虚假宣传的不正当竞争行为；

五、如果原告、被告双方的行为均构成不正当竞争行为，则其应承担何种法律责任。

一、关于原告三上公司的诉讼主体资格

被告运输机械厂辩称原告三上公司与启东机械厂、启东三上电机有限公司不存在法律上的承继关系，因此，三上公司作为原告不适格。

原告三上公司则认为其整体受让了启东三上电机有限公司的财产包括“LSY型螺旋输送机”名称使用权，因此与启东三上电机有限公司存在法律上的承继关系，并认为被告运输机械厂在螺旋输送机上使用“LSY型”名称属于仿冒其知名商品特有的名称的不正当竞争行为，损害了其合法权益，并因此提起诉讼。虽然原告三上公司仅系吴家慧在租赁启东三上电机有限公司资产的基础上，与他人共同投资设立的有限公司，其与启东三上电机有限公司并不是企业分立或企业名称变更的关系，双方之间也未就权利义务转让订立合同，因此，原告三上公司并不能当然承继启东三上电机有限公司的权利义务，但三上公司作为原告在形式上符合《民事诉讼法》第一百零八条所规定的关于“原告是与本案有直接利害关系的公民、法人或者其他组织”的起诉条件。

因此，三上公司的原告主体资格是适格的。至于其诉因是否成立、请求能否得到支持，则并不影响三上公司作为原告所享有的程序意义上的诉权。

二、被告运输机械厂在螺旋输送机上使用“LSY型”名称的行为是否构成仿冒原告三上公司知名商品特有名称的不正当竞争行为

《反不正当竞争法》禁止经营者擅自使用知名商品特有的名称、包装、装潢，或者使用与知名商品近似的名称、包装、装潢，造成和他人的知名商品相混淆，使购买者误认为是该知名商品的不正当手段从事市场交易，损害竞争对手。该规定禁止的不正当竞争行为侵害的客体必须是知名商品特有的名称，而非泛指所有相同商品通用的并且在该商品领域内为全体经营者所普遍使用的商品名称。所谓特有名称，是指商品独有的与通用名称有显著区别的商品名称。由于特有名称具有明显的可识别性，能够将同类商品中不同生产者生产的商品区别开来。当特有名称与知名商品相联系时，其使用者则对该特有名称享有专用权，并借此取得竞争优势、获取经济上的利益，该特有名称也因此而成为《反不正当竞争法》保护的客体。

本案中，“LSY型螺旋输送机”是指在一定角度内可以任意移动、连续工作的螺旋输送机。虽然该种螺旋输送机首先由启东机械厂开发成功，并且首先由启东机械厂使用“LSY”型名称推向市场，相关公众在“LSY型螺旋输送机”推向市场之初也可能将该名称与启东机械厂相联系，但由于在之后的十几年时间里，全国有数十家经营输送机械的企业都将其各自生产的该种可移动螺旋输送机定名为“LSY型螺旋输送机”，因此，“LSY型螺旋输送机”客观上已成为该种可在一定角度内移动、连续工作的螺旋输送机的通用名称，也即“LSY型”这一名称已不能将不同生产者生产的同类螺旋输送机予以区别。作为商品的通用名称，生产该种产品的任何企业均有权使用，被告运输机械厂作为LSY型螺旋输送机的生产企业，在其生产的螺旋输送机上使用“LSY型”名称是正当的。原告三上公司无权禁止包括被告运输机械厂在内的相同产品的其他生产企业使用该种商品的通用名称。原告三上公司也未能提供证据证明其生产的“LSY型螺旋输送机”属于为相关公众所知悉的知名商品。

因此，原告三上公司认为被告运输机械厂在其生产的螺旋输送机上使用“LSY型”

构成仿冒原告三上公司知名商品特有的名称的理由不能成立，其据此提出的请求，一审法院不予支持。

三、被告运输机械厂在发布的广告中使用“成为国内用户首选品牌”等内容是否构成虚假宣传的不正当竞争行为

原告三上公司认为被告运输机械厂在广告中使用“成立于1980年”“九三年启东市首批股份制改制单位之一”“LSY型系列螺旋输送机，系该厂90年代初，为满足国内主机厂砼搅拌站（楼）的配套需求，在引进、吸收国外同类产品的基础上，结合该厂设计、生产其他系列螺旋输送机的丰富经验而设计开发的产品”“成为国内用户首选品牌”的内容构成虚假宣传。《反不正当竞争法》第九条规定：经营者不得利用广告或者其他方法对商品的质量、制作成分、性能、用途、生产者、有效期限、产地等作引人误解的虚假宣传。本案中，启东市新港环境保护设备厂成立于1980年，被告运输机械厂系启东市新港环境保护设备厂更名改制而来，其与启东市新港环境保护设备厂存在法律上的承继关系，因而其在广告上称“成立于1980年”不属于虚假宣传。被告运输机械厂在广告中称其系“九三年启东市首批改制单位之一”，而被告运输机械厂实际于1994年初改为股份合作制企业，虽然被告运输机械厂广告中关于改制时间的表述与其实际改制完成的时间有所差异，但不会因此使相关公众产生误认，也不会因此损害同行业竞争者的合法权益，故该表述不构成对原告三上公司的不正当竞争。虽然LSY型螺旋输送机系由启东机械厂在国内最先研制生产，但由于启东机械厂并未就此申请专利，因此，启东机械厂及其权利承继者并不能禁止其他厂家开发相同产品。被告运输机械厂作为较早研制开发LSY型螺旋输送机的企业，其在广告中称“LSY型系列螺旋输送机，系该厂90年代初，为满足国内主机厂砼搅拌站（楼）的配套需求，在引进、吸收国外同类产品的基础上，结合该厂设计、生产其他系列螺旋输送机的丰富经验而设计开发的产品”，在原告三上公司未提供相反证据予以证明的情况下，应当认定上述表述系被告运输机械厂对真实事实的描述，并不违反相关法律的规定，不构成虚假宣传。但是被告运输机械厂在广告中称其产品“成为国内用户的首选品牌”，该用语违反了《广告法》相关规定，属不当行为。

但被告运输机械厂已从2002年12月起停止在广告中使用该用语，原告三上公司又未能提供相应证据证明被告运输机械厂在2002年12月以后继续使用该广告用语。原告三上公司作为《建设机械技术与管理》杂志的读者和广告主，其对被告运输机械厂在该杂志上刊登广告及相关广告内容是应当知道的，原告三上公司称其在2004年2月与被告运输机械厂就网络实名涉讼时才知晓此广告内容的主张，显然与事实不符，且前次诉讼中，原告三上公司也并未就被告运输机械厂发布的该广告涉及虚假宣传提出主张。

因此，原告三上公司在2002年11月前即应当知道被告运输机械厂在广告中使用了“首选品牌”内容，但其直至2004年12月才向一审法院提起诉讼，原告三上公司的该请求已超过诉讼时效，应予驳回。被告运输机械厂使用“首选品牌”内容对外发布广告，虽属不当行为，但鉴于其已自行于2002年12月起停止使用该用语，故已无再行判

决其停止该不当宣传行为的必要。

四、反诉被告三上公司在广告中使用“中国第一台 LSY 型螺旋输送机的制造商”“凭借 10 年的生产经验”等内容是否构成虚假宣传的不正当竞争行为

原告三上公司成立于 2001 年 2 月，企业历史迄今仅 4 年之余，其与启东机械厂、启东三上电机有限公司之间并不存在法律上的承继关系，而中国第一台 LSY 型螺旋输送机系启东机械厂研制生产，故三上公司在广告中称其系“中国第一台 LSY 型螺旋输送机的制造商”“凭借 10 年的生产经验”，显然与事实不符，属虚假表示，且上述虚假内容易使相关公众误认为原告三上公司系 LSY 型螺旋输送机的发明者，并因此对三上公司的商业信誉及商品质量等产生误解，使三上公司相对于其他同行业竞争者更容易、更多地获取交易机会和竞争优势，从而可能损害其他同行业竞争者的合法权益，原告三上公司的上述行为已构成我国《反不正当竞争法》禁止的虚假宣传的不正当竞争行为，应承担相应的法律责任。反诉原告运输机械厂作为同行业竞争者要求反诉被告三上公司停止使用上述广告用语的请求成立，一审法院予以支持。

但反诉原告运输机械厂要求反诉被告三上公司就该虚假宣传行为向其书面道歉并赔偿损失 3 万元，因反诉原告运输机械厂未能提供证据证明反诉被告三上公司的虚假宣传行为损害了其商业信誉，也未能提供其主张的损失组成，故一审法院对反诉原告运输机械厂要求反诉被告三上公司道歉并赔偿损失 3 万元的请求不予支持。

综上，“LSY 型螺旋输送机”作为一种可在 0°~90°之间自由移动的螺旋输送机的通用名称，原告三上公司对其并不享有专用权，被告运输机械厂在其生产的螺旋输送机上使用“LSY 型”名称，不构成仿冒知名商品特有名称的不正当竞争行为，原告三上公司就此提出的诉讼请求不能成立，应予驳回。被告运输机械厂在广告中使用“成为国内用户的首选品牌”语言存在不当，但由于原告三上公司的请求已超过诉讼时效，且被告运输机械厂已于 2002 年 12 月自行停止使用该用语，故对原告三上公司提出的要求被告运输机械厂纠正广告内容及赔偿损失的请求不予支持。三上公司并不是中国第一台 LSY 型螺旋输送机的制造商，却在广告中宣称其为中国第一台 LSY 型螺旋输送机的制造商，并具有 10 年生产经验，该行为构成虚假宣传的不正当竞争行为，应承担停止使用的法律责任。反诉原告运输机械厂要求反诉被告三上公司书面道歉并赔偿其损失，因未能提供证据证明，一审法院不予支持。依照《反不正当竞争法》第五条第（二）项、第九条第一款之规定，判决如下：

一、驳回原告三上公司的诉讼请求。

二、反诉被告三上公司自一审判决生效之日起立即停止在广告中使用“中国第一台 LSY 型螺旋输送机的制造商”，“凭借十年的生产经验”的内容。

三、驳回反诉原告运输机械厂的其他反诉请求。

本诉案件受理费 3 424 元，由原告三上公司负担。反诉案件受理费 1 210 元，由反诉原告运输机械厂负担 807 元，反诉被告三上公司负担 403 元。

上诉理由

三上公司不服一审判决，向江苏省高级人民法院提起上诉，请求二审法院依法改判，支持上诉人的一审诉讼请求，驳回被上诉人的反诉请求。

三上公司的上诉理由是：

一、一审认定事实不清

1. 一审认定“三上公司没有承继三上电机公司的权利义务”是错误的。1994 年启东机械厂和启东电机厂合并组建三上集团公司，1995 年该公司开始生产销售 LSY 型螺旋输送机。1998 年 3 月根据启东市经济委员会批复实行改制，将三上集团公司分立为三上电机公司和启东机械厂。2001 年吴家慧投资成立三上公司，通过与三上电机公司签订租赁转让协议，三上公司取得包括“三上”商标和 LSY 型螺旋输送机技术资料等无形资产的使用权，该无形资产应包括 LSY 型螺旋输送机知名商品的特有名称。2002 年 8 月，三上电机公司被宣告破产，该公司清算组将包括“三上”商标、技术资料和“LSY 型螺旋输送机”知名商品特有名称等在内的无形资产全部转让给三上公司。通过合法转让，三上公司成为 LSY 型螺旋输送机知名商品特有名称等在内的无形资产的权利人。

2. 一审认定运输机械厂从 2002 年 12 月起停止在广告中使用“成为国内用户首选品牌”的用语是错误的。在运输机械厂一审提供的 2003 年 4 月《全国建筑机械春季交易会会刊》中，其在广告中继续使用“成为国内用户首选品牌”虚假宣传的广告用语。

3. 一审认定运输机械厂在广告中使用“LSY 型螺旋输送机系该厂 90 年代初……在引进、吸收国外同类产品的基础上……而设计开发的产品”的表述系对真实事实的描述是错误的。在一审中，运输机械厂提供的广告只能证明其在 1998 年开始生产 LSY 型螺旋输送机，运输机械厂并未提供其他证据证明 LSY 型螺旋输送机是由其在 90 年代初引进、吸收国外同类产品的基础上，结合其他系列螺旋输送机的丰富经验而设计开发的产品。

二、一审认定 LSY 型螺旋输送机是螺旋输送机的通用名称系定性不当

LSY 型螺旋输送机是原启东机械厂技术成果，1994 年命名为 LSY 型螺旋输送机。LSY 型螺旋输送机是专为可在 0°～90°任意角度转动的螺旋输送机而创造的产品特有名称，与此前两种通用标准型的螺旋输送机（即 LS、GX）有着显著的区别，一般消费者在看到 LSY 型螺旋输送机时就会与 0°～90°任意角度转动的螺旋输送机联系在一起。LSY 型螺旋输送机已经成为知名商品，运输机械厂也对此认可。因此，LSY 型螺旋输送机是三上公司知名商品的特有名称，并非螺旋输送机的通用名称。市场上虽然有一些厂家在生产销售 LSY 型螺旋输送机产品，但不能因此否认涉案输送机是三上公司的知名商品特有名称，他人擅自使用只能证明其实施了侵权行为。1994～1998 年 LSY 型螺旋输送机只有当时的权利人独家生产，市场上出现 LSY 型螺旋输送机生产厂家是最近的现象。运输机械厂一审中未能提供证据证明 LSY 型螺旋输送机已经被数十家企业长期

生产。因此，一审法院以此认定“LSY 型螺旋输送机”为通用名称显然依据不足。

三、一审适用法律不当

三上公司使用“中国第一台 LSY 型螺旋输送机的制造商”，“凭借十年的生产经验”是一种客观事实描述，并未捏造事实进行虚假宣传。一审判决认定运输机械厂宣传其产品“成为国内用户的首选品牌”系违反广告法的不当行为，三上公司的上述宣传行为充其量也是违反广告法的不当行为，而一审法院对同类事实适用不同法律，显属不当。

运输机械厂答辩称：1. 一审认定事实正确，三上公司未提供证据证明其受让了三上电机公司的无形资产，三上公司与启东机械厂、三上电机公司不存在承继关系。2. 一审认定 LSY 型螺旋输送机系通用名称是正确的。3. 被上诉人未委托他人发布被控侵权广告。综上，上诉人的上诉理由均不成立，请求二审法院维持原判。

二审查明事实

除三上公司对一审认定运输机械厂在广告中称其产品“成为国内用户首选品牌”的发布时间截止到 2002 年 11 月一节事实有异议外，对一审法院查明的其他事实，双方当事人均无异议，二审法院在此予以确认。

二审法院另外查明如下事实：

1. 运输机械厂于 2003 年 4 月、5 月分别在《全国建筑机械春季交易会会刊》、《混凝土》杂志上发布广告，称其产品“成为广大用户的首选品牌”。

2. 1997 年 12 月 3 日，三上集团公司通过《关于电机厂与机械厂经济责、权、利关系彻底分开及分厂原则的董事会会议决议》，该决议明确由于原各类产品面对的市场不同，行业不同，划分后便于管理；同日，该公司审议通过《关于电机厂与机械厂经济、责、权、利关系彻底分开的有关人财物划分原则的决定》（以下简称《关于电机厂与机械厂分开决定》），该决定明确对口产品划归为对口单位。1998 年 3 月 13 日，启东市经济委员会关于三上集团公司彻底分开建立三上电机公司及启东机械厂的批复中明确：同意三上集团公司彻底分开建立三上电机公司及启东机械厂，成为独立法人实体，并原则同意三上集团公司董事会关于 1997 年 12 月 3 日审议通过的《关于电机厂与机械厂分开决定》。

2000 年 12 月三上电机公司停产后，其土地及其附属物被启东市土地储备中心收购，生产设备出租给三上公司。由于三上电机公司无力清偿到期债务，2002 年 9 月 26 日该公司被启东市人民法院依法裁定宣告破产还债。三上电机公司清算组委托南通通宝拍卖有限公司对其实物资产进行整体拍卖，三上公司购买了该公司的实物资产。另外，三上电机公司将其无形资产亦出售给三上公司。2003 年 2 月 13 日启东市人民法院裁定宣告三上电机公司破产程序终结。

3. 启东机械厂因改制需要，于 2000 年 10 月 22 日面向社会公开招标，该厂厂长张兵中标，由张兵等投资于 2000 年 11 月设立天地机械公司。2002 年 8 月启东机械厂进入破产程序，2002 年 11 月南通通宝拍卖有限公司将启东机械厂整体拍卖给天地机械公司。

二审判决及理由

一、关于上诉人三上公司与三上电机公司是否具有法律上的承继关系问题

根据我国相关法律规定，新、旧企业之间的承继关系在法律上主要体现为新企业对原企业权利与义务，特别是债权债务的概括承受。本案中，三上电机公司已通过破产还债程序清理其债权债务，破产程序终结后未得到清偿的债权不再清偿。由此可见，上诉人三上公司只是通过破产拍卖程序受让三上电机公司的资产，即通过购买方式取得了三上电机公司有形资产和无形资产并获得相应的权利，但并未概括承受三上电机公司的原债权债务，故上诉人三上公司与三上电机公司之间是两个完全不同的主体，不存在法律上的承继关系。

二审中，上诉人三上公司提供的旨在证明其与三上电机公司之间存在承继关系的证据 3 ~ 7，不具有相应的证明力，不能作为定案证据使用。

二、关于被上诉人运输机械厂使用 LSY 型螺旋输送机名称的行为是否构成仿冒上诉人三上公司知名商品的特有名称问题。

根据我国相关法律规定，知名商品的特有名称是指该商品名称非为相关商品所通用的名称，其具有显著的区别性特征，能够将该名称与特定经营者生产的商品产生特有的联系。本案中，LSY 型螺旋输送机不构成上诉人三上公司所生产的涉案产品的特有名称。

首先，上诉人三上公司未能提供证据证明 LSY 型螺旋输送机与其生产的该种螺旋输送机已经建立了特有的联系，即只要提及“LSY 型”，相关公众就知晓系特指上诉人三上公司的相关产品。从上诉人三上公司目前提供的证据来看，其提供的荣誉证书主要针对其生产的电动机、制动电机产品及其售后服务等，并未特指涉案产品；其提供的中国工程机械工业协会会员证书、质量管理体系认证证书、企业标准文件亦不能证明其使用的“LSY 型螺旋输送机”的名称具有特有性。

其次，从涉案 LSY 型螺旋输送机名称的实际使用情况看，从启东机械厂首创 LSY 型螺旋输送机名称后的十年时间里，至目前全国已有数十家经营输送机械的企业都将其生产的该种螺旋输送机命名为 LSY 型螺旋输送机。其中包括 1998 年从三上集团公司分立后的三上电机公司、由启东机械厂改制而来的天地机械公司、被上诉人运输机械厂等。

再者，被上诉人运输机械厂从 1998 年即开始生产该种螺旋输送机并使用 LSY 型螺旋输送机名称，且做了大量的广告宣传该产品，至上诉人三上公司于 2004 年 12 月 7 日向一审法院提起诉讼时已长达 6 年之久。其中，2003 年 10 月中国质协用户委员会建设机械设备委员会、全国建设机械设备用户委员会颁发荣誉证书给被上诉人运输机械厂，该证书称“在全国工程机械、建设机械主要配套件产品质量用户满意度评价调查中，

你公司生产的 LSY 型螺旋输送机被用户推荐为满意产品”。

综上，尽管 LSY 型螺旋输送机最早系启东机械厂首创的产品名称，但之后该产品名称在较长时间里并未得到很好的维护，从而使其发展成为相关公众所知悉的知名商品的特有名称。LSY 型螺旋输送机客观上与上诉人三上公司生产的该种输送机不具有特有的联系。故上诉人三上公司主张 LSY 型螺旋输送机系其知名商品的特有名称依据不足，其二审中提供的证据 1 ~3 不具有相应的证明力。被上诉人运输机械厂在其螺旋输送机上使用“LSY 型”名称的行为不构成仿冒上诉人三上公司知名商品的特有名称。

二、关于上诉人三上公司、被上诉人运输机械厂各自使用涉案宣传用语的行为是否构成虚假宣传问题

1. 上诉人三上公司使用涉案宣传用语的行为构成虚假宣传。中国第一台 LSY 型螺旋输送机系启东机械厂研制生产，双方当事人对此亦均无异议。但经庭审查明，上诉人三上公司与三上电机公司、与启东机械厂之间无法律上的承继关系。上诉人三上公司在广告中称其系“中国第一台 LSY 型螺旋输送机的制造商”，该表述与事实不符，使相关公众误认为上诉人三上公司系国内 LSY 型螺旋输送机的发明者。同时，上诉人三上公司成立于 2001 年 2 月，但上诉人三上公司在其广告中称其“凭借 10 年的生产经验”，该表述亦与事实不符，使相关公众误认为上诉人三上公司生产 LSY 型螺旋输送机达 10 年之久。上诉人三上公司的上述行为使其在市场上可能获得相对较多的竞争优势，从而可能损害其他同行业竞争者的合法权益，故上诉人三上公司的上述宣传行为构成虚假宣传。

2. 被上诉人运输机械厂在广告中称“LSY 型螺旋输送机系被上诉人 90 年代初……在引进、吸收国外同类产品的基础上，结合其设计、生产其他系列螺旋输送机的丰富经验而设计开发的产品”的行为不构成虚假宣传。被上诉人运输机械厂系国内较早生产 LSY 型螺旋输送机的专业厂家，其上述宣传用语的主要含义是，其借鉴了国外的技术并结合其自身生产经验而设计开发 LSY 型螺旋输送机，该表述并不违反我国相关法律的规定。因此，上诉人三上公司主张被上诉人运输机械厂使用上述宣传用语构成虚假宣传的上诉理由不成立，二审法院不予以支持。

3. 被上诉人运输机械厂在广告中称其产品成为国内（广大）用户的“首选品牌”构成虚假宣传。经二审庭审查明，被上诉人运输机械厂在 2003 年 4 ~5 月仍在其广告中称其产品成为广大用户的“首选品牌”，因此，一审法院认定被上诉人运输机械厂已从 2002 年 12 月停止使用该用语，并以此认定上诉人三上公司主张被上诉人运输机械厂虚假宣传的诉讼请求超过诉讼时效显属不当，应予纠正。“首选品牌”系相关公众对产品的一种评价性表述。本案中，被上诉人运输机械厂并未提供证据证明其生产的涉案产品已经被相关公众认可为其“首选品牌”，而被上诉人运输机械厂使用未经认可的“首选”最高级用语，具有明显的排他性，其向相关公众暗示其产品是最好的，从而可能误导相关公众，并损害同行业的合法竞争利益。因此，被上诉人运输机械厂使用该宣传用语构成虚假宣传。上诉人三上公司此项上诉理由成立，二审法院予以支持。

鉴于被上诉人运输机械厂已自行于2003年12月起停止在广告中使用“首选品牌”用语，并于2004年第2期《建筑机械》杂志广告中改称其产品“成为广大用户的优选品牌”。上诉人三上公司主张被上诉人运输机械厂停止该虚假宣传行为的诉讼目的已经达到，故已无再行判决其停止该虚假宣传行为的必要。

本案中，由于上诉人三上公司、被上诉人运输机械厂双方均存在虚假宣传行为，其行为性质及后果相当，故二审法院对双方要求对方赔礼道歉及赔偿损失的诉讼请求均不予以支持。

综上，上诉人三上公司部分上诉理由成立，二审法院予以采纳，但其相应的上诉请求不予支持。一审判决认定事实、适用法律部分不当，其不当部分二审法院已在判决理由中予以纠正，但一审裁判结果并无不当，故二审法院对一审裁判结果予以维持。依照《民事诉讼法》第一百五十三条第一款第（一）项之规定，判决如下：

驳回上诉，维持原判。

二审案件受理费4 634元，由上诉人三上公司负担。

案例9：避风塘公司与德荣唐公司侵犯企业名称权、仿冒知名服务的特有名称纠纷案

原告（上诉人）：上海避风塘美食有限公司（以下称“避风塘公司”）
被告（被上诉人）：上海德荣唐美食有限公司（以下称“德荣唐公司”）

一审法院：上海市第一中级人民法院
一审案号：（2002）沪一中民五（知）初字第137号
一审合议庭成员：汪彤、刘静、章立萍
一审结案日期：2002年12月25日

二审法院：上海市高级人民法院
二审案号：（2003）沪高民三（知）终字第49号
二审合议庭成员：澹台仁毅、鞠晓红、张晓都
二审结案日期：2003年6月18日

案由：侵犯企业名称权、仿冒知名服务的特有名称纠纷

关键词：知名商品或服务，特有名称，企业名称权，虚假宣传

涉案法条

《民事诉讼法》第六十四条第一款、第一百五十八条
《反不正当竞争法》第五条第（二）、（三）项、第九条第一款

争议焦点

- 企业名称权是指企业依法对其名称所享有的权利。根据国家工商行政管理部门的有关规定，依法登记的企业名称应当有以下部分依次组成：企业所在地行政区划名称、字号、行业或者经营特点、组织形式。上述四项构成要件的组合所构成的完整的企业名称是不同企业相互区别的重要标志。
- 如果他人使用的名称只是其企业名称中的字号部分，则是否构成对企业名称权的侵犯应当以完整的企业名称作为比较依据，即使两个企业名称的字号相同，但其他构成要件不同，也不能当然地认定其中一个企业名称构成侵权。
- 企业名称，是作为市场主体的企业的标识；字号，是企业名称的核心。当字号只有

一种含义时，即使仅仅擅自使用企业名称中的字号，也可能造成消费者误认或者混淆市场主体，从而侵害相应企业的名称权。但是当字号还有其他含义时，如果他人是在原有含义上合理使用，企业名称权人无权禁止。

- 知名服务的特有名称，是指知名服务独有的、与通用名称有显著区别的服务名称。认定知名服务特有名称，除了该服务本身要成为知名服务外，还应当符合以下条件：（1）该名称不能直接表示服务的功能、用途和质量，并且与此类服务的通用名称有显著区别。（2）该名称应当具有原创性或创先使用性，或者是通过经营者的服务使通用名称具有了新的特定含义而形成。（3）该服务名称应当具有显著的区别性，消费者可以自然地将该名称和特定经营者以及知名服务联系起来。
- 知名商品或服务的特有名称一般是由该知名商品或服务的经营者创先使用，并与通用名称和同行业其他商品或服务名称有显著区别的商品或服务名称。
- 如果其被诉侵权人的企业字号只是某种通用名称，而其在宣传中突出强调自身企业字号，若其行为不会造成消费者对市场主体的误解，则不构成《反不正当竞争法》第九条规定的虚假宣传。

审判结论

原告避风塘公司的诉讼请求，一审法院不予支持。

二审判决驳回上诉，维持原判。

本案一审案件受理费人民币10 010元，二审案件受理费人民币10 010元，由上诉人避风塘公司负担。

起诉及答辩

原告避风塘公司诉称："避风塘"是该公司的名称。该公司使用"避风塘"进行对外宣传，在经营中十分注重广告投入，强化了"避风塘"作为品牌形象的作用，使"避风塘"成为上海地区餐饮服务行业中较为知名的服务名称。被告在其招牌、匾额、店堂餐桌以及广告上擅自使用"避风塘"字样，利用其知名度为其获取非法利益。被告这种引人误解的虚假宣传行为，侵犯了其企业名称权和知名服务特有名称权，是不正当竞争。请求判令被告立即停止侵权，公开向原告赔礼道歉，消除影响，赔偿原告经济损失50万元。

被告德荣唐公司辩称："避风塘"一词，是餐饮行业内约定俗成并广泛使用的一种特色风味菜肴的名称，此点已由商标评委会确认。被告是在标注自己企业名称的情况下使用"避风塘"一词，不侵犯原告的企业名称，不会引起消费者误解。

事实认定

原告于1998年9月15日经工商行政管理部门注册登记成立，企业名称为："上海避风塘美食有限公司"，经营范围为："饭，菜，酒，点心，冷饮，咖啡的堂吃……"

此后，原告又开设了打浦、静安、八佰伴3家分店。

自1999年9月起，工商行政管理部门分别准许原告及其静安、打浦分店以“避风塘”、原告及其分店的企业名称、形象及服务时间等为内容制作店堂牌匾广告和户外广告。同时，原告及其分店所使用的菜单、食品包装盒与印制的日历卡上均印有“避风塘”及其汉语拼音的字样。

此外，原告于1999年12月1日成为上海市工商业联合会和上海市商会的会员。原告还分别获得2000年度上海商业优质服务先进集体和“静安南京路风情露吧”特色景观奖等荣誉。原告的虾饺皇、酥皮蛋挞王和蛋黄白莲蓉月饼分别被中国烹饪协会认定为中华名小吃和“2001全国餐饮业月饼展暨餐饮食品与企业展示会”优质月饼。

《新民晚报》《读者导报》等国内外报刊曾经对原告及其分店作过报道和刊登原告的广告。

被告于2001年1月8日注册登记成立，企业名称为：“上海德荣唐美食有限公司”，经营范围为：“饭、菜、饮料的堂吃、外卖；酒的堂饮，国产烟的零售。（涉及许可经营的凭许可证经营）”2002年8月13日，工商行政管理部门批准被告可以以其企业名称、企业服务内容及“避风塘料理”“唐人街”字样发布店堂牌匾广告。

被告在其门面招牌上突出地使用了“唐人街”“德荣唐美食”等字样，在其一楼和二楼的玻璃窗上分别印有“避风塘畅饮”和“避风塘料理”等广告语。被告使用的菜单上方标有“唐人街避风塘料理”。此外，在被告设置的路标上印有“唐人街餐厅避风塘”的字样。

2001年2月7日，国家工商行政管理总局商标评审委员会作出商评字（2001）第187号《重新评审终局裁定书》，主要内容是北京英特普尔信息咨询有限公司代理成都市武侯区避风塘海鲜大排档就“避风塘BFT”商标所提重新评审理由不成立，维持该委商评字（2000）第11号《“避风塘BFT”商标注册不当案终局裁定书》。该委在裁定书中认为，餐饮行业内的经营者普遍将“避风塘”文字作为一类特色风味菜肴的名称加以使用。如果将餐饮行业内约定俗成并广泛使用的一种特色风味菜肴的名称注册为商标形成独占，将妨碍其他经营者的正常经营活动。

另查明，原告在其对外的宣传资料上印有《〈避风塘〉的故事》，内容有：“‘避风塘’是香港维多利亚海港上帆船、舢板等船只用来避台风的多个海湾，其中以位于香港岛北侧的铜锣湾避风塘（建于1862年）最为出名。……由于香港的经济不断发展，铜锣湾区已成为香港最繁荣的消费娱乐区，逐有渔民以其艇只为店在铜锣湾避风塘经营起特色海鲜美食，由于其制作和烹调技巧在当时没有任何餐厅菜馆可仿效生产，便形成了其专营式的经营。……随着香港进一步的发展，避风塘受填海及环保卫生的影响，此等经营面临停业的危机，逐有陆地上出现了和原避风塘师傅合作的香港避风塘美食店，而今，避风塘已从香港向中国内地和台湾以及世界各地全面发展，人们纷至沓来，真正领略了‘避风塘’美食加浪漫风情的全新感受。”

一审判决及理由

一、被告德荣唐公司在其经营活动中使用“避风塘”文字的行为是否侵犯了原告避风塘公司的企业名称权

企业名称权是指企业依法对其名称所享有的权利。根据国家工商行政管理部门的有关规定，依法登记的企业名称应当有以下部分依次组成：企业所在地行政区划名称、字号、行业或者经营特点、组织形式。上述四项构成要件的组合所构成的完整的企业名称是不同企业相互区别的重要标志。原告避风塘公司的企业名称符合上述构成要件。

但是，原告避风塘公司所主张的“避风塘”一词只是其企业名称中的字号部分，而是否构成对企业名称权的侵犯应当以完整的企业名称作为比较依据，即使两个企业名称的字号相同，但其他构成要件不同，也不能当然地认定其中一个企业名称构成侵权。

本案中，被告德荣唐公司在其店招上突出使用的是其自身企业名称中的字号和经营特点部分，即“德荣唐美食”，并未使用原告避风塘公司的企业名称。被告德荣唐公司虽然在介绍其餐饮服务特色的广告宣传中使用了“避风塘”一词，但未将其作为被告德荣唐公司企业名称中的字号。被告德荣唐公司的这一行为不会使消费者对原、被告德荣唐公司两家经营者是否存在关联产生误解和造成混淆。

因此，原告避风塘公司关于被告德荣唐公司侵犯了其享有的企业名称权的诉称理由不能成立。

二、被告德荣唐公司在其经营活动中使用“避风塘”文字的行为是否构成虚假宣传的不正当竞争行为

关于“避风塘”一词的来历，原告避风塘公司的宣传资料和被告德荣唐公司提供的证据均说明这样的事实，即“避风塘”原指出入香港的帆船、舢板等避风的港湾。后当地渔民在避风塘经营具有独特制作和烹调技巧的菜肴，且随着香港的发展和对外交流，这类具有“避风塘”特色的菜肴逐步走向中国内地和世界各地。由此可见，“避风塘”一词并非原告避风塘公司独创，而是在长时期、不断发展的经营活动中，逐步成为被广大消费者普遍接受的一类特色风味菜肴和饮食经营方式的名称。

现被告德荣唐公司在店堂的布置和对外提供餐饮服务时，使用“避风塘料理”等文字进行广告宣传，真实地向消费者说明其菜肴的特殊风味，其行为不构成《反不正当竞争法》第九条所规定的经营者不得利用广告或者其他方法，对商品的质量等作引人误解的虚假宣传的行为。

三、“避风塘”是否可以被认定为原告避风塘公司知名服务的特有名称

一审法院认为，知名商品或服务的特有名称一般是由该知名商品或服务的经营者创先使用，并与通用名称和同行业其他商品或服务名称有显著区别的商品或服务名称。

从本案来看，首先，根据“避风塘”一词的来源，其并非由原告避风塘公司首先使用在餐饮业的经营活动中；其次，作为已被餐饮行业经营者广泛使用的代表一类特色风味菜肴和饮食经营方式的名称，“避风塘”一词不能成为原告避风塘公司所从事的餐

饮服务与同行业其他经营者之间相区别的显著性标志，原告避风塘公司不能排斥其他经营者使用该文字。故原告避风塘公司认为“避风塘”一词系其独家享有的服务名称，被告德荣唐公司使用该名称的行为构成不正当竞争的理由不能成立。

综上所述，原告避风塘公司基于被告德荣唐公司使用“避风塘”文字而构成对原告避风塘公司不正当竞争的各项诉讼请求均因缺乏法律依据，一审法院不能支持。依照《民事诉讼法》第六十四条第一款、《反不正当竞争法》第五条第（二）、（三）项、第九条第一款的规定，判决如下：

原告避风塘公司的诉讼请求，一审法院不予支持。

本案案件受理费人民币 10 010 元，由原告避风塘公司负担。

上诉理由

避风塘公司不服一审判决，向上海市高级人民法院提起上诉，请求撤销一审判决，改判被上诉人承担侵权责任。

避风塘公司的主要上诉理由是：

第一，企业名称虽然包括四个部分，但四个部分的重要性不同，字号才是企业名称的核心。企业对字号有专用权，其他企业不能擅用。被上诉人使用上诉人字号的行为，已经构成对上诉人企业名称权的侵犯。

第二，“避风塘”一词没有直接表明服务质量和功能的作用，也不是餐饮服务业的通用名称。它除具有小港湾这一含义外，还产生了标识上诉人提供服务的来源的第二含义。知名服务的特有名称，不仅可以由臆造词产生，也可以通过使用，从原有词引申出第二含义形成。通过上诉人的广告宣传，“避风塘”一词的第二含义已经获得了显著性。一审不承认“避风塘”一词是上诉人知名服务的特有名称，将其认定为广大消费者普遍接受的一类特色风味菜肴和饮食经营方式的名称，是对重大事实认定不清。

第三，上诉人是上海餐饮市场中的知名企业，消费者就是根据上诉人的服务名称“避风塘”，对上诉人进行判断、识别的。上诉人从未反对其他餐饮经营者合理使用“避风塘”一词，例如以合理的方式阐述“避风塘”的原有含义，或者将菜肴命名为“避风塘”草虾、“避风塘”茄子。被上诉人对“避风塘”一词，并非一审认定的仅在对菜肴进行描述时使用，而是在店招、橱窗、户外指引广告牌上，都有非常醒目的“避风塘”一词；其使用的文字内容，不仅有一审认定的“避风塘料理”，还包括“避风塘畅饮”“唐人街餐厅避风塘往前 30 米”等；就连“避风塘”一词绿字白底的颜色，也与上诉人如出一辙。这种使用超出了合理范围。不仅如此，被上诉人甚至把上诉人独创、从 1999 年起使用的广告门联“熙熙攘攘皆为食来”和广告词“每人 20 ~ 30 元消费令您喜出望外!!”，一并剽窃来张贴，足以证明被上诉人的目的是“搭便车”，依靠他人知名服务名称所蕴含的商业信誉来谋取不正当利益。

被上诉人德荣唐公司答辩称：原审认定事实清楚，适用法律正确，不同意上诉人的上诉理由。

二审查明事实

二审法院确认一审认定的事实属实。

二审判决及理由

企业名称，是作为市场主体的企业的标识；字号，是企业名称的核心。当字号只有一种含义时，即使仅仅擅自使用企业名称中的字号，也可能造成消费者误认或者混淆市场主体，从而侵害相应企业的名称权。但是当字号还有其他含义时，如果他人是在原有含义上合理使用，则企业名称权人无权禁止。

"避风塘"一词，除了是上诉人避风塘公司的字号，还兼具避风港湾、一种烹调方法及菜肴的通用名称等原有含义。被上诉人德荣唐公司没有把"避风塘"一词作为自己企业的字号，只是在"一种烹调方法及菜肴的通用名称"这一含义上使用该词，使用的显著性也没有超过自身企业字号，客观上不足以造成消费者对不同企业的混淆和误认，因此上诉人避风塘公司无权禁止。

上诉人避风塘公司认为被上诉人德荣唐公司侵犯其企业名称权的上诉理由，不能成立。

知名服务的特有名称，是指知名服务独有的、与通用名称有显著区别的服务名称。认定知名服务特有名称，除了该服务本身要成为知名服务外，还应当符合以下条件：(1) 该名称不能直接表示服务的功能、用途和质量，并且与此类服务的通用名称有显著区别。(2) 该名称应当具有原创性或创先使用性，或者是通过经营者的服务使通用名称具有了新的特定含义而形成。(3) 该服务名称应当具有显著的区别性，消费者可以自然地将该名称和特定经营者以及知名服务联系起来。

一审根据上诉人避风塘公司在《〈避风塘〉的故事》中对"避风塘"一词来源的描述，认定该词除具有避风港湾的原有含义外，已引申为一种烹调方法及菜肴的通用名称，并无不当。作为一种烹调方法及菜肴的通用名称，"避风塘"一词在上诉人避风塘公司设立之前就已存在，不是由于上诉人避风塘公司的使用，才使消费者认可其为一种烹调方法及菜肴的通用名称。因此，上诉人避风塘公司对"避风塘"一词的使用，既不具有原创性和创先使用性，也未对该词赋予新的特定含义而使其成为知名服务特有名称。"避风塘"一词没有成为上诉人避风塘公司与同行业其他经营者之间相区别的显著标志。

上诉人避风塘公司认为一审对此重大事实认定不清，理由不能成立。

"避风塘"一词，只是一种烹调方法及菜肴的通用名称，其中既不包含质量认证和操作规范的指标体系，更不代表上诉人避风塘公司的菜肴制作或者餐饮服务方式。被上诉人德荣唐公司在广告宣传中突出自身企业字号，只是在烹调方法及菜肴的含义上使用"避风塘"一词，其行为不会造成消费者对市场主体的误解，不构成《反不正当竞争法》第九条规定的虚假宣传。上诉人避风塘公司关于被上诉人德荣唐公司依靠他人知名服务名称所蕴涵的商业信誉来谋取不正当利益的上诉理由，不能成立。至于被上诉人德荣唐公司是否剽窃避风塘公司的广告门联和广告词以及绿字白底的字样颜色，因与本案所诉的企业名称、知名服务特有名称及虚假宣传纠纷无关，不属本案二审审查范围。

综上所述，上诉人避风塘公司的上诉请求没有法律依据，应予驳回。

据此，上海市高级人民法院依照《民事诉讼法》第一百五十八条的规定，于2003年6月18日判决：

驳回上诉，维持原判。

本案二审案件受理费人民币10 010元，由上诉人避风塘公司负担。

案例10：廖开泰与沈晓瑜侵犯知名服务名称、商标权纠纷案

原告（被上诉人）：廖开泰（绵阳市城区廖排骨餐馆业主）
被告（上诉人）：沈晓瑜（成都市成华区廖排骨店业主）

一审法院：成都市中级人民法院
一审案号：（2002）成民初字第532号
一审合议庭成员：梁群、钟晞鲲、吴涛
一审结案日期：2004年11月24日

二审法院：四川省高级人民法院
二审案号：（2005）川民终字第47号
二审合议庭成员：张冰、刘巧英、陈洪
一审结案日期：2005年9月12日

案由：擅自使用知名服务名称、商标权纠纷

关键词：知名服务，字号，商标权，特有名称，仿冒，许可使用

涉案法条

《民事诉讼法》第一百三十八条第一款、第二款、第三款，第一百五十三条第一款第（一）项、第（二）项

《反不正当竞争法》第二条第一款，第五条第（二）项、第（三）项，第二十条

《民法通则》第四条，第一百三十四条第一款第（一）项、第（七）项、第（十）项

争议焦点

- 若服务在特定区域内，获得了广大消费者的认可，拥有较高的知名度，则该服务应认定为知名服务。擅自使用知名服务特有的名称、包装、装潢，或者使用与知名服务近似的名称、包装、装潢，造成和他人的知名服务相混淆，使购买者误认为是该知名服务的，则构成不正当竞争。
- 如果其店招和匾牌上使用的文字既与其店面装潢有机融合，又相对突出，使该店面装潢与同行业的其他店面装潢相比，具有可识别性，让消费者一见到该店面装饰就

能自然地联想到其良好服务，从而使其具有在同类市场上区别服务主体、来源的功能，则本案诉争的店面装潢属于其知名服务的特有装潢，应当依法予以保护。

- 根据相关法律法规的规定，他人在其他的行政区划内注册与之相同的字号并不被当然禁止，但若该字号集知名服务的特有名称、注册商标的显著性部分、企业字号于一体，则该字号也就成为一种区别服务主体来源的商业标识和企业信誉的载体，当然应作为《反不正当竞争法》所保护的客体。
- 一方在明知他人名称、字号较为知名的情况下，基于利用其所蕴涵的商业价值，在特定地域内将自己的字号也注册为该名称、字号并使用的行为，容易使相关公众产生误认，损害了在先权利人的合法权利，构成了不正当竞争，应当承担相应的民事责任。
- 经许可使用他人注册商标的，必须在使用该注册商标的商品上标明被许可人的名称和商品产地的规定。即使是完整地使用了他人的注册商标，也只有在标明了被许可人的名称和服务地时方为合法。
- 侵权人被授权许可使用注册商标至被侵权人提起诉讼的时间内，被侵权人未提出过异议的，侵权期间应从被侵权人提起诉讼的时间起计算。

审判结论

一、维持成都市中级人民法院（2002）成民初字第532号民事判决主文第一项、第二项、第四项、第五项；

二、变更成都市中级人民法院（2002）成民初字第532号民事判决主文第三项为：由沈晓瑜在二审判决生效后10日内赔偿廖开泰经济损失5万元人民币。

本案一审案件受理费7 010元，其他诉讼费1 000元，共计8 010元，二审案件受理费8 010元，由上诉人沈晓瑜负担8 010元，由廖开泰负担8 010元。

起诉及答辩

原告廖开泰诉称，原告经营“廖排骨”鲜卤食品先后获得了众多的奖项和荣誉称号，为知名服务。

“廖排骨”既是原告的字号又是原告的注册商标。在经营过程中，原告及其所发展的加盟店和分店均使用相同的店招、牌匾和奖牌作为店面装饰，已形成了统一的风格。

被告未经原告的许可在成都市成华区开设廖排骨店、红玉坊店，冒用原告的字号、注册商标以及知名服务的名称及装潢，销售“廖排骨”鲜卤食品，侵犯了原告的合法权益，其行为已构成不正当竞争。

故请求人民法院判令：被告停止使用带有“廖排骨”字号的企业名称、店招、牌匾以及有关不正当竞争的宣传品；在《成都商报》或《华西都市报》上公开赔礼道歉；赔偿原告经济损失30万元，并承担律师费。

被告沈晓瑜辩称，2001年6月1日，原告授权被告在成都市建设南一路17号使用

“廖排骨”注册商标一套，因此被告有权使用“廖排骨”注册商标以及本案所涉的店招、牌匾、奖牌。2001 年 8 月被告在成都市工商局成华区分局登记注册了名为“成华区廖排骨店”的个体工商户，并领取了营业执照，故“廖排骨”系被告合法取得的字号，有权在经营活动中使用。所以被告没有不正当竞争行为，未给原告造成损失，请求驳回原告的诉讼请求。

事实认定

原告系个体工商户绵阳市城区廖排骨餐馆的业主。其从 1982 年 3 月开始在绵阳市城区老南街 39 号从事“廖排骨”经营，其于 1992 年 8 月开始使用“廖排骨”字号。

廖排骨餐馆因服务优质从 1991 年以来先后获得了绵阳市、成都市、四川省有关部门和组织授予的“荣誉证书”“中国名菜”“名特食品”“一等奖”“成都名菜”“风味小吃纪念奖”“首届四川美食节地方风味小吃”“消费者喜爱商品”“名特小吃”“消费者满意单位称号”“四川省消费者喜爱商品”“绵阳市光彩工商户”“中国西部名特小吃”等众多的奖项、荣誉称号。原告从 1997 年 3 月开始，在廖排骨餐馆店面上使用了绵阳市工商行政管理局及个体劳动者协会赠与的黑色匾牌。

1999 年 2 月 28 日原告依法取得了第 1251975 号注册商标的商标专用权，该商标核定服务项目为 42 类，包括餐馆、自助餐馆、快餐馆。该商标标识由图文组成，居中有一卡通厨师，外有一同心圆环环绕，在同心圆环上写有“廖排骨”字样。2001 年 4 月原告在成都市新开市街 78 号的加盟店中首次使用了上为店招、中为黑色匾牌、下为铜制奖牌的店面装潢。其店招以《清明上河图》为背景，左上角为廖排骨注册商标，中部为“廖排骨”三个大字，下方写有“涪城一绝、风味独特、百年卤汁、传统手艺”字样的广告词；黑色匾牌为木质，中部刻有烫金大字“廖排骨”，大字左边为“涪城风味”，下部为“绵阳市工商行政管理局、个体劳动者协会赠”；铜制奖牌上载有上述部门和组织授予廖排骨餐馆及原告的各类奖状，其内容包括“中国名菜”“名特食品”“一等奖”“成都名菜”“四川省消费者喜爱商品”等字样。

原告后在成都市又发展了玉林店、双楠店、西门店、平福店等加盟店，在成都市周边的郊县开设了 6 家加盟店。

另查明，原告在 2001 年 6 月 1 日亲笔书写了一份授权书，将廖排骨商标一套许可给被告使用，该授权书写明原告同意被告在 2001 年 6 月 1 日起在成都市建设南路一段 17 号，使用“廖排骨”商标一套，具体办法见加盟合同，本授权书与加盟合同同时参照使用，具备同等法律效力。此后双方当事人未签订加盟合同。

被告于 2001 年 6 月在成都市建设南路一段 17 号开店经营“廖排骨”，并于 2001 年 8 月 14 日在成华区工商分局领取了字号名称为“成华区廖排骨店”的个体工商户营业执照。

被告在其经营的成华区廖排骨店所使用的店招也以《清明上河图》为背景，左上角为廖排骨注册商标，中部为“廖排骨”三个大字，下方写有“涪城一绝、风味独特、百年卤汁、传统手艺”字样的广告词，与原告使用的店招除色彩外基本相同；被告所使用的黑色匾牌和铜制奖牌与原告的相同。

2002 年 6 月被告在成都市双桥路北 88 号开设了成都市成华区红玉坊鲜卤店。该店所使用的食品包装袋上印有“曾荣获：四川省消费者喜爱商品称号、首届巴蜀美食节名特食品”等字样。

原告为本案支付了律师费 1. 2 万元。

一审判决及理由

一、关于原告廖开泰所提供的“廖排骨”服务是否属于知名服务及“廖排骨”餐馆店面装潢是否属于知名服务的特有装潢，被告沈晓瑜是否应当停止使用带有“廖排骨”字号的店面装潢问题

原告廖开泰从 1982 年起，就在四川省绵阳市向消费者提供“廖排骨”服务；1992 年 8 月开始使用“廖排骨”字号，1999 年取得了含有“廖排骨”文字的图文组合商标；从 2001 年 4 月起，原告廖开泰在成都市范围内开设了 6 家加盟店，将其经营市场扩展至四川省成都市。在原告廖开泰提供“廖排骨”服务这 20 年内，所提供的服务从 1991 年起就先后获得包括四川省人民政府、成都市人民政府、四川省保护消费者权益委员会在内的组织、机构颁发的众多荣誉证书。表明该服务在绵阳和成都市场内，获得了广大消费者的认可，拥有较高的知名度。故原告廖开泰所提供的“廖排骨”服务属于知名服务。

原告廖开泰从 1997 年 3 月起就在廖排骨餐馆店面装饰上使用了写有“廖排骨”文字的黑色匾牌，从 2001 年起，原告廖开泰开始在其经营“廖排骨”的经营场所上使用了本案诉争的店招、匾牌、奖牌，而且该三者在使用过程中，因其排列顺序、“廖排骨”的文字、有关部门及组织授予原告廖开泰及廖排骨店的特有奖牌相对固定，形成了具有特色的风格。

同时由于在店招和匾牌上使用的“廖排骨”文字及奖牌上标示廖排骨服务优良品质的文字既与上述店面装潢有机融合，又相对突出，使该店面装潢与同行业的其他店面装潢相比，具有可识别性，让消费者一见到该店面装饰就能自然地联想到“廖排骨”的良好服务，从而使其具有在同类市场上区别服务主体、来源的功能，故本案诉争的店面装潢属于廖排骨知名服务的特有装潢，应当依法予以保护。

根据《反不正当竞争法》第五条第（二）项关于擅自使用知名商品特有的名称、包装、装潢，或者使用与知名商品近似的名称、包装、装潢，造成和他人的知名商品相混淆，使购买者误认为是该知名商品的规定。被告沈晓瑜未经原告廖开泰许可，在其经营的成华区廖排骨店上使用了与原告廖开泰相同的店面装饰，足以使消费者误将被告沈晓瑜所提供的服务作为原告廖开泰提供的服务而消费，已构成了不正当竞争。故对原告廖开泰的此项主张，一审法院予以支持。

二、关于被告沈晓瑜是否应当停止使用“廖排骨”字号的问题

“廖排骨”称谓在长期经营过程中，因原告廖开泰的刻意使用和消费者的认同，已成为了原告廖开泰所提供的知名餐馆服务的特有名称；原告廖开泰的第1251975号注册商标为图文组合商标，根据《商标法》第七条的规定，商标使用的文学、图形或者其组合，应当有显著特征，便于识别。注册商标的标识应当具有显著性，标识中显著性部分的甄别，应依据普通消费者的视角进行。作为普通消费者，其对图文一体的商业标识的识别和传播，通常以易记、易描述为出发点，对图、文、图文组合进行选择性的记忆和口述。而被消费者选择的这一部分往往就是该注册商标的显著性部分。

第1251975号注册商标标识所包含的图案为一圆环中的卡通厨师，虽易识别，但不利于消费者向未见过该商标的其他消费者描述，因此该图案不具有显著性特征。而在上述图案中所出现的文字“廖排骨”系中文，能为消费者所识别，易于记忆和念诵，故“廖排骨”为本案所涉注册商标的显著性部分，也被普通消费者作为第1251975号注册商标的指代；原告廖开泰在四川省绵阳市工商部门注册的企业名称为绵阳市城区廖排骨餐馆，其字号为“廖排骨”。至此，“廖排骨”集知名服务的特有名称、注册商标的显著性部分、企业字号于一体。

根据我国企业登记管理的相关法律、法规的规定，他人在其他的行政区划内注册与之相同的字号并不被当然禁止。但在本案中，因“廖排骨”不仅是原告廖开泰的企业字号，也是原告廖开泰注册的服务商标的显著性部分，更是原告廖开泰提供的知名服务的特有名称。因此，当这三者集中反映在字号上时，“廖排骨”字号也就成为一种区别服务主体来源的商业标识和企业信誉的载体，当然应作为《反不正当竞争法》所保护的客体。

根据《反不正当竞争法》第五条第（三）项关于擅自使用他人的企业名称或者姓名，引人误认为是他人的商品的行为属于不正当竞争行为之规定。被告沈晓瑜在明知“廖排骨”较为知名的情况下，基于利用“廖排骨”所蕴涵商业价值，在特定地域内将自己的个体工商户的字号也注册为“廖排骨”并使用的行为，容易使相关公众产生误认，该行为未遵循公平、诚实信用的原则和公认的商业道德，损害了在先权利人的合法权利，构成了不正当竞争，应当承担相应的民事责任。据此对原告廖开泰关于被告沈晓瑜立即停止使用“廖排骨”字号的主张，一审法院予以支持。对被告沈晓瑜关于合法使用自己的企业字号不构成侵权的主张，一审法院不予支持。

三、关于被告沈晓瑜在食品包装袋上印制“曾荣获：四川省消费者喜爱商品称号、首届巴蜀美食节名特食品”等字样的行为是否构成不正当竞争的问题

由于原告廖开泰不能证明四川省消费者喜爱商品称号、首届巴蜀美食节名特食品系原告廖开泰独有的质量标志，故不能认定被告沈晓瑜冒用了原告廖开泰的质量标志，对原告廖开泰的主张一审法院不予支持，对其举出的证据材料28、29的证明力，一审法院不予采信，并对被告沈晓瑜的相应主张予以支持。

四、关于被告沈晓瑜主张因与原告廖开泰签订商标许可使用合同，故其行为不构成

不正当竞争的问题

虽然原告廖开泰将廖排骨商标一套许可给被告沈晓瑜使用，但被告沈晓瑜行使该商标使用权的行为不得违反相关法律规定。

首先，被告沈晓瑜使用“廖排骨”图文组合商标依法应当按照国家商标局核准的图文组合使用，而不得自行改变注册商标的文字、图形组合，仅突出使用注册商标标识中的“廖排骨”文字部分。

其次，根据《商标法》第四十条第二款关于经许可使用他人注册商标的，必须在使用该注册商标的商品上标明被许可人的名称和商品产地的规定。被告沈晓瑜即使是完整地使用了“廖排骨”注册商标，也只有在标明了被许可人的名称和服务地时，方为合法。但在本案中，被告沈晓瑜不仅未标明上述内容，反而因其使用的店面装饰中反复出现“涪城”“绵阳”“廖开泰”等字样，足以使普通消费误以为成华区廖排骨店的经营者就是绵阳市城区廖排骨餐馆的经营者。

因此，被告沈晓瑜使用“廖排骨”商标的方式不受法律保护，其以合法行使商标使用权作为不正当竞争的抗辩理由，因缺乏法律依据，一审法院不予支持。

原告廖开泰主张其于2001 年6 月1 日给被告沈晓瑜出具的商标许可使用“授权书”无效，因本案审理的是不正当竞争纠纷，不是原、被告双方的商标许可使用合同纠纷，故该合同的效力不属于本案的审理范围，一审法院不予审查认定。

五、关于赔偿损失及赔礼道歉问题

原告廖开泰为制止侵权所花费的律师费 1.2 万元，因符合《反不正当竞争法》第二十条的规定，应由被告沈晓瑜承担。

因原告廖开泰未能举证证明因被告沈晓瑜的不正当竞争行为而造成的损失和被告沈晓瑜因此的获利情况，故本案应采用定额赔偿。考虑到原告廖开泰的经营时间、经营范围、知名程度以及被告沈晓瑜的主观过错、不正当竞争行为持续的时间，故一审法院认为定额赔偿 15 万元较为适当。

原告廖开泰要求被告沈晓瑜赔礼道歉的主张，一审法院予以支持。

据此依照《民事诉讼法》第一百三十八条第一款、第二款、第三款，《反不正当竞争法》第二条第一款，第五条第（二）项、第（三）项，第二十条，《民法通则》第四条，第一百三十四条第一款第（一）项、第（七）项、第（十）项之规定，判决如下：

一、被告沈晓瑜在一审判决生效后立即停止在企业名称中使用“廖排骨”字号。

二、被告沈晓瑜在一审判决生效后立即停止使用由写有“廖排骨”字样的店招、匾牌和奖给原告廖开泰或廖排骨餐馆的奖牌组成的店面装饰。

三、被告沈晓瑜赔偿原告廖开泰经济损失 15 万元，在一审判决生效后 10 日内支付给原告廖开泰。

四、被告沈晓瑜在《成都商报》上向原告廖开泰赔礼道歉（内容须经一审法院审查)，一审判决生效后 10 日内履行，如不履行，原告廖开泰可以申请人民法院在《成都商报》上公开判决书主要内容。

五、驳回原告廖开泰的其余诉讼请求。

本案案件受理费7 010元，其他诉讼费1 000元，共计8 010元（该款已由原告廖开泰预交）由被告沈晓瑜承担，并在履行上述义务时，一并支付给原告廖开泰。

上诉理由

沈晓瑜不服一审判决，向四川省高级人民法院提起上诉，请求撤销原审判决并判决被上诉人承担本案诉讼费用。

沈晓瑜的上诉理由是：

一、原审法院认定事实有误。上诉人的行为不属于不正当竞争

理由为：

第一，上诉人已向原审法院提供了被上诉人出具的授权书一份，授权书明确表明同意沈晓瑜自2001年6月1日起有权在四川省成都市成华区建设南路一段17号使用“廖排骨”的注册商标一套。授权是单方法律行为，依被上诉人的单方行为就已经成立、生效。依据被上诉人提供的加盟合同，其第一项就明确表明使用“廖排骨”的注册商标就是统一使用“广告图案、牌匾、奖牌（复制品）、提供一次广告和店堂布置”等，这即说明上诉人对“廖排骨”注册商标的使用范围包括有权在成华区建设南路一段17号使用“廖排骨”的广告图案、牌匾、奖牌（复制品）、店堂布置等。上诉人和被上诉人之间没有签订加盟合同是因为双方原为翁媳关系，所以二者之间没有签订加盟合同。一审法院虽然对此证据予以采信，但对证据所证明的内容却予以回避，显然属一审认定事实有误。

第二，上诉人和被上诉人有长期的合作习惯，基于合作习惯，上诉人也有使用“廖排骨”的注册商标、广告图案、牌匾、奖牌（复制品）、店堂装饰、装潢的权利。基于合作习惯，被上诉人授权上诉人使用“廖排骨”的商标一套，就是授权上诉人使用“廖排骨”的名义开店销售卤制食品等，因此上诉人也有权使用“廖排骨”的装饰、装潢。被上诉人从授权到起诉时，已经经过了一年零两个月，在这期间被上诉人没有提出过异议，故从授权起，其就知道或者应当知道上诉人在此处开店，其没有异议就说明认可了上诉人的行为。

第三，“廖排骨”为服务商标，用以表明使用人的服务不同于其他服务提供者的服务。服务商标的使用方式不同于商品商标，因为服务是没有实物载体的，因此对服务商标的使用就是将服务商标用于广告图案、牌匾、奖牌、店堂布置等，对广告图案、牌匾、奖牌、店堂布置的使用就是商标使用权权能的实现。

二、原审法院适用法律错误

第一，原审法院适用《商标法》第四十条第二款的规定：经许可使用他人注册商标的，必须在使用该注册商标的商品上标明被许可人的名称和商品产地。而本案中，“廖排骨”是服务商标，没有实物商品作为载体，因此不可能在服务这种商品上标明被

许可人的名称和商品产地，故根本谈不上在“注册商标的商品上标明被许可人的名称和产地”的问题。

第二，原审法院错误适用《反不正当竞争法》第五条第（三）项的规定认定上诉人对被上诉人企业字号构成侵权。上诉人通过被上诉人的授权取得了“廖排骨”的商标使用权，并依法取得了企业名称的使用权，未构成对被上诉人企业字号的侵权。

第三，原审法院依据“原告的经营时间、经营范围、知名程度及被告的主观过错、不正当竞争行为的持续时间”等判定上诉人赔偿15万元人民币缺乏事实和法律根据。

被上诉人廖开泰服从原审判决。

二审查明事实

原审法院认定的事实基本清楚，二审法院予以确认。

二审判决及理由

一、上诉人沈晓瑜使用与被上诉人廖开泰相近似的店面装潢是否构成不正当竞争

二审法院认为，被上诉人廖开泰经营的餐馆“廖排骨”在从1982年起至今的二十多年期间内，因其商品具有特色、服务优良，先后获得省、市政府及相关部门授予的多种荣誉称号，使消费者对其服务予以认可，从而取得了较高的知名度。原审法院据此认定被上诉人廖开泰所提供的“廖排骨”服务属于知名服务正确，二审法院予以维持。

原审法院同时认定被上诉人廖开泰在其经营场所使用本案讼争的店招、匾牌、奖牌且该三者在使用过程中因其排列顺序、“廖排骨”的文字、有关部门授予被上诉人廖开泰及“廖排骨”店的特优奖牌相对固定，形成了具有特色和可识别性，属于知名服务的特有装潢，应受法律保护，亦属正确。

上诉人沈晓瑜关于其不构成不正当竞争的主张无相关的事实和法律依据，二审法院不予支持。因为：1. 被上诉人廖开泰虽然授予上诉人沈晓瑜使用“廖排骨”商标专用权，但在授权书中并未授予其使用与被上诉人廖开泰店面装潢一致的权利。2. 授权书中虽显示具体使用商标办法以加盟合同为准，但双方并未签订加盟合同予以确认，故上诉人沈晓瑜在未获得被上诉人廖开泰许可的前提下使用与被上诉人廖开泰相近似的店招的行为构成不正当竞争。

二、上诉人沈晓瑜使用含有“廖排骨”字号的企业名称是否构成对被上诉人廖开泰企业名称权的侵犯

“廖排骨”称谓在被上诉人廖开泰长期的经营过程中因其集商标显著部分、企业名称和知名服务的名称为一体，依法应作为《反不正当竞争法》保护的客体，原审法院依据该法第五条予以保护，属适用法律正确，二审法院予以维持。上诉人沈晓瑜在企业登记时使用含有“廖排骨”字样的企业名称，损害了被上诉人廖开泰的在先权利，应停止侵权并承担相应的法律责任。

三、关于上诉人沈晓瑜侵权赔偿数额的确定问题

上诉人沈晓瑜使用与被上诉人廖开泰相近似的店招及侵犯被上诉人廖开泰的企业名称权，均应承担相应的民事责任。因被上诉人廖开泰未举证证明其因此而遭受的损失或上诉人沈晓瑜因侵权而获得的利润，原审法院依据被上诉人廖开泰经营的时间、范围和被上诉人廖开泰服务的知名程度及沈晓瑜的主观过错等确定赔偿数额并无不妥，但二审法院认为，原审确定的赔偿数额欠妥，应予调整。因为：

1. 上诉人沈晓瑜使用与被上诉人廖开泰相近似的店招虽构成不正当竞争，但因被上诉人廖开泰的注册商标为服务商标，上诉人沈晓瑜据被上诉人廖开泰的授权可以使用该注册商标并将“廖排骨”三个字使用在店招上，构成侵权主要是因为其在使用“廖排骨”三个字及其店招、匾牌、奖牌的排列组合上应与被上诉人廖开泰有所区别，上诉人沈晓瑜没有使用与被上诉人廖开泰相近似的店面装潢的依据。

2. 上诉人沈晓瑜从 2001 年 6 月被被上诉人廖开泰授权许可使用注册商标至被上诉人廖开泰于 2002 年 7 月提起诉讼的一年多时间内，被上诉人廖开泰未提出过异议，故侵权期间应从被上诉人廖开泰提起诉讼后起算。

另上诉人沈晓瑜还从 2002 年 6 月就开始经营自己创立的成都市成华区红玉坊鲜卤店，为此，二审法院综合考虑以上情节，认为赔偿金额应调整为 5 万元人民币为宜。

综上所述，原审判决认定的事实基本清楚，适用法律正确，惟在赔偿数额的确定上欠妥，应予变更。依据《民事诉讼法》第一百五十三条第一款第（一）项、第二项之规定，判决如下：

一、维持成都市中级人民法院（2002）成民初字第 532 号民事判决主文第一项、第二项、第四项、第五项；

二、变更成都市中级人民法院（2002）成民初字第 532 号民事判决主文第三项为：由沈晓瑜在二审判决生效后 10 日内赔偿被上诉人廖开泰经济损失 5 万元人民币。

本案一审案件受理费 7 010 元，其他诉讼费 1 000 元，共计 8 010 元，二审案件受理费 8 010 元，由上诉人沈晓瑜负担 8 010 元，由被上诉人廖开泰负担 8 010 元。

案例11：娱乐频道、天娱传媒与美洁公司、刘祥富、汤阳春侵犯知名商品特有名称及著作权纠纷案

原告（被上诉人）：湖南电视台娱乐频道（以下称"娱乐频道"）
原告（被上诉人）：上海天娱传媒有限公司（以下称"天娱传媒"）
被告（上诉人）：广东美洁卫生用品有限公司（以下称"美洁公司"）
被告：刘祥富
被告：汤阳春

一审法院：湖南省长沙市中级人民法院
一审案号：（2007）长中民三初字第0246号
二审合议庭成员：廖征、胡冬华、尹承丽
二审结案日期：2008年4月23日

二审法院：湖南省高级人民法院
二审案号：（2008）湘高法民三终字第47号
二审合议庭成员：孙元清、唐慧、闫伟
二审结案日期：2008年9月5日

案由：擅自使用知名商品特有名称及著作权纠纷

关键词：知名商品，特有名称，著作权，商标，请求权竞合

涉案法条

《反不正当竞争法》第二条第一款、第五条第（二）项、第二十条第一款

《民法通则》第一百三十四条第一款第（一）、（七）项、第二百二十九条

《商标法》第三条、第五十六条第二款

《民事诉讼法》第一百零八条、第一百五十三条第一款（二）、（三）项

《最高人民法院关于适用〈中华人民共和国民事诉讼法〉若干问题的意见》第一百八十条

争议焦点

- 借用知名品牌冠名商品，普通消费者往往将以该知名品牌冠名的商品和知名品牌联系起来，认为两者之间具有赞助、许可使用等关系，从而导致混淆商品来源的结果的现实可能性也大大增加。基于该知名品牌的巨大影响力而带来的非同行业商业利益是一种已现实存在的客观利益，品牌持有者对于这种利益享有排他的权利，其禁止他人未经同意而为商业目的使用的权利受法律保护。
- 借其他行业的知名品牌销售自己的产品，会使消费者和相关公众对商品来源产生误认，包括误认为该知名品牌具有许可使用、关联企业关系等特定联系。这种行为有碍他人利用其品牌效应扩大市场价值，也对他人作为品牌运营者可能进入相关行业造成不利影响。
- 当事人之间如果基于委托加工关系，合作生产、销售涉案产品，则构成对他人的共同侵权，应承担连带责任。且委托代加工合同只是调整其内部分配关系的依据，不能对抗善意第三人。
- 根据《反不正当竞争法》第二十条第一款关于“经营者违反本法规定，给被侵害的经营者造成损害的，应当承担损害赔偿责任，被侵害的经营者的损失难以计算的，赔偿额为侵权人在侵权期间因侵权所获得的利润”的规定，侵权利润仅指侵权人本人所得利润，而不应包含他人销售侵权产品所得利润。

审判结论

一、撤销湖南省长沙市中级人民法院（2007）长中民三初字第 0246 号民事判决。

二、美洁公司于二审判决生效之日起立即停止生产、销售以“超级女声”作为商品标识的系列卫生巾的不正当竞争行为，并销毁侵权商品、包装、装潢。汤阳春停止销售以“超级女声”作为商品标识的系列卫生巾。

三、美洁公司于二审判决生效之日起 10 日内赔偿娱乐频道、天娱传媒经济损失 50 万元，汤阳春在 5 000 元范围内承担连带赔偿责任。

四、驳回美洁公司的其他上诉请求。

五、驳回娱乐频道、天娱传媒对刘祥富的起诉。

六、驳回娱乐频道、天娱传媒的其他诉讼请求。

如果未按二审判决指定的期限履行给付金钱义务的，依照《民事诉讼法》第二百二十九条之规定，加倍支付迟延履行期间的债务利息。

本案一审案件受理费 62 640 元，证据保全费 5 000 元，二审案件受理费16 950元，合计 84 590 元，由美洁公司负担 55 754 元，汤阳春在 1 000 元限额内承担连带责任，由娱乐频道、天娱公司负担 31 692 元。

起诉及答辩

原告娱乐频道、天娱传媒诉称：2003 年，湖南电视台娱乐频道推出一档名为“超级女声”的大型娱乐节目。2004 年以来，该节目在全国乃至世界范围内取得了巨大成功，已经成为全国最有影响力的娱乐品牌之一。“超级女声”作为该档大型娱乐节目的名称与标识开始使用，并延续至今。

“超级女声”节目的标识是以特殊方法书写的文字与文字周围图案共同形成的美术作品，其著作权人是娱乐频道。2005 年 1 月 1 日，娱乐频道将该作品除署名权以外的著作权有关权利全部授予上海天娱传媒有限公司独占使用。

被告刘祥富未经著作权人同意，于 2004 年 7 月恶意将“超级女声”所用的标识提出注册商标申请。

被告广东省佛山市顺德区美洁卫生用品有限公司以营利为目的，利用“超级女声”已取得的品牌优势及其所具有的市场潜力，自 2005 年 12 月以来，采取侵犯“超级女声”名称权、“超级女声”标识的著作权，模仿“超级女声”营销宣传方式等不正当竞争行为，大量生产、销售以“超级女声”作为商品标识的系列卫生巾。为规避中国内地法律，被告美洁公司董事长黎力冲与被告刘祥富在香港成立超级女声文化传播集团有限公司，再由该公司授权美洁公司使用“超级女声”名称和标识。

被告汤阳春作为美洁公司湖南总代理，大量销售以“超级女声”作为商品标识的系列卫生巾等女性用品。三被告实施的不正当竞争行为，严重损害了原告的合法权益。

据此，原告诉至一审法院，请求判决：（1）被告立即停止一切侵犯“超级女声”名称权、“超级女声”标识的著作权及模仿“超级女声”营销宣传方式等不正当竞争行为，即停止生产、销售以“超级女声”作为商品标识的系列卫生巾，销毁侵权商品、包装、装潢等；（2）被告赔偿原告损失 700 万元；（3）被告承担原告为制止被告侵权所发生的合理开支、律师费等共 12 万元；（4）被告承担本案诉讼费、证据保全费等全部诉讼费用。

被告美洁公司、刘祥富辩称：

（1）被告没有任何不正当竞争行为。美洁公司基于同刘祥富之间的加工承揽关系，贴牌生产“超级女声”卫生巾，没有进行不正当竞争。美洁公司对“超级女声”的具体情况不了解，且在审查刘祥富已经向国家商标局申请，也拿到了受理通知书之后，才贴牌生产，没有任何过错。刘祥富委托美洁公司加工系列卫生巾，所使用的“超级女声”商标已经向国家申请注册，申请的日期是 2004 年 5 月 28 日，注册的类别是第五类，国家商标局已经受理，刘祥富是注册人，具有合法使用该商标的权利。“超级女声”系列卫生巾的外包装也已经向国家申请了外观设计专利，也发了受理通知书，刘祥富有权使用该包装，而且，被告所使用的商标与原告的标识有显著不同。故此，被告不存在侵权行为，也不构成不正当竞争。

（2）原告诉称侵犯“超级女声”标识著作权没有事实和法律依据。“超级女声”

文字加图形的组合，并不是著作权法所指的拥有著作权的作品。

（3）原告不享有“超级女声”的名称权。“超级女声”是一个电视节目名，根据《民法通则》第九十九条第二款的规定，名称权是具有人身属性的权利，主要内容是相关主体依法使用名称，并禁止他人使用，或者损害其名称的权利。知识产权法研究和讨论的名称权，主要是经营性主体的企业名称权，而原告不享有“超级女声”的名称权。

（4）原告请求赔偿损失700万元没有事实和法律依据。

据此，美洁公司和刘祥富请求法庭驳回原告的诉讼请求。

被告汤阳春未向法庭提供答辩意见。

事实认定

2003年以来，原告娱乐频道的大型娱乐节目“超级女声”取得了巨大成功，已经成为全国有影响力的娱乐品牌。“超级女声”节目播出时间已达数年之久，其收视率很高，在全国以及世界范围内享有很高的知名度。“超级女声”作为该档大型娱乐节目的名称与标志，一直被娱乐频道使用至今。为推广“超级女声”品牌节目，原告投入大量的人力、物力、财力做广告宣传，始终保持并不断增强“超级女声”品牌的吸引力。

2003年10月31日娱乐频道向国家工商行政管理总局商标局申请“超级女声”第38类商标注册，申请号：3778764。国家工商行政管理总局商标局于2003年11月27日予以受理，并给注册人娱乐频道颁发了第3778764号《商标注册证》，商标名称：“超级女声”，核定服务项目：第38类，注册有效期限：2007年3月28日至2017年3月27日。2004年2月28日，娱乐频道与天娱传媒签订《商标许可合同》，娱乐频道作为“超级女声”商标的在先使用人和注册商标申请人，授权天娱传媒对“超级女声”商标进行合理的开发使用，期限自2004年2月18日至2014年2月17日。2005年1月1日，娱乐频道将该拥有完全著作权的“超级女声”图形作品除署名权以外的著作权有关权利全部授予天娱传媒独占使用，授权期限自2005年1月1日至2014年12月31日。2005年2月娱乐频道与天娱传媒签订《“超级女声”品牌使用协议书》，明确约定天娱传媒是“超级女声”品牌的运营商，享有将“超级女声”品牌用于商业目的并获取商业利润的权利。

2004年5月28日，被告刘祥富向国家工商行政管理总局商标局申请“超级女声”第5类商标注册，申请号：4090425。国家工商行政管理总局商标局于2004年7月13日受理了此商标的注册申请，但迄今未颁发《商标注册证》。被告刘祥富对外宣称自己是“香港超级女声文化传播集团有限公司”董事长、“佛山市美洁卫生用品有限公司超级女声事业部”总经理。2005年12月以来，被告美洁公司开始生产“超级女声健康卫生巾”，产品名称是“超级女声”，且该名称与原告主张权利的电视娱乐节目和品牌“超级女声”文字完全相同，文字的书写方法以及文字周围图案也相同。美洁公司还在其宣传册和www. hksuperreison. cn. alibaba. com网页上使用“超级女声”特殊标识。产品包装上还标记“香港超级女声文化传播集团有限公司监制”。汤阳春作为销售商，在湖南省长沙市雨花区湖南高桥大市场飘雪纸品商行经营该涉案产品的批发销售业务。

2005年12月29日，湖南省版权局颁发作品版权证，作品登记号为“湘作登字18－2005－F－245号”，作品名称为“超级女声”图形，作品类型为美术作品，作者为王炼，著作权人为“湖南电视台娱乐频道”，作品完成日期为2004年5月4日，作品登记日期为2005年12月13日。

一审判决及理由

（一）关于被告行为性质的认定

原告认为，被告以营利为目的，利用“超级女声”已取得的品牌优势及其所具有的市场潜力，采取不正当手段，大量生产、销售以“超级女声”作为商品标识的系列卫生巾，构成了不正当竞争。（1）被告仿冒“超级女声”名称的行为侵犯了原告的合法权益。“超级女声”电视节目作为知名的娱乐商品，其特有的名称理应受到法律保护。（2）被告通过“搭便车”的行为不正当地获取竞争优势。被告不但在网站，而且在产品上使用与原告“超级女声”节目相同的名称，并与超级女声品牌宣传字样及图形一模一样，误导公众或顾客，与原告知名商品或品牌名称、特殊标识、特殊表示特征及原告品牌运营等活动产生了混淆。（3）被告以弱化、丑化、退化等方式淡化了知名品牌“超级女声”的商业价值，妨碍了原告可能将“超级女声”品牌授权给适格的妇女卫生用品生产商、销售商的商业营利性活动，侵犯了原告的商品化权。

被告认为，原告诉被告不正当竞争没有事实和法律依据。（1）原告对“超级女声”不拥有名称专用权。《反不正当竞争法》第五条第（二）项规定的限制使用知名商品特有的名称、包装等，或者使用和知名商品近似的名称，只是针对造成与他人的知名商品相混淆的情形，而“超级女声”卫生巾不会与“超级女声”的娱乐节目相混淆。（2）被告使用依法申请注册的商标的行为不构成对原告注册商标专用权的侵犯，也不能以此认定不正当竞争行为成立。（3）反不正当竞争行为的构成要看是否有竞争关系，即是否经营同类商品。被告和原告消费者不同，不存在竞争关系。模仿营销方式不是法律规定的不正当竞争行为，被告行为不符合《反不正当竞争法》规定的任何一种具体的不正当竞争行为。

一审法院认为，《反不正当竞争法》第二条规定：“经营者在市场交易中，应当遵循自愿、平等、公平、诚实信用的原则，遵守公认的商业道德。本法所称的不正当竞争，是指经营者违反本法规定，损害其他经营者的合法权益，扰乱社会经济秩序的行为。”该法的立法宗旨在于保护具体的经营者的经营行为，维护和规范整个市场的竞争秩序。从某种意义上说，反不正当竞争法不囿于某种法定权利的保护，而考虑的更多的是市场主体行为的正当性。反不正当竞争法的根本目的是要建立和维护一种自愿、公平、诚实信用和遵守公认的商业道德的竞争秩序，既维护具有直接竞争关系的经营者之间的正当竞争，也维护包括相关市场在内的整个市场的竞争秩序，即禁止经营者通过不正当手段获取顾客的“惠顾”而不正当地争取比其他诚实正当的经营者更多的交易机会。

关于被告是否侵犯原告商品的名称权从而构成对原告的不正当竞争的问题，一审法院认为，根据《反不正当竞争法》第五条第（二）项的规定：擅自使用知名商品特有的名称、包装、装潢，或者使用与知名商品近似的名称、包装、装潢，造成和他人的知名商品相混淆，使购买者误认为是该知名商品，构成不正当竞争。本案中，被告刘祥富和美洁公司擅自使用“超级女声”名称，足以使消费者和相关公众对商品来源产生误认，但不足以造成“超级女声”卫生巾与“超级女声”的娱乐节目相混淆。因此，被告的行为不符合《反不正当竞争法》第五条第（二）项的规定，原告以知名商品的特有名称权受到侵犯为由主张被告对其进行不正当竞争，一审法院不予支持。

但原告作为电视节目的智力劳动创造者和娱乐产品的品牌运营者，其合法权益理应受到法律保护。其一，电视节目“超级女声”的品牌可以成为原告获取经济利益的重要资源。与一般产品或服务不同，电视产品的特殊性在于它能引起高度注意，触及面广，社会影响力大。如果将这种影响力用于商业活动，作为产品名称或服务标识，可能使商品更加引人注目，使人感到其质量可信，从而起到促销商品的作用。本案中，原告娱乐频道的“超级女声”作为选秀节目，以海选、淘汰、PK及整体包装等方式增强了观众参与性，观众也通过包括短信在内的多种方式直接参与节目，使该节目具有了庞大的观众群和巨大的影响力，成为知名度很高的娱乐商品，并可以转化为商业价值。其二，与电视媒体的商业化运作相适应，原告作为品牌智力劳动创造者的合法权益受到侵犯的现实可能性也随之增加。电视节目往往伴有商业化活动，节目的知名度愈高，企业通过这些活动与节目建立联系所获取的利益就愈大，同时，有关市场主体搭知名电视节目品牌便车以取得或扩大竞争优势的现实可能性也大大增加。本案中，由于“超级女声”节目知名度的提高，该节目运行过程中的赞助、冠名、广告等商业行为也随之增多，电视观众和普通消费者将以“超级女声”冠名的商品与“超级女声”电视节目联系起来，认为两者之间具有赞助、许可使用等关系，从而导致混淆商品来源的结果的现实可能性也大大增加。尽管原告为保护自己的权利，而将其智力成果“超级女声”注册为商标并进行版权登记，但注册商标专用权和著作权不能囊括原告基于“超级女声”电视节目所产生的所有权利，特别是基于该节目的巨大影响力而带来的非同行业商业利益这种已现实存在的客观利益。原告对于这种利益享有排他的权利，其禁止他人未经同意而为商业目的使用“超级女声”品牌的权利受法律保护。故此，被告辩称其与原告不存在竞争关系的抗辩理由，一审法院不予支持。

被告刘祥富和美洁公司未经原告许可，在其生产的卫生巾系列产品上使用“超级女声”标识的行为，其后果可以认定为：其一，擅自借鉴“超级女声”品牌在市场上已有的较高知名度和声誉，使消费者和相关公众对商品来源产生误认，包括误认为与电视节目“超级女声”的制作者具有许可使用、关联企业关系等特定联系，以促销商品。其二，被告的行为侵犯了原告依法享有的著作权。原告湖南电视台娱乐频道创作并使用了“超级女声”字样及图形，在该字样及图形中，文字以特殊的书写方法表现，在文字的周围则以特殊的图案加以修饰，整体形成一个具有独创性及审美意义的平面组合，符合我国著作权法对“美术作品”的定义，属于著作权法保护的作品范畴。美洁公司和刘祥富自2005年12月以来开始使用“超级女声”作为其卫生巾产品的名称，且该名称与原告享有著作权的美术作品文字完全相同，文字的书写方法以及文字周围图案也相同。由此可以推定，被告接触过原告作品，也可以认定，被告的行为已构成著作权法意义上的剽窃。其三，被告完全模仿“超级女声”节目和品牌的运作模式，使用与原告基本相同的广告宣传用语和表达方式，包括包装及宣传册上所使用的“PK”和“想唱（跳）就唱（跳）”，也是一种搭便车行为。其四，被告的行为损害了原告的商业利益，有碍原告利用其品牌效应扩大市场价值，也对原告天娱传媒作为“超级女声”品牌运营者可能进入妇女卫生用品及相关行业造成不利影响。

（二）关于请求权的竞合

本案中，被告的行为既符合著作权和商标权侵权构成要件，也属于《反不正当竞争法》的调整范围，因而产生了法律竞合。此时，权利人可以自由处分各个竞合的请求权，即有自由选择适用法律的权利。

在庭审过程中，原告明确表示，请求适用《反不正当竞争法》，符合法律规定。但原告将“被告侵犯‘超级女声’标识的著作权”作为被告不正当竞争行为的一种具体表现形式并据此提出诉讼请求，于法无据。

《商标法》第三条规定，经商标局核准注册的商标为注册商标；商标注册人享有商标专用权，受法律保护。娱乐频道于2003年10月31日向国家工商行政管理总局商标局申请并获得了“超级女声”第38类商标注册，注册有效期限自2007年3月28日至2017年3月27日，其注册商标专用权以及基于“超级女声”自2003年以来的在先使用权利受法律保护。另外，该商标被人民法院生效判决认定为驰名商标，其合法权益亦受法律保护。被告以刘祥富曾申请“超级女声”第五类商标注册为由，抗辩认为其行为本身不构成对原告注册商标专用权的侵犯，亦不属于不正当竞争，没有法律依据。但是，本案中，原告的诉讼请求未涉及商标侵权，属于当事人自由处分其请求权。一审法院基于民事诉讼的“不告不理”原则，对此不作认定，也不在判决主文中表述。因此，原告自由选择适用《反不正当竞争法》以寻求司法救济，符合法律原则，一审法院予以支持。

（三）关于赔偿数额的确定

原告认为，被告侵权时间长、程度深，依据原告已经签订的品牌使用协议，被告的侵权行为给原告造成的损失在700万元以上；按照被告产品的市场价格和销售量计算，被告的侵权所得超过200万元。（1）依据湖南电视台承担的“超级女声”品牌使用费标准，两原告损失至少为725万元。（2）依据《“超级女声”卡类产品合作协议》，品牌使用费700万元以上。（3）依据原告天娱传媒与广州天薇生物科技有限公司签订的《商标许可合同》，品牌使用费至少在700万元以上。鉴于此，原告请求法院判决被告赔偿原告经济损失700万元。

被告认为，以产品市场销售的价格为标准计算美洁公司的所得欠妥；原告认为其在2005年产品试制时就合作，没有事实依据，保全证据证明了刘祥富和美洁公司合作开始于2006年；假设美洁公司构成侵权，以实际的生产量计算，产值只有434 890.22元，实际销售额只有28万多元；原告律师和天娱传媒签订的是风险代理合同，付款的条件没有成立，就先付了12万元的律师费，不合情理。

一审法院认为，根据《反不正当竞争法》第二十条第一款规定："经营者违反本法规定，给被侵害的经营者造成损害的，应当承担损害赔偿责任，被侵害的经营者的损失难以计算的，赔偿额为侵权人在侵权期间因侵权所获得的利润；并应当承担被侵害的经营者因调查该经营者侵害其合法权益的不正当竞争行为所支付的合理费用。"鉴于原告的证据不足以证明被告的侵权行为与原告700万元经济损失之间存在必然联系，一审法院以侵权人在侵权期间因侵权所获得的利益作为依据计算本案赔偿数额。

美洁公司自2005年12月以来共生产了A8801、A8802、A8803、A8804、A8808、A8851、A8852、A8853、A8854、A8855、A8856、A8859、A8860等十三种型号的"超级女声健康卫生巾"产品18 970箱，销售12 772.62箱，销售额2 022 301.34元，销售成本669 591.59元，销售利润总计1 352 709.75元。其中，A8801型产品共生产2 308箱（进仓数），销售1 336箱（出仓数），以（2007）长证内字第2303号公证书所确认的www.hksuperreison.cn.alibaba.com网站上的销售价格187.20元/箱计算，销售额为250 099.2元；该型号产品成本为46.08元/箱，成本共计61 562.88元，故该型号的产品销售利润为188 563.32元。A8802型产品共生产1 613箱，销售1 266箱，以www.hksuperreison.cn.alibaba.com网站上的销售价格192.00元/箱计算，销售额为243 072元；成本价44.16元/箱，合计成本为55 906.56元，故该型号的产品销售利润为187 165.44元。A8803型产品共生产2 229箱，销售1 348箱，以被告汤阳春在湖南省长沙市雨花区高桥大市场飘雪纸品商行的批发价格132元/箱计算，销售额为177 936.00元；成本价51.84元/箱，合计成本为69 880.32元，故该型号的产品销售利润为108 055.68元。A8004型产品共生产899箱，销售744.62箱，以网上销售价格187.2元/箱计算，销售额为139 392.86元；成本价49.92元/箱，合计成本为37 171.43元，故该型号的产品销售利润为102 221.43元。A8808型产品共生产875箱，销售766箱，以被告汤阳春在飘雪纸品商行的批发价格124.8元/箱计算，销售额为95 596.8元；成本价为53.76元/箱，合计成本为41 180.16元，故该型号的产品销售利润为54 416.64元。A8851型产品共生产1 083箱，销售665箱，以湖南省长沙市天心区金沙自选商场的售货价格108元/箱计算，销售额为71 820元；成本价为57.6元/箱，合计成本38 304元，故该型号的产品销售利润为33 516.0元。A8852型产品共生产2 074箱，销售1 211箱，以汤阳春在飘雪纸品商行的批发价格136.8元/箱计算，销售额为165 664.8元；成本价57.6元/箱，合计成本为69 753.6元，故该型号的产品销售利润为95 911.2元。A8853型产品共生产688箱，销售583箱，以金沙自选商场的售货价格115.2元/箱计算，销售额为67 161.6元；成本价为62.4元/箱，合计成本为36 379.2元，故该型号的产品销售利润为30 782.4元。A8854型产品共生产1 056箱，销售739箱，以飘雪纸品商行的批发价格124.8元/箱计算，销售额为92 227.2元；成本价为52.8元/箱，合计成本为39 019.2元，故该型号的产品销售利润为53 208元。A8855型产品共生产2 896箱，销售2 080箱，以金沙自选商场的售货价格134.4元/箱计算，销售额为27 9552.0元；成本价为42.24元/箱，合计成本87 859.2元，故该型号的产品销售利润为191 692.8元。A8856型产品共生产2 121箱，销售1 163箱，以金沙自选商场的价格216.0元/箱计算，销售额为251 208.0元；成本价为46.08元/箱，合计成本53 591.04元，故该型号的产品销售利润为197 616.96元。A8859型产品共生产457箱，销售259箱，以网上的销售价格288.0元/箱计算，销售额为74 592.0元；成本价为100.8元/箱，合计成本26 107.2元，故该型号的产品销售利润为48 484.8元。A8860型产品共生产671箱，销售612箱，以被告汤阳春飘雪纸品商行的批发价格186.24元/箱计算，销售额为113 978.88元；成本价为86.4元/箱，合计成本52 876.8元，故该型号的产品销售利润为61 102.08元。

据此，一审法院认定侵权人在侵权期间因侵权所获得的利益为1 352 709.75元，原告在1 352 709.75元范围内提出的赔偿请求，一审法院予以支持。由于原告支付12万元律师费的收据与委托代理合同存在矛盾，原告将其作为损失赔偿的依据，一审法院不予支持。

（四）关于美洁公司的民事责任

原告认为，刘祥富与美洁公司合作生产、销售“超级女声”卫生巾，构成对原告的共同侵权，应当承担连带责任。被告美洁公司认为，刘祥富与美洁公司之间是加工承揽关系，美洁公司只是贴牌加工生产“超级女声”卫生巾，不应承担责任。一审法院认为，其一，从时间的先后顺序判断，在代加工合同签订之前，美洁公司就已经生产“超级女声”卫生巾。美洁公司于2005年12月，即在同刘祥富签订委托代加工合同之前，就已经以自己的名义向佛山产品质量监督检验所就其生产的“超级女声”产品申请质量检验，而代加工合同的签订日期是2006年3月1日。其二，美洁公司成立了超级女声事业部，由刘祥富任总经理。该事业部隶属于美洁公司，不具备独立法人资格，因而不具备法人的权利能力，其法律效果和责任由美洁公司承担。其三，“超级女声”产品是以美洁公司的名义对外进行营销宣传，而不是以刘祥富的名义对外销售。因此，一审法院认定被告刘祥富和美洁公司之间是合作关系，委托代加工合同只是调整其内部分配关系的依据，不能对抗善意第三人。本案中，上述两被告共同生产“超级女声”产品，属于不正当竞争，应承担相应的民事责任。

另外，原告主张，被告美洁公司董事长黎力冲与被告刘祥富在香港成立超级女声文化传播集团有限公司，再由该公司授权美洁公司使用“超级女声”名称和标识。被告产品包装上也标记了“香港超级女声文化传播集团有限公司监制”。但是，原告既没有将香港超级女声文化传播集团有限公司作为本案被告进行起诉，又没有对此主张进行举证，因此，一审法院认为，原告放弃了对香港超级女声文化传播集团有限公司的诉讼权利，属于当事人意思自治的范畴，故一审法院对涉及监制人香港超级女声文化传播集团有限公司的事实和责任不予审理。

综上所述，原告娱乐频道自2003年以来创作、使用“超级女声”字样及图形作为其电视节目的名称，使“超级女声”在全国乃至全世界有着很高的知名度。原告天娱传媒作为品牌运营商基于合法授权对“超级女声”品牌享有使用权和获益权。被告刘祥富和美洁公司自2005年12月以来开始使用“超级女声”作为其卫生巾产品的商业标识，足以使消费者和相关公众对商品来源产生误认。被告刘祥富和美洁公司出于商业目的，擅自使用“超级女声”的商业标识的行为是一种不正当地获取竞争优势的“搭便车”行为，违背了诚实信用原则，损害了正常的市场竞争秩序，构成针对原告的不正当竞争。被告刘祥富和美洁公司基于合作关系，共同生产涉案“超级女声”产品，侵权了原告的合法权益，应承担停止侵权、赔偿损失的民事责任。鉴于侵权人在侵权期间因侵权所获得的利益为1 352 709.75元，被告刘祥富和美洁公司应在此金额范围内连带赔偿原告经济损失。被告汤阳春销售涉嫌侵权产品，未向法庭提供证据证明其所销售商品的合法来源，也构成对原告的不正当竞争，应停止不正当竞争行为，并承担一定的损失赔偿责任。

依照《反不正当竞争法》第二条第一款、第二十条第一款和《民法通则》第一百三十四条第一款第（一）、（七）项之规定，判决如下：

一、被告美洁公司、被告刘祥富于一审判决生效之日起立即停止生产、销售以“超级女声”作为商品标识的系列卫生巾的不正当竞争行为，并销毁侵权商品、包装、装潢。被告汤阳春停止销售以“超级女声”作为商品标识的系列卫生巾。

二、被告美洁公司、被告刘祥富于一审判决生效之日起10日内赔偿原告娱乐频道、天娱传媒经济损失1 352 709.75元，被告汤阳春在5 000元范围内承担连带赔偿责任。

三、驳回原告的其他诉讼请求。

如果未按一审判决指定的期间履行给付金钱义务，应当依照《民事诉讼法》第二百二十九条之规定，加倍支付迟延履行期间的债务利息。

案件受理费62 640元，由美洁公司和刘祥富负担50 000元，汤阳春在1 000元限额内承担连带责任；娱乐频道、天娱传媒负担12 640元。证据保全费5 000元，由美洁公司和刘祥富负担。

上诉理由

上诉人美洁公司不服上述判决，向湖南省高级人民法院提起上诉，请求撤销一审判决第二项，对上诉人获利数额进行鉴定，并依据鉴定结果对赔偿数额予以改判，如果不予鉴定，则在50万元的法定赔偿标准以下确定赔偿数额，本案诉讼费大部分由被上诉人承担。

美洁公司的上诉理由是：上诉人承认构成侵权，愿意承担赔偿责任，但一审认定数额过高。理由是：

1. 一审判决认定上诉人获利 1 352 709.75 元缺乏证据支持，计算销售利润的方法错误。刘祥富在阿里巴巴网上的要约价格是要约邀请，而非实际销售价格，不能作为确定销售价格的依据。汤阳春与金沙自选商场的销售价格还包含了中间环节销售者的利润，不是上诉人的销售价格，这些利润也不是上诉人的利润。

2. 根据一审法院保全的证据与上诉人一审提交的证据可以查明，上诉人实际销售收入只有 28 万余元，对此可以委托鉴定机构根据上述证据评估确定。如果不进行评估鉴定或无法鉴定出侵权利润，则只能在 50 万元以下确定赔偿数额。

3. 本案一审原告诉讼标的额高达 700 多万元，一审仅支持 130 多万元，却判决上诉人负担大部分案件受理费不合理。

被上诉人娱乐频道、天娱传媒答辩称：一审判决的赔偿数额是根据上诉人的销售数量与价格确定的，符合法律规定，依据本案证据足以认定赔偿数额，不需要进行鉴定。一审判决认定事实清楚，适用法律正确，请求予以维持。

二审查明事实

上诉人美洁公司对一审判决查明的事实提出如下异议：1. www.hksuperreison.cn.alibaba.com 网页不是美洁公司的，而是刘祥富擅自以公司名义制作的。2. 汤阳春不是涉案产品在湖南地区的独家经销商。在二审法院指定的举证期限内，上诉人美洁公司未向二审法院提交新的证据。

被上诉人娱乐频道、天娱传媒对一审判决查明的事实无异议，也未在指定的举证期限内向二审法院提交新的证据。

二审法院经审查认为，上诉人美洁公司提出的异议一，美洁公司未提供相关证据予以支持；上诉人美洁公司的异议二是其自身理解，不符合一审判决书认定的事实，故对上诉人提出的异议二审法院均不予认可。

根据原审卷宗材料及双方当事人对本案事实的承认，二审法院审理查明原审法院认定的事实基本清楚，依法予以确认。

二审法院另查明如下事实：上诉人美洁公司于 2007 年 10 月 15 日经佛山市顺德区工商行政管理局核准，企业名称由广东省佛山市顺德区美洁卫生用品有限公司变更为现名。

再查明，本案上诉人美洁公司生产涉案 13 种型号的被控侵权产品 18 970 箱，销售 12 772.62箱。

二审判决及理由

鉴于上诉人美洁公司对一审法院认定其使用“超级女声”标识，生产、销售“超级女声”卫生巾商品的行为构成对被上诉人娱乐频道和天娱传媒的不正当竞争，应承担停止侵权、赔偿损害的民事责任无异议，也未提出上诉，二审法院尊重其对自己民事权利与诉讼权利的自由处分。根据上诉人与被上诉人的上诉及答辩意见，本案争议焦点在于侵权赔偿数额的认定。

本案是一起不正当竞争纠纷案件，根据《反不正当竞争法》第二十条第一款关于“经营者违反本法规定，给被侵害的经营者造成损害的，应当承担损害赔偿责任，被侵害的经营者的损失难以计算的，赔偿额为侵权人在侵权期间因侵权所获得的利润”的规定，侵权利润仅指侵权人本人所得利润，而不应包含他人销售侵权产品所得利润。因此，原审法院根据侵权产品的不同型号，分别以（2007）长证内字第2303号公证书所确定的上诉人美洁公司在 www. hksuperseison. cn. alibaba. com 网站上的销售价格、原审被告汤阳春在飘雪纸品商行的批发价格以及案外人金沙自选商场的销售价格作为依据计算上诉人美洁公司的侵权所得不当。

1. 根据（2007）长证内字第2303号公证书所保存的订货页面上“您可以在订货后，继续和卖家商谈完成交易”的提示，上诉人美洁公司在该网站上对被控侵权产品的报价仍可协商，据此将上诉人美洁公司在网上销售被控侵权产品的报价认定为实际销售价格缺乏事实依据。

2. 原审被告汤阳春、案外人金沙自选商场销售的被控侵权产品来自于上诉人美洁公司，其销售价格包含其自身所获利润，从而必然高于上诉人美洁公司的销售价格，而被上诉人美洁公司没有提供证据证明汤阳春、金沙自选商场所得或应得利润，根据原审法院保全及双方提交的证据也不能确定上诉人美洁公司的销售价格。

故本案上诉人美洁公司的侵权获利无法查明，原审法院确认的侵权获利数额错误，上诉人美洁公司关于此项的上诉请求成立，二审法院予以支持。但上诉人美洁公司关于对原审法院保全证据进行鉴定以确定其获利数额的主张，因原审法院所保存的财务报表等证据不能体现刘祥富通过销售行为所获利润，本案不具有鉴定的基础，故对上诉人美洁公司的这一主张不予支持。

鉴于本案侵权人的获利以及被侵权人因侵权所造成的损失均无法查明，对侵权赔偿数额由二审法院参照《商标法》第五十六条第二款的规定予以酌定。本案上诉人美洁公司以及原审被告刘祥富、汤阳春侵权行为持续时间较长、侵权情节较为严重，应酌定其承担法定赔偿最高额50万元的损害赔偿责任。其理由是：

1. “超级女声”电视节目是在全国范围播出的大型娱乐选秀节目，其节目覆盖面广，收视率高，能够通过节目冠名等运营方式带来经济利益。“超级女声”文字及图案作为节目标识，是指示节目来源的主要依据，在相关公众中具有较高知名度，其本身也能在相关商业领域产生经济利益，具有较大商业价值。

2. 上诉人美洁公司在侵权产品上使用与“超级女声”节目标识文字、字体及图案相同的标识，不正当地利用“超级女声”电视节目与节目标识的知名度，为自己获取商业利益，具有明显的主观故意。

3. 上诉人美洁公司从2005年12月开始生产销售被控侵权产品，生产数量与销售数量分别为18 970箱、12 772.62箱，数量较大。

4. 在本案审理过程中，上诉人美洁公司与刘祥富无正当理由不提供涉案侵权产品销售价格的相关证据，导致实际侵权获利无法查明。

上诉人美洁公司关于一审诉讼费用负担比例不合理的主张，二审法院认为，本案纠纷系由上诉人美洁公司的侵权行为造成，且一审法院已根据原告娱乐频道、天娱传媒起诉的标的额与实际判赔数额进行了适当分担，故由上诉人美洁公司承担大部分诉讼费用并无不妥。

另外，根据《最高人民法院关于适用〈中华人民共和国民事诉讼法〉若干问题的意见》第一百八十条之规定，二审法院如果发现在上诉请求以外原判确有错误的，也应予以纠正。本案原审判决认定刘祥富为上诉人美洁公司超级女声事业部的总经理，其以公司名义从事销售行为，法律后果应归属于公司，但又认定双方系合作关系，并判定刘祥富与上诉人美洁公司共同承担损害赔偿责任，属于适用法律错误。本案现有证据表明，刘祥富对外以上诉人美洁公司超级女声事业部总经理的名义从事销售活动，其行为代表上诉人美洁公司，上诉人美洁公司对此明知也予以认可，故刘祥富销售被控侵权产品的法律后果应仅由上诉人美洁公司承担，刘祥富不是本案的适格被告，故被上诉人娱乐频道和天娱传媒对刘祥富的起诉不能成立，二审法院依法予以驳回。

综上所述，上诉人美洁公司关于一审认定赔偿数额 1 352 709. 75 元不正确，应在法定赔偿范围内确定赔偿数额的上诉请求成立，二审法院予以支持。上诉人美洁公司的其他诉讼请求于法无据，不予支持。一审判决认定事实基本清楚，但适用法律存在错误，应予纠正。根据《反不正当竞争法》第二十条第一款、《商标法》第五十六条第二款、《民事诉讼法》第一百零八条、第一百五十三条第一款（二）、（三）项之规定，判决如下：

一、撤销湖南省长沙市中级人民法院（2007）长中民三初字第 0246 号民事判决。

二、上诉人美洁公司于二审判决生效之日起立即停止生产、销售以“超级女声”作为商品标识的系列卫生巾的不正当竞争行为，并销毁侵权商品、包装、装潢。汤阳春停止销售以“超级女声”作为商品标识的系列卫生巾。

三、上诉人美洁公司于二审判决生效之日起 10 日内赔偿被上诉人娱乐频道、天娱传媒经济损失 50 万元，汤阳春在 5 000 元范围内承担连带赔偿责任。

四、驳回上诉人美洁公司的其他上诉请求。

五、驳回被上诉人娱乐频道、天娱传媒对刘祥富的起诉。

六、驳回被上诉人娱乐频道、天娱传媒的其他诉讼请求。

如果未按二审判决指定的期限履行给付金钱义务的，依照《民事诉讼法》第二百二十九条之规定，加倍支付迟延履行期间的债务利息。

本案一审案件受理费 62 640 元，证据保全费 5 000 元，二审案件受理费16 950元，合计 84 590 元，由上诉人美洁公司负担 55 754 元，汤阳春在 1 000 元限额内承担连带责任，由被上诉人娱乐频道、天娱传媒负担 31 692 元。

侵犯知名商品或服务包装、装潢

案例 12：胡同文化游览公司与四方博通旅游公司侵犯知名服务特有包装、装潢纠纷案

原告（被上诉人）： 北京胡同文化游览有限公司（以下称“胡同文化游览公司”）

被告（上诉人）： 北京四方博通旅游文化发展有限公司（以下称“四方博通旅游公司”）

一审法院： 北京市第一中级人民法院

一审案号：（2001）一中知初字第 23 号

一审合议庭成员： 马来客、李燕蓉、孙苏理

一审结案日期： 2001 年 11 月 27 日

二审法院： 北京市高级人民法院

二审案号：（2001）高民终字第 84 号

二审合议庭成员： 刘继祥、魏湘玲、周翔

二审结案日期： 2002 年 3 月 19 日

案由： 仿冒知名服务名称、包装、装潢纠纷

关键词： 知名服务，特有名称、包装、装潢，仿冒，近似，混淆

涉案法条

《反不正当竞争法》第二条、第五条第（二）项、第二十条

《民事诉讼法》第一百五十三条第一款第（一）项

争议焦点

- 知名商品是指在特定市场上具有一定知名度，为相关公众所知悉的商品。我国《反不正当竞争法》所称的商品包括服务。服务质量高、信誉好，在本地区享有较高的知名度，并已为相关公众所知悉的旅游服务，应认定为知名服务。

- 在服务中，一方所使用的各种工具、包装、装潢等与其提供的服务密切相关，成为消费者识别其服务的区别性标识，对消费者识别服务产生影响，则属于该公司服务的特有装潢。在他人属于知名服务的特有装潢、消费者对其服务的特有装潢已形成特定印象的情况下，其仿冒行为很容易使消费者将其服务与原告的服务相混淆，对消费者选择服务产生影响，进而对原告的合法权益造成损害，其行为已构成不正当竞争，应承担相应的法律责任。
- 由于旅游的各条线路及途经的主要景点是客观存在的，一方不能因其选择了这些线路及景点，就对其享有禁止他人使用的独占权利，因此认为在相同的胡同游服务中选择与其相同的线路及景点作为参观内容即构成不正当竞争的主张，法院不予支持。

审判结论

一、被告四方博通旅游公司自一审判决生效之日起，立即停止使用与原告胡同文化游览公司相近似的人力三轮车外观及车工服饰。

二、被告四方博通旅游公司赔偿原告胡同文化游览公司经济损失 8 万元（于一审判决生效之日起 10 日内支付）。

三、驳回原告胡同文化游览公司其他诉讼请求。

二审判决驳回上诉，维持原判。

一审案件受理费 12 970 元，由胡同文化游览公司负担 5 180 元（已交纳），由四方博通旅游公司负担 7 790 元（于二审判决生效之日起 7 日内交纳）；二审案件受理费 12 970元，由四方博通旅游公司负担（已交纳）。

起诉及答辩

原告胡同文化游览公司诉称：原告创办了“胡同游”城市游览项目，经过多年经营与广泛宣传，“胡同游”在国内外旅游市场已享有很高知名度。

原告为增强“胡同游”的视觉形象和突出“胡同游”的品牌特点，自 1994 年开始就创意和设计既有民族特色又符合北京胡同地域风情特点的三轮车和车工服装的外观包装、装潢。人力客运三轮车包装、装潢的色彩为：车篷为深红色，车厢外面为墨黑色；车工服饰为：乌毡帽，黄色马甲及黑色裤子。同时，原告精心设计了“胡同游”参观路线。原告的三轮车外观及车工服饰这种组合已成为了原告“胡同游”旅游品牌中特有的包装、装潢，并取得外观设计专利权。原告设计使用的三轮车外观和车工服饰不同于已有的三轮车外观。

被告于 1999 年 3 月成立，自 1999 年开始，与原告在同一地区，按照与原告相同的出发地点和参观路线，全套仿冒原告的“胡同游”。特别是被告在其所用的三轮车和车工服饰上，使用了与原告完全相同的车篷、车厢和车工的帽子、马甲、裤子的色彩及组合形式，造成与原告特有的包装装潢相混淆，甚至在被告自己印制的宣传材料上印制了原告车队的照片，被告的上述行为，使人误认为其是原告的“胡同游”品牌。被告的行为已构成不正当竞争，损害了原告在旅游业中的形象和声誉，给原告造成了经济损失。

故请求法院判令被告：1. 停止侵权；2. 赔偿经济损失 754 905 元；3. 承担律师费 40 745元；4. 承担本案全部诉讼费用。

被告四方博通旅游公司辩称：北京胡同观光项目（胡同游），自 1990 年初开展以来，已发展成为北京旅游项目的一个组成部分。据不完全统计，目前北京地区从事“胡同游”的专业公司共 6 家，初创者是北京市西城区外事办公室，而非原告。

被告于 1999 年 3 月经合法注册成立。专业从事“胡同游”项目，得到了相关政府部门的认同。并依法纳税，纳入了管理。历经三年多的正常发展，确立了公司形象与良好的客户关系。在地区内、行业内有着良好的口碑与信誉，为创建自身品牌做了大量工作。

第一，原告诉状所称 1994 年 5 月 17 日的《关于北京胡同文化发展公司经营客运三轮车问题的会议纪要》中的名称与原告企业名称不同，原告不具备主体资格。

第二，2000 年 12 月及 2001 年 3 月，北京市交通局、北京市工商行政管理局等机关对北京市西城区人力客运三轮车进行资质复核认证中，《复审认定结果通知》明确指出西城区现有合法人力客运三轮车 69 辆，无一辆属于原告，故原告不具备合法资质与权益。

第三，1987 年 5 月，北京市工商行政管理局等五单位联合下发的《北京市人民政府第四号令》中明确规定“人力客运三轮车统一颜色为蓝色”，原告违反上述规定，属违规行为，不应受到法律保护。关于原告所诉被告使用三轮车装潢、员工服饰与原告“相同”一事，车辆系属北京三轮车厂主导产品，其产品的规格、外形、颜色均为统一标准；关于员工服饰，被告车工马甲为金黄色，帽子为草帽，在颜色、标识方面与原告有明显区别。并且上述车辆装潢与员工服饰于 1999 年 4 月 6 日（原告申请专利前）正式使用。因此不构成仿冒。

关于旅游线路、景点的设置，是市场运作的产物，据悉，目前国家尚无对旅游线路有特别专属的规定，且双方在同一地区经营，亦不构成仿冒，不会造成任何混淆。

综上，请求法院驳回原告的诉讼请求。

事实认定

1993 年 3 月，北京市东城区人民政府外事办公室批准成立北京胡同文化发展公司。2000 年 5 月 8 日，该公司更名为北京胡同文化游览有限公司。该公司从事胡同游览、设计制作销售胡同文化纪念品、组织胡同文化民俗活动等。后经各主管部门批准，原告开始进行“胡同游”的服务。

为使“胡同游”服务更具民族文化特色，原告在从事“胡同游”服务之初，设计了区别于通用人力三轮车外形的三轮车外观及车工服饰。通用人力三轮车外观为：灰色车架，蓝色车厢，蓝白条相间的篷布。原告设计的人力三轮车的外观为：黑色车身，红色车篷，车篷背后为白字："到胡同去""TO THE HUTONG"。车工服饰为：上装是黄色马甲，衣襟为三排黑色布袢，两侧各由四个黑色布链相连，马甲背后为一红底黄字："胡同文化发展公司"及一黑色人力三轮车图样；下装为黑色灯笼裤；帽子冬天为乌毡帽，夏天为草帽。

原告"胡同游"服务的主要线路为：从北海后门出发，途中主要经过钟鼓楼、银锭桥、恭王府、四合院的居民家等。

1994年10月至2000年12月间，国内外各报刊、杂志广泛报道了原告的"胡同游"服务项目。其中包括：《人民日报》（海外版）《中国旅游报》《中国日报》《北京日报》《北京旅游报》《北京晨报》《北京晚报》《南方周末》《新加坡晚报》《文汇报》《北京青年报》等。

1999年3月，被告成立，经营范围包括胡同旅游服务。1999年4月4日，被告从北京市南郊旧宫神牛三轮车制造厂购进20辆神牛牌客运三轮车。

1999年4月6日，神农国际旅行社FTC－0402丹麦团参加了被告胡同游项目，人数为38人，价格为180元/人。

被告在从事胡同游览服务时，其人力三轮车的外观为：车身为黑色，车身背后为白底红色篆体字"四方博通"，车篷为红色，部分人力三轮车的车篷背后为白色铜钱图案，内有白字"胡同观光"。车工服饰为：上装是淡黄色马甲，两侧各由三个黄色布链相连，下装为深色裤子；帽子不统一。

在被告对外发放的介绍其胡同游览项目的宣传材料中，对银锭桥景点的介绍图片中使用了原告车队经过该桥时的照片。

2000年12月29日及2001年3月16日，北京市交通局、北京市工商行政管理局、北京市地方税务局、北京市公安交通管理局联合向西城区人力三轮车客货运输业资质重新认定工作组下发《复审认定结果通知》，认定该区第一批56名、第二批13名从业人员及车辆经复审确认为合格。

一审判决及理由

一审法院认为：根据双方当事人的诉辩主张，本案涉及原告胡同文化游览公司的诉讼主体资格问题，原告胡同文化游览公司"胡同游"是否为知名服务，其三轮车的外观、车工服饰是否为其特有装潢问题，以及被告四方博通旅游公司是否侵权及赔偿数额的确定问题。

关于原告胡同文化游览公司的诉讼主体资格。被告四方博通旅游公司主张原告胡同文化游览公司存在企业名称和运营资质两个问题。关于原告胡同文化游览公司的企业名称。北京市东城区人民政府批准成立的是北京胡同文化发展公司，2000年5月8日，经国家工商行政管理局核准，该公司将企业名称变更为北京胡同文化游览有限公司。故被告四方博通旅游公司关于1994年5月17日《会议纪要》中的名称与原告胡同文化游览公司企业名称不同，原告胡同文化游览公司不具备主体资格的主张，不能成立。关于

2000年12月29日及2001年3月16日，《复审认定结果通知》中所确认合格的69名从业人员和车辆中未包括原告胡同文化游览公司的问题。因被告四方博通旅游公司并未提供与该通知相联系的其他文件，仅从该复审通知看，其列明的均为人力三轮车从业人员及车辆，并未涉及人力三轮车运营企业的资质认定问题，故被告四方博通旅游公司仅以此份复审通知认为原告胡同文化游览公司不具备合法运营资质及相关权益，理由不足。

. 关于“胡同游”服务是否为知名服务问题。知名商品是指在特定市场上具有一定的知名度，并为相关公众所知悉的商品。根据《反不正当竞争法》的有关规定，该法所称的商品包括服务。根据本案查明的事实，原告胡同文化游览公司自1994年从事“胡同游”服务以来，受到了各方面的关注，由于其服务质量高，并进行了广泛的宣传，原告胡同文化游览公司的“胡同游”服务在北京地区享有较高的知名度，已为相关公众所知悉，应认定为知名服务。

原告胡同文化游览公司为其“胡同游”服务专门设计了三轮车外观及车工服饰，其人力三轮车的外观与从事同类胡同游服务所通用的人力三轮车的外观有明显区别，故应认定原告胡同文化游览公司设计的三轮车外观及车工服饰为其所特有。该三轮车外观及车工服饰已经与原告胡同文化游览公司提供的“胡同游”服务形成了不可分割的联系，对消费者识别服务来源产生影响，应属于原告胡同文化游览公司服务的特有装潢。被告四方博通旅游公司在从事与原告胡同文化游览公司相同的胡同游览服务时，使用的人力三轮车的外观及车工的服饰从车身色彩、车工服饰搭配及由此形成的整体风格等方面均与原告胡同文化游览公司所特有的人力三轮车外观、车工服饰相近似，甚至在被告四方博通旅游公司发放的宣传材料中，还使用了原告胡同文化游览公司的车队通过银锭桥时的照片。对于胡同游览服务来说，特定的三轮车外观及车工服饰对消费者区别不同服务者提供的服务具有识别作用。因原告胡同文化游览公司的三轮车外观及车工服饰属于知名服务的特有装潢，在消费者对原告胡同文化游览公司的服务装潢已形成特定印象的情况下，被告四方博通旅游公司的上述行为会使消费者将被告四方博通旅游公司的服务与原告胡同文化游览公司的服务相混淆；或使消费者认为被告四方博通旅游公司的服务与原告胡同文化游览公司的服务存在着联系，并认为被告四方博通旅游公司的服务有与原告胡同文化游览公司服务相同的质量和水平。这些均会对消费者选择服务产生影响。被告四方博通旅游公司的行为无偿占有了原告胡同文化游览公司为其服务装潢的知名度及影响力所付出的努力。并且，被告四方博通旅游公司的使用行为还会降低原告胡同文化游览公司服务特有装潢的显著性，亦会对原告胡同文化游览公司的权益造成损害。被告四方博通旅游公司使用与原告胡同文化游览公司相近似的三轮车外观及车工服饰的行为构成不正当竞争，应承担相应的法律责任，停止侵权行为，赔偿原告胡同文化游览公司因此所受的损失。被告四方博通旅游公司关于双方不相近似的抗辩理由不能成立，一审法院不予采信。

原告胡同文化游览公司“胡同游”服务的各条线路及途经的主要景点是客观存在的，原告胡同文化游览公司不能因其选择了这些线路及景点，就对其享有禁止他人使用的独占权利，故原告胡同文化游览公司关于被告四方博通旅游公司在相同的胡同游服务中选择与其相同的线路及景点作为参观内容构成不正当竞争的主张，一审法院不予支持。

综上所述，原告胡同文化游览公司就被告四方博通旅游公司使用其知名服务的特有装潢构成不正当竞争的诉讼主张，应予支持。但原告胡同文化游览公司主张赔偿的数额过高，且未提供充分的证据，一审法院不予全额支持，一审法院将根据被告四方博通旅游公司侵权行为所持续的时间、程度等因素，酌情确定赔偿数额。原告胡同文化游览公司要求被告四方博通旅游公司承担其支出的律师费，未提供充分理由，一审法院不予支持。

综上所述，依照《反不正当竞争法》第二条、第五条第（二）项、第二十条之规定，判决如下：

一、被告四方博通旅游公司自一审判决生效之日起，立即停止使用与原告胡同文化游览公司相近似的人力三轮车外观及车工服饰。

二、被告四方博通旅游公司赔偿原告胡同文化游览公司经济损失 8 万元（于一审判决生效之日起 10 日内支付）。

三、驳回原告胡同文化游览公司其他诉讼请求。

案件受理费 12 970 元，由原告胡同文化游览公司负担 5 180 元（已交纳），被告四方博通旅游公司负担 7 790 元（一审判决生效后 7 日内交纳）。

上诉理由

四方博通旅游公司不服原审判决，向北京市高级人民法院提起上诉，请求二审法院撤销原审判决，一、二审诉讼费由胡同文化游览公司承担。

四方博通旅游公司的上诉理由是：1. 四方博通旅游公司与胡同文化游览公司的人力三轮车外观及车工服饰不相近似。2. 上诉人公司车辆装潢符合政府规定，仿冒及相近似不成立。3. 任何一家胡同游公司的车辆外观、装潢、车工服饰与其品牌、服务质量和经营情况不存在必然的联系，亦不构成对消费者产生影响或造成混淆。其他几家与原告有着不同车辆外观、装潢的胡同游公司良好的经营业绩，是这一客观事实的具体体现。4. 关于赔偿问题，胡同文化游览公司所述事实失实且证据不足。

胡同文化游览公司服从原审判决。

二审查明事实

二审查明事实与一审相同。

二审判决及理由

知名商品是指在特定市场上具有一定知名度，为相关公众所知悉的商品。《反不正当竞争法》所称的商品包括服务。被上诉人胡同文化游览公司自 1994 年从事“胡同游”服务以来，其进行了持续广泛的宣传，受到各方面的关注。由于其服务质量高、信誉好，在北京地区享有较高的知名度，已成为相关公众所知悉的旅游服务，故应认定为知名服务。

为使“胡同游”服务更具民族文化特色，被上诉人胡同文化游览公司专门设计了三轮车外观及车工服饰，并率先使用。其人力三轮车外观与从事同类“胡同游”服务所通用的人力三轮车外观有明显区别，应认定为其特有。该三轮车外观及车工服饰与被上诉人胡同文化游览公司提供的“胡同游”服务密切相关，成为消费者识别其服务的区别性标识，对消费者识别服务产生影响，属于该公司服务的特有装潢。

上诉人四方博通旅游公司与被上诉人胡同文化游览公司均系从事胡同游览服务的人力三轮车运营企业，双方具有竞争关系。上诉人四方博通旅游公司在从事胡同游览服务时，所使用的人力三轮车外观及车工服饰的色彩及其组合以及由此形成的整体风格均与被上诉人胡同文化游览公司所特有的人力三轮车外观及车工服饰相近似，甚至在其自己发放的宣传材料中还使用了被上诉人胡同文化游览公司的车队通过银锭桥时的照片。因此，在被上诉人胡同文化游览公司的三轮车外观及车工服饰属于知名服务的特有装潢、消费者对其服务的特有装潢已形成特定印象的情况下，上诉人四方博通旅游公司的上述行为很容易使消费者将其服务与被上诉人胡同文化游览公司的服务相混淆，对消费者选择服务产生影响，进而对被上诉人胡同文化游览公司的合法权益造成损害，其行为已构成不正当竞争，应承担相应的法律责任。被上诉人胡同文化游览公司要求其停止侵害，赔偿损失，理由正当，应予支持。原审法院根据上诉人四方博通旅游公司侵权行为所持续的时间、程度等因素，酌情确定的赔偿数额并无不当。

综上，原审判决认定事实清楚，适用法律正确，应予维持。上诉人四方博通旅游公司的上诉理由不能成立，对其上诉请求，二审法院不予支持。依照《民事诉讼法》第一百五十三条第一款第（一）项之规定，判决如下：

驳回上诉，维持原判。

一审案件受理费 12 970 元，由被上诉人胡同文化游览公司负担 5 180 元（已交纳），由上诉人四方博通旅游公司负担 7 790 元（于二审判决生效之日起 7 日内交纳）；二审案件受理费 12 970 元，由上诉人四方博通旅游公司负担（已交纳）。

案例13：潘瑞克中心与金天坛公司仿冒知名商品包装、装潢纠纷案

原告（上诉人）：北京潘瑞克食品加工中心（以下称“潘瑞克中心”）
被告（被上诉人）：北京市金天坛食品有限责任公司（以下称“金天坛公司”）

一审法院：北京市第二中级人民法院
一审案号：（2003）二中民初字第00464号
一审合议庭成员：邵明艳、张晓津、何暄
一审结案日期：2003年5月26日

二审法院：北京市高级人民法院
二审案号：（2003）高民终字第602号
二审合议庭成员：张鲁民、张雪松、焦彦
二审结案日期：2003年9月30日

案由：仿冒知名商品包装、装潢纠纷

关键词：知名商品，特有包装、装潢，仿冒

涉案法条

《反不正当竞争法》第五条第（二）项
《民事诉讼法》第一百五十三条第一款第（一）项

争议焦点

- 知名商品是指在市场上具有一定知名度，为相关公众所知悉的商品。法院在认定知名商品时，应以该商品在相关的市场领域中有较高的知名度为条件，根据该商品的质量、销售时间、销售地域、市场份额、广告宣传、在相关消费者中的信誉度等因素综合判定。
- 主张其产品为知名商品的，应就其主张承担举证责任，若举证不能或者不充分，则法院对此主张不予支持。
- 国家工商行政管理局《关于禁止仿冒知名商品特有的名称、包装、装潢的不正当竞争行为的若干意见》中关于“商品的名称、包装、装潢被他人擅自作相同或近似使用，

足以造成购买者误认的，该商品即可认定为知名商品”的规定，在和其他因素相互印证的情况下，可以作为一个因素予以考虑，但其并非是对知名商品判定的标准。

审判结论

驳回原告潘瑞克中心的诉讼请求。

二审判决驳回上诉，维持原判。

一审案件受理费 7 010 元、诉讼保全申请费 2 020 元、审计费 4 750 元，由潘瑞克中心负担（已交纳）；二审案件受理费 7 010 元由潘瑞克中心负担（已交纳）。

起诉及答辩

原告潘瑞克中心起诉称：该中心是中国和西班牙合作经营企业，是生产面包类食品的专业公司。2001 年 11 月，其生产的长方形巧克力派投入市场，由于该产品质量好，价格合理，深受顾客欢迎，成为北京市场上畅销的知名产品。

2002 年底，该中心在市场上发现了被告金天坛公司仿冒的巧克力派，该产品内包装袋和外包装盒上，除把潘瑞克商标改为绿伞金天坛，“松软香甜”改为“香甜可口”外，文字的位置、大小、图案、色彩的排列组合均与原告产品的名称、包装、装潢相同，被告的行为属于仿冒知名商品特有包装、装潢的行为。该仿冒产品质量差，冲击了原告商品的市场，对原告的信誉造成影响，给原告造成了经济损失。

故根据《反不正当竞争法》第五条第（二）项、第二十二条的规定，诉至法院，请求法院判令被告：停止侵权、销毁被告生产巧克力派产品包装、包装盒和相关材料；在《北京晚报》《北京娱乐信报》《京华时报》《中国青年报》上公开向原告赔礼道歉，致歉声明应在判决生效后 3 个月内连续刊登，且每月 10 日、20 日、30 日刊登 3 次；赔偿原告经济损失 30 万元；并由被告承担诉讼费用。

被告金天坛公司辩称：第一，原告的涉案产品并非知名商品，被告生产的产品系经过有关部门认可的知名商品。原告自其公司成立后，一直以生产面包、多纳圈等为其主打产品。2001 年 11 月，原告才开始生产巧克力派产品。该产品上市时间短，消费者知之甚少，而被告的绿伞派系列产品为消费者所熟知，系知名商品。第二，被告产品的包装装潢系设计使用在先，且已就该包装装潢向国家有关部门提出了外观设计专利申请。因此，原告的诉讼主张不能成立，请求法院依法判决驳回原告的诉讼请求。

事实认定

1996 年 2 月 8 日，中国和西班牙合作经营企业潘瑞克中心成立，该中心的经营范围为“生产面包；销售自产产品”。自 1997 年起，该中心投入大量资金对其产品进行广告宣传，但其未提供证据证明对涉案产品进行广告宣传。

2001 年 11 月，潘瑞克中心委托北京颖福森纸制品有限公司为其加工巧克力派外包装盒、委托河北雄县鹏程彩印有限公司为其加工巧克力派内包装膜。2001 年 11 月 12

日，北京市通州区产品质量监督检验所对潘瑞克中心生产的条形巧克力派产品出具检验报告，并于次日颁发了《产品质量合格证》。中国保护消费者基金会于本案审理过程中向潘瑞克中心颁发了《荣誉证书》及通知，推介该公司生产的潘瑞克牌巧克力派、鲜奶油派等系列食品为消费者信赖的知名品牌。在本案审理过程中，潘瑞克中心向一审法院提交了2002年度其生产的巧克力派和鲜奶油派的税前销售额为18 693 625.80元，占总销售额的28.98%的说明材料，但未提供其他证据予以佐证。

潘瑞克中心生产的潘瑞克牌巧克力派的外包装长方形纸盒和内包装长方形塑料袋整体采用红色为主要色彩。外包装盒正面以“新巧克力派”“Chocolate Pie”文字和巧克力派图案组合，其中“新”字和“派”字使用艺术字体，字形稍大。并在中部画有白色斜线，在左下角标明“潘瑞克集团”标识，右上角标明：“冷藏后食用味道会更好!”右下角标明：“每块0.50元　净含量：25克×30个”；该包装盒左、右侧面不包括“冷藏后食用味道会更好!”“新”文字、左上角标有“松软”“香甜”文字，此外其他文字和图案与该包装盒正面相同；该包装盒前侧面不包括巧克力派图案、价格和净含量文字、将“潘瑞克集团”标识置于右下角，正上方标有“请沿虚线将此处撕下!”此外其他文字和图案与该包装盒左、右侧面相同；该包装盒后侧面以中英文记载了该产品配料表、制造商等内容，并标有产品条形码和“潘瑞克集团”标识。该产品的内包装袋正面除在右下角标明“建议价0.50元　净含量：25克”外，其他文字和图案与该产品外包装盒左、右侧面相同。

2002年12月18日，经北京市公证处公证，潘瑞克中心自北京市丰台区新发地综合批发市场E厅25号摊位购买被告金天坛公司生产的“绿伞”牌巧克力派两盒，每盒净含量为26克×30个。该公证处出具的（2002）京证经字第09124号公证书记录了购买过程并对所购产品及其外包装盒和内包装袋进行了封存。该产品外包装长方形纸盒和内包装长方形塑料袋整体采用红色为主要色彩。外包装盒正面以“新巧克力派”“Chocolate Pie”文字和巧克力派图案组合，其中“新”字和“派”字使用艺术字体，字形稍大。并在中部画有黄色斜线，在右上角标明：“冷藏后食用味道会更好”，右下角标明：“每块建议售价0.50元　净含量：26克×30个　不含防腐剂”，左下角标明“金天坛”字样和“绿伞”商标；该包装盒左、右侧面不包括“冷藏后食用味道会更好”“新”“金天坛”文字和“绿伞”商标，“不含防腐剂”文字置于左下角，左上角标有“香甜”“可口”字样，此外其他文字和图案与该包装盒正面相同；该包装盒前侧面不包括巧克力派图案、价格、净含量、“不含防腐剂”文字，正上方标有“请沿虚线将此处撕下”，此外其他文字和图案与该包装盒左、右侧面相同；该包装盒后侧面以中英文记载了该产品配料表、制造商等内容，并标有产品条形码和“不含防腐剂”文字。该产品的内包装袋正面除在右下角标明“建议售价0.50元　净含量：26克　不含防腐剂”外，左下角标明“金天坛”字样和“绿伞”商标，此外其他文字和图案与该产品外包装盒左、右侧面相同。

被告金天坛公司自1997年开始生产“绿伞”牌派类食品，其产品涉及二十余种包装和规格，该公司曾对“绿伞”牌派类食品进行过广告宣传和媒体报道。1999 年，该公司开始推出“绿伞”牌巧克力派产品。2002 年 11 月 18 日，经崇文区卫生局食品卫生监督部门检验，该部门对被告金天坛公司生产的条形巧克力派和鲜奶油派产品出具了结论为“送检样品符合国家卫生标准”的卫生质量评价报告单。被告金天坛公司主张其自 2001 年 8 月开始生产涉案产品并使用涉案包装、装潢，但其未能提供充分证据予以证明。2003 年 1 月 2 日，金天坛公司就涉案产品包装装潢向国家知识产权局提出外观设计专利申请，该申请已予受理，但金天坛公司尚未取得授权。在本案审理过程中，被告金天坛公司称共计生产条形巧克力派 62.5 箱，每箱为 8 盒，每盒为 30 块。

经将潘瑞克牌条形巧克力派与绿伞牌条形巧克力派的产品包装、装潢进行比对，除有关制造商名称和商标标识等内容、中部斜线的颜色与原告使用的有所不同、有关价格、净含量、“松软”“香甜”、配料等文字部分以及文字字体与原告使用的相近似外，被告金天坛公司生产的“绿伞”牌条形巧克力派产品所使用的外包装盒和内包装袋包装与原告生产的涉案产品所使用的包装相同，包装装潢在文字、图案、色彩、构图等方面相同。被告认可二者包装、装潢相近似。

一审法院受理本案诉讼后，原告潘瑞克中心向一审法院提出证据保全和财产保全申请，请求查封被告金天坛公司自 2002 年 6 月 1 日至 2002 年 12 月 31 日的账目进行审计；同时请求冻结该公司银行存款 30 万元，不足部分以其他财产折抵，并就此提供了担保。一审法院于 2003 年 1 月 20 日作出证据保全和财产保全裁定，并查封扣押了该公司账目及其银行账户内存款 30 万元。对于一审法院查封扣押的账目，根据原告潘瑞克中心的申请，一审法院委托北京华庆会计师事务所对被告金天坛公司的“绿伞”牌巧克力派食品生产销售获利情况进行了审计。2003 年 2 月 14 日，该事务所出具的（2003）京华庆审字第 2045 号审计报告表明，根据该公司提供的现有资料，“只查出绿伞派名称的派类食品，由于该公司未提供销售清单，无法查到具体的绿伞牌巧克力派和鲜奶油派，此次审计计算的销售利润为记载绿伞派为名称商品销售情况。”被告金天坛公司提供证据证明该公司还生产除涉案产品之外的二十余种包装、规格的派类食品。该公司还提出由于涉案产品处于试销阶段，经销商尚未与该公司结算，故在其账目中未涉及涉案产品，原告对此不予认可。

一审判决及理由

根据《反不正当竞争法》的规定，采用擅自使用知名商品特有的名称、包装、装潢，或者使用与知名商品近似的名称、包装、装潢，造成和他人的知名商品相混淆，使购买者误认为是该知名商品的不正当手段从事市场交易，损害竞争对手的，是不正当竞争行为。

本案的焦点问题是原告潘瑞克中心主张的涉案产品是否为知名商品，被告金天坛公司使用涉案包装、装潢的行为是否构成不正当竞争的问题。

知名商品是指在市场上具有一定知名度，为相关公众所知悉的商品。法院在认定知名商品时，应以该商品在相关的市场领域中有较高的知名度为条件，根据该商品的质量、销售时间、销售地域、市场份额、广告宣传、在相关消费者中的信誉度等因素综合判定。

本案中原告潘瑞克中心主张其生产的潘瑞克牌条形巧克力派是知名商品，其应就此承担举证责任。根据一审法院已查明的事实，原告潘瑞克中心生产的潘瑞克牌条形巧克力派于2001年11月之后投放市场，此前被告金天坛公司生产的其他包装规格的巧克力派产品已进入市场，该公司生产的涉案绿伞牌条形巧克力派于2002年11月之后投放市场，在此期间原告潘瑞克中心未对涉案产品进行广告宣传。虽然该中心针对该企业本身和该中心的其他产品进行了广告宣传，但并不能证明涉案产品的知名度；且该中心提供的有关涉案产品销售额的说明并不能证明该产品的市场占有量，有关该中心为纳税十强等奖杯和奖牌也不能直接证明该产品的知名度。虽然在本案审理过程中，中国保护消费者基金会向原告潘瑞克中心颁发了“推介该公司生产的潘瑞克牌巧克力派、鲜奶油派等系列食品为消费者信赖的知名品牌”的《荣誉证书》，但仅凭该荣誉证书不能充分证明原告潘瑞克中心主张的其生产的涉案产品为知名商品的事实。因此，原告潘瑞克中心主张涉案产品为知名商品的证据不足，一审法院不予支持。

原告潘瑞克中心主张被告金天坛公司的涉案行为损害其知名商品的包装、装潢，构成不正当竞争，并请求判令被告金天坛公司承担立即停止侵权、公开赔礼道歉及赔偿经济损失的法律责任，证据不足，一审法院不予支持。

综上，依照《反不正当竞争法》第五条第（二）项之规定，判决如下：

驳回原告潘瑞克中心的诉讼请求。

案件受理费7 010元、诉讼保全申请费2 020元、审计费4 750元，均由原告潘瑞克中心负担（已交纳）。

上诉理由

潘瑞克中心不服一审判决，向北京市高级人民法院提出上诉，请求二审法院依法改判，维护上诉人的权益。

潘瑞克中心的上诉理由是：国家工商行政管理局《关于禁止仿冒知名商品特有的名称、包装、装潢的不正当竞争行为的若干意见》中规定：“商品的名称、包装、装潢被他人擅自作相同或近似使用，足以造成购买者误认的，该商品即可认定为知名商品”。一审法院不但认定了双方争议商品的外包装是相似的，而且也判定了该权利为潘瑞克中心使用在先，应当比照该规定认定上诉人的涉案产品为知名商品。

上诉人亦有充分证据证明涉案产品为知名商品：1. 上诉人在电视台发布的电视广告虽然并无涉案产品的直接内容，但对潘瑞克集团的宣传就是为了树立“潘瑞克”牌产品的市场形象，增加产品在广大消费者中的认知度，从而达到增加相关产品所占市场份额的目的。广告本身提升了企业的知名度，也就提升了相关产品在消费者中的认知度。

2. 上诉人一审期间提交的中国消费者保护基金会颁发的“推介该公司生产的鲜奶油派、巧克力派等系列食品为消费者信赖的知名品牌”的《荣誉证书》，科学、直观地证明了“潘瑞克”牌巧克力派的商品质量和在消费者中的信誉度。

3. 上诉人提供的2002年度审计报告以及历年获奖情况的证据，都能够体现上诉人涉案商品的销售数量、所占集团本身销售额等情况，说明潘瑞克品牌的巨大效应和产品在消费者中具有的强大号召力。被上诉人恶意利用上诉人苦心经营起来的品牌效应，从而达到挤占上诉人市场份额的目的。

金天坛公司服从一审判决。

二审查明事实

二审查明事实与一审相同。

二审判决及理由

上诉人潘瑞克中心在一审起诉中请求人民法院依据《反不正当竞争法》第五条第（二）项，即“擅自使用知名商品特有的名称、包装、装潢，或者使用与知名商品近似的名称、包装、装潢，造成和他人的知名商品相混淆，使购买者误认为是该知名商品”而构成不正当竞争行为的规定进行判决，在上诉中也明确表明被上诉人金天坛公司侵犯了其知名商品特有的包装、装潢，故二审法院将在上诉人潘瑞克中心的诉讼请求和上诉请求范围内进行审理。

知名商品是指在市场上具有一定知名度，为相关公众所知悉的商品。法院在认定知名商品时，应当根据该商品的广告宣传、销售时间、市场占有率、商品声誉、获奖情况等诸多因素综合判定。二审法院已经查明，上诉人潘瑞克中心在其生产的巧克力派食品中在先使用了涉案的包装、装潢，金天坛公司在后使用的包装、装潢与之相近似。但上诉人潘瑞克中心依据《反不正当竞争法》第五条第（二）项的规定主张权利，首先应当证明其生产的巧克力派构成知名商品，并应当对此承担相应的举证责任。在本案中，虽然可以证明上诉人潘瑞克中心曾对本企业进行过广告宣传，且本企业曾取得过本地区“优秀外来投资企业”“十佳纳税大户”等荣誉，但这些宣传及取得的荣誉均非针对涉案巧克力派产品；同时通过上诉人潘瑞克中心的陈述可知，其鲜奶油派和巧克力派仅占其总销售额的28.98%，也无法有力证明巧克力派产品为其企业的核心产品。因此，通过上述证据不能证明巧克力派产品的知名度，不能认定其为知名商品。本案中，上诉人潘瑞克中心提交的中国保护消费者基金会颁发的推介上诉人潘瑞克中心生产的“潘瑞克”牌鲜奶油派等系列食品为消费者信赖的知名品牌的《荣誉证书》及通知，是在一审审理期间提交，与被控侵权时间存在一定距离，而且该《荣誉证书》及通知也只是根据上诉人潘瑞克中心的申请参加推介有关“知名品牌”的活动，故不能直接证明上诉人潘瑞克中心生产的巧克力派为知名商品的事实。

国家工商行政管理局《关于禁止仿冒知名商品特有的名称、包装、装潢的不正当竞争行为的若干意见》中关于“商品的名称、包装、装潢被他人擅自作相同或近似使用，足以造成购买者误认的，该商品即可认定为知名商品”的规定，在和其他因素相互印证的情况下，可以作为一个因素予以考虑，但其并非是对知名商品判定的标准。因此，上诉人潘瑞克中心有关适用该规定的上诉理由二审法院不予支持。据此，上诉人潘瑞克中心的上诉理由不能成立，对其上诉请求，应予驳回。

综上，一审判决认定事实清楚，适用法律正确，应予维持。依据《民事诉讼法》第一百五十三条第一款第（一）项的规定，判决如下：

驳回上诉，维持原判。

一审案件受理费 7 010 元、诉讼保全申请费 2 020 元、审计费 4 750 元，由上诉人潘瑞克中心负担（已交纳）；二审案件受理费 7 010 元由上诉人潘瑞克中心负担（已交纳）。

案例14：商务印书馆公司与南方出版社、勤+诚公司侵犯知名商品特有包装、装潢纠纷案

原告（被上诉人）：商务印书馆国际有限公司（以下称“商务印书馆公司”）

被告（上诉人）：南方出版社

被告：北京勤+诚书报刊发行有限公司（以下称“勤+诚公司”）

一审法院：北京市朝阳区人民法院

一审案号：（2004）朝民初字第13002号

一审合议庭成员：李有光、谢甄珂、党淑平

一审结案日期：2004年8月30日

二审法院：北京市第二中级人民法院

二审案号：（2004）二中民终字第12593号

二审合议庭成员：董建中、何暄、张晓津

二审结案日期：2004年12月3日

案由：擅自使用知名商品特有包装、装潢纠纷

关键词：知名商品，侵犯商品特有包装、装潢，实质相似，混淆

涉案法条

《反不正当竞争法》第五条第（二）项、第二十条

《民事诉讼法》第一百五十三条第一款第（一）项

争议焦点

- 经营者不得擅自使用与知名商品近似的装潢，造成和他人的知名商品相混淆，使购买者误认为是该知名商品。即如果侵权成立，必须具备是知名商品、被控侵权商品使用了与知名商品相近似的装潢并会造成误认等要件，此外，侵权行为人还应具有主观恶意。
- 一方应当知晓对方已经在先使用了该图书装潢，仍将该装潢用于其出版的图书，主观上存在过错，其行为构成不正当竞争，理应承担停止侵权、赔偿损失的民事责任。
- 销售者就其销售的产品有合法来源已经进行了合法举证，因此其不应承担赔礼道歉

和赔偿损失的责任，但应停止销售涉案侵权产品。

审判结论

一、南方出版社立即停止使用《新英汉双解词典》一书的封面、书脊和封底。

二、南方出版社于一审判决生效之日起10日内赔偿商务印书馆公司经济损失3万元。

三、北京勤+诚公司立即停止销售南方出版社出版的含有涉案封面、书脊和封底的《新英汉双解词典》一书。

四、驳回商务印书馆公司的其他诉讼请求。

二审判决驳回上诉，维持原判。

一审案件受理费1 650元，由商务印书馆公司负担165元，由南方出版社负担1 485元（于二审判决生效后7日内交纳）；二审案件受理费1 650元，由南方出版社负担。

起诉及答辩

原告商务印书馆公司诉称：原告出版的《新华字典》是中国影响最大、发行量最大、使用范围最广泛的综合性现代汉语规范字典。

为了使《新华字典》走向世界，原告组织多位专家将《新华字典》全部内容用英文逐一解释后，于2000年5月出版了最具普及性和权威性的汉英双语语言工具图书——《汉英双解新华字典》。该书装帧由原告聘请专业设计人员精心设计，且投入巨资在全国以多种形式对该书进行长时间的宣传，使得该书享有极高的知名度，成为知名产品，总发行数量已近40万册。

2003年12月，原告发现南方出版社出版发行的《新英汉双解词典》使用了与《汉英双解新华字典》相同图案的封面设计，只是个别颜色略有变化。勤+诚公司大量销售了《新英汉双解词典》。由于该封面设计是《汉英双解新华字典》作为知名图书区别于其他同类图书的特有包装装潢，因此南方出版社使用类似封面设计的行为，极易造成消费者的混淆，属借助其产品的品牌优势销售自己相关产品的不正当竞争行为。

现原告起诉要求南方出版社立即停止出版发行《新英汉双解词典》，赔偿经济损失4万元；勤+诚公司立即停止销售《新英汉双解词典》；南方出版社和勤+诚公司共同在《中国新闻出版报》上公开向原告致歉，负担起原告为制止侵权的合理支出1 000元。

被告南方出版社辩称：《新英汉双解词典》的封面系其委托他人设计，其对出版该书尽到了最大注意义务。《汉英双解新华字典》上市和宣传时间较短，并非知名商品。其封面设计为出版业所通用，并非其特有。涉案二书的封面设计存在很大差异，普通消费者施以一般注意力不会混淆、误认。因此被告并未侵权，不同意商务印书馆公司的诉讼请求。

被告勤+诚公司辩称：其所销售的图书有合法来源，属正常经营，故不同意商务印书馆公司的诉讼请求。

事实认定

2000年6月，商务印书馆公司出版了《汉英双解新华字典》一书，定价26.00元。2000年6月6日至2003年9月17日，商务印书馆公司在王府饭店、北京国际图书博览会、北京书市、全国书市、北京图书定货会以及《中华读书报》等报刊杂志上对《汉英双解新华字典》进行了宣传。2000年1月24日至2001年11月13日，《中国新闻出版报》《光明日报》《人民日报》（海外版）《黑龙江晨报》《广州日报》《上海新书报》《重庆晚报》《金陵晚报》以及羊城晚报网站、人民日报网站等报纸、网站对《汉英双解新华字典》进行了报道。2000年5月18日至2002年2月27日，《汉英双解新华字典》在上海、湖南、贵州、浙江、甘肃、山东、福州、安徽、河南等9个省市新华书店共计已发行54 888册。

2003年1月，南方出版社出版《新英汉双解词典》一书，定价29.80元，封面顶端标明“2003年版”。该书封面系南方出版社委托康笑宇设计，康笑宇在设计时参考了商务印书馆公司等辞书的封面设计。

《汉英双解新华字典》和《新英汉双解词典》的封面、封底和书脊有下列相同点：底色均为红色；下半部分均有3条自封底下端经书脊延伸至封面右端呈放射状的彩色曲线，且颜色从下至上均由深至浅（《汉英双解新华字典》依次为红、橙、土黄；《新英汉双解词典》依次为深绿、绿、浅绿）；距封皮上端约2厘米处均有一条横贯封面、书脊和封底的绿色直线；封面的绿色横线下均分行标明中文书名和英文书名，封面和书脊的中文书名“新华字典”和“新英汉双解词典”均为红色底衬、白色显示；封面的英文书名均为黄色字；距封面下端约1厘米处均以黑色字标注出版者名称；封底右下方均为书号和定价，左下方均为条形码；封底均有白色字体的内容简介。

勤+诚公司所售的《新英汉双解词典》来自南方出版社。

一审判决及理由

《新华字典》是商务印书馆出版的知名辞书，《汉英双解新华字典》是对《新华字典》逐一对译而成，并沿用了“新华字典”的名称。而且，在《汉英双解新华字典》出版之初，商务印书馆公司即开始采取多种方式对之进行宣传，全国范围内的多家媒体也对该书进行了报道。截至2002年，《汉英双解新华字典》已发行至全国9个省市新华书店。因此，商务印书馆公司出版的《汉英双解新华字典》在辞书类图书中已经具有一定知名度。

封面、封底和书脊作为一个整体，构成图书的装潢。《汉英双解新华字典》的封面、封底和书脊设计不同于其他辞书，属于该书特有的装潢。本案中，《新英汉双解词典》与《汉英双解新华字典》的封面、封底和书脊，虽然在线条的颜色上存在差异，但二者在底色、线条的位置、形状和颜色深浅变化、文字字体、颜色和排列方面均相同，应属于近似的表达。而且，将二者进行异时异地隔离观察对比时，在整体上给人的视觉感受是同一的，一般公众施以通常注意难以区分二者的差异，故应认定二书的封面、封底和书脊实质性相似。《新英汉双解词典》与《汉英双解新华字典》均为英汉双语的辞书类书籍，被告南方出版社在《新英汉双解词典》上使用与《汉英双解新华字典》实质相似的封面、封底和书脊，并在封面顶端标明“2003 年版”字样，足以使读者误认《新英汉双解词典》与《汉英双解新华字典》具有某种关联关系，造成混淆。

同时，《汉英双解新华字典》的出版时间早于《新英汉双解词典》，且《新英汉双解词典》的封面设计者明确表示参考了商务印书馆公司出版的辞书封面设计，因此作为专业出版单位的南方出版社应当知晓商务印书馆公司已经在先使用了该图书装潢。在此情况下，南方出版社仍将该装潢用于其出版的图书，主观上存在过错，构成使用与知名商品近似的装潢引人误解的不正当竞争行为，理应承担停止侵权、赔偿损失的民事责任。

因商务印书馆公司没有就其损失及南方出版社的获利充分举证，故一审法院综合考虑南方出版社侵权行为的情节、侵权后果、商务印书馆公司为诉讼支出的合理费用等因素，酌定赔偿数额。侵害知识产权人身权益致法人商誉受到的损害，属于财产损害，而赔礼道歉是非财产性民事责任的方式，故商务印书馆公司无权要求南方出版社赔礼道歉。

根据我国法律规定，销售者应当就其销售的图书有合法来源承担举证责任。被告勤 + 诚公司能够证明所售侵权图书的合法来源，因此不应承担赔礼道歉和赔偿损失的责任，但应停止销售侵权图书。

综上，依据《反不正当竞争法》第五条第（二）项、第二十条第一款的规定，判决如下：

一、南方出版社立即停止使用《新英汉双解词典》一书的封面、书脊和封底。

二、南方出版社于一审判决生效之日起 10 日内赔偿商务印书馆公司经济损失 3 万元。

三、北京勤 + 诚公司立即停止销售南方出版社出版的含有涉案封面、书脊和封底的《新英汉双解词典》一书。

四、驳回商务印书馆公司的其他诉讼请求。

案件受理费 1 650 元，由商务印书馆公司负担 165 元（已交纳）；由南方出版社负担 1 485 元（于一审判决生效后 7 日内交纳）。

上诉理由

南方出版社不服原审判决，向北京市第二中级人民法院提出上诉，请求撤销原审判决，驳回商务印书馆公司的诉讼请求。

南方出版社的上诉理由是：1.《新华字典》是由商务印书馆出版的知名图书，商务印书馆公司与商务印书馆是两个不同的单位，商务印书馆公司出版的《新英汉双解词典》一书从发行范围到发行量以及知名度上均达不到知名的程度，更不能借助《新华字典》的名气来证明其属于知名商品。2.《新英汉双解词典》一书的封面、封底和书脊不具有显著区别性，不构成特有的装潢，况且从封面、封底和书脊中可以区分出书名的不同。3. 从两书的封面、封底和书脊的雷同之处不足以导致读者的混淆误认。

商务印书馆公司和勤+诚公司服从原审判决。

二审查明事实

二审法院与一审法院查明的事实基本相同。

二审法院另外查明如下事实：商务印书馆公司与商务印书馆分别为两个不同的法人单位，前者系一控股公司，后者为其最大股东。

二审判决及理由

根据《反不正当竞争法》的规定，经营者不得擅自使用与知名商品近似的装潢，造成和他人的知名商品相混淆，使购买者误认为是该知名商品。根据上述规定，如果侵权成立，必须具备是知名商品、被控侵权商品使用了与知名商品相近似的装潢并会造成误认等要件，此外，侵权行为人还应具有主观恶意。

首先，《新华字典》系知名辞书，是由商务印书馆出版的。《汉英双解新华字典》是在《新华字典》的基础上，对中文注解逐一翻译而成，商务印书馆公司借助与商务印书馆之间的关系，继续沿用了“新华字典”的名称，形成了“××新华字典”，使其成为《新华字典》的系列产品。加之商务印书馆公司所采取的广告宣传和媒体报道，使其在辞书类图书中已经具有一定的知名度，并由此带来了一定的销量，因此，可以认定该书为知名商品。

商务印书馆公司对《汉英双解新华字典》的封面、封底和书脊的设计构成其装潢。《新英汉双解词典》与《汉英双解新华字典》的装潢相比，在底色、线条的位置、形状和颜色深浅变化、文字字体、颜色和排列方面基本相同，以一般消费者的注意力观察可以得出实质相似的结论。鉴于《新英汉双解词典》与《汉英双解新华字典》均为英汉双语的辞书类书籍，足以使读者误认二者具有某种关联关系，从而造成混淆。

另外，《汉英双解新华字典》的出版时间早于《新英汉双解词典》，且《新英汉双解词典》的封面设计者明确表示参考了商务印书馆公司出版的辞书封面设计，因此，上诉人南方出版社应当知晓商务印书馆公司已经在先使用了该图书装潢。

在此情况下，南方出版社仍将该装潢用于其出版的图书，主观上存在过错，其行为构成不正当竞争，理应承担停止侵权、赔偿损失的民事责任。

原审判决确定南方出版社承担责任的范围、方式及赔偿数额并无不妥，二审法院予以认可。

勤+诚公司作为销售者就其销售的图书有合法来源进行了合法举证，因此其不应承担赔礼道歉和赔偿损失的责任，但应停止销售涉案侵权图书。

综上所述，上诉人南方出版社的上诉理由不成立，二审法院不予支持。原审判决认定事实清楚，适用法律正确。依照《民事诉讼法》第一百五十三条第一款第（一）项之规定，判决如下：

驳回上诉，维持原判。

一审案件受理费1 650元，由商务印书馆公司负担165元（已交纳），由南方出版社负担1 485元（于二审判决生效后7日内交纳）；二审案件受理费1 650元，由南方出版社负担（已交纳）。

案例15：双龙厂与新佳佳乐厂侵犯知名商品包装、装潢纠纷案

原告（被上诉人）：广西梧州市双龙保健食品厂（以下称“双龙厂”）
被告（上诉人）：广西梧州市新佳佳乐食品饮料厂（以下称“新佳佳乐厂”）

一审法院：梧州市中级人民法院
一审案号：（2002）梧民初字第124号
一审合议庭成员：梁凤珍、吴治华、周春兴
一审结案日期：2002年12月20日

二审法院：广西壮族自治区高级人民法院
二审案号：（2003）桂民三终字第3号
二审合议庭成员：林立、周冕、韦晓云
二审结案日期：2003年5月14日

案由：仿冒知名商品包装、装潢纠纷

关键词：知名商品，特有包装、装潢，仿冒，文字，外观包装设计

涉案法条

《反不正当竞争法》第五条第（二）项、第二十条
《民事诉讼法》第一百五十三条第一款第（三）项、第一百五十八条

争议焦点

- 知名商品特有的名称、包装、装潢，是通过使用产生的权利，当事人向法院提起侵犯知名商品特有的名称、包装、装潢的反不正当竞争诉讼，就其主张的权利向人民法院提交了该商品在一定市场上为公众所知悉的证据，对方不能提供相反证据反驳的，人民法院应当确认其为知名商品，并对其特有的名称、包装、装潢予以保护。
- 知名商品的名称、包装、装潢必须具有显著的区别性特征，并由主张权利人最先使用，该权利人才对这一创造性智力成果享有专用权，禁止他人未经其同意将知名商品特有的名称、包装、装潢作相同或者近似使用。
- 知名商品特有的名称，是指知名商品独有的与通用名称有显著区别的商品名称。从我国现有法律看，知名商品特有的名称不需要任何部门认定或授予，而完全是经营

者经过经营而产生的一种市场成果。

- 案件的同一事实，除举证责任倒置外，由提出主张的一方当事人首先举证，然后由另一方当事人举证。另一方当事人不能提出足以推翻前一事实的证据的，对这一事实可以认定。
- 采取擅自使用知名商品特有的名称、包装、装潢，或者使用与知名商品近似的名称、包装、装潢等不正当手段从事市场经营，损害竞争对手和消费者的利益，是不正当竞争行为。
- 经营者违反本法规定，给被侵害的经营者造成损害的，应当承担损害赔偿责任，被侵害的经营者的损失难以计算的，赔偿额为侵权人在侵权期间因侵权所获得的利润；并应当承担被侵害的经营者因调查该经营者侵害其合法权益的不正当竞争行为所支付的合理费用。

审判结论

一、变更梧州市中级人民法院（2002）梧民初字第124号民事判决第一项为：上诉人新佳佳乐厂生产销售的“加能”牌梧州豆浆构成对被上诉人双龙厂“仙宝”牌梧州豆浆知名商品特有装潢的侵犯。上诉人新佳佳乐厂应在二审判决发生法律效力后立即停止生产、销售商品装潢与被上诉人双龙厂知名商品特有装潢相近似的豆浆饮料产品。

二、变更梧州市中级人民法院（2002）梧民初字第124号民事判决第二项为：上诉人新佳佳乐厂赔偿被上诉人双龙厂经济损失54 440元。

三、驳回被上诉人双龙厂主张上诉人新佳佳乐厂侵犯其知名商品特有名称、包装的请求。

本案一审案件受理费5 510元，其他诉讼费1 102元，合计6 612元（双龙厂已预交），由新佳佳乐厂负担。二审案件受理费6 612元（新佳佳乐厂已预交），由新佳佳乐厂负担。双方已预交的诉讼费，二审法院及一审法院不予退回，由新佳佳乐厂径付给双龙厂。

上述应付款项，义务人应于二审判决送达之日起10日内履行完毕，逾期则加倍支付迟延履行期间的债务利息。权利人可在二审判决规定的履行期限最后一日起半年内向一审法院申请执行。

起诉及答辩

原告双龙厂诉称，原告自1999年8月起生产品名为梧州豆浆的软包装饮料，但被告自2002年5月起生产的“加能牌”梧州豆浆，刻意模仿其产品的外观包装设计，并以质次价低的方法大肆冲击原告已有市场，令一般消费者误认为被告的产品即原告产品，直接起到误导消费者的作用，致使其为此蒙受重大的经济损失。故请法院判决：1. 判令被告停止生产和销售与原告产品外观包装相近似的侵权产品软包装梧州豆浆饮料；2. 偿付给原告因其侵权行为而导致的经济损失20万元；3. 承担本案的诉讼费及其他费用。

被告新佳佳乐辩称：1. 被告的产品在梧州为较早者，其现生产的产品均有商标、生产厂名称、地址等明显印刷在内，不存在“误导消费者的作用，致使原告为此蒙受重大的经济损失”的问题。2. 被告的产品在梧州技术监督局设有产品标准备案登记并由该局监督生产，原告没有证据就信口开河，称其产品质次价低是要承担民事责任的。请求法院驳回原告的诉请。

事实认定

原告于1999年8月起生产“仙宝牌”梧州豆浆软包装饮料，同时对该产品使用了相应的外包装设计图案和文字说明来进行销售。2002年10月8日，中国中轻产品质量保障中心对原告生产的“仙宝牌”梧州豆浆及其他产品颁发了中轻保字第0970号《质量保证产品认可书》，该证书的有效期限：2001年10月1日至2003年10月1日。

2002年6月起，被告将同类产品“加能牌”梧州豆浆推向市场，该产品采用了与原告产品外观一样的包装设计。原告发现被告这一行为后遂于10月中旬诉至一审法院。对于以上事实原告认为被告的行为已构成了不正当竞争，对此提供了其自己定做豆浆膜的发票，证实其于1999年8月即开始使用现在的外包装生产该产品以及产品的外包装样品、工商材料、《质量保证产品认可书》等证据，同时提供了被告产品的外包装样品证实被告的不正当竞争行为。

经查，原告指控被告的外软包装及外硬包装纸箱样品上印刷的字体、字形、图案的正面、背面均与原告的包装基本一样，足以使消费者无法辨认而认为是同一厂家生产的豆浆。

诉讼期间，被告认为其另一产品“美的饮”生产的时间在前，认为其行为不构成侵权，相反是原告仿其产品的包装设计，对此被告提供了其产品的外包装的工商材料予以证实，认为其生产的梧州豆浆的包装物不构成侵权。原告对被告的不正当竞争行为导致自己的损失，对被告因以不正当竞争所获的营业利润均无法统计举证。

一审判决及理由

原告双龙厂生产的“仙宝牌”梧州豆浆经过工商部门予以注册登记，同时原告双龙厂也举出其定做豆浆膜的发票，证实其于1999年8月即开始使用现在的外包装生产该产品；举出中国中轻产品质量保障中心颁发的中轻保字第0970号《质量保证产品认可书》证实其产品的质量，因此原告双龙厂的产品应受到法律的保护。

被告新佳佳乐厂生产的“加能牌”梧州豆浆原来的外包装，从被告新佳佳乐厂举出的其产品“美的饮”工商材料看，与原告双龙厂的外包装无论是版面设计、文字构思、图片位置均无相同之处，故被告新佳佳乐厂关于原告双龙厂仿其产品“美的饮”的包装设计的主张不能成立。

对于被告新佳佳乐厂现在生产的“加能牌”梧州豆浆的外包装，无论是版面设计、文字内容、图片构思与位置均与原告双龙厂产品的外包装一致，足以使消费者误认为同一产品，只是两者的注册商标不同。

按照国家工商行政管理局《关于禁止仿冒知名商品特有的名称、包装、装潢的不正当竞争行为的若干规定》第四条的规定：商品名称、包装、装潢被他人擅自作相同或者近似使用，足以造成购买者误认的，该商品即可认定为知名商品。据此，可以认定原告双龙厂的产品为知名商品。根据《反不正当竞争法》第五条第（二）项的规定，被告新佳佳乐厂的行为已构成了不正当竞争，被告新佳佳乐厂应停止其侵权行为并对此负赔偿责任。

由于原告双龙厂没有举出其损失的具体数额及被告新佳佳乐厂的营业利润额，只是要求按法律规定要被告新佳佳乐厂进行赔偿，而被告新佳佳乐厂又否认其行为已构成了不正当竞争，并且拒绝提供证据，故原告双龙厂要求被告新佳佳乐厂赔偿损失 20 万元的诉讼请求，不能全部支持，根据本案的实际情况，应由被告新佳佳乐厂酌定向原告双龙厂赔偿 10 万元。

依照《反不正当竞争法》第五条第（二）项、第二十条的规定，判决如下：

一、被告厂新佳佳乐厂立即停止生产和销售与原告双龙厂的产品外观包装相近似的软包装梧州豆浆饮料；

二、被告厂新佳佳乐厂向原告双龙厂赔偿损失人民币 10 万元；

案件受理费 5 510 元，其他诉讼费 1 102 元，合计 6 612 元（原告双龙厂已预交），由原告双龙厂负担 3 306 元，被告新佳佳乐厂负担 3 306 元。

上述应付款项、诉讼费与其他诉讼费负担的决定，被告新佳佳乐厂应于本案判决生效之日起 10 日内履行完毕，逾期则应加倍支付迟延履行期间的债务利息。权利人可在生效判决规定的履行期限最后一日起半年内，向一审法院申请执行。

上诉理由

新佳佳乐厂不服一审判决，向广西壮族自治区高级人民法院提起上诉，请求二审法院依法撤销原判，驳回双龙厂的诉讼请求。

新佳佳乐厂的上诉理由是：

一、双龙厂生产的“仙宝”牌梧州豆浆不属于知名商品

根据国家工商管理局《关于禁止仿冒知名商品特有的名称、包装、装潢的不正当竞争行为的若干规定》第三条规定：“所谓知名商品，是指在市场上具有一定的知名度，为相关公众所知悉的商品”。双龙厂只是梧州市生产豆浆的十几个厂家中极普通的一家，该厂的产品在梧州及广东地区都没有什么知名度，既没有被评为什么名牌也没有获得过什么奖，广大消费者也知之甚少，不能认定为知名商品。一审判决认定“仙宝”牌梧州豆浆属于知名商品是错误的。

二、“仙宝”牌梧州豆浆的名称、包装、装潢不属其特有

根据国家工商管理局《关于禁止仿冒知名商品特有的名称、包装、装潢的不正当

竞争行为的若干规定》第三条第二款“本规定所称特有，是指商品名称、包装、装潢非为相关商品所通用，并具有显著的区别性特征”和第四条第二款“特有的商品名称、包装、装潢应当依照使用在先的原则予以认定”的规定。

“梧州豆浆”属梧州市豆浆行业生产豆浆的通用名称，在梧州市有十多个厂家使用这一名称，并且，不少厂家使用在双龙厂之前，“梧州豆浆”这一通用名称不属于双龙厂特有。

讼争的梧州豆浆的软外包装袋装潢为：碟子上有黄豆和杯子的图案。该装潢并非由双龙厂设计并最先使用，相反是新佳佳乐厂的前身梧州市佳佳乐食品饮料厂（以下简称“佳佳乐厂”）最先设计并使用的。佳佳乐厂早在1998年5月份就在其生产的“梧州豆浆”上使用了讼争的外包装袋装潢，而双龙厂在其产品使用的包装袋正是仿冒佳佳乐厂生产的“梧州豆浆”使用的外包装装潢。

新佳佳乐厂与佳佳乐厂实为同一经济实体，佳佳乐厂于1997年4月登记注册，并开始生产各种袋装豆制品饮料，为便于管理，2001年6月改名为梧州市新佳佳乐食品饮料厂，有两名股东改由夫妻另一方出任，虽为新设登记，但实际上厂址、企业资产及企业产生的权利义务都没有改变。新佳佳乐与佳佳乐还签订了无偿转让注册商标、包装、工艺技术的《协议书》，也就是说新佳佳乐厂对佳佳乐厂的权利义务有继承权，佳佳乐厂享有的权利新佳佳乐厂也享有。

因此，讼争的名称、包装、装潢特有权应该属于佳佳乐厂享有，不属于双龙厂享有。

三、“加能”牌梧州豆浆的名称、包装、装潢与“仙宝”牌梧州豆浆不完全相同，不构成侵权

“加能”牌梧州豆浆包装袋装潢与“仙宝”牌梧州豆浆包装袋装潢不完全相同，只是相似，一是杯中的黄豆摆放形状有差异，二是字体大小有差异，三是商标不同。另外，“仙宝”牌梧州豆浆的名称、包装、装潢不属双龙厂特有，双龙厂对该名称、包装、装潢不享有专有权，无权禁止他人作相近似的使用。且新佳佳乐厂使用的“加能”牌梧州豆浆的名称、包装、装潢是其前身自行设计并最先使用，应受法律保护。新佳佳乐厂没有实施不正当竞争行为，不构成对双龙厂的侵权。

四、一审判决新佳佳乐厂赔偿双龙厂10万元于法无据

上列事实表明新佳佳乐厂对双龙厂不构成不正当竞争，不应赔偿。但即使依据一审法院错误的认定，那么法院也只能按《反不正当竞争法》第二十条的规定计算的赔偿数额，即以被侵害的经营者的实际损失作为赔偿依据，如被侵害的经营者的损失难以计算的，赔偿额为侵权人在侵权期间因侵权所获得的利润。

但双龙厂根本举不出其所受到的损失，可见其被侵害的事实根本不存在，如果有损失，双龙厂完全可以根据被侵害前的产销量及利润与被侵害后的产销量及利润对比就可得出，但双龙厂却无列举。可见，法院判决新佳佳乐厂赔偿10万元是没有事实和法律依据的。

综上，一审判决认定事实不清，适用法律不当，判决错误。

被上诉人双龙厂答辩称：

一、一审判决认定双龙厂生产的“仙宝”牌梧州豆浆属于知名商品是正确的。

一审法院适用国家工商行政管理局行政规章《关于禁止仿冒知名商品特有的名称、包装、装潢的不正当竞争行为的若干规定》是合法的，该规定第四条第一款规定：商品的名称、包装、装潢被他人擅自作相同或者近似使用，足以造成购买者误认的，该商品即可认定为知名商品。

因为双龙厂生产的“仙宝”牌梧州豆浆已被新佳佳乐厂作近似使用，据此，可以认定双龙厂生产的“仙宝”牌梧州豆浆为知名商品。新佳佳乐厂认为“仙宝”牌梧州豆浆没有被评为什么名牌也没有获得过什么奖就不是知名商品的观点是错误的。国家工商行政管理局《关于禁止仿冒知名商品特有的名称、包装、装潢的不正当竞争行为的若干规定》第三条规定“本规定所称知名商品是在市场上具有一定知名度为相关公众知悉的商品”。该规定并未限定必须曾被评为什么名牌或获什么奖才是知名商品。只要在市场上具有一定知名度，为相关公众知悉的商品被他人作相同或近似使用就可以认定为知名商品。

事实上，双龙厂生产的“仙宝”牌梧州豆浆是经合法领取卫生许可证、企业标准、生产许可证后开始生产的，每年该产品经梧州市卫生防疫站和梧州市产品质量监督检验所检验均为合格，被中国中轻产品质量保障中心评为 2002 年度、2003 年度“中国中轻产品质量保障中心质量保证产品”，《今日信息报》和《市场报》等报刊均有刊登。双龙厂获得梧州市环境保护局颁发的《环保许可证》。“仙宝”牌梧州豆浆在珠江三角洲的佛山地区及中山地区的饮料市场深受广大消费者的喜爱，产品一直供不应求，享有很高的知名度，新佳佳乐厂正是看中这一点才进行仿冒。故一审判决认定双龙厂生产的“仙宝”牌梧州豆浆属于知名商品是正确的。

二、“仙宝”牌梧州豆浆的名称、包装、装潢属于其特有。

双龙厂早在 1999 年 8 月就使用了讼争的包装装潢，新佳佳乐厂不能举出任何证据证明有别的厂家在双龙厂之前曾合法的使用了该包装装潢，应认定双龙厂对“仙宝”牌梧州豆浆的包装、装潢是使用在先的。

三、一审判决认定新佳佳乐厂生产的“加能”牌梧州豆浆的外包装，无论是版面设计、文字内容、图片构思与位置均与双龙厂生产的“仙宝”牌梧州豆浆的外包装一致，足以使消费者误认为同一产品，新佳佳乐厂的行为已构成了不正当竞争，构成侵权是正确的。

四、一审法院认定新佳佳乐厂侵权，判决新佳佳乐厂赔偿给双龙厂 10 万元经济损失是正确的。

新佳佳乐厂称，双龙厂未举出损失的依据，就不存在侵权是站不住脚的，从新佳佳乐厂在 2000 年开始生产与双龙厂的“梧州豆浆”外包装近似的产品时，就已经构成了侵权，侵权长达三年之久，而且很可能在全国各地进行销售，由于侵权范围广、时间长，双龙厂无法进行取证，证明损失程度，而且新佳佳乐厂拒绝提供侵权所赚的利润，因此，应参照知识产权类型的有关法律规定，即《著作权法》第四十八条规定的“权利人的实际损失或者侵权人的违法所得不能确定的，由人民法院根据侵权行为的情节，判决给予50万元以下的赔偿。”

由于新佳佳乐厂的侵权，造成双龙厂的经济损失和声誉损失是不可估量的，双龙厂请求赔偿20万也远远不能弥补其损失，一审法院未全部支持双龙厂的请求，双龙厂也是不服的，但抱着息事宁人的态度，双龙厂未提出上诉。

综上，新佳佳乐厂擅自将双龙厂知名商品特有的商品名称、包装、装潢作近似使用，造成了与双龙厂的知名商品混淆，使购买者误认为是双龙厂的知名商品，构成侵犯双龙厂的权利，并造成双龙厂重大经济损失，一审法院认定新佳佳乐厂的行为已构成了不正当竞争，并作出判决新佳佳乐厂停止侵权，赔偿10万元给双龙厂事实清楚，证据充分，请二审法院依法驳回新佳佳乐厂的上诉请求，维持一审判决。

二审查明事实

二审法院所认定的案件事实与原审认定的事实基本一致。

二审法院另外查明如下事实：双龙厂在诉讼中未能提供其产品销售情况及受损失情况，但承认“仙宝”牌梧州豆浆的销售利润为销售收入的20%。新佳佳乐厂在二审中提供其2002年8～12月主要产品销售及纳税明细表，该表表明新佳佳乐厂主要生产豆浆王、佳乐豆浆、梧州豆浆、其他豆奶、酸奶和凉茶六种产品，2002年8～12月的含税收入为786 917.7元，不含税收入为742 375.18元，其中梧州豆浆的产量为15 750件，销售收入为69 834.9元，销售利润为销售收入的7%左右。新佳佳乐厂至今仍使用讼争的包装袋装潢。

再查明，佳佳乐厂是1997年6月成立的私营合伙企业，经营范围为豆奶饮料，因未按时参加年检，于2002年12月3日被吊销营业执照，但至今未注销。在二审诉讼中，新佳佳乐厂提出其前身佳佳乐厂早在1998年6月就开始使用讼争的包装装潢生产销售“佳乐”牌梧州豆浆，并提供佳佳乐厂1998年6月21日生产的包装袋实物二个，1998年7月3日生产的包装袋实物三个佐证。经查，佳佳乐厂在1998年尚未获得生产豆浆饮料的合法批准手续，新佳佳乐厂在诉讼中也承认包装袋正面的“中国轻工产品质量保证产品”标志及背面的产品标准号QJJL01－2000、卫生许可证号：梧食卫证字2001－60003624、标签认可号桂认0400－1656均是假冒，是为了销售需要而打印上去的。

二审判决及理由

一、被上诉人双龙厂生产的“仙宝”牌梧州豆浆是否属于知名商品

《反不正当竞争法》规定的知名商品是指在市场上具有一定知名度，为相关公众所知悉的商品。国家工商行政管理局《关于禁止仿冒知名商品特有的名称、包装、装潢

的不正当竞争行为的若干规定》第四条规定，商品的名称、包装、装潢被他人擅自作相同或者近似使用，足以造成购买者误认的，该商品即可认定为知名商品。知名商品特有的名称、包装、装潢，是通过使用产生的权利，当事人向法院提起侵犯知名商品特有的名称、包装、装潢的反不正当竞争诉讼，就其主张的权利向人民法院提交了该商品在一定市场上为公众所知悉的证据，对方不能提供相反证据反驳的，人民法院应当确认其为知名商品，并对其特有的名称、包装、装潢予以保护。

被上诉人双龙厂生产“仙宝”牌梧州豆浆取得合法的企业标准、标签认可证、卫生许可证及生产许可证，产品质量经有关行政主管部门检验为合格，也符合卫生标准。2002～2003年连续两年被中国中轻产品质量保障中心评为“中国中轻产品质量保障中心保证产品”，并由《市场报》和《今日信息报》向社会公开公布。“仙宝”牌梧州豆浆凭借其可靠的产品质量，受到相关消费者的青睐，在广东珠江三角洲的佛山、中山等地市场为公众所知悉，享有较高的知名度。被上诉人双龙厂在诉讼中已向法院提供“仙宝”牌梧州豆浆在广东珠江三角洲的佛山、中山等地市场为公众所知悉的证据，上诉人新佳佳乐厂不能提供相反证据予以反驳，应认定“仙宝”牌梧州豆浆为知名商品。上诉人新佳佳乐厂上诉称“仙宝”牌梧州豆浆没有被评为什么名牌也没有获得过什么奖，因而不能认定为知名商品，该主张既与事实不符，也是对法律规定知名商品认定的偏差理解，不能成立，二审法院不予支持。

二、“仙宝”牌梧州豆浆的名称、包装、装潢是否其特有

国家工商管理局《关于禁止仿冒知名商品特有的名称、包装、装潢的不正当竞争行为的若干规定》第三条第二款规定：“本规定所称特有，是指商品名称、包装、装潢非为相关商品所通用，并具有显著的区别性特征”和第四条第二款“特有的商品名称、包装、装潢应当依照使用在先的原则予以认定”。知名商品的名称、包装、装潢必须具有显著的区别性特征，并由主张权利人最先使用，该权利人才对这一创造性智力成果享有专用权，禁止他人未经其同意将知名商品特有的名称、包装、装潢作相同或者近似使用。

知名商品特有的名称，是指知名商品独有的与通用名称有显著区别的商品名称。从我国现有法律看，知名商品特有的名称不需要任何部门认定或授予，而完全是经营者经过经营而产生的一种市场成果。

“仙宝”牌梧州豆浆使用的商品名称为“梧州豆浆”，该名称属梧州市豆浆行业生产豆浆的通用名称，在梧州市有很多家厂使用这一名称，被上诉人双龙厂不能举出证据予以否定，故“梧州豆浆”这一通用名称不属于被上诉人双龙厂特有，被上诉人双龙厂对该名称不享有专用权，无权禁止他人使用。上诉人新佳佳乐厂上诉称“梧州豆浆”这一名称不属于被上诉人双龙厂特有的上诉理由成立，二审法院予以支持。

对于“仙宝”牌梧州豆浆的包装，因其采用的包装是早已公知的方型软包装，在软包装饮料行业已广泛使用，属通用的包装，非被上诉人双龙厂特有，故“仙宝”牌梧州豆浆的包装不属于其特有的包装。

"仙宝"牌梧州豆浆整个装潢以乳白色为底色，红、蓝二色文字与图案有机地结合为一体，呈现出豆浆食品的洁净，符合消费者的消费需求，正面中上部红色"梧州豆浆"四个大字，给消费者以视觉上的冲击，能立刻让人产生较强的印象，包装袋正中部碟子托住黄豆和水杯的图案，生动活泼，具有亲和力。包装袋的背面对梧州豆浆的基本情况作了详细说明，增加消费者购买和饮用的安全感。整个装潢具有较鲜明的特色，应认定"仙宝"牌梧州豆浆的装潢为其所特有。

上诉人新佳佳乐厂上诉称"仙宝"牌梧州豆浆的装潢并非被上诉人双龙厂特有的上诉理由是不成立的。

第一，佳佳乐厂在1998年尚未获得生产豆浆饮料的合法批准手续，根据《标准化法》第六条第二款规定：企业生产的产品没有国家标准和行业标准的，应当制定企业标准，作为组织生产的依据。企业的产品标准须报当地政府标准化行政主管部门和有关行政主管部门备案。第七条第一款规定：国家标准、行业标准分为强制性标准和推荐性标准，保障人体健康，人身、财产安全的标准和法律、行政法规规定强制执行的标准是强制性标准，其他标准是推荐性标准。第十四条规定：强制性标准，必须执行，不符合强制性标准的产品，禁止生产、销售和进口。《标准化法实施条例》第十八条规定：药品标准，食品卫生标准，兽药标准属于强制性标准。《食品卫生法》第二十四条规定：食品、食品添加剂和专用于食品的容器、包装材料及其他用具，其生产者必须按照卫生标准和卫生管理办法实施检验合格后，方可出厂或者销售。第二十七条规定：食品生产经营企业和食品摊贩，必须先取得卫生行政部门发放的卫生许可证方可向工商行政管理部门申请登记，未取得卫生许可证的，不得从事食品生产经营活动。豆浆是一种饮料食品，直接关系着人体的健康与安全，未取得法律规定的生产经营许可资格是禁止生产销售的，因此，佳佳乐厂即便在1998年生产了梧州豆浆也是违反法律禁止性规定的。基于违法的生产，佳佳乐厂即便在1998年使用了诉争的包装装潢，也不能取得合法的在先使用权，不能得到法律的保护。

第二，被上诉人双龙厂主张"仙宝"牌梧州豆浆装潢由其最先使用，为其特有，上诉人新佳佳乐厂不能举出相反的证据反驳，根据《最高人民法院关于民事经济审判方式改革问题的若干规定》第十一条规定：案件的同一事实，除举证责任倒置外，由提出主张的一方当事人首先举证，然后由另一方当事人举证。另一方当事人不能提出足以推翻前一事实的证据的，对这一事实可以认定。应该认定"仙宝"牌梧州豆浆装潢为被上诉人双龙厂特有。

三、上诉人新佳佳乐厂生产的"加能"牌梧州豆浆与被上诉人双龙厂生产的"仙宝"牌梧州豆浆名称、包装、装潢是否相近似，是否构成不正当竞争

诚实信用、公平竞争是经营者应当遵循的法则。《反不正当竞争法》规定，采取擅自使用知名商品特有的名称、包装、装潢，或者使用与知名商品近似的名称、包装、装潢等不正当手段从事市场经营，损害竞争对手和消费者的利益，是不正当竞争行为。"加能"牌梧州豆浆包装装潢，除商标、企业名称与"仙宝"牌梧州豆浆不同外，涉及

包装装潢的图案、颜色、文字和包装材料等其他各个部分均非常相似，从一般购买者的普遍注意力来分析，除了极个别人事先已经知道市场上竟有如此相似的属于两个厂家的产品，并在购买时予以特别辨认外，其他人是难以发现两种产品的区别的，故足以引起一般消费者误认。上诉人新佳佳乐厂的行为已构成不正当竞争，应承担侵权的民事责任。上诉人新佳佳乐厂认为其不构成正当竞争的上诉理由不能成立，二审法院不予采纳。

四、损害赔偿问题

依照《反不正当竞争法》第二十条的规定，经营者违反本法规定，给被侵害的经营者造成损害的，应当承担损害赔偿责任，被侵害的经营者的损失难以计算的，赔偿额为侵权人在侵权期间因侵权所获得的利润；并应当承担被侵害的经营者因调查该经营者侵害其合法权益的不正当竞争行为所支付的合理费用。

本案因被上诉人双龙厂在诉讼中未能提供其产品销售情况及受损失情况，也不能证明上诉人新佳佳乐厂因侵权所获得的利润数额，按照反不正当竞争法规定的两种计算方法无法计算损害赔偿额。参照有关法律规定，对按法律规定的计算方法无法计算损害赔偿额的侵犯知识产权纠纷案件，人民法院可根据被侵犯的知识产权的性质和侵权人的侵权情节酌情确定赔偿数额，赔偿数额范围在 5 000 元以上 30 万元以下，最多不得超过 50 万元。

在酌定本案的赔偿数额时，二审法院考虑了以下因素：第一，被上诉人双龙厂作为提起诉讼，指控他人侵权并要求赔偿的一方当事人，在一、二审诉讼中却未能提供任何损失方面的证据；第二，上诉人新佳佳乐厂实施侵权行为的社会影响、侵权的手段和情节、侵权的时间和范围、主观过错程度、被上诉人双龙厂商业信誉和产品价值降低程度等；第三，上诉人新佳佳乐厂在二审中提供其主要产品销售及纳税明细表。该表表明上诉人新佳佳乐厂 2002 年 8 ~ 12 月销售 6 种产品的含税收入为 786 917. 7 元，不含税收入为 742 375. 18 元，其中梧州豆浆的产量为 15 750 件，销售收入为 69 834. 9 元。被上诉人双龙厂对上诉人新佳佳乐厂的举证不能提出证据予以反驳，故上诉人新佳佳乐厂提供的证据合理部分可以作为二审法院确定赔偿额的参考依据。具体为：以 742 375. 18 元为基数除以 6 种产品再除以 5 个月，得到平均每种产品每月销售收入约为 24 745 元，参照被上诉人双龙厂提出的 20% 利润额，每种产品每月利润约为 4 949 元，上诉人新佳佳乐厂侵权时间应从 2002 年 6 月计至 2003 年 5 月，共 11 个月，合计利润约为 54 440 元。上诉人新佳佳乐厂认为一审判决其赔偿 10 万元依据不足有理，二审法院予以支持。另外，被上诉人双龙厂在诉讼中没有提出要求上诉人新佳佳乐厂赔偿其因调查侵权行为所支付的合理费用，也没有提供这方面的证据，二审法院不宜依职权作出赔偿判定。

综上，一审判决认定被上诉人双龙厂生产的“仙宝”牌梧州豆浆属于知名商品及认定上诉人新佳佳乐厂构成对被上诉人双龙厂知名商品装潢的侵权正确，应予维持。但认定上诉人新佳佳乐厂构成对被上诉人双龙厂知名商品名称、包装的侵权不妥，确定的赔偿数额依据不足，二审法院予以纠正。依照《民事诉讼法》第一百五十三条第一款第（三）项、第一百五十八条之规定，判决如下：

一、变更梧州市中级人民法院（2002）梧民初字第124号民事判决第一项为：上诉人新佳佳乐厂生产销售的“加能”牌梧州豆浆构成对被上诉人双龙厂“仙宝”牌梧州豆浆知名商品特有装潢的侵犯。上诉人新佳佳乐厂应在二审判决发生法律效力后立即停止生产、销售商品装潢与被上诉人双龙厂知名商品特有装潢相近似的豆浆饮料产品。

二、变更梧州市中级人民法院（2002）梧民初字第124号民事判决第二项为：上诉人新佳佳乐厂赔偿被上诉人双龙厂经济损失54 440元。

三、驳回被上诉人双龙厂主张上诉人新佳佳乐厂侵犯其知名商品特有名称、包装的请求。

本案一审案件受理费5 510元，其他诉讼费1 102元，合计6 612元（被上诉人双龙厂已预交），由上诉人新佳佳乐厂负担。二审案件受理费6 612元（上诉人新佳佳乐厂已预交），由上诉人新佳佳乐厂负担。双方已预交的诉讼费，二审法院及一审法院不予退回，由上诉人新佳佳乐厂径付给被上诉人双龙厂。

上述应付款项，义务人应于二审判决送达之日起10日内履行完毕，逾期则加倍支付迟延履行期间的债务利息。权利人可在二审判决规定的履行期限最后一日起半年内向一审法院申请执行。

案例16：龙大公司与鲁花公司侵犯知名商品特有包装、装潢纠纷案

原告（上诉人）：山东龙大企业集团有限公司（以下称“龙大公司”）
被告（被上诉人）：莱阳鲁花浓香花生油有限公司（以下称“鲁花公司”）

一审法院：山东省烟台市中级人民法院
一审案号：（2002）烟经初字第41号
一审合议庭成员：蔡志敏、门伟、任美群
一审结案日期：2002年12月12日

二审法院：山东省高级人民法院
二审案号：（2003）鲁民三终字第14号
二审合议庭成员：欧阳明程、许俊美、柳维敏
二审结案日期：2003年4月25日

案由：擅自使用知名商品特有包装、装潢纠纷

关键词：知名商品，特有包装、装潢，驰名商标，外观设计专利，在先专用权

涉案法条

《反不正当竞争法》第二条第二款、第五条第（二）项
《民事诉讼法》第一百五十三条第一款（一）项

争议焦点

- 擅自使用知名商品特有的名称、包装、装潢，或者使用与知名商品近似的名称、包装、装潢，造成和他人的知名商品相混淆，使购买者误认为是该知名商品，构成不正当竞争。其要件由以下几个方面构成，一是被侵犯的是知名商品的名称、包装、装潢；二是该名称、包装、装潢为知名商品所特有；三是会造成与知名商品相混淆，使消费者误认误购。
- 通用名称不得与某一具体生产厂家直接联系起来，亦不存在特有的包装装潢，故不存在某一通用名称命名的商品的包装装潢被仿冒的问题，且该通用名称知名与否在所不问。

- 一方在生产某种产品时，可以使用通用名称以借助该通用名称早已形成的知名度和影响力，开拓市场，打开销路，而该通用名称的知名并不必然使该方生产的商品成为知名商品。反过来说，某以通用名称的知名也并不当然排除某个具体厂家生产的商品成为反不正当竞争法所规定的知名商品的可能。企业虽然使用了具有较高知名度的通用名称，但仍然可以通过经营的努力，使自己的产品在众多的使用通用名称的各厂家产品中脱颖而出，从而成为知名商品。
- 一方的包装、装潢设计独特，形成了与其他同类商品不相同或不相近似的包装、装潢，应认定是这一知名商品特有的包装、装潢，依法应予保护，侵权人使用该方产品的特有名称和与之产品基本相同、相近似的包装、装潢，并销售同类产品，使消费者发生误认的，已构成对该方的不正当竞争，侵犯了该方的合法权益。
- 对包装装潢的保护是针对装潢的整体而言的，对装潢的组成部分并不单独予以保护。对某一商品包装装潢的某一组成部分加以保护，缺乏法律依据。因此，如果一方与另一方产品的包装装潢，除某部分组成部分相似或相同之外，其他构成要素包括文字、图案和色彩及排列组合之间区别明显，并不构成近似，亦不会使消费者对两者产生误认和混淆。
- 一方的商品虽然为知名商品，但另一方所生产的不同品牌的包装装潢与其商品的包装装潢并不相近似，亦不会造成两者商品的混淆和购买者的误认，即一方已尽到将自己商品与另一方的商品相区别的义务，主观上并不存在将其商品与另一方商品混淆的恶意，其行为不构成不正当竞争。

审判结论

驳回原告龙大公司的诉讼请求。

一审案件受理费 17 510 元，鉴定费 8 万元由龙大公司负担。

二审判决驳回上诉，维持原判。

二审案件受理费 17 510 元，由龙大公司负担。

起诉及答辩

原告龙大公司诉称：原告近年来相继在武汉等地市场上发现被告生产的粉丝使用了与原告公司龙大牌龙口粉丝包装相似的包装装潢，被告的行为属于仿冒知名商品的包装装潢的不正当竞争行为，给其造成了巨大经济损失。请求判令被告立即停止使用仿冒龙大牌龙口粉丝的包装装潢；判令被告赔偿因此仿冒行为给原告造成的经济损失 150 万元人民币；判令被告负担原告为调查被告仿冒行为而支出的各项费用；判令被告负担本案的全部诉讼费用。

被告鲁花公司答辩称：被告的“福花”牌龙口粉丝使用的包装装潢，是根据主导产品“鲁花”牌花生油的品牌优势和企业的文化精神设计的。被告生产的龙口粉丝以“福花”为商标名称，中间是体现烟台粉丝产品通用名称的“龙口粉丝”四个字，为明确标明该粉丝是鲁花公司产品，在包装袋下端，深茄花紫色条幅图案上又用了大红色套印了“莱阳鲁花”四个大字。该包装袋装潢设计，于2001年9月26日被国家知识产权局授予外观设计专利，根本不存在仿冒龙大集团包装装潢的问题，请求驳回原告起诉。

事实认定

原告于1997年9月委托青岛益青印刷包装股份有限公司为自己的粉丝产品设计印制包装袋，该包装袋“龙口粉丝”四个蓝色竖排大字是由该公司设计室主任杨超先生用毛笔手书而成的，此四字被置于包装袋中央透明部分的正中间位置，左边临近“龙口”二字处印有红底白字白框的“绿豆”字样，右下侧与“丝”字底边对齐处印有白底红字红框、三行十二字的“包装专利、法律保护、仿冒必究”字样，“龙口粉丝”四字上方是原告龙大公司的红色注册图形商标，以及分别处于商标两侧的“龙大”与“食品”字样。包装袋最下部分的设计由浅蓝、白及湖蓝三色相间的竖条构成，左、右、上三边分布的是21个龙形瓦当图案，底色为不透明的白色。1993年3月，原告的该包装袋设计获得了由（原）中国专利局颁发的外观设计专利证书。原告在全国设有三十几个办事处，其粉丝在各地的办事处均有销售。原告为提高自己产品的知名度，在中央电视台为龙大食品进行了广告宣传。龙大牌粉丝在中国国际农业博览会上被认定为2001年中国国际农业博览会名牌产品。原告山东龙大企业集团有限公司具有相当高的知名度，是全国农业产业化的龙头企业，其注册商标“龙大”文字及图形已于2002年被国家工商行政管理总局认定为驰名商标。

被告于2000年5月开始使用该案中的包装袋，该包装袋分为上、中、下三段，其中上、下、两端为茄花紫色与白色相间的细色条，中段上方的中间为“福花”扇形商标，商标两侧各设计了一条飞腾的黄龙，“龙口粉丝”四个字亦被置于包装袋中央透明部分的正中间位置，字体与原告包装袋上完全相同，色彩有区别为茄花紫色。包装袋两侧、黄龙的下方各设计了3个花形图案，内有“福花”商标图形，在包装袋的下端、茄花紫色与白色细条纹图案上用大红色套印了“莱阳鲁花”四个大字。该包装袋于2001年9月26日获得了知识产权局专利局颁发的专利证书。被告其注册商标“鲁花”及“福花”也具有相当高的知名度，其中“鲁花”商标曾于2001年被山东省工商行政管理局认定为山东省著名商标，目前也在向国家工商行政管理总局申请驰名商标认定。其福花牌龙口粉丝于2000年8月被中国食品工业协会授予国家质量达标食品称号。该公司于2001年被农业部确认为全国乡镇企业创名牌重点企业。

2001年7月左右原告在武汉、成都、昆明等城市的市场发现被告的“福花”牌龙口粉丝的包装袋，认为与其龙口粉丝包装袋相似，原告在商场购得被告生产的福花牌龙口粉丝，索要了购物发票，作为证据。原告要求被告赔偿损失额的计算期间为被告2000年5月份至2001年12月份销售所获利润。庭审中被告提供了自2000年5月至2001年12月底的粉丝销售收入为4 650 545.23元，原告对被告提供的销售收入表示认可。

庭审中一审法院委托中国社会科学院知识产权中心对被告莱阳鲁花浓香花生油有限公司使用的粉丝包装装潢是否与原告山东龙大企业集团有限公司的粉丝包装装潢相似，构成不正当竞争，作出专家意见。专家结论：1. 被告使用的商品包装装潢与原告特有的商品包装装潢相似；2. 本案涉及的商品龙口粉丝不属于原告的知名商品。最终结论：被告使用与原告商品包装装潢相似的商品包装装潢，不能构成《反不正当竞争法》第五条第（二）项规定的不正当竞争。

上述事实有双方提供的各自的龙口粉丝包装袋、双方的外观设计专利证书、广告宣传费用发票、获奖证书、购物发票、专家意见、开庭笔录在案为凭。

一审判决及理由

原告龙大公司生产的龙口粉丝是否是知名商品是被告的行为是否构成不正当竞争的先决条件。龙口粉丝是中国胶东地区的传统产品，原产于山东招远，因多经由龙口港外销而得名龙口粉丝，已有300余年的生产历史。在烟台地区的招远市、龙口市一带生产粉丝的厂家生产的精细粉丝，均使用龙口粉丝的名称，龙口粉丝的知名度在胶东地区乃至全国家喻户晓，它的知名是由招远市、龙口市一带不特定的粉丝生产者经过多年的生产经营，形成的一种市场成果，不是任何一个特定的企业独创培养起来的，可以说早在原告龙大公司生产龙口粉丝之前，龙口粉丝就已经是知名商品。本案的原被告开始生产粉丝后也像烟台地区其他粉丝生产厂家一样，将自己生产的粉丝冠名龙口粉丝，很显然原被告都希望使用龙口粉丝这一名称使自己生产的粉丝知名。龙口粉丝作为知名商品，是烟台地区生产粉丝的厂家共同使用的名称，不是原告龙大公司特有的知名商品。在社会上说起龙口粉丝，人们并不会必然的仅与原告山东龙大企业集团有限公司联系起来，龙口粉丝不是烟台地区哪一个生产粉丝厂家特有的象征和代表。其次，原告龙大公司虽然是知名度相当高的企业，原告龙大公司的龙大商标是全国驰名商标，但驰名商标并不能必然的使原告龙大公司生产的各种商品都成为知名商品。

将原告龙大公司的龙口粉丝包装袋与被告的龙口粉丝包装袋相比较，由于原告龙大公司的粉丝包装袋上使用的是龙口粉丝这一名称，而不是龙大粉丝，被告鲁花公司的粉丝包装袋上虽然使用了与原告龙大公司字体一样的龙口粉丝字样，但消费者如果想购买原告龙大公司生产的龙口粉丝，而不是被告鲁花公司生产的龙口粉丝时，不会仅以龙口粉丝四个字的字体一样就购买，通常会对商标、厂家名称及相关装潢来识别，因为原被告的龙口粉丝包装袋上都在非常醒目的位置印制了各自的注册商标、生产厂名及有关标识。使消费者把被告鲁花公司的龙口粉丝包装与原告龙大公司的龙口粉丝包装产生混淆的可能性极小。综上所述，被告鲁花公司的行为不构成不正当竞争。根据《反不正当竞争法》第二条第二款、第五条第（二）项之规定，判决如下：

驳回原告龙大公司的诉讼请求。

案件受理费17 510元，鉴定费8万元，由原告龙大公司负担。

上诉理由

龙大公司不服一审判决，向山东省高级人民法院提起上诉，请求二审法院撤销一审判决，判令被上诉人停止侵权、赔偿损失并支付上诉人支出的合理费用，同时承担诉讼费用。

龙大公司的上诉理由如下：

一、一审法院对知名商品的理解与认定偏离本案的诉讼标的，超出现有法律和规章的范围

“龙口粉丝”与“龙大”牌龙口粉丝不是同一层次的概念。对龙口粉丝名称的特有不在上诉人的诉讼请求之列，但是这并不能排除某个经营者在“龙口粉丝”字体上享有特有装潢的权利，因为《反不正当竞争法》第五条第（二）项规定的知名商品的特有名称、包装、装潢，既可以同时保护，也可以单独保护。所以上诉人一直主张的是以特有字体书写的“龙口粉丝”四个大字具有的识别作用，即作为特有装潢应该得到《反不正当竞争法》的保护。

“龙大”牌龙口粉丝符合我国立法及实践中知名商品的标准。上诉人的“龙大”文字及图形于2002年被国家工商行政管理总局认定为驰名商标，1996年被认定为首届烟台市著名商标。“龙大”牌粉丝在2001年中国国际农业博览会上被认定为名牌产品。为提高自己产品的知名度，上诉人在中央电视台为“龙大”牌粉丝等食品投入了巨额的广告费用进行宣传，受到全国消费者的普遍欢迎，销售量与销售范围在同行业中占据领先地位，在相关市场及公众中具有很高的知名度。自1997年开始，上诉人使用特有的包装装潢进行销售，经过长期的使用与广告宣传，该包装装潢已经深入人心，消费者看到包装装潢就能将商品的生产主体联系起来。尤其是包装袋正面中央位置最突出、最显著、最醒目的“龙口粉丝”四个大字，虽然是产品的通用名称，但字体的书写形式却是独有的，因此作为装潢的重要部分是上诉人所特有的。被上诉人擅自近似使用上诉人特有包装装潢，其行为也已经自行证明上诉人“龙大”牌龙口粉丝是知名商品。

二、一审法院对鲁花公司的近似使用是否引起误认（混淆）的认定背离现有法律、规章的标准

一审法院没有否认二者有混淆的可能，只是认为可能性小，所以不构成不正当竞争。这种严苛的要求与反不正当竞争法的立法精神以及配套规章的明文规定产生背离。误认包括实际误认和可能误认两种形态，即仿冒商品只要有引人误认的可能，就可以构成不正当竞争行为，而不必要求业已产生实际误认。对于混淆的判断，首先是根据一般购买者注意能力的高低来判断。其次涉及商品的价格，价位高的商品，消费者注意程度高，不容易引起误认；价位低的商品，消费者注意程度低，容易造成混淆。本案中，上诉人与被上诉人的粉丝产品按不同重量其市场单价从2元到10元不等，属于低价位商品，消费者很容易在近似的包装装潢下产生误认。此外，上诉人与被上诉人之间存在竞争关系，生产的产品是完全相同的，销售渠道在大多数省份是完全相同的。因此，虽然

当事人双方都在各自的包装袋上印制了各自的注册商标、厂商名称及有关标识，但是这些由《商标法》《企业名称登记管理办法》来调整的标识所起的识别作用是不能代替特有包装装潢的作用，否则专门用《反不正当竞争法》来保护特有包装装潢就失去了意义。

综上，被上诉人擅自近似使用知名商品“龙大”牌龙口粉丝特有的包装装潢，足以使购买者产生误认或混淆，构成不正当竞争，给上诉人带来重大损失。

针对龙大公司的上诉理由，鲁花公司认为一审判决认定事实清楚，证据确实充分，适用法律正确，审判程序合法，上诉人的上诉请求不能成立。请求二审法院依法驳回上诉，维持原判。

鲁花公司提出如下答辩意见：

一、一审判决认定上诉人生产的龙口粉丝不是知名商品和被上诉人的行为不构成不正当竞争，事实清楚，适用法律正确

知名商品应是具有独创性名称的商品，商品名称是唯一的、独有的，而且达到了消费者不看任何标记，单看商品名称就可知道该商品生产厂家的程度。龙口粉丝早在上诉人生产粉丝之前，就已名扬天下，成为知名商品，而非因上诉人的广告宣传才知名。上诉人之所以将自己生产的粉丝冠名“龙口粉丝”而不是“龙大粉丝”，很显然也是借助龙口粉丝的知名度来销售自己的产品。龙口粉丝作为知名商品，是烟台地区生产粉丝厂家通用的名称，不是上诉人的特有商品名称。在社会上说起龙口粉丝，不会必然与上诉人联系起来，不能成为上诉人主张知名商品权利的对象。正因为如此，上诉人才在其粉丝包装袋的醒目位置印制了龙大商标和“龙大食品”字样。既然龙口粉丝为粉丝产品的通用名称而不是上诉人的特有商品名称，“龙大”牌龙口粉丝当然不能成为《反不正当竞争法》中所特别保护的知名商品。即使龙大商标是全国驰名商标，但因为该驰名商标及在先的著名商标的使用范围均不包括粉丝产品，且该驰名商标称号是在2002年3月才取得，已超出了本案诉争的时间范围。

上诉人依据《关于禁止仿冒知名商品特有的名称、包装、装潢的不正当竞争行为的若干规定》的有关规定，推理其龙口粉丝是知名商品及被上诉人的粉丝包装装潢与其相混淆并造成消费者误认，违背法律规定。认定“龙大”牌龙口粉丝是否为知名商品以及被上诉人的粉丝包装装潢是否与其相混淆，只能依据《反不正当竞争法》的规定，不能依据国家工商总局的部门规章。

二、被上诉人的“福花”牌粉丝包装装潢不存在与上诉人的“龙大”牌粉丝包装装潢相混淆的问题

“混淆”一词的本意是使界限模糊，被上诉人与上诉人粉丝产品的名称均为龙口粉丝，单看该产品的名称，消费者只能产生龙口粉丝是产于烟台的概念，而得不出龙口粉丝就是龙大生产的结论。消费者对上诉人粉丝的认知是通过其包装上的商标、图案、色彩和龙大造的文字。同样，消费者对被上诉人粉丝的认知也是通过包装上的商标、图案、色彩和表明是莱阳鲁花生产的文字。

两个“龙口粉丝”包装袋上的图案、色彩、整体结构明显不同。从总体结构上看，被上诉人的包装装潢为“上、中、下”三段式，上诉人则为“外围——中央”围合式。从图案上看，一是被上诉人在醒目位置“福花”扇形商标两侧各有一条飞腾的黄色巨龙，而上诉人的包装袋上则没有。二是被上诉人的包装袋左右两侧是三个等间距分布的、中间是“福花”商标图案的仿古花形图案，明显不同于上诉人两侧密布相连的龙形瓦当图案。三是被上诉人包装袋上、下两端均为深茄花紫色与白色细线条相间的条幅图案，而上诉人包装袋的上端排列的是与其两侧相同的密布相连的圆形图案，下端为湖蓝、淡蓝、白色宽间距相间的条幅。四是被上诉人包装袋上的“福花”商标造型、大红底色和文字大白，均沿用了鲁花的扇形商标图案，与上诉人包装袋上的圆形商标图案明显不同，极易识别。从色彩上看，被上诉人包装装潢的主色调为深茄花紫色，辅之以大红色和黄色，色彩鲜明，图案清晰并富有美感。上诉人包装装潢的主色调则为湖蓝色，辅之以淡蓝和红色。两种包装装潢的主色调一深一浅、一紫一蓝，对比明显。即使在专家意见中，也不得不承认被上诉人与上诉人的包装装潢，除“龙口粉丝”字体之外，其总体结构、色彩分布、色彩对比、突出要素之间区别明显。另外，更重要的是被上诉人在包装袋下端显著位置、深茄花紫色图案上用大红色套印了“莱阳鲁花”四个大字，向消费者明示是被上诉人的产品。上诉人则在包装袋商标两侧印上“龙大食品”四字，标明是龙大产品。据此，一般消费者可以很直观地判断出两个粉丝包装袋是两个厂家的产品。特别是被上诉人连续多年在中央电视台黄金时段投巨资做广告，1995 年以来连续四次获得全国农业博览会金奖、名牌产品称号，“鲁花”商标于 1997 年就被山东省工商行政管理局认定为著名商标，“福花”牌龙口粉丝于 2000 年 8 月被中国食品工业协会授予国家质量达标食品称号，2000 年以来春节、中秋节连续在中央二台作鲁花厨艺大比拼专题节目，2001 年又被农业部确认为全国乡镇企业创名牌重点企业。“莱阳鲁花”早已是家喻户晓的著名企业，一般消费者只要看到粉丝包装袋上有“莱阳鲁花”四个字，很容易联想到这是被上诉人的产品而非上诉人的产品。况且被上诉人 2000 年 6 月才将粉丝投放市场，这时的消费者品牌意识、选购能力已很强，在粉丝品牌多样化的今天，消费者如果想购买上诉人而非被上诉人的粉丝时，不会仅凭“龙口粉丝”四个字的字体相同就信手购买，通常会通过商标、厂家名称及相关装潢来识别选购，显然不会将被上诉人生产的“福花”牌粉丝误认为是“龙大”牌粉丝。

上诉人仅以两个包装袋上的商品名称字体相同，就得出装潢相混淆的结论，是完全错误的。上诉人的粉丝包装袋曾获得外观设计专利，答辩人将“福花牌”龙口粉丝包装袋于 2000 年 8 月 5 日向国家知识产权局申请外观设计专利后，上诉人即以被上诉人“龙口粉丝”四个字字体与其相同构成外观设计相似为由，请求国家知识产权局驳回被上诉人的专利申请。被上诉人根据国家知识产权局的补正通知书，提交了意见陈述书，并附两家实物样品，陈述仅因商品名称的书写体相同，不能认定近似。国家知识产权局采纳了被上诉人的陈述意见，于 2001 年 9 月 26 日公告授予被上诉人“福花”牌龙口粉丝包装袋外观设计专利。上诉人将未被国家知识产权局采纳的同一理由，又作为起诉被上诉人仿冒其包装装潢不正当竞争的理由，纯属滥用诉权。上诉人在一审庭审中，承认从未收到消费者混淆和误认的投诉，且直到一审终结时也未能提供出相关证据。

另外，“龙口粉丝”商品名称的书写体不能代表装潢。书写体相同引起的争议，不属于反不正当竞争法调整的范围，当然也不属于本案的审理范围。

综上，上诉人的“龙大”牌龙口粉丝不是知名商品，被上诉人“福花”牌粉丝包装装潢与“龙大”牌粉丝包装装潢是图案、色彩和整体结构完全不同的两个包装装潢，不存在相似问题，更不可能混淆和造成消费者误认，不构成不正当竞争。

二审查明事实

二审法院所认定的案件事实与原审认定的事实基本一致。

二审法院另外查明如下事实：1997 年 12 月 31 日和 2001 年 4 月 27 日，鲁花公司注册在植物油商品上的“鲁花”商标连续两次被山东省工商行政管理局认定为山东省著名商标。2002 年 3 月 12 日，龙大公司注册并使用在加工过的果蔬、水产品、肉制商品上的“LONG DA”商标被国家工商行政管理总局商标局认定为驰名商标。二审法院查明上述事实的依据为鲁花公司与龙大公司各自提供的商标证书。

二审判决及理由

依据《反不正当竞争法》第五条第（二）项的规定，擅自使用知名商品特有的名称、包装、装潢，或者使用与知名商品近似的名称、包装、装潢，造成和他人的知名商品相混淆，使购买者误认为是该知名商品，构成不正当竞争。其要件由以下几个方面构成，一是被侵犯的是知名商品的名称、包装、装潢；二是该名称、包装、装潢为知名商品所特有；三是会造成与知名商品相混淆，使消费者误认误购。从查明的事实来看，上诉人龙大公司粉丝商品的包装袋上“龙口粉丝”四个字为上诉人龙大公司委托原青岛益青印刷包装股份有限公司设计室主任杨超书写，同时，该包装袋于 1999 年被国家知识产权局授予外观设计专利。故二审法院可以确认，包括“龙口粉丝”四字在内的上诉人龙大公司粉丝商品的包装装潢，为上诉人龙大公司所特有。另外，上诉人龙大公司也并未就被上诉人鲁花公司使用龙口粉丝这一特有名称提起诉争。因此，本案事实与法律的争议主要集中在上诉人龙大公司的“龙大”牌龙口粉丝是否为知名商品和被上诉人鲁花公司使用的争议包装装潢是否与上诉人龙大公司商品的包装装潢相近似并造成两者商品的混淆两个方面。以下是二审法院就上述两个争议问题的评判过程及定案结论。

一、上诉人龙大公司生产的“龙大”牌龙口粉丝是否为知名商品

本案首先涉及的是龙口粉丝的知名问题。上诉人龙大公司与被上诉人鲁花公司均承认，作为拥有 300 余年历史的中国胶东地区的传统产品，龙口粉丝早已成为胶东地区尤其是山东省烟台地区生产的精细粉丝的通用产品名称，其不仅在中国早已达到知名的程度，而且在东南亚、日本及其他一些国家和地区也具有较高的知名度。因此，龙口粉丝属于“知名商品”早已是不争事实。但龙口粉丝一类的知名商品与《反不正当竞争法》

所规定的知名商品并非同一层次概念，也就是说作为通用名称的龙口粉丝由于并不和某一具体生产厂家直接联系起来，亦不存在特有的包装装潢，故不存在龙口粉丝的包装装潢被仿冒的问题。所以，龙口粉丝知名与否并不是本案所要解决的问题。

本案中当事人所诉争的是由上诉人龙大公司生产的“龙大”牌龙口粉丝是否知名的问题。显然，上诉人龙大公司在生产粉丝产品时，之所以使用龙口粉丝这一通用名称，其目的主要是借助龙口粉丝早已形成的知名度和影响力，开拓市场，打开销路。但龙口粉丝的知名并不必然使上诉人龙大公司生产的龙口粉丝成为知名商品。反过来说，龙口粉丝的知名也并不当然排除某个具体厂家生产的龙口粉丝成为《反不正当竞争法》所规定的知名商品的可能。企业虽然使用了具有较高知名度的通用名称，但仍然可以通过经营的努力，使自己的产品在众多的使用通用名称的各厂家产品中脱颖而出，从而成为知名商品。原审法院及专家意见基于龙口粉丝知名的前提，简单得出因龙口粉丝知名故各厂家生产的龙口粉丝便不再可能成为知名商品的结论是不恰当的，其错误是将龙口粉丝与具体的生产厂家完全割裂开来。上诉人龙大公司所生产的龙口粉丝是否可以成为知名商品，在于其是否通过企业自身经营的努力使其所生产的龙口粉丝变得知名。

一般来说，知名商品是指在市场上具有一定知名度，为相关公众所知悉的商品。考察某种商品是否为知名商品，我国现行法律法规并没有明确法律依据，实践中一般基于以下几种主要因素，即商品所使用商标的知名度、商品的销售情况、商品的对外宣传、商品在国际和国内权威评奖活动中的获奖情况等，另外企业自身的实力有时也是考虑的因素之一。当然，商标的著名或驰名并不代表使用该商标的商品必然成为知名商品，由于上诉人龙大公司的“LONG DA”商标作为驰名商标的使用范围为“加工过的果蔬、水产品、肉制商品”，并不包括粉丝产品，因此在本案中并不能以商标的知名与否来判断上诉人龙大公司的龙口粉丝为知名商品。但其他事实表明，上诉人龙大公司为提高其产品的知名度，在全国范围内进行了大量广告宣传，其生产的“龙大牌粉丝”在中国国际农业博览会上被认定为2001年中国国际农业博览会名牌产品。从销售时间和销售范围来看，上诉人龙大公司生产和销售粉丝已有多年历史，其生产的粉丝在全国各地30多个办事处均有销售。因此，综合上述各种因素加以考虑，上诉人龙大公司生产的“龙大”牌龙口粉丝应认定为知名商品。

二、上诉人龙大公司的“龙大”牌龙口粉丝与被上诉人鲁花公司的“福花”牌龙口粉丝的包装装潢是否相近似并造成两者商品的混淆

商品的包装装潢是指附加在商品包装上的文字、图案、色彩及其排列组合，它既可以单独由具有美感的文字构成，也可以单独由各式图案构成，同时也可以由文字、图案、色彩以一定的方式排列组合而成。一个包装在同时具有文字、图案及色彩等要素的情况下，装潢应当是指由上述要素排列组合而成的整体，其中的文字或图案等只能成为装潢的一部分。《反不正当竞争法》对包装装潢的保护是针对装潢的整体而言的，对装潢的组成部分并不单独予以保护。在本案中，上诉人龙大公司产品包装袋上“龙口粉丝”四个字只是整个包装装潢的一个组成部分，因此，上诉人龙大公司主张将“龙口

粉丝”四个字单独作为包装装潢加以保护没有依据。

对于两个包装装潢是否构成近似并造成混淆的判断，应当站在普通消费者的角度，采取隔离观察的方法，对两者进行整体对比和突出部分对比。通过对比可以看出，两者的包装装潢中“龙口粉丝”四个字除颜色略有区别外，字形与大小完全相同，并均处于包装袋正中位置。其区别体现以下几个方面：一是除“龙口粉丝”四个字之外的其他文字和图案存在明显差异。上诉人龙大公司上部中间为包含“LONG DA”字母在内的红色圆形商标，商标两侧分别为“龙大”和“食品”字样，包装袋上部及两侧为龙形瓦当图案，且紧密相连，下端为宽间距的条幅。被上诉人鲁花公司包装袋上部为“福花”扇形商标，两侧偏下位置各有一条体形较大的黄龙，包装袋左右两侧是三个等间距分布的、中间是“福花”商标图案的仿古花形图案，上、下两端均为细线条相间的条幅图案，下部色条中有“莱阳鲁花”字样。二是色彩存在区别。上诉人龙大公司包装装潢的主色调为湖蓝色，辅色为淡蓝色和红色，被上诉人鲁花公司包装装潢的主色调为深茄花紫色，辅色为大红色和黄色。三是整体结构略有不同。上诉人龙大公司的包装装潢为“外围——中央”围合式，被上诉人鲁花公司的包装装潢为“上、中、下”三段式。因此，上诉人龙大公司与被上诉人鲁花公司产品的包装装潢，除“龙口粉丝”四个字之外，其他构成要素包括文字、图案和色彩及排列组合之间区别明显，并不构成近似，亦不会使消费者对两者产生误认和混淆。

龙口粉丝作为通用名称对消费者的购买判断所产生的影响也是应当加以考虑的。这是因为，两者的包装装潢中相同的恰恰是“龙口粉丝”四个字，而非其他的构成要素。而龙口粉丝又正好是中国胶东地区众多厂家生产的精细粉丝的通用名称，并不代表某一个具体的生产厂家，这使以“龙口粉丝”四个字作为组成部分的包装装潢，本身不具有较强的显著性。消费者在看到“龙口粉丝”四个字时，并不会与某一个具体厂家联系起来，而是要结合商品装潢中的其他部分如图案、商标、企业名称等要素，加以判断和选择购买。在判断两个包装装潢是否会造成商品混淆时，即使包装装潢中的突出部分相同或相近，但如果是其他突出部分或者非突出部分左右了消费者对商品的印象，一般不认为有混淆的可能。本案中由于龙口粉丝是通用名称的缘故，再加上装潢中其他要素的影响，并没有达到使消费者看到“龙口粉丝”四个字即认为是上诉人龙大公司的商品的程度，所以不会发生混淆。

另外，被控侵权人的知名度对判断是否造成混淆也会产生一定程度的影响。本案中，被上诉人鲁花公司是农业部所确认的乡镇创名牌企业之一，其注册的“鲁花”商标是山东省著名商标，与“福花”商标在山东省乃至全国均享有较高的知名度，“福花”牌龙口粉丝还被中国食品工业协会授予国家质量达标食品称号。因此，被上诉人鲁花公司虽然在其粉丝商品上使用了与上诉人龙大公司相同的“龙口粉丝”四个字，但同时也在显著的位置标注了“福花”商标和“莱阳鲁花”的名称，使普通消费者能较为容易地意识到是被上诉人鲁花公司的商品，并与上诉人龙大公司的商品区分开来。

综上，二审法院认为，上诉人龙大公司生产的“龙大”牌龙口粉丝虽然为知名商品，但被上诉人鲁花公司所生产的“福花”牌龙口粉丝的包装装潢与其商品的包装装潢并不相近似，亦不会造成两者商品的混淆和购买者的误认。当然，也没有确切证据表明混淆已经发生。因此，被上诉人鲁花公司已尽到将自己商品与上诉人龙大公司的商品相区别的义务，主观上并不存在将其商品与上诉人龙大公司商品混淆的恶意，其行为不构成不正当竞争。至于被上诉人鲁花公司使用“龙口粉丝”四个字是否会侵犯他人在先权利的问题，则不属于本案审理范围。原审法院查明事实清楚，适用法律正确，判决理由虽有不妥，但判决结果得当，应予维持。依照《民事诉讼法》第一百五十三条第一款（一）项之规定，判决如下：

驳回上诉，维持原判。

二审案件受理费 17 510 元，由上诉人龙大公司负担。

案例17：加多宝公司与华力公司侵犯知名商品包装、装潢纠纷案

原告（被上诉人）：广东加多宝饮料食品有限公司（以下称“加多宝公司”）
被告（上诉人）：三水华力饮料食品有限公司（以下称“华力公司”）

一审法院：广东省佛山市中级人民法院
一审案号：（2003）佛中法民三初字第19号
一审合议庭成员：孙文波、杨 帆、刘 红
一审结案日期：2003年9月10日

二审法院：广东省高级人民法院
二审案号：（2003）粤高法民三终字第212号
二审合议庭成员：林广海、黄伟明、邱永清
二审结案日期：2004年12月13日

案由：擅自使用知名商品包装、装潢纠纷

关键词：知名商品，特有包装、装潢，外观设计专利，高度近似，混淆

涉案法条

《反不正当竞争法》第五条第（二）项、第二十条

《民法通则》第一百三十四条

《民事诉讼法》第一百五十三条第一款第（一）项

《国家工商行政管理局关于禁止仿冒知名商品特有名称、包装、装潢的不正当竞争行为的若干规定》第三条第二款

争议焦点

- 民事诉权是随民事法律关系确立而产生的一种司法保护权利，一旦民事法律关系确立，其主体即取得了诉权，诉权的行使，要求该主体必须与这种民事法律关系有直接的利害关系。
- 知名商品应当是在市场上具有一定的知名度，为相关公众所知悉的商品。在认定知名商品时不能以任何人对该商品是否知道为必要条件，而应以该商品在相关的市场领域中有较高的知名度为条件。认定商品名称、包装、装潢是否具有特有性主要看

是否为相关商品所通用和具有显著的区别性特征，上述两性是相互关联的，并且不需要任何部门认定和授予。

- 侵犯知名商品包装装潢的不正当竞争纠纷，并非专利侵权，即使该装潢申请了外观设计专利，只要该包装装潢是知名商品特有的包装装潢且早于被告使用，就应受到保护。
- 某种商品的装潢是否享有知名商品特有装潢权，可从该商品是否属于知名商品和该装潢是否属于特有装潢两方面予以认定。
- 知名商品特有的装潢权是随着该特有的装潢在商品上使用，当该商品成为知名商品时，而产生的一种排他使用的一种民事权利，该权利与知名商品密不可分，由知名商品的合法经营者享有，并随知名商品的经营者的变化而可由新的合法经营者继受，并不因原商品经营者的注销而灭失。故可以认定后继者对其继受使用的商品装潢享有知名商品特有装潢权。
- 如果涉案的装潢近似程度达到了足以引起与知名商品混淆，使购买者误认是知名商品的程度，则应认定构成侵权，否则将不构成侵权。

审判结论

一、被告华力公司在一审判决发生法律效力后立即停止使用与原告加多宝公司罐装“王老吉”凉茶饮料包装装潢相近似的罐装“二十四味”凉茶饮料的包装装潢，并销毁全部库存侵权的装潢和停止销售带有侵权包装装潢的凉茶产品。

二、被告华力公司在一审判决发生法律效力后十日内赔偿原告加多宝公司人民币10万元。

二审判决驳回上诉，维持原判决。

一审案件受理费10 010元，二审案件受理费10 010元，均由上诉人华力公司承担。

起诉及答辩

原告加多宝公司诉称：“王老吉”凉茶是原告精心研制，独创新型的茶饮料产品。1996年6月，原告法定代表人陈鸿道设计了产品的罐贴，并取得了专利（专利号：9630551954）。此后，原告“王老吉”凉茶产品便一直使用该独具特色的罐贴包装装潢。

“王老吉”产品销售十分注重产品形象宣传，在广东、浙江及各地电视台等媒体投放大量广告，由于该产品健康、味美质优，获得“第14届亚运会中国体育代表团唯一专用茶饮料”。经原告的巨大投资，“王老吉”凉茶产品销量不断增长，产品销及全国各地，成为广大消费者熟知且十分喜爱的饮料之一。

但从2000年开始，被告擅自在其生产的“二十四味”凉茶产品上使用与“王老吉”凉茶相似的包装、装潢。

故原告诉至法院，请求判令：被告停止使用与“王老吉”凉茶相似的罐贴，销毁现存的该外包装装潢、停止销售有该罐贴和外包装的凉茶产品，并赔偿原告经济损失人民币50万元（包括律师费和相关费用）。

被告华力公司辩称：一、被告先于原告生产凉茶饮料、使用本案争议的包装罐装潢。被告于1998年上半年开始研制开发二十四味凉茶饮料产品，于1998年8月1日颁布实施凉茶系列饮料产品标准，并于当月开始生产。1998年8月31日收样送交佛山市卫生防疫站进行卫生检测，1998年11月13日被告又将所使用的包装罐提出了外观设计专利申请，专利号为98305201.8。而原告则于1998年9月17日才注册成立，1998年10月18日与陈鸿道签订96305519.4外观设计专利的独占实施许可合同，2000年5月2日鸿道（集团）有限公司与广州医药集团有限公司签订“王老吉”商标的许可协议。因此，被告使用本案争议的包装罐装潢不仅早于原告成立时间，而且早于原告生产时间，不存在构成不正当竞争的事实。

二、陈鸿道许可原告实施的96305519.4外观设计专利所包含的色彩、字块排列方式等构图布局于1998年12月18日已成为公用技术。

三、“二十四味”凉茶与“王老吉”凉茶区别显著，根本不会造成消费者认知上的混淆。

综上，请求法院依法驳回原告的全部诉讼请求。

事实认定

1993年1月20日，广州羊城滋补品厂经核准注册了第626155号“王老吉”商标，核准使用商品第32类，注册有效期自1993年1月20日至2003年1月19日止。1993年9月1日，该商标核准变更注册人为广州羊城药业股份有限公司王老吉食品饮料分公司。1997年8月28日，广州羊城药业股份有限公司王老吉食品饮料分公司将该商标转让给广州医药集团有限公司，并由国家商标局予以公告。2002年11月7日，广州医药集团有限公司对该商标进行了续展注册，续展注册有效期自2003年1月20日至2013年1月19日。

1997年2月13日，变更后的商标权人广州羊城药业股份有限公司王老吉食品饮料分公司与鸿道（集团）有限公司签订了商标许可使用合同，合同规定鸿道（集团）有限公司自1997年取得了独家使用“王老吉”商标生产销售红色纸包装及红色铁罐装凉茶饮料的使用权，合同有效期直至2011年12月31日止。鸿道（集团）有限公司取得该权利后许可东莞鸿道公司予以生产，东莞鸿道公司于1996年5月1日开始委托广东国际容器有限公司制造红色“王老吉”凉茶饮料空罐。

2000年5月2日，再次变更后的商标权人广州医药集团有限公司与鸿道（集团）有限公司又签订了商标许可协议，约定将注册的“王老吉”商标许可给鸿道（集团）有限公司及其投资（包括全资或独资）的企业独占使用，并授权鸿道（集团）有限公司在浙江省、广东省范围内对侵犯“王老吉”注册商标的侵权行为可采取法律手段给予制止。

东莞鸿道公司于1995年9月19日成立，1998年8月31日注销。

原告加多宝公司1998年9月17日成立，系（香港）鸿道（集团）有限公司独资经营，经营范围为生产和销售包括果蔬饮料、茶饮料在内的各种饮料食品。

原告的法定代表人陈鸿道曾先后两次为其产品使用的外观标志申请外观设计专利。前一专利为1995年12月28日向（原）中国专利局申请的名称为“饮料盒标贴”的外观设计专利，专利号为95318534.6，1997年1月4日被授予专利权。后一专利为1996年6月5日向中国专利局申请的名称为“罐贴”的外观设计专利，专利号为96305519.4，1997年6月14日被授予专利权，前后两个专利的专利权人均为陈鸿道，1998年12月18日，由于专利权人陈鸿道未在规定期限内缴纳前一专利第4年度年费，该专利权即“饮料盒标贴”的外观设计专利（专利号为95318534.6）被予以终止。后一专利附加请求了色彩保护并获得批准，该专利权处于有效状态。1998年10月18日，陈鸿道将该专利许可给本案原告加多宝公司独占实施。

“王老吉”罐装凉茶饮料这种产品的装潢采用红色为底色，主视图中心是突出、引人注目的三个黄色装饰文字“王老吉”楷书大字，“王老吉”两边各有两列小号宋体黑色文字，分别是“凉茶始祖王老吉，创于清朝道光年，已逾百余年历史”和“王老吉依据祖传秘方，采用上等草本材料配制，老少咸宜，诸君惠顾，请认商标”，罐体上部有条深褐色的装饰线，该装饰线上由英文“herbal tea”和“王老吉”楷书小字相间围绕，罐体下部有一粗一细两条装饰线；后视图与主视图基本相同；左视图是中文和英文的配料表及防伪条形码；右视图为“王老吉”商标等属于按照国家标准必须标注的内容。几年来，由于原告加多宝公司和鸿道（集团）有限公司的大力推广和大量的广告投入，使“王老吉”罐装凉茶饮料这种产品畅销全国各大市场和地区，尤其在广东及浙江享有盛誉，受到消费者的好评，取得了较好的经济效益。

另查，“王老吉”商标于1992年和1998年被评为广东省著名商标，1993年和1998年被评为广州市著名商标，2002年4月10日罐装“王老吉”凉茶饮料被国家体育总局体育器材装备中心授予在其形象宣传、广告、品牌推广和其产品包装上使用“中国体育代表团专用标志”、“第十四届亚运会中国体育代表团合作伙伴”称号、“第十四届亚运会中国体育代表团唯一专用茶饮料”称号。

被告华力公司1998年上半年开始研制开发“二十四味”凉茶饮料产品，于1998年8月1日颁布实施凉茶系列饮料产品标准，并于当月开始生产“二十四味”凉茶饮料产品。1998年8月31日被告华力公司收样送交佛山市卫生防疫站进行卫生检测，1998年9月14日该防疫站出具了卫生检测结果报告单。1998年11月13日被告华力公司将所使用的“二十四味”凉茶的包装罐向国家知识产权局申请外观设计专利，该局于1999年8月7日授予其专利权，并于1999年10月6日予以公告。

一审判决及理由

根据双方当事人的诉辩及所提供的证明材料，经双方证据交换及庭审质证，本案的争议焦点主要有：

1. 原告加多宝公司的主体是否适格？

2. 罐装“王老吉”凉茶是否为知名商品？

3. 被告华力公司的行为是否构成侵权？

4. 民事责任应如何承担？

一、关于原告加多宝公司的诉讼主体资格是否适格的问题

民事诉权是随民事法律关系确立而产生的一种司法保护权利，一旦民事法律关系确立，其主体即取得了诉权，诉权的行使，要求该主体必须与这种民事法律关系有直接的利害关系。加多宝公司是红色罐装“王老吉”凉茶饮料的合法经营者和实际生产者，故原告加多宝公司作为争议装潢使用权人，是该民事权利义务关系的主体，而被告华力公司作为被控侵权产品“二十四味”凉茶的经营者，与原告加多宝公司属同行业的竞争对手，具有竞争关系，故原告加多宝公司有权对涉嫌侵犯罐装“王老吉”凉茶饮料装潢的不正当竞争行为行使诉权，原告主体适格。

二、罐装“王老吉”凉茶饮料是否为知名商品，原告加多宝公司使用的包装装潢是否为特有

知名商品应当是在市场上具有一定的知名度，为相关公众所知悉的商品。在认定知名商品时不能以任何人对该商品是否知道为必要条件，而应以该商品在相关的市场领域中有较高的知名度为条件。“王老吉”凉茶历史悠久，多年来在国内外市场享有盛誉，在广东及东南亚地区几乎家喻户晓，并且产品行销全国各地，凭其可靠的产品质量，受到消费者的青睐，并且“王老吉”商标于1992年和1998年被评为广东省著名商标，1993年和1998年被评为广州市著名商标，2002年4月10日被国家体育总局体育器材装备中心授予在其形象宣传、广告、品牌推广和其产品包装上使用“中国体育代表团专用标志”、“第十四届亚运会中国体育代表团合作伙伴”称号、“第十四届亚运会中国体育代表团唯一专用茶饮料”称号。对此，被告华力公司也无异议。因此，“王老吉”凉茶是在市场上具有一定知名度，并为相关公众所知悉的商品，应确认为知名商品，那么罐装“王老吉”凉茶饮料作为“王老吉”凉茶系列产品中的一种，与知名商品“王老吉”凉茶具有不可分离性，并且东莞鸿道公司从1996年已开始使用该装潢，并投入大量的广告宣传，因此其亦应是知名商品。

“王老吉”罐装凉茶的装潢是否为该商品所特有，按照国家工商行政管理局发布的《关于禁止仿冒知名商品特有名称、包装、装潢的不正当竞争行为的若干规定》第三条第二款规定：“本规定所称特有，是指商品名称、包装、装潢为非相关商品所通用，并具有显著的区别性特征。”可见，认定特有性主要看是否为相关商品所通用和具有显著的区别性特征，上述两性是相互关联的，并且不需要任何部门认定和授予。本案中原告加多宝公司在其产品罐装“王老吉”凉茶饮料上的装潢，在文字、色彩、图案及其排列组合上，寓意明确，设计独特，该装潢底色、图案与其名称融为一体，具有显著的区别性特征，并非为相关商品所通用，为该商品所特有，应确认为知名商品的特有包装装

潢，应受法律保护。对于仿冒罐装“王老吉”凉茶饮料的装潢，进行不正当竞争的行为应予禁止。

三、被告华力公司的“二十四味”凉茶饮料的装潢是否构成侵权的问题

将被控侵权产品罐装“二十四味”凉茶饮料的装潢与罐装“王老吉”凉茶饮料的装潢进行对比，两者的包装图案基本相同，标识的底色相同，文字的颜色相同，文字的排列位置、字体均为近似，虽两者之间的商品名称、商标、企业名称等略有不同，并不影响两者装潢近似的认定，从整体观察，被告罐装“二十四味”凉茶饮料的装潢与原告罐装“王老吉”凉茶饮料的装潢风格相同。上述这些相同要素足以造成将罐装“王老吉”凉茶饮料与罐装“二十四味”凉茶饮料相混淆，易使消费者产生误认误购的可能。

至于被告华力公司提出本案诉争的包装装潢的标识是否进入自由公有领域的问题，本案是侵犯知名商品包装装潢的不正当竞争纠纷，而非专利侵权，即使该装潢申请了外观设计专利，只要该包装装潢是知名商品特有的包装装潢且早于被告使用就应受到保护，因此被告华力公司认为诉争的知名商品包装装潢已进入自由公有领域的主张证据不足，一审法院不予采纳。被告华力公司拥有的包装罐外观设计专利权是在后权利，不足以抗辩原告加多宝公司在先享有的知名商品特有的包装装潢的权利。

至于被告华力公司是否在先使用的问题。根据原告加多宝公司提供，被告认可的国家行政管理局商标局出具的《核准转让注册商标证明》，可以确认第 626155 号“王老吉”商标注册人已经合法由广州羊城药业股份有限公司王老吉食品饮料分公司变更为广州医药集团有限公司。在“王老吉”商标权利人变更前后，两个权利人均许可给鸿道（集团）有限公司独占使用“王老吉”商标，从上述 1997 年的商标许可合同可以看出鸿道（集团）有限公司于 1995 年开始就取得了独家使用“王老吉”商标生产红色罐装凉茶饮料的使用权。鸿道（集团）有限公司取得该权利后，于 1996 年设计了本案诉争的装潢，并许可给东莞鸿道公司予以生产，东莞鸿道公司于 1996 年 5 月 1 日开始委托广东国际容器有限公司制造红色的“王老吉”凉茶饮料的包装标识，至此本案诉争的包装装潢开始使用。东莞鸿道公司于 1998 年 8 月 31 日注销后，鸿道（集团）有限公司于 1998 年 9 月 17 日投资成立了本案原告加多宝公司，并许可其继续生产带有本案诉争的包装装潢标识的红色罐装“王老吉”凉茶饮料。一审法院认为特有包装装潢具有与知名商品不可分离的显著特征，这种显著特征是基于反不正当竞争法可产生对于该装潢排他使用的权利，但这种排他性使用包装装潢的权利是否产生仅取决于该商品在相关公众和市场中的知名程度，商品达到了一定的知悉度，这种排他性使用装潢的权利可依《反不正当竞争法》第五条的规定而产生，并自产生之日起归属该知名商品的合法经营人，并可随商品在不同的合法经营者之间继受。对于被告华力公司主张在先使用的问题，应看被控侵权的包装装潢是否先于原告商品成为知名商品并公开使用该装潢的时间，被告使用罐装“二十四味”凉茶饮料装潢的时间不能与原告加多宝公司本身使用罐装“王老吉”凉茶饮料包装装潢的时间相比，因为早在 1996 年东莞鸿道公司就已开

始使用该诉争的装潢标识，该时间明显早于被告使用的时间，而本案原告加多宝公司从成立时起已合法继受了该知名商品包装装潢的使用权。因此，被告华力公司在先使用的抗辩理由不能成立，一审法院不予采纳。

综上，被告华力公司在其产品上使用与知名商品相近似的包装装潢，违反《反不正当竞争法》，构成了不正当竞争，应承担相应的民事责任。

四、关于民事责任的承担问题

由于被告使用的“二十四味”凉茶饮料的包装装潢的标识构成了对原告加多宝公司知名商品包装装潢权的侵犯，故原告加多宝公请求判令被告华力公司停止使用与“王老吉”凉茶相似的包装装潢的标识、销毁现存的该外包装装潢、停止销售有该罐贴的凉茶等诉讼请求，一审法院予以支持，但对原告加多宝公司提出的50万元赔偿的请求问题，原告加多宝公司未提供自己损失或被告获利方面的证据，又未申请对被告华力公司进行诉前的证据保全，而被告亦未举交侵权获利方面的证据，因而无法准确计算侵权产品的生产数量和获利情况，只能根据本案被告华力公司侵权行为所持续的时间、销售范围等因素，以及原告加多宝公司为调查、制止侵权支付的合理费用等情况，酌情确定赔偿数额。

综上所述，根据《反不正当竞争法》第五条第（二）项、第二十条和《民法通则》第一百三十四条的规定，判决如下：

一、被告华力公司在一审判决发生法律效力后立即停止使用与原告加多宝公司罐装“王老吉”凉茶饮料包装装潢相近似的罐装“二十四味”凉茶饮料的包装装潢，并销毁全部库存侵权的装潢和停止销售带有侵权包装装潢的凉茶产品。

二、被告华力公司在一审判决发生法律效力后10日内赔偿原告加多宝公司人民币10万元。

案件受理费10 010元，由被告华力公司负担。因该款已由原告加多宝公司预付，故被告华力公司应在一审判决发生法律效力后10日内径付给原告。

上诉理由

上诉人华力公司不服一审判决，向二审法院提起上诉，请求撤销一审判决，驳回被上诉人加多宝公司的诉讼请求，并承担本案一、二审案件诉讼费。

华力公司的上诉理由是：

1. 一审判决认定事实部分错误，被上诉人加多宝公司不是知名商品特有装潢权的权利主体：（1）本案争议的装潢是陈鸿道个人设计并获授权，是其个人许可给东莞鸿道公司、被上诉人加多宝公司使用，一审判决认定是鸿道（集团）有限公司设计并许可东莞鸿道公司使用，属认定事实错误；（2）一审认定加多宝公司使用的装潢是对已注销的东莞鸿道公司的继受使用，是错误的；（3）以已注销的东莞鸿道公司的广告投入为依据，认定被上诉人生产的商品是知名商品，把广州羊城药业股份有限公司的“王老吉+图形”的商标“著名”认定为被上诉人的商品“知名”，属认定事实错误。

2. 本案诉争的装潢不属于知名商品特有的包装装潢，上诉人的商品未造成与被上诉人商品的混淆，不符合《反不正当竞争法》中关于知名商品特有的装潢规定。上诉人的使用行为不构成侵权。

被上诉人加多宝公司答辩称：一审判决认定事实清楚，适用法律正确，请求二审法院予以维持。“王老吉”凉茶的装潢是被上诉人知名商品特有的装潢，上诉人的“二十四味”凉茶装潢与被上诉人的“王老吉”凉茶的装潢相近似，造成消费者误认和混淆，构成侵权，应依法承担相应的法律责任。

二审查明事实

一审法院查明事实基本属实，二审法院予以确认。

二审法院另外查明如下事实：在二审中，上诉人三水华力饮料食品有限公司向二审法院提交了三份新证据。证据1“加多宝”凉茶饮料罐及其照片，证据2“宝芝林”凉茶饮料罐外观设计专利公告及图片，均证明本案诉争装潢不是“王老吉”凉茶饮料特有。证据3“二十四味”凉茶及照片、购买发票，证明“二十四味”凉茶是广东民间传统凉茶，为消费者所熟知。被上诉人对上述证据质证认为：上述证据与本案没有关联性。

还查明：三水华力饮料有限公司向国家知识产权局专利复审委员会请求宣告专利号为96305519.4外观设计专利权无效，2004年6月22日，国家知识产权局专利复审委员会作出第6216号无效宣告请求审查决定，宣告专利号为96305519.4外观设计专利无效，理由是：该专利权人陈鸿道在专利号为96305519.4外观设计专利申请日前已申请了与该专利设计几乎相同的外观设计专利并获得了专利权（专利号为95318534.6，专利权人为陈鸿道，该专利在1998年12月18日，因未缴纳专利费被终止），根据同样的发明创造只能授予一项专利权规定，宣告专利号为96305519.4外观设计专利权全部无效；广东加多宝饮料食品有限公司也向国家知识产权局专利复审委员会申请宣告三水华力饮料有限公司专利号为19983052018外观设计专利权无效，2004年8月30日，国家知识产权局专利复审委员会作出第6360号无效宣告请求审查决定，宣告专利号为19983052018外观设计专利无效，理由是：申请日在先专利号为96305519.4外观设计专利（专利权人为陈鸿道）与专利号为19983052018外观设计相比，两者虽然图案上的主要文字和细小的文字及图案不同，但其仅为单纯的文字内容的替换，不足以产生显著性的影响；由于两者均采用了极为相似的图案布局和相同的色彩搭配，从而导致二者的整体外观设计在实际使用过程中会对一般消费者产生相似的视觉效果，因此，两者应属于相近似的外观设计，根据《专利法》第二十三条规定，专利号为19983052018外观设计不符合专利法规定的授权条件，宣告该专利权全部无效。

还查明，2003年2月13日，广东加多宝饮料食品有限公司向广东省佛山市中级人民法院提起诉讼，请求判令：被告三水华力饮料食品有限公司停止使用与“王老吉”凉茶相似的罐贴，销毁现存的该外包装装潢，停止销售有该罐贴和外包装的凉茶产品，赔偿经济损失50万元。

二审判决及理由

本案属知名商品特有装潢权侵权纠纷。根据《反不正当竞争法》第五条第（二）项规定，构成侵犯知名商品特有装潢权应具备两个要件：一是权利人享有知名商品特有装潢权。二是被控侵权装潢的使用造成与他人知名商品相混淆，使购买者误认为是该知名商品。

本案中，被上诉人加多宝公司对其使用的“王老吉”罐装凉茶饮料的装潢是否享有知名商品特有装潢权，可从该商品是否属于知名商品和该装潢是否属于特有装潢两方面予以认定。首先，涉案“王老吉”罐装凉茶饮料是否属于知名商品。涉案“王老吉”罐装凉茶饮料在广东地区为广大消费者所知悉，在凉茶饮料市场中占有较大份额，享有比较高的知名度，在广东地区应属知名商品。“王老吉”商标在1998年被评为广东省和广州市著名商标。2002年被国家体育总局体育器材装备中心授予在其形象宣传、广告、品牌推广和其产品包装上使用“中国体育代表团专用标志”、“第十四届亚运会中国体育代表团合作伙伴”、“第十四届亚运会中国体育代表团唯一专用茶饮料”。东莞鸿道公司从1996年开始在罐装凉茶饮料上使用该装潢，并投入了大量的广告进行产品宣传。上述事实进一步佐证说明本案“王老吉”罐装凉茶属知名商品。商标是商品的标识，具有表彰商品的质量功能，商标的著名与商品的知名两者之间有着内在的联系。上诉人华力公司认为“王老吉”商标的著名与使用该商标商品的知名无关及认为本案“王老吉”罐装凉茶属知名商品的认定与广东传统的“王老吉凉茶”相混淆，主张本案“王老吉”罐装凉茶不属知名商品，理由不足；其次，涉案“王老吉”罐装凉茶饮料的装潢是否属于商品的特有装潢。本案中“王老吉”罐装凉茶饮料上的装潢，在文字、色彩、图案及其排列组合上，设计独特，该装潢底色、图案与其名称融为一体，具有显著的区别性特征，并非为相关商品所通用，为该商品所特有，应为知名商品特有的装潢。上诉人华力公司提交的“加多宝”凉茶饮料罐及其照片及“宝芝林”凉茶饮料罐外观设计专利公告及图片，并不能充分证明本案诉争装潢不是“王老吉”凉茶饮料所特有的装潢。上诉人华力公司认为涉案“王老吉”罐装凉茶饮料上述装潢不属于特有装潢而应属于该类商品通用装潢的理由不成立。

知名商品特有的装潢权是随着该特有的装潢在商品上使用，当该商品成为知名商品时，而产生的一种排他使用的一种民事权利，该权利与知名商品密不可分，由知名商品的合法经营者享有，并随知名商品的经营者的变化而可由新的合法经营者继受。在1996年，东莞鸿道公司已开始在罐装“王老吉”凉茶饮料上使用本案讼争的装潢标识，并投入大量的广告宣传，使该商品成为知名商品，该装潢在“王老吉”罐装凉茶饮料上的使用时间明显早于上诉人使用的时间，被上诉人是“王老吉”罐装凉茶饮料的合法经营者，继受了该知名商品特有的装潢权，故其是本案知名商品特有装潢权的权利主体。上诉人华力公司认为本案知名商品特有的装潢权已随东莞鸿道公司的注销而灭失，被上诉人不是该权利主体的主张，理由不成立，二审法院不予采纳。

通过以上分析，可以认定被上诉人加多宝公司对其使用的“王老吉”罐装凉茶饮料的装潢享有知名商品特有装潢权。

在知名商品特有装潢权的侵权判定中，除审查认定权利人的装潢属知名商品特有的装潢外，还应对被控侵权装潢的使用是否造成与他人知名商品相混淆，使购买者误认为是该知名商品作出判断。如果讼争的装潢近似程度达到了足以引起与知名商品混淆，使购买者误认是知名商品的程度，则应认定构成侵权，否则，将不构成侵权。对商品的装潢相同或近似性的判断，是以商品消费者的一般注意力作为观察评判的标准。造成与知名商品的“混淆”、“误认”包括已经实际造成混淆、误认和可能造成误认、混淆。将本案被控侵权产品罐装“二十四味”凉茶饮料的装潢与罐装“王老吉”凉茶饮料的装潢进行比较，两者的包装图案基本相同，标识的底色相同，文字的颜色相同，文字的排列近似，虽两者的商品名称、商标、企业名称等略有不同，并不影响两者装潢的近似，从整体观察，上诉人华力公司生产的罐装“二十四味”凉茶饮料的装潢与被上诉人的罐装“王老吉”凉茶饮料装潢风格相同。国家知识产权局专利复审委员会在作出的第6360号无效宣告请求审查决定中认定，两者虽然图案上的主要文字和细小的文字及图案不同，但其仅为单纯的文字内容的替换，不足以产生显著性的影响；由于两者均采用了极为相似的图案布局和相同的色彩搭配，从而导致二者的整体外观设计在实际使用过程中会对一般消费者产生相似的视觉效果，这也佐证说明了两者的高度相似。上述这种高度相似的装潢足以造成消费者将罐装“王老吉”与罐装“二十四味”凉茶饮料相混淆，产生误认、误购的可能，构成对知名商品特有装潢权的侵犯。上诉人华力公司提出“二十四味”凉茶是广东民间传统凉茶，其为广大消费者所熟知，能将本案的罐装“二十四味”与罐装“王老吉”凉茶饮料区分的主张，是将“二十四味”凉茶与“王老吉”凉茶名称的区分同本案商品装潢是否近似相混淆，该主张理由不足，二审法院不予支持。

上诉人华力公司在其产品上使用与知名商品相近似的装潢，造成了与权利人的知名商品混淆，使购买者误认是该知名商品，侵犯了权利人依据《反不正当竞争法》第五条第（二）项规定享有的知名商品特有的装潢权，构成侵权，应承担相应的民事责任。在侵权赔偿损失的数额方面，因被上诉人加多宝公司的侵权损失和上诉人华力公司因侵权获利均无法查明，原审判决根据侵权时间、侵权产品的销售范围及为制止侵权而支付的合理费用等，依法酌情判处10万元并无不当，且双方当事人对此均无异议，二审法院予以认可。

综上，原审判决认定事实清楚，适用法律正确，应予维持。依据《民事诉讼法》第一百五十三条第一款第（一）项的规定，判决如下：

驳回上诉，维持原判决。

二审案件受理费10 010元，由上诉人华力公司承担。

案例 18：费列罗公司与蒙特莎公司、正元公司侵犯知名商品包装、装潢纠纷案

原告（上诉人、再审被申请人）：意大利费列罗公司（FERRERO S. P. A.）（以下称“费列罗公司”）

被告（被上诉人、再审申请人）：蒙特莎（张家港）食品有限公司（以下称“蒙特莎公司”）

被告（被上诉人）：天津经济技术开发区正元行销有限公司（以下称“正元公司”）

一审法院：天津市第二中级人民法院
一审案号：（2003）二中民三初字第 63 号
一审合议庭成员：❶
一审结案日期：

二审法院：天津市高级人民法院
二审案号：（2005）津高民三终字第 36 号
二审合议庭成员：王兵、李砚芬、李华
二审结案日期：2006 年 1 月 9 日

再审法院：最高人民法院
再审案号：（2006）民三提字第 3 号
再审合议庭成员：孔祥俊、王永昌、郃中林
再审结案日期：2008 年 3 月 24 日

案由：仿冒知名商品包装、装潢纠纷

关键词：知名商品，特有包装、装潢，仿冒，混淆，误认

涉案法条

《民事诉讼法》第一百三十条、第一百五十三条第一款第（二）项

---

❶ 因未收集到（2003）二中民三初字第 63 号民事判决书，故一审合议庭成员及一审结案日期不明。

《反不正当竞争法》第一条、第二条和第五条第（二）项

《民事诉讼法》第一百七十七条第二款

《保护工业产权巴黎公约》第十条

争议焦点

- 反不正当竞争法所指的知名商品，是在中国境内具有一定的市场知名度，为相关公众所知悉的商品。在国际已知名的商品，我国法律对其特有名称、包装、装潢的保护，仍应以在中国境内为相关公众所知悉为必要。所主张的商品或者服务具有知名度，通常系由在中国境内生产、销售或者从事其他经营活动而产生。
- 认定知名商品，应当考虑该商品的销售时间、销售区域、销售额和销售对象，进行任何宣传的持续时间、程度和地域范围，作为知名商品受保护的情况等因素，进行综合判断；也不排除适当考虑国外已知名的因素。
- 盛装或者保护商品的容器等包装，以及在商品或者其包装上附加的文字、图案、色彩及其排列组合所构成的装潢，在其能够区别商品来源时，即属于《反不正当竞争法》保护的特有包装、装潢。在可以自由设计的范围内，将包装、装潢各要素独特排列组合，使其具有区别商品来源的显著特征，仍可以构成商品特有的包装、装潢。
- 以制止不正当竞争行为的方式保护其产品使用的由文字、图形、色彩、形状、大小等诸要素构成的包装、装潢的整体设计，该受保护的整体形象设计不同于三维标志性的立体商标，不影响相关部门对于有关立体商标可注册性的独立判断。国家工商行政管理总局商标评审委员会驳回其立体商标领土延伸保护的复审决定等与本案并无直接关联，不影响本案的处理。
- 对商品包装、装潢的设计，不同经营者之间可以相互学习、借鉴，并在此基础上进行创新设计，形成有明显区别各自商品的包装、装潢。这种做法是市场经营和竞争的必然要求。但是，对他人具有识别商品来源意义的特有包装、装潢，则不能作足以引起市场混淆、误认的全面模仿，否则就会构成不正当的市场竞争。《反不正当竞争法》中规定的混淆、误认，是指足以使相关公众对商品的来源产生误认，包括误认为与知名商品的经营者具有许可使用、关联企业关系等特定联系。
- 知名商品的特有包装、装潢属于商业标识的范畴，确定《反不正当竞争法》第五条第（二）项规定的不正当竞争行为的损害赔偿额，可以参照确定侵犯注册商标专用权的损害赔偿额的方法。如果请求保护的是知名商品特有的包装、装潢，《反不正当竞争法》第五条第（二）项对此已有明确的保护规定，而且该规定与《保护工业产权巴黎公约》的有关规定并无不合，在国内已有符合条约要求的法律规定的情况下，无须再援引条约的相关规定。

审判结论

一、维持天津市高级人民法院（2005）津高民三终字第36号民事判决第一项、第

五项；

二、变更天津市高级人民法院（2005）津高民三终字第36号民事判决第二项为：蒙特莎公司立即停止在本案金莎TRESOR DORE系列巧克力商品上使用与意大利费列罗公司的FERRERO ROCHER系列巧克力商品的特有包装、装潢相近似的包装、装潢的不正当竞争行为；

三、变更天津市高级人民法院（2005）津高民三终字第36号民事判决第三项为：蒙特莎公司自二审判决送达后15日内，赔偿意大利费列罗公司人民币50万元。逾期支付，按照《民事诉讼法》第二百三十二条之规定，加倍支付迟延履行期间的债务利息。

四、变更天津市高级人民法院（2005）津高民三终字第36号民事判决第四项为：责令正元公司立即停止销售上述金莎TRESOR DORE系列巧克力商品。

本案一审案件受理费25 010元，由蒙特莎公司承担2万元，意大利费列罗公司负担5 010元。二审案件受理费25 010元，由蒙特莎公司承担2万元，费列罗公司负担5 010元。

起诉及答辩

原告费列罗公司向天津市第二中级人民法院起诉称：费列罗公司自1984年起通过中国粮油食品进出口总公司在中国市场销售巧克力产品，目前该产品在中国市场有很大的占有率。原告产品不仅在世界范围内，而且在中国也是尽人皆知的知名商品。多年来该产品一直保持特有的包装、装潢，其涵盖了原告商标、外观设计、著作权等多项知识产权，具有独创性，是原告知识产权的综合性体现。

费列罗公司的巧克力产品使用的特有包装、装潢为：①金色呈球状的纸质包装；②在金纸球状包装上配以椭圆形金边并且印有原告“FERRERO ROCHER”商标的标签作为装潢；③每一粒金纸球状包装的巧克力均有咖啡色纸质底托作为装潢；④具有各种形状的塑料制硬包装盒，但包装盒的盒盖均为透明，以呈现金纸球状内包装；⑤使用原告所持有的配有产品图案的组合商标作为装潢，并由商标标识处延伸出红金颜色的绶带状图案。该产品的金纸球状包装，以及金纸球状包装上贴有的椭圆形金边标签，实际上构成了原告产品的立体商标，在广大消费者中具有极高的认知度，任何消费者看到符合上述包装、装潢的巧克力产品都会认同为原告的产品。

被告蒙特莎公司多年来一直仿冒原告产品，擅自使用与原告知名商品特有的包装、装潢相同或近似的包装、装潢，误导消费者，使消费者产生混淆。而且，原告一推出新产品或时节性产品马上就会遭到蒙特莎公司仿冒，甚至在欧洲推出的新产品尚未进入中国市场即遭仿冒。蒙特莎公司的上述行为及被告正元公司销售仿冒产品的行为已经给原告的生产和销售造成了恶劣影响，并侵害了广大消费者的合法利益，造成原告重大经济损失。

请求判令蒙特莎公司不得生产、销售，正元公司不得销售符合前述费列罗公司巧克力产品特有的任意一项或者几项组合的包装、装潢的产品或者任何与费列罗公司的上述包装、装潢相似的足以引起消费者误认的巧克力产品，并赔礼道歉、消除影响、承担诉讼费用，蒙特莎公司赔偿原告经济损失人民币300万元。

被告蒙特莎公司答辩称：原告涉案产品在中国境内市场并没有被相关公众所知悉，无证据证明其在中国境内的市场销售量和占有率。相反，蒙特莎公司生产的金莎巧克力产品在中国境内消费者中享有很高的知名度，多次获奖，属于知名商品。

原告诉请中要求保护的包装、装潢是国内外同类巧克力产品的通用包装、装潢，不具有独创性和特异性。而且，该包装、装潢是由商品的功能性质所决定的，不能认定是特有的包装、装潢。蒙特莎公司生产的金莎巧克力使用的包装、装潢是自己的工作人员和张家港市工艺美术印刷厂的专业设计人员合作开发，经过多次改进最终定型的，并非仿冒他人已有的包装、装潢。普通消费者在购买时只需施加一般的注意义务，就不会混淆原、被告各自生产的巧克力产品。

原告认为自己产品的包装涵盖了商标、外观设计、著作权等多项知识产权，但未明确指出被控侵权产品的包装、装潢具体侵犯了其何种权利，其起诉要求保护的客体模糊不清。

因此，原告起诉无事实和法律依据，请求驳回原告的诉讼请求。

被告正元公司未答辩亦未提供证据。

事实认定

1986年费列罗公司在中国核准注册了“FERRERO ROCHER”商标，其“FERRERO ROCHER”系列巧克力产品（以下简称“FERRERO ROCHER巧克力”）在1988年前通过中国粮油食品进出口总公司采取寄售方式进入中国市场。其产品总体外观、布局与其当前销售的产品基本没有差别，细节略有变化。费列罗公司自1993年开始，以广东、上海、北京地区为核心逐步加大FERRERO ROCHER巧克力在国内的报纸、期刊和室外广告的宣传力度。相继在一些大中城市设立专柜进行销售，并通过赞助一些商业和体育活动，提高其产品的知名度。2000年6月，其“FERRERO ROCHER”商标被国家工商行政管理部门列入全国重点商标保护名录。

蒙特莎公司是1991年12月张家港市乳品一厂与比利时费塔代尔有限公司合资成立的生产、销售各种花色巧克力的中外合资企业。张家港市乳品一厂是1989年12月成立的经营麦乳精、巧克力等产品的集体企业。1993年6月经江苏省体制改革委员会批准，以张家港市乳品一厂为主体，成立了江苏梁丰食品集团公司，后变更为江苏梁丰食品集团有限公司。蒙特莎公司为江苏梁丰食品集团有限公司所属的紧密层企业之一，其中方投资者随后变更为江苏梁丰食品集团有限公司。1990年4月23日，张家港市乳品一厂申请注册“金莎”文字商标，1991年4月经国家工商行政管理局商标局核准注册。费列罗公司在1994年曾向国家工商行政管理局商标评审委员会提出撤销该商标，但未获支持。上海外贸申港食品厂是1989年3月成立的非法人国家、集体联营企业，1992年3月取得法人资格，主营麦乳精、巧克力产品。张家港市乳品一厂为其联营企业之一，同时，上海外贸申港食品厂也是江苏梁丰食品集团有限公司的下属公司。有关政府部门对张家港市乳品一厂的资质认证中均同时附注上海外贸申港食品厂。1993年以前，使用“金莎”商标的巧克力（以下简称“金莎巧克力”）获得的荣誉均颁发给张家港市乳品一厂。1992年下半年开始，金莎巧克力的宣传、销售均冠以上海外贸申港食品厂或者在上海外贸申港食品厂前加注江苏梁丰食品集团有限公司。

张家港市乳品一厂自1990年开始生产金莎巧克力，该巧克力的包装、装潢与蒙特莎公司自2002年起生产销售的被控侵权巧克力使用的包装、装潢基本一致，与FERRERO ROCHER巧克力使用的包装、装潢较为近似。该产品1990年被张家港市经济委员会确认为市级新产品；1991年荣获北京市第二届国际博览会银奖、江苏省第七届轻工业优秀新产品金奖、江苏省第三届轻工美术设计展评会二等奖；1992年获得苏州市第二届优秀新产品。在此期间，金莎巧克力也作为上海外贸申港食品厂的产品对外宣传并销售。金莎巧克力在1998年被中国焙烤食品糖制品工业协会评为中国市场优秀品牌巧克力推荐产品之一；在2000年和2001年连续被中国食品工业协会评为国家质量达标食品，并在2000年获得中国知名食品信誉品牌；在2000年被江苏省质量技术监督局认定为江苏省重点保护产品；在2001年获得西部名牌产品贸易洽谈会金奖；在2004年被评为中国名牌产品并被确定为国家免检产品。“金莎”商标在2001年被认定为苏州市知名商标、江苏省著名商标。经上海外贸申港食品厂及江苏梁丰食品集团有限公司自1992年以来的对金莎巧克力的广泛宣传，其知名度逐步提高，在获得上述荣誉的同时，在《中国食品报》公布的由中华全国商业信息中心或者全国连锁店超市信息办公室等单位发布的全国食品市场调查及全国连锁店销售统计、监测排行中，1997年至2002年，金莎巧克力排名靠前。该统计排名中未出现FERRERO ROCHER巧克力。

2002年张家港市乳品一厂向蒙特莎公司转让“金莎”商标（2002年11月25日提出申请，2004年4月21日国家工商管理总局商标局核准转让），蒙特莎公司开始生产、销售金莎巧克力。正元公司为蒙特莎公司生产的金莎巧克力在天津市的经销商。2003年1月，费列罗公司经天津市公证处公证，在天津市河东区正元公司处购买了被控侵权产品。

一审判决及理由

知名商品是在市场上具有一定知名度，为相关公众所知的商品。由于其具有明显的地域性特点，商品在国外的知名程度并不代表在中国内地的知名度，商品是否知名以及知名程度应根据其存在的市场具体情况予以认定。

本案是原告费列罗公司依据《反不正当竞争法》第五条第（二）项“擅自使用知名商品特有的名称、包装、装潢，或者使用与知名商品近似的名称、包装、装潢，造成和他人的知名商品相混淆，使购买者误认为是该知名商品”的规定，提起的不正当竞争诉讼。通过对原告费列罗公司证据的认证，一审法院已认定FERRERO ROCHER巧克力为近年在中国内地知名的商品，该巧克力的包装属通用包装，并非其特有，不应保护；FERRERO ROCHER 巧克力的装潢是原告费列罗公司在 1988 年前进入中国内地即已使用的，具有与其他类似商品装潢相区别的特征。被告蒙特莎公司生产、销售的“金莎”巧克力虽是延续使用张家港市乳品一厂的装潢，但“金莎”巧克力最早使用该装潢是在 1990 年，晚于原告费列罗公司，被告蒙特莎公司提供的其他证据也不足以否定原告费列罗公司产品装潢的特有性，故应认定原告费列罗公司诉状中请求保护的 2、4、5 项装潢为 FERRERO ROCHER 巧克力所特有。

《反不正当竞争法》第五条第（二）项规定的构成不正当竞争行为还必须具备“造成和他人的知名商品相混淆，使购买者误认为是该知名商品”的特征，从本案查明的事实分析，被告蒙特莎公司生产、销售被控侵权的“金莎”巧克力产品是江苏梁丰食品集团有限公司对所属公司营销该产品采取的经营策略，被告蒙特莎公司承继张家港市乳品一厂、上海外贸申港食品厂生产该产品，具有延续性，不能因集团内部生产厂家的调整而将“金莎”巧克力的发展过程割裂，而应以产品的整体连续性作为其考察、评价基准。“金莎”巧克力是张家港市乳品一厂 1990 年推出以来，一直采用与被控侵权巧克力装潢一致、同时与原告费列罗公司 FERRERO ROCHER 巧克力近似的装潢。此后，其市场占有率在巧克力产品中名列前茅，并多次获得国家政府部门和相关协会的褒奖，成为在中国知名度较高的商品。

在原告费列罗公司、被告蒙特莎公司的巧克力产品均为我国知名商品的情况下，二者商品知名的时间先后及知名度的高低应当作为普通消费者能否将被告蒙特莎公司产品误认为原告费列罗公司商品的具体认定因素。从双方巧克力商品知名的时间分析，被告蒙特莎公司生产的“金莎”巧克力自 1990 年张家港市乳品一厂开始生产以来，注重品牌形象的树立，逐渐加大在各媒体的宣传力度，至 20 世纪 90 年代中期已经逐步从地方政府及消费者认可的商品发展为全国知名商品，市场占有率较高，并于 2004 年被评为中国名牌产品。而原告费列罗公司的 FERRERO ROCHER 巧克力是从 1993 年以后以广东、上海、北京为主要宣传、销售市场，并以此三地为核心逐步扩展销售范围，近几年成为国内知名商品，其知名的时间要晚于被告蒙特莎公司的“金莎”巧克力。就双方巧克力商品的知名度而言，被告蒙特莎公司提供的连续多年市场销售占有率排行榜情况表明，消费者对“金莎”巧克力产品的认可度较高，经常出现在排行榜前列，而排行榜中从未出现 FERRERO ROCHER 巧克力，足以说明“金莎”巧克力知名度明显高于 FERRERO ROCHER 巧克力。由于“金莎”巧克力的知名度高、知名持续时间长，使其相对于其他品牌的巧克力产生较强的区别性特征，产品外观的显著性日益提高，在此情况下不会使消费者将被告蒙特莎公司的“金莎”巧克力误认为是原告费列罗公司的 FERRERO ROCHER 巧克力。

另外，当事人双方的巧克力产品在中国内地市场 10 多年的并行存在和宣传、销售的过程中，双方对自己产品的商标及产地来源极为注重，对巧克力产品的质量、价格、口味及消费层次的不同需要，使双方产品拥有自己的消费群体，由于“FERRERO ROCHER”商标与“金莎”商标均处于各自产品包装的显著位置，消费者能从巧克力的商标及生产厂家等不同之处进行分辨，以购买自己所需要的产品，近似的装潢已经不能成为消费者选择的障碍，因此尽管二者产品装潢近似，亦不足以使消费者产生误认，混淆二者的产品。

综上，被告蒙特莎公司生产“金莎”巧克力使用的包装、装潢不构成对原告费列罗公司的不正当竞争，被告正元公司销售“金莎”巧克力的行为当然亦不构成侵权，一审法院对原告费列罗公司的诉讼请求不予支持。

根据《反不正当竞争法》第五条第（二）项规定，判决：驳回原告意大利费列罗公司（FERRERO S. P. A）对被告天津经济技术开发区正元行销有限公司、被告蒙特莎（张家港）食品有限公司的诉讼请求。

上诉理由

上诉人费列罗公司不服一审判决，向天津市高级人民法院提起上诉，请求撤销原审判决，支持其诉讼请求，本案全部诉讼费用由蒙特莎公司负担。

费列罗公司的主要上诉理由是：原审判决认定事实不清，适用法律错误。

1. 原判错误认定 FERRERO ROCHER 巧克力在中国内地知名的时间，以及 TRESOR DORE 巧克力在中国内地知名的事实；

2. 原判错误认定产品在国外的知名程度并不延伸至国内，对上诉人提供的大量 FERRERO ROCHER 巧克力在国际范围内知名性的证据熟视无睹，而实际上商标局、商标委均认可 FERRERO ROCHER 巧克力早在 20 世纪 80 年代即有广泛的知名性，与其在国际上形成的知名程度有重要联系；

3. 原判错误认定 FERRERO ROCHER 巧克力部分包装、装潢的特有性，五个包装、装潢的特征中，原审法院仅认定了三个；

4. 原判自行设定了判断误认的有关标准，而该标准是片面的，违背中国有关法律法规的基本原则；

5. 原判对相关公众概念理解错误，导致在认定了 FERRERO ROCHER 和 TRESOR DORE 巧克力包装、装潢相似却不混淆的错误结论；

6. 蒙特莎公司违反了商业行为所应遵循的诚实信用原则，如抢注“金莎”商标，同时在商标标签上标注“始于 1968 年”等。

被上诉人蒙特莎公司答辩称：原审判决认定事实方面，除认为上诉人诉请 2、4、5 项为特有的部分外基本正确，法律适用和实体裁决完全正确。

主要理由是：1. 被诉侵权产品就是“金莎”巧克力，TRESOR DORE 商标是 2003 年获得注册的商标，蒙特莎公司将 TRESOR DORE 商标和“金莎”组合使用在自己的产品上并没有改变产品的来源；

2. 原审判决认定费列罗公司产品的知名时间完全正确。原审判决综合考虑了其产品销售时间、范围、市场占有率以及广告宣传等要素，认定了费列罗公司产品近几年才逐渐发展为在相关公众中知名的商品，知名时间晚于蒙特莎公司；

3. 费列罗公司无法证明自己的产品在20世纪90年代是知名商品，仅从寄售方式销售产品这一事实就可以认定其在中国内地市场当时根本不可能知名；

4. 费列罗公司产品的装潢除涉及商标的部分外根本不具有特有性。原审法院认定上诉人包装装潢2、4、5项为特有，而2、5项装潢涉及注册商标和外观专利，但蒙特莎公司未仿冒其注册商标和外观设计；

5. 原审判决在理解适用《反不正当竞争法》方面不存在错误，费列罗公司错误理解了相关公众和判断标准。

被上诉人正元公司未答辩亦未提供证据。

二审查明事实

天津市高级人民法院二审经审理认定了一审法院查明的大部分事实。

二审法院另外查明如下事实：上诉人费列罗公司于1946年在意大利成立。1982年其生产的FERRERO ROCHER系列巧克力投放市场，在亚洲多个国家和地区的电视、报刊、杂志曾发布广告。在中国台湾和香港市场，FERRERO ROCHER系列巧克力取名“金莎”巧克力，并分别于1990年6月和1993年在中国台湾和香港注册“金莎”商标。

1984年2月，费列罗公司FERRERO ROCHER系列巧克力通过中国粮油食品进出口总公司进入中国内地市场。按照当时我国的有关政策，主要在免税店和机场商店等政策允许的场所销售。延续至1993年前，费列罗公司主要通过中国粮油食品进出口总公司的寄售业务，在中国内地市场销售FERRERO ROCHER系列巧克力。该产品包装上使用“金莎”商标（包括中文字样及图形），但未在中国商标局注册。FERRERO ROCHER系列巧克力产品包装、装潢的主要特征是：1. 每一粒球状巧克力用金色纸质包装；2. 在金色球状包装上配以印有“FERRERO ROCHER”商标的“椭圆形金边”标签作为装潢；3. 每一粒金球状巧克力均有咖啡色纸质底托作为装潢；4. 若干形状的塑料透明包装，以呈现金球状内包装；5. 在塑料透明包装上使用“椭圆形金边”图案作为装潢，椭圆形内配有产品图案和商标，并由商标处延伸出红金颜色的绶带状图案。其中8粒、16粒、24粒和30粒立体包装于1984年在世界知识产权组织申请为立体商标。1986年10月，费列罗公司在国家工商行政管理局商标局注册“FERRERO ROCHER”和图形（椭圆花边图案）系列商标并在中国内地销售的产品上使用。

1993年后，费列罗公司在中国内地通过总代理商，开始直销业务，并以广东、上海、北京地区为核心逐步增加对FERRERO ROCHER巧克力产品在中国内地的报纸、期刊和室外广告的宣传。同时，相继在一些大中城市商业场所设立专柜销售其产品，并通过赞助一些商业和体育活动，提高其产品知名度。2000年6月，费列罗“FERRERO ROCHER”商标被国家工商行政管理部门确定为全国重点商标。自1984年费列罗公司FERRERO ROCHER系列巧克力进入中国市场后，其产品总体包装、装潢基本没有变化，始终保持其产品包装、装潢的特征。我国广东、河北省等地工商行政管理局曾多次查处仿冒 FERRERO ROCHER 巧克力包装、装潢的行为。

被上诉人蒙特莎公司于 1991 年 12 月成立，为江苏省张家港市乳品一厂与比利时费塔代尔有限公司出资成立的中外合资公司，生产销售花色巧克力食品。此前，张家港市乳品一厂自 1990 年开始生产巧克力食品，使用汉字“金莎”商标，并获得注册，其产品包装、装潢与上诉人费列罗公司的 FERRERO ROCHER 巧克力产品包装、装潢主要特征相同。该厂曾于 1990 年 6 月开始向中国商标局申请“金莎”和“椭圆花边图案”组合商标，中国商标局公告后，费列罗公司提出异议。中国商标局商标评审委员会审查认为，异议人是世界上知名的巧克力生产企业之一，其“FERRERO ROCHER 及图形”商标有较高的知名度，并早在 1986 年即在中国获得注册，其单独的“椭圆花边图案”商标，也在被异议人商标申请注册之前申请注册。被异议人商标与异议人商标虽然文字不同，但二者的图形在构图特征、视觉效果上近似，鉴于异议人商标有较高知名度，两商标在相同和类似商品上并存易引起消费者混淆误认，被异议人商标不应予以核准注册。此后，该厂在其巧克力产品包装上仍使用上述被商标评审委员会判定为与费列罗公司产品商标图形近似的图案。该厂生产的“金莎”巧克力产品，1990 年曾被张家港市经济委员会确认为市级新产品；1991 年获得北京市第二届国际博览会银奖；江苏省第七届轻工业优秀新产品金奖；江苏省第三届轻工美术设计展评会二等奖；1992 年获得苏州市第二届优秀新产品，其间“金莎”巧克力也作为上海外贸申港食品厂的产品对外宣传并销售；1998 年被中国焙烤食品糖制品工业协会评为中国市场优秀品牌巧克力推荐产品之一；2000、2001 年连续被中国食品工业协会评为“国家质量达标食品”，并在 2000 年获得该协会颁发的《中国知名食品信誉品牌证书》。

2002 年张家港市乳品一厂向被上诉人蒙特莎公司转让“金莎”商标。蒙特莎公司开始生产、销售“金莎 TRESOR DORE”巧克力产品，其产品包装、装潢将“金莎”更换为“金莎 TRESOR DORE”组合商标，仍延续使用张家港市乳品一厂“金莎”巧克力产品包装、装潢。2003 年 7 月，“TRESOR DORE”商标获得注册。

经当庭举证识别，被上诉人蒙特莎公司在本市销售的“金莎 TRESOR DORE”巧克力产品的包装、装潢与上诉人费列罗公司的 FERRERO ROCHER 系列巧克力产品的包装、装潢主要特征基本相同：1. 每一粒球状巧克力用金色纸质包装；2. 在金色球状包装上配以椭圆形金边标签；3. 每一粒金球状巧克力均有咖啡色纸质底托作为装潢；4. 相同形状和尺寸的塑料透明包装，以呈现金球状内包装；5. 在塑料透明包装上使用“椭圆形金边”图案作为装潢，椭圆形内配有产品图案和商标，并由商标处延伸出红金颜色的绶带状图案。

另查，被上诉人正元公司为被诉侵权产品“金莎 TRESOR DORE”巧克力在天津市的销售商。经天津市公证处公证，在 2003 年 1 月，该公司在天津市河东区销售过被诉侵权产品。

证明以上案件事实的证据，经当事人当庭举证、质证，并经二审法院审核认定。当事人主张的其他案件事实，因证据不足或与本案无关，二审法院不予认定。

二审判决及理由

根据《民法通则》关于涉外民事关系法律适用之规定，本案应适用《反不正当竞争法》。同时，我国与意大利共和国均为《保护工业产权巴黎公约》成员国，遇有我国法律与上述公约有不同规定的情形，应当适用《保护工业产权巴黎公约》的规定。

1.《反不正当竞争法》规定的知名商品，是指已在特定市场销售并为相关公众知晓的商品。对商品的知名状况的评价应当根据其在国内外特定市场的知名度综合判定，不能理解为仅指在中国内地知名的商品。查上诉人费列罗公司为专业生产巧克力食品的国际知名企业，此系该行业公知的事实。根据上诉人费列罗公司提供的大量证据，可以认定其生产的FERRERO ROCHER系列巧克力产品，在进入中国内地市场销售前，已经在巧克力市场为相关公众知晓，具有较高的知名度。该产品自1984年开始在中国内地公开销售，在当时中国市场上，FERRERO ROCHER系列巧克力产品特有的包装、装潢为一体，具有显著的视觉特征和效果。此后，上诉人费列罗公司的FERRERO ROCHER系列巧克力产品在我国市场长期销售，已为相关公众知晓，应当认定为知名商品。

2. 上诉人费列罗公司FERRERO ROCHER系列巧克力产品的包装、装潢为整体设计，表达了特定的含义，形成特有的包装、装潢形式。经当庭识别，被诉“金莎TRESOR DORE”巧克力产品使用了与上诉人费列罗公司FERRERO ROCHER系列巧克力产品基本相同的包装、装潢。而被上诉人蒙特莎公司不能证明系自己独立设计了该包装、装潢，其主张沿用的案外人张家港市乳品一厂的包装、装潢，也为1990年开始使用。鉴于被上诉人蒙特莎公司不能证明自己独立设计或在先使用了该包装、装潢，因此本案可以认定被上诉人蒙特莎公司的“金莎TRESOR DORE”巧克力产品，擅自使用了上诉人费列罗公司FERRERO ROCHER系列巧克力产品特有的包装、装潢。

3. 根据诚实信用和公认的商业道德准则，知名商品应当是诚实经营的成果。因此，在法律上不能把使用不正当竞争手段获取的经营成果，作为产品知名度的评价依据。本案被上诉人蒙特莎公司生产、销售的“金莎TRESOR DORE”巧克力产品，擅自使用上诉人费列罗公司FERRERO ROCHER系列巧克力产品特有的包装、装潢的行为，直接影响了上诉人费列罗公司FERRERO ROCHER系列巧克力产品的销售和知名度，故如果以被上诉人蒙特莎公司的“金莎TRESOR DORE”巧克力产品现在我国大陆市场知名度高于上诉人费列罗公司产品知名度为由，驳回上诉人费列罗公司的诉讼请求，实际上是维持了本案不正当竞争的后果。

4. 根据《保护工业产权巴黎公约》第十条之二的规定，本案在适用《反不正当竞争法》第五条第（二）项时，应当不限于法律所列举的一般情形，本案应认定被上诉人蒙特莎公司的行为构成对上诉人费列罗公司的商品及商业活动造成混乱的不正当竞争，依法应予制止。

综上，本案的审理应依据《反不正当竞争法》规定的宗旨和原则及相关国际公约规定，维护商业活动的诚实信用和公平竞争，故原审判决适用法律不当，处理有失公允。上诉人的主要上诉理由成立，二审法院予以支持。被上诉人蒙特莎公司擅自使用上诉人费列罗公司知名商品的特有包装、装潢，应承担停止侵权和赔偿损失的民事责任。但上诉人费列罗公司请求的损失赔偿数额，证据不足。二审法院综合考虑双方产品的历史状况和“金莎 TRESOR DORE”巧克力销售现状以及销售范围，上诉人费列罗公司因维护权利的合理支出等情况，酌情予以确定。对上诉人费列罗公司要求被上诉人蒙特莎公司赔礼道歉的诉讼请求，因被上诉人蒙特莎公司的行为未侵害上诉人费列罗公司的商誉，二审法院不予支持。被上诉人正元公司销售侵权产品，应承担停止侵权的民事责任。

依照《民事诉讼法》第一百三十条、第一百五十三条第一款第（二）项，《反不正当竞争法》第一条、第二条和第五条第（二）项，并适用《保护工业产权巴黎公约》第十条之二、之三的规定，判决如下：

一、撤销天津市第二中级人民法院（2003）二中民三初字第 63 号民事判决。

二、被上诉人蒙特莎公司立即停止使用“金莎 TRESOR DORE”系列巧克力侵权包装、装潢。

三、被上诉人蒙特莎公司赔偿上诉人意大利费列罗公司人民币 70 万元；于二审判决生效后 15 日内给付。

四、责令被上诉人正元公司立即停止销售使用侵权包装、装潢的“金莎 TRESOR DORE”系列巧克力。

五、驳回上诉人费列罗公司的其他诉讼请求。

一审案件受理费 25 010 元，由被上诉人蒙特莎公司负担 2 万元；上诉人费列罗公司负担 5 010 元。

二审案件受理费 25 010 元，由被上诉人蒙特莎公司负担 2 万元，上诉人费列罗公司负担 5 010 元。

再审理由

蒙特莎公司不服天津高级人民法院的二审判决，向最高人民法院提出再审申请，请求撤销二审判决，维持一审判决并判令费列罗公司承担本案全部诉讼费用。

蒙特莎公司的再审申请理由是：二审判决在事实认定、法律依据以及实体判决中均存在错误。

1. 二审判决对特定市场作出的扩大解释不符合《保护工业产权巴黎公约》的规定，而且，该公约并未就如何认定知名商品作出具体规定。费列罗公司的产品在国际市场上的知名不能当然地推导其在国内市场也知名。

2. FERRERO ROCHER 巧克力的市场占有率低于金莎巧克力，二审在无相反证据情况下，错误地推翻了一审认定的 FERRERO ROCHER 巧克力知名的时间晚于蒙特莎公司生产的金莎 TRESOR DORE 巧克力的事实。

3. FERRERO ROCHER 巧克力使用的包装、装潢是国际巧克力行业通用的包装、装潢，不具有特有性。认定该包装、装潢为特有会使巧克力行业的通用包装、装潢被费列罗公司排他性独占使用，垄断国内球形巧克力市场。而且，我国台湾地区“行政院公平交易委员会”就费列罗公司检举台湾大昌贸易有限公司涉嫌违反公平交易法一案中认为，FERRERO ROCHER 巧克力使用的包装、装潢不具有特有性。蒙特莎公司使用的金莎巧克力产品的包装、装潢是委托专业人员自主开发设计的。蒙特莎公司自 1990 年起对此包装、装潢已经使用了长达 15 年，且此种包装、装潢现已被国内外众多巧克力生产企业所采用。费列罗公司从未依照反不正当竞争法向人民法院或者行政机关主张过蒙特莎公司仿冒 FERRERO ROCHER 巧克力的包装、装潢，现该主张权利已无保护价值。

4. 巧克力作为高档甜食，消费者购买时主要依靠对商标的识别，不会根据包装、装潢进行识别，相似的包装、装潢不会导致消费者混淆。

5. 二审判决超越了当事人诉讼请求，费列罗公司仅起诉金莎 TRESOR DORE 巧克力 T3、T8、T16、T24（分别指 3 粒装、8 粒装、16 粒装、24 粒装）使用的包装、装潢侵权，但二审判决蒙特莎公司立即停止使用金莎 TRESOR DORE 系列巧克力使用的包装、装潢，不合法地包括了蒙特莎公司生产的 T12、T36、T42、T45 以及纸盒包装的 4 粒、8 粒、16 粒等七种产品，违反了民事诉讼不告不理的原则。

费列罗公司答辩称，二审判决认定事实清楚，适用法律正确，蒙特莎公司的再审理由缺乏事实和法律依据。主要理由是：

1. 二审对 FERRERO ROCHER 巧克力知名性以及 FERRERO ROCHER 巧克力 1984 年进入中国市场的认定正确。

2. 蒙特莎公司不能证明涉案包装、装潢是自己独立设计或者在先使用。

3. 二审认定蒙特莎公司违反诚实信用原则和公认的道德准则，仿冒 FERRERO ROCHER 巧克力使用的包装、装潢，不能认定其产品为知名商品，故没有就其知名的时间进行认定；同时反驳了一审法院对两个产品知名度进行比较的做法。因此，二审判决从根本上维护了《反不正当竞争法》确立的诚实信用准则。

4. FERRERO ROCHER 巧克力使用的包装、装潢具有区别其他产品的显著特征，具有特有性。该包装、装潢通过形状、大小、图案、颜色以及排列组合、摆放位置综合形成了 FERRERO ROCHER 巧克力的独有识别性。一般消费者看到该特有包装、装潢即可识别并联想到是 FERRERO ROCHER 巧克力。

5. 张家港市乳品一厂生产的金莎巧克力使用的包装、装潢自 20 世纪 90 年代面世以来，出现了很多次变动，发展至今，蒙特莎公司生产的金莎 TRESOR DORE 巧克力已经与当初面世使用的包装、装潢有很大区别，且与 FERRERO ROCHER 巧克力使用的包装、装潢非常相似，足以使消费者造成混淆，引起误认。即使蒙特莎公司长期使用现有包装、装潢，也不影响费列罗公司申请保护相关权利。

6. 我国台湾地区法院对 FERRERO ROCHER 巧克力使用的包装、装潢的司法判决不能作为本案审理的参考依据。

7. 二审判决蒙特莎公司停止使用金莎 TRESOR DORE 系列巧克力的侵权包装、装潢正是费列罗公司一审诉请所请求保护的包装、装潢，并没有超越诉讼请求。

故请求驳回蒙特莎公司的再审申请，维持二审判决。

再审查明事实

一、二审法院认定的事实基本属实。

再审法院另查明如下事实：被控侵权的金莎 TRESOR DORE 巧克力包装、装潢为：每粒金莎 TRESOR DORE 巧克力呈球状并均由金色锡纸包装；在每粒金球状包装顶部均配以印有“金莎 TRESOR DORE”商标的椭圆形金边标签；每粒金球状巧克力均配有底面平滑无褶皱、侧面带波浪褶皱的呈碗状的咖啡色纸质底托；外包装为透明塑料纸或塑料盒；外包装正中处使用椭圆金边图案，内配产品图案及金莎 TRESOR DORE 商标，并由此延伸出红金色绶带。以上特征与费列罗公司起诉中请求保护的包装、装潢在整体印象和主要部分上相近似。

再审判决及理由

再审法院认为，本案主要涉及 FERRERO ROCHER 巧克力是否为在先知名商品，FERRERO ROCHER 巧克力使用的包装、装潢是否为特有包装、装潢，以及再审申请人蒙特莎公司生产的金莎 TRESOR DORE 巧克力使用包装、装潢是否构成不正当竞争行为等争议焦点问题。

一、关于 FERRERO ROCHER 巧克力是否为在先知名商品

根据中国粮油食品进出口总公司与再审被申请人费列罗公司签订的寄售合同、寄售合同确认书等有关证据，二审法院认定 FERRERO ROCHER 巧克力自 1984 年开始在中国境内销售无误。反不正当竞争法所指的知名商品，是在中国境内具有一定的市场知名度，为相关公众所知悉的商品。在国际已知名的商品，我国法律对其特有名称、包装、装潢的保护，仍应以在中国境内为相关公众所知悉为必要。所主张的商品或者服务具有知名度，通常系由在中国境内生产、销售或者从事其他经营活动而产生。认定知名商品，应当考虑该商品的销售时间、销售区域、销售额和销售对象，进行任何宣传的持续时间、程度和地域范围，作为知名商品受保护的情况等因素，进行综合判断；也不排除适当考虑国外已知名的因素。本案二审判决中关于“对商品知名状况的评价应根据其在国内外特定市场的知名度综合判定，不能理解为仅指在中国境内知名的商品”的表述欠当，但根据 FERRERO ROCHER 巧克力进入中国市场的时间、销售情况以及再审被申请人费列罗公司进行的多种宣传活动，认定其属于在中国境内的相关市场中具有较高知名度的知名商品正确。再审申请人关于 FERRERO ROCHER 巧克力在中国境内市场知名的时间晚于金莎 TRESOR DORE 巧克力的主张不能成立。

二、关于FERRERO ROCHER巧克力使用的包装、装潢是否具有特有性

盛装或者保护商品的容器等包装，以及在商品或者其包装上附加的文字、图案、色彩及其排列组合所构成的装潢，在其能够区别商品来源时，即属于《反不正当竞争法》保护的特有包装、装潢。再审被申请人费列罗公司请求保护的FERRERO ROCHER巧克力使用的包装、装潢系由一系列要素构成。如果仅仅以锡箔纸包裹球状巧克力，采用透明塑料外包装，呈现巧克力内包装等方式进行简单的组合，所形成的包装、装潢因无区别商品来源的显著特征而不具有特有性；而且，这种组合中的各个要素也属于食品包装行业中通用的包装、装潢元素，不能被独占使用。但是，锡纸、纸托、塑料盒等包装材质与形状、颜色的排列组合有很大的选择空间；将商标标签附加在包装上，该标签的尺寸、图案、构图方法等亦有很大的设计自由度。在可以自由设计的范围内，将包装、装潢各要素独特排列组合，使其具有区别商品来源的显著特征，可以构成商品特有的包装、装潢。FERRERO ROCHER巧克力所使用的包装、装潢因其构成要素在文字、图形、色彩、形状、大小等方面的排列组合具有独特性，形成了显著的整体形象，且与商品的功能性无关，经过长时间使用和大量宣传，已足以使相关公众将上述包装、装潢的整体形象与再审被申请人费列罗公司的FERRERO ROCHER巧克力商品联系起来，具有识别其商品来源的作用，应当属于《反不正当竞争法》第五条第（二）项所保护的特有的包装、装潢。再审申请人关于判定涉案包装、装潢为特有会使巧克力行业的通用包装、装潢被再审被申请人费列罗公司排他性独占使用，垄断国内球形巧克力市场等理由不能成立。

此外，再审被申请人费列罗公司FERRERO ROCHER巧克力的包装、装潢使用在先，再审申请人蒙特莎公司主张其使用的涉案包装、装潢为自主开发设计缺乏充分证据支持，二审判决认定再审申请人蒙特莎公司擅自使用FERRERO ROCHER巧克力特有包装、装潢正确。

本案诉请是以制止不正当竞争行为的方式保护FERRERO ROCHER巧克力使用的由文字、图形、色彩、形状、大小等诸要素构成的包装、装潢的整体设计，该受保护的整体形象设计不同于三维标志性的立体商标，不影响相关部门对于有关立体商标可注册性的独立判断。再审申请人蒙特莎公司提交的国家工商行政管理总局商标评审委员会驳回再审被申请人费列罗公司立体商标领土延伸保护的复审决定等与本案并无直接关联，不影响本案的处理。知名商品的特有包装、装潢与外观设计专利的法律保护要求也不同，再审申请人蒙特莎公司提交的国家知识产权局专利复审委员会对再审被申请人费列罗公司外观设计专利无效宣告请求审查决定与判断FERRERO ROCHER巧克力使用的包装、装潢是否具有特有性亦无直接关联。再审申请人蒙特莎公司提交的我国台湾地区"最高行政法院"的裁定以及再审被申请人费列罗公司提交的国外法院的判决等亦与本案所涉相关市场不具有关联性，不能作为本案认定事实的依据。

三、关于相关公众是否容易对FERRERO ROCHER巧克力与金莎TRESOR DORE巧克力引起混淆、误认

对商品包装、装潢的设计，不同经营者之间可以相互学习、借鉴，并在此基础上进

行创新设计，形成有明显区别各自商品的包装、装潢。这种作法是市场经营和竞争的必然要求。就本案而言，再审申请人蒙特莎公司可以充分利用巧克力包装、装潢设计中的通用要素，自由设计与他人在先使用的特有包装、装潢具有明显区别的包装、装潢。但是，对他人具有识别商品来源意义的特有包装、装潢，则不能作足以引起市场混淆、误认的全面模仿，否则就会构成不正当的市场竞争。我国反不正当竞争法中规定的混淆、误认，是指足以使相关公众对商品的来源产生误认，包括误认为与知名商品的经营者具有许可使用、关联企业关系等特定联系。本案中，由于 FERRERO ROCHER 巧克力使用的包装、装潢的整体形象具有区别商品来源的显著特征，再审申请人蒙特莎公司在其巧克力商品上使用的包装、装潢与 FERRERO ROCHER 巧克力特有包装、装潢又达到在视觉上非常近似的程度，即使双方商品存在价格、质量、口味、消费层次等方面的差异和厂商名称、商标不同等因素，仍不免使相关公众易于误认金莎 TRESOR DORE 巧克力与 FERRERO ROCHER 巧克力存在某种经济上的联系。据此，再审申请人关于本案相似包装、装潢不会构成消费者混淆、误认的理由不能成立。

四、关于二审判决是否超越当事人诉讼请求以及判决赔偿数额是否适当

在原审审理期间，再审被申请人费列罗公司列举提出再审申请人蒙特莎公司生产的 T3、T8、T16、T24 金莎 TRESOR DORE 巧克力擅自使用了与其特有包装、装潢近似的包装、装潢，使消费者产生混淆、误认。虽然未明确列举对再审申请人蒙特莎公司生产的 T12、T36、T42、T45 以及纸盒包装的 4 粒、8 粒、16 粒等 7 种巧克力商品的侵权指控，但在再审被申请人费列罗公司的起诉状中，请求判令不得生产、销售符合 FERRERO ROCHER 巧克力特有的任意一项或者几项组合的包装、装潢的产品或者任何与 FERRERO ROCHER 巧克力特有包装、装潢相似的足以引起消费者误认的产品。再审申请人蒙特莎公司生产的上述另外 7 种巧克力也均采用了与 FERRERO ROCHER 巧克力特有包装、装潢近似的包装、装潢。二审判令再审申请人蒙特莎公司立即停止使用金莎 TRESOR DORE 系列巧克力侵权包装、装潢并未超出再审被申请人费列罗公司的诉讼请求。

知名商品的特有包装、装潢属于商业标识的范畴，确定《反不正当竞争法》第五条第（二）项规定的不正当竞争行为的损害赔偿额，可以参照确定侵犯注册商标专用权的损害赔偿额的方法。由于再审被申请人费列罗公司未能提供证据证明其因本案不正当竞争行为所遭受的经济损失或者再审申请人蒙特莎公司因本案不正当竞争行为所获得的利润，人民法院在确定赔偿数额时可以参照商标法有关法定赔偿的规定，根据侵权行为的情节，给予人民币 50 万元以下的赔偿。据此，二审法院判令再审申请人蒙特莎公司赔偿再审被申请人费列罗公司人民币 70 万元于法无据，应予纠正。再审法院综合考虑 FERRERO ROCHER 巧克力的知名度、再审申请人蒙特莎公司实施不正当竞争行为的时间、规模等因素，酌情确定再审申请人蒙特莎公司赔偿再审被申请人费列罗公司人民币 50 万元的经济损失。

此外，本案再审被申请人费列罗公司请求保护的是知名商品特有的包装、装潢，我

国《反不正当竞争法》第五条第（二）项对此已有明确的保护规定，而且该规定与《保护工业产权巴黎公约》的有关规定并无不合，在国内已有符合条约要求的法律规定的情况下，无须再援引条约的相关规定。因此，二审判决关于“遇有我国法律与《保护工业产权巴黎公约》有不同规定的情形，应当适用公约的规定，本案适用《反不正当竞争法》第五条第（二）项时，应当不限于法律所列举的一般情形，应认定再审申请人蒙特莎公司的行为构成对再审被申请人费列罗公司的商品及商业活动造成混淆的不正当竞争”的理由不当，应予纠正。

综上，再审申请人蒙特莎公司在其生产的金莎 TRESOR DORE 巧克力商品上，擅自使用与再审被申请人费列罗公司的 FERRERO ROCHER 巧克力包装、装潢相近似的包装、装潢，足以引起相关公众对商品来源的混淆、误认，构成不正当竞争行为。二审判决部分理由不妥，但判决再审申请人蒙特莎公司的行为构成不正当竞争并责令立即停止使用金莎 TRESOR DORE 系列巧克力违法包装、装潢并无不当。为划清本案依法应受保护的包装、装潢整体形象的特有性与其中某些构成要素的通用性，以及该特有包装、装潢与再审被申请人费列罗公司另案主张的相关立体商标之间的界限，更加准确地界定本案不正当竞争行为的范围，对二审有关判决主文作适当调整。二审判决对赔偿额的确定不当，应予纠正。根据《反不正当竞争法》第五条第（二）项和《民事诉讼法》第一百七十七条第二款的规定，判决如下：

一、维持天津市高级人民法院（2005）津高民三终字第 36 号民事判决第一项、第五项；

二、变更天津市高级人民法院（2005）津高民三终字第 36 号民事判决第二项为：再审申请人蒙特莎公司立即停止在本案金莎 TRESOR DORE 系列巧克力商品上使用与再审被申请人费列罗公司的 FERRERO ROCHER 系列巧克力商品的特有包装、装潢相近似的包装、装潢的不正当竞争行为；

三、变更天津市高级人民法院（2005）津高民三终字第 36 号民事判决第三项为：再审申请人蒙特莎公司自再审判决送达后 15 日内，赔偿再审被申请人费列罗公司人民币 50 万元。逾期支付，按照《民事诉讼法》第二百三十二条之规定，加倍支付迟延履行期间的债务利息。

四、变更天津市高级人民法院（2005）津高民三终字第 36 号民事判决第四项为：责令正元公司立即停止销售上述金莎 TRESOR DORE 系列巧克力商品。

本案一审案件受理费 25 010 元，由蒙特莎公司承担 2 万元，再审被申请人费列罗公司负担 5 010 元。二审案件受理费 25 010 元，由再审申请人蒙特莎公司承担 2 万元，再审被申请人费列罗公司负担 5 010 元。

案例19：天策公司与华源公司、昌野公司仿冒知名商品特有包装、装潢纠纷案

原告（被上诉人）：四川天策药业有限责任公司（以下称“天策公司”）
被告（上诉人）：四川华源药业科技有限公司（以下称“华源公司”）
被告：重庆昌野药业有限公司（以下称“昌野公司”）

一审法院：重庆市第一中级人民法院
一审案号：（2004）渝一中民初字第704号
一审合议庭成员：张仁辉、谢英姿、石磊
一审结案日期：2005年5月18日

二审法院：重庆市高级人民法院
二审案号：（2005）渝高法民终字第129号
二审合议庭成员：唐文、张勤、李佳
二审结案日期：2005年8月15日

案由：仿冒知名商品特有包装、装潢纠纷

关键词：知名商品，特有包装、装潢，字号，非法产品，在先权利原则

涉案法条

《反不正当竞争法》第二条、第五条第（二）项、第（三）项、第二十条
《民法通则》一百三十四条第（一）项、第（七）项、第（十）项
《民事诉讼法》第六十四条、第一百二十八条、第一百五十三条第一款（一）项
《最高人民法院关于民事诉讼证据的若干规定》第十五条

争议焦点

- 人民法院在保护《反不正当竞争法》第五条第（二）项规定的“知名商品特有的名称、包装、装潢”时应考虑该商品是否为合法生产的商品。法律、行政法规禁止生产的商品或未依照法律、行政法规规定办理审批手续而生产的商品，其名称、包装、装潢，人民法院不予保护。对于合法商品，在相关证据能证明其是知名商品的情况下，其包装、装潢，人民法院应予保护。

- 工商行政管理部门的工商登记属于登记备案性质，不是审批性质。不能将超越工商登记范围的情况认定为未经审批，进而认定该商品是未经审批非法生产的商品。
- 同一地区的企业，擅自将为相关公众所熟知的他人的名称或字号突出使用在普通消费者看来是同类商品的包装、装潢上，足以造成相关公众误认其生产的同类产品来源于他人或与他人有某种联系，其行为符合《反不正当竞争法》第五条第（三）项规定的条件，属于擅自使用他人的企业名称，引人误认为是他人商品的不正当竞争行为。
- 国家商标局虽已受理其商标的注册申请，但如果无证据证明其已获得授权，则当事人双方并不存在这方面的权利冲突。即使其已取得的注册商标专用权，如果此行为发生在他人使用企业字号之后，则根据保护在先权利的原则，也应保护在先权利。

审判结论

一、被告华源公司立即停止使用与原告天策公司“人参蜂王浆”产品相近似的包装、装潢以及立即停止在其“人参蜂王浆”产品瓶贴上突出使用原告天策公司“天策”字号的侵权行为；

二、被告昌野公司立即停止销售被告华源公司与原告天策公司“人参蜂王浆”产品相近似的包装、装潢的“人参蜂王浆”产品；

三、被告华源公司于一审判决生效之日起 7 日内赔偿原告天策公司经济损失 3 万元；

四、驳回原告天策公司的其他诉讼请求。

二审判决驳回上诉，维持原判。

本案一审案件受理费 6 510 元，其他诉讼费 1 302 元，二审案件受理费 6 510 元，其他诉讼费 1 302 元，合计 15 624 元，由上诉人华源公司承担。

起诉及答辩

原告天策公司诉称：原告是一家以生产保健品为主的药品生产企业，成立于 1969 年。其产品“广汉牌”人参蜂王浆自 20 世纪 70 年代进入市场以来，广受好评，在四川、重庆等地有良好的销售业绩。由于产品质量优异，信誉好；而且原告历年投入了大量广告及宣传费用进行市场宣传，“广汉牌”人参蜂王浆已是同种产品中的知名品牌，原告及其字号“天策”也在川渝两地享有较高声誉。

2004 年 11 月，原告在重庆市场发现重庆昌野药业有限公司经销的“双朴牌”人参蜂王浆由被告四川华源药业科技有限公司生产，该“双朴牌”人参蜂王浆的包装、装潢与原告生产的“广汉牌”人参蜂王浆的包装、装潢极其相似，被告四川华源药业科技有限公司还将原告公司的字号“天策”印制在其生产的“双朴牌”人参蜂王浆的瓶贴上，使之与原告的“广汉牌”人参蜂王浆相混淆，让消费者产生误认。

原告认为，被告的上述行为是一种典型的不正当竞争行为，其行为给原告带来巨大的经济和信誉损失，根据《反不正当竞争法》的规定，请求法院判令两被告：1. 立即停止生产、销售、宣传侵权商品（在庭审中明确侵权商品为“双朴牌”人参蜂王浆）；2. 公开登报澄清、赔礼道歉、消除影响（在庭审中明确在《重庆晚报》上进行赔礼道歉、消除影响）；3. 赔偿原告经济损失 20 万元；4. 承担原告为制止侵权行为而支付的一切费用（在庭审中明确放弃该诉讼请求）；5. 承担本案诉讼费用。

被告华源公司辩称：1. 原告的诉讼请求不符合客观事实，理由不成立。被告华源公司依法向国家商标局申请了“天策”文字商标，2004 年 7 月 16 日国家商标局已受理；被告现使用的人参蜂王浆瓶贴已于 2004 年 12 月 15 日获得国家知识产权局授予的外观设计专利，说明被告华源公司生产、销售属正当合法经营。

2. 原告的“广汉牌”人参蜂王浆属超范围经营。原告将注册在药品类的“广汉牌”注册商标用在食品类的人参蜂王浆上的行为，违反了商标法关于产品类别使用范围。

综上，被告华源公司认为，该公司现所使用的产品商标、外观设计均属依法取得，产品投入市场属合法经营，而原告的行为才是典型的不正当竞争行为，请求法院依法驳回原告的诉讼请求。

同时，被告华源公司对原告天策公司提起反诉，并请求法院判令：1. 原告的“人参蜂王浆”为违法产品；2. 原告立即停止其“人参蜂王浆”的生产、销售；3. 原告向被告公开登报澄清事实，赔礼道歉，消除影响；4. 原告向被告赔偿因原告不正当竞争行为给被告造成的经济损失；5. 原告承担被告因该案所支出的一切费用；6. 本案的诉讼费用由原告承担。但在本案庭审中，被告华源公司明确表示放弃书面答辩状中对原告提出的反诉请求。

被告昌野公司在庭审中口头辩称，昌野公司无过错，不应承担法律责任。

事实认定

1997 年 7 月，经广汉市体制改革委员会批准，四川天策实业有限公司以承担原广汉制药厂全部债权债务和接收安置全部在册职工、收购制药厂净资产的方式并购四川广汉制药厂，改组为本案原告天策公司。天策公司成立于 1997 年 9 月 3 日，含有糖浆剂、口服液等产品的经营范围。

1983 年 1 月 29 日，四川省卫生厅同意原四川广汉制药厂生产双宝素口服液（即人参蜂王浆），并发给其批准文号川卫药（83）I－2617 号，后其批准文号规范为川卫药准字（1983）第 002617 号。自 1986 年开始，原四川广汉制药厂自行设计并使用其特有的瓶贴，该瓶贴的色彩、排列、文字及图案的设计要点反映出，整个瓶贴颜色以金色为主，上部左边印有方八角状奖牌，外圈为金色，里圈为红底上一金色的优字；上部中间是金色的“人参蜂王浆”五个字；上部右边是“广汉及图形”的注册商标；左下部为一支浅黄色的人参；中部的中间是黑色的批准文号和人参蜂王浆的大写拼音字母以及产品的介绍；下部的中间为黑色的企业名称。原告成立后，在其生产的人参蜂王浆产品上也一直使用上述瓶贴，至今未改变。2002 年，因国家药品监督管理局对有关地方药品标准品种进行规范整顿，原川卫药准字（1983）第 002617 号人参蜂王浆未纳入国家药品标准管理。天策公司于 2002 年 11 月 22 日取得食品类人参蜂王浆的批准证书，其批准文号为川卫食准字（2002）第 160 号，有效期为 2002 年 11 月 22 日至 2005 年 11 月 21 日。原告根据川卫食准字（2002）第 160 号批准文号生产的人参蜂王浆与原告根据川卫药准字（1983）第 002617 号批准文号生产的人参蜂王浆的配方和成分相同。之后，天策公司将原瓶贴上的川卫药准字（1983）第 002617 号批准文号改为川卫食准字（2002）第 160 号。

1987 年 1 月，原四川广汉制药厂生产的广汉牌人参蜂王浆被评为德阳市优秀产品。1991 年，原四川广汉制药厂生产的广汉牌人参蜂王浆被评为四川省优质产品称号。1999 年 6 月，天策公司被认定为四川省高新科技产业型企业。1999 年 11 月 28 日，天策公司的广汉商标被认定为德阳市知名商标。2000 年 11 月，天策公司被四川省质量技术监督局质量申诉处理中心评为质量、信誉“双信”单位。2000 年 6 月 10 日至 2001 年 1 月 15 日，天策公司在重庆人民广播电台对其生产的人参蜂王浆产品进行广告宣传。2000 年 9 月 1 日至 2000 年 10 月 6 日，天策公司在重庆有线电视台的文体频道和综合频道进行其企业宣传。2000 年 9 月 15 日至 2000 年 10 月 15 日期间，天策公司在《重庆晨报》上进行了两次广告宣传。2003 年 9 月至 2003 年 10 月，天策公司在重庆电视台有线四频道、五频道对其生产的人参蜂王浆产品进行广告宣传。四次广告宣传，天策公司共支付广告费 25.849 万元。1998 年至 2002 年期间，天策公司的人参蜂王浆产品大量销往重庆市场。

被告华源公司成立于 2003 年 10 月 17 日，含有食品、保健食品、特殊食品生产销售等经营范围。2004 年 5 月 31 日，华源公司向国家商标局提出注册“天策”文字商标的申请，国家商标局于 2004 年 7 月 16 日发出受理通知书。2004 年 9 月 13 日，华源公司取得生产天策牌人参蜂王浆的批准证书。2004 年 9 月 20 日，华源公司法定代表人曾华富向国家知识产权局提出瓶贴（人参蜂王浆）外观设计专利的申请，国家知识产权局于 2004 年 12 月 15 日向曾华富发出《授予外观设计专利权及办理登记手续通知书》。华源公司现使用在人参蜂王浆产品外包装上的瓶贴有如下特征：整个瓶贴颜色以金色为主，上部左边印有圆八角状奖牌，外圈为金色，里圈为红底上有金色的天策二字；上部中间是金色的“人参蜂王浆”五个字；上部右边是“双朴”注册商标；左下部为一支红色与浅黄色组合的人参，旁边标有白色的“浓型”字样；中部的中间是黑色的批准文号和人参蜂王浆的大写拼音字母以及产品的介绍；下部的中间为黑色的企业名称。

2001 年 11 月 19 日，昌野公司向川东钻探公司职工医院出售了华源公司生产的人参蜂王浆（新型）10 瓶和（浓型）5 瓶，单价分别为 8 元和 12 元。

另，天策公司和华源公司所使用的 500mL 人参蜂王浆包装瓶均由四川省广汉市新升塑胶实业有限公司提供。二者使用的包装瓶完全相同。

一审判决及理由

根据双方当事人的诉辩主张，本案争执焦点归纳为：1. 原告天策公司生产的“人参蜂王浆”产品是否为知名商品；2. 两被告行为是否侵犯原告天策公司产品特有包装、装潢权利及字号权，构成对原告天策公司的不正当竞争行为；3. 如果侵权成立，两被告应承担何种民事责任以及原告天策公司请求赔偿金额的依据。

一、关于原告天策公司生产的“人参蜂王浆”产品是否为知名商品的问题

知名商品是指在市场上具有一定的知名度，并为相关公众所知悉的商品。在认定知名商品时，通常应当考虑相关公众对商品的知晓程度，已在市场上销售的时间长短和市场占有率，以广告或者其他方式宣传该商品的资金投入、持续时间、程度和地理范围，该商品在权威性评奖评优获奖记录等因素进行判断。

原四川广汉制药厂生产的“人参蜂王浆”产品自面市以来，就投放川、渝市场，可以认定川、渝两地的相关公众，对其生产的“人参蜂王浆”产品较为熟悉，且原四川广汉制药厂生产的“人参蜂王浆”产品多次被评为四川省、德阳市的优秀产品。自天策公司成立后，也将其承继原四川广汉制药厂而生产的“人参蜂王浆”产品投入重庆市场，并不间断地在重庆的各类媒体上对其生产的“人参蜂王浆”产品和本企业进行广告宣传，以提高原告天策公司企业和其生产的“人参蜂王浆”产品的知名度。同时，从本案查明的事实可以看出，原告天策公司根据川卫食准字（2002）第160号批准文号生产的人参蜂王浆与原告天策公司根据川卫药准字（1983）第002617号批准文号生产的人参蜂王浆的配方和成分相同。所以，在四川、重庆地区，原告天策公司生产的“人参蜂王浆”产品已有一定的市场占有量，具有一定知名度，为相关公众所知悉，应认定为知名商品。

被告以原告天策公司生产的“人参蜂王浆”产品属超范围经营，且原告天策公司违反商标法的规定将注册在药品类蜂王浆的“广汉”注册商标用在其未核定使用的食品类蜂王浆商品上为由，认为原告天策公司生产的“人参蜂王浆”产品系非法商品，不能认定是知名商品的抗辩理由不能成立。首先，原告天策公司生产的“人参蜂王浆”产品有四川省卫生厅颁发的《食品、食品用产品批准证书》，从原告天策公司的企业法人营业执照上也可以看出，原告天策公司具有糖浆剂、口服液等产品的经营范围。其次，虽然原告天策公司违反《商标法》的相关规定，未向国家商标局提出在食品类蜂王浆商品上核准使用“广汉”注册商标，但并不影响其生产的食品类蜂王浆是合法产品的认定。

二、关于两被告行为是否侵犯原告天策公司产品特有包装、装潢权利以及字号权，构成对原告天策公司的不正当竞争行为的问题

判断包装、装潢是否侵权，首先是二者包装、装潢是否相同或相近似，其次是以普通消费者会否混淆或误认为标准。

将原、被告使用的“人参蜂王浆”产品的包装、装潢进行比较，二者使用的都是

500mL IPET 圆形瓶，并由同一生产厂家提供，二者的包装瓶完全相同；包装瓶贴正面的底色都是金色为主，上部左边均印有八角状奖牌，外圈为金色，里圈为红底上有金色的字；上部中间是金色的“人参蜂王浆”五个字；上部右边是注册商标；左下部为一支人参；中部的中间均为黑色的批准文号和人参蜂王浆的大写拼音字母以及产品的介绍；下部的中间均为黑色的企业名称。综上，二者用在包装瓶贴上的色彩是基本相同，版面排列基本相同，图案中的内容基本相同，图形相似，普通消费者以一般注意力难以区分，足以造成普通消费者混淆或误认。

被告华源公司与原告天策公司生产同一类产品，且同在重庆市场销售，存在竞争关系，被告华源公司在其生产、销售的产品上擅自使用与原告天策公司产品的特有包装装潢相近似的包装装潢，侵犯了原告天策公司知名商品的特有包装装潢权，其行为构成对原告天策公司的不正当竞争。从本案查明的事实还可以看出，被告华源公司将原告天策公司的字号“天策”突出使用在其瓶贴上。虽然《反不正当竞争法》第五条第（二）项所列的“企业名称”应是经我国企业注册登记主管机关依法登记注册的企业名称，但被告华源公司与原告天策公司系同一地区的企业，并具有相同的经营范围，其擅自使用为相关公众所熟知的原告天策公司的字号，足以造成相关公众误认其生产的人参蜂王浆产品来源于原告天策公司或与原告天策公司有某种联系，其行为应视为擅自使用他人的企业名称，引人误认为是他人商品的行为，构成对原告天策公司的不正当竞争。

从本案查明的事实可以看出，被告华源公司申请“天策”注册商标和获得外观设计专利的行为均发生在原告天策公司使用的包装装潢之后，根据保护在先权利原则，被告华源公司以国家商标局已受理其“天策”文字商标的注册申请、其瓶贴也被授予外观设计专利为由，认为本案存在权利冲突，进而认为其行为不构成侵权的抗辩理由不能成立。

从本案查明的事实看，被告昌野公司销售了被告华源公司与原告天策公司人参蜂王浆商品包装、装潢相近似的人参蜂王浆产品，故其销售行为也构成对原告天策公司的不正当竞争。

三、关于两被告应承担何种民事责任及原告天策公司请求赔偿依据的问题

被告华源公司擅自使用与原告天策公司知名商品特有包装装潢相近似的包装装潢及原告天策公司字号的行为，构成对原告天策公司的不正当竞争行为，理应承担停止侵权和赔偿损失的民事责任。

但原告天策公司要求被告停止生产销售人参蜂王浆产品的请求并不恰当，被告华源公司生产的人参蜂王浆产品是经相关部门批准而生产的合法产品，本案讼争的是不正当竞争纠纷，被告华源公司应当停止使用与原告天策公司人参蜂王浆产品包装装潢相近似的包装装潢以及原告天策公司字号的行为，而不是停止生产人参蜂王浆产品。

被告昌野公司的销售行为对原告天策公司构成了不正当竞争，故应当停止销售被告华源公司与原告天策公司知名商品特有包装装潢相近似的人参蜂王浆产品的行为，但原告天策公司要求被告昌野公司承担连带赔偿责任诉讼请求的依据不充分，一审法院不予

支持。

由于在本案中，原告天策公司未举示证据证明其商誉受到损害的事实，故其要求被告赔礼道歉、消除影响的诉讼请求不予主张。

由于原告天策公司请求赔偿数额较高，又未提供充分依据，一审法院不予全额支持，一审法院将根据被告侵权行为所持续的时间、程度等因素，酌情确定赔偿数额。

综上所述，依照《反不正当竞争法》第二条、第五条第（二）项、第二十条，《民法通则》一百三十四条第（十）项及《民事诉讼法》第一百二十八条之规定，判决如下：

一、被告华源公司立即停止使用与原告天策公司“人参蜂王浆”产品相近似的包装、装潢以及立即停止在其“人参蜂王浆”产品瓶贴上突出使用原告天策公司“天策”字号的侵权行为；

二、被告昌野公司立即停止销售被告华源公司与原告天策公司“人参蜂王浆”产品相近似的包装、装潢的“人参蜂王浆”产品；

三、被告华源公司于一审判决生效之日起7日内赔偿原告天策公司经济损失3万元；

四、驳回原告天策公司的其他诉讼请求。

本案案件受理费6 510元，其他诉讼费1 302元，合计7 812元，由被告华源公司负担。本案受理费已由天策公司预交，被告华源公司负担之金额径付天策公司，一审法院预收的受理费不作清退。

上诉理由

华源公司不服一审判决，向重庆市高级人民法院提起上诉，请求二审改判驳回被上诉人的诉讼请求。

华源公司的主要上诉理由是：一审认定被上诉人的产品为“合法产品”是错判，请求二审改判驳回被上诉人的诉讼请求。

1. 工商部门核准的食品经营范围，必须注明食品字样，原审原告营业执照上的糖浆剂、口服液均是药品类的产品。原审原告虽有卫生部门对蜂王浆食品的批准文书，但未办理工商登记，属超范围经营的非法产品。一审判决前被上诉人增加蜂产品的经营范围更反证其原来是超范围经营的非法产品。

2. 原审原告未经核准，将注册在药品上的“广汉”商标使用在食品类蜂王浆商品上的行为违法，延及违法使用商标的产品不合法。

3. 上诉人使用“天策”商标是经国家商标局受理的，并且在与原审原告生产的药品类产品不同的食品类使用，是合法的。

4. 一审采纳原告逾期提交的证据，程序违法。

5. 广汉市药品监督局的证明违反《食品卫生法》不能宣传疗效的禁止性规定，属违法证明。

二审查明事实

二审法院经查阅一审案卷并公开开庭审理，对一审查明事实予以认定。

二审法院另外查明如下事实：

1. 2005 年 2 月 17 日重庆市工商行政管理局南岸区分局，作出南工商经处字（2005）第（01）号行政处罚决定书。该处罚决定依据天策药业超出注册商标核定使用的商品范围，将国家工商行政管理局商标局核定使用在各类中成药的“广汉”牌注册商标擅自使用于其生产的蜂王浆、蜂乳食品上，认定此行为属于“冒充注册商标”的违法行为。

2. 四川天策药业有限责任公司 2005 年 3 月 31 日工商登记的经营范围较 2003 年 2 月 21 日工商登记的经营范围增加了“生产销售：蜂产品”。

3. 四川蜀中制药有限公司的企业法人营业执照和药品生产许可证在本案中缺乏证据的关联性。

根据上诉人的上诉状和法庭审理，双方当事人对原四川广汉制药厂及天策公司生产的人参蜂王浆的知名度的事实、天策公司和华源公司在人参蜂王浆上使用的包装装潢近似、华源公司在其人参蜂王浆产品上使用天策公司的“天策”字号没有争议。

二审判决及理由

本案双方争议的核心是人参蜂王浆是否为合法产品；上诉人华源公司将被上诉人天策公司的字号“天策”突出使用在其瓶贴上是否构成不正当竞争；相关证据的采信问题。

结合一、二审查明的事实，二审法院认为：

一、人民法院在保护《反不正当竞争法》第五条第（二）项规定的“知名商品特有的名称、包装、装潢”时应考虑该商品是否为合法生产的商品。法律、行政法规禁止生产的商品或未依照法律、行政法规规定办理审批手续而生产的商品，其名称、包装、装潢，人民法院不予保护。本案争议的人参蜂王浆商品并非法律、行政法规禁止生产的商品，并于 1983 年依法获得卫生行政部门的生产批准，2002 年，国家药品监督管理局对有关地方药品标准品种进行规范整顿后仍依法获得食品类人参蜂王浆的生产批准，因此是合法生产的商品。

工商行政管理部门的工商登记属于登记备案性质，不是审批性质。不能将超越工商登记范围的情况认定为未经审批，进而认定商品是未经审批非法生产的商品。

重庆市工商行政管理局南岸区分局对被上诉人天策公司处罚决定是依据被上诉人天策公司超出注册商标核定使用的商品范围，将国家工商行政管理总局商标局核定使用在各类中成药的“广汉”牌注册商标擅自使用于其生产的蜂王浆、蜂乳食品上，认定此行为属于“冒充注册商标”的违法行为。此处罚决定针对的是违法使用商标的行为，并未对人参蜂王浆商品是否非法生产作出认定，也不能支持上诉人华源公司上诉理由。

且商标法规范的是商标使用行为，被上诉人天策公司违反商标法的相关规定，未向国家商标局提出在食品类蜂王浆商品上核准使用“广汉”注册商标，并不影响其生产的食品类蜂王浆是合法产品的认定。

综上，本案争议的人参蜂王浆商品是合法商品，在相关证据能证明其是知名商品的情况下，其包装、装潢，人民法院应予保护。由于上诉人华源公司获得其瓶贴的外观设计专利发生在天策公司使用的包装装潢之后，根据保护在先权利原则，应保护在先权利。

二、本案中被上诉人天策公司生产的人参蜂王浆因国家药品监督管理局对有关地方药品标准品种的规范整顿，从归口药品管理变更归口食品管理，但其成分等相关技术指标未变，且以普通公众的一般注意力不会认为被上诉人天策公司生产的人参蜂王浆与华源公司生产的人参蜂王浆不是同类商品。

上诉人华源公司与被上诉人系同一地区的企业，上诉人华源公司擅自将为相关公众所熟知的被上诉人字号“天策”突出使用在普通消费者看来是同类商品的人参蜂王浆瓶贴上，足以造成相关公众误认上诉人华源公司生产的人参蜂王浆产品来源于被上诉人天策公司或与被上诉人天策公司有某种联系，其行为符合《反不正当竞争法》第五条第（三）项规定的条件，属于擅自使用他人的企业名称，引人误认为是他人商品的不正当行为。

国家商标局虽已受理上诉人华源公司“天策”文字商标的注册申请，但在本案中无证据证明上诉人华源公司已获得授权，本案不存在这方面的权利冲突。即使上诉人华源公司已取得“天策”文字商标的注册商标专用权，由于此行为发生在被上诉人使用企业字号之后，根据保护在先权利的原则，也应保护在先权利。

三、一审法院在第一次庭审后责令原告天策公司提供的相关证据属人民法院认为审理案件需要的证据，一审法院的这种行为属于人民法院调查收集证据，没有违反法律、司法解释的相关规定。

广汉市药品监督局的证明不是对被上诉人天策公司人参蜂王浆产品的宣传。作为了解被上诉人天策公司人参蜂王浆产品成分、历史沿革的行政机关，其证明客观说明当时政策变更、被上诉人天策公司根据原处方以食品报批的情况，不属于上诉人华源公司所称宣传产品疗效的行为，不属违法证明。

综上所述，上诉人华源公司的上诉理由均不成立，原审判决认定事实清楚，判决结果公平，程序合法。依照《反不正当竞争法》第二条，第五条第（二）项、第（三）项，第二十条；《民法通则》一百三十四条第（一）项、第（七）项；《民事诉讼法》第六十四条，第一百五十三条第一款（一）项；《最高人民法院关于民事诉讼证据的若干规定》第十五条之规定，判决如下：

驳回上诉，维持原判。

本案一审案件受理费 6 510 元，其他诉讼费 1 302 元，二审案件受理费 6 510 元，其他诉讼费 1 302 元，合计 15 624 元，由上诉人华源公司承担。

案例 20：东莞徐记食品有限公司与上海台尚食品有限公司仿冒、伪造知名商品特有包装、装潢纠纷案

原告（上诉人）：东莞徐记食品有限公司
被告（被上诉人）：上海台尚食品有限公司

一审法院：上海市第一中级人民法院
一审案号：（2005）沪一中民五（知）初第字 263 号
一审合议庭成员：姜山、胡震远、陆凤玉
一审结案日期：2005 年 11 月 25 日

二审法院：上海市高级人民法院
二审案号：（2006）沪高民三（知）终字第 16 号
二审合议庭成员：张晓都、于金龙、李澜
二审结案日期：2006 年 3 月 14 日

案由：仿冒、伪造知名商品特有包装、装潢纠纷

关键词：仿冒、伪造，知名商品，特有包装、装潢，近似，混淆

涉案法条

《民事诉讼法》第六十四条第一款、第一百五十三条第一款第（一）项、第一百五十八条

《反不正当竞争法》第五条第（二）项

《最高人民法院关于民事诉讼证据的若干规定》第二条

《国家工商行政管理局关于禁止仿冒知名商品特有名称、包装、装潢的不正当竞争行为的若干规定》第四条

争议焦点

- 在认定知名商品时，应当根据该商品的广告宣传、销售时间、市场占有率、商品声誉、获奖情况等诸多因素综合判定。因此，认定知名商品的过程是一个根据诸多因素进行综合判定的过程，且被判定的知名商品应该是具体确切的。
- 商品的名称、包装、装潢被他人擅自作相同或者近似使用，足以造成购买者误认的，

该商品即可以认定为知名商品。特有的商品名称、包装、装潢应当依照使用在先的原则予以认定。据此，对某商品知名的认定须同时具备两个条件：即“相同或者近似使用”以及“足以造成购买者误认”。

- 国家相关行政部门出台的部门规章，并非人民法院认定知名商品的法律依据。
- 相近似并不等于会混淆，必须是相近似到足以造成混淆的程度，才具有构成不正当竞争的可能性。

审判结论

原告东莞徐记食品有限公司的诉讼请求不予支持。

一审案件受理费人民币 7 010 元，由原告东莞徐记食品有限公司负担。

二审判决驳回上诉，维持原判。

本案二审案件受理费人民币 7 010 元，由上诉人东莞徐记食品有限公司负担。

起诉及答辩

原告东莞徐记食品有限公司诉称：其自 1997 年成立以来主要从事糖果、糕点等产品的生产销售。

2000 年 10 月，原告经商标权人东莞徐福记食品有限公司许可使用“徐福记”文字商标，并开始生产“徐福记”包馅酥系列产品。2001 年 7 月、2003 年 8 月，原告分别在其生产的草莓酥、蜜桃酥两种产品上开始使用特有的装潢图案；2004 年 6 月和 7 月，原告又对上述装潢图案进行了细微调整，但整体布局设计、色彩搭配基本保持不变，并一直使用至今。原告在实际经营中投入大量资金进行宣传，其“徐福记”系列食品在消费者心目中产生了极高的知名度，草莓酥、蜜桃酥也因此成为市场上的知名商品。

2004 年下半年，原告发现被告生产并在全国销售的草莓酥、蜜桃酥产品包装上使用的装潢与原告上述产品的装潢相近似，引起消费者的混淆，构成对原告的不正当竞争。

原告据此请求判令，被告立即停止在其产品上使用与原告的草莓酥、蜜桃酥相近似的包装、装潢的不正当竞争行为；销毁与原告产品近似的包装袋；在《解放日报》《新民晚报》上刊登声明，公开向原告赔礼道歉、消除影响；赔偿原告经济损失人民币 30 万元。

被告上海台尚食品有限公司辩称：被告是一家全国知名企业，自 1997 年就已开始生产草莓酥、蜜桃酥等包馅酥食品，并设计制作了包装、装潢，目前使用的包装是在当时的基础上沿袭修改而来，而原告主张保护的包装、装潢实际上是模仿被告当时的包装制作的；原告的草莓酥、蜜桃酥产品缺乏知名度，原告提供的证据既不能证明该两种特定产品是知名商品，也不能证明其包装是特有包装；原被告双方的草莓酥、蜜桃酥产品的包装装潢是有区别的，且均印有各自的商标，没有证据证明购买者对双方的产品发生了误认。因此，原告对被告的诉讼请求没有依据，请求法院予以驳回。

事实认定

原告经商标权人东莞徐福记食品有限公司许可使用“徐福记”文字商标（商标注册证第1247144号），该商标核定使用商品为第30类，包括糖果、饼干、糕点等。2000年11月，双方的商标使用许可合同经国家工商总局商标局备案，许可期限自2000年10月10日至2009年2月13日。

2001年7月，金都公司应原告委托为其草莓酥产品内包装袋完成制版，原告随后开始生产销售草莓酥产品。2004年6月，金都公司应原告委托对上述草莓酥产品的内包装袋进行改版并完成。经查，改版前后的原告草莓酥内包装袋均以浅粉红色为底色，左右边口以及中央图文框均为红色波浪纹，图文框中部偏上位置印有醒目的扁宋体“草莓酥”字样；二者的区别主要在于图文框内的草莓酥数量、排列、位置不同，草莓图案的大小、位置不同等。

2003年8月，金都公司应原告委托为其蜜桃酥产品内包装袋完成制版，原告随后开始生产销售蜜桃酥产品。2004年7月，金都公司应原告委托对上述蜜桃酥产品的内包装袋进行改版并完成。经查，改版前后的原告蜜桃酥内包装袋均以粉红色为底色，左右边口以及中央图文框均为玫瑰红色波浪纹，图文框中部偏上位置印有醒目的扁宋体“蜜桃酥”字样；二者的区别主要在于包装袋侧面的英文商品名称变更为中文用料说明。

被告从1997年开始生产销售“台尚”牌草莓酥、蜜桃酥产品，这两种产品现在在上海、苏州、昆明等地均有销售。与原告草莓酥、蜜桃酥的新版内包装袋相比，被告这两款产品现在使用的内包装袋在大小、色彩基调、图案元素、构图、文字位置等均与原告的相应产品相似，但在商标标识、图文框的花形、框内图案底色、商品名文字字体等方面与原告的相应产品有所区别。

一审判决及理由

《反不正当竞争法》第五条第（二）项规定，经营者不得“擅自使用知名商品特有的名称、包装、装潢，或者使用与知名商品近似的名称、包装、装潢，造成和他人的知名商品相混淆，使购买者误认为是该知名商品。”

原告东莞徐记食品有限公司认为被告上海台尚食品有限公司的草莓酥、蜜桃酥的包装、装潢与原告东莞徐记食品有限公司相应的两款产品的包装、装潢近似，构成对原告东莞徐记食品有限公司的不正当竞争，其首先应当证明自己的草莓酥、蜜桃酥产品构成知名商品。

知名商品是指在市场上具有一定知名度，为相关公众所知悉的商品。法院在认定知名商品时，应当根据该商品的广告宣传、销售时间、市场占有率、商品声誉、获奖情况等诸多因素综合判定。

但原告东莞徐记食品有限公司的证据虽然可以证明其对“徐福记”系列食品进行

过广告宣传，且其也获得过各种荣誉，但这些宣传及荣誉均非针对草莓酥、蜜桃酥产品，因此上述证据尚不能证明草莓酥、蜜桃酥产品是知名商品。

因此，原告东莞徐记食品有限公司认为被告上海台尚食品有限公司违反《反不正当竞争法》第五条第（二）项规定，构成不正当竞争缺乏事实依据，一审法院难以支持。

据此，依照《民事诉讼法》第六十四条第一款、《反不正当竞争法》第五条第（二）项、《最高人民法院关于民事诉讼证据的若干规定》第二条之规定，判决如下：

原告东莞徐记食品有限公司的诉讼请求不予支持。

本案受理费人民币 7 010 元，由原告东莞徐记食品有限公司负担。

上诉理由

东莞徐记食品有限公司不服一审判决，向上海市高级人民法院提出上诉。其上诉请求是：请求撤销原判；判令被上诉人立即停止使用与上诉人草莓酥、蜜桃酥产品相近似包装、装潢的不正当竞争行为；销毁所有带有上诉人草莓酥、蜜桃酥产品相近似装潢图案的包装袋；在《解放日报》《新民晚报》上刊登致歉声明，公开赔礼道歉、消除影响；赔偿上诉人经济损失人民币 30 万元；本案一、二审诉讼费用由被上诉人承担。

东莞徐记食品有限公司的上诉理由主要是：（一）原审判决对上诉人“徐福记”草莓酥、蜜桃酥是否为知名商品的有关认定存在逻辑上的错误：1. 上诉人提供的证据已经证明“徐福记”系列食品是市场上的知名商品；2.“徐福记”系列食品的外延包含“徐福记”草莓酥、蜜桃酥产品，是知名商品；（二）原审法院对本案知名商品的认定没有考虑国家工商行政管理局《关于禁止仿冒知名商品特有名称、包装、装潢的不正当竞争行为的若干规定》第四条的规定；（三）被上诉人使用的草莓酥、蜜桃酥包装袋装潢与上诉人的相近似，足以造成购买者混淆，构成不正当竞争。

被上诉人上海台尚食品有限公司答辩称：上诉人的上诉理由不能成立，请求驳回上诉，维持原判。

二审查明事实

原审判决查明的事实基本属实。

二审判决及理由

原审判决关于知名商品的判断标准是正确的，即：在认定知名商品时，应当根据该商品的广告宣传、销售时间、市场占有率、商品声誉、获奖情况等诸多因素综合判定。因此，认定知名商品的过程是一个根据诸多因素进行综合判定的过程，且被判定的知名商品应该是具体确切的。

经查，上诉人东莞徐记食品有限公司提供的荣誉证书、影视广告投放代理合同等证据仅反映“徐福记”系列食品获得了有关的荣誉以及上诉人东莞徐记食品有限公司委托广告公司代理“徐福记”系列产品影视广告的事实。这些证据尚不能证明上诉人东莞徐记食品有限公司的草莓酥、蜜桃酥产品是知名商品。

如果依据上诉人东莞徐记食品有限公司的系列产品获得过荣誉而推导出其生产的某一特定产品也必定获得了该荣誉，则该推导从逻辑上讲是不严密的，其结论也难免是会产生错误的。因此，原审判决关于“原告的证据虽然可以证明其对‘徐福记’系列食品进行过广告宣传，且也获得过各种荣誉，但这些宣传及荣誉均非针对草莓酥、蜜桃酥产品，因此上述证据尚不能证明草莓酥、蜜桃酥产品是知名商品”的认定，并无不当。

上诉人东莞徐记食品有限公司关于原审判决对上诉人东莞徐记食品有限公司“徐福记”草莓酥、蜜桃酥是否为知名商品的有关认定存在逻辑上的错误，上诉人东莞徐记食品有限公司提供的证据已经证明“徐福记”系列食品是市场上的知名商品，“徐福记”系列食品的外延包含“徐福记”草莓酥、蜜桃酥产品，是知名商品的上诉理由不能成立。

上诉人东莞徐记食品有限公司诉称：原审法院对本案知名商品的认定没有考虑国家工商行政管理局《关于禁止仿冒知名商品特有名称、包装、装潢的不正当竞争行为的若干规定》第四条的规定。

二审法院认为，国家工商行政管理局《关于禁止仿冒知名商品特有名称、包装、装潢的不正当竞争行为的若干规定》第四条的规定是：商品的名称、包装、装潢被他人擅自作相同或者近似使用，足以造成购买者误认的，该商品即可以认定为知名商品。特有的商品名称、包装、装潢应当依照使用在先的原则予以认定。因此，根据该条的规定，对某商品知名的认定须同时具备两个条件：即“相同或者近似使用”以及“足以造成购买者误认”。经查，上诉人东莞徐记食品有限公司并未提供能证明其生产的草莓酥、蜜桃酥产品与被上诉人上海台尚食品有限公司的产品已经使消费者产生误认的充分证据。上诉人东莞徐记食品有限公司的该两个产品也不能依据该条的规定被认定为知名商品。更何况，国家工商行政管理局的前述规定只是部门规章，并非人民法院认定知名商品的法律依据。

上诉人东莞徐记食品有限公司诉称：被上诉人上海台尚食品有限公司使用的草莓酥、蜜桃酥包装袋装潢与上诉人东莞徐记食品有限公司的相近似，足以造成购买者混淆，构成不正当竞争。

二审法院认为，相近似并不等于会混淆，必须是相近似到足以造成混淆的程度，才具有构成不正当竞争的可能性。经查，被上诉人上海台尚食品有限公司上述两款产品的内包装袋在大小、色彩基调、图案元素、构图、文字位置等虽然与上诉人东莞徐记食品有限公司的相似，但在图文框的花形、框内图案底色、商品名文字字体等方面是有区别的；且两者的商标标识完全不同，也无证据反映两者已经造成或足以造成混淆的事实。

综上，原审判决并无不当，上诉人东莞徐记食品有限公司的上诉理由不能成立。依照《民事诉讼法》第一百五十三条第一款第（一）项、第一百五十八条之规定，判决如下：

驳回上诉，维持原判。

本案二审案件受理费人民币 7 010 元，由上诉人东莞徐记食品有限公司负担。

案例21：孔府家集团、孔府家酒股份公司与曲阜市粮食酒厂仿冒知名商品包装、装潢纠纷案

原告（被上诉人）：山东孔府家集团有限公司（以下称“孔府家集团”）
原告（被上诉人）：山东孔府家酒股份有限公司（以下称“孔府家酒股份公司”）
被告（上诉人）：曲阜市粮食酒厂

一审法院：山东省济宁市中级人民法院
一审案号：（2006）济民五初字第3号
一审合议庭成员：张晋春、王军、张玲
一审结案日期：2006年8月11日

二审法院：山东省高级人民法院
二审案号：（2006）鲁民三终字第86号
二审合议庭成员：戴磊、岳淑华、柳维敏
二审结案日期：2007年1月10日

案由：仿冒知名商品包装、装潢纠纷

关键词：仿冒，知名商品，特有包装、装潢，相似，混淆

涉案法条

《反不正当竞争法》第二条、第五条第（二）项，第二十条
《民事诉讼法》第一百三十条、第一百五十三条第一款（一）项

争议焦点

- 擅自使用知名商品特有的名称、包装、装潢，或者使用与知名商品近似的名称、包装、装潢，造成和他人的知名商品相混淆，使购买者误认为是该知名商品的，构成不正当竞争行为。
- 对当事人双方的特有包装装潢相比较，两者的图案、照片、布局、颜色及字体的编排组合几乎完全相同，整体视觉效果相近，只是在商品名称及商标上略有差别，而二者的商品名称中的“孔子”与“孔府”之间也有特定联系，二者又均在同一地区生产销售，一般消费者施以普通注意力容易产生误认或混淆，因此，构成不正当竞争。

审判结论

一、被告曲阜市粮食酒厂于一审判决生效之日起立即停止生产、销售与原告的“双龙乳白家酒、金装孔府家酒、孔府家大陶家酒”包装近似的“孔子家酒、金装孔子家酒、孔子宴酒”；

二、被告曲阜市粮食酒厂于一审判决生效之日起15日内赔偿原告孔府家集团、孔府家酒股份公司经济损失8万元。

一审案件受理费2 910元，其他诉讼费1 600元，共计4 510元，均由曲阜市粮食酒厂承担。

二审判决驳回上诉，维持原判。

二审案件受理费2 910元，由曲阜市粮食酒厂负担。

起诉及答辩

原告孔府家集团、孔府家酒股份公司诉称：被告曲阜市粮食酒厂生产销售的“孔子家酒、金装孔子家酒、孔子宴酒”从外包装盒的图案布局、色彩、字体、字形排列分布、商品规格等各个方面分别模仿原告生产的“双龙乳白家酒、金装孔府家酒、孔府家大陶家酒”等孔府家商品，造成市场混淆，使消费者误认为原告的商品，造成误购。被告构成假冒知名商品特有包装、装潢的不正当竞争行为，已被曲阜市工商行政管理局处罚过两次。

孔府家集团出品的孔府家酒是知名商品，在山东省内省外都有大量销售，被告上述行为严重侵犯了其合法权益，造成了严重损失。

请求判令被告立即停止侵权行为，停止生产并销毁侵权商品并赔偿经济损失8万元，由被告承担本案诉讼费用及维权费用。

被告曲阜市粮食酒厂未到庭应诉，未做书面答辩，亦未向一审法院提交证据。

事实认定

曲阜市酒厂申请核准注册了“孔府家”文字及“狮子头”图形商标，后转让给原告孔府家集团使用。孔府家集团系中国较大的白酒生产企业，经国家统计局工业交通统计司、中国食品工业协会对2003年白酒工业企业进行综合实力评价，被评为“中国白酒工业百强企业”，其所生产的系列白酒获得了“山东名牌产品”称号，“孔府家”注册商标也被山东省工商局授予“山东省著名商标”，“孔府家”酒以其良好的质量和信誉深受消费者的好评，商品销售至全国各地，在社会上享有一定的知名度，在山东省内更是享有很高的知名度。

二原告生产的大陶家酒已有近二十年的历史，属于原告孔府家集团最早生产开发的商品之一，在市场上享有较高的知名度。该商品一直使用以黄色为底色，配以黑色字体及“古车马”图案的包装盒，盒身正面左侧为原告的文字注册商标“孔府家”酒，右侧为其图形注册商标“狮子头”图案，“狮子头”下方为孔府楹联一副“与国咸休安富尊荣公府第，同天并老文章道德圣人家”，盒身侧面为曲阜大成殿照片，内部包装瓶为暗红色陶罐形酒瓶，正面为“孔府家酒”瓶贴，瓶口处系以红色丝带。被告生产的“孔族”牌“孔子宴酒”的内外包装在图案布局、色彩、字体、字形排列分布上均与上述原告的商品包装基本一致，也是使用了以黄黑两色为主的包装盒，同样使用了曲阜大成殿照片、原告的“狮子头”图形注册商标、“与国咸休安富尊荣公府第，同天并老文章道德圣人家”的楹联、“古车马图案”以及暗红色陶罐形酒瓶，除了“孔子宴酒”与“孔府家酒”的一字之差及注册商标外，几乎没有其他明显的差别。

金装大陶家酒是二原告专门供应广东市场的一种商品，自1998年2月开始生产和销售，销量较大。该商品所使用的包装系以红色、金字为主，盒身正面有“孔府家”酒的金色字体以及“金装”字样，包装盒上有曲阜大成殿照片及古车马图案，内部所用包装瓶仍为暗红色陶罐形酒瓶，只是在瓶贴上加了“金装”二字。2001年12月11日孔府家酒广东省买断经营经销商广州酒类羊城有限公司对红色、有曲阜大成殿照片和古车马图案及“金装”字样的孔府家酒包装、装潢申请了外观设计专利并于2002年6月5日获取外观设计专利证书（专利号：ZL01357533.3）。2004年6月22日曲阜市工商局认定，被告自2003年12月开始生产销售红色、有曲阜大成殿照片和古车马图案及“金装”字样的“孔族”牌孔子家酒商品1037箱供广州市场销售，其包装、装潢与原告生产的红色、有曲阜大成殿和古车马图案及“金装”字样的孔府家酒商品包装盒在图案布局、色彩、字体、字形排列分布上近似，足以造成市场混淆，并使购买者误认为是该知名商品。曲阜市工商局认定被告的行为构成使用与知名商品近似的包装、装潢造成和他人知名商品相混淆造成购买者误认的不正当竞争行为，作出责令被告停止不正当竞争行为，没收违法所得8867.88元，罚款1万元，消除现在商品上侵权的包装盒并销毁尚未使用的侵权的包装盒的处罚决定。

原告孔府家酒股份公司生产的“双龙乳白家酒”也有二十多年的历史，亦属原告孔府家集团最早生产开发的商品之一，在全国各地均享有较高的知名度。该商品一直使用以暗黄和黑色为底色，上部配以“双龙”图案，下部配以“古车马”图案的包装盒，盒身正面左侧使用了其文字注册商标“孔府家”酒，右侧为其图形注册商标“狮子头”图案，“狮子头”下方为孔府楹联一副“与国咸休安富尊荣公府第，同天并老文章道德圣人家”。酒瓶系乳白色不透明瓶体，瓶身上的双龙及古车马图案与包装盒上的相同，正面瓶贴也与包装盒身正面相同。经曲阜市工商行政管理局认定，被告曲阜粮食酒厂自2005年7月开始生产“孔天下牌”乳白瓶39°孔子家酒，其外包装盒、酒盒、酒瓶上的字体及包装装潢与“孔府家”商标相近似。曲阜市工商局认定被告的行为构成商标侵权，于2006年1月8日对被告做出行政处罚，责令其停止商标侵权行为，没收侵权商品“孔子家酒”518箱，罚款人民币2万元。从原告提供的两种商品的包装盒和照片来看，这两种商品的包装从颜色、图案、布局、字体到字形排列几乎一模一样，只是商品名称有“孔府家酒”与“孔子家酒”一字之差，颈贴上的注册商标有“孔府家”与

"孔天下"之差，除此之外几乎没有差别。

一审判决及理由

（一）从原告提交的所获各类荣誉称号来看，原告孔府家集团、孔府家酒股份公司所生产的白酒是在全国范围内均享有一定知名度的商品，在山东省内更是享有很高的知名度，属于《反不正当竞争法》第五条第（二）项所说的知名商品；

（二）原告所诉的被侵权的包装系其生产的"双龙乳白家酒、金装孔府家酒、孔府家大陶酒"的包装、装潢，该三种酒均系原告生产的时间较早的白酒，在市场上享有很高的知名度，从原告的提交的三种商品的包装来看，该三种包装均具有显著性，而且其金装大陶家酒的包装更是申请并获得了外观设计专利，故该三种包装属于知名商品的特有包装、装潢。被告曲阜市粮食酒厂曲阜市粮食酒厂所生产的"孔子家酒、金装孔子家酒、孔子宴酒"分别与前述原告的"双龙乳白家酒、金装孔府家酒、孔府家大陶家酒"的内外包装从颜色、图案、布局、字体到字形排列基本一致，只是在商品名称及商标上有少许差别，但通过对这几种包装物的要部对比和隔离对比可以看出，被告曲阜市粮食酒厂所生产的"孔子家酒、金装孔子家酒、孔子宴酒"所使用的包装、装潢与原告的"双龙乳白家酒、金装孔府家酒、孔府家大陶家酒"包装、装潢构成近似，曲阜市工商局的行政处罚决定书也对此作出了认定；

（三）由于被告曲阜市粮食酒厂使用了与原告商品近似的包装、装潢，而且三种酒的生产地均在曲阜，而原告作为曲阜最大的白酒生产企业，由于其多年的生产、销售及宣传，使其商品已在全国范围内享有一定的知名度，作为一般消费者，在看到孔子、曲阜字样的白酒时，首先即会联想到原告孔府家集团，会认为该商品系由原告孔府家集团生产，造成对生产该商品市场主体的误认，而且由于被告曲阜市粮食酒厂所生产的商品包装与原告商品包装的相似性，使得一般消费者施以一般的注意力的情况下，是很容易造成误认误购的，因此被告曲阜市粮食酒厂所生产的商品足以造成和原告的知名商品相混淆，使购买者误认为是该知名商品。

综上，一审法院认为，被告曲阜市粮食酒厂作为与原告的同业竞争者，违反诚实信用原则，生产"孔子家酒、金装孔子家酒、孔子宴酒"使用与原告知名商品近似的包装、装潢，造成和他人的知名商品相混淆，使购买者误认为是该知名商品，违反了《反不正当竞争法》第五条第（二）项的规定，构成对原告的不正当竞争，应承担停止侵权并赔偿损失的责任。

二原告未提供证据证明其因被告曲阜市粮食酒厂侵权所受到的经济损失，以及被告曲阜市粮食酒厂因侵权所获利润情况，一审法院结合本案被告曲阜市粮食酒厂侵权行为的性质、主观恶意程度、侵权时间长短及影响、生产侵权商品的数量，原告所受损失等各方面的因素综合判定，认为原告请求被告曲阜市粮食酒厂赔偿经济损失8万元，数额并不明显过高，一审法院予以支持。依照《反不正当竞争法》第二条、第五条第（二）项，第二十条，《民事诉讼法》第一百三十条之规定，判决如下：

一、被告曲阜市粮食酒厂于一审判决生效之日起立即停止生产、销售与原告的“双龙乳白家酒、金装孔府家酒、孔府家大陶家酒”包装近似的“孔子家酒、金装孔子家酒、孔子宴酒”；

二、被告曲阜市粮食酒厂于一审判决生效之日起 15 日内赔偿原告孔府家集团、孔府家酒股份公司经济损失 8 万元。

案件受理费 2 910 元，其他诉讼费 1 600 元，共计 4 510 元，均由被告曲阜市粮食酒厂承担。

上诉理由

曲阜市粮食酒厂不服原审判决，向山东省高级人民法院提起上诉，请求撤销原判，依法驳回孔府家集团和孔府家酒股份公司的诉讼请求。

曲阜市粮食酒厂的主要上诉理由为：原审判决认定事实有误，证据不足，适用法律错误。

一、孔府家酒股份公司不是适格诉讼主体。“孔府家”文字及“狮子头”图形商标的权利人是孔府家集团，孔府家酒股份公司对该商标不享有权利，所以无权就此问题提出诉讼。

二、孔府家集团和孔府家酒股份公司无权就金装大陶家酒的包装问题提出诉讼。金装大陶家酒的包装是由买断经营经销商广州酒类羊城有限公司申请的外观设计专利，该酒也是由该公司买断的，因此只有该公司才可以对此问题主张权利。

三、“孔府家”酒并非知名商品。认定知名商品的标准有两点，一是在市场上有一定的知名度；二是相关公众所知悉。因此，应根据商品的获奖情况、是否为消费者所公认、是否使用经认定的驰名商标或著名商标、是否为相关公众共知并具有一定的市场占有率、经过广泛宣传在相关市场的知名度等要素认定是否为知名商品。而原审判决认定时仅依据孔府家集团提交的各类荣誉称号就认定其商品为知名商品，依据不足。且即使“孔府家”酒是知名商品也不意味着该系列的全部酒都是知名商品。孔府家系列酒有几十甚至上百种产品，有些甚至在市场上见不到，因此，其应提供证据证明这三种酒的产量、销售量及销售范围，用以证明该产品的市场占有率及相关公众所知晓的程度。金装大陶家酒专供广州市场就更不能是知名商品了。

四、曲阜市粮食酒厂生产的“孔子家酒、金装孔子家酒”两种产品的包装均取得了外观设计专利，享有合法使用的权利。

五、孔府家集团的三种产品的包装并非属于知名商品的特有包装。所谓“特有”是指某包装装潢足以区别于其他包装装潢的显著特征，具体说应具有非通用性和显著性。但无论是古马车图案、大城殿照片，还是“狮子头”图案、孔府大门的楹联，都均是曲阜的象征，被曲阜产地的商品广泛使用，是通用的，而且曲阜市粮食酒厂与孔府家集团的产品包装装潢有明显的区别，商标、字体、图案均不一样，且都在醒目的位置印制了各自的注册商标、生产厂名及标识，众所周知酒类产品关系人的健康，酒类消费者在消费时都会仔细观看产品的商标、生产厂家及产品名称，故根本不可能造成消费者对这两种酒的误认。

孔府家集团和孔府家酒股份公司共同答辩称：原审判决认定事实清楚，适用法律正确，应予维持。

一、孔府家酒股份公司是适格的诉讼主体。孔府家酒股份公司与孔府家集团是关系密切的关联企业，孔府家集团是孔府家酒股份公司的最大股东，“孔府家”牌孔府家系列酒是两企业的共同产品，产品外包装上都标注了两企业的名称，且一审中的诉讼请求为不正当竞争侵权损害赔偿，而不是商标侵权损害赔偿，故孔府家酒股份公司是适格的诉讼主体。

二、金装大陶家酒的包装虽是广州酒类羊城有限公司申请的外观设计专利，但是经过孔府家集团和孔府家酒股份公司许可，并由孔府家集团和孔府家酒股份公司组织生产，且从中获取商业利润，曲阜市粮食酒厂的不正当竞争侵权行为对孔府家集团和孔府家酒股份公司造成了损害，所以二者有权对其侵权行为提起诉讼。

三、原审中孔府家集团和孔府家酒股份公司提交的大量证据足以证明“孔府家”是知名品牌，孔府家酒属于知名商品，其中的“双龙乳白家酒、金装孔府家酒、孔府家大陶家酒”都是孔府家集团和孔府家酒股份公司的主打商品，在市场上具有很高的知名度，且包装、装潢具有显著性，属于知名商品的特有包装、装潢。曲阜市工商局（2004）第121号、（2005）第363号行政处罚决定书认定和处理了曲阜市粮食酒厂的不正当竞争的侵权行为，足以证明孔府家酒是知名品牌。

四、由于曲阜市粮食酒厂在一审中无故不到庭应诉，根据法律规定其在二审中提交的证据不属新证据，不应质证或采信，其应当承担举证不能的法律后果。

二审查明事实

二审法院与一审法院查明的事实基本相同。

二审法院另外查明如下事实：“孔府家”商标于1997年5月21日经国家商标局核准注册，商标注册人为曲阜市酒厂，2004年11月28日该商标经国家商标局核准转让给孔府家集团。孔府家集团是孔府家酒股份公司的最大股东，占该公司75%的股份，提起本案诉讼时二者的法定代表人均为陈伟东。孔府家集团口头许可孔府家酒股份公司使用其“孔府家”及“狮子头”注册商标，涉案三种孔府家“孔府家大陶家酒、金装孔府家酒、双龙乳白家酒”均由二者共同生产销售，产品外包装盒上均标明“孔府家集团、山东孔府家酒股份有限公司出品”。

二审判决及理由

本案的争议焦点为，一、被上诉人孔府家酒股份公司是否具备诉讼主体资格；二、上诉人曲阜市粮食酒厂的行为是否构成不正当竞争。

一、关于被上诉人孔府家酒股份公司是否具备诉讼主体资格的问题

二审法院认为，被上诉人孔府家集团是被上诉人孔府家酒股份公司的最大股东，被上诉人孔府家集团许可被上诉人孔府家酒股份公司使用其“孔府家”及“狮子头”注册商标，涉案三种孔府家“孔府家大陶家酒、金装孔府家酒、双龙乳白家酒”均由二者共同生产销售，产品外包装盒上均标明“孔府家集团、山东孔府家酒股份有限公司出品”。

虽然孔府家“金装大陶家酒”的包装盒已由广州酒类羊城有限公司申请并获得了外观设计专利，但孔府家“金装大陶家酒”的包装盒使用时间早于该专利申请日，广州酒类羊城有限公司申请外观设计专利亦经过了被上诉人孔府家集团的许可，而且本案中，被上诉人孔府家集团和被上诉人孔府家酒股份公司主张的是不正当竞争侵权损害赔偿，而并未提起商标或外观设计专利侵权诉讼，因此，上诉人曲阜市粮食酒厂主张被上诉人孔府家酒股份公司不具备诉讼主体资格依据不足，不能成立。

二、关于上诉人曲阜市粮食酒厂的行为是否构成不正当竞争的问题

二审法院认为，《反不正当竞争法》第五条第（二）项规定，擅自使用知名商品特有的名称、包装、装潢，或者使用与知名商品近似的名称、包装、装潢，造成和他人的知名商品相混淆，使购买者误认为是该知名商品的，构成不正当竞争行为。

本案中，被上诉人孔府家集团和被上诉人孔府家酒股份公司生产的系列酒名称均为“孔府家酒”，而“孔府家”系被上诉人孔府家集团受让取得的注册商标，核定使用的商品为第 33 类白酒，“孔府家”注册商标自 2001 年至今连续被山东省工商局授予“山东省著名商标”，被上诉人孔府家酒股份公司生产的孔府家牌浓香型白酒 2004 年被授予山东名牌称号，2004 年 3 月被上诉人孔府家集团被授予“中国白酒工业百强企业”证书，2005 年 9 月被上诉人孔府家酒股份公司被授予“山东省白酒行业综合实力五十强企业”证书，曲阜市工商局曲工商行处字（2004）第 121 号行政处罚决定书认定“孔府家”酒为知名商品，其包装、装潢为知名商品特有的包装、装潢，原审法院根据上述证据认为“孔府家”牌系列白酒在山东省特别是曲阜市地区享有较高的知名度，为相关公众所知悉，应当认定为知名商品并无不当，上诉人曲阜市粮食酒厂虽对此提出异议，但不能提交充分证据证明。

涉案孔府家“孔府家大陶家酒、金装孔府家酒、双龙乳白家酒”均系被上诉人孔府家集团和被上诉人孔府家酒股份公司生产时间较早的白酒，上述三种产品的包装装潢中使用的“狮子头”和古车马、双龙图案、曲阜大成殿照片及孔府大门的楹联虽非被上诉人孔府家集团所有，但上述图案与被上诉人孔府家集团的“孔府家”注册商标及酒瓶照片编排组合并配以特定的色彩后，形成了独特的视觉效果，经过持续多年的使用，其包装装潢已经与被上诉人孔府家集团、被上诉人孔府家酒股份公司的产品紧密联系在一起，具有了较强的显著性，构成知名商品特有的包装装潢。

上诉人曲阜市粮食酒厂生产的“孔子宴酒、金装孔子家酒、孔子家酒”的包装装潢与被上诉人孔府家集团和被上诉人孔府家酒股份公司的涉案三种酒产品的特有包装装

潢相比较可见，两者的图案、照片、布局、颜色及字体的编排组合几乎完全相同，整体视觉效果相近，只是在商品名称及商标上略有差别，而二者的商品名称中的“孔子”与“孔府”之间也有特定联系，二者又均在同一地区生产销售，一般消费者施以普通注意力容易产生误认或混淆。上诉人曲阜市粮食酒厂虽主张其“金装孔子家酒和孔子家酒”的包装装潢使用的是其已获得授权的外观设计专利，但其不能提交证据证明其专利申请日早于被上诉人孔府家集团和被上诉人孔府家酒股份公司的涉案产品包装装潢的使用时间，且其提交的专利号为 ZL200430112311.4 的外观设计专利与其实际使用的涉案被控侵权的“金装孔子家酒”的包装装潢亦不相同，因此，其主张不能成立，原审法院认为上诉人曲阜市粮食酒厂的行为构成不正当竞争，并无不当。

综上，原审判决认定事实清楚，适用法律正确，应予维持。上诉人曲阜市粮食酒厂的上诉请求及理由依据不足，不能成立，应予驳回。依照《民事诉讼法》第一百五十三条第一款第（一）项之规定，判决如下：

驳回上诉，维持原判。

二审案件受理费 2 910 元，由上诉人曲阜市粮食酒厂负担。

案例22：绿叶公司与雾中花公司侵犯知名商品特有包装、装潢纠纷案

原告（被上诉人）：扬州绿叶食品有限公司（以下称“绿叶公司”）
被告（上诉人）：扬州市雾中花食品工贸有限公司（以下称“雾中花公司”）

一审法院：江苏省扬州市中级人民法院
一审案号：（2005）扬民三初字第0052号
一审合议庭成员：戴子平、李志平、于毅
一审结案日期：2006年5月19日

二审法院：江苏省高级人民法院
二审案号：（2006）苏民三终字第0110号
二审合议庭成员：宋健、汤茂仁、顾韬
二审结案日期：2006年9月22日

案由：擅自使用知名商品特有包装、装潢纠纷

关键词：知名商品，特有包装、装潢，特定区域内，相似，混淆，在先使用

涉案法条

《反不正当竞争法》第五条第（二）项、第二十条
《民法通则》第一百三十四条
《民事诉讼法》第一百五十三条第一款第（一）项

争议焦点

- 反不正当竞争法所保护的知名商品，因没有法定的认定程序和机构，当事人发生争议并诉至法院后，系由法院结合相关公众对该商品的知晓程度、市场销售情况、广告宣传投入、该商品在权威性评奖评优中的获奖记录以及作为知名商品受保护记录等因素进行综合判断。
- 知名商品原则上应当要求在全国市场范围内知名，这有利于全国交易顺畅、平等竞争的统一大市场的形成。但是，对于在特定区域内知名的商品，为防止该特定区域内同业竞争者的不正当竞争，对特定区域内的知名商品给予反不正当竞争法的保护，

符合该法的立法宗旨。

- 为了适应市场竞争的需要，生产者根据市场变化和消费者的需求而改变知名商品的包装、装潢，有利于繁荣市场，通常不会导致知名商品较高知名度的降低。因为包装、装潢的显著性与区别性仅涉及对知名商品包装、装潢“特有性”的认定，并非知名商品本身的认定条件。
- 对知名商品特有包装、装潢的权益发生争议的，按照使用在先的原则予以认定。
- 与他人的商品包装、装潢虽然存在少量细节差异，但主体部分和整体风格极为相似，使得消费者在视觉上难以识别，足以使相关消费者产生混淆和误认，则对他人仍然构成不正当竞争。
- 维护诚信经营的商业道德和正常有序的市场竞争环境，符合《反不正当竞争法》的立法宗旨，面对日益激烈的市场竞争环境，生产相同或同类商品的同业竞争者，应当更加重视对各自商业标识的显著性和区别性特征的创造与维护。

审判结论

一、被告雾中花公司于一审判决生效之日起立即停止使用与原告绿叶公司“绿叶”牌枕式牛皮糖包装、装潢近似的“雾中花”牌枕式牛皮糖包装糖纸，并销毁其库存的“雾中花”牌枕式牛皮糖包装糖纸。

二、被告雾中花公司于一审判决生效之日10日内赔偿原告绿叶公司损失人民币12 000元。

一审案件受理费910元，其他费用800元，合计人民币1 710元由雾中花公司负担。

二审判决驳回上诉，维持原判。

二审案件受理费910元，其他案件受理费200元，由雾中花公司负担。

起诉及答辩

原告绿叶公司诉称：绿叶公司系由原扬州市糖果二厂（以下称“糖果二厂”）改制而成，原告因此持有的“绿叶”牌牛皮糖注册商标先后被评为江苏省著名商标、扬州市知名商标和江苏质量信得过产品。2004年8月，原告印制新的枕式牛皮糖包装、装潢糖纸，9月用于包装产品并投放市场，取得良好效益。2005年3月起，原告该包装的产品销量逐月下降，究其原因系被告仿冒原告特有的包装、装潢生产和销售“雾中花”牌牛皮糖，使消费者产生误认和混淆，构成不正当竞争。故请求法院判令被告：1. 立即停止使用与原告“绿叶”牌枕式牛皮糖包装、装潢近似的“雾中花”牌牛皮糖包装糖纸，并销毁库存糖纸；2. 赔偿损失2万元；3. 承担本案诉讼费。

被告雾中花公司辩称：1. 原告系改制企业，其证据不能证明“绿叶”商标系其所有；2. 原告证据虽证明“绿叶”商标是知名商标，但不能证明其枕式牛皮糖是知名商品，也不能证明该枕式牛皮糖包装、装潢为其特有。

事实认定

糖果二厂的“绿叶”牌商标于1987年获准注册，核准在糖果、糕点、南糖商品上。1999年和2002年两次被江苏省工商行政管理局评为“江苏省著名商标”，该厂生产的“绿叶”牌牛皮糖被生效法律文书认定属于知名商品。

绿叶公司系由糖果二厂改制而成，原告因此持有糖果二厂的“绿叶”牌商标。其后，2005年4月被评为“扬州市知名商标”，2005年6月“绿叶”牌牛皮糖被江苏市场产品质量监督调查办公室等部门授予“江苏质量信得过产品”。

2004年8月，原告印制新的枕式牛皮糖包装、装潢糖纸，9月用于包装商品并投放市场。2005年3月起，原告发现被告生产的雾中花枕式牛皮糖的包装、装潢与原告的相近似，使消费者产生误认和混淆，导致原告商品销量逐月下降。

原告以其因侵权所受损失以及被告因侵权所获利益难以确定，请求江苏省扬州市中级人民法院酌情判令被告赔偿原告人民币2万元。

一审判决及理由：

被告雾中花公司仿冒知名商品特有的包装、装潢，构成侵权，并承担民事责任。理由是：

1. 原告绿叶公司生产的“绿叶”牌牛皮糖属于知名商品。“绿叶”牌牛皮糖曾被生效法律文书认定为知名商品。原告绿叶公司取得“绿叶”商标后，该商标又被评为“扬州市知名商标”，“绿叶”牌牛皮糖被授予“江苏质量信得过产品”，说明该公司对原本属于知名商品的“绿叶”牌牛皮糖继续投入和开发，在市场上依然保持着相当的知名度，为相关公众所知悉。故原告所生产的“绿叶”牌牛皮糖属于知名商品。

2. 原告绿叶公司“绿叶”牌枕式牛皮糖的包装、装潢为该牛皮糖所特有，并使用在先。“绿叶”牌枕式牛皮糖的包装、装潢具有显著性和区别性特征，非相关商品所通用。原告提供糖纸购销合同、糖纸设计样稿和增值税发票，充分证明了其枕式牛皮糖的包装、装潢于2004年9月已经投放市场。相比而言，被告的枕式牛皮糖的包装、装潢亦已投放市场，却只提供一份未注明时间的糖纸设计理念说明，不能证明其枕式牛皮糖的包装、装潢的设计和使用时间。故应认定原告绿叶公司“绿叶”牌枕式牛皮糖的包装、装潢使用在先。

3. 原、被告涉案的商品包装、装潢相近似，足以使消费者产生误认和混淆。从整体上比较双方枕式牛皮糖的包装、装潢，“绿叶”牌以其两端边花和中间商标、文字组合的带状设计，构成显著的主体部分。而“雾中花”牌的主体设计风格和整体效果与“绿叶”牌直观上难以区分，通过隔离观察，两者包装、装潢亦十分近似，尤其在包装糖果实物后，相似效果更加突出。相对于扬州这一全国著名旅游城市，牛皮糖是其地方特产之一，“绿叶”牌牛皮糖在扬州市乃至江苏省范围内均享有一定知名度，一般购买者的范围还包括中外各地游客，以其普通注意力难以区别被告商品的来源，致使消费者发生误认和混淆。上述表明，被告雾中花公司的辩称理由不能成立，一审法院不予采纳。

综上，被告雾中花公司擅自使用与原告绿叶公司“绿叶”牌枕式牛皮糖包装、装潢相近似的包装、装潢，足以造成普通消费者混淆和误认，构成不正当竞争行为。由此，被告雾中花公司应当承担停止侵权、赔偿损失的民事责任。对于赔偿数额应当充分考虑原告绿叶公司为制止侵权行为所支付的合理支出、原告商品声誉等因素，一审法院酌定为人民币12 000元。

据此，依据《反不正当竞争法》第五条第（二）项、第二十条、《民法通则》第一百三十四条之规定，判决如下：

一、被告雾中花公司于一审判决生效之日起立即停止使用与原告绿叶公司“绿叶”牌枕式牛皮糖包装、装潢近似的“雾中花”牌枕式牛皮糖包装糖纸，并销毁其库存的“雾中花”牌枕式牛皮糖包装糖纸。

二、被告雾中花公司于一审判决生效之日10日内赔偿原告绿叶公司损失人民币12 000元。

案件受理费910元，其他费用800元，合计人民币1 710元由被告雾中花公司负担（此款原告绿叶公司已预交，被告履行一审判决时一并交付原告绿叶公司）。

上诉理由

雾中花公司不服一审判决，向江苏省高级人民法院提起上诉，请求撤销一审判决，驳回被上诉人的全部诉讼请求，并承担全部上诉费用。其上诉理由是：

一、被上诉人2004年8月新包装的枕式牛皮糖投放时间极短，被上诉人也未进行任何的广告与宣传，因此不可能成为知名商品。著名商标持有者生产的产品不必然是知名商品。只有该持有者生产的相关商品依据其品牌、通过长期宣传或销售，获得了较高的市场占有率和相关公众较高的认同度，该商品才可能成为知名商品。其他生产者也才有仿冒该产品以诱导消费者购买的必要和动机。被上诉人新包装的枕式牛皮糖至少应当在市场上销售相当长的时间，并有相当的市场占有率后，才可能使相关公众在该商品的包装和品牌之间建立意识上的联系。然而从被上诉人2004年9月将该商品投入市场至2005年3月发现上诉人“侵权”的期间是短短的5个月的时间。一审判决对“原本属于知名商品的‘绿叶’牌牛皮糖继续投入和开发，在市场上依然保持着相当的知名度”的认定不合逻辑。

二、被上诉人新使用的枕式牛皮糖包装、装潢不符合反不正当竞争法对“特有”认定的要求。1. 数家同类企业都在被上诉人之前已经使用了类似的包装。被上诉人至多只是在上诉人之先使用，不属于法律意义上的在先使用。2. 被上诉人使用的新包装其装潢风格相当大众化，许多企业都使用类似包装，没有任何特有性。第一，该包装与被上诉人的企业名称、商标等没有任何关联性，也没有任何寓意或含义；第二，该包装上市时间相当短，如此大众化的包装不具备向“特有性”转化的基本时间条件；第三，基于许多厂家都已经使用类似的包装，这样的包装不具备逐步“特有化”的可能。

三、上诉人与被上诉人的涉案包装不足以让消费者对两个厂家的产品产生混同或混淆。上诉人与被上诉人两者的枕式牛皮糖在表面上似乎有一定的相似性，但上诉人包装纸上的“雾中花”标志非常明显，对于本案涉及的两家企业的全新商品，商标才是人们认购的主要依据，上诉人以圆形图案的形式对商标予以了突出。在商场等地的标签上都明确无误地标明上诉人的产品是“雾中花”牌牛皮糖，不看标签或者不认识标签的顾客基本上是不存在的。

四、上诉人使用的涉案包装是经过设计公司设计而成，并形成了一系列的特色包装，其中一款包装与被上诉人的有相似性，完全是一种巧合，不具备《反不正当竞争法》第五条规定的“擅自使用”之主观心态。

二审中，绿叶公司答辩请求依法驳回上诉人的上诉请求，维持原判。其答辩理由是：

一、绿叶公司生产、销售的“绿叶”牌牛皮糖是知名产品。枕式牛皮糖是“绿叶”牌牛皮糖系列产品中的主要产品。雾中花公司为了与答辩人竞争市场份额，屡次仿冒答辩人的包装、装潢，对答辩人推出的新包装采取“跟进”战术。

二、枕式牛皮糖是绿叶公司特有的包装、装潢。雾中花公司没有证据能够证明许多厂家都在使用。即使许多厂家都已经使用，但没有依据证明其使用在先，同时许多厂家都仿冒，并不构成“法不治众”，更不能以此免除雾中花公司的侵权责任。

三、雾中花公司的涉案包装、装潢足以让消费者对两个厂家的产品产生混淆。枕式牛皮糖是地方特产的旅游产品，一个旅游景点中有众多的个体销售摊位。由于销售商的个体性、分散性、经营的不规范，在多种场合下并无产品标签，或标签内容不完整，更由于消费者均是游客，在来去匆匆的旅游品采购中目不暇接，难以详细阅读标签。在二审庭审中，绿叶公司主张其诉讼请求主要是针对散装牛皮糖构成误认的情况。

二审查明事实

对于一审法院查明的事实，雾中花公司除对一审判决认定绿叶公司于2004年8月印制新的枕式牛皮糖糖纸，9月用于包装商品并投放市场持有异议外，对其他事实无异议。绿叶公司对一审查明的事实无异议。二审法院对当事人均无异议的事实部分予以确认。

扬州市名牌产品认定委员会于2003年12月授予“绿叶”牌牛皮糖为“扬州名牌产品”，有效期自2003年12月至2005年12月。江苏省工商行政管理局于2005年8月28日续展认定“绿叶”商标为“江苏省著名商标”，有效期3年。

2004年8月26日至2005年4月16日，绿叶公司进行广告宣传的投入为225 150元。从所开具的发票看，绿叶公司的宣传区域主要在扬州地区，此外还涉及广州和上海。

经扬州市国家税务局盖章确认，2004年绿叶公司申报销售收入为9 011 585.26元，其中枕式牛皮糖为7 599 469.55元；2005年申报销售收入为10 662 273.57元，其中枕式牛皮糖为9 265 515.73元。

在二审庭审中，双方当事人对争议牛皮糖的包装、装潢进行了比对。“绿叶”牌枕式牛皮糖透明包装纸的两端为黄色边花；两端黄色边花的里侧各横贯一条黄色横带，其上镶有镂空的文字，一边为产品标准号、配料内容，另一边为“扬州绿叶食品有限公司”；黄色横带里侧有黄色实体文字，一边为“扬州特产”，另一边为“著名商标”；包装纸中间位置横贯一条横带，横带中间镶有黄色的“绿叶”图文商标，商标两侧的文字为黄色，内容分别为“绿叶牌牛皮糖”和“不吹牛的牛皮糖”；根据牛皮糖的不同口味，横带相应有多种颜色。

“雾中花”牌枕式牛皮糖透明包装纸的两端为黄色边花；两端黄色边花的里侧为黄色实体文字，一边为配料内容，另一边为“扬州雾中花食品工贸有限公司”及厂址；包装纸中间位置横贯有一条横带，横带中间镶有圆形、黄色的“雾中花”图文商标，商标两侧的文字分别为“雾中花牛皮糖”和“扬州特产”及所标明的口味。根据牛皮糖的不同口味，横带相应有多种颜色。

二审判决及理由

《反不正当竞争法》第二条规定：“经营者在市场交易中，应当遵循自愿、平等、公平、诚实信用的原则，遵守公认的商业道德。”该法第五条第（二）项进一步明确规定：“擅自使用知名商品特有的名称、包装、装潢，或者使用与知名商品近似的名称、包装、装潢，造成和他人的知名商品相混淆，使购买者误认为是该知名商品的”，构成仿冒知名商品特有的名称、包装、装潢的不正当竞争行为。

本案上诉人雾中花公司使用涉案枕式牛皮糖包装、装潢的行为，已构成对被上诉人绿叶公司“绿叶”牌牛皮糖知名商品特有的包装、装潢的不正当竞争，依法应当承担相应的民事责任。

一、被上诉人绿叶公司“绿叶”牌牛皮糖属于特定区域内的知名商品

首先，被上诉人绿叶公司“绿叶”牌牛皮糖属于知名商品。知名商品是指在市场上具有一定知名度，为相关公众所知悉的商品。反不正当竞争法所保护的知名商品，因没有法定的认定程序和机构，当事人发生争议并诉至法院后，系由法院结合相关公众对该商品的知晓程度、市场销售情况、广告宣传投入、该商品在权威性评奖评优中的获奖记录以及作为知名商品受保护记录等因素进行综合判断。

二审法院认定被上诉人绿叶公司生产、销售的“绿叶”牌牛皮糖为知名商品，综合考虑了以下因素：

1. 被上诉人绿叶公司的前身扬州市糖果二厂是扬州地区较早生产牛皮糖的专业厂家，其“绿叶”商标于1987年获准注册，1995年该厂即形成了牛皮糖生产企业标准。

2. “绿叶”牌牛皮糖以其稳定的产品质量，获得了良好的商业信誉。“绿叶”商标于1999年、2002年、2005年连续三次被江苏省工商行政管理局认定为省著名商标。

2005年被江苏省扬州市工商行政管理局认定为"扬州市知名商标"。"绿叶"牌牛皮糖于2003年12月被扬州市名牌产品认定委员会授予"扬州名牌产品"，于2005年6月被江苏市场产品质量监督调查办公室、江苏名牌促进会、江苏省3.15维权投诉监督跟踪调查办公室联合授予"江苏省质量信得过产品"。

3. 被上诉人绿叶公司为保持"绿叶"商标的知名度，对该品牌持续进行了广告宣传投入。仅自2004年8月至2005年4月被上诉人绿叶公司投入广告宣传的费用达到225 150元。

4. "绿叶"牌牛皮糖具有一定的市场销售量。2004年、2005年被上诉人绿叶公司的销售收入分别为9 011 585.26元和10 662 273.57元，其中枕式牛皮糖分别占84%和87%。

5. "绿叶"牌牛皮糖作为知名商品有受到法院生效裁判保护的记录。2002年5月23日江苏省高级人民法院以（2002）苏民三终字第033号民事判决，认定扬州市糖果二厂"绿叶"牌牛皮糖属于知名商品。扬州市万和商贸有限公司擅自使用与扬州市糖果二厂"绿叶"牌花式牛皮糖包装、装潢相近似的包装、装潢，构成不正当竞争。

以上事实证明，"绿叶"牌牛皮糖符合知名商品的认定条件。

其次，被上诉人绿叶公司"绿叶"牌牛皮糖属于特定区域内的知名商品。

知名商品原则上应当要求在全国市场范围内知名，这有利于全国交易顺畅、平等竞争的统一大市场的形成。但是，对于在特定区域内知名的商品，为防止该特定区域内同业竞争者的不正当竞争，对特定区域内的知名商品给予反不正当竞争法的保护，符合该法的立法宗旨。扬州是我国重要的历史名城和著名旅游城市。牛皮糖是扬州的传统地方特产。在扬州众多品牌的牛皮糖中，"绿叶"牌牛皮糖作为扬州名牌产品，具有较高的市场知名度，其作为特定区域内的知名商品为相关消费者所知悉。

最后，被上诉人绿叶公司对"绿叶"牌牛皮糖更换新的枕式包装、装潢，并不影响其作为知名商品的认定。

通常情况下，品牌效应是知名商品具有较高市场知名度和良好商品品质及商誉的集中体现。为了适应市场竞争的需要，生产者根据市场变化和消费者的需求而改变知名商品的包装、装潢，有利于繁荣市场，通常不会导致知名商品较高知名度的降低。因为包装、装潢的显著性与区别性仅涉及对知名商品包装、装潢"特有性"的认定，并非知名商品本身的认定条件。本案中，上诉人雾中花公司关于被上诉人绿叶公司新包装、装潢的上市时间较短、不可能成为知名商品的上诉理由缺乏事实依据和法律依据，混淆了知名商品的认定条件，二审法院不予采信。

二、"绿叶"牌枕式牛皮糖包装、装潢为知名商品的特有包装、装潢，且在特定区域内在先使用

"绿叶"牌枕式牛皮糖的包装、装潢具有区别于其他同类产品的显著区别性特征。

从总体上看，"绿叶"牌枕式牛皮糖两端的黄色边花、镶有商标和文字的带状设计、色彩及其排列组合，构成其显著的主体部分，形成其特有的包装、装潢风格。本案

上诉人雾中花公司主张被上诉人绿叶公司的枕式牛皮糖包装、装潢系通用包装、装潢，没有任何特有性。经比较二审中上诉人雾中花公司提供多个品牌的牛皮糖实物及包装纸，其中一些品牌的包装、装潢与"绿叶"牌相似，但上诉人雾中花公司对其形成及使用时间未能加以证明；而"绿扬村"牌、"万元"牌、"郁兰"牌尽管也同样采用了两端黄色边花、中间有一条横带的设计思路，但上述品牌通过改变并强化局部设计，使其主体部分的设计风格明显有别于"绿叶"牌，从而形成了各自鲜明的区别性特征。

故上诉人雾中花公司主张"绿叶"牌牛皮糖枕式包装、装潢不具有特有性的上诉理由不能成立。

对知名商品特有包装、装潢的权益发生争议的，按照使用在先的原则予以认定。

1. 本案一审中，被上诉人绿叶公司已经提供了相关的购销合同、糖纸样稿、增值税发票，用以证明其新的枕式牛皮糖包装纸于2004年8月完成设计，其枕式牛皮糖于2004年9月已投放市场。二审庭审中，上诉人雾中花公司主张被上诉人绿叶公司提供的2004年8月的糖纸设计样稿与其实际使用的牛皮糖包装纸实物相比存在两点差异：一是包装纸实物两端黄色边花下方增加了样稿中没有的"扬州特产"、"著名商标"的字样；二是配料文字由原稿中的侧面改为实物中的黄色边花的侧面。故该样稿不能作为被上诉人绿叶公司在先使用的证据。对此被上诉人绿叶公司辩称，其实际包装对设计样稿确实进行了一定修改，因其产品是知名商品，所以在实际印制的包装纸上加印了"知名商品"等字样。二审法院认为，构成"绿叶"牌牛皮糖包装、装潢显著特征和区别性特征的主体部分，在其提供的样稿上已经形成，上诉人雾中花公司主张的上述细微差异并不构成实质性差异。

2. 在被上诉人绿叶公司已经提供其包装、装潢具有显著性特征以及在特定区域内在先使用的相关证据后，反驳被上诉人绿叶公司在先使用的证明责任应当由上诉人雾中花公司承担。一审中，上诉人雾中花公司提供了"雾中花"牌枕式牛皮糖包装、装潢的设计理念说明，但并未证明该设计理念的形成时间。二审中，上诉人雾中花公司又提供了数份与"绿叶"牌相似的枕式牛皮糖包装纸及牛皮糖实物，但均未证明系在被上诉人绿叶公司之前形成并使用。上诉人雾中花公司不能证明在被上诉人绿叶公司使用涉案枕式牛皮糖包装、装潢之前市场上已经有相同或相近似的牛皮糖包装、装潢出现，应承担举证不能的法律后果。

3. 二审中上诉人雾中花公司主张其设计与被上诉人绿叶公司的设计"有相似性完全是一种巧合"。对此，二审法院认为，上诉人雾中花公司与被上诉人绿叶公司同属扬州地区的同业竞争者，且双方之间长期存在激烈的竞争关系，屡次发生知名商品特有的包装、装潢争议，因此上诉人雾中花公司关于巧合性相同设计的解释，不具有合理性，二审法院难以采信。

三、"雾中花"牌枕式牛皮糖包装、装潢与"绿叶"牌枕式牛皮糖包装、装潢构成近似，足以使相关消费者产生混淆和误认

二审中，上诉人雾中花公司主张其包装纸上的"雾中花"商标非常明显，并认为

商标是人们认购的主要依据，且在商场等地柜台的标签上都有明确无误的标注。同时，涉案包装作为内包装不会影响消费者的判断力。

对此，二审法院认为，上诉人雾中花公司的上述理由不能成立。理由是：

1. 经整体观察和隔离观察，“雾中花”牌枕式牛皮糖与“绿叶”牌枕式牛皮糖相比较，其包装、装潢虽然存在少量细节差异，但主体部分和整体风格极为相似，使得消费者在视觉上难以识别。因为牛皮糖本身是一种体积很小的食品。因两者均采用了透明包装纸、黄色边花和黄色文字、中间横带的设计，且字体极小，中间横带的颜色和宽度基本相同，因此在包装糖果实物后，两者的视觉印象基本相同，不经仔细辨别很难发现其在商标及文字内容上的差异。

2. 被上诉人绿叶公司所主张的混淆主要是针对散装牛皮糖而言。上诉人雾中花公司二审中提供的拍摄于扬州某超市的散装牛皮糖照片，本身即可证明除了袋（盒）装牛皮糖外，散装牛皮糖市场是客观存在的。因此，就散装牛皮糖而言，包装糖纸并非内包装，其特有的包装、装潢特征具有识别商品来源的作用。同时，从上诉人雾中花公司提供的袋（盒）装牛皮糖实物来看，包装袋（盒）使用的材料基本是透明的，透过透明的袋（盒）消费者依然可以看清其中牛皮糖的包装、装潢特征。

3. 销售散装牛皮糖时即使有标签，但由于“雾中花”牌枕式牛皮糖的包装、装潢与“绿叶”牌枕式牛皮糖的包装、装潢整体风格近似，且牛皮糖不属于价格昂贵的商品，因而并不能排除普通消费者施以一般注意力仍然发生混淆和误认的可能性。

4. 维护诚信经营的商业道德和正常有序的市场竞争环境，符合《反不正当竞争法》的立法宗旨。二审法院认为，面对日益激烈的市场竞争环境，生产相同或同类商品的同业竞争者，应当更加重视对各自商业标识的显著性和区别性特征的创造与维护。从上诉人雾中花公司提供的诸多品牌的牛皮糖实物来看，即使同为枕式包装，也完全可以设计出不同的装潢风格。从长远来看，简单的商业仿冒既不利于企业创新能力的提升，也不利于品牌效应的形成。《反不正当竞争法》在鼓励竞争自由的同时，更鼓励技术创新，反对“搭便车”。

综上，二审法院认为，被上诉人绿叶公司“绿叶”牌枕式牛皮糖包装、装潢属于特定区域内知名商品特有的包装、装潢，应受到《反不正当竞争法》的保护。上诉人雾中花公司使用涉案枕式牛皮糖包装、装潢的行为构成不正当竞争。上诉人雾中花公司的上诉请求和理由不能成立，二审法院不予支持。一审判决认定事实清楚，适用法律正确，应予维持。依照《民事诉讼法》第一百五十三条第一款第（一）项之规定，判决如下：

驳回上诉，维持原判。

二审案件受理费910元，其他案件受理费200元，由上诉人雾中花公司负担。

案例23：白云山光华制药公司与世康特公司、保利祝福你大药房侵犯知名商品特有包装、装潢纠纷案

原告（被上诉人）：广州白云山光华制药股份有限公司（以下称“白云山光华制药公司”）

被告（上诉人）：上海世康特制药有限公司（以下称“世康特公司”）

被告：广东保利祝福你大药房连锁有限公司（以下称“保利祝福你大药房”）

一审法院：广州市天河区人民法院

一审案号：（2005）天法民二初字第2332号

一审合议庭成员：梁万生、张瑞平、朱文彬

一审结案日期：2006年4月26日

二审法院：广州市中级人民法院

二审案号：（2006）穗中法民三终字第2号

二审合议庭成员：彭新强、龚麒天、谢平

二审结案日期：2006年×月×日❶

案由：擅自使用知名商品特有包装、装潢纠纷

关键词：知名商品，特有包装、装潢，仿冒，近似，误认，实质审查

涉案法条

《反不正当竞争法》第五条第（二）项、第二十条第一款；

《民事诉讼法》第一百五十三条第一款第（一）项。

争议焦点

- 如果请求保护的并非其外观设计专利，而是以对方构成不正当竞争为由要求保护在先使用权利，则无论对方最终是否取得涉案的被告的小柴胡颗粒包装装潢的外观设计专利，均不影响其依照《反不正当竞争法》的相关规定主张权利。
- 所谓知名商品是指在市场上具有一定知名度，为相关公众所知悉的商品。对知名商

❶ 因所收集的广州市中级人民法院（2006）穗中法民三终字第2号民事判决书中的二审结案日期不明，故未能提供确切的二审结案日期。

品的认定，应当考虑该商品在相关市场领域中的知名度、质量、销售时间、销售地域、市场份额、广告宣传、在相关消费者中的信誉度等综合因素。

- 商品包装是指为识别商品以及方便携带、储运而使用在商品上的辅助物和容器，商品装潢则是指为识别与美化商品而在商品上或者其包装上附加的文字、图案、色彩及其排列组合。对商品的包装装潢相同性、近似性的判断，是以商品消费者的一般注意力作为观察评判的标准，如果讼争的包装装潢的近似程度达到了足以引起购买者误认的程度，则可以认定侵权。
- 《专利法》的保护与《反不正当竞争法》的保护的侧重点不同，《专利法》侧重于保护产品及方法，而《反不正当竞争法》侧重保护产品市场，防止消费者的混淆误认，维护市场正常竞争秩序。因此，二者的保护并不构成矛盾。使用已经进入公有领域的知名商品的特有外观设计如造成消费者的混淆误认，损害竞争对手，亦为《反不正当竞争法》所禁止。
- 如果被侵权者未能提供因侵权人侵权所受经济损失数额和为制止侵权行为所支出全部费用的直接证据，而侵权者因侵权获利的具体数额在现有证据中不能得到客观真实的反映，那么应综合考虑侵权人侵权行为的方式、侵害后果、主观过错程度以及侵权行为持续的时间、单位产品的售价、销售的地域以及被侵权者为制止侵权行为所必须支出的合理费用等因素酌情确定赔偿经济损失的数额。

审判结论

一、被告世康特公司自一审判决发生法律效力之日起，立即停止在其生产销售的“SCOND”小柴胡颗粒产品上使用与“禾穗牌”小柴胡颗粒包装上特有的装潢相近似的包装盒和包装袋，并销毁库存的侵权包装盒和包装袋；

二、被告世康特公司于一审判决发生法律效力之日起 10 日内，赔偿原告白云山光华制药公司经济损失 8 万元；

三、被告保利祝福你大药房自一审判决发生法律效力之日起立即停止销售包装盒和包装袋与“禾穗牌”小柴胡颗粒包装上的特有装潢相近似的世康特公司“SCOND”小柴胡颗粒产品。

一审案件受理费由原告负担 1 650 元，由被告世康特公司负担 3 910 元，由被告保利祝福你大药房负担 50 元。

二审判决驳回上诉，维持原判。

二审案件受理费 5 610 元，由上诉人上海世康特制药有限公司负担。

起诉及答辩

原告白云山光华制药公司诉称：原告为国家最早批准生产小柴胡冲剂的企业之一。1992 年 3 月 23 日，原告向中国专利局申请小柴胡冲剂包装袋外观设计专利并获得该局授予专利权。1992 年 3 月 25 日，原告又向中国专利局申请小柴胡冲剂包装盒外观设计专利并获授予专利权。原告在申请上述专利后，即使用该外观设计作为原告小柴胡冲剂

（颗粒）药品的包装、装潢，经原告多年使用并大量宣传，成为原告小柴胡冲剂（颗粒）药品特有的包装、装潢，并为消费者所认知。由于原告所生产的“禾穗牌”小柴胡颗粒（冲剂）品质优良，长期受到消费者的好评，2004 年 9 月被广东省质量技术监督局评定为广东省名牌产品。

根据 1992 年 12 月 26 日广州市经济体制改革委员会文件，广州光华制药厂改组为广州光华药业股份有限公司。2005 年 5 月 13 日，广州光华药业股份有限公司的企业名称变更为广州白云山光华制药股份有限公司，同年 6 月 2 日，广州市工商行政管理局批准原告变更名称登记。

原告根据 2002 年 7 月 10 日国家食品药品监督局核发药品注册证，小柴胡冲剂药品名称改为小柴胡颗粒。

2005 年 6 月初，原告在被告保利祝福你大药房位于广州市海珠区的江燕路分店里发现有大量的由被告世康特公司生产的与原告同名药品的包装、装潢极相近似的小柴胡颗粒在销售，后经调查核实，被告世康特公司生产的该药品已充斥广东、湖南等地，尤其是在广东珠三角区域市场上有大量销售。

由于被告世康特公司制造和销售的该产品的包装、装潢与原告所生产的名牌产品“禾穗牌”小柴胡颗粒的包装、装潢极其相似，极易使消费者将被告世康特公司的小柴胡颗粒产品误认为是原告的名牌产品，并直接导致误购，故两被告的行为已侵犯了原告的合法权利，并给原告造成了重大的经济损失。

被告世康特公司生产、销售和被告保利祝福你大药房销售与原告生产的名牌产品相近似的包装、装潢产品属违反我国有关反不正当竞争法律、法规的行为，已构成侵权，据此，原告起诉要求判令被告世康特公司立即停止侵权行为并销毁所有侵权产品，判令被告保利祝福你大药房立即停止销售被控侵权产品，判令被告世康特公司向原告赔偿经济损失 20 万元。

被告世康特公司辩称：被告使用的商品名称“小柴胡颗粒”是国家食品药品监督管理局核准的药品通用名称，并不是原告特有的商品名称。

“小柴胡颗粒”纸包装盒及包装袋系被告自行设计，其已就该自主知识产权于 2005 年 6 月 30 日申请外观专利，国家知识产权局已对申请进行受理，并可在近期授予专利权，故本案应中止审理。

被告产品“小柴胡颗粒”的包装、装潢与原告“小柴胡颗粒”的包装、装潢差异极为明显，销售中足以使消费者辨认、识别，并不会使人产生混淆。其理由是，被告产品的包装盒主视图、后视图以及俯视图上明确标有自己的注册商标，极为鲜明特殊，而原告在其产品上标注了两个商标，这两个商标与其商标有显著的不同，非常易于区分，在实际销售中仅通过原告与被告各自的商标标识，足以使消费者分清两种商品的不同生产者。此外，被告产品包装盒上的商品名称均标注在主视图和后视图的左侧，该“小柴胡颗粒”五字选用明黄色隶书书写，其底框由单条黄色线条围绕的黑色方框构成，该方框四角是四个分别内嵌的圆弧，整个商品名称标注方式给人以纤细、简练的感觉，而原告产品的商品名称虽同样是“小柴胡颗粒”，但其标注该五个汉字选用的是粗重的镏金字体，在书写方式、色彩、文字大小等方面与被告标注的商品名称都具有明显的差异，在视觉上极易为公众识别；原告商品名称的底框虽为黑色，但其四周边框则是两条粗细不等的线条包围，外层的线条粗重得多，颜色与被告使用的包装盒也完全不同，底框四角更没有被告特意设计的圆弧；在标注位置上，原告包装盒的商品名称均统一标注在盒子的右侧，与被告使用的包装盒的商品名称标注位置完全相反，且原告包装盒的商品名称所占面积较之其产品要宽大得多，因此从原、被告双方产品名称的标注位置、标注方式也可以将两种产品区分开来；原告产品包装的条形码标注在包装盒的左侧，而被告产品包装的条形码则是标注在右侧，并且在其产品标注条形码的位置处，原告的包装盒上写明的是半个版面的英文内容，因此，原、被告双方产品包装盒的左右两侧视图也不近似；原告产品包装盒的底部有便于拆开包装盒的切割线，故消费者打开原告产品会从底部开始，而被告产品的包装盒则没有该斜向拆装线，消费者按照习惯打开其产品的包装往往在顶部，由此，消费者也很容易将两者区分；即便将原、被告双方的包装盒以整体造型进行比较，两者的主色调也完全不同，被告的包装盒由明黄色与深褐色组成，原告包装盒则由暗黄色与亮红色构成，两个包装盒整体色彩截然相反，消费者即便不充分辨认包装盒上各个具体构成要素的差异，仅凭包装盒的颜色，也可以将两者区分开来；原、被告双方产品的小包装袋同样具有鲜明的差别，况且，消费者若要见到该包装袋，必须先打开大的包装盒，但原、被告双方的产品均是按整盒销售，亦即消费者在购买过程中，根本没有机会同时见到并比对双方的小包装袋，所以无论原、被告双方的小包装袋是否近似，两者同时使用都不会使消费者产生混淆，没有使公众误认，自然谈不上不正当竞争。

原告的诉求无理，打压被告正常经营的故意明显，其歪曲事实、滥用诉权的行为违背了诚实信用原则，其诉讼请求应予驳回。

被告保利祝福你大药房辩称：其并不知道涉案的产品是否属于侵权产品，但有合法来源，其在接到原告诉状后，已暂停销售被控侵权产品，总共下架涉案的世康特公司“小柴胡颗粒”195盒，若因此而受到损失，将另行主张权利。

事实认定

原告前身为广州光华制药厂，属国有企业，原广州光华制药厂自1991年开始合法生产销售“小柴胡冲剂”，于1992年3月向中华人民共和国专利局申请“小柴胡冲剂”包装盒以及包装袋外观设计专利，并被授予专利权。

1993年，原广州光华制药厂转制成为国有控股的股份有限公司，企业名称为广州光华药业股份有限公司，2001年，广州光华药业股份有限公司通过资产重组成为广药集团属下的白云山制药股份有限公司的子公司，2005年，广州光华药业股份有限公司经有关工商行政管理机关核准变更名称为广州白云山光华制药股份有限公司。

广州光华制药厂转制后，所生产销售的“小柴胡冲剂”仍沿用原来的包装装潢

（仅就生产商名称做相应变更），在按规定统一使用通用名称“小柴胡颗粒”后，其包装装潢也仅是将品名由“小柴胡冲剂”改为“小柴胡颗粒”。原告产品“小柴胡颗粒”外包装盒整体形状呈长方体形，整体采用浅黄色为底色，主视图以竖排文字、商标、OTC标识组合，包装盒正、背两面右侧均为黑底长形方框并以两条粗细不一的镏金线条围绕方框四周，方框内以镏金隶书体标注品名“小柴胡颗粒”五个汉字，品名上方标注OTC标识，左上角标注“禾穗牌”商标标识（背面同一位置标注“广药”商标），其余部分竖长条格则以深黄色隶书体列明小柴胡颗粒处方中草药名以突出和区分，顶部和底部均以枣红色横条围绕；左右视图主要以延长主视图竖长条格及标注小柴胡颗粒成分、功能与主治用法及用量、批准文号、生产商名称等文字说明组成（其中左视图有条码标识）；俯视图主色调为枣红色，靠下方中央处为黄色隶书体“小柴胡颗粒”五个汉字，该品名上方标注“禾穗牌”商标标识。原告产品“小柴胡颗粒”内包装为包装袋，正面与外包装盒主视图正面结构相同，只是底色略有差异，背面是小柴胡颗粒成分、功能与主治用法及用量、批准文号、生产商名称等文字说明，上下封口处为深褐色横条。

原告生产的禾穗牌“小柴胡颗粒”（最初品名为“小柴胡冲剂”）投入市场后，自1993年起开始受到好评，先后获得广州市医药管理局颁发的“1992年度科技成果进步奖”、中国明星企业暨企业产品展示会组委会及专家推荐认定小组颁发的“中国名牌产品”荣誉证书、广东省清远市技术监督局颁发的“清远市用户满意产品证书”、广东省质量技术监督局于2004年颁发的“广东省名牌产品”证书等，广东省医药行业协会于2005年9月所作关于禾穗牌产品行业排名情况说明也载明原告产品“小柴胡颗粒”近三年（2002～2004年）的产量、产值、利税等经济指标在广东省内同类产品中排名第一，其中“小柴胡颗粒”2002年产量6 372万包，销售量5 461万包，2003年产量8 250万包，销售量8 069万包，2004年产量8 115万包，销售量8 148万包。而根据原告的销售财务数据显示，其销售区域包括了国内22个省、自治区和直辖市。

原告在销售产品期间不断推广其禾穗牌系列产品，从其提交的证据显示，从2003年12月起，其推广禾穗牌品牌产品，投入的广告费用达800余万元，其中专门指向“小柴胡颗粒”的广告占较大的比例，广告形式包括电台广播、电视广告。公交汽车全车车身彩绘广告以及户外广告牌，广告区域主要分布在北京、广东、广西、湖南等地区，涉及的广告媒体包括了CCTV－1、CCTV－2、CCTV－3、CCTV－8等频道及湖南卫视娱乐频道和广东、广西等地的多家电视台。

被告世康特公司成立于1995年5月，其经营范围包括生产、销售片剂、胶囊剂、散剂等药品，领有《中华人民共和国药品生产许可证》。从现有证据显示，世康特公司于1997年4月取得“SCOND”商标注册证，于2002年10月取得小柴胡颗粒《药品注册证》，于2005年1月取得《中华人民共和国药品GMP证书》，世康特公司生产的小柴胡颗粒起初采用的外包装盒以白色为底色，以横排文字和植物图案组合。

直至2004年12月，被告世康特公司委托他人设计并印制小柴胡颗粒新的包装装潢，新包装的世康特公司小柴胡颗粒于2005年投放市场，其销售区域包括了广东、湖南等地区。世康特公司小柴胡颗粒新的包装装潢与其原来所用的包装装潢相比，无论是体积，还是颜色、文字、图案组合均完全不同。世康特公司小柴胡颗粒新包装盒整体形状呈长方体形（体积与原告产品小柴胡颗粒所用包装盒的大小完全一致），整体采用浅黄色为底色（与原告的小柴胡颗粒外包装盒的浅黄色略有差别），主视图以竖排文字、商标、OTC标识组合，包装盒正、背两面左侧均为黑底长形方框并以单条黄色线条围绕方框四周，该方框四角是四个分别内嵌的圆弧，方框内以浅黄色隶书体标注品名“小柴胡颗粒”五个汉字（黑底方框及字体均比原告的小柴胡颗粒外包装盒所标识的略小），品名上方标注“SCOND”商标标识，右上角标注OTC标识，其余部分竖长条格则以深黄色隶书体列明小柴胡颗粒处方中草药名以突出和区分，顶部和底部均以深褐色横条围绕；左右视图主要以延长主视图竖长条格及标注小柴胡颗粒成分、功能与主治用法及用量、批准文号、生产商名称等文字说明组成（其中右视图有条码标识）；俯视图主色调为深褐色，靠下方中央处为黄色隶书体“小柴胡颗粒”五个汉字，该品名上方标注“SCOND”商标标识。被告世康特公司产品“小柴胡颗粒”内包装为包装袋，正面与外包装盒主视图正面结构相同，只是底色有差异，背面是小柴胡颗粒成分、功能与主治用法及用量、批准文号、生产商名称等文字说明。

2005年6月30日，被告世康特公司就其“小柴胡颗粒”新包装的纸盒包装及包装袋向国家知识产权局申请外观设计专利，该局均已受理。

被告保利祝福你大药房曾于2005年4月20日与被告世康特公司签订买卖合同，约定由保利祝福你大药房向世康特公司购进“SCOND”小柴胡颗粒300盒，单价为每盒5.50元，世康特公司已履行供货义务。在上述买卖过程中，被告保利祝福你大药房已审验了世康特公司的相关经营证照及药品质量检验报告。

2005年8月23日，原告的工作人员会同广东省公证处的公证员到位于广州市海珠区的广东保利祝福你大药房江燕路分店购买了被告世康特公司生产的“小柴胡颗粒”一盒，金额为6.60元，并从该店取得了销售发票和小票各一张。为此，广东省公证处出具了该购买过程的公证书。广东保利祝福你大药房江燕路分店为被告保利祝福你大药房的分支机构，被告保利祝福你大药房对此购买事实没有异议。

一审判决及理由

一、本案没有法定的中止诉讼的事由

理由为，原告白云山光华制药公司在本案中请求保护的并非其外观设计专利，而是以被告构成不正当竞争为由要求保护在先使用权利。因此，无论被告世康特公司最终是否取得涉案的世康特公司小柴胡颗粒包装装潢的外观设计专利，均不影响原告白云山光华制药公司依照《反不正当竞争法》的相关规定主张权利。据此，被告世康特公司要求中止本案的诉讼没有法律依据，一审法院不予采纳。

二、原告白云山光华制药公司生产的“禾穗牌”小柴胡颗粒为知名商品，相关的

装潢为该商品所特有

我国《反不正当竞争法》规定的知名商品是指在市场上具有一定知名度，为相关公众所知悉的商品。对知名商品的认定，应当考虑该商品在相关市场领域中的知名度、质量、销售时间、销售地域、市场份额、广告宣传、在相关消费者中的信誉度等综合因素。

根据已经查明的事实，原告白云山光华制药公司多年来为推广、促销“禾穗牌”小柴胡颗粒进行了大量的广告宣传，销售范围涉及全国各大城市，销售数量大，产品质量好，信誉度较高，且多次获奖，广东省质量技术监督局为其颁发了“广东省名牌产品”证书。在消费者中，尤其是在广东、广西、湖南等地，“禾穗牌”小柴胡颗粒具有较高的知名度，故可以认定其为知名商品。“禾穗牌”小柴胡颗粒的装潢设计独特，该装潢底色与品名、背景小柴胡颗粒处方中草药名的标注融为一体，凝结了设计人员的智力投入，具备显著性，为该商品所特有，应当给予保护。

被告世康特公司虽然提供了数家企业的小柴胡颗粒的包装装潢，但其中有部分与原告白云山光华制药公司所用包装装潢完全不同，即使其中也有部分相近似，但世康特公司不能证明其何时开始使用、使用的范围以及使用状况，不能据此认定其先于原告白云山光华制药公司使用或原告白云山光华制药公司所使用的“禾穗牌”小柴胡颗粒的装潢已成为该类商品的通用装潢，被告的有关主张不能成立。

三、被告世康特公司所使用的小柴胡颗粒包装上的装潢与原告白云山光华制药公司“禾穗牌”小柴胡颗粒包装上的装潢相近似，足以造成消费者的误认，被告世康特公司的行为已构成不正当竞争，应承担相应民事责任

商品包装是指为识别商品以及方便携带、储运而使用在商品上的辅助物和容器，商品装潢则是指为识别与美化商品而在商品上或者其包装上附加的文字、图案、色彩及其排列组合。对商品的包装装潢相同性、近似性的判断，是以商品消费者的一般注意力作为观察评判的标准，如果讼争的包装装潢的近似程度达到了足以引起购买者误认的程度，则可以认定侵权。

原告白云山光华制药公司“小柴胡颗粒”外包装盒呈长方体形，内包装为小包装袋，该种包装被为数众多的药品所采用，不具有显著性，故不属于特有的包装，但在本案中，包装的形状、大小等相同并为同类商品通用并不意味着在对包装物装潢进行相似性和误导性的评判时就可以完全不考虑包装本身是否相同或者近似的因素。将原告白云山光华制药公司“小柴胡颗粒”的包装装潢与被告世康特公司“小柴胡颗粒”包装装潢进行比对：二者包装盒的整体形状相同，主体色调均采用黄色，虽然略有色差，但异地观察，区别并不明显；包装盒正面与背面的文字、图案整体布局基本相同，文字的排列方式均为竖排，字体均采用隶书，最醒目处均以黑底方框衬托“小柴胡颗粒”品名，竖长条格有关小柴胡颗粒处方中草药名的列举均采用较底色略深的隶书体竖排，虽然品名的字体大小有差别，且所处位置一左一右，但当该商品包装装潢异时异地呈现时，一般消费者施以普通注意力并不容易加以区分，极有可能根据自身对该包装盒装潢整体风

格的印象，作出错误的判断，即使以左、右视图呈现，在施以普通注意力的情况下，二者也不易区分；内包装（包装袋）的文字排列、字体及大小、整体的布局也与上述情况相同。至于被告世康特公司从包装盒标注各自的注册商标、品名标注的位置、字体大小、黑色底方框的形状、主体色调的差别、条形码标注位置、包装盒拆装线等方面就两包装装潢存在明显区别提出意见，但如上所述，两者在细节上的不同并不足以影响整体上对相似的判断。

由此，无论是从包装装潢的总体印象、图案设计及布局、色彩，还是文字的编排上看，原告白云山光华制药公司产品“小柴胡颗粒”包装盒及包装袋上的装潢与被告世康特公司“小柴胡颗粒”的包装盒及包装袋上的装潢均构成相近似，足以造成一般消费者在施以普通注意力的情况下产生误认。

即使不将原告白云山光华制药公司前身广州光华制药厂生产销售“小柴胡冲剂”的时间计算在内，原告白云山光华制药公司生产销售“小柴胡颗粒”（原名称“小柴胡冲剂”）的时间也在被告世康特公司成立之前，没有证据证明原告白云山光华制药公司对所用包装装潢作出整体性的变更。

而被告世康特公司最初生产销售其“小柴胡颗粒”所使用的包装装潢是以白色底色加植物图案、文字组合，直至2004年年底才更换成本案讼争的包装装潢，因此，原告白云山光华制药公司在先使用涉案包装装潢是不争的事实。被告世康特公司未经原告白云山光华制药公司许可，刻意模仿原告白云山光华制药公司知名商品的装潢用于同一种商品，在相同地区进行销售，足以产生混淆，其仿冒知名商品特有装潢的主观故意明显，已构成不正当竞争，依法应承担停止侵害、赔偿经济损失的民事责任，被告世康特公司关于其产品“小柴胡颗粒”的内、外包装装潢不构成侵权的抗辩不能成立。

被告保利祝福你大药房虽然销售了上述侵权产品，但其在进货时已尽审验义务，在接到原告白云山光华制药公司诉状后已及时暂停了该商品的销售，因此不存在侵权的故意，其只应承担立即停止销售该商品的责任。

四、关于经济赔偿问题

被告世康特公司仿冒原告白云山光华制药公司知名商品特有装潢销售涉案产品，已构成不正当竞争，其行为在客观上已影响了原告白云山光华制药公司的正常销售，实际上也会造成原告白云山光华制药公司的经济损失，原告白云山光华制药公司要求被告世康特公司赔偿经济损失合法合理，惟其未能提供因被告侵权所受经济损失数额和为制止侵权行为所支出全部费用的直接证据，而被告世康特公司因侵权获利的具体数额在现有证据中不能得到客观真实的反映，一审法院也无法确认，故一审法院对原告白云山光华制药公司提出的赔偿金额20万元不予全额支持，将综合考虑被告世康特公司侵权行为的方式、侵害后果、主观过错程度以及侵权行为持续的时间、单位产品的售价、销售的地域、原告白云山光华制药公司为制止侵权行为所必须支出的合理费用等因素酌情确定赔偿经济损失的数额。

综上所述，依照《反不正当竞争法》第五条第（二）项、第二十条第一款的规定，判决如下：

一、被告上海世康特制药有限公司自一审判决发生法律效力之日起，立即停止在其生产销售的“SCOND”小柴胡颗粒产品上使用与“禾穗牌”小柴胡颗粒包装上特有的装潢相近似的包装盒和包装袋，并销毁库存的侵权包装盒和包装袋；

二、被告上海世康特制药有限公司于一审判决发生法律效力之日起10日内，赔偿原告广州白云山光华制药股份有限公司经济损失8万元；

三、被告广东保利祝福你大药房连锁有限公司自一审判决发生法律效力之日起立即停止销售包装盒和包装袋与“禾穗牌”小柴胡颗粒包装上的特有装潢相近似的上海世康特制药有限公司“SCOND”小柴胡颗粒产品。

本案受理费5 610元，由原告广州白云山光华制药股份有限公司负担1 650元，由被告上海世康特制药有限公司负担3 910元，由被告广东保利祝福你大药房连锁有限公司负担50元（该项费用已由原告白云山光华制药公司向一审法院预交，一审法院不予退回，被告上海世康特制药有限公司和被告广东保利祝福你大药房连锁有限公司各应负担部分，由其于一审判决发生法律效力之日起10日内分别径行支付给原告白云山光华制药公司)。

上诉理由

世康特公司不服上诉一审判决，向广州市中级人民法院提出上诉。世康特公司的上诉理由是：

一、白云山光华制药公司的“禾穗牌”小柴胡颗粒商品包装装潢并不是特有的包装装潢。上诉人在一审时已经提交证据材料证明，目前市场上存在由多个厂家生产的与上诉人及白云山光华制药公司生产的小柴胡颗粒商品包装装潢相同或相近似的产品，因此上诉人所使用的小柴胡颗粒商品包装装潢已经成为通用装潢。

由于市场上存在多种包装装潢相同或近似的药品，因此普通消费者在购买时，并不是以药品的包装装潢作为药品来源的依据，而主要是以药品的生产厂家及商标。上诉人的小柴胡颗粒产品与白云山光华制药公司的“禾穗牌”小柴胡颗粒产品上所标注的生产厂家及商标具有极其明显的差别，不会造成消费者的误认。

白云山光华制药公司虽然曾经取得小柴胡颗粒产品包装盒及包装袋的外观设计专利权，但上述专利权至2002年3月到期，上述包装盒及包装袋的外观设计已经进入公有领域。上诉人的使用是对公共资源的合理使用。而对于已经丧失专利权的外观设计如仍然进行严格保护，则不符合专利法的规定。

上诉人在一审过程中已经提交一份《外观设计检索报告》，结论是白云山光华制药公司的“禾穗牌”小柴胡颗粒商品包装装潢不具新颖性。此亦可证明白云山光华制药公司的“禾穗牌”小柴胡颗粒商品包装装潢不具特有性，而是该类商品的通用装潢。其所使用的小柴胡颗粒商品包装装潢是自行设计的，享有自主知识产权，上诉人已经于2005年6月30日向国家知识产权局申请外观设计专利权，近期可获授权。

其小柴胡颗粒产品包装装潢与白云山光华制药公司的“禾穗牌”小柴胡颗粒商品包装装潢存在明显区别，没有侵犯白云山光华制药公司的权利。

二、白云山光华制药公司的小柴胡颗粒包装装潢既然不是特有的包装装潢，上诉人的使用行为也不构成不正当竞争，不会对白云山光华制药公司的正常销售造成影响，更不会造成白云山光华制药公司的经济损失。

另外，上诉人在一审当中已经提交证据材料充分证明其生产销售被控侵权小柴胡颗粒产品的获利情况。既然白云山光华制药公司未能举证证明其经济损失及为诉讼支出的合理费用，就应该按照其实际获利来计算赔偿数额。而且上诉人是自 2005 年 1 月 12 日才获得 GMP 证书，足以证明其生产、销售被控侵权小柴胡颗粒产品仅持续 8 个月左右。

因此，一审判决判赔 8 万元明显过高，而且不应由法院自由裁量。

白云山光华制药公司答辩称：一审判决认定事实清楚，适用法律正确，同意一审判决。

一、被上诉人“禾穗牌”小柴胡颗粒产品的包装装潢一直持续使用了 10 多年，期间投入大量资金在全国范围年进行广告宣传，在全国享有很高的知名度；其产品包装装潢也是特有的，其对该包装装潢所享有的外观设计专利权虽然已经过期，但并不意味着其产品的特有包装装潢不受法律保护。

二、世康特公司的小柴胡颗粒产品包装装潢与被上诉人产品的包装装潢构成相近似，世康特公司是否申请被控侵权产品的外观设计专利不影响本案侵权事实的认定；

三、被上诉人的实际经济损失远不止 8 万元，但考虑实际情况，其对判赔 8 万元没有异议。

原审被告广东保利祝福你大药房连锁有限公司答辩称：其对一审判决没有意见，其已经停止销售被控侵权产品。

二审查明事实

二审法院与一审法院查明的事实基本相同。

二审判决及理由

一审判决根据被上诉人白云山光华制药公司所生产的“禾穗牌”小柴胡颗粒商品在市场领域中的销售时间、销售地域、市场份额、广告宣传、获奖情况以及该商品在相关消费者中的信誉度等综合因素认定被上诉人白云山光华制药公司的“禾穗牌”小柴胡颗粒为知名商品，上诉人世康特公司及原审被告广东保利祝福你大药房连锁有限公司对此没有异议，二审法院予以认定。

上诉人世康特公司上诉认为被上诉人白云山光华制药公司的“禾穗牌”小柴胡颗粒产品包装装潢不构成特有的包装装潢。其理由是：目前市场上存在由多个厂家生产的与其及被上诉人白云山光华制药公司生产的小柴胡颗粒商品包装装潢相同或相近似的产品，因此我司所使用的小柴胡颗粒商品包装装潢已经成为通用装潢。被上诉人白云山光华制药公司虽然曾经取得小柴胡颗粒产品包装盒及包装袋的外观设计专利权，但上述专利权至2002年3月到期，上述包装盒及包装袋的外观设计已经进入公有领域。上诉人的使用是对公共资源的合理使用。上诉人在一审过程中已经提交一份《外观设计检索报告》，结论是被上诉人白云山光华制药公司的“禾穗牌”小柴胡颗粒商品包装装潢不具新颖性，此亦可证明被上诉人白云山光华制药公司的“禾穗牌”小柴胡颗粒商品包装、装潢不具特有性，而是该类商品的通用装潢。

二审法院认为，目前市场上存在由多个厂家生产的与被上诉人白云山光华制药公司生产的小柴胡颗粒商品包装装潢相同或相近似的产品这一事实的存在，并不必然得出被上诉人白云山光华制药公司生产的小柴胡颗粒商品包装装潢已经成为小柴胡颗粒商品通用包装、装潢的结论（有可能亦是侵权产品但被上诉人白云山光华制药公司尚未起诉）。被上诉人白云山光华制药公司虽然对小柴胡颗粒产品包装盒及包装袋的外观设计专利权虽然已过保护期，上述专利经检索已经丧失新颖性，上述包装盒及包装袋的外观设计已经进入公有领域。但《专利法》的保护与《反不正当竞争法》的保护的侧重点不同，《专利法》侧重于保护产品及方法，而《反不正当竞争法》侧重保护产品市场，防止消费者的混淆误认，维护市场正常竞争秩序。因此，专利法的保护与反不正当竞争法的保护并不构成矛盾。使用已经进入公有领域的知名商品的特有外观设计如造成消费者的混淆误认，损害竞争对手，亦为反不正当竞争法所禁止。因此，上诉人世康特公司上诉认为被上诉人白云山光华制药公司的“禾穗牌”小柴胡颗粒产品包装装潢不构成特有的包装、装潢证据不足，理由不成立。

另外，上诉人世康特公司声称其产品包装装潢已经申请了外观设计专利，其使用被控侵权产品的包装、装潢不构成侵权。二审法院认为，对于外观设计专利的申请，国家专利局一般不进行实质审查，因此，即使上诉人世康特公司所申请的外观设计专利获得授权，亦不能得出其使用被控侵权产品的外观设计不构成侵权的结论。

上诉人世康特公司上诉还认为被控侵权产品的包装、装潢（包括内包装及外包装）与被上诉人白云山光华制药公司的“禾穗牌”小柴胡颗粒产品包装装潢不相同。二审法院认为，关于两者的对比，一审判决已有详细论述，二审法院不再赘述。上诉人世康特公司所认为的两者不相同，仅是所标注的企业名称、商标的不同，但从整体上观察，两者仍然构成相近似。

上诉人世康特公司上诉还认为一审判决判赔额过高，且其已经向一审法院提交了相关证据（其在上诉状中声称是一审判决所列证据九、证据十），应该按其证据确定本案的判赔数额。经审查上诉人世康特公司提交并在一审判决中的证据九、证据十，是关于上诉人世康特公司的产品销售明细账、成本计算表及销售发票；而证据二，则是上诉人世康特公司于2005年1月12日所取得的GMP证书。二审法院认为，上诉人世康特公司提交的证据九、证据十是上诉人世康特公司单方的材料，而被上诉人白云山光华制药公司对此亦提出质疑，因此上述两份证据的真实性、合法性均难以确认，不能作为认定判赔数额的依据。

一审判决认定上诉人世康特公司因侵权获利的具体数额在现有证据中不能得到客观真实的反映是实事求是的，一审法院综合考虑上诉人世康特公司侵权行为的方式、侵害后果、主观过错程度以及侵权行为持续的时间、单位产品的售价、销售的地域、被上诉人白云山光华制药公司为制止侵权行为所必须支出的合理费用等因素酌情确定赔偿经济损失的数额酌定判赔 8 万元是合理的。

综上所述，一审判决认定事实清楚，适用法律正确，处理恰当，二审法院予以维持。上诉人世康特公司上诉理由不充分，依据不足，二审法院不予支持。二审法院依据《民事诉讼法》第一百五十三条第一款第（一）项的规定，判决如下：

驳回上诉，维持原判。

二审案件受理费 5 610 元，由上诉人世康特公司负担。

案例24：天下第一店酒厂与会仙米酒厂仿冒知名商品包装、装潢纠纷案

原告（被上诉人）：山东天下第一店酒厂（以下称“天下第一店酒厂”）

被告（上诉人）：山东淄川会仙矿泉米酒厂（以下称“会仙米酒厂”）

一审法院：淄博市中级人民法院

一审案号：（2006）淄民三初字第54号

一审合议庭成员：吕兴勇、戴永成、王鹏

一审结案日期：2007年1月25日

二审法院：山东省高级人民法院

二审案号：（2007）鲁民三终字第43号

二审合议庭成员：欧阳明程、傅志强、徐清霜

二审结案日期：2007年6月5日

案由：仿冒知名商品包装、装潢纠纷

关键词：知名商品，特有包装、装潢，高度模仿，特定区域内

涉案法条

《反不正当竞争法》第五条第（二）项、第二十条

《民事诉讼法》第一百二十条

争议焦点

- 知名商品特有的名称、包装和装潢由于使用而使其在特定领域和相关公众中产生知名度，从而具有为法律保护的价值。法律规定的“易造成相关消费者的混淆”并不要求有实际混淆的存在为必要，所用的包装、装潢相似的图案，在相同商品上使用，双方为同类生产企业，共处同一地域内，在相关公众中造成混淆的可能性较大，因此应认定其行为易造成相关消费者的混淆。
- 侵权人早于他人专利申请日时间使用该包装、装潢的主张，并不能成为不正当竞争纠纷案件的侵权抗辩事由。侵权人应主张并举证证明其早于被侵权人开始实际使用该种包装、装潢。

- 不正当竞争案件应注意考查当事人所实施行为的正当性。侵权人在其相同产品上将他人知名商品特有的包装、装潢作相似性使用，在特定区域内易造成相关消费者的混淆，侵害了他人的合法权益，扰乱了市场经济秩序，违反了诚实信用原则，该行为应为反不正当竞争法所禁止。
- 依据我国反不正当竞争有关司法解释的规定，涉及知名商品的特有包装、装潢侵权案件中，在侵权人因侵权所获得的利益和权利人被侵权所受损失均难以确定的情况下，法院可以根据侵权情节合理确定赔偿数额。在确定赔偿额时应综合考虑侵权持续时间、情节、主观故意程度、侵权人经营规模等因素，并且考虑了权利人因维权而产生的合理支出，包括公证费、律师费等。

审判结论

一、被告会仙米酒厂立即停止使用与原告天下第一店酒厂生产、销售的原酒“酒坛”相近似的“酒坛”，并销毁与其近似的库存“酒坛”。

二、被告会仙米酒厂于一审判决生效之日起 10 日内赔偿原告天下第一店酒厂经济损失 10 万元。

三、驳回原告天下第一店酒厂的其他诉讼请求。

一审案件受理费 3 510 元，诉讼保全费 1 070 元共计 4 580 元，均由被告承担。

二审判决驳回上诉，维持原判。

二审案件受理费 3 510 元，由会仙米酒厂负担。

起诉及答辩

原告天下第一店酒厂诉称：原告是生产酒类的国家大型二级企业（统称为国家大二型企业），注册商标“百粮”被评为“山东省著名商标”，产品被评为“山东名牌产品”、“全省质量免检产品”、“中国著名品牌”等。在全省乃至国内有很高的知名度。原告自行设计的盛装原酒的酒坛向国家申请专利（专利号 ZL200430060619. 9）。

原告于 2006 年 4 月份，接到消费者的电话，称其单位出品的原酒质量味道不正，后经核实，是消费者未看清，其购买的是被告生产的天下第一原酒，同月 20 日，在山东省糖酒会上，有消费者向原告反映在另一展位有销售与原告包装、装潢相似的天下第一原酒，原告即到现场购买一坛。之后，在肥城召开的山东省秋季糖酒会上，原告同样也发现被告生产的与原告包装、装潢相似的天下第一原酒销售的事实。

被告也是酒类生产企业，未经原告允许，擅自使用原告拥有自主知识产权的酒坛即包装、装潢相同的酒坛，并在相同产品上使用，造成和原告的知名产品相混淆，使消费者误认为是原告的产品，其行为严重违反了我国反不正当竞争法等相关法律规定，并给原告造成很大的损失。

为了维护原告的合法权益，特提起诉讼，请求：一、判令被告立即停止对原告的侵权，并对侵权产品予以收缴；二、判令被告赔偿原告经济损失 10 万元；三、判令被告公开赔礼道歉，消除影响；四、本案的调查取证费用、律师费、诉讼费用均由被告承担。

被告会仙米酒厂答辩称：一、原告起诉的案由与其依据的事实和理由相互矛盾。原告以不正当竞争为由起诉被告，其依据的事实和理由是被告侵犯了其外观设计专利，原告在起诉状中写明“原告自行设计的，盛装原酒的酒坛向国家申请了专利（专利号为ZL200430060619.9）”，依据2004年11月最高人民法院发布的《关于审理不正当竞争民事案件适用法律若干问题的意见（试行）》第5条的规定，当事人以他人擅自使用其商品的特有形状为由提起不正当竞争诉讼的，人民法院不予受理。如果是专利侵权纠纷，根据《山东省高级人民法院关于知识产权纠纷案件地域管辖和级别管辖的规定》，则本案不应由淄博市中级人民法院管辖。

二、被告使用传统的酒坛外形作为包装使用，其形状、大小、色彩、图案等均与原告所申请外观专利的酒坛不一样，被告所使用的酒坛不构成侵权。

三、原告诉被告所使用的酒坛自2002年8月份即以来样加工的形式委托曲阜市华圣陶瓷厂生产该类型的酒坛，而原告此项专利的申请日为2004年6月14日，被告在先使用并在原有范围内继续使用该酒坛，不应视为侵犯原告的专利权。

四、原告起诉损失的计算依据和方法没有依据。原告不能证明其销量的减少与被告的行为有因果关系。

综上所述，原告起诉的案由与其依据的事实和理由相互矛盾，不应由淄博市中级人民法院管辖，被告没有侵犯原告的专利权，本案不是不正当竞争案件，原告的损失与被告的行为没有因果关系，不应由被告承担赔偿责任。请求人民法院依法驳回原告的诉讼请求。

事实认定

一、原告是生产、销售葡萄酒、果酒、饮料、白酒的集体所有制企业，其生产的“百粮”牌百粮春酒于2003年5月被中国企业品牌推选委员会授予“中国著名品牌”称号；其生产的白酒上的“百粮”商标于2004年6月14日被山东省工商行政管理局评定为山东省著名商标；“百粮”牌百粮春酒于2005年10月被山东省名牌战略推进委员会、山东省质量技术监督局认定为山东名牌产品。

二、原告用于盛装生产的原酒“酒坛”，于1998年初开始设计，同年4月份样品定型，同年6月初正式投入生产、使用。该酒坛外观设计为：酒坛外形以古代酒篓为原形并加以改型，画面继承了“万事孝为先”的传统理念，精选“二十四孝”图案中的“咬指心痛、乳汁喂养、陆绩怀桔、行佣供母”、以蓝色为主导色的圆形图案并配以上下条；酒坛正面以古代酒店外面的“酒幌”为原形，并借鉴了古代“酒幌”大多以菱形上面书写酒字、配以红底黑字颜色的特征，设计而成的菱形红纸底上书写的仿宋黑体字图案，下面注明“山东天下第一店酒厂”。原告于2005年3月9日，对该“酒坛”外观设计申请了专利，专利号为：ZL200430060619.9。

三、被告是以生产、销售米酒的集体所有制企业，自2002年8月开始使用其本案所涉的酒坛，生产、销售标有“天下第一传统原酒”字样的原酒，酒坛形状与原告相似，其使用酒坛的外观设计为：正面是菱形红纸底上书写的仿宋黑体酒字图案，下面注明“天下第一传统原酒”，周围画面内容为“堤上行、戏问花门酒家翁、金陵酒肆别、送别”、以蓝色为主导色的圆形图案并配以上下条。

四、2006年9月1日，原告向淄博市公证处申请，对被告生产、销售与原告生产、销售的原酒包装、装潢近似的天下第一原酒进行证据保全，淄博市公证处即先后到达位于淄博市淄川区罗村镇西官村的被告住所地以及位于张店区义乌小商品城内的“瑞洋酒水批发部”购买了被告生产的天下第一原酒，并制作了现场VCD光碟。

五、曲阜市华圣陶瓷有限公司是于2002年7月经工商部门设立、登记注册的陶瓷制品加工销售的股份制企业，曲阜市华圣陶瓷厂于2006年10月9日出具证明，证实被告（鲁之林）自2002年8月份至今，来样加工制作天下第一传统原酒酒坛。

上述事实，有中国名牌产品、山东省名牌产品证书、山东省著名商标证书，外观设计的设计资料、专利证书及图片，酒坛，产品宣传材料，公证书及录像光碟，曲阜华圣陶瓷厂证明及曲阜华圣陶瓷有限公司工商登记查询资料及其双方当事人陈述在卷为证。

一审判决及理由

原告天下第一店酒厂是生产、销售葡萄酒、果酒、饮料、白酒的集体所有制企业，其产品属于知名商品，在山东省乃至国内享有较高的知名度，其用于盛装原酒的酒坛，是其特有的区别于他人相同产品的包装、装潢，原告天下第一店酒厂自1998年6月起向社会销售其特有“酒坛”（包装、装潢）盛装的原酒，且销量较好并占据省内乃至国内相同产品销量的一定市场份额，原告天下第一店酒厂为此得到了较好的经济回报及收益。

被告会仙米酒厂是以生产、销售米酒的集体所有制企业，其生产、销售的原酒与原告天下第一店酒厂 生产、销售的本案所涉产品属于相同商品，即两个商品在功能、用途等方面相同，其销售渠道、消费群体亦相同；被告会仙米酒厂在原告天下第一店酒厂用其特有的包装、装潢（酒坛）向社会销售其生产的原酒近三年后，开始使用外形、外观设计图案、颜色、瓷质均与原告天下第一店酒厂盛装原酒的“酒坛”近似的“酒坛”，即原、被告会仙米酒厂使用的两个“酒坛”在文字、读音、图案、形状、色彩及其组合等方面，使得购买者在不特意查看的情况下，在视觉上难以识别，特别是被告会仙米酒厂酒坛正面所使用的“菱形红纸底上书写的仿宋黑体酒字图案”与原告天下第一店酒厂 酒坛正面所使用的该图案更为近似，购买者在视觉上更是无法识别，因此，两个同是盛装原酒的“酒坛”之间存在造成购买者产生混淆，并误认为是原告天下第一店酒厂 生产、销售知名商品的可能性。

综上所述，依据《反不正当竞争法》关于经营者不得采用“擅自使用知名商品特有的名称、包装、装潢，或者使用与知名商品近似的名称、包装、装潢，造成和他人知名商品相混淆，使购买者误认为是该知名商品”的不正当竞争手段从事市场交易、损害竞争对手之规定，被告会仙米酒厂的行为侵害了原告天下第一店酒厂的合法权益，属于不正当竞争行为，被告会仙米酒厂应当承担停止侵害、排除妨碍、消除影响、赔偿损失的民事责任。被告会仙米酒厂称其使用“酒坛”的外形、大小、颜色、图案均与原告天下第一店酒厂使用“酒坛”明显不一样，对原告天下第一店酒厂不构成不正当竞争的辩解理由，一审法院不予采信。

关于被告会仙米酒厂称原告天下第一店酒厂对其酒坛的外观设计已经申请专利，本案应属于专利侵权纠纷的辩解理由，因原告天下第一店酒厂使用的盛装原酒的“酒坛”，是原告天下第一店酒厂用以区别和识别商品来源的商业标识，亦是相关公众（购买者）能够据以判断和识别原告天下第一店酒厂商品的商品外包装，虽然原告天下第一店酒厂于2005年3月9日，对该“酒坛”外观设计申请了专利，但因其商品的外包装涵盖外观设计，原告天下第一店酒厂有选择以不正当竞争或专利侵权提起诉讼的权利，现原告天下第一店酒厂选择以不正当竞争提起诉讼，是对其所享有的诉权的自行处分，且也不违反法律的强制性规定，因此，对于被告会仙米酒厂的该辩解理由，一审法院不予支持。

关于被告会仙米酒厂称其使用本案所涉“酒坛”是其自行设计加工的酒坛，且是在原告天下第一店酒厂申请外观设计专利之前就已使用，因此，其可以在原有销售范围内继续使用该“酒坛”的辩解理由，因被告会仙米酒厂不能提供其自行设计本案所涉“酒坛”的设计方案、图纸、样本等有效证据，其提供的曲阜市华圣陶瓷厂于2006年10月9日出具的证明，亦只能证明被告会仙米酒厂为该厂提供样品进行加工的情况，并不能证实被告会仙米酒厂是自行设计本案所涉“酒坛”的事实；其提供的曲阜华圣陶瓷有限公司工商登记查询资料，因与曲阜市华圣陶瓷厂无关（不是同一单位），该工商登记材料不能证实曲阜市华圣陶瓷厂的真实存在；且被告会仙米酒厂系于2002年8月使用其本案所涉“酒坛”，而原告天下第一店酒厂早于1998年6月即使用自行设计的本案所涉“酒坛”，原告天下第一店酒厂使用本案所涉“酒坛”的时间明显先于被告会仙米酒厂，因此，被告会仙米酒厂的此辩解理由，证据不足，一审法院亦不予支持。

关于原告天下第一店酒厂 主张被告会仙米酒厂应赔偿经济损失10万元的诉讼请求，因原告天下第一店酒厂 提供的自发现被告会仙米酒厂存有侵犯其合法权益的不正当竞争行为后，其商品销售量下降的统计数据，被告会仙米酒厂虽持有异议，但不能举出足以反驳的证据；一审法院结合被告会仙米酒厂侵害原告天下第一店酒厂合法权益不正当竞争行为的侵权时间、情节，恶意程度，经营规模，以及原告天下第一店酒厂为调查被告会仙米酒厂侵害其合法权益的不正当竞争行为所支出的合理费用（律师代理费、公证费、购买被告会仙米酒厂商品的费用等），认为原告天下第一店酒厂主张的经济损失10万元符合公平、合理原则，一审法院依法予以支持。

关于原告天下第一店酒厂要求被告会仙米酒厂公开赔礼道歉、消除影响的诉讼请求，因被告会仙米酒厂侵害原告天下第一店酒厂合法权益的不正当竞争行为，以原告天下第一店酒厂主张的经济损失数额亦足以弥补，且该侵权行为未对原告天下第一店酒厂的企业名誉、信誉造成损害，因此，原告天下第一店酒厂的该项诉讼请求，于法无据，一审法院不予支持。综上所述，依照《反不正当竞争法》第五条第（二）项、第二十条、《民事诉讼法》第一百二十条之规定，判决如下：

一、被告会仙米酒厂立即停止使用与原告天下第一店酒厂生产、销售的原酒“酒坛”相近似的“酒坛”，并销毁与其近似的库存“酒坛”。

二、被告会仙米酒厂于一审判决生效之日起十日内赔偿原告天下第一店酒厂经济损失10万元。

三、驳回原告天下第一店酒厂的其他诉讼请求。

案件受理费3 510元，诉讼保全费1 070元，共计4 580元，均由被告会仙米酒厂承担。

上诉理由

会仙米酒厂不服一审判决，向山东省高级人民法院提出上诉。

会仙米酒厂的上诉理由是：1. 原审法院对该案没有管辖权。根据《反不正当竞争法》第五条第（二）项，受法律保护的是知名商品特有的名称、包装、装潢，不包括产品的形状。天下第一店酒厂要求保护商品特有形状属于外观设计纠纷，原审法院不能管辖。

2. 天下第一店酒厂的证据不能证明其产品是知名商品。天下第一店酒厂在一审中，仅提供了获得“中国名牌产品”称号、“山东名牌产品”称号和“山东省著名商标”的证据证明其产品的知名度，不符合该司法解释对知名商品的证明要求。

3. 天下第一店酒厂未提供证据证明其自1998年6月起向社会销售其设计酒坛盛装的原酒。

4. 会仙米酒厂2002年8月使用该酒坛时，天下第一店酒厂的产品还不是知名商品，会仙米酒厂使用近似包装不构成不正当竞争。

5. 天下第一店酒厂的酒坛不是区别于其他酒厂特有的包装、装潢，缺乏显著特征。

6. 双方酒坛的特征相互的区别是明显的，不可能造成消费者误认。天下第一店酒厂虽然自称有消费者打电话等方式反映误认，但并没有提供相关的证据。

7. 原审判决根据天下第一店酒厂商品销售量下降的统计数据、不正当竞争行为的侵权时间、情节、恶意程度等进行认定，证据不足。

二审查明事实

二审法院查明的事实与原审法院查明的事实一致。

二审判决及理由

知名商品的特有名称、包装和装潢因使用而使其具有识别商品来源的意义，他人擅自作相同或者近似使用，足以引起市场混淆的，可以构成不正当竞争行为，为反不正当竞争法所禁止。本案的关键在于审查被上诉人天下第一店酒厂诉请保护的客体以及上诉人会仙米酒厂行为的主观过错及侵权行为等是否符合法律所设定的条件，以此判断不正当竞争行为的构成。现分述如下：

关于上诉人会仙米酒厂提出的原审法院是否对本案有管辖权问题。二审法院认为，知识产权权利人就其权利受侵害的事实，可以援引不同的法律规范加以救济。本案中，被上诉人天下第一店酒厂虽然对其酒坛享有专利权，但并不妨碍其选择以反不正当竞争法加以保护，因此，原审法院根据被上诉人天下第一店酒厂起诉的事由以不正当竞争纠纷为案由对本案进行审查并无不当。

关于上诉人会仙米酒厂是否对被上诉人天下第一店酒厂构成不正当竞争的问题。二审法院认为：

第一，知名商品特有的名称、包装和装潢由于使用而使其在特定领域和相关公众中产生知名度，从而具有为法律保护的价值。

本案中，被上诉人天下第一店酒厂为证明其生产的原酒产品为知名商品，提供了该厂生产的“百粮春酒”于2003年5月被中国企业品牌推选委员会授予“中国著名品牌”称号的证书和该厂生产的百粮牌百粮春酒于2005年10月被山东省名牌战略推进委员会、山东省质量技术监督局认定认为“山东名牌产品”的证书，并提供其用于白酒上的“百粮”商标于2004年6月被评定为“山东省著名商标”的证书。被上诉人天下第一店酒厂还提供了其设计涉案产品酒坛的设计图纸及对该酒坛加工企业的调查笔录并经双方当事人质证，以证明其在1998年即已设计并使用涉案酒坛。上述证据中所涉荣誉称号均是对该企业酒类产品知名度的认可，其中授予时间、授予部门等事实也可以反映出涉案产品的销售时间、区域等。对商品知名度的认定是一个综合各项因素的具体认定过程，因此，本案中被上诉人天下第一店酒厂所举证据可以证明该企业在特定区域，特别是双方当事人共同所在的行政区域内的市场中已享有一定的知名度。一审中，上诉人会仙米酒厂并未对涉案产品的知名度问题提出异议，二审中其所持异议缺乏事实依据，二审法院不予支持。

第二，本案中，双方当事人同处同一区域即淄博市内，面向的消费群体基本相同，在同类白酒原酒产品上，上诉人会仙米酒厂使用的包装、装潢与被上诉人天下第一店酒厂所用包装、装潢相比，从酒坛表面的字体布局、构思设计、颜色搭配等诸方面存在相似，因此，在市场流通中极易造成相关消费者的混淆。且法律规定的“易造成相关消费者的混淆”并不要求有实际混淆的存在为必要，本案中上诉人会仙米酒厂将与被上诉人天下第一店酒厂所用的包装、装潢相似的图案，在相同商品上使用，双方同为酒类生产企业，共处同一地域内，在相关公众中造成混淆的可能性较大，因此应认定其行为易造成相关消费者的混淆。

上诉人会仙米酒厂主张被上诉人天下第一店酒厂使用的酒坛为通用的原酒包装，但在一、二审中并未就此提供证据，未能证明其所指“通用包装”是否在社会上合法公开流通以及与被上诉人天下第一店酒厂酒坛在使用时间上的先后，因此，二审法院对此不予认定。

上诉人会仙米酒厂还主张，其在 2002 年 8 月即开始使用该包装、装潢，时间早于被上诉人天下第一店酒厂所持专利的申请日，故可以继续合理使用。对此，二审法院认为，首先，上诉人会仙米酒厂关于其早于被上诉人天下第一店酒厂专利申请日时间使用该包装、装潢的主张，并不能成为不正当竞争纠纷案件的侵权抗辩事由。其次，本案一审中，由于双方当事人均主张各自独立设计了酒坛包装，故原审法院限期各方当事人提供各自设计的图纸等证据。后，被上诉人天下第一店酒厂提供了其设计涉案产品酒坛的设计图纸及对该酒坛加工企业的调查笔录，并经上诉人会仙米酒厂质证。据此可以认定被上诉人天下第一店酒厂的酒坛包装于 1998 年即设计并使用。上诉人会仙米酒厂主张其酒坛包装系自行设计并于 2002 年 8 月开始使用，但仅就其主张的时间而言，也晚于被上诉人天下第一店酒厂的使用时间，亦不能成为其使用涉案酒坛包装的合理事由。况且，上诉人会仙米酒厂并未就其关于自行设计所用酒坛包装的主张提供证据。最后，本案作为不正当竞争案件应注意考查当事人所实施行为的正当性。本案中上诉人会仙米酒厂与被上诉人天下第一店酒厂同处同一区域内，经营范围基本相同，市场重合交叉，况且其不能证明善意使用该酒坛包装，故其行为的不正当性明显。

第三，上诉人会仙米酒厂主张其没有公开在市场销售原酒，不构成不正当竞争行为。

对此，二审法院认为，上诉人会仙米酒厂对其生产带有涉案包装的原酒的事实并不否认，而从本案查明的事实看，涉案酒坛确系被上诉人天下第一店酒厂人员由上诉人会仙米酒厂处购买，且由上诉人会仙米酒厂出具发票，购买行为并不违反法律规定，所以上诉人会仙米酒厂擅自生产并销售带有涉案包装的原酒的行为应加以认定。

综上，上诉人会仙米酒厂在相同产品上将他人知名商品特有的包装、装潢作相似性使用，在特定区域内易造成相关消费者的混淆，侵害了被上诉人天下第一店酒厂的合法权益，扰乱了市场经济秩序，违反了诚实信用原则，该行为应为反不正当竞争法所禁止。

关于本案的侵权赔偿问题，二审法院认为，依据我国反不正当竞争案件有关司法解释的规定，涉及知名商品的特有包装、装潢侵权案件中，在侵权人因侵权所获得的利益和权利人被侵权所受损失均难以确定的情况下，法院可以根据侵权情节合理确定赔偿数额。本案原审法院在确定赔偿额时具体考虑了侵权持续时间、情节、主观故意程度、侵权人经营规模等因素，并且考虑了权利人因维权而产生的合理支出，包括公证费、律师费等，该种计算方式及考量因素均符合法律规定，并无不当。且上诉人会仙米酒厂没有证据否定原审法院的上述认定，因此，对其提出的异议，二审法院不予支持。

综上，原审判决认定事实清楚，适用法律正确，二审法院予以维持。上诉人会仙米酒厂的上诉请求缺乏事实与法律依据，二审法院予以驳回。依据《民事诉讼法》第一百五十三条第一款（一）项之规定，判决如下：

驳回上诉，维持原判。

二审案件受理费 3 510 元，由上诉人会仙米酒厂负担。

侵犯知名商品或服务特有名称、包装、装潢

案例25：贵阳老干妈公司与华越公司、望京购物中心侵犯知名商品名称、包装、装潢纠纷案

原告（上诉人）：贵阳南明老干妈风味食品有限公司（以下称“贵阳老干妈公司”）
被告（上诉人）：湖南华越食品有限公司（以下称“华越公司”）
被告（被上诉人）：北京燕莎望京购物中心（以下称“望京购物中心”）

一审法院：北京市第二中级人民法院
一审案号：（1999）二中知初字第132号
一审合议庭成员：邵明艳、宋光、何暄
一审结案日期：2000年8月10日

二审法院：北京市高级人民法院
二审案号：（2000）高知终字第85号
二审合议庭成员：程永顺、刘继祥、马永红
二审结案日期：2001年3月20日

案由：擅自使用知名商品名称、包装、装潢纠纷

关键词：知名商品，特有名称、包装、装潢，外观设计专利，误认

涉案法条

《反不正当竞争法》第二条第一款、第五条第（二）项

《民事诉讼法》第一百五十三条第一款第（三）项

争议焦点

- 知名商品是指在市场上具有一定的知名度，为相关公众所知悉的商品。
- 知名商品的特有名称，是指知名商品独有的与通用名称有显著区别的商品名称。知

名商品的特有名称不需要任何部门的认定或授予，而完全是经营者的一种市场成果，只要一种商品名称在市场上具有了区分相关商品的作用，就应认定具有特有名称的意义。

- 不同类型的知识产权权利发生冲突时，人民法院应当按照《民法通则》规定的诚实信用原则和保护公民、法人的合法的民事权益原则，依法保护在先使用人享有继续使用的合法的民事权益。
- 对侵权赔偿确定的原则是，以权利人因侵权人的侵权行为而受到的损失或侵权人获得的利润为赔偿依据。

审判结论

一、撤销北京市第二中级人民法院（1999）二中知初字第132号民事判决。

二、华越公司停止在风味豆豉产品上使用“老干妈”商品名称。

三、华越公司停止使用与贵阳老干妈公司生产的“老干妈”风味豆豉瓶贴相近似的瓶贴。

四、华越公司赔偿贵阳老干妈公司经济损失40万元（二审判决生效后1个月内给付）。

五、望京购物中心停止销售华越公司生产的“老干妈”风味豆豉。

六、华越公司于二审判决生效后1个月内，在一家全国发行的报纸上向贵阳老干妈公司致歉，致歉内容须经二审法院核准。逾期不执行，二审法院将在报纸上公布二审判决，相关费用由华越公司负担。

一审案件受理费8 510元，由华越公司负担（二审判决生效后7日内交纳）；二审案件受理费8 510元由华越公司负担（已交纳）。

起诉及答辩

原告贵阳老干妈公司诉称：自1996年起，原告即开始生产“老干妈”系列风味食品，在近四年的时间里，“老干妈”系列产品风靡全国，尤其是“老干妈”风味豆豉，深受消费者的喜爱，“老干妈”风味食品还被评为贵州省的名牌产品。原告生产的“老干妈”风味豆豉产品的瓶贴外观是由其经理李贵山设计，并在贵州省版权局进行了版权登记。

自1997年10月28日起，被告华越公司未经其许可，在其生产的风味豆豉产品上，盗用其企业字号及产品的特有名称，并仿冒其产品瓶贴外观设计，在消费者中造成混淆、误认，严重侵犯了原告的合法权益。被告望京购物中心违法销售被告华越公司生产的仿冒“老干妈”产品，亦侵犯了原告的合法权益，应当承担侵权责任。

故诉至法院，请求：1. 要求被告华越公司立即停止使用与原告“老干妈”风味豆豉产品瓶贴相近似的包装装潢。2. 要求被告华越公司在其全部产品上停止使用其企业字号及其产品特有的名称“老干妈”。3. 责令被告华越公司销毁其现存全部侵权产品的标识、瓶贴。4. 责令被告望京购物中心立即停止销售侵权产品。5. 责令被告华越公司公开赔礼道歉、消除影响。6. 责令华越公司赔偿原告经济损失 40 万元。7. 本案诉讼费用由二被告共同承担。

被告华越公司辩称：首先，原告的产品不是知名商品，判定一个商品的知名度，要依据主张者提供的商品广告、销售历史、销售数量和市场占有率等方面的证据进行综合性判断。虽原告产品被评为贵州省名牌产品，但该评比结果并不意味着其产品在贵州省以外的市场上也有知名度。相反，被告生产的“老干妈”风味豆豉比原告生产的“老干妈”风味豆豉在一定地区的市场上更具有知名度，因为被告所做的商品宣传广告覆盖面比较大，仅在 1998 年到 1999 年间，被告为宣传自己生产的“老干妈”风味豆豉就支出广告费 270 余万元。从产品的销售量和市场占有率方面看，被告产品已从湖南省走向全国，从地方品牌转变成全国性品牌。从市场评价方面看，被告产品不但被湖南省工商局认定为湖南省知名商品，还在 1997 年中国国际食品博览会上获国际名牌食品奖。

其次，本案诉争的“老干妈”风味豆豉的商品名称、包装、装潢并不为原告所特有，相反，被告对所诉争的商品的包装、装潢享有外观设计专利权。原告商品名称是“‘陶华碧’老干妈风味豆豉”，被告商品名称是“老干妈风味豆豉”，尽管双方均在商品名称上使用了“老干妈”，但“老干妈”是一个通俗的称谓，不能为任何人所特有和独占。在包装、装潢方面，被告产品的包装、装潢设计是自己独创性的作品，并已取得外观设计专利。

再次，事实上，双方商品的包装、装潢不能造成消费者误认。原告使用“陶华碧牌”界定自己的商品足以使消费者将不同地方风味的食品区别开来认购，虽然双方产品均是以大豆和辣椒为原料的调味品，但一个产地在贵州，一个产地在湖南，不同的味道、不同的厂家、不同的产地、不同的品牌、不同乡情的相关消费者不会把两种产品相混淆。

综上，被告的行为不构成不正当竞争，故请求法院驳回原告的诉讼请求。

被告望京购物中心辩称：本购物中心从 1999 年初为北京市兴蜀蓉府南食品有限公司（以下称“兴蜀公司”）代销华越公司生产的标有“老干妈”字样的系列调味品，为此本购物中心与兴蜀公司签订了商品代销协议书，据此，兴蜀公司向本购物中心提供了生产企业华越公司的有关证明文件，包括企业法人营业执照、卫生许可证、外观设计专利证书、进京食品及食品用产品卫生质量认可证、税务登记证以及兴蜀公司与华越公司签订的产品购销合同等文件，本购物中心销售华越公司的产品是通过合法的渠道进货，并进行了必要的审查，已经履行了一个销售者能够履行的职责。

原告未对“老干妈”进行注册，因此不享有商标专用权，其对标有“老干妈”字样的食品包装图样不享有专用权或其他特别的权利。原告未有证据证明其产品属知名商品，故本购物中心销售华越公司生产的标有“老干妈”字样的调味品属合法行为，请求法院驳回原告的诉讼请求。

事实认定

原告贵阳老干妈公司与被告华越公司均为生产系列风味调味品的企业，均以“老干妈”为各自生产的风味豆豉辣酱的商品名称。

原告贵阳老干妈公司的前身是贵阳南明实惠饭店，成立于1994年1月，创始人为陶华碧女士，该店以特产风味豆豉辣酱著称。1994年11月，该饭店变更为贵阳南明陶氏风味食品店，推出了以“老干妈”为产品名称的风味食品，尤以“老干妈”风味豆豉辣酱备受消费者欢迎。

1996年8月，该店生产销售的“老干妈”风味豆豉辣酱使用了由该店经理李贵山设计的包装瓶瓶贴，该瓶贴以红色为基本色调，整体图案的中部为产品发明人陶华碧肖像，肖像下部为书写独特、鲜明的“老干妈”3个字，肖像左、右两侧自上而下分别为“实惠饭店”“风味豆豉”8个字，该8个字均置于黄色椭圆形图案内；整体图案左部为产品说明文字，上下两边分别为“香辣突出”“优雅细腻”8个字，该8个字也均置于黄色椭圆形图案内；整体图案右部为产品配方和执行标准等文字，上下两边分别为“贵州特产”“精工酿造”8个字，该8个字也置于黄色椭圆形图案内。

1997年5月，贵阳南明陶氏风味食品店更名为贵阳南明陶氏风味食品厂，1997年11月，再次更名为现在的贵阳老干妈公司。

1997年12月27日，李贵山就其设计的“老干妈”风味豆豉瓶贴向中国专利局申请了外观设计专利，并于1998年8月22日获得授权。1997年12月30日，李贵山在贵州省版权局又将该瓶贴进行了产品设计图纸的版权登记。1998年，贵阳市人民政府将“老干妈”风味豆豉列为贵阳市名牌产品，1999年1月，贵州省经济贸易委员会和贵州省技术监督局确认陶华碧牌“老干妈”风味豆豉为贵州省名牌产品，1999年11月28日，中国食品工业协会颁发给贵阳老干妈公司先进企业证书。

庭审中，原告称其生产的“老干妈”风味豆豉辣酱于1999年完成了1.3亿元的销售额，该产品已销往全国各地，企业为国家纳税1 500万元。

被告华越公司成立于1997年9月15日。1997年11月，华越公司与贵阳南明唐蒙食品厂签订了《关于联合生产“老干妈”系列调味品合同》，合同规定，由华越公司与贵阳南明唐蒙食品厂联合生产“老干妈”系列调味品，由贵阳南明唐蒙食品厂提供技术，华越公司提供生产所需的设备、设施及场地。1997年11月，华越公司与贵阳南明唐蒙食品厂联合生产的“老干妈”风味豆豉辣酱开始上市，该产品所使用的包装瓶瓶贴与原告贵阳老干妈公司生产的“老干妈”风味豆豉辣酱所使用的包装瓶瓶贴相比，除陶华碧女士肖像换成了刘湘球女士肖像及产品批号、执行标准、生产厂家、厂址电话、邮编的文字不同外，其余图案的色彩、图形、文字排列等均相同。

1998年1月20日，华越公司以其法定代表人易长庚设计的“老干妈”风味豆豉辣酱的瓶贴向中国专利局申请了外观设计专利，该瓶贴图案与该公司以前所使用的瓶贴图案相比，除黄色椭圆形图案变成黄色菱形图案外，其余均未有实质性变化。国家知识产权局专利局经初步审查，于1998年10月10日向华越公司颁发了该瓶贴的外观设计专利证书。1998年初，华越公司与贵阳南明唐蒙食品厂对其联合生产的风味豆豉辣酱瓶贴按照其申请外观设计专利后的图案进行了改版，改版后的瓶贴中仍使用了与原告产品瓶贴中字形相同的“老干妈”三字。

1998年4月20日，华越公司与贵阳南明唐蒙食品厂签订《合同终止协议书》，解除了双方的联营关系。后，华越公司单独生产风味豆豉等系列调味品，仍以“老干妈”为风味豆豉辣酱的商品名称，并继续使用其取得外观设计专利权的瓶贴进行包装。1998年12月，湖南省经济贸易委员会与湖南省技术监督局向华越公司颁发了其生产的“老干妈”风味豆豉获得1998年度湖南名牌产品称号的证书，1999年5月，湖南省统计信息中心颁发华越公司生产的“华越老干妈”在“1999年度湖南市场品牌调查活动”中荣获“99湖南市场占有率最高品牌”荣誉证书。华越公司为宣传其生产的“老干妈”风味豆豉辣酱花费了一定数量的广告费。

1999年初，被告望京购物中心与兴蜀公司建立商品代销关系。1999年5月6日，兴蜀公司与华越公司签订了购销合同，兴蜀公司向华越公司购买其生产的价值7万余元包括“老干妈”风味豆豉辣酱在内的风味系列产品。后，望京购物中心开始为兴蜀公司代销华越公司生产的“老干妈”风味系列调味品，望京购物中心审查了由兴蜀公司提供的华越公司企业法人营业执照、卫生许可证、进京食品及食品用产品卫生质量认可证、外观设计专利证书、税务登记书及购销合同等相关文件。1999年8月26日，原告贵阳老干妈公司从望京购物中心购买了华越公司生产的“老干妈”风味豆豉及“老干妈”风味辣三丁作为证据，该风味豆豉辣酱的包装瓶上使用的是华越公司取得外观设计专利的瓶贴。

另查，原告贵阳老干妈公司分别于1996年8月、1996年12月、1997年5月、1997年8月、1998年4月5次向国家工商局商标局申请注册“老干妈”商标，但被商标局以“老干妈”为普通人称称谓驳回两次。1998年6月21日，商标局核准了“陶华碧及肖像”商标注册申请。1998年12月1日，被告华越公司向商标局申请注册“老干妈”商标，商标局对“刘湘球肖像”及“老干妈”文字商标进行了公告。目前，商标局经初步审定，对“陶华碧老干妈及图”和“刘湘球老干妈及图”商标分别予以核准注册。

再查，1998年5月至1999年1月，各地工商管理部门分别对贵阳市、长沙市、四川省郫县、遵义市、兰州市等地出现的假冒原告“老干妈”风味豆豉辣酱产品等多个厂家进行了查处。

上述事实，有原告提供的“老干妈”风味豆豉包装瓶贴版权登记证书及该作品登记的图案复制件、“老干妈”风味豆豉包装瓶贴外观设计专利证书、被告华越公司与贵阳南明唐蒙食品厂生产的“老干妈”风味豆豉辣酱包装瓶贴及被告华越独家生产的“老干妈”风味豆豉辣酱包装瓶贴、被告华越公司与贵阳南明唐蒙食品厂联营协议书及湖南省长沙市雨花区人民法院民事调解书、贵阳市工商局南明分局关于“贵阳南明老干妈风味食品有限责任公司变更沿革的证明”、国家工商局的核驳通知书、获奖证书、有关新闻报道文章、望京购物中心销售华越公司产品“老干妈”风味豆豉辣酱的购物发票；有华越公司提供的华越“老干妈”风味豆豉辣酱包装瓶瓶贴外观设计专利证书及外观设计图、刘湘球头像及“老干妈”文字商标注册公告、广告宣传费用发票、广告播出证明、华越“老干妈”宣传画册、获奖证书；有望京购物中心提供的商品代销协议书、华越公司卫生许可证、进京食品及食品用产品卫生质量认可证、工矿产品购销合同及双方当事人的陈述等在案佐证。

一审判决及理由

法律保护经营者的合法权利，经营者在市场交易中，应当遵循自愿、平等、公平、诚实信用的原则。

原告贵阳老干妈公司生产的“老干妈”风味豆豉辣酱具有一定的历史过程，从贵阳老干妈公司的历史沿革不难看出，“老干妈”作为对该公司创始人陶华碧女士的尊称并作为该公司生产的风味豆豉辣酱的商品名称已得到特定地区广大消费者的认同和特定理解。

正是由于其独特的历史背景及独到的品味，原告贵阳老干妈公司生产的“老干妈”风味豆豉辣酱赢得了良好的声誉，“老干妈”作为商品名称，已与该企业及其生产的风味豆豉辣酱密切相关，成为一体。作为一种风味小食品，从其在全国销售的巨大数额看，原告贵阳老干妈公司的产品在同类商品领域内具有较高的市场占有率，而较高的市场占有率即意味着该产品深受消费者的喜爱并在一定范围内享有较高的知名度。

近一二年，全国各地，特别是在喜食辣椒居民聚集的省份，出现了众多制造、销售假冒、仿冒原告贵阳老干妈公司“老干妈”风味豆豉的厂家，从市场经济角度分析看，假冒、仿冒者之所以不遗余力实施侵权行为，均看中的是被假冒、仿冒产品的市场价值及良好的市场声誉，能为其带来极大的经济利益，故从大量的假冒、仿冒者的出现，能够判断一个产品所享有的知名度和所具有的经济价值。

综上，原告贵阳老干妈公司生产的“老干妈”风味豆豉辣酱产品，深受广大消费者的喜爱，法律应对原告贵阳老干妈公司的合法权益给予保护。原告贵阳老干妈公司所使用的“老干妈”风味豆豉包装瓶瓶贴设计具有一定的独创性，亦应予以保护。

被告华越公司生产、销售与原告贵阳老干妈公司相同的商品——风味豆豉辣酱，其使用“老干妈”作为其生产的包括风味豆豉辣酱在内的系列调味品的商品名称，因其最初使用该商品名称之时，原告生产的“老干妈”风味豆豉已在一定的范围内享有较高的知名度，且被告对使用该商品名称的历史渊源，缺乏合理的依据，故该种使用方式有明显的“搭车”故意。

被告华越公司与贵阳南明唐蒙食品厂在1997年11月至1998年初生产的“老干妈”风味豆豉辣酱包装瓶上所使用的瓶贴，在图案设计、色彩、内容文字等方面，与原告贵阳老干妈公司生产的“老干妈”风味豆豉包装瓶上所使用的瓶贴极为相似，甚至连原告贵阳老干妈公司由专人设计书写的“老干妈”三字的独特字体也是相同的，被告华越公司的此种使用方式极易使消费者产生混淆，造成误认。故被告华越公司的上述行为构成了不正当竞争，被告华越公司对此应承担相应的法律责任。

被告华越公司除继续使用获得外观设计专利的“老干妈”风味豆豉包装瓶瓶贴外，不得再使用与原告贵阳老干妈公司相近似的“老干妈”风味豆豉包装瓶瓶贴。原告贵阳老干妈公司要求经济赔偿的数额偏高，一审法院将综合本案的实际情况酌情确定。

鉴于商标局已审定被告的“刘湘球老干妈及图”商标予以核准注册，故原告贵阳老干妈公司请求被告华越公司在其全部产品上停止使用“老干妈”的商品名称及要求公开赔礼道歉的请求，一审法院不予支持。

被告望京购物中心销售的华越公司生产的“老干妈”风味豆豉辣酱，所使用的包装瓶瓶贴已取得外观设计专利，被告望京购物中心的销售行为未侵犯原告贵阳老干妈公司的合法权益，故原告贵阳老干妈公司对被告望京购物中心的诉讼请求，一审法院亦不予支持。

综上，依据《反不正当竞争法》第二条第一款、第五条第（二）项的规定，判决如下：

一、被告华越公司停止使用并销毁其在未获得外观设计专利之前与原告贵阳老干妈公司“老干妈”风味豆豉辣酱瓶贴相近似的瓶贴。

二、被告华越公司于一审判决生效后 15 日内，赔偿原告贵阳老干妈公司经济损失 15 万元人民币。

三、驳回原告贵阳老干妈公司其他诉讼请求。

案件受理费 8 510 元，由被告华越公司负担 6 000 元（于一审判决生效后 7 日内交纳）；由原告贵阳老干妈公司负担 2 510 元（已交纳）。

上诉理由

贵阳老干妈公司、华越公司均不服原审判决，向北京市高级人民法院提起上诉。

贵阳老干妈公司的上诉理由是：原审判决认定事实错误。第一，虽然华越公司获得了外观设计专利权，但按照最高人民法院的批复精神，法院应对其专利权进行具体的分析，并判断是否构成侵权。而原审法院以其拥有外观设计专利权为由，认定不构成侵权，缺乏法律依据。第二，华越公司申请注册的商标尚处于核准异议的复审阶段，没有获得最终授权，但原审判决却认定其已获得商标权，显然是错误的。第三，原审判决判定华越公司只赔偿经济损失 15 万元，没有合理的依据。第四，原审判决判定北京燕莎望京购物中心不承担侵权责任是错误的。故请求二审法院撤销原审判决，依法作出公正裁决。

华越公司的上诉理由是：原审判决认定事实不清。第一，根据华越公司与贵阳南明唐蒙食品厂签订的“联营协议”内容，由贵阳南明唐蒙食品厂提供联营产品的瓶贴，因此，被控侵权产品的瓶贴不是华越公司设计的，侵权责任不在华越公司，华越公司没有侵权的故意；第二，在贵阳老干妈公司获得外观设计专利权时，华越公司已经不使用该瓶贴；第三，贵阳老干妈公司的产品不是知名产品，不可能造成同一地区消费者的误认；另外，信息沟通的欠缺造成了不适当的竞争。华越公司在没有主观故意的情况下，实施了与贵阳老干妈公司相冲突的经营行为，是与《反不正当竞争法》中所禁止的不正当竞争行为有本质区别的。因此，华越公司虽使用了原审判决附图2（本书略）的瓶贴，但并不属于不正当竞争行为。故请求二审法院撤销原审判决第一、二项，依法作出公正裁决。

北京燕莎望京购物中心服从原审判决。

二审查明事实

二审法院所认定的案件事实与原审认定的事实基本一致。

二审判决及理由

知名商品是指在市场上具有一定的知名度，为相关公众所知悉的商品。根据本案的相关事实，上诉人贵阳老干妈公司生产的“老干妈”风味食品自投放市场以来，受到消费者的青睐，在较短时间内产品便畅销全国，销售量一直呈上升趋势，为国家纳税上千万元。即使在市场上出现了侵权产品的情况下，其销售量仍然处于上升趋势。由于其产品质量好，知名度高，在全国各地相继出现了多家仿冒其产品的厂家，严重损害了广大消费者的利益。1998 年、1999 年，贵阳市工商行政管理局多次向全国各地工商行政管理局发出公函，请求予以查处。由于该商品在市场上具有一定的知名度，属于为相关公众所知悉的商品。故应认定该商品为知名商品。

知名商品的特有名称，是指知名商品独有的与通用名称有显著区别的商品名称。知名商品的特有名称不需要任何部门的认定或授予，而完全是经营者的一种市场成果，只要一种商品名称在市场上具有区分相关商品的作用，就应认定具有特有名称的意义。“老干妈”作为一种地方风味豆豉的商品名称是上诉人贵阳老干妈公司创先使用的，也是由于上诉人贵阳老干妈公司的使用而知名的。“老干妈”三个字虽然没有独特的创新，但由于上诉人贵阳老干妈公司的使用，使“老干妈”三个字已经与上诉人贵阳老干妈公司及其生产的风味豆豉密切相关，不可分割，成为该商品的代表和象征，在社会上说起“老干妈”，人们自然会想到它代表贵州老干妈公司生产的风味豆豉。故“老干妈”已经具有与其他相关商品相区别的显著特征，应认定“老干妈”为上诉人贵阳老干妈公司生产的风味豆豉的特有名称。

“老干妈”风味豆豉产品的包装、装潢，不是风味豆豉产品所通用的。该商品外包装瓶贴的色彩为红色，整体图案的中部为陶华碧女士肖像，肖像下部为书写独特的“老干妈”3 个字，具有与其他类似商品包装、装潢相区别的个性特征。应认定“老干妈”风味豆豉产品的包装、装潢为其所特有。

将被上诉人华越公司与贵阳南明唐蒙食品厂联营生产的“老干妈”风味豆豉产品

的包装瓶瓶贴与上诉人贵阳老干妈公司的瓶贴相比较，可看出，二者除所使用的肖像、产品批号、执行标准、生产厂家、厂址、电话、邮编不同外，其余图案的色彩、图形、文字排列、“老干妈”3个字的字型完全一致。故应认定被上诉人华越公司与贵阳南明唐蒙食品厂联营生产的“老干妈”风味豆豉所使用的名称、包装、装潢，与上诉人贵阳老干妈公司生产的“老干妈”风味豆豉所使用的名称、包装、装潢相近似，已给消费者造成误认，构成对上诉人贵阳老干妈公司享有的知名商品特有名称、包装、装潢的侵权。被上诉人华越公司上诉认为其与贵阳南明唐蒙食品厂曾约定，由贵阳南明唐蒙食品厂提供产品的瓶贴，故造成联营生产的产品与上诉人贵阳老干妈公司产品的包装、装潢相近似的后果，其没有主观故意。因“老干妈”风味豆豉是知名商品，该产品畅销全国，故被上诉人华越公司的上诉理由不能成立。

被上诉人华越公司改用其获得外观设计专利权的瓶贴后，产品名称仍为“老干妈”，与在此之前产品上使用的瓶贴相比，包装、装潢的整体风格、设计手法以及“老干妈”3个字的字形完全相同，图案结构、色彩运用及其排列组合也完全一致。区别仅在于将原瓶贴上的黄色椭圆形图案，改变为黄色菱形图案，以及图案中的文字内容有所变动。但从整体上看，普通消费者仍然不能区分出该产品与上诉人贵阳老干妈公司同类产品的区别，该产品所使用的名称、包装、装潢仍旧与上诉人贵阳老干妈公司同类产品相近似，给消费者造成混淆，因此亦构成侵权。现被上诉人华越公司以使用的瓶贴已获得外观设计专利权为由，认为其使用该瓶贴用作其产品的包装、装潢的行为，不构成对上诉人贵阳老干妈公司的侵权。由于本案案由为不正当竞争纠纷，权利人请求保护的是其知名商品特有的名称、包装、装潢的权利，它与专利权属于两种类型的知识产权权利。不同类型的知识产权权利发生冲突，人民法院应当按照《民法通则》规定的诚实信用原则和保护公民、法人的合法的民事权益原则，依法保护在先使用人享有继续使用的合法的民事权益。因此，被上诉人华越公司以其享有外观设计专利权为由，主张不构成对上诉人贵阳老干妈公司侵权的抗辩理由不能成立。

由于上诉人贵阳老干妈公司在风味豆豉产品上使用的“老干妈”特有名称及其包装、装潢的行为先于被上诉人华越公司，故被上诉人华越公司使用其瓶贴用作产品包装、装潢，并使用“老干妈”作为商品名称，已经给消费者造成混淆，其行为属于不正当竞争，构成对上诉人贵阳老干妈公司的侵权，应承担停止侵权、赔礼道歉、赔偿损失的民事责任。

被上诉人华越公司上诉认为，信息沟通的欠缺，是造成两省同类企业的产品包装、装潢相近似的真正原因，不属于不正当竞争，缺乏事实和法律依据，二审法院不予采纳。鉴于双方分别申请注册的商标，均在国家商标评审委员会审理中，均未获得商标权，故原审法院认定被上诉人华越公司已获得“刘湘球老干妈及图”商标权有误，二审法院予以纠正。

《反不正当竞争法》对侵权赔偿确定的原则是，以权利人因侵权人的侵权行为而受到的损失或侵权人获得的利润为赔偿依据。由于上诉人贵阳老干妈公司没有提供其因侵权而受到的损失，被上诉人华越公司也没有提供其因侵权所获得的利润，故二审法院按照实际情况予以酌定。被上诉人华越公司在 1998 ~ 1999 年为此产品支出广告费用近 160 万元，按照商业惯例，经营者所获利润通常要高于广告投入，故上诉人贵阳老干妈公司要求被上诉人华越公司赔偿 40 万元人民币的诉讼请求应予支持。北京燕莎望京购物中心销售了被上诉人华越公司生产的侵权产品，上诉人贵阳老干妈公司要求其停止继续销售侵权产品的行为，理由正当，二审法院予以支持。

综上，原审判决认定事实不清，应予改判；上诉人贵阳老干妈公司的上诉理由正当，对其上诉请求应予支持，被上诉人华越公司的上诉理由不能成立，对其上诉请求应予驳回。依照《反不正当竞争法》第二条第一款、第五条第（二）项、《民事诉讼法》第一百五十三条第一款第（三）项之规定，判决如下：

一、撤销北京市第二中级人民法院（1999）二中知初字第 132 号民事判决。

二、被上诉人华越公司停止在风味豆豉产品上使用“老干妈”商品名称。

三、被上诉人华越公司停止使用与上诉人贵阳老干妈公司生产的“老干妈”风味豆豉瓶贴相近似的瓶贴。

四、被上诉人华越公司赔偿上诉人贵阳老干妈公司经济损失 40 万元（二审判决生效后 1 个月内给付）；

五、被上诉人望京购物中心停止销售被上诉人华越公司生产的“老干妈”风味豆豉。

六、被上诉人华越公司于二审判决生效后 1 个月内，在一家全国发行的报纸上向上诉人贵阳老干妈公司致歉，致歉内容须经二审法院核准。逾期不执行，二审法院将在报纸上公布二审判决，相关费用由被上诉人华越公司负担。

一审案件受理费 8 510 元，由被上诉人华越公司负担（二审判决生效后 7 日内交纳）；二审案件受理费 8 510 元由被上诉人华越公司负担（已交纳）。

案例26：中远威药业公司与华能制药厂、同合医药公司仿冒知名商品名称、包装、装潢纠纷案

原告（上诉人）：山西中远威药业有限公司（以下称“中远威药业公司”）
被告（被上诉人）：济宁华能制药厂（以下称“华能制药厂”）
被告：北京市同合医药有限公司（以下称“同合医药公司”）

一审法院：北京市第二中级人民法院
一审案号：（2001）二中知初字第120号
一审合议庭成员：邵明艳、宋光、何暄
一审结案日期：2001年12月6日

二审法院：北京市高级人民法院
二审案号：（2002）高民终字第323号
二审合议庭成员：刘继祥、魏湘玲、任忠萍
二审结案日期：2002年6月19日

案由：仿冒知名商品名称、包装、装潢纠纷

关键词：知名商品，特有名称、包装、装潢，仿冒，注册商标，虚假宣传

涉案法条

《反不正当竞争法》相关法条
《民事诉讼法》第一百五十三条第一款第（一）项

争议焦点

- 擅自将他人知名商品特有的商品名称、包装、装潢作相同或近似使用，造成与他人的知名商品相混淆，使购买者误认或足以误认是该知名商品的行为属不正当竞争行为。法律所称知名商品是指在市场上具有一定知名度，为相关公众所知悉的商品。
- 知名商品特有的名称是指知名商品独有的与通用名称有显著区别的特有的商品名称。与通用产品名称不具有显著区别的，不能成为知名商品的特有名称加以保护。
- 知名商品所特有的包装装潢是指为识别与美化商品而在商品或者其包装上附加的图案、文字、色彩及其排列组合。与他人的商品所使用的包装、装潢构成相近似，在

一般消费者看来，二者容易产生混淆，足以使消费者产生误认，且其包装、装潢的使用晚于对方的，则对他人的知名商品构成不正当竞争。

- 要证明他人是否实施了对其商品质量作引人误解的虚假宣传、捏造散布虚假事实、损害上诉人商品信誉的不正当竞争行为，其负有举证责任，若举证不能或不充分，则法院不予支持其主张。

审判结论

驳回原告中远威药业公司的诉讼请求。

二审判决驳回上诉，维持原判。

一审案件受理费 60 010 元，二审案件受理费 60 010 元，均由中远威药业公司负担（已交纳）。

起诉及答辩

原告中远威药业公司诉称：原告研制的药品溶栓胶囊深受广大患者的信任，是知名商品，溶栓胶囊已成为该知名商品的专用名称。

但被告华能药厂为牟取不正当利益，采取如下侵权手段，损害了原告的商品信誉：

1. 擅自使用前述原告知名商品特有的名称，将其溶栓灵龙寿丹胶囊产品名称变更为龙芪溶栓胶囊，并使用该名称作为其产品的名称。

2. 擅自使用前述原告知名商品特有的包装装潢，造成消费者误认。

3. 对其商品的质量性能作引人误解的虚假宣传。

4. 捏造散布虚假事实。被告同合医药公司销售了前述被告华能药厂的侵权产品。

两被告的上述行为已构成不正当竞争，给原告造成严重经济损失，故诉至法院，请求判令：1. 两被告停止在生产、销售中采用不正当竞争手段侵害原告权利的行为。2. 被告华能药厂赔偿原告经济损失和调查取证费用 1 000 万元。3. 两被告承担本案诉讼费用。

被告华能药厂辩称：原告生产的溶栓胶囊不属于知名商品，溶栓胶囊是一种药品的通用名称，而非该公司产品的特有名称。被告生产的龙芪溶栓胶囊原名为溶栓灵龙寿丹胶囊，产品名称的变更系经过有关部门批准进行，符合法律规定。被告产品进入市场的时间及本案争议的被告产品包装装潢的使用时间均早于原告，而且双方的包装装潢设计区别明显。被告的龙芪溶栓胶囊是保健品，而原告的溶栓胶囊是处方药，不会造成购买者混淆。被告从未实施过原告所称在广告中散布虚假事实、损害原告商品信誉的行为，也不存在对商品的质量性能作引人误解的虚假宣传的行为。因此，被告未构成不正当竞争，请求驳回原告的诉讼请求。

被告同合医药公司辩称：其仅是药品销售单位，华能药厂已向其提供了其龙芪溶栓胶囊的必备证件及手续，其销售该产品符合法律规定，不存在不正当竞争行为，故请求法院驳回原告对其的起诉。

事实认定

原告中远威药业公司成立于1995年5月26日，经营范围为：生产力克栓胶囊、溶栓胶囊及其他保健品。1996年4月15日，原告由甘肃农垦科技实业开发公司受让了该开发公司于1993年研制的新药溶栓胶囊生产技术并开始生产溶栓胶囊，受让后的药品批准文号为（96）卫药准字Z-32号。原告生产的溶栓胶囊于1996年4月进入市场，产品外包装标注有“中远（繁体）威”文字与图形组合的注册商标。

1997年8月28日，原告生产的溶栓胶囊获得中国老年学学会康复研究委员会特予推荐荣誉证书，1997年9月18日获得中国老年基金会推荐产品证书，1999年3月获得山西消费者协会和《晋工时报》联合颁发的“99.3.15安全健康消费品”推荐品牌荣誉证书。中华医学会于1999年5月22日向全国各级分会及各医疗单位发出“关于‘溶栓胶囊’列入中华医学会重点推广工程的通知”，向全国推广原告的“溶栓胶囊”并要求有关方面将该产品的不良反应进行反馈。1999年8月13日，原告获得国家医药监督管理局中药保护品种证书，根据该证书，原告生产的溶栓胶囊被列为国家二级中药保护品种，保护期为7年（1999年9月28日至2006年9月28日）。原告对其生产的溶栓胶囊在报纸等媒体上进行了广告宣传。

被告华能药厂的前身为1994年成立的济宁华能生科医药保健品厂，1999年2月经山东省卫生厅批准，变更为现在的企业名称，经营范围为：中西药胶囊制剂、医药保健品生产、销售。该厂生产的龙芪溶栓胶囊原名溶栓灵龙寿丹胶囊，产品的批准文号最初为：鲁卫药健字（1995）第0035号，后变更为：鲁卫药健字（1999）第0002号。该产品于1995年进入市场，产品包装标注“龙（繁体）心”文字注册商标。1996年3月18日，溶栓灵龙寿丹胶囊获得国家级火炬计划项目证书。1999年8月，因该厂的溶栓灵龙寿丹胶囊产品名称与陕西万寿制药厂的注册商标“龙寿”相近似，济宁市工商部门就此予以查处，故该厂经山东省卫生厅批准将该产品名称变更为龙芪溶栓胶囊。

被告同合医药公司成立于1993年6月3日，原名称为北京市同合医药经营部，2001年2月20日变更为同合医药公司，经营范围为中、西药品的批发和零售。在诉讼期间，同合医药公司表示原告中远威药业公司的溶栓胶囊和被告华能药厂的龙芪溶栓胶囊在该公司均有销售。

原告溶栓胶囊外包装采用长方体纸盒，其装潢设计方案为：包装盒上盖中部为灰色长方形，上有溶栓胶囊字样及英文“PLASMIN”，均为白色字体；正面上部为灰色长方形与红色直角三角形相接，标注中远威图形文字组合商标；正面中部为斜字体的“溶栓胶囊”汉字，其中栓字突出为红色，“溶”“胶囊”三字为深蓝色；正面下部为红色双线及灰色宽条，注明中远威图形加文字组合商标商标标识及原告中远威药业公司的企业名称；背面上部亦为灰色长方形与红色直角三角形相接，标注中远威图形文字组合商标标志；背面中部为英文“PLASMIN”及“CAPSULES”，均为深蓝色字体；背面下部为红色双线及灰色宽条，注明中远威图形文字组合商标商标标识及原告中远威药业公司的英文名称；包装盒底盖为灰色。

被告华能药厂的龙芪溶栓胶囊外包装亦采用长方体纸盒，其装潢设计方案为：包装盒上盖中部为灰色长方形，其上标注有龙芪溶栓胶囊、龙心注册商标标志及英文“LONGSTAND”，均为白色字体；正面上部为灰色长方形与四道红色曲线相接，标注华能厂获得的奖牌形状；正面中部为斜字体的“龙芪溶栓胶囊”汉字，其中“溶栓”二字突出为红色，“龙芪”“胶囊”四字为浅蓝色；正面下部为红色双线及灰色底宽条，标注华能药厂名称；背面上部亦为灰色长方形与四道红色曲线相接，标注华能厂获得的奖牌形状；背面中部为英文“LONGSTAND”及“CAPSULES”，其中“LONGSTAND”为浅蓝色字体，“CAPSULES”为黑色字体；背面下部为红色双线及灰色宽条，注明华能药厂英文名称；包装盒底盖为白色，标注华能药厂名称。

被告华能药厂原来使用的溶栓灵龙寿丹胶囊的外包装与该厂龙芪溶栓胶囊的外包装除产品名称、生产者名称不同外，其他特征均相同。

原告中远威药业公司的溶栓胶囊外包装标明的主要成分为地龙等，被告华能药厂龙芪溶栓胶囊外包装标明的主要成分为地龙、黄芪、红花等。

诉讼中，原告提供了一份广告宣传单复印件，该宣传单盖有华能药厂的公章，落款为“华能制药厂营销中心（武汉）”，主要介绍华能药厂的龙芪溶栓胶囊。原告以该复印件作为指控被告华能药厂存在对商品质量作引人误解的虚假宣传及捏造散布虚假事实、损害原告商品信誉行为的唯一证据，原告未就该复印件系出自被告华能药厂出具其他相应的证据。被告华能药厂否认曾印制、散发过前述广告宣传单，并提出该宣传单上的公章与其公章不符。

一审判决及理由

《反不正当竞争法》规定，擅自将他人知名商品特有的商品名称、包装、装潢作相同或近似使用，造成与他人的知名商品相混淆，使购买者误认或足以误认是该知名商品的行为属不正当竞争行为。法律所称知名商品是指在市场上具有一定知名度，为相关公众所知悉的商品。本案原告提供的证据表明，该公司生产的溶栓胶囊获得过多项荣誉，且经过该公司多年的生产销售及投入大量资金进行广告宣传，应认定该产品在市场上已具有一定知名度，为相关消费者所认知，故该产品为知名商品。

知名商品特有的名称是指知名商品独有的与通用名称有显著区别的特有的商品名称。原告溶栓胶囊产品名称中的“溶栓”体现了该产品的基本治疗功能，“胶囊”则表明该产品的药品制剂形式，因此，溶栓胶囊与通用产品名称不具有显著区别，不能成为知名商品的特有名称加以保护。原告关于被告华能药厂使用龙芪溶栓胶囊、溶栓灵龙寿丹胶囊作为产品名称，系擅自使用该公司知名商品特有的名称，属不正当竞争行为的主张，一审法院不予支持。

知名商品所特有的包装装潢是指为识别与美化商品而在商品或者其包装上附加的图案、文字、色彩及其排列组合。将被告华能药厂的龙芪溶栓胶囊、溶栓灵龙寿丹胶囊的包装装潢与原告溶栓胶囊的包装装潢相比，二者在包装装潢设计上存在一定差别，双方产品外包装上均显著标明各自的注册商标标识、生产者名称、主要成分，不足以造成消费者对双方产品的误认。现有证据表明，被告华能药厂的龙芪溶栓胶囊（溶栓灵龙寿丹胶囊）进入市场的时间及包装装潢的设计使用时间均早于原告的溶栓胶囊。因此，原告关于被告华能药厂的龙芪溶栓胶囊（溶栓灵龙寿丹胶囊）包装装潢与该公司溶栓胶囊包装装潢构成相同或相似，足以造成消费者误认，属不正当竞争行为的主张，一审法院不予支持。

原告主张被告华能药厂实施了对其商品质量作引人误解的虚假宣传及捏造散布虚假事实、损害该公司商品信誉的不正当竞争行为，但该公司仅向法庭提交了一份广告宣传单复印件作为支持其上述主张的唯一证据。现华能药厂否认印制、散发过该宣传单，原告又不能提供该宣传单出自被告华能药厂的其他证据，故该公司的上述主张，缺乏证据支持，一审法院不予支持。

鉴于原告指控被告同合医药公司存在不正当竞争行为的事实不能成立，故该公司关于被告同合医药公司销售被告华能药厂的龙芪溶栓胶囊产品侵犯其权利的主张，缺乏事实依据，一审法院亦不予支持。

综上所述，判决如下：

驳回原告中远威药业公司的诉讼请求。

案件受理费 60 010 元，由原告中远威药业公司负担（已交纳）。

上诉理由

中远威药业公司不服原审判决，向北京市高级人民法院提起上诉，请求二审法院撤销原审判决，查清事实，依法改判。

中远威药业公司的上诉理由是：1. 原审判决因庭审程序违法导致实体判决错误。2. 原审判决没有查明华能制药厂模仿使用中远威药业公司溶栓胶囊包装装潢的起止年限，就盲目断定华能制药厂使用相同的包装装潢早于中远威药业公司，查证失于草率，定性偏于武断。事实证明华能制药厂模仿使用中远威药业公司溶栓胶囊包装装潢的时间是在中远威药业公司产品知名以后。3. 对华能制药厂招商广告的证据效力没有理由否定。

华能制药厂、同合医药公司服从一审判决。

二审查明事实

二审法院所认定的案件事实与原审认定的事实基本一致。

二审判决及理由

二审当中，双方当事人争议的焦点集中在被上诉人华能制药厂“溶栓灵龙寿丹胶囊”及“龙芪溶栓胶囊”产品所使用的包装装潢与上诉人中远威药业公司“溶栓胶囊”

产品的包装装潢是否构成相近似，其使用时间是否晚于上诉人中远威药业公司“溶栓胶囊”产品包装装潢的使用时间。

知名商品所特有的包装装潢是指为识别与美化商品而在商品上或者其包装上附加的文字、图案、色彩及其排列组合。将被上诉人华能制药厂的“溶栓灵龙寿丹胶囊”“龙芪溶栓胶囊”的包装装潢与上诉人中远威药业公司的“溶栓胶囊”的包装装潢进行对比，二者包装盒的整体形状均为扁长方体；且包装盒的正面与背面图案的整体布局都是分为三部分，上部分为图案设计，中间和下部分为文字设计；尤其是“溶栓”二字的字体和位置设计与其他部分相结合，系相同的布局和构图方式，表现手法亦相同。其不同点在于上部的图案不同；上诉人中远威药业公司“溶栓胶囊”的包装盒的正面“栓”字上有一椭圆形圆圈环绕，而被上诉人华能制药厂的“溶栓灵龙寿丹胶囊”“龙芪溶栓胶囊”的包装盒没有这一设计；被上诉人华能制药厂多了“龙芪”文字设计。按一般消费者的观察力，二者容易产生混淆。因此，被上诉人华能制药厂“溶栓灵龙寿丹胶囊”及“龙芪溶栓胶囊”所使用的包装装潢与上诉人中远威药业公司“溶栓胶囊”产品的包装装潢构成相近似。

太原市从容企划设计有限公司出具的证明及该公司与上诉人中远威药业公司签订的印刷合同表明：“溶栓胶囊”外包装装潢的设计时间为 1996 年 4 月，第一次印刷时间为 1996 年 6 月，交货时间为 1996 年 7 月。故上诉人中远威药业公司使用该包装装潢产品的上市时间应当晚于 1996 年 7 月。而济宁博佳特广告印务中心出具的证明表明：“龙寿丹（溶栓灵）”36 粒/盒装，中英文包装盒于 1996 年 3 月设计成稿并交付印刷。二审当中被上诉人华能制药厂提交的该厂济生科字（1996）第 10 号文件及济宁市卫生局于 1996 年 3 月 24 日在该文件上的批示亦表明，该厂于 1996 年 3 月推出 36 粒装龙寿丹胶囊（溶栓灵）的新包装。现上诉人中远威药业公司提供不出被上诉人华能制药厂“溶栓灵龙寿丹胶囊”及“龙芪溶栓胶囊”产品所使用的包装装潢晚于其“溶栓胶囊”所使用的包装装潢的时间证据，故上诉人关于被上诉人华能制药厂模仿使用该公司“溶栓胶囊”包装装潢的时间是在上诉人知名以后的主张不能成立。

上诉人中远威药业公司提交的广告宣传单复印件不足以证明被上诉人华能制药厂实施了对其商品质量作引人误解的虚假宣传、捏造散布虚假事实、损害上诉人中远威药业公司商品信誉的不正当竞争行为。原审判决对此问题的认定并无不当。

综上，原审判决认定事实基本正确，适用法律亦无不当，应予维持。上诉人中远威药业公司的上诉理由不能成立，对其诉讼请求，二审法院不予支持。依照《民事诉讼法》第一百五十三条第一款第（一）项之规定，判决如下：

驳回上诉，维持原判。

一审案件受理费 60 010 元，二审案件受理费 60 010 元，均由上诉人中远威药业公司负担（已交纳）。

案例27：济南东风制药厂与新街口商场、江苏肤美灵总厂、虹雨集团、泰州肤美灵公司侵犯知名商品名称、包装、装潢纠纷案

原告（上诉人）：济南东风制药厂有限公司（以下称“济南东风制药厂”）
被告（上诉人）：江苏肤美灵化妆品总厂（以下称“江苏肤美灵总厂”）
被告（被上诉人）：虹雨集团公司（以下称“虹雨集团”）
被告（被上诉人）：泰州市肤美灵化妆品有限公司（以下称“泰州肤美灵公司”）
被告：北京市新街口百货商场（以下称“新街口商场”）

一审法院：北京市第一中级人民法院
一审案号：（2001）一中知初字第175号
一审合议庭成员：马来客、苏杭、李燕蓉
一审结案日期：2002年11月8日

二审法院：北京市高级人民法院
二审案号：（2003）高民终字第120号
二审合议庭成员：刘继祥、孙苏理、魏湘玲
二审结案日期：2002年4月21日

案由：仿冒知名商品特有名称、包装、装潢纠纷

关键词：知名商品，特有名称、包装、装潢，仿冒

涉案法条

《民法通则》第一百三十四条第一款第（九）项、第（十）项
《反不正当竞争法》第二条、第五条第（二）项
《民事诉讼法》第一百五十三条第一款第（二）、（三）项

争议焦点

- 对知名商品的保护，属《反不正当竞争法》调整的范围。由于我国法律、法规目前对知名商品的定义、认定标准尚无具体规定，故法院和有关行政执法部门在审理和查处侵犯商标权及不正当竞争纠纷时，应当根据个案的具体情况对涉案商品是否为

知名商品作出认定。

- 认定某一商品是否知名，应当参照该商品上市时间长短、在相同或类似商品中的市场占有率高低、生产厂家为该产品投入的宣传广告覆盖区域大小及费用多少、消费者对该产品的知晓程度及使用效果满意率的高低等综合指标。
- 在医药卫生行业，已为国家药典、卫生部部颁药品标准和省、自治区、直辖市药品标准收载的药品名称，均为法定名称，也称通用名称。如果该药品名称业已被载入药品标准，因此，将该药品名称应认定为药品的通用名称而非特有名称。
- 知名商品的包装、装潢是否为特有的包装、装潢，应当注重该商品包装、装潢的“特有性”，即与其他商品包装、装潢相比较所具有的“显著区别性”。虽为知名商品，但若该商品的包装、装潢缺乏特有性，则仍不能作为将其特有包装、装潢予以保护。
- 在明知他人的商品名称已为消费者所熟知，该产品为知名商品已经是客观事实的情况下，仍将其原有产品的名称改为与他人的产品完全相同的名称，足以使消费者在购买他人商品时产生误认的，则该行为具有明显的搭知名商品便车之故意，有悖于经营者在市场交易中应当遵循的公平、诚实信用原则和商业道德，构成对另一上诉人的不正当竞争，损害了另一上诉人的合法利益，应当承担法律责任。
- 虽不是侵权产品的生产厂家，但其在侵权人生产的侵权产品包装上冠名的，此行为与侵权人构成共同侵权，应当与侵权人共同承担侵权责任。
- 对于产品的销售商来说，只要其履行了必要的注意义务，即便销售了侵权产品，亦不应承担侵权责任。必要的注意义务应体现在对其销售的产品的来源、合法性、权利证明等内容进行了形式上的审查。

审判结论

一、维持北京市第一中级人民法院（2001）一中知初字第175号民事判决第二、第四、第五项，即：江苏肤美灵总厂和虹雨集团自二审判决生效之日起30日内，在《法制日报》上刊登声明，就其不正当竞争行为向济南东风制药厂公开赔礼道歉、消除影响；新街口商场自二审判决生效之日起，立即停止销售江苏肤美灵总厂和虹雨集团制造的侵权产品；驳回济南东风制药厂其他诉讼请求。

二、撤销北京市第一中级人民法院（2001）一中知初字第175号民事判决第一、第三项，即：江苏肤美灵总厂和虹雨集团自二审判决生效之日起，立即停止不正当竞争行为；江苏肤美灵总厂和虹雨集团自二审判决生效之日起10日内，共同赔偿济南东风制药厂经济损失人民币300万元。

三、江苏肤美灵总厂和虹雨集团自二审判决生效之日起，不得在其生产、销售的“肤美灵”牌化妆品上使用“新肤螨灵霜”名称。

四、江苏肤美灵总厂和虹雨集团自二审判决生效之日起10日内，共同赔偿济南东风制药厂经济损失人民币50万元。

一审案件受理费25 010元，由上诉人济南东风制药厂负担15 010元（已交纳），上诉人江苏肤美灵总厂和被上诉人虹雨集团各负担5 000元（于二审判决生效后7日内交纳）；二审案件受理费25 010元，由上诉人济南东风制药厂负担12 505元（已交纳），上诉人江苏肤美灵总厂负担12 505元（已交纳）。诉讼保全费15 520元、审计劳务费2 000元，共计17 520元，由上诉人江苏肤美灵总厂和被上诉人虹雨集团各负担8 760元（于二审判决生效后7日内交纳）。

起诉及答辩

原告济南东风制药厂诉称：原告于1986年通过技术转让方式取得授权后，在国内首家以“新肤螨灵霜”为产品名称生产杀螨护肤化妆品。后经不断改进工艺配方和临床试验，于1991年取得“健”字药品文号。

新肤螨灵霜投放市场后，以良好的产品质量赢得广大消费者欢迎，先后获得中国新产品新技术博览会金奖、中国优质保健品金奖、山东省著名商标等多项荣誉。尤其在授权吉林九鑫药业作为该产品国内独家代理后，每年在宣传上投入的资金超过亿元，使新肤螨灵霜产品的知名度和销售量均大幅度增加，在杀螨护肤产品中独占鳌头，占据绝对领先地位，成为无可争议的知名产品。

被告江苏肤美灵总厂主要产品是肤美灵系列化妆品，技术来源与原告同出一家，产品名称分别为肤美灵嫩肤霜、肤美灵洗面奶等，是原告主要竞争对手。由于近年来新肤螨灵霜凭借巨大宣传投入和良好的产品信誉，在市场上知名度日益提高。出于利益驱动，自2000年以来，江苏肤美灵总厂“毅然”摒弃其经营多年的产品名称，采用与原告产品相同的名称和相似的包装、装潢，将自己的肤美灵系列产品一变成为新肤螨灵霜系列产品，利用原告产品的知名度进行不正当竞争。

虹雨集团、江苏肤美灵总厂、泰州肤美灵公司人员组成基本相同，办公地点同为一处。在本案的侵权行为中，具体生产销售由泰州肤美灵公司实施，对外则利用虹雨集团和江苏肤美灵总厂的名义生产和销售，属于共同侵权。

原告认为，江苏肤美灵总厂的行为系利用原告产品的知名度，使消费者产生混淆误认，从而攫取非法利益，属于典型的不正当竞争行为。

新街口商场销售侵权产品，亦应承担相应责任。

故请求法院判令：1. 被告新街口商场停止销售侵权产品，被告江苏肤美灵总厂、虹雨集团、泰州肤美灵公司停止侵权。2. 被告江苏肤美灵总厂、虹雨集团、泰州肤美灵公司公开致歉、消除影响。3. 被告江苏肤美灵总厂、虹雨集团、泰州肤美灵公司赔偿原告经济损失300万元。4. 四被告承担本案律师费、诉讼费、保全费等费用。

被告江苏肤美灵总厂、被告虹雨集团、被告泰州肤美灵公司辩称：1. 原告诉称的新肤螨灵霜产品不是知名商品，不能获得合法保护。2. “新肤螨灵霜”不是特有名称，不能获得保护。3. 原告的诉称无事实与法律依据。4. 原告要求三被告承担连带责任，无依据。

被告新街口商场未作答辩。

事实认定

1986年6月17日，济南东风制药厂与青岛医学院皮肤病研究所签订合同，青岛医学院向济南东风制药厂有偿转让新肤螨灵（肤螨灵第二代）配方和生产工艺，济南东风制药厂以化妆美容产品出售，并享有国内独家生产经营权。

1991年8月1日，山东省卫生厅同意济南东风制药厂研制的中药保健品新肤螨灵霜按所附质量标准生产，批准生产文号为“鲁卫药健字（91）-03”；质量标准载明该产品具有杀螨、抑菌、消炎、止痒作用。1996年3月15日，山东省卫生厅要求有关药品生产企业，自同年4月1日起按新的批准文号和执行标准安排生产，济南东风制药厂生产的新肤螨灵霜的批准文号为鲁卫药健字［1995］第0062号。

1992年、1993年，济南东风制药厂生产的“扬帆”牌新肤螨灵霜荣获中国优质保健产品金奖、中国新产品新技术博览会金奖、山东省著名商标证书、1993年度国家级新产品、93′山东青年科技经贸博览会金奖。2000年10月，中国保健科技学会、中国名牌商品协会、中国调查统计事务所组办的2000年（首届）中国保健品“无假冒无投诉”调查活动中，济南东风制药厂生产的“新肤螨灵霜”的品牌知名度、品牌忠诚率、质量投诉率、服务满意度等指标名列前茅，被列为本次活动的十大品牌并获荣誉证书。

1994年5月21日，济南东风制药厂注册取得第690135号商标，商标为“扬帆”中文、拼音文字及帆船图案，核定使用商品为新肤螨灵霜，注册有效期限自1994年5月21日至2004年5月20日。

2000年4月14日的《化妆品周刊》第3版登载的2000年1~2月份护肤系列电视广告投放费用、时长前十名排行榜中，济南东风制药厂生产的新肤螨灵霜名列第2名，广告费用为26 321 261元，时长131 176秒；电视广告次数前十名排行榜中，该“新肤螨灵霜”名列第3名，次数为3 680次。

2000年6月27日，国家工商行政管理局公平交易局以公函字［2000］第33号文件发往全国各省、自治区、直辖市工商行政管理局公平交易局，认为山东省工商行政管理局对江苏肤美灵总厂仿冒了济南东风制药厂新肤螨灵霜商品特有的包装装潢的不正当竞争行为的定性符合《反不正当竞争法》有关规定，要求各局立即开展调查，依法严肃处理，并报处理结果。

2000年8月15日，济南东风制药厂改制为济南东风制药厂有限公司。

2000年8月30日~2001年6月13日，吉林九鑫实业有限责任公司在《扬子晚报》登载的原告生产的新肤螨灵霜广告载明：“本品不含激素”。

2001年5月30日、6月22日、7~8月，扬帆牌新肤螨灵霜在贵州有线电视台、重庆晨报、江西卫视一套刊播（登）的广告因未经审批、异地未换号、使用过期文号等原因分别被国家药品监督局查处。2002年3月1日，江苏省药品监督管理局向济南东风药厂发出《关于停止在江苏省境内发布济南东风制药厂新肤螨灵霜药品广告的通知》，理由是江苏省药品检验所抽查检验标示为山东济南东风制药厂的批号0110222的新肤螨灵霜含有处方中没有的醋酸地塞米松和地塞米松成分。上海电视台、《南京晨报》等媒体对原告新肤螨灵霜产品的说明书及是否含有激素等问题进行过报道。

2002 年 3 月 18 日，山东省工商行政管理局在鲁工商公字［2002］80 号文中认定济南东风制药厂有限公司产品新肤螨灵霜为知名商品、“新肤螨灵霜”为该知名商品的特有名称，并依法予以保护。

2002 年 4 月 17 日，江苏省泰州工商行政管理局向泰州市广源堂大药房发出行政处罚决定书，称其销售的济南东风制药厂生产的新肤螨灵霜外包装标注的“日内瓦第十四届国际发明展览会银质奖牌”与该产品实际情况不符，构成虚假表示，故对其销售行为给予行政处罚。

2001 年 5 月 18 日，原告委托代理人在新街口商场购买被告虹雨集团·江苏肤美灵总厂生产的新肤螨灵霜产品，中华人民共和国长安公证处对购买过程及所购物品的封存过程进行了公证。

济南东风制药厂的新肤螨灵霜产品的外包装为粉红色正方形盒；盒盖印有已注册的扬帆商标的中文、拼音字样及图形，图形左上角为 R；盒的 4 个侧面斜穿双黄直线；其中 1 个盒面的双黄线上面为白底灰框的椭圆形，椭圆形里的灰色字母为 XFML、粉红字母为 Cream；椭圆形右下角紧贴一条与双黄线平行的灰线，灰线与双黄线之间的白色字样为“新肤螨灵霜”，双黄线下面的黑色字样为净含量：20 克；1 个盒面的双黄线上部为产品说明、批准文号及批号，双黄线下部为中国济南东风制药厂山东及网址，上述文字均为黑色字样；1 个盒面的双黄线中间为白底灰框圆形标志，标志下方注明为“日内瓦第十四届国际发明展览会银质奖牌”，标志的右下角为红底白框的正方形，框内的白色字样为“外”；最后 1 个盒面的双黄线下部的黑色字样为英文说明，中间的灰白双色字母为 Cream。内包装瓶为圆型，粉红色，瓶柱体与瓶盖和瓶底的边角圆滑，瓶盖与瓶体交接处有两道金线，瓶盖上有“扬帆”文字商标及图形，瓶体上有“新肤螨灵霜”字样，字样旁标明“净含量：20 克”，字样下有拼音 XINFUMANLINGSHUANG。

虹雨集团·江苏肤美灵总厂生产的第一代新肤螨灵霜产品的外包装为粉红色正方形盒；颜色比原告包装盒使用的颜色略浅；盒盖贴有肤美灵（繁体）防伪商标；盒的 4 个侧面斜穿 3 条黄线；其中 1 个盒面的黄线上面为白底灰框的椭圆形，椭圆形里的灰色字母为 XFML、粉红字母为 Cream；椭圆形右下角紧贴一条与双黄线平行的灰线，灰线与黄线之间字体较小的黑色字样为肤美灵（繁体）R、字体较大的白色字样为“新肤螨灵霜”，黄线下面的黑色字样为净含量：20 克；1 个盒面的黄线上部为产品说明，黄线下部为虹雨集团·江苏肤美灵化妆品总厂制造及地址等，上述文字均为黑色字样；1 个盒面的黄线中间为白底灰框圆形标志，标志下方注明为“十四届日内瓦国际发明展览会银质奖”的科技成果应用产品，标志的右下角为红底白框的正方形，框内的白色字样为“新”；最后 1 个盒面的黄线下部的黑色字样为英文说明，中间的白灰双色字母为 Cream；盒的底部为生产许可证号、批号等及条形码。第二代产品外包装的颜色、形状、盒盖及盒底的设计未作改变；盒的每 2 个侧面斜穿 3 条黄色曲线；其中 1 个盒面的黄色上部为灰色字母 Skinice、字母下面的黑色字样为肤美灵（繁体）R、白色字样为“新肤螨灵霜”，黄线下部的黑色字样为净含量：20 克；1 个盒面的黄线上部为产品说明，黄线下部为虹雨集团·江苏肤美灵化妆品总厂制造及地址等，上述文字均为黑色字样；1 个盒面的黄线上部字体较小的黑色字母“NEW”和“Cream”之间为字体较大的白色字母“SKINICE”，黄线下部为英文说明；最后 1 个盒面的黄线下部为白色圆形标志，标志下方注明为“十四届日内瓦国际发明展览会银质奖”的科技成果应用产品，标志的右下角为红底白边的圆形，圆内的白色字样为“新”。第三代产品的金色外包装与前二代产品外包装差异显著，产品名称为肤美灵牌新肤螨灵霜。三代产品的内包装瓶一致，均为圆型，粉红色，颜色比原告内包装瓶使用的颜色略浅；瓶柱体与瓶盖和瓶底的边角圆滑，瓶盖与瓶体交接处有两道金线，瓶盖上有 Skinice 商标，瓶体上有“新肤螨灵霜”字样，字样旁标明“净含量：20 克”，字样下有 SKINICE CREAM 文字。

根据肤美灵牌新肤螨灵系列产品价目表，载明：20 克的塑料瓶装新肤螨灵霜的货号为螨 -201，每箱 200 瓶，含税批发价为 38 元/瓶；30 克的真空瓶装新肤螨灵霜的货号为螨 -202，每箱 72 瓶，含税批发价为 40 元/瓶。

庭审中，江苏肤美灵总厂确认：2000 年 3 月，该厂开始生产粉色包装的新肤螨灵霜，6 月初将粉红色包装改为金黄色包装。自 2000 年 4 月 3 日至 7 月 18 日，该厂生产的粉红色包装盒新肤螨灵霜销售量为 88 746 瓶，价值 939 537 元；自 2000 年 7 月至 2001 年 12 月，金黄色包装盒新肤螨灵霜生产销售量为 725 000 瓶，价值 870 万元。

1999 年 7 月 14 日江苏肤美灵总厂与泰州肤美灵公司签订固定资产租赁协议书及附件，其内容为江苏肤美灵总厂将附件所列设备和房屋租赁给泰州肤美灵公司使用，租赁期限 10 年，年租金为泰州肤美灵公司当年税前利润的 15%。

另查，新街口商场在销售“肤美灵牌”新肤螨灵霜之前，审查了虹雨集团的全国工业产品生产许可证、江苏肤美灵总厂 1999 年 6 月以来的生产销售账目的企业法人营业执照、化妆品生产企业卫生许可证、销售代理委托书、“肤美灵”（繁体字）商标的商标注册证及江苏省卫生防疫站对该产品的检验报告、北京市销售化妆品卫生审核证明。

在本案审理过程中，一审法院根据原告申请，于 2001 年 8 月 7 日作出（2001）一中知初字第 175 号民事裁定书，裁定查封江苏肤美灵总厂 1999 年 6 月以来的生产销售账目。但在执行过程中，江苏肤美灵总厂未予配合，致使裁定未予执行。原告通过一审法院支付了随同前往协助查封账目的审计人员的劳务费 2 000 元。原告主张其新肤螨灵霜产品每瓶（20 克）单价 46 元，利润为 28.08 元。

一审判决及理由

根据《反不正当竞争法》的规定，擅自使用知名商品的特有名称及包装装潢，构成不正当竞争。一种商品是否属于知名商品，应根据其投入市场的时间、销售量、广告费用的投入等因素来进行判断。知名商品并不一定是非常著名的商品，只要该商品具备一定的知名度，别人使用该商品的特有名称及包装装潢有可能使消费者产生混淆并有可能无偿占有权利人为该商品的知名度所付出的努力，该商品就可以认定为知名商品。

原告济南东风制药厂自1991起开始生产新肤螨灵霜产品并投入市场。根据已查证的事实，原告济南东风制药厂的新肤螨灵霜产品先后获得多次奖项及荣誉证书，并进行了相当数量的广告宣传，应认定为知名商品。被告江苏肤美灵总厂、虹雨集团、泰州肤美灵公司主张原告济南东风制药厂的新肤螨灵霜产品因广告手续不合法、说明书存在虚假表示等问题曾被行政管理部门查处及被媒体曝光，不应认定为知名商品。

对此，一审法院认为，被告江苏肤美灵总厂、虹雨集团就此所举证据中所反映的问题虽会对原告济南东风制药厂新肤螨灵霜产品的声誉产生一定的负面作用，但这些问题尚不足以对原告济南东风制药厂产品的知名度及影响力产生大的冲击和影响，且原告济南东风制药厂产品被曝光及查处的规模和地域范围有限，不能据此否定原告济南东风制药厂的新肤螨灵霜产品为知名商品这一客观事实。

故被告江苏肤美灵总厂、虹雨集团、泰州肤美灵公司的相关主张一审法院不予支持。

原告济南东风制药厂在诉讼中主张“新肤螨灵霜”为其产品的特有名称。根据1990年8月29日实施的卫生部《关于进一步加强药品标准及名称管理的通知》的规定，国家药品标准和省、自治区、直辖市卫生厅（局）药品标准中收载的药品名称即为法定名称，也是通用名称。

根据已查证的事实，原告济南东风制药厂的新肤螨灵霜产品于1991年即获得山东省中药保健药品的质量标准，1996年再次获得山东省新的药品批准文号。因此，原告济南东风制药厂产品使用的“新肤螨灵霜”已成为药品的通用名称，原告济南东风制药厂对其不享有专有权。虽然现行《药品管理法》系于2001年12月开始实施，卫生部《关于进一步加强药品标准及名称管理的通知》是依照修改前的《药品管理法》做出的，但该通知规定的内容并未废止。且在《药品管理法》修改前，原告济南东风制药厂的产品名称已成为通用名称，不可能因《药品管理法》的修改而重新成为特有名称。

根据以上理由，“新肤螨灵霜”不能作为原告济南东风制药厂产品的特有名称予以保护。原告济南东风制药厂主张被告使用“新肤螨灵霜”作为产品名称的行为构成不正当竞争，不能成立。

关于原告济南东风制药厂新肤螨灵霜产品的包装、装潢。原告济南东风制药厂产品的粉红色外包装盒的图案、色彩均具有特色，且对消费者选择商品具有识别作用，属于原告济南东风制药厂商品的特有包装、装潢。原告济南东风制药厂产品的粉红色内包装瓶的形状、图案、色彩亦具有特色，且在图案与色彩上与产品外包装盒的包装、装潢相配套。消费者在挑选此类商品时，经常会有将样品或已购商品的外包装盒开启进行检查的情况，故内包装瓶的外观对消费者识别产品也产生一定的影响。同时，此类产品在使用过程中一般是内包装瓶单独使用，其他经营者在同类产品上使用与原告济南东风制药厂相同的内包装瓶，会降低原告济南东风制药厂产品的显著性，给原告济南东风制药厂的权益造成损害。故原告济南东风制药厂产品的内包装瓶的形状、图案、色彩亦属于其产品的包装、装潢。在原告济南东风制药厂的新肤螨灵霜产品属于知名商品的情况下，该产品的包装、装潢受法律保护，其他经营者未经原告济南东风制药厂许可不得擅自使用，否则构成不正当竞争。

肤美灵牌新肤螨灵霜表明的生产厂商为被告江苏肤美灵总厂、虹雨集团，故被告江苏肤美灵总厂、虹雨集团应被认定为该产品的制造者。原告济南东风制药厂虽主张泰州肤美灵公司也是该产品的制造者，但在该产品标明的厂商仅为被告江苏肤美灵总厂、虹雨集团的情况下，原告济南东风制药厂对其主张负有举证责任。原告济南东风制药厂在诉讼中提供的证据仅为该厂与江苏肤美灵总厂签订的固定资产租赁协议书及附件。该协议仅涉及固定资产和设备的租赁，并无合作生产新肤螨灵霜产品的内容。原告济南东风制药厂提交的证据25（虹雨集团出库单）上虽有泰州肤美灵公司的财务专用章，但原告济南东风制药厂未说明该证据来源，故其真实性无法认定。同时，仅凭产品的出库单亦不能证明该公司从事了被控侵权产品的生产和销售行为。故原告济南东风制药厂有关泰州肤美灵公司也是被控侵权产品制造者的主张不能成立，一审法院不予支持。

被告江苏肤美灵总厂、虹雨集团制造的肤美灵牌新肤螨灵霜第一、二代产品的粉红色外包装盒的大小、形状与原告济南东风制药厂的产品完全相同，构图及色彩与原告济南东风制药厂基本相似。因双方产品名称相同，普通消费者不经仔细辨认，极易对双方产品产生混淆。被告江苏肤美灵总厂、虹雨集团在其新肤螨灵霜产品上使用与原告济南东风制药厂相近似的包装、装潢，该行为侵犯了原告济南东风制药厂的合法权益，其行为构成不正当竞争。被告江苏肤美灵总厂、虹雨集团的第三代产品使用的金黄色外包装盒与原告济南东风制药厂产品外包装盒的外观差异较大，但该产品的内包装瓶与原告济南东风制药厂产品内包装瓶的外观相近似。如上所述，此类产品内包装瓶的外观对消费者购买商品有一定的引导作用，被告江苏肤美灵总厂、虹雨集团在其产品上使用与原告济南东风制药厂相同的内包装瓶，会使消费者在一定程度上产生误认，并降低原告济南东风制药厂产品的显著性。特别在双方产品名称相同且原告济南东风制药厂产品属于知名商品的情况下，被告江苏肤美灵总厂、虹雨集团应负有义务使自己产品内、外包装外观与原告济南东风制药厂的相区别，以免对原告济南东风制药厂的权益造成损害。被告未尽此义务，在其第三代产品的内包装瓶上使用了与原告济南东风制药厂产品相近似的包装、装潢，其行为同样构成不正当竞争。

对于产品的销售商来说，只要其履行了必要的注意义务，即便销售了侵权产品，亦不应承担侵权责任。必要的注意义务应体现在对其销售的产品的来源、合法性、权利证明等内容进行了形式上的审查。新街口商场虽销售了被告江苏肤美灵总厂、虹雨集团生产的侵权产品，但根据被告新街口商场出具的证据，可以认定其在销售肤美灵牌新肤螨灵霜之前，对该产品的有关内容进行了审查，履行了必要的注意义务。因此，新街口商场主观上不具备过错，不应承担侵权责任，但负有停止销售侵权产品的义务。

根据以上理由，被告江苏肤美灵总厂、虹雨集团在其生产、销售的肤美灵牌新肤螨灵霜产品上，使用与原告济南东风制药厂扬帆牌新肤螨灵霜产品相近似的包装、装潢，其行为构成不正当竞争。两被告生产、销售的使用与原告济南东风制药厂扬帆牌新肤螨灵霜产品相近似的包装、装潢的产品，属于侵权产品。被告江苏肤美灵总厂、虹雨集团应承担侵权责任。被告江苏肤美灵总厂、虹雨集团应停止侵权行为，向原告济南东风制药厂公开赔礼道歉、消除影响，赔偿因其侵权行为给原告济南东风制药厂造成的经济损失。关于赔偿数额，一审法院曾裁定查封被告江苏肤美灵总厂的生产销售账目，以确定其生产、销售侵权产品的数量和利润，但江苏肤美灵总厂未予配合，致使裁定无法执行。江苏肤美灵总厂虽在诉讼过程中出具了其两种包装的产品的生产数量及价值，但未对其陈述提供证据予以证明。根据原告济南东风制药厂所举证据，使用粉红色外包装盒的侵权产品在2001年5月间仍有销售。故江苏肤美灵总厂主张其自2000年7月起不再生产使用粉红色外包装盒的侵权产品，对此该厂应负举证责任。江苏肤美灵总厂未举出相关证据，对其主张一审法院不予认定。由于江苏肤美灵总厂不执行一审法院的裁定，致使侵权产品的利润、使用两种包装盒的侵权产品各自的数量等内容无法查清。对此被告江苏肤美灵总厂、虹雨集团应承担不利后果，且原告济南东风制药厂主张的赔偿数额远低于江苏肤美灵总厂自己所承认的其生产的侵权产品的价值，对原告济南东风制药厂主张的损失数额一审法院予以认定，对其相关诉讼请求一审法院予以支持。原告济南东风制药厂虽主张对方赔偿自己的律师费，但未提供付费收据等证据，对原告济南东风制药厂的该项主张一审法院不予支持。

综上所述，依照《民法通则》第一百三十四条第一款第（九）项、第（十）项及《反不正当竞争法》第五条第（二）项之规定，判决如下：

一、被告江苏肤美灵化妆品总厂、虹雨集团公司自一审判决生效之日起，立即停止不正当竞争行为。

二、被告江苏肤美灵化妆品总厂、虹雨集团公司自一审判决生效之日起30日内，在《法制日报》上刊登声明，就其不正当竞争行为向原告济南东风制药厂有限公司公开赔礼道歉、消除影响（其内容需经一审法院审核）。

三、被告江苏肤美灵化妆品总厂、虹雨集团公司自一审判决生效之日起10日内，共同赔偿原告济南东风制药厂有限公司经济损失人民币300万元。

四、被告北京市新街口百货商场自一审判决生效之日起，立即停止销售被告江苏肤美灵化妆品总厂、虹雨集团公司制造的侵权产品。

五、驳回原告济南东风制药厂有限公司其他诉讼请求。

案件受理费25 010元、诉讼保全费15 520元、审计劳务费2 000元，由被告江苏肤美灵化妆品总厂、虹雨集团公司共同负担（于一审判决生效后7日内交纳）。

上诉理由

济南东风制药厂和江苏肤美灵总厂均不服一审判决，在法定期限内向北京市高级人民法院提出上诉。济南东风制药厂请求二审法院在查明事实的基础上依法改判。江苏肤美灵总厂请求二审法院撤销一审判决，并根据济南东风制药厂生产和销售的“新肤螨灵霜”产品的非法性，依法驳回济南东风制药厂的诉讼请求。

济南东风制药厂的上诉理由是：1. “新肤螨灵霜”是济南东风制药厂知名商品，也应当是特有名称。2. 泰州肤美灵公司侵权事实清楚，应当与江苏肤美灵总厂和虹雨集团共同承担侵权责任。请求二审法院在查明事实的基础上依法改判。

江苏肤美灵总厂的上诉理由是：1. 一审判决认定济南东风制药厂的产品为知名产品与事实不符。关于济南东风制药厂支付审计人员劳务费问题，江苏肤美灵总厂并不知情。一审法院对此所作判决程序违法。江苏肤美灵总厂在一审期间提交了该厂已于2000年3月停止使用原产品包装的相关证据，但一审判决却未作认定。2. 一审判决适用法律错误。济南东风制药厂在其产品“新肤螨灵霜”包装上对产品质量作了明显引人误解的虚假表示，还进行虚假宣传。一审法院不顾客观事实认定济南东风制药厂的“新肤螨灵霜”为知名商品，明显存在适用法律错误。3. 江苏肤美灵总厂在本案审理期间已经向法院提交了其生产的两种所谓被控侵权产品的包装盒数量及价格的相关证据。因此，一审判决以江苏肤美灵总厂不执行法院裁定致使侵权产品利润及侵权产品数量等内容无法查清为由，判决江苏肤美灵总厂和虹雨集团应承担不利后果，缺乏事实和法律依据。

新街口百货公司、虹雨集团和泰州肤美灵公司服从一审判决。

二审查明事实

二审法院所认定的案件事实与原审认定的事实基本一致。

二审法院另外查明如下事实：根据2001年4月12日卫生部发布的卫法监发[2001] 109号《卫生部关于印发健康相关产品命名规定的通知》的规定，健康相关产品命名必须符合国家有关法律、法规、规章、标准、规范的规定，禁止使用已经批准的药品名称。该规定自发布之日起实施，在此之前对健康相关产品命名与该规定不一致的，在卫生许可批件有效期内允许使用，但在换发卫生许可批件时应按该规定更改。江苏肤美灵总厂生产的化妆品“新肤螨灵霜”属于健康相关产品，2002年9月23日，该厂经江苏省卫生厅批准换发“化妆品生产企业卫生许可证”，证号为：（90）卫妆准字07－XK－0003。该厂在换发卫生许可证至今生产、销售的“肤美灵”牌化妆品仍然使用已被列入国家药品名称的“新肤螨灵霜”。

以上事实有济南东风制药厂获准生产药品“新肤螨灵霜”的批准文号复印件及该产品的内外包装盒照片、山东省工商行政管理局认定济南东风制药厂产品“新肤螨灵霜”为知名商品的文件复印件、江苏肤美灵总厂的化妆品“新肤螨灵霜”内外包装盒照片、《卫生部关于印发健康相关产品命名规定的通知》复印件、江苏肤美灵总厂2002年9月23日经江苏省卫生厅批准换发的“化妆品生产企业卫生许可证”复印件等证据在案佐证。

二审判决及理由

本案争议涉及上诉人济南东风制药厂生产的“新肤螨灵霜”是否为知名商品；上诉人济南东风制药厂与上诉人江苏肤美灵总厂诉前已有的有关产品虚假宣传和假药争议尚在有关行政机关查处之中，法院应否重复审理；上诉人济南东风制药厂生产的“新肤螨灵霜”的名称是否为特有名称、该商品的包装、装潢是否为特有包装装潢；上诉人江苏肤美灵总厂生产的化妆品使用“新肤螨灵霜”名称及包装、装潢是否构成对上诉人济南东风制药厂的不正当竞争、如何确定赔偿数额等问题。

关于上诉人济南东风制药厂生产的“新肤螨灵霜”是否为知名商品问题。对知名商品的保护，属《反不正当竞争法》调整的范围。由于我国法律、法规目前对知名商品的定义、认定标准尚无具体规定，故法院和有关行政执法部门在审理和查处侵犯商标权及不正当竞争纠纷时，应当根据个案的具体情况对涉案商品是否为知名商品作出认定。认定某一商品是否知名，应当参照该商品上市时间长短、在相同或类似商品中的市场占有率高低、生产厂家为该产品投入的宣传广告覆盖区域大小及费用多少、消费者对该产品的知晓程度及使用效果满意率的高低等综合指标。就本案而言，上诉人济南东风制药厂生产的“新肤螨灵霜”已投放市场十几年，其为该产品投入了大量的宣传广告费用，该产品行销全国大部分省市和地区，且已经在消费者中具有较高的知名度和使用满意率。上诉人济南东风制药厂向法院提供的有关部门所作广告调查结果及该产品曾多次获得相关奖项及荣誉证书对上述事实给予了充分证明。因此，上诉人济南东风制药厂生产的“新肤螨灵霜”应为知名商品。且该产品在本案诉讼期间已被山东省工商行政管理局认定为知名商品。关于上诉人济南东风制药厂对其生产的药品“新肤螨灵霜”是否进行了虚假宣传，以及该行为是否影响“新肤螨灵霜”产品的合法性问题，现有证据证明在本案成讼之前，卫生部已经责成有关部门立案查处。鉴于此，上诉人江苏肤美灵总厂所提上诉人济南东风制药厂对其产品“新肤螨灵霜”所含药物成分进行虚假宣传损害消费者利益，该商品并非知名商品而是假药的上诉理由二审法院不予审理，其该项上诉请求不予支持。

关于“新肤螨灵霜”是否为特有名称问题。在医药卫生行业，已为国家药典、卫生部部颁药品标准和省、自治区、直辖市药品标准收载的药品名称，均为法定名称，也称通用名称。“新肤螨灵霜”早已由上诉人济南东风制药厂向国家医药卫生管理部门申报并被批准其质量标准，该药品名称业已被载入药品标准。因此，一审法院认定“新肤螨灵霜”为药品的通用名称并无不当。上诉人济南东风制药厂上诉请求将“新肤螨灵霜”作为特有名称予以保护于法无据，二审法院不予支持。

知名商品的包装、装潢是否为特有的包装、装潢，应当注重该商品包装、装潢的“特有性”，即与其他商品包装、装潢相比较所具有的“显著区别性”。上诉人济南东风制药厂主张其生产的“新肤螨灵霜”的包装、装潢是特有的包装、装潢，更多的是强调上诉人江苏肤美灵总厂产品的内外包装盒与其产品内外包装盒形状和颜色相近似。但是，上诉人济南东风制药厂的产品虽为药品，但多年来一直被消费者作为护肤品使用。该产品内外包装盒的形状、颜色在护肤品中是普通、常见的。对于消费者在认购时，该商品包装、装潢的形状和颜色并不具有显著的区别特征，消费者对该商品的识别注意力主要体现在其已经熟知的“新肤螨灵霜”这一商品名称上。上诉人济南东风制药厂生产的“新肤螨灵霜”虽为知名商品，但该商品的包装、装潢缺乏特有性，因此，不能作为特有包装、装潢予以保护。上诉人江苏肤美灵总厂生产的“肤美灵”牌“新肤螨灵霜”的包装、装潢虽与上诉人济南东风制药厂生产的“扬帆”牌“新肤螨灵霜”的包装、装潢的形状、颜色相近似，但并不足以由此使消费者对上诉人济南东风制药厂的产品和上诉人江苏肤美灵总厂的产品产生误认。一审法院认定上诉人济南东风制药厂的“新肤螨灵霜”产品包装、装潢为特有包装、装潢证据不足。上诉人江苏肤美灵总厂就此所提上诉理由成立，应予支持。

由于上诉人济南东风制药厂的“扬帆”牌“新肤螨灵霜”投放市场时间远远早于江苏肤美灵化妆品总厂的“肤美灵”牌“新肤螨灵霜”，且上诉人济南东风制药厂的“扬帆”牌“新肤螨灵霜”在消费者中已经具有较高的知名度和使用满意率，才使得消费者在购买该商品时注意辨认的则是已经熟知的“新肤螨灵霜”这一商品名称。而上诉人江苏肤美灵总厂在明知上诉人济南东风制药厂的“新肤螨灵霜”已为消费者所熟知，该产品为知名商品已经是客观事实的情况下，将其多年来名称为“肤美灵”的护肤产品，改为与上诉人济南东风制药厂的产品“新肤螨灵霜”完全相同的名称，足以使消费者在购买上诉人济南东风制药厂的“新肤螨灵霜”时产生误认。上诉人江苏肤美灵总厂在卫生部有关行政法规颁布实施后换发卫生许可证时，不顾化妆品禁止使用药品名称之强制性规定，继续使用“新肤螨灵霜”名称。上诉人江苏肤美灵总厂这一行为具有明显的搭知名商品便车之故意，有悖于经营者在市场交易中应当遵循的公平、诚实信用原则和商业道德，构成对上诉人济南东风制药厂的不正当竞争，损害了上诉人济南东风制药厂的合法利益。一审法院对此未作认定显属不当。上诉人济南东风制药厂请求判令上诉人江苏肤美灵总厂不得使用“新肤螨灵霜”这一商品名称、公开赔礼道歉、消除影响、赔偿经济损失理由正当，应予支持。被上诉人虹雨集团虽不是侵权产品的生产厂家，但其在上诉人江苏肤美灵总厂生产的侵权产品包装上冠名，此行为与上诉人江苏肤美灵总厂构成共同侵权，应当与上诉人江苏肤美灵总厂共同承担侵权责任。被上诉人泰州肤美灵公司与上诉人江苏肤美灵总厂仅为财产租赁关系，上诉人济南东风制药厂并无确凿证据证明被上诉人泰州肤美灵公司生产、销售涉案侵权产品。上诉人济南东风制药厂请求追究被上诉人泰州肤美灵公司承担侵权责任缺乏事实和法律依据，二审法院不予支持。

关于损失赔偿数额的确定问题。上诉人江苏肤美灵总厂未向法院提供其非法获利的有效证据，上诉人济南东风制药厂也未对其实际损失数额提供可信的计算依据。在此情况下，一审法院全额支持上诉人济南东风制药厂的赔偿请求依据不足。二审法院将根据上诉人江苏肤美灵总厂和被上诉人虹雨集团侵权故意程度、侵权行为持续时间及侵权行为给上诉人济南东风制药厂造成的损害后果酌定赔偿数额。

综上，一审判决认定事实和适用法律均有错误，应予纠正。依照《反不正当竞争法》第二条、《民事诉讼法》第一百五十三条第一款第（二）、（三）项之规定，判决如下：

一、维持北京市第一中级人民法院（2001）一中知初字第175号民事判决第二、第四、第五项，即：上诉人江苏肤美灵总厂和被上诉人虹雨集团自二审判决生效之日起30日内，在《法制日报》上刊登声明，就其不正当竞争行为向上诉人济南东风制药厂公开赔礼道歉、消除影响；新街口商场自二审判决生效之日起，立即停止销售江苏肤美灵总厂和被上诉人虹雨集团制造的侵权产品；驳回上诉人济南东风制药厂其他诉讼请求。

二、撤销北京市第一中级人民法院（2001）一中知初字第175号民事判决第一、第三项，即：上诉人江苏肤美灵总厂和被上诉人虹雨集团自二审判决生效之日起，立即停止不正当竞争行为；上诉人江苏肤美灵总厂和被上诉人虹雨集团公司自二审判决生效之日起10日内，共同赔偿上诉人济南东风制药厂经济损失人民币300万元。

三、上诉人江苏肤美灵总厂和被上诉人虹雨集团自二审判决生效之日起，不得在其生产、销售的“肤美灵”牌化妆品上使用“新肤螨灵霜”名称。

四、上诉人江苏肤美灵总厂和被上诉人虹雨集团自二审判决生效之日起10日内，共同赔偿上诉人济南东风制药厂经济损失人民币50万元。

一审案件受理费25 010元，由上诉人济南东风制药厂负担15 010元（已交纳），上诉人江苏肤美灵总厂和被上诉人虹雨集团各负担5 000元（于二审判决生效后7日内交纳）；二审案件受理费25 010元，由上诉人济南东风制药厂负担12 505元（已交纳），上诉人江苏肤美灵总厂负担12 505元（已交纳）。诉讼保全费15 520元、审计劳务费2 000元，共计17 520元，由上诉人江苏肤美灵总厂和被上诉人虹雨集团各负担8 760元（于二审判决生效后7日内交纳）。

案例28：乐天公司与华联超市青塔分公司、光彩伟业公司、农牧渔业公司、好丽友公司侵犯知名商品名称、包装、装潢纠纷案

原告（上诉人）： 乐天（中国）食品有限公司（以下称“乐天公司”）
被告（上诉人）： 好丽友食品有限公司（以下称“好丽友公司”）
被告（上诉人）： 北京光彩伟业商业有限公司（以下称“光彩伟业公司”）
被告： 北京华联综合超市股份有限公司青塔分公司（以下称“华联超市青塔分公司”）
被告： 中国农牧渔业国际合作公司（以下称“农牧渔业公司”）

一审法院： 北京市第二中级人民法院
一审案号：（2004）二中民初字第12016号
一审合议庭成员： 刘薇、梁立君、钟鸣
一审结案日期： 2004年12月20日

二审法院： 北京市高级人民法院
二审案号：（2005）高民终字第319号
二审合议庭成员： 刘辉、岑宏宇、张冬梅
二审结案日期： 2005年11月25日

案由： 擅自使用知名商品特有名称、包装、装潢纠纷

关键词： 知名商品，名称、包装、装潢，相似，误认

涉案法条

《反不正当竞争法》第五条第（二）项
《民事诉讼法》第一百五十三条第一款第（三）项

争议焦点

- 经营者使用的商品名称、包装、装潢是否与其他知名商品特有的名称、包装、装潢相近似，应以所使用的商品名称、包装、装潢是否是他人知名商品特有的，使用该名称、包装、装潢是否会与他人经营的知名商品相混淆，造成购买者误认为是该知名商品为标准。

- 上诉人在其经营的“乐天牌”木糖醇无糖口香糖商品上使用的塑料包装瓶是普通、常规的形状，在上诉人经营的“乐天牌”木糖醇无糖口香糖商品上市之前，已有相同或相似的塑料包装瓶使用在不同商品上，上诉人在“乐天牌”木糖醇无糖口香糖商品上使用的塑料包装瓶不是使该商品区别于其他商品而具有的独特的包装，因此，该塑料包装瓶不是该商品所特有的包装。好丽友公司在其经营的木糖醇无糖口香糖产品上使用的塑料包装瓶与乐天公司经营的木糖醇无糖口香糖产品上使用的塑料包装瓶相同，且该包装瓶瓶身上的瓶贴也近似，但是，对于木糖醇无糖口香糖这种商品而言，其消费者群体是比较固定的，消费者主要依据该种商品的品牌区别不同商品，而不是主要根据商品的包装、装潢来区别商品，因此，尽管好丽友公司与乐天公司使用的塑料包装瓶相同、包装瓶瓶身的瓶贴相似，但消费者不会因此而将两者误认。好丽友公司在其经营的“好丽友牌”木糖醇无糖口香糖商品上使用“木糖醇”的名称以及涉案的塑料包装瓶及瓶贴的行为不构成对乐天公司的不正当竞争。
- 作为好丽友公司代理商，光彩伟业公司经营使用“木糖醇”名称以及涉案包装、装潢的“好丽友牌”木糖醇无糖口香糖的行为亦不构成对乐天公司的不正当竞争。

审判结论

一、撤销北京市第一中级人民法院（2004）二中民初字第12016号民事判决。

二、驳回乐天（中国）食品有限公司的诉讼请求。

一审案件受理费9 620元，由乐天公司负担（已交纳）；二审案件受理费9 620元，由乐天公司负担（已交纳）。

起诉及答辩

原告乐天公司诉称：原告自2002年8月起率先在国内生产销售以“木糖醇”作为其特有名称的“乐天牌”无糖口香糖产品，2003年9月，原告又开创性地将塑料瓶作为“乐天牌”木糖醇无糖口香糖产品的特有包装在国内广泛使用，同时针对该瓶装木糖醇无糖口香糖产品包装上的装潢进行了多项个性化设计。

“乐天牌”木糖醇无糖口香糖产品经过原告在国内长时间的大力宣传推广，早已成为全国范围内的知名商品。

本案四被告未经原告许可，擅自进口、销售或在网上宣传侵犯原告知名商品特有名称、包装和装潢等在先权利的商品，严重侵犯了原告在中国市场上的正当利益。

故请求人民法院判令：1. 四被告立即停止生产、宣传、进口、销售仿冒原告知名商品特有名称、包装、装潢商品的不正当竞争行为。2. 第二、第四被告连带赔偿原告经济损失及为诉讼支出的合理费用共45万元。3. 第二、第四被告在一家全国发行的报刊上刊登声明，为原告消除影响。

被告华联超市青塔分公司辩称：被告是一家零售企业，所销售的好丽友口香糖产品是通过与案外人北京东万晟商贸有限责任公司（以下称“东万晟公司”）签订合法的

《商品购销协议书》的方式进货。在签订合同时，其对进货单位的经营权进行了审查，东万晟公司作为好丽友公司北京市场的经销商有权代理销售好丽友系列产品。故被告主观上没有过错，不应承担法律责任，请求人民法院驳回原告对其的诉讼请求。

被告光彩伟业公司没有提交任何答辩意见。

被告农牧渔业公司辩称：被告农牧渔业公司主要从事进口业务。本案所涉好丽友木糖醇无糖口香糖产品是从韩国进口的。被告是接受了案外人北京京都利德食品有限责任公司（以下称“京都利德公司”）的委托并签订了合法的《委托代理进口协议》。京都利德公司与好丽友公司又签有合同。在其从韩国进口好丽友木糖醇口香糖产品时，审查了好丽友中文标签的合法性，取得了《中华人民共和国进口食品标签的审核证书》的复印件。其进口的货物是大包装，具体的产品分装与其无关。其对好丽友产品也进行了质检。故被告不存在不正当竞争行为，请求人民法院驳回原告对其的诉讼请求。

被告好丽友公司辩称：木糖醇无糖口香糖产品是国内外多个厂家在最近两年先后向市场推出的新产品。“木糖醇”是该产品主要配料的名称，作为通用名称的“木糖醇”，任何人无权垄断其使用权。原告产品的包装即塑料瓶也不具有任何独特性，其在同类或类似产品上已被国内外许多厂家广泛使用，任何人无权对其垄断。至于原告主张权利的产品外包装装潢无论在颜色、图案及品牌等方面，其产品均与原告的产品极易区分，消费者不会产生任何误认或混淆。故其没有实施任何不正当竞争行为，请求法院依法驳回原告对其的诉讼请求。

事实认定

原告企业名称原为乐天四通食品有限公司，2003 年 3 月 14 日变更企业名称为现名。属于外商独资企业。

原告自 2002 年 8 月起，开始在市场上销售“乐天牌”木糖醇无糖口香糖产品。2002 年 9 月 20 日，原告与全国牙病防治指导组（以下称“全国牙防组”）相互配合，举办了全国爱牙日系列宣传活动，主题是“木糖醇预防蛀牙启蒙活动”。同时，原告还在全国范围内的各种报刊、杂志、电视台、户外广告媒体、网络上发布广告，宣传“乐天牌”木糖醇无糖口香糖产品，特别是该产品的功能性及“木糖醇”的功效。比如，在 2002 年 10 月 18 日的《北京晚报》上登载了：“木糖醇原产于芬兰，它是从白桦树和橡树等植物中提取出来的一种天然植物甜味剂，由于木糖醇不会产生引发龋齿的酸性物质，能够减少龋齿菌和齿垢，所以具有预防龋齿的功能。乐天公司推出的木糖醇口香糖，口感清新时尚，与龋齿菌结合后，不会发酵，因此，不会产生酸性物质，为保护牙齿提供了一个新的方法。”通过原告的积极动作，“乐天牌”木糖醇无糖口香糖产品取得了良好的销售业绩，销售范围涉及全国各大城市，产品多次获奖，市场占有率较高。

2003 年 9 月，原告与全国牙防组再次配合，举办了爱牙日木糖醇健齿全国巡展活动，主题是“关注口腔健康 有效预防蛀牙”。在此期间，原告推出了用塑料瓶包装的

"乐天牌"木糖醇无糖口香糖产品。该塑料瓶瓶身上的瓶贴形式为（以青柠薄荷口味为例）：上方一周为一绿色条带，条带上有白色"乐天""LOTTE"商标及"木糖醇无糖口香糖 青柠薄荷"字样，还有"全国牙防组认证及牙齿笑脸"标志等；中间一周为一较宽的白色条带，条带正中有较醒目的"木糖醇"三个绿色大字，字的左面有一圆形中间是红十字的图形，字的右面是"日本技术 木糖醇无糖口香糖 青柠薄荷"等绿色小字及"全国牙防组认证及牙齿笑脸"标志。转过瓶身，后面有对"天然植物甜味木糖醇"的介绍文字和品名、配料表、保质期、产品标准号、生产商、地址、电话、公司网址等资料性文字。瓶身下面又有一周绿色条带，条带上有白色"帮助防蛀 保护牙齿"等字迹，还有粒状口香糖及青柠图案，位置在"木糖醇"三字的下方。瓶盖上的瓶贴形式为：一绿色圆形瓶贴，中间有一白色条带，条带上有较醒目的绿色"木糖醇"字迹及一圆形中间为红十字形的图形。白色条带的上面绿色瓶贴上有白色"乐天 LOTTE"商标，白色条带的下面绿色瓶贴上有"全国牙防组认证及牙齿笑脸"标志和红色"帮助防蛀 保护牙齿"、白色"青柠薄荷"字迹。

原告使用塑料瓶包装的产品还有苹果薄荷口味及蓝莓薄荷口味两种。包装使用的塑料瓶与上述青柠薄荷口味产品的完全相同，瓶贴除颜色不同外，其他文字及图形均相同。苹果薄荷口味产品的瓶贴为红色，蓝莓薄荷口味产品的瓶贴为紫色。

被告好丽友公司也是一家外商独资企业，经营好丽友系列糖果、食品等商品，商品信誉较高，有广泛的销售网络，为宣传"好丽友"品牌也进行了大量的广告宣传。在其销售的系列糖果、食品中包括有"好丽友牌"木糖醇无糖口香糖产品。该产品自韩国进口，负责进口的企业是被告农牧渔业公司，负责经销的企业是被告光彩伟业公司。好丽友公司主张其自 2003 年 7 月首先上市的是条形包装的"木糖醇无糖口香糖"产品，但原告对此主张不予认可，好丽友公司也未提交相关证据。

2004 年 3 月，好丽友公司委托案外人北京纪元星雨图文设计有限公司为其设计单条口香糖、一片口香糖、三条装口香糖、瓶装口香糖等所有木糖醇 3 + 口香糖产品的包装。2003 年 5 月，好丽友公司使用该公司设计包装的上述口香糖产品上市销售。该塑料瓶本身的大小、形状与原告的完全相同，瓶身上的瓶贴形式为：上方一周为一蓝色条带，条带很窄，无字。中间一周为一较宽的白色条带，条带正中有较醒目的"木糖醇"三个蓝色大字，字的左上方有红色"好丽友"商标，字的右面是蓝色图形，图形中间是"3 +"文字。该图形上方有蓝色"无糖口香糖 苹果薄荷味"一行小字。转过瓶身，后面有对"1 + 帮助防蛀 木糖醇""2 + 固齿 乳酸钙""3 + 薄荷 绿茶提取浓缩汁"内容的介绍和食品名称、配料、净含量、经销商：光彩伟业公司、地址、生产日期、保质期、贮藏方法等资料性文字。瓶身下面又有一周蓝色条带，该条带较宽，上有白色类似牙齿的心形笑脸图形下面是红飘带并有"3 重呵护"文字，还有深蓝色"帮助防蛀 + 固齿 + 清爽"等字迹和粒状口香糖图形，位置在"木糖醇"三字下方。瓶盖上有一圆形瓶贴，上半部分为白色，下半部分为蓝色，最上方是红色"好丽友"商标，下面是较醒目的"木糖醇"文字及蓝色"3 +"图形，再下面是块状口香糖图形及类似牙齿的心形笑脸图形。

原告经北京市国信公证处公证，在华联超市青塔分公司购买了上述塑料瓶包装的“好丽友牌”“木糖醇无糖口香糖3+”苹果薄荷口味产品4瓶，单价9.3元。

原告经北京市国信公证处公证，登录互联网，在浏览器地址栏中键入：www.orion.cn，进入“好丽友 好朋友”网站首页，并打印了该网站中有关宣传“好丽友牌”“木糖醇无糖口香糖”产品的内容。

原告提交的第七部分证据是原告为本案诉讼支出的费用凭证，共计93 392.3元。好丽友公司对上述凭证的关联性均不予认可。

好丽友公司提交的中国卫生部发布的《食品添加剂使用卫生标准》中载明：“木糖醇是甜味食品添加剂。使用范围：糖果、糕点、饮料。最大使用量：代替糖，按生产需要量适量使用。备注：标签上说明适合糖尿病人食用。”木糖醇生产商在其产品介绍中说明：“木糖醇是一种从玉米、甘蔗渣等物质中提取的纯天然的新型甜味剂和高级疗用食品。具有不发酵性、易溶性、甜度高、食用后血糖值不会上升等特性。”原告对“木糖醇”是甜味食品添加剂的说法不予认同，而主张“木糖醇”是一种原料。

好丽友公司及农牧渔业公司在庭后补交了关于“好丽友牌”木糖醇无糖口香糖产品进口及销售数量的证据材料，证明好丽友公司只销售了瓶装“木糖醇无糖口香糖”产品400箱，价值68 160元。原告对上述证据不予认可。

华联超市青塔分公司是通过与东万晟公司签订《商品购销协议书》的方式进货，并从东万晟公司取得了好丽友公司的《北京市食品用产品卫生质量评价书》复印件等材料。

农牧渔业公司是接受了京都利德公司的委托，依据双方签订的《委托代理进口协议》从韩国进口“木糖醇无糖口香糖”产品的，并取得了好丽友公司该产品的《中华人民共和国进口食品标签的审核证书》的复印件。其主张进口的货物全部是大包装，没有参与产品的分装。对此原告及好丽友公司没有提出异议。

以上事实还有当事人陈述及庭审笔录等证据在案佐证。

一审判决及理由

根据原告乐天公司所提交的证据，原告“乐天牌”木糖醇无糖口香糖条状包装产品自2002年9月起上市销售、瓶装产品自2003年9月起上市销售以来，原告为推广、促销上述产品进行了大量的广告宣传，销售范围涉及全国各大城市，销售数量大，产品质量好，信誉较高，且多次获奖，在消费者中具有较高的知名度，故一审法院认定上述产品为知名商品。

《反不正当竞争法》第五条第（二）项规定：“经营者不得采用下列不正当手段从事市场交易，损害竞争对手：……（二）擅自使用知名商品特有的名称、包装、装潢，或者使用与知名商品近似的名称、包装、装潢造成和他人知名商品相混淆，使购买者误认为是该知名商品。”

首先，原告乐天公司主张“木糖醇”是其知名商品的特有名称，被告好丽友公司使用了相同的商品名称，构成不正当竞争。

一审法院认为，所谓知名商品的特有名称，应该是指知名商品独有的与通用名称有显著区别的商品名称。“木糖醇”是一种甜味食品添加剂的名称，也是该种商品的通用名称。因为该种商品具有不发酵性、易溶性、甜度高、食用后血糖值不会上升等特性，因此，被广泛用于食品、医药等领域。

原告乐天公司虽于2002年9月起就将“木糖醇”使用于口香糖产品上并加以广泛宣传，但“木糖醇”这一名词在原告口香糖产品上使用的意义仍在于它自身的特性，原告乐天公司在宣传该种“木糖醇”口香糖产品时，也着重于“木糖醇”给产品带来的功用性，在这里“木糖醇”并没有产生第二含义，或者说在消费者心目中尚没有成为乐天牌口香糖的代名词，它只能成为这种以“木糖醇”作为主要配料的口香糖产品的说明性名词。消费者在区分不同经营者销售的“木糖醇无糖口香糖”产品时主要是依靠产品的商标、包装、装潢等特征。

原告乐天公司主张将“木糖醇”作为自己商品的特有名称而排除其他经营者使用，事实依据及法律依据均不足，故一审法院对原告乐天公司提出的“木糖醇”为其知名商品的特有名称的主张不予认定。

其次，原告乐天公司主张“塑料瓶”包装是其知名商品的特有包装，被告好丽友公司使用了相同的商品包装，构成不正当竞争。

一审法院认为，所谓知名商品的特有包装，应该是指非为相关产品所通用，具有显著区别特征的为识别商品以及方便携带、储运而使用在商品上的辅助物和容器。原告乐天公司所使用的塑料瓶的形状是很普通、很常规的形状，被告好丽友公司所举的证据表明，在原告乐天公司产品上市之前，已有相同或相似的塑料瓶使用在不同商品上，故一审法院不认为该包装是原告乐天公司的特有包装。

原告乐天公司虽主张以前的口香糖产品包装大都是条状、纸质包装，是原告乐天公司率先在口香糖产品上使用了塑料瓶包装，但这种包装上的改变，并不必然构成该包装成为特有包装，还应从包装物本身的形状特性来判定是否具有显著区别特征。

原告乐天公司不能因其率先使用了塑料瓶包装，而禁止他人在相同产品上使用塑料瓶包装。

再次，原告乐天公司主张其塑料包装瓶上的瓶贴是其知名商品的特有装潢，被告好丽友公司使用了与其相近似的装潢，构成不正当竞争。

一审法院认为，所谓知名商品的特有装潢，应该是指非为相关商品所通用，具有显著区别特征的为识别及美化商品而在商品或者包装上附加的文字、图案、色彩及其排列组合。原告在其塑料包装瓶上使用的瓶贴体现了原告乐天公司商品的特色，无论文字、图形、色彩都是原告乐天公司独有的设计，是原告乐天公司产品的区别性特征的体现，故应认定为知名商品的特有装潢。

被告好丽友公司木糖醇无糖口香糖产品塑料包装瓶上的瓶贴，虽然仔细比较起来，在文字、图形、色彩上都与原告产品塑料包装瓶的瓶贴有差别，但从瓶身蓝、白、蓝三周条带的整体布局、“木糖醇”等文字及粒状口香糖等图形的排列组合上都与原告产品塑料包装瓶的瓶贴构成近似。另外，原告乐天公司用红、绿、紫不同颜色的瓶贴区分不同口味的产品，好丽友公司虽然采用了原告乐天公司不曾使用的蓝色瓶贴，但由于该瓶贴从整体上看与原告产品瓶贴构成近似，所以容易使购买者误认为是原告乐天公司系列产品中的另一个口味的产品。因此，一审法院认定被告好丽友公司使用的塑料包装瓶上的装潢与原告乐天公司在先使用的产品包装瓶上的装潢相近似，足以使购买者产品误认，构成不正当竞争，被告好丽友公司应承担相应的法律责任。

鉴于被告好丽友公司实施不正当竞争行为的情节轻微，其法律责任应以停止使用涉案塑料包装瓶的装潢为主。原告乐天公司提出的赔偿损失的数额没有事实依据，一审法院将根据本案具体情况以及原告乐天公司为本案诉讼支出的必要费用予以适当酌定。鉴于被告好丽友公司实施的不正当竞争行为没有给原告乐天公司的商誉造成损害，故原告乐天公司提出的公开消除影响的诉讼请求，一审法院不予支持。

被告华联超市青塔分公司作为销售商，应承担停止销售的责任。

被告光彩伟业公司作为被告好丽友公司“木糖醇无糖口香糖”产品的经销商，没有出庭进行答辩，也没有提供任何证明其合法经营的证据材料，应当承担对其不利的法律后果，故一审法院认定其与被告好丽友公司承担连带责任。

被告农牧渔业公司作为被告好丽友公司“木糖醇无糖口香糖”产品的进口商，进口的产品全部是大包装，其未参与产品的分装，故不应承担法律责任。

综上，一审法院依据《反不正当竞争法》第五条第（二）项之规定，判决如下：

一、好丽友公司及光彩伟业公司在销售“木糖醇无糖口香糖”商品时立即停止使用涉案塑料瓶包装的装潢。

二、好丽友公司及光彩伟业公司于一审判决生效之日起 10 日内共同赔偿乐天（中国）食品有限公司损失及为诉讼支出的合理费用共计人民币 10 万元。

三、华联超市青塔分公司立即停止销售使用涉案塑料瓶包装的“好丽友牌”“木糖醇无糖口香糖”商品。

四、驳回乐天公司对中国农牧渔业国际合作公司的诉讼请求。

五、驳回乐天公司的其他诉讼请求。

案件受理费 9 260 元，由乐天公司负担 2 260 元（已交纳）；由好丽友公司及光彩伟业公司共同负担 7 000 元（于一审判决生效之日起 7 日内交纳）。

上诉理由

乐天公司、好丽友公司、光彩伟业公司不服一审判决，向北京市高级人民法院提起上诉。

乐天公司的上诉理由是：一审判决认定事实不清，乐天公司将“木糖醇”作为其无糖口香糖的商品名称以来，“木糖醇”已在相关公众中形成了与乐天无糖口香糖唯一对应的关系，成为乐天公司知名商品的特有名称。一审判决认定在乐天公司的塑料包装瓶上市前有相同或相似塑料瓶包装使用错误；一审判决适用法律错误，应结合商品来谈“特有名称”和“特有包装”，塑料包装瓶是乐天公司在先使用的，是乐天公司知名商品的特有包装；好丽友公司、光彩伟业公司有侵权主观恶意，侵权情节、性质严重，一审判决确定的赔偿额明显过低。请求撤销一审判决第二、第五项；改判好丽友公司、光彩伟业公司立即停止进口、生产、销售、宣传仿冒乐天公司知名商品特有名称、包装、装潢商品的不正当竞争行为；改判好丽友公司、光彩伟业公司赔偿乐天公司经济损失45万元。

好丽友公司的上诉理由是：一审判决适用法律错误，好丽友公司的塑料包装瓶瓶贴与乐天公司的塑料包装瓶瓶贴不存在任何相似性，即使存在某些相似性，也不足以使购买者对两种产品产生任何误认或混淆；一审判决在错误认定事实的前提下，错误地适用《反不正当竞争法》第五条第（二）项的规定；一审判决好丽友公司停止使用涉案塑料瓶包装的装潢、赔偿乐天公司10万元无事实和法律依据。请求二审法院查清一审判决错误认定的部分事实，依法改判。

光彩伟业公司的上诉理由是：光彩伟业公司作为好丽友公司在北京地区的代理商，在经营涉案口香糖产品时手续齐全，进货渠道合法，不应承担连带赔偿责任。请求二审法院查清一审判决错误认定的部分事实，依法改判。

华联超市青塔分公司、农牧渔业合作公司服从一审判决。

二审查明事实

二审法院所认定的案件事实与原审认定的事实基本一致。

二审法院另外查明如下事实：乐天公司和好丽友公司均为外商独资企业。

乐天公司的原名称为乐天四通食品有限公司，2003年3月14日变更企业名称为现名。

以上事实有“乐天牌”木糖醇无糖口香糖塑料包装瓶、“好丽友牌”木糖醇无糖口香糖塑料包装瓶、《食品添加剂使用卫生标准》、北京市国信公证处（2004）京国证民字第13162号《公证书》及当事人陈述等证据在案佐证。

二审判决及理由

经营者在经营过程中应当公平竞争，不得采取不正当手段从事市场交易，不得擅自使用知名商品特有的名称、包装、装潢，或者使用与知名商品近似的名称、包装、装潢，造成和他人的知名商品相混淆，使购买者误认为是该知名商品。经营者使用的商品名称、包装、装潢是否与其他知名商品特有的名称、包装、装潢相近似，应以所使用的商品名称、包装、装潢是否是他人知名商品特有的，使用该名称、包装、装潢是否会与他人经营的知名商品相混淆，造成购买者误认为是该知名商品为标准。

本案中，上诉人乐天公司经营的“乐天牌”木糖醇无糖口香糖商品自上市销售以来，该公司为推广、促销上述商品进行了大量的广告宣传，销售范围涉及全国各大城市，占有一定的市场份额，在消费者中具有较高的知名度，因此，应认定上述商品为知名商品。

由于“木糖醇”是一种甜味食品添加剂的名称，是“木糖醇”这种商品所具有的通用名称，具有不发酵性、易溶性、甜度高、食用后血糖值不会上升等特性，被广泛用于食品、医药等领域。上诉人乐天公司于2002年9月起将“木糖醇”加入口香糖中并使用“木糖醇无糖口香糖”的名称，但是，根据上诉人乐天公司提交的证据，不能证明该公司的宣传使“木糖醇”一词在消费者中形成了与该公司经营的“木糖醇无糖口香糖”商品一一对应的关系。消费者对“木糖醇”的理解仍是“木糖醇”系一种甜味食品添加剂，而“木糖醇无糖口香糖”是添加了“木糖醇”的一种口香糖商品，因此，“木糖醇”并不是上诉人乐天公司经营的“乐天牌”木糖醇无糖口香糖商品特有的名称。

针对上诉人好丽友公司提交的用以证明上诉人乐天公司经营的“乐天牌”木糖醇无糖口香糖使用的塑料包装瓶是食品、保健品及药品的通用包装以及在韩国使用塑料包装瓶包装的好丽友木糖醇无糖口香糖进行交易的证据，上诉人乐天公司对其真实性未提出异议，因此，根据上诉人好丽友公司提交的证据，上诉人乐天公司在其经营的“乐天牌”木糖醇无糖口香糖商品上使用的塑料包装瓶是普通、常规的形状，在上诉人乐天公司经营的“乐天牌”木糖醇无糖口香糖商品上市之前，已有相同或相似的塑料包装瓶使用在不同商品上，上诉人乐天公司在“乐天牌”木糖醇无糖口香糖商品上使用的塑料包装瓶不是使该商品区别于其他商品而具有的独特的包装，因此，该塑料包装瓶不是该商品所特有的包装。

上诉人乐天公司经营的“乐天牌”木糖醇无糖口香糖商品的装潢与好丽友公司经营的“好丽友牌”木糖醇无糖口香糖商品的装潢均包括瓶盖上的瓶贴和瓶身上的瓶贴。上诉人乐天公司经营的“乐天牌”木糖醇无糖口香糖商品塑料包装瓶瓶盖瓶贴与上诉人好丽友公司经营的“好丽友牌”木糖醇无糖口香糖商品塑料包装瓶瓶盖瓶贴相比，两公司均使用圆形瓶贴，但上诉人乐天公司的瓶贴无边，由三条宽度基本相同的色带组成，中间为白色，其他为表示商品口味的相同颜色的色带；上诉人好丽友公司的瓶贴由一色带为边，主体由上部白色占大部分，下部为表示商品口味的颜色组成。在瓶盖瓶贴使用的图形、文字形状及文字内容均不相同，因此，二者既不相同，也不相似。上诉人乐天公司和上诉人好丽友公司使用的塑料包装瓶瓶身的瓶贴在颜色组成上均使用三条色带组成，中间的色带为白色，上下两条色带使用白色以外的同一种颜色，以表示不同口味，两者区别在于：上诉人乐天公司的色带上下两条色带的宽度基本相同，中间的色带明显宽于上下两条色带；上诉人好丽友公司的色带中，上边的色带宽度最窄，中间色带宽度最大，下边色带的宽度居于上下色带之中；表示不同口味商品的上下条色带颜色两公司均不一样。此外，上诉人乐天公司在瓶身瓶贴上所使用的图形、文字形状以及文字内容与上诉人好丽友公司不相同。通过对比，上诉人乐天公司经营的“乐天牌”“木糖醇无糖口香糖”商品的装潢与上诉人好丽友公司经营的“木糖醇无糖口香糖”商品的装潢相比虽不相同，但属于相似的装潢。

虽然上诉人好丽友公司在其经营的“木糖醇无糖口香糖”产品上使用的塑料包装瓶与上诉人乐天公司经营的“木糖醇无糖口香糖”产品上使用的塑料包装瓶相同，且该包装瓶瓶身上的瓶贴也近似，但是，对于“木糖醇无糖口香糖”这种商品而言，其消费者群体是比较固定的，消费者主要依据该种商品的品牌区别不同商品，而不是主要根据商品的包装、装潢来区别商品，因此，尽管上诉人好丽友公司与上诉人乐天公司使用的塑料包装瓶相同、包装瓶瓶身的瓶贴相似，但消费者不会因此而将两者误认。上诉人好丽友公司在其经营的“好丽友牌”木糖醇无糖口香糖商品上使用“木糖醇”的名称以及涉案的塑料包装瓶及瓶贴的行为不构成对上诉人乐天公司的不正当竞争。

由于上诉人好丽友公司的行为不构成对上诉人乐天公司的不正当竞争，作为上诉人好丽友公司代理商，上诉人光彩伟业公司经营使用“木糖醇”名称以及涉案包装、装潢的“好丽友牌”木糖醇无糖口香糖的行为亦不构成对上诉人乐天公司的不正当竞争。

上诉人好丽友公司的上诉理由成立，其上诉请求二审法院予以支持。上诉人光彩伟业公司基于好丽友公司的行为不构成不正当竞争，已无赔偿责任可言，因此，其上诉请求二审法院予以支持。

上诉人乐天公司的上诉理由不能成立，其上诉请求二审法院不予支持。

综上，一审判决认定事实不清，适用法律错误。依据《民事诉讼法》第一百五十三条第一款第（三）项的规定，判决如下：

一、撤销北京市第一中级人民法院（2004）二中民初字第12016号民事判决。

二、驳回乐天（中国）食品有限公司的诉讼请求。

一审案件受理费9 620元，由乐天公司负担（已交纳）；二审案件受理费9 620元，由乐天公司负担（已交纳）。

案例29：艾科斯柯公司与利业永胜公司侵犯知名商品名称、包装、装潢纠纷案

原告（上诉人）：（丹麦）艾科斯柯有限公司（以下称“艾科斯柯公司”）
被告（被上诉人）：北京利业永胜科贸有限公司（以下称“利业永胜公司”）

一审法院：北京市第二中级人民法院
一审案号：（2005）二中民初字第09025号
一审合议庭成员：邵明艳、何暄、冯刚
一审结案日期：2005年12月12日

二审法院：北京市高级人民法院
二审案号：（2006）高民终字第569号
二审合议庭成员：张冰、李燕蓉、焦彦
二审结案日期：2006年11月20日

案由：擅自使用知名商品特有名称、包装、装潢纠纷

关键词：知名商品，侵犯商品名称、包装、装潢，商标，保护工业产权巴黎公约，诚实信用

涉案法条

《反不正当竞争法》第二条、第五条第（二）项
《民事诉讼法》第一百五十三条第一款

争议焦点

- 中国和丹麦王国同为《保护工业产权巴黎公约》的成员国，因此，原告（上诉人）作为在丹麦王国注册成立的公司，可以请求依据中国法律制止在中国境内发生的针对其的不正当竞争行为。
- 经营者在市场交易中，应当遵循自愿、平等、公平、诚实信用的原则，遵守公认的商业道德。经营者擅自使用知名商品特有的名称、包装、装潢，或者使用与知名商品近似的名称、包装、装潢，造成和他人的知名商品相混淆，使购买者误认为是该知名商品，属于使用不正当手段从事市场交易，损害竞争对手的不正当竞争行为。

- 知名商品特有的名称、包装、装潢是指非为相关商品所通用，并具有显著的区别性特征；知名商品特有的名称是指知名商品独有的与通用名称有显著区别的商品名称。但该名称已经作为商标注册的除外；商品的装潢是指为识别与美化商品而在商品或者其包装上附加的文字、图案、色彩及其排列组合。

审判结论

驳回艾科斯柯有限公司的诉讼请求。

二审判决驳回上诉，维持原判。

本案一、二审案件受理费各 10 010 元，均由艾科斯柯有限公司负担（已交纳）。

起诉及答辩

原告艾科斯柯公司诉称：原告依法享有第 1064984 号“e”图形注册商标和第 G686104 号“ecco”文字注册商标专用权，二商标核准使用的商品为第 25 类：鞋。原告为宣传自己的“ecco”商标，通过各种渠道作了大量的广告宣传，“ecco”品牌已经成为相关领域里的驰名商标，“ecco”品牌的产品也因其所独具的舒适性而成为了本领域内的知名商品，为广大消费者所青睐。现原告发现被告利业永胜公司在鞋类商品上使用了与原告上述商标相近似的“eee”标识，且在实际使用时，被告的商标也同样以小写字母标在鞋底或鞋面上，与原告在鞋上标注商标的形式相同，位置相同或近似，鞋的包装盒的设计风格、标注商标的方式等也近似。被告在大型商场里设立了专柜销售鞋类商品，均采用了与原告专卖店近似的店面装饰风格，如以深色突出显示的商标标识、木地板、背景的玻璃幕墙、店面设有三面木墙陈列鞋商品、店前摆放三层叠置的陈列架等，加之以完全雷同的字母“e”的设计风格，当消费者在不同的时间、不同的地点分别看到原、被告专卖店时，很难将二者区分开来。

被告上述行为不正当地利用了原告的知名商标及商品的声誉，违背了诚实信用的基本原则，构成了不正当竞争。故请求法院判令被告：1. 停止侵权行为，包括但不限于：停止以任何方式在鞋类商品上使用“eee”商标及销售此类商品；2. 停止在其经营场所使用与原告的专卖店和柜台的装潢相近似的装潢；3. 赔偿原告经济损失及因本案诉讼支出的合理费用共计人民币 50 万元；4. 就侵权行为向原告进行书面赔礼道歉，并在《北京晚报》上向原告公开赔礼道歉。

被告利业永胜公司辩称：被告享有“eee”文字注册商标专用权，被告在产品上使用“eee”标识是依法使用注册商标的行为。原告店铺装潢并不属于其特有，被告从未模仿原告店铺装潢，被告店铺装潢与原告有极大不同，不会引起消费者混淆。原、被告产品包装也存在很大差异，也不会引起消费者混淆。被告的涉案行为不构成不正当竞争，因此，被告请求法院驳回原告的诉讼请求。

事实认定

原告艾科斯柯公司经中华人民共和国工商行政管理总局商标局核准，享有第1064984号“e”图形注册商标专用权和第G686104号“ecco”文字注册商标专用权，二商标核准使用的商品为第25类：鞋。上述“e”图形注册商标的有效期为1997年7月28日至2007年7月27日，上述“ecco”文字注册商标的有效期为1998年1月26日至2008年1月26日。

1999年，原告艾科斯柯公司在中国上海开设第一家“ecco”鞋类商品专卖店，目前，原告已在中国许多主要城市设立了“ecco”鞋类商品专卖店，原告在中国对其“ecco”品牌进行了一定的宣传。

2002年，被告利业永胜公司经国家工商行政管理总局商标局核准，享有第2005313号“eee”文字注册商标专用权，该商标核准使用的商品为第25类：拖鞋、鞋（脚上的穿着物）、鞋底、鞋垫、鞋和靴的金属附件、鞋和靴的后跟、鞋面、靴、运动鞋。该商标的有效期为2002年11月14日至2012年11月13日。

被告利业永胜公司自2001年始，在其生产的鞋商品上、鞋商品包装盒上、销售鞋商品的经营场所使用了“eee”标识。其使用的“eee”标识与其“eee”注册商标的字体、字型一致。

原告艾科斯柯公司在本案中主张：“ecco休闲鞋”为其鞋类商品的特有名称；鞋面、鞋底、鞋里面标注商标的位置及鞋包装盒上标注商标的方式均为其鞋类商品特有的包装装潢；销售“ecco”鞋类商品的专卖店使用深色的商标标识、木地板、玻璃幕墙、红色木条、店面设有三面木墙陈列鞋商品、店前摆放三层叠置的陈列架等体现出古典、休闲的装饰风格为其特有的店面装潢。

被告利业永胜公司在其生产的涉案休闲鞋及包装盒上标注“eee”注册商标的位置与原告在“ecco”休闲鞋及包装盒标注商标的位置大体一致，但二者的休闲鞋及包装盒的装潢设计并不相同；涉案销售“eee”鞋类商品的专卖店使用了深色的商标标识、木地板、玻璃幕墙、店面设有三面木墙陈列鞋商品、店前摆放陈列架进行装饰，但具体色彩、布局的设计等不相同。

另查，中国于1985年3月19日成为《保护工业产权巴黎公约》的成员国。丹麦王国于1894年10月1日成为《保护工业产权巴黎公约》的成员国。

再查，原告艾科斯柯公司为本案诉讼支出了律师费、调查费等费用。

一审判决及理由

中国和丹麦王国同为《保护工业产权巴黎公约》的成员国，依据该公约的规定，工业产权的保护对象是专利、实用新型、工业外观设计、商标、服务商标、商号、产地标记或原产地名称以及制止不正当竞争，因此，本案原告艾科斯柯公司作为在丹麦王国注册成立的公司，可以请求依据中国法律制止在中国境内发生的针对其的不正当竞争行为。

《反不正当竞争法》规定：经营者在市场交易中，应当遵循自愿、平等、公平、诚实信用的原则，遵守公认的商业道德。经营者擅自使用知名商品特有的名称、包装、装潢，或者使用与知名商品近似的名称、包装、装潢，造成和他人的知名商品相混淆，使购买者误认为是该知名商品，属于使用不正当手段从事市场交易，损害竞争对手的不正当竞争行为。

本案中，原告艾科斯柯公司主张被告利业永胜公司在其经营鞋类商品过程中使用与其"ecco 休闲鞋"商品特有的名称、装潢、店面装潢相近似的名称、装潢，构成不正当竞争。

依据上述法律规定，原告就其上述主张应举证证明：涉案"ecco"鞋类商品是知名商品；"ecco 休闲鞋"商品名称、"ecco"休闲鞋的装潢及包装装潢、"ecco"休闲鞋专卖店装潢属于其特有的名称、装潢；被告涉案"eee"鞋类商品使用的名称、装潢及专卖店装潢与原告鞋类商品名称、装潢及专卖店装潢相近似。

第一，关于涉案"ecco"鞋类商品是否为知名商品的问题。

依据一审法院查明的事实，原告艾科斯柯公司自1999 年起在中国许多主要城市设立了"ecco"鞋类商品专卖店，并在中国对"ecco"品牌进行了较多的宣传，相关消费者对"ecco"鞋类商品已有一定的认知，故可以认定"ecco"鞋类商品属于中国《反不正当竞争法》所规定的知名商品。对于原告提出的"ecco"商标为驰名商标的主张，鉴于该事实主张与本案不正当竞争的相关事实无直接的关联性，故一审法院对此不作认定。

被告利业永胜公司辩称"ecco"鞋类商品不属于知名商品，缺乏事实依据，一审法院不予采纳。

第二，关于原告艾科斯柯公司主张的"ecco 休闲鞋"商品名称、"ecco"休闲鞋的装潢及包装装潢、"ecco"休闲鞋专卖店装潢是否属于其特有的名称、装潢问题。

根据中国《国家工商行政管理局关于禁止仿冒知名商品特有的名称、包装、装潢的不正当竞争行为的若干规定》（国家工商行政管理局令第 33 号）的规定，知名商品特有的名称、包装、装潢是指非为相关商品所通用，并具有显著的区别性特征；知名商品特有的名称是指知名商品独有的与通用名称有显著区别的商品名称。但该名称已经作为商标注册的除外；商品的装潢是指为识别与美化商品而在商品或者其包装上附加的文字、图案、色彩及其排列组合。

本案中，原告艾科斯柯公司主张："ecco 休闲鞋"为其鞋类商品的特有名称；鞋面、鞋底、鞋里标注商标的位置及鞋包装盒上标注商标的方式均为其鞋类商品特有的包装装潢；销售"ecco"鞋类商品的专卖店使用深色的商标标识、木地板、玻璃幕墙、红色木条、店面设有三面木墙陈列鞋商品、店前摆放三层叠置的陈列架等体现出古典、休闲的装饰风格为其特有的店面装潢。鉴于"ecco"为原告艾科斯柯公司注册商标，而"休闲鞋"系鞋类商品中的一个种类，是该种类鞋的通用名称，故"ecco 休闲鞋"不应作为原告鞋类商品的特有名称予以法律保护。鉴于原告未就“ecco”休闲鞋及其包装盒上标注商标的位置及方式非鞋类商品上通常使用的方式予以充分的证明，其也未针对“ecco”休闲鞋及包装盒的图案、色彩及其排列组合等装潢提出主张，故仅就原告艾科斯柯公司主张的“ecco”休闲鞋及其包装盒上标注商标的位置及方式来说，不应作为该鞋类商品特有的装潢予以保护。鉴于木地板、玻璃幕墙、店面设有三面木墙陈列鞋商品、店前摆放陈列架均属于鞋类商品专卖店通常使用的装饰方式，而依据现有证据原告艾科斯柯公司的鞋类商品专卖店并非都使用红色木条进行装饰，虽然“ecco”商标标识具有独特性，但从整体角度看，原告艾科斯柯公司主张木地板、玻璃幕墙、店面设有三面木墙陈列鞋商品、红色木条、店前摆放陈列架的专卖店装潢为其特有，依据不足。

综合上述认定，原告艾科斯柯公司在本案中提出的关于其鞋类商品的名称、装潢及专卖店的装潢是其特有的主张，缺乏事实与法律依据，一审法院不予支持。

第三，关于被告利业永胜公司的“eee”鞋类商品使用的名称、装潢、专卖店装潢是否与原告的鞋类商品名称、装潢及专卖店装潢相近似的问题。依据一审法院查明的事实，“eee”为被告在鞋类商品上的注册商标，被告利业永胜公司在其鞋类商品上使用该标识属于使用其注册商标的行为。如前所述，原告艾科斯柯公司不能证明其在本案中主张的“ecco”鞋类商品的名称、装潢及专卖店的装潢为其所特有，且即使被告利业永胜公司“eee”鞋类商品及其包装盒上商标标识的位置及方式与原告大体一致，并在其鞋类商品专卖店店面同样使用木地板、玻璃幕墙、店面设有三面木墙陈列鞋商品、店前摆放陈列架作为装饰，但由于二者在具体的线条、图案、色彩及其排列组合的设计上有所不同，因此，从具体设计及整体感观上，二者不相近似，相关消费者不会由此而对原、被告的鞋类商品产生混淆。

综上，原告艾科斯柯公司提出被告利业永胜公司涉案行为违反诚实信用原则，模仿原告商品名称、装潢，构成不正当竞争的主张，不成立。原告艾科斯柯公司要求被告承担停止涉案侵权行为、赔偿原告经济损失、赔礼道歉法律责任的诉讼请求，依据不足，一审法院不予支持。一审法院依据《反不正当竞争法》第二条、第五条第（二）项的规定，判决如下：

驳回艾科斯柯有限公司的诉讼请求。

案件受理费10 010元，由艾科斯柯有限公司负担（已交纳）。

上诉理由

艾科斯柯公司不服原审判决，向北京市高级人民法院提起上诉，请求撤销原审判决，依法发回重审或改判。

艾科斯柯公司上诉的理由是：原审判决认定事实不清。1. 艾科斯柯公司的鞋商品外侧面用钢印打印有“ecco”商标；2. 鞋商品包装盒采用独特的商标标记模式及颜色搭配，鞋盒盖中部用钢印打印有“ecco”商标、盒盖与盒体相联；3. 鞋商品专卖店店面的墙壁上安装了放鞋的搁板、鞋架以小块的搁板错落有致的放置、地面为木制地板、墙上悬挂以玻璃覆盖的当季最新大幅广告（即玻璃幕墙）、店面最前方放置三层上下层叠的台子，其上摆放简单的广告品或者鞋样品。上述各要素组合在一起，形成了自己独特的店面装潢风格。利业永胜公司在其鞋商品上商标的标注、部分鞋商品包装盒及店面装潢、广告语等都与艾科斯柯公司的构成近似，势必会导致消费者对二者的产品来源发生混淆。

利业永胜公司服从原审判决。

二审查明事实

二审查明事实与一审相同。

二审判决及理由

《保护工业产权巴黎公约》第十条之二规定，本联盟国家有义务对各该国国民保证给予制止不正当竞争的有效保护。中国和丹麦王国同为《保护工业产权巴黎公约》的成员国，因此，上诉人艾科斯柯公司作为在丹麦王国注册成立的公司，可以请求依据中国法律制止在中国境内发生的针对其的不正当竞争行为。

中国《反不正当竞争法》第二条规定，经营者在市场交易中，应当遵循自愿、平等、公平、诚实信用的原则，遵守公认的商业道德；第五条第（二）项规定，经营者擅自使用知名商品特有的名称、包装、装潢，或者使用与知名商品近似的名称、包装、装潢，造成和他人的知名商品相混淆，使购买者误认为是该知名商品的，属于使用不正当手段从事市场交易，损害竞争对手的不正当竞争行为。

对原审判决关于“ecco”牌鞋类商品属于《反不正当竞争法》所规定的知名商品的认定，双方不持异议，二审法院予以确认。上诉人艾科斯柯公司上诉主张被上诉人利业永胜公司在其经营鞋类商品中使用了与其“ecco”牌鞋、鞋包装盒以及店面特有的装潢相近似的包装、装潢，构成不正当竞争，应就此主张举证证明：涉案“ecco”牌鞋、鞋包装盒及“ecco”牌鞋专卖店装潢属于其知名商品特有的包装、装潢；被上诉人利业永胜公司的涉案“eee”牌鞋类商品、包装盒及专卖店装潢与其相近似。但是，上诉人艾科斯柯公司未就“ecco”牌鞋及包装盒上的装潢为其特有予以充分的证明；另外，木地板、玻璃幕墙、店面设有三面木墙陈列鞋商品、店前摆放陈列架均属于鞋类商品专卖店通常使用的装饰方式；从整体上看红色木条与上诉人艾科斯柯公司专卖店的木地板、玻璃幕墙、三面木墙陈列鞋商品、店前摆放陈列架的组合亦不足以构成该专卖店特有的装潢。因此，上诉人艾科斯柯公司关于“ecco”牌鞋类商品、鞋包装盒及专卖店的装潢是其特有的主张，缺乏事实依据，二审法院不予支持。

虽然被上诉人利业永胜公司在其生产的涉案休闲鞋及包装盒盖上标注“eee”注册商标的位置、方式与上诉人艾科斯柯公司在“ecco”牌鞋及包装盒盖标注商标的位置、方式大体一致，但“eee”为被上诉人利业永胜公司在鞋类商品上的注册商标，被上诉人利业永胜公司在鞋类商品上使用该标识属于使用其注册商标的行为；该使用行为亦不足以构成与“ecco”牌鞋、鞋包装装潢相近似，造成和上诉人艾科斯柯公司的鞋商品相混淆。另外，由于在鞋类商品专卖店店面使用木地板、玻璃幕墙、店面设有三面木墙陈列鞋商品、店前摆放陈列架作为装饰为鞋专卖店通常采用的店堂装潢方式，且被上诉人利业永胜公司与上诉人艾科斯柯公司采用的店堂装潢方式在具体的线条、图案、色彩及其排列组合的设计上有所不同，因此，原审判决认定从具体设计及整体感观上，被上诉人利业永胜公司和上诉人艾科斯柯公司的鞋专卖店装潢不相近似，相关消费者不会由此而对被上诉人利业永胜公司与上诉人艾科斯柯公司的鞋类商品产生混淆是正确的。

综上，原审判决认定事实清楚，适用法律正确，应予维持。上诉人艾科斯柯公司的上诉理由不能成立，对其上诉请求不予支持。二审法院依照《民事诉讼法》第一百五十三条第一款第（一）项规定，判决如下：

驳回上诉，维持原判。

本案一、二审案件受理费各 10 010 元，均由艾科斯柯有限公司负担（已交纳）。

案例30：正大公司与神旺公司侵犯知名商品特有名称、包装、装潢纠纷案

原告（被上诉人）：南宁正大畜牧有限公司（以下称“正大公司”）
被告（上诉人）：南宁神旺饲料有限公司（以下称“神旺公司”）

一审法院：南宁市中级人民法院
一审案号：（2002）南市民初字第203号
一审合议庭成员：宋桂芬、蒙文琦、朱俊萍
一审结案日期：2002年10月28日

二审法院：广西壮族自治区高级人民法院
二审案号：（2003）桂民三终字第1号
二审合议庭成员：林立、周冕、韦晓云
二审结案日期：2003年3月16日

案由：擅自使用知名商品特有名称、包装、装潢纠纷

关键词：知名商品，特有名称、包装、装潢，不正当竞争，专用权

涉案法条

《反不正当竞争法》第二条、第五条第（二）项、第二十条

《民法通则》第四条、第一百三十四条第（一）、（七）项

《民事诉讼法》第一百五十三条第一款第（一）项、第一百五十八条

《国家工商行政管理局关于禁止仿冒知名商品特有的名称、包装、装潢的不正当竞争行为的若干规定》第二条第一款

争议焦点

- 知名商品是指在市场上具有一定知名度，为相关公众所知悉的商品。在认定知名商品时，应以该商品在相关的市场领域中有较高的知名度为条件。另外，《国家工商行政管理局关于禁止仿冒知名商品特有的名称、包装、装潢的不正当竞争行为的若干规定》也规定，商品的名称、包装、装潢被他人擅自作相同或者近似使用，足以造成购买者误认的，该商品即可认定为知名商品。

- 未经知名商品权利人同意，擅自使用知名商品特有的包装、装潢，构成不正当竞争行为。《反不正当竞争法》所称的“使用”，不仅指侵权人在市场上销售中使用知名商品特有的包装、装潢，还包括尚未投入市场在生产过程中的使用，但不包括纯粹为个人目的而不为商业目的的使用。
- 知识产权的侵权表现形态与财产权和人身权侵权表现形态完全不同，财产权的侵权一般表现为对财物的侵占与毁损，人身权侵权一般表现为对人的健康权和生命权的侵害，而知识产权的侵权行为侵害的对象是受知识产权法律保护的体现创造性智力成果的知识财产和精神利益。经营者因不正当竞争行为给被侵害的经营者造成损害的，应当承担损害赔偿责任。这里的损害应包括财产上的损失与精神利益的损害。
- 对按法律规定的计算方法无法计算损害赔偿额的侵犯知识产权纠纷案件，人民法院可根据被侵犯的知识产权的性质和侵权人的侵权情节酌情确定赔偿数额，赔偿数额范围在5 000元以上30万元以下，最多不得超过50万元。

审判结论

一、维持南宁市中级人民法院（2002）南市民初字第203号民事判决第一项。

二、变更南宁市中级人民法院（2002）南市民初字第203号民事判决第二项为上诉人神旺公司赔偿给被上诉人正大公司经济损失6万元。

一审案件受理费7 010元，财产保全费2 020元，合计9 030元（正大公司已预交），由神旺公司负担。二审案件受理费7 010元（神旺公司已预交），由神旺公司负担。正大公司已预交的诉讼费用，一审法院不予退回，由神旺公司随上述债务一并支付给正大公司。

本案债务，义务人应于二审判决送达之日起10日内履行完毕，逾期则应加倍支付迟延履行期间的债务利息。权利人可在二审判决规定的履行期限的最后一日起6个月内，向一审人民法院申请执行。

起诉及答辩

原告正大公司诉称：原告是1991年5月2日注册成立的一家中外合资企业，注册资金3 391万元，主要经营饲料及饲料添加剂等的制造、购销。目前，年产值3亿元，税利3 000多万元，在南宁市的同行业中处首要地位。曾连续四年获全国500强企业，连续6年获广西及南宁外资企业先进单位和文明单位，同时被工商行政管理部门授予“讲诚信、反欺诈”先进单位，在南宁市、广西乃至全国都是一家知名的饲料生产企业，具有很高的信誉。

原告生产的151猪浓缩饲料由于质量可靠、使用效果好，深受消费者欢迎，成为市场畅销商品。原告长期使用的151猪浓缩饲料的包装、装潢为广大消费者所熟知，已成为本厂产品质量和信誉的标志。

被告系2000年3月28日才申请注册成立的小厂，注册资金为50万元，经营场所约200平方米，从业人员仅为几人，设备少量。被告为了取得不正当利益，于2000年3月28日始盗用原告的包装袋、装潢去包装自己生产的饲料并以原告的名义进行销售，使购买者误认为是原告的知名商品，给原告造成巨大的经济损失，被告的行为已构成了不正当竞争。

请求法院判令被告立即停止不正当竞争行为，收回并销毁被告擅自使用的与原告的知名商品特有的名称、包装、装潢相近似的名称、包装和装潢；赔偿原告经济损失30万元并承担本案的诉讼费用。

被告神旺公司辩称：被告是依法登记成立的私营企业，成立至今从未有违法经营的行为，虽然今年4月8日广西壮族自治区工商行政管理局在被告厂家查获了印有与原告产品名称相同的包装袋，但是被告并没有使用该包装袋，也没有用该包装袋装被告的产品并以原告的名义进行销售，不存在原告指控的不正当竞争行为，不应承担任何民事责任，请求法院驳回原告的诉讼请求。

事实认定

原告是于1991年5月2日经南宁市工商行政管理局核准注册成立的中外合资企业，注册资本3 391万元，主要经营饲料及饲料添加剂等的制造、购销。目前，其年产值3亿多元，利税3 000多万元，在广西和南宁市同行业中处于首位。其所生产的产品销售遍及周边省份和广西境内的各地、市、乡、村。现有广西境内的批发商300多家，使用其产品的养殖户更是不计其数。

原告生产的产品已为广大消费者所熟知，曾荣获多种荣誉称号，其中1994年获得广西饲料行业十强企业、广西工业综合经济效益百强企业，1995年至1998年连续获得全国最大500家外商投资企业，2000年度获全国外商投资企业“双爱双评”活动先进单位。在广西和全国已是一家知名企业。

原告在其生产、销售的“151猪浓缩料”产品上使用的包装、装潢是：1. 5公斤装为：底色为黄色的塑料编织袋，正面为蓝色线条方框，向四边沿伸为蓝色线条长方形边框，四角为蓝色线条小方框，上部两个边角的小方框内为蓝色方圆象图案，下部左边角的小方框内为红色阿拉伯数字“151”，右边角的小方框内为一红色猪头图案；蓝色线条构成的长方形框内正中为一红色猪头图案；猪头图案上方为蓝色方圆象图案，方圆象图案上方及左、右两旁分别为“正大集团”“南宁”“正大”红色宋体字；猪头图案下方为厂址、电话、邮编、执行标准编号内容的蓝色宋体小字；上、下边框内分别为“南宁正大畜牧有限公司”“净重5公斤”红色宋体字，左、右边框内均为“151猪浓缩料”红色宋体字；2. 20千克装为：与5公斤装的基本一样，所不同的是，方框及两边框内的文字为正楷，中间蓝色方圆象图案与红色猪头图案间多了一行蓝色泰文，右边框内多了“南宁正大畜牧有限公司”蓝色正楷字；左边框内的文字为蓝色正楷字“南宁正大畜牧有限公司”和红色正楷体执行标准编号；上边框内的为红色字体“151猪浓缩料”，下边框内为红色字体“净重20公斤”；3. 40千克装为：与5公斤装的基本一样，所不同的是，方框及两边框内的文字为正楷，同时，中间蓝色方圆象图案与猪头图案间多了一行蓝色泰文，猪头图案下方多了一蓝色线条长方框，内为适用期内容的红色正楷小字，长方框下方为“南宁正大畜牧有限公司出口”红色正楷字，两边框内多了“南宁正大畜牧有限公司”蓝色正楷字；上边框内的文字为“151 猪浓缩料”宋体字；下边框内为红色字体“净重 40 公斤”，该边框下方多了卫生标准内容的蓝色正楷小字。在上述包装袋中，包装装潢上使用的“南宁正大畜牧有限公司”“正大集团”“南宁正大”，方圆象图案、猪头图案及泰文文字及上述要素的排列组合为其装潢所特有。

被告是于 2000 年 3 月 28 日经邕宁县工商行政管理局核准注册成立的有限责任公司，注册资金 50 万元，经营场所 200 平方米系租赁场地，经营范围：饲料销售、饲料原材料购销、生产。

2002 年 4 月 8 日，广西壮族自治区工商行政管理局因被告涉嫌生产假冒原告的“正大”饲料而到被告处进行检查，在被告处查获了与原告生产的“151 猪浓缩料”名称、包装、装潢相同的编织袋，其中 5 公斤装的 628 个，20 公斤装的 4 个，40 公斤装的 580 个，并查获了印有原告名称的“南宁正大”印模两块。

一审判决及理由

知名商品是指在市场上具有一定知名度，为相关公众所知悉的商品。原告正大公司曾荣获地方及国家授予的多种荣誉称号，在广西和全国已是一家知名的饲料生产企业。其生产的产品包括本案讼争的“151 猪浓缩料”，销售遍及周边省份和广西的各地、市、乡、村，已为广大消费者所熟知，因而为知名商品。

知名商品特有的名称、包装、装潢，是指其商品名称、包装、装潢非为相关商品所通用，并具有显著的区别性特征。虽然“151 猪浓缩料”为商品通用名称，但原告正大公司商品的包装、装潢如“南宁正大畜牧有限公司”“正大集团”“南宁正大”、方圆象图案、猪头图案及泰文文字及上述要素的组合在长期的使用中，已形成其商品的特有包装、装潢，与其他同类商品的包装、装潢相比具有显著的区别性特征，属于知名商品特有的名称、包装、装潢，应受法律保护。

《反不正当竞争法》第二条规定，经营者在市场交易中，应当遵循诚实信用的原则，遵守公认的商业道德。被告神旺公司为了获取更大的利润，采取不正当的手段，仿冒原告正大公司的知名商品“151 猪浓缩料”特有的包装、装潢并使用，足以造成购买者误认误购，这种行为既损害了消费者的合法权益，造成市场混乱，也损害了作为生产同类知名商品的原告正大公司的合法权益，在一定程度上造成原告正大公司的知名商品的销售量减少，使原告正大公司遭受经济损失，被告神旺公司的行为违反了诚实信用原则和公认的商业道德，构成了不正当竞争，故应承担民事责任。

被告神旺公司是一家以生产经营为目的的、与原告正大公司生产同类产品饲料的企业，广西壮族自治区工商行政管理局因被告神旺公司涉嫌生产假冒原告正大公司的饲料而到被告神旺公司处进行检查时，已在被告神旺公司处查获了与原告正大公司名称、包装、装潢相同的编织袋以及印模两块，这一事实足以推定被告神旺公司仿冒并使用了与原告正大公司知名商品特有的名称、包装、装潢。被告神旺公司提出的其虽存有包装袋但并未使用和盗用该包装袋销售饲料的主张，一审法院不予采信。

鉴于原告正大公司的实际损失及被告神旺公司的侵权获利均难以完全准确确认，故对被告神旺公司侵权损害赔偿的具体数额，由一审法院根据被告神旺公司侵权的手段和时间、生产侵权产品的规模、被告神旺公司的主观过错等因素酌情予以确定。依照《反不正当竞争法》第二条、第五条第（二）项、第二十条、《民法通则》第一百三十四条第（一）、（七）项的规定，判决如下：

一、被告神旺公司停止生产、使用讼争的与原告的商品特有名称、包装、装潢相近似的名称、包装、装潢，销毁尚存的该外包装装潢，停止销售有该外包装装潢的饲料产品；

二、被告神旺公司赔偿原告正大公司经济损失 10 万元。

案件受理费 7 010 元，财产保全费 2 020 元，合计 9 030 元，由被告神旺公司负担。该费用原告正大公司已预交，一审法院不予退回，由被告神旺公司随上述债务一并付给原告正大公司。

上述债务，义务人应于本案生效判决送达之日起 10 日内履行完毕，逾期则应加倍支付迟延履行期间的债务利息，权利人可在本案生效判决规定的履行期限最后一日起 6 个月内，向一审法院申请执行。

上诉理由

神旺公司不服一审判决，向广西壮族自治区高级人民法院提起上诉，请求二审法院依法撤销原判，驳回正大公司的诉讼请求。

神旺公司的上诉理由是：原判认定事实不清，适用法律错误。

（一）认定上诉人使用了仿冒被上诉人相同商品的名称、包装、装潢缺乏依据。广西区工商局在上诉人处查获仿冒与被上诉人相同的包装袋及印模是事实，但不能证明上诉人已使用仿冒的包装袋。原判推定上诉人“使用了”仿冒的包装袋没有任何事实依据和法律依据。

（二）判决上诉人赔偿被上诉人经济损失 10 万元亦无事实依据和法律依据。

1. 根据《反不正当竞争法》的规定，损害赔偿是由于经营者违反反不正当竞争法规定，给被侵害的经营者实际造成了经济损失才承担的民事责任，这种损失之间必须要有法律上的因果关系，这要由被上诉人就自己的权益遭受损失承担举证责任。如前所述，上诉人并未使用仿冒的包装袋，被上诉人也不能提出上诉人在市场上销售假冒被上诉人饲料的证据。既然没有使用仿冒的包装袋，更没有销售假冒饲料的事实，当然就不存在被上诉人的经济损失及上诉人获利问题，故不存在损害赔偿。

2. 原判据以酌情确定损害赔偿的具体款额缺乏事实依据。首先，关于侵权时间问题，没有证据证明上诉人在被广西壮族自治区工商局查获仿冒被上诉人包装袋之前已经实施损害被上诉人利益的不正当竞争行为；其次，从侵权手段分析，上诉人不具备仿冒包装袋的设备等生产能力，也不是以造假为目的的企业；再次，从上诉人的主观过错而言，虽然有仿冒被上诉人的外包装袋，但上诉人从未使用过，也从未打算使用。

3. 南宁市中级人民法院于2002年4月审结的（2002）南市民终字第233号民事判决与本案十分相似。一审法院南宁市邕宁县法院判决南宁岳大浓缩饲料厂赔偿给南宁正大畜牧有限公司10万元，岳大浓缩饲料厂不服提起上诉，南宁市中级人民法院经审理认为邕宁县法院确定的赔偿额过高，改判岳大浓缩饲料厂赔偿给南宁正大畜牧有限公司4万元。该案被告南宁岳大浓缩饲料厂的侵权行为比上诉人严重多倍，南宁市中级人民法院才判其赔偿4万元，在本案却判上诉人赔偿10万元，上诉人不明白，同一个法院对同一类案件为何有两种不同的执法标准？

（三）判决上诉人承担全部的案件受理费显失公正。根据《人民法院诉讼收费办法》规定，案件受理费由败诉的当事人负担，双方都有责任的，双方负担。人民法院收取案件受理费，数额标准的一个主要根据为诉讼标的或争议标的，被上诉人在其诉讼请求中，要求上诉人赔偿其经济损失30万元，而一审判决只赔10万元，被上诉人在其起诉时也没有证据证明其所受损失。相反，却无限夸大其损失，导致案件受理费增加，这是一种不正当的诉讼行为，被上诉人依法应承担相应的责任。

正大公司辩称：一审法院认定事实清楚，证据确凿，适用法律正确，请求二审法院依法驳回上诉，维持原判。

（一）被告系1991年5月2日依法成立的中外合资企业，注册资本3 391万元，主要经营饲料及饲料添加剂等的制造、购销。被告生产的“151猪浓缩饲料”由于质量可靠、使用效果好，深受消费者欢迎，已成为知名商品。被告长期使用的“151猪浓缩饲料”的包装、装潢为广大消费者所熟知，已属于知名商品特有的包装、装潢，已成为本厂产品质量和信誉的标志。

（二）神旺公司系2000年3月28日才成立的一家小厂，注册资金仅为50万元。为了取得不正当利益，神旺公司于2001年3月21日开始擅自使用正大公司的知名商品特有的名称、包装、装潢来包装、销售其生产的饲料，使购买者误认为是正大公司的知名商品。由于神旺公司长期使用正大公司知名商品特有的包装、装潢，给正大公司造成巨大的经济损失。已构成不正当竞争。

二审查明事实

二审审理查明，上诉人没有新的证据否定原判认定事实，故一审查明事实二审法院予以确认。

二审法院另外查明事实如下：2002年4月8日，广西壮族自治区工商行政管理局因神旺公司涉嫌生产假冒“正大”饲料而到神旺公司进行检查，除在其生产车间及员工宿舍查获仿冒正大公司“151猪浓缩料”的包装袋及印模外，还发现有部分仿冒的包装袋已被套在神旺公司自己的包装袋之内。

二审判决及理由

（一）上诉人神旺公司的行为是否构成不正当竞争

诚实信用、公平竞争是经营者应当遵循的法则。《反不正当竞争法》规定，采取擅自使用知名商品特有的名称、包装、装潢，或者使用与知名商品近似的名称、包装、装潢等不正当手段从事市场经营，损害竞争对手和消费者的利益，是不正当竞争行为。

《反不正当竞争法》规定的知名商品是指在市场上具有一定知名度，为相关公众所知悉的商品。在认定知名商品时，应以该商品在相关的市场领域中有较高的知名度为条件。另外，国家工商行政管理局《关于禁止仿冒知名商品特有的名称、包装、装潢的不正当竞争行为的若干规定》也规定，商品的名称、包装、装潢被他人擅自作相同或者近似使用，足以造成购买者误认的，该商品即可认定为知名商品。被上诉人正大公司的“151 猪浓缩料”投放市场后，广告覆盖面广、投入大，凭借其可靠的产品质量，受到相关消费者的青睐，在广西地区享有很高的知名度，被上诉人正大公司也因此荣获广西及国家授予的多种荣誉称号。被上诉人正大公司“151 猪浓缩料”的包装、装潢寓意明确、设计独特，凝结了该公司职工的劳动和设计者的智力投入，被上诉人正大公司对该创造性智力成果享有专用权，任何人未经被上诉人正大公司同意不得将该知名商品特有的包装、装潢作相同或者近似使用。

未经知名商品权利人同意，擅自使用知名商品特有的包装、装潢，构成不正当竞争行为。《反不正当竞争法》所称的“使用”，不仅指侵权人在市场上销售中使用知名商品特有的包装、装潢，还包括尚未投入市场在生产过程中的使用，但不包括纯粹为个人目的而不为商业目的的使用。广西壮族自治区工商行政管理局在上诉人神旺公司生产车间及员工宿舍查获仿冒被上诉人正大公司“151 猪浓缩料”的包装袋及印模，且部分仿冒的包装袋已被套在上诉人神旺公司自己的包装袋之内。虽然上诉人神旺公司无法证明印模及包装袋的来源，但上诉人神旺公司仍然要为其在生产中使用了印模及仿冒的包装袋承担法律责任。上诉人神旺公司与被上诉人正大公司同为经营饲料的企业，上诉人神旺公司明知被上诉人正大公司“151 猪浓缩料”的包装、装潢为知名商品特有的包装、装潢，还大量制作仿冒的包装袋在生产中使用，并为进一步的销售使用做好了充分准备，已侵害被上诉人正大公司对该知名商品特有的包装、装潢享有的专用权，损害了被上诉人正大公司的商业信誉、被上诉人正大公司“151 猪浓缩料”的商品声誉以及被上诉人正大公司对“151 猪浓缩料”包装、装潢的正常使用。上诉人神旺公司主观上有明显过错，侵犯了被上诉人正大公司对“151 猪浓缩料”这一知名商品特有的包装、装潢的专用权，其行为已构成不正当竞争。上诉人称其没有在销售中使用与被上诉人正大公司“151 猪浓缩料”知名商品特有的包装、装潢相同的包装袋，不构成不正当竞争的上诉理由不能成立，二审法院不予支持。

（二）上诉人神旺公司是否应承担损害赔偿责任

知识产权的侵权表现形态与财产权和人身权侵权表现形态完全不同，财产权的侵权一般表现为对财物的侵占与毁损，人身权侵权一般表现为对人的健康权和生命权的侵害，而知识产权的侵权行为侵害的对象是受知识产权法律保护的体现创造性智力成果的知识财产和精神利益。《反不正当竞争法》规定，经营者因不正当竞争行为给被侵害的经营者造成损害的，应当承担损害赔偿责任。这里的损害应包括财产上的损失与精神利益的损害。上诉人神旺公司大量制作与被上诉人正大公司“151 猪浓缩料”的包装、装潢相同的包装袋在生产过程中使用，已侵害被上诉人正大公司对该知名商品特有的包装、装潢享有的专用权，应承担损害赔偿责任。上诉人认为必须造成实际经济损失才承担赔偿责任的上诉理由是对我国反不正当竞争法不恰当的理解，不能成立，二审法院不予支持。

（三）上诉人神旺公司侵权赔偿数额的确定

鉴于被上诉人正大公司不能证明上诉人神旺公司的行为已给其造成实际经济损失，也不能证明上诉人神旺公司因侵权所获得的利润数额，按照反不正当竞争法规定的计算方法无法计算损害赔偿额。参照有关法律规定，对按法律规定的计算方法无法计算损害赔偿额的侵犯知识产权纠纷案件，人民法院可根据被侵犯的知识产权的性质和侵权人的侵权情节酌情确定赔偿数额，赔偿数额范围在 5 000 元以上 30 万元以下，最多不得超过 50 万元。在酌定本案的赔偿数额时，应考虑以下因素：①被上诉人正大公司所受损害后果（包括财产和非财产）是否严重；②上诉人神旺公司侵害行为所致知识产权保护对象价值的降低程度；③侵害的目的（为营利或其他目的）；④上诉人神旺公司主观过错（故意或过失）；⑤侵害行为情节恶劣程度；⑥上诉人神旺公司获利情况；⑦侵权行为的社会影响；⑧双方当事人的经济状况；⑨当地知识产权司法保护状况；⑩判决可能达到的社会效果等。

根据本案现有证据，只能证明上诉人神旺公司在生产中使用了仿冒被上诉人正大公司“151 猪浓缩料”特有的包装、装潢，尚不能证明上诉人神旺公司已全部完成生产过程并进入市场，投入销售，故未造成相关消费者对被上诉人正大公司“151 猪浓缩料”知名商品的误认，被上诉人正大公司对“151 猪浓缩料”知名商品特有的包装、装潢的专用权遭受的损害较轻，上诉人神旺公司因侵权也尚未实际获利，相比已进入销售领域的侵权，上诉人神旺公司的侵权情节显然较轻。被上诉人正大公司在起诉状中陈述：被上诉人正大公司是一家于 1991 年 5 月 2 日成立的中外合资企业，注册资本 3 391 万元，主要经营饲料及饲料添加剂等的制造购销，年产值 3 亿多元，利税 3 000 多万元。曾连续四年获全国 500 强企业，在广西和南宁市同行业中处首要地位。而上诉人神旺公司系 2000 年 3 月 28 日才注册成立的小厂，注册资金 50 万元，租赁而来的经营场所约 200 平方米，从业人员仅为几人，设备少量。被上诉人正大公司以上陈述与二审法院到上诉人神旺公司处核实情况相符，真实可信。鉴于双方当事人的经济状况差距悬殊，二审法院在酌定上诉人神旺公司的赔偿数额时也应考虑其实际赔偿能力，参考上诉人神旺公司向税务机关提交的企业所得税纳税申报表可知，上诉人神旺公司 2001 年全年销售利润仅为 4 万余元。此外，南宁市中级人民法院对类似案件作出的民事判决，与本案相比，执法标准差异过大。综上诸多因素的考虑，原审判决确定的赔偿额偏高，二审法院予以适当调整。

综上所述，一审判决认定事实清楚，适用法律正确，但酌定的赔偿额偏高，二审法院予以适当调整。依照《民法通则》第四条，《反不正当竞争法》第二条第一款、第五条第（二）项，第二十条第二款，参照《国家工商行政管理局关于禁止仿冒知名商品特有的名称、包装、装潢的不正当竞争行为的若干规定》第二条第一款、《民事诉讼法》第一百五十三条第一款第（一）项、第一百五十八条之规定，判决如下：

一、维持南宁市中级人民法院（2002）南市民初字第203号民事判决第一项。

二、变更南宁市中级人民法院（2002）南市民初字第203号民事判决第二项为上诉人神旺公司赔偿给被上诉人正大公司经济损失6万元。

一审案件受理费7 010元，财产保全费2 020元，合计9 030元（被上诉人正大公司已预交），由上诉人神旺公司负担。二审案件受理费7 010元（上诉人神旺公司已预交），由上诉人神旺公司负担。被上诉人正大公司已预交的诉讼费用，一审法院不予退回，由上诉人神旺公司随上述债务一并支付给被上诉人正大公司。

本案债务，义务人应于二审判决送达之日起10日内履行完毕，逾期则应加倍支付迟延履行期间的债务利息。权利人可在二审判决规定的履行期限的最后一日起6个月内，向一审人民法院申请执行。

案例31：乐泰公司与济生公司、保健品公司、宏腾药店、爱心经销处侵犯知名商品名称、包装、装潢纠纷案

原告（被上诉人）：哈尔滨市乐泰药业有限公司（以下称“乐泰公司”）

被告（上诉人）：南阳市济生医药保健品有限责任公司（以下称“济生公司”）

被告（上诉人）：南阳医疗保健品开发公司（以下称“保健品公司”）

被告：哈尔滨市宏腾医药商店（以下称“宏腾药店”）

被告：哈尔滨市南岗区爱心保健品经销处（以下称“爱心经销处”）

一审法院：哈尔滨市中级人民法院

一审案号：（2003）哈民五初字第114号

一审合议庭成员：初洪霞、刘亚军、常榆德

一审结案日期：2003年3月31日

二审法院：黑龙江省高级人民法院

二审案号：（2003）黑高知终字第26号

二审合议庭成员：于晓松、孙天文、田嘉松

二审结案日期：2003年8月6日

案由：擅自使用知名商品特有名称、包装、装潢纠纷

关键词：知名商品，特有名称、包装、装潢，在先使用权，行政审批

涉案法条

《反不正当竞争法》第五条、第二十条、第九条

《民事诉讼法》第一百五十三条第一款第（一）项、第一百六十五条

争议焦点

- 经营者以仿冒知名商品的特有名称、包装、装潢提起诉讼的，首先应确定被仿冒的商品是否属于知名商品。知名商品必须是在市场上占有一定的份额，具有一定的知名度，为相关公众所知悉的商品。
- 商品的特有名称与通用名称的主要区别在于特有名称是企业独创的，在消费者中享有一定的知名度，为相关公众所知悉，并且是该商品名称的在先使用者，仿冒该商

品者较多，足以使购买者发生误认，即该商品名称与通用名称具有显著的区别。

- 对商品的包装、装潢相同性、近似性的判断，是以商品消费者的一般注意力作为观察评判的标准，如果诉争的包装、装潢的近似程度达到足以引起购买者误认的程度，就应认定为侵权。
- 一方的包装、装潢设计独特，形成了与其他同类商品不相同或不相近似的包装、装潢，应认定是这一知名商品特有的包装、装潢，依法应予保护，侵权人使用该方产品的特有名称和与之产品基本相同、相近似的包装、装潢，并销售同类产品，使消费者发生误认，据此可认定侵权人具有明显搭知名商品便车之故意，销售自己产品，已构成对该方的不正当竞争，侵犯了该方的合法权益。
- 由于行政机关的违法行政审批行为，导致了一方产品不具有合法性，为非法产品，不应受到法律保护。而该产品是否存在药、械不分，构成违法，产品注册证应否撤销，因均不属本案审理的范围，应由有关行政部门处理，法院不予审理。

审判结论

一、被告济生公司立即停止使用“亮甲”名称，于一审判决生效后10日内，销毁侵权的包装盒，赔偿原告乐泰公司经济损失40万元；

二、被告保健品公司立即停止使用“亮甲”名称，于一审判决生效后10日内，销毁侵权的包装盒，赔偿原告乐泰公司经济损失30万元；

三、被告宏腾药店立即停止销售侵权产品；

四、爱心经销处立即停止销售侵权产品。

二审判决驳回上诉，维持原判。

一、二审案件受理费27 020元，上诉人济生公司负担13 726元，上诉人保健品公司负担10 294元，被上诉人乐泰公司负担3 000元。

起诉及答辩

原告乐泰公司诉称，2001年2月2日，原告单位研制开发的“亮甲”产品经黑龙江省药品监督管理局以黑药管械（准）字2001第2640003号批准注册。产品适用于治疗灰指（趾）甲。同年3月份，亮甲产品以非常醒目、独特的装潢标志开始投放市场，经过一年多的艰难的市场开发，投巨资（其间，含广告费在内的各项市场开发费累计投入2 000余万元），截止2002年9月，亮甲产品已遍及黑龙江省、辽宁、河北、山东、浙江等23个省、市、自治区的消费市场，商业网络遍及国内达2万多家，原告单位原已开发的部分省份的消费市场在今年9月突然涌出大批量与“亮甲”产品极为相似的同类型产品（除内在质量）。

据目前掌握，该产品已触及含黑龙江省哈尔滨市在内的十多个省、市、自治区，且销售面还在扩大，它不仅名称与“亮甲”相同，而且字体、书写大小、形象别无二致，在整个产品的外观装潢、图案、色彩组合上也足以使一般购买者是施以普通注意力即会产生误认，明显具有“搭知名商品的便车，以欺骗性交易”为手段来达到获取不正当利益的目的。自发现仿冒产品到目前两个月，原告产品销售大大降低，企业商誉也因此严重受损。

经过调查，该冲击原告固有销售市场的仿冒“亮甲”均系第一、第二被告所生产，在哈尔滨市由第三、第四两被告分别经销。被告于2002年9月开始侵权行为，造成原告巨大损失。

综合四被告侵犯原告的合法权益，要求被告单位停止对原告知名商品的不正当市场竞争行为，停止侵害；公开道歉并在其侵权行为地消除影响；承担由此给原告造成的一切经济损失100万元；被告承担本案诉讼费用及相关费用。

被告济生公司答辩称，原告的亮甲产品不是知名产品，其一，原告亮甲产品的签发是不合法，正在诉讼中；其二，原告的亮甲产品是清理整顿的范围；其三，原告的亮甲产品违反了《反不正当竞争法》第九条，及广告法等其他法律法规的规定，本身就是不正当竞争行为；其四，原告的亮甲产品中有非法产品；其五，原告的亮甲产品没有生产许可；被告已经向黑龙江省有关部门提出撤销原告的注册证，目前处于效力待定状态，依照《民事诉讼法》第一百六十五条的规定，本案应当中止诉讼。

被告保健品公司答辩称，其是南阳市著名的医疗保健品单位，其生产的产品“灰甲净”，注册商标是医圣堂，商标注册已经多年，包装和装潢已经使用多年，在市场上有一定的知名度，如果与原告的包装相似，是原告特意仿造其包装；被告未生产过名称为“亮甲”的产品，不存在仿冒原告产品包装装潢的不正当竞争行为。

被告宏腾药店、被告爱心经销处，没有答辩。

事实认定

原告乐泰公司于2001年生产销售专治灰指（趾）甲“亮甲”，使用现有的包装装潢。原告于2002年9月份发现被告济生公司、保健品公司生产的“亮甲”产品，使用了与原告同类产品相似的包装、装潢，在全国各地销售。宏腾药店、爱心经销处销售了该产品。

一审判决及理由

本案的焦点：被告济生公司、保健品公司、宏腾药店、爱心经销处是否侵犯了原告乐泰公司的合法权益，进行不正当竞争，应否予以赔偿。

在市场上有一定知名度，为相关公众所知悉的商品，为知名商品，其特有名称、包装、装潢受《反不正当竞争法》保护。原告乐泰公司开发生产的专治灰指（趾）甲“亮甲”投放市场以来，耗费巨资在各地媒体进行了大量、广泛的宣传，该产品受到消费者好评，并多次荣获有关部门颁发的荣誉证书，应认定为知名商品，“亮甲”为其特有名称，其包装、装潢设计独特，属于该知名商品特有的包装、装潢，依法应予保护。被告济生公司生产销售的同类产品包装盒形状系长方形、大小亦与原告乐泰公司的相同，正视图主要为两种颜色，左1/6为红色，右为白色，红色旁边竖写“亮甲”二字，右上书写“专用于灰指（趾）甲”汉字一红杠下为拼音字母，右下部用小号字体书写其企业名称，整体构图和色彩与原告乐泰公司的相似。被告保健品公司生产销售的同类产品使用的包装装潢，除右下角绘有双手持花图以外，其他部分与原告乐泰公司的基本相同。二被告使用原告乐泰公司产品的特有名称，和与原告乐泰公司产品基本相同，相似的包装装潢，销售同类产品，普通消费者一般注意力很容易误认为原告乐泰公司产品，据此可以认定，两被告明显具有“搭便车”销售自己产品，进行不正当竞争的故意。原告乐泰公司指控两被告上述产品侵犯其合法权益，进行不正当竞争，要求赔偿经济损失的诉讼请求证据充分，于法有据。哈尔滨市道里区人民法院受理的有关行政案件，不影响本案的审理。被告要求本案中止诉讼，理由不充分，不予采纳。原告乐泰公司要求被告赔偿损失100万元没有提供充分的证据，被告因不正当竞争行为所获利无法查清，赔偿数额一审法院根据定额赔偿原则及本案具体情况酌定。原告乐泰公司未提供被告宏腾药店、爱心经销处，明知或应知其销售侵权产品的证据，故此，被告宏腾药店、爱心经销处不应承担赔偿责任。综上，依据《反不正当竞争法》第五条、第二十条规定，判决如下：

一、被告济生公司立即停止使用“亮甲”名称，于一审判决生效后10日内，销毁侵权的包装盒，赔偿原告乐泰公司经济损失40万元；

二、被告保健品公司立即停止使用“亮甲”名称，于一审判决生效后10日内，销毁侵权的包装盒，赔偿原告乐泰公司经济损失30万元；

三、被告宏腾药店立即停止销售侵权产品；

四、爱心经销处立即停止销售侵权产品。

案件受理费15 010元由乐泰公司承担3 000元，被告济生公司承担6 863元，由被告保健品公司承担5 147元。

上诉理由

济生公司和保健品公司不服一审判决，在法定期限内向黑龙江省高级人民法院提出上诉。

济生公司的上诉理由是：一、审判程序违法。本案两家生产单位生产各自的亮甲产品，相互之间没有任何法律关系。即使生产的产品为同一种类，在未经当事人同意的情况下，将两上诉人列为共同诉讼人予以合并审理，程序违法。

二、采信证据存在错误。原告收集的两上诉人生产“亮甲”的样品，原始发票上没有标明上诉人的名称及产品字样，仅凭标有“亮甲”字样的销售发票，不能证明是济生公司产品和销售行为。

三、认定事实有误。1. 乐泰公司“亮甲”产品有两个批号，一是黑龙江省药监局黑管械（准）字2001第2640003号批准注册证；二是卫生部批准的卫消字（2000）第0063号“乐泰牌亮甲杀菌液”，而发挥治疗作用只有亮甲杀菌液，创可贴和指甲锉是辅助工具，一审未予认定，错误。2. 乐泰公司产品为非法产品，不应受到法律保护。黑龙江省药监局批准注册证注明产品名称为“亮甲”，此“亮甲”指的是透气纤维，而不是杀菌液。由于药监局违法的行政审批行为，导致乐泰公司产品不具有合法性。3. 原审判决济生公司支付的赔偿额没有法律依据。

四、适用法律错误。1. “亮甲”为商品通用名称，根据卫生部的规定，“乐泰牌亮甲杀菌液”的构成，即：“乐泰牌”为商标名，“亮甲”为通用名，“杀菌液”为属性名。因此“亮甲”应为商品通用名称，而不是特有名称。2. 乐泰公司产品包装不具有特有性。该公司产品包装分内包装和外包装。外包装使用的是长方体纸质小盒，是通用包装，不具有特有性。内包装双方有明显区别，完全不同。3. 乐泰公司产品装潢不具有特有性。双方产品外包装装潢具有明显区别，不足以造成误识。

请求二审法院支持其请求，依法维护其合法权益，诉讼费由乐泰公司承担。

保健品公司的上诉理由是：一、原审认定事实错误。认定保健品公司生产销售了与乐泰公司“亮甲”产品名称、包装、装潢相似的产品与事实不符，缺乏证据。保健品公司从未生产、销售过“亮甲”产品，宏腾药店、爱心经销处销售的这种假冒产品从何处购进，保健品公司不知，两单位并未主张产品是保健品公司生产的，从进货增值税发票及手续应看出“亮甲”产品的来源。

二、原判处理不当。乐泰公司应提交申报所得税的报表和完税票据，请求法院以职权调取这些证据。一审在没有证据证明保健品公司生产销售“亮甲”产品，在认定乐泰公司不能提供赢利、损失的相关证据的情况下，判令支持乐泰公司 70 万元的经济损失，没有法律和事实根据。

乐泰公司庭审中辩称：一、一审程序符合法律规定。1. 法院对两上诉人合并审理，程序上符合《民诉法》规定。2. 法院未将本案中止诉讼是正确的。

二、上诉人生产的“亮甲”系侵权产品，是不正当竞争行为。1. 被上诉人乐泰公司生产的“亮甲”系知名商品，拥有特有名称、包装、装潢。2. 上诉人仿冒被上诉人产品特有的名称、包装、装潢。3. 被上诉人使用“亮甲”名称、特有包装、装潢在先。

三、上诉人在诉讼中已间接承认侵权行为存在。1. 济生公司提出一审法院应中止诉讼，说如果行政判决撤销其生产注册证，其就不构成侵权，反之就等于承认注册证未被撤销就构成侵权。2. 济生公司在一审中举证该企业收入为 17 260 元，保健品公司在二审中申请调取被上诉人营业收入税收凭证，用以确定赔偿金额。被上诉人认为，对于侵权行为及造成的损失，两上诉人有自认行为，法院可以认定侵权事实存在。

四、赔偿金额应如何计算。1. 上诉人提供的营业收入税收凭证不能作为证据采信。2. 被上诉人在诉讼中举出大量证据证明，耗费巨资广告，扩大市场占有率，单凭税收凭证不能体现营业收入的损失。

据此，请求驳回上诉，维持原判。

宏腾药店、爱心经销处服从一审判决。

二审查明事实

二审法院所认定的案件事实与原审认定的事实基本一致。

二审法院另外查明如下事实：乐泰公司从2002年9月~2003年2月26日共在哈尔滨、武汉、衡阳、深圳、秦皇岛、福州、南宁、柳州、南京、山东、重庆、沈阳、抚顺、温州、贵阳、张家口、南阳、嘉兴、云南等地购买了928元的济生公司、保健品公司生产销售的“亮甲”产品，销售部门亦出具了销售票据和发票27张。2002年5月8日，中国质量认证标准协会和人民日报社市场报下发中质标联字［2002］第018号《关于开展医药行业：国家权威机构认证质量信得过好产品公告宣传活动的通知》的文件。同年10月30日，中国质量认证标准协会为乐泰公司颁发了国家权威机构认证质量信得过的好产品（知名产品“亮甲”）证书。2003年1月14日，《人民日报》市场与法专栏刊登了国家检测质量信得过产品优秀企业集中展示的企业名单，在所展示的49家企业中，乐泰公司和其生产的“亮甲”产品列入该优秀企业集中展示的排行榜中。2002年9月，乐泰公司董事长郎伟君研究的“亮甲”项目荣获哈尔滨市科学技术进步三等奖。

2003年6月10日，黑龙江省工商行政管理局公平交易处根据群众举报，对乐泰公司生产、销售的“亮甲”商品被济生公司等多家企业仿冒一事进行调查并下发文件。同年6月16日，卫生部卫生监督中心给乐泰公司下发了《卫生部健康相关产品受理通知书》。

2002年8月26日，河南省卫生厅批准了济生公司申请的济生堂牌亮甲擦剂，下发了保健品备案凭证。同年9月8日，济生公司生产“亮甲”产品。9月29日，河南省卫生厅批准了济生公司对济生堂牌亮甲擦剂作健康相关产品广告。2003年1月16日济生公司企业法人营业执照经营范围有“亮甲”项目。

二审判决及理由

经营者在市场交易中，应当遵循诚实信用原则，遵守公认的商业道德，不损害其他经营者的利益。公平竞争是经营者应当遵守的法则。我国反不正当竞争法规定，采用擅自使用知名商品特有的名称、包装、装潢，或者使用与知名商品近似的名称、包装、装潢和他人的知名商品相混淆，使购买者误认为是该知名商品的不正当手段从事市场交易，损害竞争对手的，是不正当竞争行为。本案争议的主要问题是被上诉人乐泰公司生产的“亮甲”是否为知名商品；其商品名称、包装、装潢是否为特有；上诉人济生公司、上诉人保健品公司生产的“亮甲”名称及包装、装潢是否构成对被上诉人乐泰公司的不正当竞争；被上诉人乐泰公司的产品是否属违法产品、涉及的行政问题本案能否审理；被上诉人乐泰公司请求赔偿的主张应否支持、赔偿数额应如何确定等问题。

关于被上诉人乐泰公司“亮甲”是否为知名商品的问题。经营者以仿冒知名商品的特有名称、包装、装潢提起诉讼的，首先应确定被仿冒的商品是否属于知名商品。

《反不正当竞争法》所称的知名商品是指在市场上占有一定的份额，具有一定的知名度，为相关公众所知悉的商品。被上诉人乐泰公司自行开发研制并生产的专治灰指（趾）甲“亮甲”产品，投放市场两年来，为该产品投入巨资广告费进行大量的广告宣传和市场开发，广告覆盖面大，其广告用语“得了灰指（趾）甲，一个传染俩，问我怎么办，马上用亮甲”在社会上广为流传。该产品曾获得国家信得过企业和信得过产品、当地政府部门颁发的优秀科技进步奖，产品行销全国大部分省市和地区，受到消费者的好评。由于被上诉人乐泰公司的销售和广告行为，使其“亮甲”在市场上占有一定的份额，为消费者所知悉，在相关公众中具有较高的知名度，应认定为知名商品。

关于被上诉人乐泰公司“亮甲”名称是特有名称还是通用名称，能否受到法律保护的问题。根据法律规定，知名商品特有的名称，是指知名商品独有的与通用名称有显著区别的商品名称。因此商品的特有名称与通用名称的主要区别在于特有名称是企业独创的，在消费者中享有一定的知名度，为相关公众所知悉，并且是该商品名称的在先使用者，仿冒该商品者较多，足以使购买者发生误认。“亮甲”是被上诉人乐泰公司独创的名称，“亮甲”投放市场之前并无人将这一名称作为用于治疗灰指（趾）甲的商品名称使用，“亮甲”在市场上也并没有成为某一类商品的通用名称。相反，“亮甲”投放市场后，消费者很快将“亮甲”作为商品名称与某一类商品紧密联系起来，并且已经成为与通用名称有区别性特征的一个商品名称，应认定被上诉人乐泰公司的“亮甲”为知名商品的特有名称，依法应予保护。上诉人济生公司所提出的“乐泰牌亮甲杀菌液”，即：“乐泰牌”为商标名，“亮甲”为通用名，“杀菌液”为属性名，“亮甲”应为商品通用名称，而不是其特有名称的理由缺乏法律依据，不予采信。

关于被上诉人乐泰公司“亮甲”包装、装潢是否为其特有的问题。对商品的包装、装潢相同性、近似性的判断，是以商品消费者的一般注意力作为观察评判的标准，如果诉争的包装、装潢的近似程度达到足以引起购买者误认的程度，就应认定为侵权。将被上诉人乐泰公司“亮甲”与上诉人济生公司、上诉人保健品公司“亮甲”的名称、包装、装潢进行对比：上诉人济生公司、上诉人保健品公司与被上诉人乐泰公司的产品名称相同，均为“亮甲”；外包装－被上诉人乐泰公司“亮甲”是烫银字；底色为白色，主色为红色，在正试图左侧 1/4 处居中位置有一红色色块，面积约 20 厘米。提示性线条为红色，外用标志为红色，正视图的右上角有“专治灰指（趾）甲”字样，正视图的被面是产品使用说明书。内包装－由溶液（塑料瓶）、指甲锉及创可贴三部分组成。1. 上诉人济生公司 2002 年 9 月生产的产品：名称为烫银字“亮甲”，形状均为长方形扁盒；装潢色彩底色均为白、红色组合，正视图 1/6 处是红色块，约 30 厘米；“亮甲”字体、字型和位置基本相同；两个包装、装潢之间的企业名称位置、产品作用写法略有不同，并不影响二者包装、装潢相同的认定。内包装亦有溶液（玻璃瓶）、指甲锉及创可贴构成，产品宣传的作用、用途亦相同。2. 上诉人济生公司 2003 年生产的产品：“亮甲”为红色，在盒的中间偏右上方；形状均为长方形扁盒，大小基本相同；装潢色彩仍为白、红色组合，主色调为红色，盒的左下角有双手的图案，盒的四周是红颜色写有白色字体的“亮甲”；内包装与其第一个产品包装相同。庭审中，上诉人济生公司承认该公司产品的外包装与被上诉人乐泰公司的产品包装完全相同，但都不具有特有性，得不到法律保护，内包装完全不相同。3. 2002 年 9 月 16 日上诉人保健品公司生产销售的“亮甲”产品亦属同类产品，“亮甲”为烫金字；包装装潢除右下角绘有双手持花图案以外，其他部分与被上诉人乐泰公司的产品基本相同；内包装有溶液、膏剂、棉签三部分组成，所宣传的作用、用途与被上诉人乐泰公司产品相同。经过比较，被上诉人乐泰公司的“亮甲”包装、装潢设计独特，包装虽为纸质长方体包装盒，但与附着其上的装潢图案结合，形成了与其他同类商品不相同或不相近似的包装、装潢，应认定是“亮甲”这一知名商品特有的包装、装潢，依法应予保护。上诉人济生公司、上诉人保健品公司使用了该公司产品的特有名称和与之产品基本相同、相近似的包装、装潢，并销售同类产品，使消费者发生误认，据此可认定上诉人济生公司、上诉人保健品公司具有明显搭知名商品便车之故意，销售自己产品，已构成对被上诉人乐泰公司的不正当竞争，侵犯了该公司的合法权益。尽管上诉人济生公司否认 2002 年 9 月 8 日生产的“亮甲”产品不是其公司生产的；上诉人保健品公司也提出该公司从未生产过“亮甲”产品，但均因其未能提供相应的证据，其理由不予支持。

关于被上诉人乐泰公司的“亮甲”是否属于违法产品，本案能否对其进行审理的问题。上诉人济生公司提出被上诉人乐泰公司生产的“亮甲”产品有两个批号，一个是黑龙江省药监局黑管械（准）字 2001 第 2640003 号注册证；另一个是卫生部批准的卫消字（2000）第 0063 号“乐泰牌亮甲杀菌液”；而其公司生产的“亮甲”是豫卫健用字（2002）第 0052 号，二者完全不同。由于黑龙江省药监局违法的行政审批行为，导致了被上诉人乐泰公司的“亮甲”产品药、械不分，产品不具有合法性，为非法产品，不应受到法律保护。被上诉人乐泰公司生产的“亮甲”产品是经国家卫生部、黑龙江省药检局等部门依法批准并领取了生产该产品的相关证件，应认定该公司生产“亮甲”产品合法。“亮甲”作为药品的一种特殊商品，普通消费者消费时的注意力不在药品的批号上，而是根据药品的名称或包装、装潢来识别药品的。该产品是否存在药、械不分，构成违法，产品注册证应否撤销，因均不属本案审理的范围，应由有关行政部门处理，且上诉人济生公司对此已另行起诉，二审法院不予审理。

关于是否支持被上诉人乐泰公司要求上诉人济生公司、上诉人保健品公司赔偿经济损失的请求以及赔偿数额的确定问题。一、二审中，被上诉人乐泰公司所提供的“亮甲”是知名商品，其名称、包装、装潢为特有，并投入巨资广告费及两公司侵权的证据充分，应予支持。但因被上诉人乐泰公司未能举示两公司在侵权期间所获利润和因侵权受到的损失具体数额，以及其实际损失数额的计算依据，两公司也未提供其非法获利的证据，一审法院根据两公司侵权的程度、时间及侵权行为给被上诉人乐泰公司造成的损害后果酌定赔偿数额，并无不当，二审法院予以确认。

关于审判程序是否存在违反法律规定的问题。一审法院将上诉人济生公司、上诉人保健品公司列为本案的共同被告进行合并审理，因两公司生产了同一类侵权产品“亮甲”，应认定诉讼标的是相同的，且两公司已经应诉，并未对合并审理问题提出异议，因此一审程序并未违法。宏腾药店、爱心经销处未经许可销售侵权产品，构成对被上诉人乐泰公司侵权，但因被上诉人乐泰公司未能提供两单位明知或应知其销售侵权产品的证据，一审判决两单位不承担赔偿责任是正确的。二审期间，二审法院为解决双方当事人之间的纠纷，曾多次做调解工作，但由于双方的意见和分歧较大未能达成协议。故依据《民事诉讼法》第一百五十三条第一款第（一）项之规定，判决如下：

驳回上诉，维持原判。

一、二审案件受理费 27 020 元，上诉人济生公司负担 13 726 元，上诉人保健品公司负担 10 294 元，被上诉人乐泰公司负担 3 000 元。

案例32：华世丹公司与长兴公司、满江红公司仿冒知名商品名称、包装、装潢纠纷案

原告（被上诉人）：新疆华世丹药业有限公司（以下称“华世丹公司”）
被告（上诉人）：广东长兴科技保健品有限公司（以下称“长兴公司”）
被告：乌鲁木齐满江红药业零售连锁有限责任公司（以下称“满江红公司）

一审法院：乌鲁木齐市中级人民法院
一审案号：(2004) 乌中民三初字第13号
一审合议庭成员：
一审结案日期：❶

二审法院：新疆维吾尔自治区高级人民法院
二审案号：(2004) 新民三终字第18号
二审合议庭成员：高华东、郭利柱、刘峰
二审结案日期：2005年1月20日

案由：仿冒知名商品特有名称、包装、装潢纠纷

关键词：知名商品，特有名称、包装、装潢，仿冒，独特性，排他性

涉案法条

《民事诉讼法》第一百五十三条第一款第（一）项

《国家工商行政管理局关于禁止仿冒知名商品特有名称、包装、装潢的不正当竞争行为的若干规定》

争议焦点

- 所谓特有名称是相对于通用名称而言的，通用名称泛指所有同类商品的名称，在某一领域内已被普遍使用，这种名称只能表示商品类别。特有名称是个体商品独有的名称，他人商品在正常情况下不可能与之相同。特有的商品名称、包装装潢应当依照使用在先的原则予以认定。

---

❶ 因未收集到乌鲁木齐市中级人民法院（2004）乌中民三初字第13号民事判决书，故一审合议庭成员及一审结案日期不明。

- 运用整体观察、隔离观察以及对主要部分相比较的方法来看，两者包装、装潢近似，容易引起一般消费者施以普通注意力时的误认和混淆。对产品包装、装潢是否近似的比较与认定，应当采用整体观察或隔离观察的方法对主要部分进行比较，而不宜进行过于细致的比较。
- 在不能证明被侵权人损失和侵权人赢利的具体数额的情况下，法院可综合侵权人的经营规模、侵权时间以及被侵权人的损失是由多家厂商的侵权行为共同造成等因素，酌情认定赔偿额度。

审判结论

一、"阿胶钙"属于原告华世丹公司知名商品"阿胶钙口服液"特有名称；

二、被告长兴公司立即停止生产、销售"阿胶钙口服液"，并销毁印制"阿胶钙口服液"包装装潢盒的印刷底版；

三、被告长兴公司赔偿原告华世丹公司经济损失 20 万元；

四、被告满江红公司立即停止销售他人生产的侵权产品"阿胶钙口服液"；

五、驳回原告华世丹公司要求给付律师代理费及差旅费的诉讼请求。

一审案件受理费 10 010 元，诉讼保全费 3 020 元，合计 13 030 元，由被告长兴公司负担 5 212 元，原告华世丹公司负担 7 818 元。

二审判决驳回上诉，维持原判。

二审案件诉讼费由上诉人承担。

事实认定

华世丹公司于 20 世纪 90 年代初开始研发阿胶钙口服液，1993 年 12 月进入临床验证，1995 年 5 月经新疆维吾尔自治区卫生厅批准开始生产。1997 年 1 月 17 日向中国专利局提出专利申请，2001 年 5 月 9 日取得了"阿胶钙口服液及其生产方法"的发明专利。2002 年 8 月 7 日获得该产品包装盒外观设计专利。

原告华世丹公司所使用的规格为 30 支 × 10mL 纸制包装盒，盒身底色为红色，盒主视图的左上方写有白色字体的"阿胶钙"，字下方为汉语拼音 EJAOGAI，再下方为钙血同补。盒主视图的左下方为华世商标、图案及黑色字体的厂家名称。盒主视图的右半部分为白色环形内为金黄明暗过渡色，其内左上方有一白色三角，在白色环形的右下方半重叠一金黄明暗过渡色的圆形。

1995 年 5 月经新疆维吾尔自治区卫生厅批准，原告生产的"阿胶钙口服液"的批准文号为：新卫药健字（94）68 - 001 号。2000 年国家药品监督管理局下发了"关于开展中药保健药品整顿工作的通知"，原告据此通知向新疆维吾尔自治区卫生厅重新申报了"新特食字"文号，并于 2003 年 3 月获得批准。原告华世丹公司为研制开发"阿胶钙口服液"投入了大量的人力物力。

自 1995 年产品研制成功以来，投入巨资在国内外各地的报刊、杂志、电台、电视台为其专利产品“阿胶钙口服液”进行大量的广告宣传，主要发布媒体有新疆经济广播电台、新疆电视台、乌鲁木齐晚报、广东电视台、湖南电视台等。并在全国各地建立销售网点。经过多年的经营，其“阿胶钙口服液”产品逐步为广大消费者接受，也为其带来了可观的经济效益。该产品在乌鲁木齐市、新疆维吾尔自治区及香港地区多次获奖，被评为向消费者推荐的商品。

2000 年后，“阿胶钙口服液”成为市场上的热销产品，某些商家为牟取不法利益，仿冒“阿胶钙口服液”，其产品不但使用原告独创的“阿胶钙”这一特有名称，且包装装潢也与原告的近似，误导广大消费者，造成原告专利产品的销售额大幅下降，各销售网点被迫撤出内地市场。为此，华世丹公司组织专人到内地向当地卫生、工商管理机关反映，要求维护其合法权益。广东、湖南、江西等地的卫生、工商管理机关对当地的仿冒行为及仿冒产品也进行过查处。

2003 年 5 月被告长兴公司未经华世丹公司许可，开始生产“阿胶钙口服液”，并销售到了新疆。其所使用的包装盒的尺寸略小于原告所使用的包装盒，但其盒身也采用了红色底色，其设计结构与原告所使用的包装盒近似，盒主视图的左上方为阿胶钙字样，字体为白色，字下方为汉语拼音 EJIAOGAI，盒主视图的左下方为厂家标志及黑色字体的厂家名称，盒主视图的右半部分为两个 1/4 红黄相间的环形，环形内有似旭日初升的图形。

被告满江红公司从批发商乌鲁木齐市天地华商贸有限公司购进长兴公司生产的“阿胶钙口服液”，在其自己经营的药店销售。

一审判决及理由

双方争议的焦点集中在：

1. “阿胶钙口服液”是否为知名商品？
2. “阿胶钙”是否为原告华世丹公司产品的特有名称？
3. 原告华世丹公司与被告长兴公司所使用的外包装装潢是否相同或近似？
4. 原审两被告是否均有主观过错？
5. 若构成侵权，被告长兴公司应赔偿的损失数额是多少？

关于原告华世丹公司的“华世”牌“阿胶钙口服液”是否为知名商品问题。原审法院认为，所谓知名商品是指在特定市场上具有一定知名度，并为相关公众所知悉的商品。原告华世丹公司自 1995 年开发出“阿胶钙口服液”以来，严把质量，做好售后服务，并投入巨额资金进行了广告宣传。加之“阿胶钙口服液”本身所具备的科技含量，经原告华世丹公司近十年的经营、宣传，在保健品市场上已享有较高的知名度，为广大消费者所知悉、接受，并多次在政府、消协、商会组织的评比中获奖。也正因其有相当的知名度，其产品才会屡遭不正当竞争。虽然原告的产品经历了从“新卫药健字”到“新特食字”的变迁过程，但此变迁是由于国家政策的调整，其产品仍是“阿胶钙口服液”这一产品未变。被告长兴公司所谓此“阿胶钙口服液”非彼“阿胶钙口服液”的抗辩理由不能成立。综上，“华世”牌“阿胶钙口服液”符合知名商品的条件，应认定为知名商品。

关于“阿胶钙”是否为原告华世丹公司产品的特有名称问题。所谓特有名称是相对具体商品而言的，没有具体商品，也就无所谓商品的特有名称。以主要成分命名只是通用名称形成的方法之一，至于知名商品的特有名称是否为通用的表明原料的词汇或者这种词汇的组合，并不是判定知名商品特有名称的唯一标准。只要这种名称能够使广大消费者马上联想到这一知名商品，能够与其他同类商品相区别，就应当认定为该知名商品的特有名称。“阿胶钙口服液”是原告华世丹公司的发明专利产品，虽然阿胶是一种传统中成药，钙是西药的一种普通元素，但将两种物质组合在一起，是原告华世丹公司的首创，即发明了一种钙血同补的保健品，并以两种物质名称的组合，命名为“阿胶钙”。在此之前，既没有此种保健品，更没有“阿胶钙”这一保健品通用名称，原告华世丹公司最先研制开发出该新产品，以“阿胶”和“钙”的组合词“阿胶钙”作为自己产品的名称，并率先使用该名称。原告华世丹公司在研发成功后即提出了产品及方法专利申请，其授权前后从未许可过他人生产该专利产品，因此，不可能产生人人都能随意生产“阿胶钙口服液”的产品市场，在特有名称产生之前更不可能产生该种产品的通用名称。经过原告华世丹公司研制开发及近十年的打造经营，“阿胶钙”这一商品名称已为广大消费者认知和接受，足以使消费者能够与其他保健品相区别，符合知名商品特有名称的条件。“阿胶钙”作为原告华世丹公司知名商品的特有名称，具有一定的商业品牌价值，应受法律保护。

关于被告长兴公司与原告华世丹公司所使用的外包装装潢是否相同或近似的问题。原告华世丹公司将其产品的特有名称、环形图案及红色的底色固定下来并进行了本体设计，其特有的搭配所形成的风格是其特色。原告华世丹公司对其特色的设计和宣传都有相当的投入，意在使消费者对该产品产生印象，从而起到为经营者带来竞争优势的作用。被告长兴公司所使用的外包装盒的整体结构、布局、底色、风格及内容和表现形式与原告华世丹公司的产品包装上有诸多雷同。虽然外包装盒的尺寸略小于原告华世丹公司所使用的包装盒，但其设计内容并无显著的标志性创新，因此被告长兴公司认为其所使用的包装盒与原告华世丹公司的不同的抗辩理由不能成立。

关于被告长兴公司、被告满江红公司两被告是否存在主观过错的问题。被告长兴公司恶意使用了原告华世丹公司知名商品的特有名称和相近似的产品包装装潢，侵犯了原告华世丹公司的知名商品名称权和商品外包装装潢特征上的排他性权益，构成不正当竞争，应承担停止侵权、赔偿损失的民事责任。被告满江红公司虽然进货手续合法，不具有主观上的过错，但其客观上存在销售不正当竞争产品的事实，也构成对他人合法权益的侵害，应承担停止侵权的民事责任。

关于赔偿数额问题。原告华世丹公司的损失虽然巨大，但该损失是由多家厂商的侵权行为共同造成的。被告长兴公司生产该产品的时间为2003年5月，其侵权的时间不长，对原告华世丹公司的侵害较小。故原告华世丹公司要求其赔偿50万元过高，在无相关证据证明原告损失或被告赢利具体额度的情况下，原审法院根据被告长兴公司的经营规模、侵权时间等因素，按 20 万元确认本案的侵权赔偿数额。

原告华世丹公司诉求中的不合理部分原审不予支持。原告华世丹公司要求被告承担律师代理费和差旅费的诉讼请求于法无据，亦不予支持。

一审法院遂判决如下：一、“阿胶钙”属于原告华世丹公司知名商品“阿胶钙口服液”特有名称；二、被告长兴公司立即停止生产、销售“阿胶钙口服液”，并销毁印制“阿胶钙口服液”包装装潢盒的印刷底版；三、被告长兴公司赔偿原告华世丹公司经济损失 20 万元；四、被告满江红公司立即停止销售他人生产的侵权产品“阿胶钙口服液”。五、驳回原告华世丹公司要求给付律师代理费及差旅费的诉讼请求。案件受理费 10 010元，诉讼保全费 3 020 元，合计 13 030 元，由被告长兴公司负担 5 212 元，原告华世丹公司负担 7 818 元。

上诉理由

长兴公司不服一审法院判决，向新疆维吾尔自治区高级人民法院提起上诉，请求二审法院依法撤销一审判决，予以改判或发回重审；由被上诉人承担本案的诉讼费。

长兴公司的上诉理由是：

一、一审判决认定事实错误。

1. 一审认定的华世丹公司于 20 世纪 90 年代开始研发的阿胶钙口服液属于药品范畴，而本案争议的上诉人生产的“阿胶钙营养液”及被上诉人的“阿胶钙口服液”均属于营养食品范畴。

2. 一审依据新疆卫生厅新卫药字（94）1 号《关于钙得乐（阿胶钙）口服液临床验证通知》认定：1993 年 12 月开始进入临床验证。而该通知是批给卡子湾制剂中心并非批给被上诉人华世丹公司的；该批文是对药物处方进行临床验证的批文，而营养食品并不需要临床验证；该药品的专有名称是“钙得乐”而通用原料名称为“阿胶钙”。

3. 一审依据新疆卫生厅《关于同意生产阿胶钙口服液（钙得乐口服液）的批复》认定：华世丹公司 1995 年 5 月经新疆维吾尔自治区卫生厅批准开始生产阿胶钙口服液。但该批复是给华世丹制药厂的，并非是给被上诉人的；本案争议的是营养食品阿胶钙口服液，而不是原来的药品，虽然被上诉人对营养食品和药品用了同一名称，但完全是两种产品，两种批文，不能混淆和替代；该药品的批文早于 2002 年 12 月 31 日前全部撤销。

4. 一审认定华世丹公司 2001 年 5 月 9 日取得了阿胶钙口服液及其生产方法的发明专利。但是该专利是一种药品生产方法专利，而并不是食品生产方法专利，该专利药品和本案争议的“营养食品阿胶钙口服液”不是同一产品，同一种类。

5. 一审认定由于国家政策调整，使得该产品在批准文号上发生了变动，但该产品本身并未发生改变，是没有事实根据的。根据国药管注（2000）74 号文件《关于开展中药保健药品整顿工作的通知》，华世丹公司的药品“阿胶钙口服液”存在文件中指出的“命名不规范，组方不合理的问题；有的出于各自目的，将治疗药品或食品审批为保健药品；有的保健药品毒副作用明显，给消费者造成危害”等问题被撤销批准文号并停止生产的，不存在政策调整问题。华世丹公司目前所生产的与本案争议相关的“营养食品阿胶钙口服液”只是普通营养食品，并非保健药品或保健食品。

6. 一审认定自1995年产品研制成功以来，被上诉人投入巨资在国内外各地的报刊、杂志、电台、电视台为其专利产品“阿胶钙口服液”产品进行大量的广告宣传。此认定没有相应的证据相印证，而且该广告宣传的是原来已被撤销的“药品”并非本案中的普通营养“食品”。

7. 一审认定2000年后“阿胶钙口服液”成为市场上的热销产品缺乏事实依据。被上诉人至今没有向法庭举证证明其“营养食品阿胶钙口服液”的产量、销量、配方、成本及利润，热销产品的结论从何而来。

8. 一审认定长兴公司未经华世丹公司专利实施许可，开始生产阿胶钙口服液，属于认定事实错误。上诉人于2002年12月经国家主管部门批准生产的营养食品名称为“硬骨头牌阿胶钙营养液”，而并非是被上诉人的已被撤销文号的专利药品“阿胶钙口服液”，而被上诉人的营养食品阿胶钙口服液是2003年3月才批准生产的。

9. 一审认定长兴公司“所使用的包装盒的尺寸略小于原告所使用的包装盒……但包装盒近似。”不符合客观事实。上诉人的包装盒比华世丹的包装盒大而不是略小。且双方的外包装盒的文字大小、文字形状、文字内容、内包装规格，内装数量、产品说明、图案排列、色彩形状等均有显著的区别，根本不存在近似问题。

10. 一审认定外包装盒总体上的外观效果不足以引起普通消费者在一般注意程度下的误认。但又同时认为被告的抗辩理由不能成立，这是互相矛盾的。

11. 一审认定被上诉人于2003年3月获准生产销售的“特殊营养食品阿胶钙口服液”为知名商品是毫无根据的。该特殊营养食品并不是过去获过专利或评奖的“保健药品”“医用配制品”“阿胶钙口服液”。也从来没有获过任何奖，根本不是知名商品。

12. 一审认定“阿胶钙”是该营养食品的特有名称是违背事实的。该营养食品的商品名称是“阿胶钙口服液”而不是“阿胶钙”。“阿胶钙”只是全部名称的成分表示，即主要成分是由“阿胶”和“葡萄糖酸钙”构成，故阿胶钙属于通用名。国家食品药品监督管理局数据库中认定该名称为“通用名”。国家食品药品监督管理局今年新批准的龙力国际（香港）健康药业有限公司生产的“红虹阿胶钙铁口服液”名称中也含有“阿胶钙”三个字，证明国家从未承认“阿胶钙”这三个字是特有名称，而恰恰证明原料成分名称均为通用名称。

13. 一审判令上诉人赔偿华世丹公司20万元无事实根据和法律依据。被上诉人从未举证证明自己的“营养食品阿胶钙口服液”被侵权后的损失大小，上诉人2003年几十种保健食品及营养食品共计实现利润约30万元。

二、被上诉人的营养食品“阿胶钙口服液”只是一般的不具有保健功能的营养食品，华世丹公司在其包装盒及电视台宣传自己的这种营养食品具有“钙血同补”的保健功能，目前正受到国家食品药品监督中心的关注和自治区卫生监督部门的查处，属违法的商品。被上诉人向国家申报的批准临床研究的新药“阿胶钙口服液”及保健食品国食健中 G20030340 号“华世牌阿胶钙口服液”因其不符合国家要求，至今均未得到国家的批准。

三、一审违反法定程序，未能全面客观的审核上诉人提交的证据，有碍公正审判。

综上，一审判决事实认定错误，错误使用法律，且程序违法有碍公正判决。

被上诉人华世丹公司答辩称：

一、一审认定事实清楚。

华世丹公司 1995 年生产、1997 年申报专利的“阿胶钙口服液”与现在所生产的“阿胶钙口服液”在组分、工艺、配方上没有丝毫变化。这已被自治区药品监督管理局《新药监注函［2004］第 83 号》所证实。

《关于钙得乐（阿胶钙）口服液临床验证通知》是批准给卡子湾制剂中心的，但卡子湾制剂中心即是华世丹公司的前身；“钙得乐”是临床实验时的曾用名，当正式报批及投放市场时，已使用了“阿胶钙”的名称；国家出台整顿医药保健品市场的规章，其目的是为了整肃保健品市场，清理整顿不法厂家的违法行为，而对于遵纪守法、规范经营的企业，则允许其继续获得生产批号，这就是 2003 年 3 月自治区卫生厅［新卫特食准字（2003）第 09 号批文］的背景。

一审认定“自 1995 年产品研制开发以来，投入巨资在国内各地的报刊、杂志、电台、电视台为其专利产品‘阿胶钙口服液’进行大量的广告宣传。”既有华世丹公司与有关媒体所签订的合同，又有其公司财务付费凭证及有关媒体所出具的证据。2003 年起在全国范围内，广东、湖南、四川、江西、浙江、福建、甘肃等省多家厂家仿冒“阿胶钙口服液”，正是因为“阿胶钙”的市场好，消费者认同，证明了华世丹公司生产的华世牌“阿胶钙口服液”是市场的热销产品。

一审认定长兴公司“所使用的包装盒的尺寸略小于原告所使用的包装盒……但包装盒近似。”这一认定中关于包装盒的尺寸明显是笔误，长兴公司的包装盒略大于华世丹公司的包装盒，除此之外，一审法院从白色字体、红色底色、图形位置、设计结构等方面雷同而认定长兴公司所使用的包装盒与华世丹公司所使用的包装盒相近似，足以造成消费者的误认是完全正确的。

从判决书上下文的关系对双方外包装盒的认定看，判决书中所表述的“其总体上的外观效果不足以引起普通消费者在一般注意程度下的误认”属于笔误。一审认定华世牌“阿胶钙口服液”为知名商品是正确的。无论是人民法院及十余家全国各省、地、县工商局通过对个案的认定，还是获奖证书及市场认同率，消费者喜爱程度，该产品均已达到知名商品的标准。一审认定：“‘阿胶钙’是‘阿胶钙口服液’知名商品的特有名称”是正确的。

一审判令上诉人赔偿华世丹公司 20 万元是正确的，华世丹公司认为这是最低的赔偿数额。为打造“阿胶钙口服液”知名商品，华世丹公司投入了巨额的资金，耗费了十余年的时间，该知名商品凝聚了华世丹公司的智能、刻苦的经营，优良的品质，周到的售后服务和涵盖全国的广告宣传投入及营销网络，而上诉人非法搭知名商品的便车，以极少的投入，不做任何广告，仅仅套用“阿胶钙”这一知名商品的特有名称，便可获取巨额利润，这种不劳而获的违法行为，正是严重的侵权。

二、华世丹公司的产品“阿胶钙口服液”是合法商品。“阿胶钙口服液”停止使用“药健”字文号，并没有停止生产、停止销售，而是改换“特食”字文号，沿用原组分、配方、生产工艺连续生产。关于宣传“钙血同补”的功能，这是知名商品在生产中的不规范行为，这一行为不能全面影响、全盘否定知名商品存在的客观性，在自治区卫生厅的检查督促下，华世丹公司已经改正了这一不规范的做法。

三、一审法院判决程序合法。上诉人认为程序违法的上诉理由其实质是关于一审法官对证据的采信及对事实的认定，不属程序违法。一审判决认定事实准确，适用法律适当，程序合法。

据此，请求自治区高级人民法院依法驳回上诉维持原判，由上诉人承担二审诉讼费。

一审被告满江红公司辩称：本案上诉人在上诉状当中并未对其提出上诉，其主要内容是围绕其与华世丹公司之间的不正当竞争纠纷展开的，因此其认为此次该案的二审与其无关。满江红公司作为产品的零售商已经履行了审查该产品的相关手续是否合法的义务，一审审理时对相关证据的真实、合法、有效性予以了确认。在本案开庭前满江红公司已将所有的进货停止了销售，所以不存在对当事人造成任何损失的可能。

二审查明事实

二审法院经审理查明的事实与一审查明事实基本一致。

二审法院另外查明如下事实：

新疆维吾尔自治区卫生厅于1993年12月30日批准将卡子湾制剂中心研制的阿胶钙口服液用于临床验证，于1995年5月15日批准华世丹制药厂生产“阿胶钙口服液”，批准文号为：新卫药健字（94）68－001号。

卡子湾制剂中心和卡子湾水泥厂职工医院均隶属于卡子湾水泥厂，1994年卡子湾水泥厂在制剂中心和厂医院的基础上兴建新疆华世丹制药厂。1996年华世丹制药厂与新疆优德制药有限公司共同组建新疆华世丹药业有限公司。新疆华世丹制药厂的兴建和新疆华世丹药业有限公司的组建均获得了相关主管单位的批准。

华世丹制药厂于1995年开始以新卫药健字（94）68－001号为批准文号生产“阿胶钙口服液”。国家药品监督管理局于2000年3月7日下发《关于开展中药保健药品整顿工作的通知》，要求2002年12月31日前撤销全部“健字”批准文号。华世丹公司据此向新疆维吾尔自治区卫生厅又重新申报了“新特食字”文号并于2003年3月获得批准，取得了特殊营养食品批准证书［新卫特食准字（2003）09号］。华世丹公司2003年3月以后以新卫特食准字（2003）09号为批准文号生产的“阿胶钙口服液”与华世丹制药厂于1995年开始以新卫药健字（94）68－001号为批准文号生产的“阿胶钙口服液”在组分、生产工艺等方面没有改变。长兴公司因不服新疆维吾尔自治区卫生厅批准华世丹公司生产特殊营养食品“阿胶钙口服液”的行政审批行为于2004年8月11日向国家卫生部提起行政复议，国家卫生部2004年11月3日作出卫政法复决（2004）12号行政复议决定书，维持了新疆卫生厅的行政审批行为。

新疆卫生厅2004年5月10日向卫生部卫生监督中心报告华世丹公司阿胶钙口服液产品标签说明书宣传“钙血同补”等功能超出了特殊营养食品批准证书范围，责令其限期改正。华世丹公司已将阿胶钙口服液外包装上的“钙血同补”字样去掉。已生效的乌鲁木齐市中级人民法院（2004）乌中民三初字第15号民事判决书认定“阿胶钙”属于华世丹公司知名商品“阿胶钙口服液”特有名称。

华世丹公司的包装盒的长度略短于长兴公司所使用的包装盒。

“钙得乐”是华世丹公司产品在临床实验时和申请报批时的曾用名，当产品正式投放市场后一直使用“阿胶钙”的名称。

二审判决及理由

一、知名商品特有的名称、包装、装潢受法律保护，经营者不得擅自使用他人知名商品特有的名称、包装、装潢，或者与知名商品特有的名称、包装、装潢相近似的名称、包装、装潢，造成和他人的知名商品相混淆，使购买者误认为是该知名商品。

根据《国家工商行政管理局关于禁止仿冒知名商品特有名称、包装、装潢的不正当竞争行为的若干规定》，知名商品是指在特定市场上具有一定知名度，并为相关公众所知悉的商品；商品的名称、包装装潢被他人擅自作相同或近似使用，足以造成购买者误认的，该商品即可认定为知名商品。

本案中华世丹制药厂1995年将“阿胶钙口服液”产品投入生产，1996年组建被上诉人华世丹公司后延续了该产品的生产，在2001年5月9日取得了“阿胶钙口服液及其生产方法的发明专利，经过被上诉人华世丹公司多年的商业努力，并投入大量的广告宣传，该产品在市场广泛销售，多次在政府、消协、商会组织的评比中获奖，1998年在全国第十一届发明展览会上荣获金奖，1999年被上诉人华世丹公司的“阿胶钙”被自治区消费者协会评为98年度新疆消费者首选品牌，2000年在香港国际发明展览会上荣获银奖，2002年其注册商标“华世”被自治区工商局评为新疆著名商标，以上足以证明“阿胶钙口服液”在市场上已经为广大消费者所知悉，在相关公众中已具有较高的知名度。因其已经具有相当的知名度，该产品在被多家厂商擅自使用其商品名称、包装装潢，并且擅自使用的厂商受到卫生、工商等行政主管单位的查处。

另，已生效的乌鲁木齐市中级人民法院（2004）乌中民三初字第15号民事判决书认定被上诉人华世丹公司生产的“阿胶钙口服液”为知名商品。

综合以上情况，被上诉人华世丹公司生产的“华世”牌“阿胶钙口服液”符合知名商品的条件，一审将其认定为知名商品并无不当，上诉人长兴公司的该项上诉理由不能成立。

上诉人认为新疆维吾尔自治区卫生厅于1993年12月30日批准用于临床验证的阿胶钙口服液是卡子湾制剂中心研制的，于1995年5月15日批准生产“阿胶钙口服液”是批准华世丹制药厂生产，均与被上诉人华世丹公司无关；华世丹制药厂以新卫药健字（94）68—001号为批准文号生产的“阿胶钙口服液”是保健药品，而被上诉人华世丹公司以新卫特食准字（2003）09号为批准文号生产的“阿胶钙口服液”是食品，两者属于不同的产品，被上诉人华世丹公司投入的广告宣传以及在政府、消协、商会组织的评比中获奖的均是保健药品“阿胶钙口服液”并非食品“阿胶钙口服液”。

经查证：卡子湾制剂中心和华世丹制药厂均是被上诉人华世丹公司前身，被上诉人华世丹公司继受了华世丹制药厂所取得的批准文号，而华世丹制药厂以新卫药健字（94）68—001号为批准文号生产的“阿胶钙口服液”与被上诉人华世丹公司2003年3月以后以新卫特食准字（2003）09号为批准文号生产的“阿胶钙口服液”的组分、生产工艺没有改变，系同一产品，只是批准文号发生了改变。其批准文号的改变是由于国家卫生部在全国范围开展中药保健药品整顿工作，撤销全部“健”字批准文号所致，属于国家政策调整，而非是针对被上诉人华世丹公司的阿胶钙口服液这一产品。故上诉人的上述主张缺乏事实依据，二审法院不予支持。

上诉人认为被上诉人华世丹公司在其产品包装盒及电视台宣传具有“钙血同补”的功能违反了相关规定，属于违法商品。对此被上诉人华世丹公司已经按照新疆卫生厅的要求进行了改正，将阿胶钙口服液外包装上的“钙血同补”字样去掉，且并未因此被撤销批准证书或被责令停产，由此不能说明被上诉人华世丹公司阿胶钙口服液产品是违法商品，故对上诉人的该主张不予采信。

上诉人提供的被上诉人华世丹公司的特殊营养食品批准书复印件，用以证明批准证书的期限是1年，目前期限已满。经核对该复印件与证书原件不符，原件载明的期限是2年，故对该证据不予采信。

上诉人提供的卫生部关于进一步规范健康相关产品监督管理有关问题的通知、卫生部关于保健食品初审工作有关规定的通知，用以证明国家卫生部在全国范围开展中药保健药品整顿工作，撤销全部“健”字批准文号后，被上诉人华世丹公司以阿胶钙口服液为名称向新疆维吾尔自治区卫生厅重新申报“新特食字”文号的行为违反了上述规定。由于被上诉人华世丹公司以阿胶钙口服液为产品名称申报“新特食字”文号，获得了新疆维吾尔自治区卫生厅的批准，上诉人长兴公司因此向国家卫生部提起行政复议，国家卫生部维持了新疆卫生厅的行政审批行为，由此说明被上诉人华世丹公司的阿胶钙口服液产品是合法的。上诉人的上述上诉理由亦不能成立。

二、“阿胶钙”是被上诉人华世丹公司产品的特有名称。

所谓特有名称是相对于通用名称而言的，通用名称泛指所有同类商品的名称，在某一领域内已被普遍使用，这种名称只能表示商品类别。特有名称是个体商品独有的名称，他人商品在正常情况下不可能与之相同。特有的商品名称、包装装潢应当依照使用在先的原则予以认定。

阿胶是我国传统中药，钙是一种矿物元素，这两种成分都是通用名称，而把这两种通用名称结合在一起，成为一种新产品的名称，是被上诉人华世丹公司的创意，在此之前没有证据显示有这种组合名称。这种组合不是一种简单的文字组合搭配，而是被上诉人华世丹公司依据阿胶和钙这两种成分相配，对人体补钙、补血相结合这一科学研究中发现的，具有科学性和独创性。

被上诉人华世丹公司据此将阿胶钙口服液于1997年申请了产品及其生产方法专利，2002年取得专利证书。该专利的取得说明在申请日之前没有相同产品，也没有相同名称的类似产品。

被上诉人华世丹公司经过多年的经营，使"阿胶钙"这一商品名称为广大消费者认知和接受，足以使消费者能够将其与其他保健品相区别，该名称已经成为企业无形资产和商誉的重要组成部分，具有知识产权的内涵，符合知名商品特有名称的条件，应受法律保护。"阿胶钙"应当认定为被上诉人华世丹公司知名商品的特有名称。

上诉人提供龙力国际香港公司关于国食健字G20040106红虹阿胶钙铁口服液的合作产品资料、山东东阿天顺公司关于阿胶高钙口服液宣传资料以及关于以原料、功效作为通用名的例证三份等用以说明"阿胶钙"并非被上诉人华世丹公司知名商品的特有名称。上诉人的上述证据仅说明其他公司生产了阿胶钙铁口服液和阿胶高钙口服液，与本案所涉阿胶钙口服液没有关联性，故对该证据不予采信。

上诉人提供《食品标签通用标准》《卫生部关于印发健康相关产品命名规定的通知》《命名的技术要求》《保健食品标识与产品说明书的标示内容及技术要求》用以证明被上诉人华世丹公司阿胶钙口服液产品的名称不符合相关要求，不是特有名称。由于上述《食品标签通用标准》中并没有关于通用名称和特有名称相关规定，《卫生部关于印发健康相关产品命名规定的通知》《命名的技术要求》《保健食品标识与产品说明书的标示内容及技术要求》等要求中所规范的内容亦没有涵盖特殊营养食品，故与本案争议的问题缺乏关联性。

而且国家卫生部作为上述规定和技术要求的制定和执行单位对上诉人长兴公司因不服新疆维吾尔自治区卫生厅批准被上诉人华世丹公司生产特殊营养食品"阿胶钙口服液"的行政审批行为提起的行政复议做出了维持新疆卫生厅的行政审批行为的行政复议决定，上诉人长兴公司提起行政复议是对"阿胶钙"为通用名称的问题一并提出，国家卫生部并未因为被上诉人华世丹公司的产品名称问题而改变新疆卫生厅的行政审批行为。

上诉人长兴公司提供的从互联网上下载的国家食品药品监督管理局数据库中数据查询页面，用以证明阿胶钙是通用名称。但该数据库页面说明一栏明确写明"本数据信息仅供新药研究单位参考，不得做任何证明使用"，因而此数据库查询页面内容不具有证明作用。故上诉人长兴公司关于"阿胶钙口服液"只是普通营养食品而非被上诉人华世丹公司特有名称的上诉理由不能成立。

三、上诉人长兴公司与被上诉人华世丹公司所使用的外包装装潢构成近似。

被上诉人华世丹公司阿胶钙口服液产品外包装正面左上方“阿胶钙”几个白色较大字体和红色底色以及右侧的环形图案，较突出地显示于包装盒上，尤为醒目和显著，极易吸引相关公众的注意，故该部分文字、颜色及图案设计构成了该包装装潢的主体部分，其特有的搭配所形成的风格是其特色。而上诉人长兴公司的包装盒亦是红色底色在正面左上方有“阿胶钙”几个白色较大字体，在右侧为环形图案。两个包装在图案形状、排列、色彩等主体部分的整体设计上大同小异。

运用整体观察、隔离观察以及对主要部分相比较的方法来看，两者包装、装潢近似，容易引起一般消费者施以普通注意力时的误认和混淆。对产品包装、装潢是否近似的比较与认定，应当采用整体观察或隔离观察的方法对主要部分进行比较，而不宜进行过于细致的比较。上诉人长兴公司对两种包装从局部文字大小、形状、内包装规格，内装数量、产品说明、厂名、厂址、商标等方面进行了过于细致的比较并由此得出两者不相近似的上诉理由不能成立。

一审法院通过双方外包装盒的比较认定两者包装、装潢构成近似是正确的，但判决书中表述“其总体上的外观效果已足以引起普通消费者在一般注意程度下的误认”不符合判决书上下文的逻辑关系，应属表述有误，二审法院予以纠正。

上诉人长兴公司在自己产品上擅自使用被上诉人华世丹公司知名商品的特有名称和相近似的产品包装装潢，足以造成和被上诉人华世丹公司的知名商品相混淆，使购买者误认为是该知名商品。侵犯了被上诉人华世丹公司的知名商品名称权和商品外包装装潢特征上的排他性权益，构成不正当竞争，应承担停止侵权、赔偿损失的民事责任。

满江红公司客观上存在销售不正当竞争产品的事实，构成对他人合法权益的侵害，应承担停止侵权的民事责任。

在双方均不能证明被上诉人华世丹公司损失和上诉人长兴公司赢利的具体数额的情况下，一审法院综合上诉人长兴公司的经营规模、侵权时间以及被上诉人华世丹公司的损失是由多家厂商的侵权行为共同造成等因素，酌情认定 20 万元的赔偿额度并无不妥。上诉人长兴公司认为其 2003 年的净利润只有 33 万余元，而产品有几十种，阿胶钙营养液只是其中一种，其销售利润不可能很高，判决赔偿 20 万元过高，因其没有提供充分证据证明其产品阿胶钙营养液的具体获利情况，仅从其有几十种产品来平均估算阿胶钙营养液的获利数额缺乏根据，亦未能提供推翻一审法院确定的赔偿数额的有力证据，该项上诉理由不予支持。

上诉人长兴公司提供的从互联网上下载的《领取审评意见通知书》只能证明被上诉人华世丹公司正在申报保健食品批号，与本案争议的侵权法律关系没有关联性，故不予采信。

上诉人长兴公司提供的乌鲁木齐市中级人民法院（2004）乌中民三初字第 14 号民事裁定书和自治区高级人民法院新立信函（2004）第 573 号函件，用以证明一审法院已裁定被上诉人华世丹公司对其诉讼已撤诉。经查证乌鲁木齐市中级人民法院（2004）

乌中民三初字第 14 号民事裁定书中的内容属于文字表述错误，乌鲁木齐市中级人民法院已经做出补正裁定，故对该证据不予采信。

上诉人长兴公司以一审法院没有全面客观审核上诉人提交的证据为由认为一审审判程序违法。经查证一审法院庭审中对上诉人长兴公司提交的证据均进行了质证与认证，已对证据进行了全面审查，在审理程序上并无违反法律规定的情形，上诉人长兴公司认为一审程序违法的理由不能成立。

综上，一审人民法院的判决认定事实基本清楚，适用法律正确，程序合法，二审法院予以维持。上诉人长兴公司的上诉理由均不能成立，应予驳回。依照《民事诉讼法》第一百五十三条第一款第（一）项之规定，判决如下：

驳回上诉，维持原判。

二审案件诉讼费由上诉人长兴公司承担。

案例33：汉高乐泰公司与泰盛精化公司侵犯知名商品特有名称、包装、装潢纠纷案

原告（被上诉人）：汉高乐泰（中国）有限公司（以下称“汉高乐泰公司”）
被告（上诉人）：烟台开发区泰盛精化新材料有限公司（以下称“泰盛精化公司”）

一审法院：山东省烟台市中级人民法院
一审案号：（2004）烟民三初字第4号
一审合议庭成员：王桂一、于红、任广科
一审结案日期：2004年12月20日

二审法院：山东省高级人民法院
二审案号：（2005）鲁民三终字第15号
二审合议庭成员：于玉、徐清霜、戴磊
二审结案日期：2005年10月14日

案由：仿冒、伪造知名商品特有名称、包装、装潢纠纷

关键词：知名商品，仿冒、伪造，特有名称、包装、装潢，近似，混淆

涉案法条

《民法通则》第一百三十四条
《反不正当竞争法》第五条第（二）项、第二十条
《民事诉讼法》第一百五十二条第一款

争议焦点

- 商品的包装与装潢都属于商品标识，具有区别商品出处、表示商品质量和广告的作用，因此某一商品的包装与装潢一旦成为特有的包装装潢，就具有了可识别性的特征，这种可识别性特征往往是通过长期的使用，依靠其所标识的商品质量优异赢得了消费者的欢迎和信赖而获得的。
- 如果不能举证证明侵权人涉案相关产品的包装与装潢在被侵权人使用之前他人就已使用，不能举证证明这种包装是由产品的性能所决定的，也不能举证证明这种包装与装潢已成为相关领域内通用的包装与装潢，则该包装与装潢是特有的包装装潢。

- 如果从相关消费者的视角，通过整体比对和隔离观察的方法，认为一方的包装、装潢，与他人知名商品的包装、装潢除有少数细节上的差别外，所表达的视觉中心部分及整体风格都极为相似，易造成相关购买者的混淆和误认的判定正确，且在没有提供新证据予以推翻的情况下，则该方使用该包装、装潢的行为构成对他人的不正当竞争。
- 根据知识产权有关法律规定和最高人民法院有关审判精神，知识产权侵权案件中赔偿数额可以按照权利人因被侵权所受到的损失或者侵权人因侵权所获得的利益确定；被侵权人的损失或者侵权人因侵权所获得的利益难以确定的，人民法院可以根据权利人权利的类别、侵权恶意程度、侵权持续时间、侵权规模等因素合理酌定。

审判结论

一、被告泰盛精化公司自判决生效之日起，立即停止其不正当竞争行为。

二、被告泰盛精化公司自判决生效之日起 30 日内，销毁所有侵权产品。

三、被告泰盛精化公司自判决生效之日起 30 日内，更改侵权产品的宣传资料和网页上的宣传内容。

四、被告泰盛精化公司自判决生效之日起 30 日内，就其侵权行为在《中国工商报》《中国化工报》上向原告赔礼道歉（其内容须经一审法院审核后发布）。

五、被告泰盛精化公司自判决生效之日起 30 日内，赔偿原告汉高乐泰公司因其侵权行为所遭受的经济损失人民币 40 万元。

六、驳回原告汉高乐泰公司的其他诉讼请求。

一审案件受理费 10 795 元，由原告承担 795 元，被告承担 1 万元。

二审判决驳回上诉，维持原判。

二审案件受理费 10 795 元，由上诉人泰盛精化公司承担。

起诉及答辩

原告汉高乐泰公司诉称：原告汉高乐泰公司成立于 1987 年，经过 17 年的发展，经销网络已遍及全国。在中国，原告汉高乐泰公司生产的“LOCTITE”牌胶黏剂、密封剂、清洁剂等系列产品已被广泛地应用于通用工业生产和维修、汽车制造、电子工业等领域。原告汉高乐泰公司产品的特有名称、包装、装潢在专业市场上享有极高的知名度。2001 年，经中国胶黏剂工业协会证明，原告汉高乐泰公司生产的“LOCTITE/乐泰”牌胶黏剂、密封剂产品在中国内地同行业企业中综合经济（产量、产值、销售数量、销售额、利润）指标为第 1 位。

被告泰盛精化公司生产、销售与原告汉高乐泰公司厌氧密封胶用途相同的产品，其产品名称、包装、装潢与原告汉高乐泰公司产品极为近似，使消费者认为是同一系列商品，导致了消费者的混淆。

原告汉高乐泰公司目前所使用的型号编码系统是全世界乐泰所共有、也是仅乐泰这一品牌所独有的型号编码标准。这一系列型号编码系统作为原告汉高乐泰公司包装装潢的有机组成部分被被告泰盛精化公司全盘抄袭。另外，原告汉高乐泰公司产品所采用的包装也被被告泰盛精化公司所效仿。

原告汉高乐泰公司产品所采用的包装颜色是原告汉高乐泰公司的一种创意，而并非是产品性质的要求。根据厌氧胶的特性，包装只要采用不透明的颜色即可达到保护产品品质的目的。原告汉高乐泰公司选择的是大部分产品的主要包装颜色为红色，但也有部分产品例外。例如，“660”采用银色包装、“4 系列”采用白色和蓝色包装。而被告泰盛精化公司也做出了与原告汉高乐泰公司完全相同的选择—大部分产品的主要包装颜色为红色、“660”采用银色包装、“4 系列”采用白色和蓝色包装。

原告汉高乐泰公司通过在中国内地十几年的勤勉经营创造出这样一个在消费者中有着良好声誉的世界级品牌，这个品牌包含着大量的资金投入、凝结着大批研发人员、管理人员、生产人员的心血。

原告汉高乐泰公司主张，被告泰盛精化公司采用原告汉高乐泰公司特有的型号编码系统、选用与原告汉高乐泰公司完全相同的包装颜色，故意对原告汉高乐泰公司产品进行仿冒，以期达到混淆消费者视听的目的。被告泰盛精化公司的这种不正当竞争行为，侵犯了原告汉高乐泰公司知名商品特有名称、包装、装潢的专用权利，不仅给原告汉高乐泰公司带来了严重的经济损失，同时也给原告汉高乐泰公司的商誉造成严重损害。

请求判令被告泰盛精化公司立即停止生产使用与原告汉高乐泰公司知名商品特有名称、包装、装潢相近似的侵权产品；判令被告泰盛精化公司销毁所有已生产的使用与原告汉高乐泰公司知名商品特有的名称、包装、装潢相近似的名称、包装、装潢的侵权产品；判令被告泰盛精化公司立即更改目前使用的宣传侵权产品的宣传资料，包括被告泰盛精化公司网页上与侵权产品相关的宣传内容；判令被告泰盛精化公司在《中国工商报》《中国化工报》上向原告汉高乐泰公司公开赔礼道歉，以消除影响；判令被告泰盛精化公司向原告汉高乐泰公司支付侵权损害赔偿金 50 万元；判令由被告泰盛精化公司承担原告汉高乐泰公司为制止被告泰盛精化公司的不正当竞争行为而支付的费用人民币 78 529. 28元。判令由被告泰盛精化公司承担本案所有的诉讼费用。

被告泰盛精化公司辩称：被告泰盛精化公司的行为未侵犯原告汉高乐泰公司商品的名称、包装、装潢的权利。

1. 原告汉高乐泰公司生产的“厌氧密封胶”与被告泰盛精化公司生产的“厌氧密封胶”系同一系列商品，原告汉高乐泰公司商品的名称、包装、装潢不是其独有和特有。原告汉高乐泰公司商品名称、包装、装潢为国内相关商品所通用，如果说原告汉高乐泰公司商品的名称、包装、装潢为其特有和独有，那么其商品的名称、包装、装潢就应该与同类商品有显著的区别，原告汉高乐泰公司诉被告泰盛精化公司商品名称、包装、装潢与其商品极为近似，导致消费者混淆，没有事实根据和法律依据。

2. 原告汉高乐泰公司在我国国内建厂于 1987 年，而同行业厂家广州机械科学研究院建厂于 1959 年，“广研密封”为国内知名品牌；大连第二有机化工厂五十年代建厂，

1980年开始生产厌氧密封胶，也为国内知名品牌。原告汉高乐泰公司商品的名称、包装、装潢与广州机械科学研究院和大连第二有机化工厂商品的名称、包装、装潢大同小异，为普遍使用，进一步说明了原告汉高乐泰公司所用的商品名称、包装、装潢不为原告汉高乐泰公司特有。按照原告汉高乐泰公司起诉被告泰盛精化公司的说法，岂不是这些厂家都侵他的权了，大家都无权使用同类商品的名称、包装、装潢？就只允许原告汉高乐泰公司一家使用吗？

3. 原告汉高乐泰公司诉称目前使用的型号、编号系其独有，被告泰盛精化公司全部抄袭，毫无道理。例如：电视机系列商品，各厂家均有21、25、29英寸等型号、编码。由此可见，同一系列商品的型号、编码均为通用，根本不属于哪一个厂家独有，原告汉高乐泰公司也不例外，其诉称厌氧胶的包装颜色、装潢上的型号和编码系独有，没有任何合法有效的证据。根据《商标法实施条例》第四十九条规定“注册商标中含有的本商品通用型号，注册商标专用权人无权禁止他人使用”。何况原告汉高乐泰公司商品的包装颜色和装潢上的型号编码根本就没有注册。

4. 被告泰盛精化公司商品包装的颜色未效仿原告汉高乐泰公司商品包装的颜色，因为颜色不是原告汉高乐泰公司独有的，包装颜色从古到今为各类商品所通用。如果原告汉高乐泰公司的商品包装把所有的颜色都用上了，那么国内所有厂家的商品包装就什么颜色都不准用了吗？所以说，原告汉高乐泰公司诉其商品的颜色根本不受法律保护。

原告汉高乐泰公司诉被告泰盛精化公司侵犯了其商品名称包装装潢的权利，纯属滥用诉权。1. 根据国家工商行政管理局《关于禁止仿冒知名商品特有的名称、包装、装潢的不正当竞争行为的若干规定》第六条的规定：县级以上工商行政管理机关在监督检查仿冒知名商品特有的名称、包装、装潢一并予以认定，原告汉高乐泰公司在烟台开发区工商局举报被告泰盛精化公司侵权一案，该局在审理该案时已确认被告泰盛精化公司的行为不构成侵权，原告汉高乐泰公司又向法院起诉，其行为是故意扰乱被告泰盛精化公司的生产经营秩序。2. 由于原告汉高乐泰公司胡乱举报和诉讼已给被告泰盛精化公司造成名誉损失和经济损失，被告泰盛精化公司保留另行起诉的权利。

综上，被告泰盛精化公司认为，原告汉高乐泰公司商品的名称、包装、装潢和包装的颜色及装潢上的型号为同行业商品所通用，不为原告汉高乐泰公司特有和独有，况且被告泰盛精化公司商品的名称、包装、装潢与原告汉高乐泰公司商品的名称、包装、装潢有明显的区别，从未使消费者认为是同一商品和导致消费者混淆，被告泰盛精化公司的行为并未侵犯原告汉高乐泰公司商品的名称、包装、装潢和包装的颜色及装潢上的型号的权利，事实清楚，证据充分，请求依法驳回原告汉高乐泰公司的诉讼请求。

事实认定

原告汉高乐泰公司注册成立于1987年，其经营范围为生产、销售各类厌氧密封胶、工业密封胶、配套清洗剂、促进剂、焊锡膏、焊锡丝、助焊剂及相关配套设备等。

龙口市张家沟塑料包装厂于1988年初开始为原告供应10/50/250mL红瓶，300mL

红管。原告于1994年9月5日与深圳市华通包装机械有限公司签订了《关于委托加工塑料软管的协议书》，加工代号为“510”“515”“518”“567”“660”等产品用的塑料软管。苍南岳泰印务包装有限公司自1994年开始为原告供应“222”“242”“243”“262”“271”“277”“290”“319”“545”“569”“609”“620”“648”“680”等型号的产品标签。

原告在1997年《粘接》杂志第3期上刊登了广告，广告图案中有“243”“518”“577”“641”等产品。原告在《矿用汽车》《中国电力》《设备管理与维修》《金卡工程》《中国设备管理》《世界产品与技术》《内燃机》《有色设备》和《城市燃气》等多份专业杂志上发布过广告，宣传其产品。

从原告提供的其与部分经销商签订的协议书看，原告的销售地域遍布全国各地。

根据中国胶粘剂工业协会的证明，原告的“乐泰”牌胶黏剂、密封剂在2000年所占的国内市场份额为57.6%，2001年为37%，2002年为44.3%，2003年为42%。

被告泰盛精化公司注册成立于1999年8月27日，经营范围为加工销售密封胶系列各种助剂、催化剂及相关技术服务等。被告为“泰盛 TIGHTSEN”注册商标所有人。被告制作《厌氧密封胶粘剂》产品图册，图册内有被告生产的产品说明及与原告产品包装、装潢相应的图片。被告在法庭上陈述：其于2000年五六月份开始生产上述产品；2003年5月开始更改其网页上的相关内容和相应产品的包装、装潢，不再使用原告主张其侵犯原告权利的相关包装、装潢，但未提供相应的证据；对于其产品使用的与原告产品相应的型号，称不清楚其来源。

原告主张并举证证明其产品为知名产品，而被告在交换证据时对原告产品是否知名产品问题没有提出异议，但又主张这不等于原告的产品是知名商品，理由是原告没有合法有效的证据。

原告主张权利所涉及的知名产品包括七个类别，与被告的相关产品比对如下：

一、液体螺纹锁固剂，标号分别为“222”“242”“243”“262”“271”“272”“277”“290”等。

原告该类产品包装为正面有一定弧度的长方形扁瓶，瓶体为红色，瓶盖为白色，红瓶和白盖之间为透明的塑料圈。正面装潢的图案自上而下分为五部分：（1）白色的“LOCTITE”；（2）白色数字，分别为“222”“242”“243”“262”“271”“272”“277”“290”；（3）横贯瓶体正面的两根白色杠，两根白色杠之间为“THREADLOCKER”或“THREADLOCKER 螺纹锁固剂”或“THREADLOCKER 螺纹锁固剂（日文名称）”等文字；（4）左边为白色中英文字，标注产品黏结强度，如“Medium Strength”“中强度”“High Strength”“高强度”。右边为“PART NO.”+不同的五位数字；（5）左边为以白色线条描绘的工业零部件加注胶水的示意图，右边为白色文字标注的产品净含量。

被告该类产品包装为正面有一定弧度的长方形扁瓶，瓶体为红色，瓶盖为白色，红瓶和白盖之间为透明的塑料圈。正面装潢的图案自上而下分为五部分：（1）白色的

“泰盛 TIGHTSEN” 文字；（2）白色数字，分别为“TS222” “TS242” “TS243”“TS262”“TS271”“TS272”“TS 277”“TS290”，“TS” 字体小于相应数字；（3）横贯瓶体正面的两根白色杠，两根白色杠之间为“THREADLOCKER 螺纹锁固剂” 等白色文字；（4）白色中英文字，标注产品黏接强度，如“Md Strength” “中强度” “High Strength”“高强度” 等；（5）左边为以白色线条描绘的工业零部件加注胶水的示意图，右边为白色文字标注的产品净含量。

可以看出，被告和原告的包装相同；被告和原告的商标、产品标号、产品名称、产品说明、示意图、净含量均使用白色文字，装潢中各部分的排列布局基本相同。

二、结构胶，标号分别为：“319”“324”“326” 等。

原告该类产品包装为正面有一定弧度的长方形扁瓶，瓶体为黄色，瓶盖为白色，黄瓶和白盖之间为黑色的塑料圈。正面装潢的图案自上而下分为五部分：（1）黑色或红色的“LOCTITE” 文字；（2）黑色数字，分别为“317”“324”“326”；（3）横贯瓶体正面的红色横带，之上标注黑色文字为“STRUCTURAL ADHESIVE 结构胶”或“STRUCTURAL ADHESIVE 结构胶/构造用接着剂”；（4）左边为黑色中英文字，标注产品性能，如“SPEEDBONDER”“ General Purpose”“通用型”“ Fast Curing”“快速固化” 等。右边为“PART NO. ” +不同的五位数字；（5）右边为黑色文字标注的产品净含量。

被告该类产品包装为正面有一定弧度的长方形扁瓶，瓶体为黄色，瓶盖为白色，黄瓶和白盖之间为黑色的塑料圈。正面装潢的图案自上而下分为五部分：（1）红色的“泰盛 TIGHTSEN” 文字；（2）黑色数字，分别为“TS319”“TS324”“TS326”，“TS” 字体小于相应数字；（3）横贯瓶体正面的红色横带，之上标注白色文字为“STRUCTURAL ADHESIVE 结构胶”；（4）黑色中英文字，标注产品性能；（5）右边为黑色文字标注的产品净含量。

可以看出，被告和原告的包装相同；被告和原告的商标均有红色文字，产品标号均为黑色文字；均有横贯瓶体正面的红色横带，红色横带上被告为白色文字的产品名称，原告为黑色文字的产品名称；产品说明、含量均为黑色文字，装潢中各部分的排列布局基本相同。

三、瞬干胶，产品标号分别为：“401”“406”“414”“424”“454”“460”“480”“495”“496” 等。

原告该类产品包装为正面有一定弧度的长方形扁瓶，瓶体为白色近透明，瓶盖为白色，瓶体与瓶盖之间为白色的塑料圈。正面装潢图案底色为蓝色，自上而下分为五部分：（1）白色的“LOCTITE” 文字；（2）白色数字，分别为“401” “406” “414”“424” “454” “460” “480” “495” “496” 等数字；（3）横贯瓶体正面的红色横带，横带上下分别为白色横杠，横带之上标注白色文字为“INSTANT ADHESIVE 瞬干胶”或“瞬干胶” 等；（4）左边为白色中英文字，标注产品性能，如“Low Bloom” “Low Oder”“低白化”“低气味” 等。右边为白色标注的不同的五位数字；（5）右边为白色文字标注的产品净含量。

被告该类产品包装为正面有一定弧度的长方形扁瓶，瓶体为白色近透明，瓶盖为白色，瓶体与瓶盖之间为白色的塑料圈。正面装潢的图案底色为蓝色，自上而下分为五部分：（1）白色的“TIGHTSEN”文字；（2）白色数字，分别为“401”“406”“414”“424”“454”“460”“480”“495”“496”等；（3）横贯瓶体正面的红色横带，横带上下分别为白色横杠，横带之上标注白色文字为“INSTANT ADHESIVE 瞬干胶”；（4）白色中英文字，标注产品性能，如“GENERAL PURPOSE 通用型”；（5）右边为白色文字标注的产品净含量。

可以看出，被告和原告的包装相同；被告和原告的装潢底色均为蓝色，商标、产品标号、产品名称、产品说明、示意图、含量均用白色文字，装潢中各部分的排列布局基本相同。

四、平面密封胶，产品标号分别为：“510”“515”“518”“587”“593”“595”“596”“598”等。

原告产品分为软筒和硬管两种包装。软筒有红色和白色两种装潢底色，瓶盖为白色，筒体与瓶盖之间为透明的塑料圈，主文字为白色、红色和黑色三种。硬管为白色装潢底色，主文字为黑色，或“LOCTITE”为红色，其他文字为白色。按转动及阅读顺序，分为三部分：（1）左边上下为“LOCTITE”和数字标号，右边为适用介绍，中间为“Designed For Flexible Flanges”“专门用于柔性法兰”“Suitable For Aluminium”“适用于铝表面”等文字，中间为加注胶水的标识图，（2）两条（硬管为黑色，软管为白色颜色）横杠，两杠之间为“FLANGE SEALANT”和（或）“平面密封剂”等（硬管为黑色，软管为白色）文字，（3）右边标注产品净含量（文图颜色）。

被告产品分硬管和软筒两种包装。软筒为红色装潢底色，瓶盖为白色，筒体与瓶盖之间为透明的塑料圈，主文字为白色。硬管为白色或红色两种装潢底色，白色硬管：“泰盛 TIGHTSEN”文字为红色，其他文字为黑色。红色硬管文字为白色。软筒与白色硬管按转动及阅读顺序，分为三部分：（1）左边上下为“泰盛 TIGHTSEN”文字和数字标号，右边为适用介绍；（2）两条（硬管为黑色，软管为白色）横杠，横杠中间为“FLANGE SEALANT 平面密封剂”等（硬管为黑色，软管为白色）文字；（3）产品净含量有的标注在横杠中，有的标注在横杠之上。红色硬管自上而下，分为三部分：（1）“泰盛 TIGHTSEN”文字和数字标号；（2）两条横杠，横杠中间的文字为“FLANGE SEALANT 平面密封剂”等；（3）产品简图，适用介绍。

可以看出，被告和原告的包装相同；被告和原告的软管装潢底色均有红色，文字均为白色；硬管均有白色装潢底色，文字颜色除被告的硬管商标为红色文字外均是相同颜色；装潢中各部分的排列布局基本相同。

五、管螺纹密封剂，其产品标号分别为：“545”“554”“567”“569”“577”等。

原告产品“545”“554”“569”的包装、装潢基本一致。该类产品包装为正面有一定弧度的长方形扁瓶，瓶体为红色，瓶盖为白色，红瓶和白盖之间为透明的塑料圈。正面装潢分两种，一种为红色底色，白色文字和图形；另一种为白色底色，红色文字和图形。装潢图案自上而下分为五部分：（1）“LOCTITE”红色或白色文字；（2）红色或白色数字，分别为“545”“554”“569”；（3）横贯瓶体正面有两根杠，两根杠之间为“THREAD SEALANT 管螺纹密封剂”等文字；（4）左边为中英文字，标注产品用途，如“Hydraulic or Pneumatic Fittings”“密封液压气动系统管路接头”；右边为“PART NO.”+不同的五位数字；（5）左边为以线条描绘的工业零部件加注胶水的示意图，右边为标注的产品净含量。“567”“577”两种产品的包装物、装潢基本一致，为软筒包装，管体和瓶盖为白色，管体和瓶盖之间为透明的塑料圈，红色文字，按转动及阅读顺序，分为三部分：（1）左边上下为“LOCTITE”文字和数字标号，右边为适用介绍，中间为文字“For Stainless Steel”“用于不锈钢件”“General Purpose”“一般用途”等，左边上下分别为 PART NO.”+不同的五位数字和加注胶水的标识图；（2）两条横杠，横杠中间为“THREAD SEALANT 管螺纹密封剂”等文字；（3）右边标注产品净含量。

被告产品“545”“554”“569”的包装、装潢一致，该类产品包装为正面有一定弧度的长方形扁瓶，瓶体为红色，瓶盖为白色，红瓶和白盖之间为透明的塑料圈。正面装潢的图案自上而下分为五部分：（1）白色的“泰盛 TIGHTSEN”文字；（2）白色数字，分别为“TS545”“TS554”“TS569”，“TS”字体小于相应数字；（3）横贯瓶体正面的两根白色杠，两根白色杠之间为“THREADSEALANT 管螺纹密封剂”等文字；（4）白色中英文字，标注产品黏结强度，如“Md Strength”“中强度”“Md viscosity”“中粘度”等；（5）左边为以白色线条描绘的工业零部件加注胶水的示意图，右边为白色文字标注的产品净含量。

可以看出，被告和原告产品“545”“554”“569”的包装相同；被告和原告的装潢底色均为红色，商标、产品标号、产品名称、产品说明、示意图、含量均有白色，装潢中各部分的排列布局基本相同。

六、圆柱形零件固持剂，其产品标号分别为：“603”“609”“620”“648”“660”“680”等。

原告“603”“609”“620”“648”“680”等产品的包装基本一致，为正面有一定弧度的长方形扁瓶，瓶体为红色，瓶盖为白色，红瓶和白盖之间为透明的塑料圈。正面装潢的图案自上而下分为五部分：（1）“LOCTITE”白色文字；（2）数字白色，分别为“603”“609”“620”“648”“680”；（3）横贯瓶体正面的两根白色杠，两根白色杠之间为“RETAINING COMPOUND 圆柱形部件固持胶”字样，有一些还附有相应日文；（4）左边为中英文字，标注产品性能，如“High Temperature”“高温”“High Strength”“高强度”等。右边为“PART NO.”+不同的五位数字；（5）左边为以白色线条描绘的工业零部件加注胶水的示意图，右边为白色字体标注的产品净含量。“660”产品包装物为软筒，筒体为银灰色，筒盖为白色，筒体与筒盖之间为透明的塑料圈，上面的文字和图形为黑色。按转动及阅读顺序，分为三部分：（1）左边上下分别为“LOCTITE”文字和“660”，中间是性能介绍，为“High Strength/高强度”和“High Temperature/高温”等文字，右边上下分别为“PART NO.” +不同的五位数字和加注胶水的标识图；（2）两条黑色横杠，横杠中间为“RETAINING COMPOUND”和“圆柱形部件固持胶”字样等文字；（3）右边标注产品净含量。

被告“603”“609”“620”“648”“680”等产品的包装基本一致。该类产品包装为正面有一定弧度的长方形扁瓶，瓶体为红色，瓶盖为白色，红瓶和白盖之间为透明的塑料圈。正面装潢的图案自上而下分为五部分：（1）白色的“泰盛 TIGHTSEN”文字；（2）白色数字，分别为“TS603”“TS 609”“TS 620”“TS 648”“TS 680”，“TS”小于数字；（3）横贯瓶体正面的两根白色杠，两根白色杠之间为“RETAINING COMPOUND 圆柱形部件固持胶”白色文字；（4）白色中英文字，标注产品性能，如“Md Viscosity”“中粘度”“High Strength”“高强度”等；（5）左边为以白色线条描绘的工业零部件加注胶水的示意图，右边为白色字体标注的产品净含量。

可以看出，被告和原告的“603”“609”“620”“648”“680”包装相同；被告和原告的瓶体装潢底色均为红色，商标、产品标号、产品名称、产品说明、示意图、含量均有白色，装潢中各部分的排列布局基本相同。

七、表面处理产品（即清洗剂/促进剂产品），产品标号为“755”“790”等。

原告产品包装为圆罐形。罐体为金属的，底色为绿色，罐盖为白色塑料，罐体上文字颜色为白色。正面装潢的图案自上而下分为五部分：（1）白色的“LOCTITE”文字；（2）白色数字，为“755”或“790”；（3）横贯瓶体正面的红色横带，横带上下分别为两根白色杠，横带上为“CLEANER”和“清洗剂”白色字样；（4）左边为白色中文，“避免长时间吸入或接触皮肤，罐内有压力，不可撞击或焚烧，不可受热，储存温度低于35℃，远离儿童存放。右边为“PART NO.” +不同的五位数字；（5）右下边为白色字体标注的产品净含量。

被告产品包装为圆罐形。罐体为金属的，底色为绿色，罐盖为白色塑料，罐体上文字的颜色为白色。正面装潢的图案自上而下分为五部分：（1）白色的“泰盛 TIGHTSEN”；（2）白色数字，为“755”或“790”；（3）横贯瓶体正面的红色横带，横带上下分别为两根白杠，横带上为“CLEANER”和“超级清洗剂”白色字样；（4）白色中文，“避免长时间吸入或接触皮肤，罐内有压力，不可撞击或焚烧，不可受热，储存温度低于35℃，远离儿童存放”；（5）右下边为白色字体标注的产品净含量。

可以看出，被告和原告的包装相同；被告和原告的瓶体装潢底色均为红色，商标、产品标号、产品名称、产品说明、示意图、含量均为白色，装潢中各部分的排列布局、文字内容基本相同。

原告申请烟台市公证处对购买被告生产产品的行为进行了公证。购买的产品商标为“泰盛 TIGHTSEN”，标号分别为“222”“242”“271”“272”“277”“290”“401”“495”“510”“515”“518”“680”“660”。

原告申请上海市公证处于2004年4月3日14时27分至14时45分，对被告的网站内容进行了公证，公证了被告的产品说明及相应图片。

原告为本案支付的律师费为6万元，公证费、差旅费为16 747.67元。

烟台市工商行政管理局开发区分局于2003年4月18日作出烟工商开公处字(2003)第38号行政处罚决定书，于2003年6月24日以上述决定适用法律条款不当，作出关于撤销烟工商开公处字（2003）第38号行政处罚决定书的决定。

一审判决及理由

原告汉高乐泰公司作为乐泰牌胶黏剂、密封剂的专业生产公司，从20世纪80年代末开始在国内生产、销售商标为“LOCTITE”的相关产品，并从90年代起长期在《矿用汽车》《中国电力》《设备管理与维修》《有色设备》和《城市燃气》等多份专业杂志上发布广告宣传其产品及产品形象，其生产的相关产品享有良好的声誉，在市场上销售范围广、占有率很高，其产品及其包装、装潢已为我国购买使用该类产品的相关消费者所知悉，具有较高的知名度，因此，商标为“LOCTITE”的胶黏剂、密封剂产品应认定为知名商品。

对于本案所涉及的原告汉高乐泰公司使用的“LOCTITE”胶黏剂、密封剂包装、装潢，被告泰盛精化公司辩称原告汉高乐泰公司生产产品的包装、装潢不是原告汉高乐泰公司特有的，而是为相关商品所通用，并提供了多个厂家生产的厌氧密封胶产品的照片，主张其中的生产厂家如广州机械科学研究院建厂于1959年。一审法院认为，要证明被告泰盛精化公司的上述主张，应证明原告汉高乐泰公司在使用相应包装、装潢之前，其他厂家即已使用相似的包装、装潢，但被告泰盛精化公司虽提供一些证据，能证明其他厂家生产的产品包装、装潢有一些与原告汉高乐泰公司使用的包装、装潢相似，但不能证明这些厂家在原告汉高乐泰公司使用相应包装、装潢之前即已使用相似的包装、装潢。原告汉高乐泰公司主张广州机械科学研究院虽建于1959年，但并不能证明广州机械科学研究院生产相应产品早于原告汉高乐泰公司，也不能证明广州机械科学研究院在原告汉高乐泰公司之前使用相关包装、装潢。被告泰盛精化公司不能提供证据证明在原告汉高乐泰公司使用之前，他人已在相关商品上使用相同或相似的包装、装潢，也不能证明该包装、装潢系相应产品所通用。因此，被告泰盛精化公司主张原告汉高乐泰公司生产产品的包装、装潢不是原告汉高乐泰公司特有的，而是为相关商品所通用，证据不足，一审法院不能予以支持。一审法院认定原告汉高乐泰公司使用的“LOCTITE”胶黏剂、密封剂的系列包装、装潢为该知名商品特有的包装、装潢。

从原、被告提供的相应证据看，被告泰盛精化公司生产的商标为“泰盛”的相应胶黏剂、密封剂，除产品以“泰盛 TIGHTSEN ”代替“LOCTITE”或“TIGHTSHEN”代替“LOCTITE”，及有产品在产品代号之前加上“TS”（如以“TS222”代替“222”）之外，无论其包装形状、底色、字体颜色、示意图、文字与示意图的排列等，都与原告汉高乐泰公司该知名商品特有的包装、装潢极为相似。被告泰盛精化公司主张其生产相应产品的包装、装潢与原告汉高乐泰公司有明显的区别，经一审法院根据整体观察和隔离观察的方法，对原告汉高乐泰公司和被告泰盛精化公司产品的包装、装潢进行对比，两者除有少数细节上的差别外，从整体比对看，所表达的视觉中心部分及整体风格都极为相似，易造成相关购买者的混淆和误认。因此，被告泰盛精化公司生产、销售与原告汉高乐泰公司生产、销售的包装、装潢相近似的“泰盛”胶黏剂、密封剂的行为构成对原告汉高乐泰公司的不正当竞争行为。

原告汉高乐泰公司主张其产品包装上所附的代号（如“222”“242”等）为其知名商品特有名称，被告泰盛精化公司对这些代号的使用，构成不正当竞争。一审法院认为，原告汉高乐泰公司使用这些代号的目的在于对其生产的系列产品按不同性能和用途进行区分。虽从原、被告泰盛精化公司举证情况看，可以认定原告汉高乐泰公司首先使用了这些代号，但原告汉高乐泰公司要主张被告泰盛精化公司使用这些代号属不正当竞争行为，应证明这些代号已成为原告汉高乐泰公司与相应产品的其他生产者之间的区别标识，相应购买者只要看到相关产品上存在这些代号，就会认为相应的产品为原告汉高乐泰公司生产。但本案原告汉高乐泰公司并未提供充足的证据以证明存在这种误认的可能，因此原告汉高乐泰公司的该主张，一审法院不能予以支持。

被告泰盛精化公司对其实施不正当竞争行为应当承担相应的法律责任，该法律责任包括停止侵权、消除影响、赔礼道歉、赔偿经济损失等民事责任。

对于被告泰盛精化公司赔偿经济损失的数额，因原告汉高乐泰公司无法提供其损失的数额，被告泰盛精化公司也拒绝提供其因侵权所获得的利润，一审法院根据被告泰盛精化公司生产相应产品的包装、装潢绝大多数与原告汉高乐泰公司该知名商品特有的包装、装潢极为相似这一事实，结合被告泰盛精化公司侵权的时间、后果，及原告汉高乐泰公司为本案支付的律师费、公证费、差旅费等因诉讼支出的合理费用，确定其承担的赔偿数额为40万元。

综上，依据《民法通则》第一百三十四条、《反不正当竞争法》第五条第（二）项、第二十条的规定，判决如下：

一、被告泰盛精化公司自判决生效之日起，立即停止其不正当竞争行为。

二、被告泰盛精化公司自判决生效之日起30日内，销毁所有侵权产品。

三、被告泰盛精化公司自判决生效之日起30日内，更改侵权产品的宣传资料和网页上的宣传内容。

四、被告泰盛精化公司自判决生效之日起30日内，就其侵权行为在《中国工商报》《中国化工报》上向原告赔礼道歉（其内容须经一审法院审核后发布）。

五、被告泰盛精化公司自判决生效之日起30日内，赔偿原告汉高乐泰公司因其侵权行为所遭受的经济损失人民币40万元。

六、驳回原告汉高乐泰公司的其他诉讼请求。

案件受理费10 795元，由原告汉高乐泰公司承担795元，被告泰盛精化公司承担1万元。

上诉理由

上诉人泰盛精化公司不服一审判决，向山东省高级人民法院提出上诉，请求撤销原审判决，驳回被上诉人汉高乐泰公司的诉讼请求，被上诉人汉高乐泰公司承担本案一、二审的诉讼费用。

上诉人泰盛精化公司的主要上诉理由如下：

1. 原审判决认定被上诉人汉高乐泰公司使用的“LOCTITE”胶黏剂、密封剂的系列包装、装潢为其商品特有的包装、装潢是不正确的。上诉人泰盛精化公司成立于1999年8月27日，2000年5月份生产，6月份销售，上诉人商品的包装、装潢是从市场上购买的。被上诉人汉高乐泰公司成立于1987年，其包装、装潢在使用前和使用后，也被同类厂家广泛使用，并不具有显著的区别性特征，不是被上诉人所特有。上诉人泰盛精化公司商品包装、装潢上面有自己醒目的商标，有相应的产品型号、图形和颜色，而且在型号前加有“TS”以示与其他企业产品区分，包装物背面装潢上有其厂名、地址、邮编、电话、传真、企业标准号等，不会与被上诉人汉高乐泰公司相关产品相混淆。原审法院认定被上诉人商品的包装、装潢为特有，没有任何依据，特别是没有经过法定职权部门认定其为特有。原判决以被上诉人使用比上诉人早为依据，即认定其为特有，与客观事实不符。胶黏剂、密封剂的包装和装潢是由该产品的性能、使用的方便性决定的，具有一定的科学性、合理性，系国内、国际上通用的包装和装潢，不是哪个公司或个人的专利产品和特有产品。

2. 原审判决认定上诉人使用的商品包装和装潢与被上诉人使用的商品包装、装潢相似，易造成购买者混淆和误认，其行为构成了对被上诉人的不正当竞争行为，是不正确的。上诉人的商品包装、装潢与被上诉人主张的七个类别商品的包装、装潢有明显区别。上诉人商品的包装、装潢与被上诉人的包装、装潢从五个主要部分比对，整体印象根本不相似，一般购买者施以普通注意力根本不发生误认，特别是商标部分很醒目。胶黏剂、密封剂系特殊商品，用于特定行业，使用单位在购买该商品时，不但要了解生产厂家，而且还要进行检测试验，根本不会使购买者混淆和误认。因此，原审判决认定“对原告和被告产品的包装、装潢进行对比，两者除了少数细节上的差别外，从整体上比对看，所表达的视觉中心部分及整体风格都极为相似，易造成相关购买者混淆和误认”毫无根据，且有明显的片面性。

3. 原审判决的赔偿数额40万元，一无事实根据，二无法律依据。若上诉人的行为构成不正当竞争，根据《反不正当竞争法》第二十条规定，赔偿经济损失的法律依据是经营者的损失或侵权人在侵权期间因侵权所得的利润。而本案中这两者均没有证据，被上诉人请求的赔偿数额应不予支持。

综上所述，上诉人认为，被上诉人使用的“LOCTITE”胶黏剂、密封剂系列包装、装潢为相关商品所通用，不属其特有，而且上诉人产品的包装、装潢与被上诉人产品的包装、装潢有显著的区别，从未造成购买者的混淆和误认。即使上诉人使用了被上诉人的包装、装潢，因上诉人主观上根本不知道自己的包装、装潢与被上诉人的包装、装潢相似，上诉人主观上没有过错。为了维护上诉人的合法权利，现依法提出上诉，请求二审查明事实，公正判决。

被上诉人汉高乐泰公司口头答辩称：

被上诉人的胶黏剂系列产品包装、装潢是特有的包装、装潢。液体螺纹锁固剂，结构胶，瞬干胶400产品，平面密封胶500产品，管螺纹密封剂500产品，圆柱形零件固持剂600产品，表面处理产品，这七个产品的包装装潢是被上诉人自己创造的，是特有的。上诉人认为胶黏剂行业内的产品必须具有通用的包装、装潢和颜色，这样的主张不能成立。

上诉人与被上诉人相同型号的产品是一致的，在装潢方面近似，在文字、图案以及文字图案的组合排列方面是相似的，易使相关公众造成混淆。

在赔偿损失方面，在上诉人侵权利益难以确定，被上诉人损失难以确定的情况下，应适用定额赔偿。

上诉人的侵权行为是比较严重的，在以前被上诉人所涉及的不正当竞争案件中都是单个产品侵权，而本案中上诉人是系列产品侵权，涉及40多个产品，上诉人利用被上诉人的商誉已达到了侵权获利的目的，被上诉人要求定额赔偿是有依据的。

二审查明事实

二审法院查明的事实与一审法院查明的事实基本相同。

二审判决及理由

根据上诉人泰盛精化公司的上诉及被上诉人汉高乐泰公司的答辩，二审法院认为该案的焦点问题是：1. 被上诉人汉高乐泰公司相关产品的包装装潢是否是知名商品特有包装装潢？2. 上诉人泰盛精化公司相关产品的包装装潢是否与被上诉人汉高乐泰公司相关产品的包装装潢近似，是否足以构成消费者的混淆误认？3. 一审法院酌定的赔偿数额是否妥当？

一、关于被上诉人汉高乐泰公司相关产品的包装装潢是否是知名商品特有包装装潢问题

在庭审中，上诉人泰盛精化公司对一审法院关于被上诉人汉高乐泰公司相关产品是知名商品的认定没有异议，二审法院予以确认被上诉人汉高乐泰公司涉案相关产品是知名商品。

上诉人泰盛精化公司认为被上诉人汉高乐泰公司相关产品的塑料色瓶不是特有的包装、装潢，而是由产品的性能所决定的通用的包装。为此提交如下证据：1.《胶粘剂技术与应用手册》一书，以此证明采用扁平状小包装有色塑料瓶是由产品的透气性、避光性的性能要求所决定的。采用有色塑料扁瓶的目的不是为了与其他厂商的同类产品加以区别，而是为了保证产品在至少一年内不发生质量劣变。2.《公证书》（2005）烟证

经字203号、204号、205号、206号，以此证明相关包装物在国际市场上的通用性。3. 证人董志双的证词，以此证明早在1995年旅顺经济开发区馨鑫塑料制品厂就为大连第二有机化工厂加工了扁性塑料色瓶。4. 大连第二有机化工厂入库单，以此证明1996年5月28日该厂使用了由旅顺经济开发区馨鑫塑料制品厂提供的340厌氧胶的塑料包装瓶。

被上诉人汉高乐泰公司对上述证据质证如下：1.《胶粘剂技术与应用手册》一书只是说明包装物的通常要求，至于是什么形状什么颜色可以千变万化，只要达到包装目的即可，不一定非得是红色扁平状。2. 系列公证书只是证明了国际市场的通用性，是否在国内销售没有证明。3. 证人董志双没有出庭作证，其证言不能作为有效证据使用，与之相关的大连第二有机化工厂的入库单，也不能证明早在1996年5月28日该厂就使用了由旅顺经济开发区馨鑫塑料制品厂提供的340庆氧胶的塑料包装瓶。

二审法院认为，《胶粘剂技术与应用手册》一书中只是说明厌氧胶应包装在能遮光的有色容器中，在小容器中比在大容器中贮存稳定性高，并未说明具体形状、具体颜色，上诉人泰盛精化公司关于被上诉人汉高乐泰公司相关产品的包装是由产品的性能所决定的通用的包装的上诉理由不能成立；公证书只是证明几个外国企业的相关包装物与被上诉人汉高乐泰公司相关产品的包装物相同，并不能证明在国际市场上的通用性，至于相关产品是否在国内销售上诉人并没有能够举证证明，因此，上诉人泰盛精化公司关于被上诉人汉高乐泰公司相关产品的包装物是国内通用的包装物的主张不能成立；董志双作为证人应出庭作证，其在未出庭作证的情况下，不能证明董志双的身份也不能证明其证词的真伪，因此，上诉人泰盛精化公司关于早在1996年5月28日大连第二有机化工厂使用了340厌氧胶的塑料包装瓶的主张也不能成立。

上诉人泰盛精化公司认为被上诉人汉高乐泰公司涉案产品的包装装潢已为国内同类产品所通用，不是被上诉人特有的包装、装潢。在包装、装潢已成为通用的情况下，消费者决不会以产品的包装装潢作为选择产品的依据，消费者在购买商品时应根据商标、生产厂家等情况来决定是否购买。为此提交如下证据：1. 烟台德邦化工有限公司发行的《工程密封胶粘剂》及宣传材料，其中刊登有200系列螺纹锁固剂、300系列结构胶、400系列瞬干胶、500系列平面密封胶、600系列圆柱形零件固持剂、700系列的表面处理产品与乐泰的相应产品包装相同、装潢相似；2.《Advanced Adhesive Systems》，其中刊登有AAS－S600系列圆柱形零件固持胶与乐泰600系列的圆柱形零件固持胶包装相同、装潢相似；3. 重庆科瑞胶业有限公司的《公司简介》；4. 回天胶业的《产品手册》；5.《GY系列庆氧胶使用手册》；6. 上海康达化工实验厂的出版物《康达化工》；7.《回天胶业产品选择指南》；8. 卡夫特密封胶介绍出版物；9.《昌德胶业》；10.《工程胶粘剂性能、选择及使用指南》；11.《上海康达宣传图片》；12.《碍耐特》；13. 厚泰产品介绍材料；14. 荷花牌系列厌氧胶、瞬干胶产品介绍；15.《鼎力密封剂》；16.《理念—产品选择指南》；17.《广研产品选择指南》；18.《安特工程密封剂》；19. 烟台东方胶业有限公司《简介》；20.《工业修补剂密封锁固剂》；21. 律师见证书及有关购买凭证，以此证明在国内的同一销售点销售的多个厂家的同类产品的包装装潢相同（相似）。上诉人泰盛精化公司以上述证据证明多个企业的包装装潢与被上诉人汉高乐泰公司相关产品的包装装潢相同或近似，从而证明相关产品的包装装潢是通用的包装装潢。

被上诉人汉高乐泰公司对上述证据的真实性没有异议，但认为全国生产类似产品的企业有几百家，上诉人泰盛精化公司仅举出有数的几家企业的宣传手册，从证明力上仍不能证明上诉人泰盛精化公司涉案产品的包装装潢已为国内同类产品所通用。

二审法院认为，商品的包装与装潢都属于商品标识，具有区别商品出处、表示商品质量和广告的作用，因此某一商品的包装与装潢一旦成为特有的包装装潢，就具有了可识别性的特征，这种可识别性特征往往是通过长期的使用，依靠其所标识的商品质量优异赢得了消费者的欢迎和信赖而获得的。上诉人泰盛精化公司欲证明被上诉人汉高乐泰公司相关产品的包装与装潢已成为通用的包装装潢，其识别功能已淡化不再具有识别商品的功能，其证明责任是很大的。通用的包装装潢是指在某一领域内其包装与装潢已被特定行业普遍使用，为交易者共同承认的包装与装潢。本案中上诉人泰盛精化公司只是举证了二十家企业的个别产品的包装与装潢与被上诉人汉高乐泰公司个别产品的包装与装潢近似，至于本领域内有多少生产厂家，涉案七类产品的包装与装潢通用的程度能占多少比例，交易者是否共同认可等情形，上诉人泰盛精化公司并没有能够举证证明，因而其尚不能达到证明涉案七类产品的包装与装潢已达到通用的程度。

综上，上诉人泰盛精化公司不能举证证明被上诉人汉高乐泰公司涉案相关产品的包装与装潢在被上诉人汉高乐泰公司使用之前他人就已使用，不能举证证明这种包装是由产品的性能所决定的，也不能举证证明这种包装与装潢已成为相关领域内通用的包装与装潢，因此一审法院关于被上诉人汉高乐泰公司涉案相关产品的包装与装潢是特有的包装装潢的认定是正确的。

二、关于上诉人泰盛精化公司相关产品的包装和装潢是否与被上诉人汉高乐泰公司相关产品的包装装潢近似，是否足以构成消费者混淆误认的问题

上诉人泰盛精化公司认为涉案产品的消费群体是机械制造等厂家，而不是普通的消费者，消费者购买厌氧胶用于生产，不但要根据需要选择相关牌号、型号，还要对批次产品的性能指标进行检验。决不会以包装装潢来确定选购，更不会因同类产品的包装相同或相似产品而构成混淆一错购。为此提交了 15 份相关产品购买者在购买产品时的检验报告。

被上诉人汉高乐泰公司认为相关产品的适用范围非常广，不仅仅用于机械制造等厂家，购买者在购买前进行相关检验不是必经程序，为此提交了中国胶粘剂工业协会提供的《情况说明》，《情况说明》证明相关产品在多个工业领域广泛使用，目前胶黏剂行业没有关于胶黏剂产品使用前必须进行检验的标准要求，而是由具体使用单位根据其自身情况决定是否进行检验及检验项目。

二审法院认为，胶黏剂适用领域广泛，不仅仅适用于机械制造行业，还广泛应用于

轻工、航天航空、电子电器、交通运输、医疗卫生等许多领域。中国胶粘剂工业协会的《情况说明》已证明目前胶黏剂行业没有关于胶黏剂产品使用前必须进行检验的标准要求，因此，上诉人泰盛精化公司关于涉案产品的消费群体要根据检验的指标才决定购买，因为消费群体的特殊性，即使包装与装潢相同或近似也不会造成消费者混淆的上诉主张不能成立。

一审法院从相关消费者的视角，通过整体比对和隔离观察的方法，认为上诉人泰盛精化公司生产的商标为“泰盛”的相应胶黏剂、密封剂七类产品，除产品以“泰盛TIGHTSEN”代替“LOCTITE”或“TIGHTSHEN”代替“LOCTITE”，及有产品在产品代号之前加上“TS”（如以“TS222”代替“222”）之外，其包装形状、底色、字体颜色、示意图、文字与示意图的排列等，都与被上诉人汉高乐泰公司相关产品特有的包装、装潢极为相似。两者除有少数细节上的差别外，所表达的视觉中心部分及整体风格都极为相似，易造成相关购买者的混淆和误认的判定正确，在上诉人泰盛精化公司没有提供新证据予以推翻的情况下，上诉人泰盛精化公司生产、销售与原告生产、销售的包装、装潢相近似的“泰盛”胶黏剂、密封剂的行为构成对被上诉人的不正当竞争行为。

三、关于一审法院的酌定赔偿数额是否妥当的问题

根据知识产权有关法律规定和最高人民法院有关审判精神，知识产权侵权案件中赔偿数额可以按照权利人因被侵权所受到的损失或者侵权人因侵权所获得的利益确定；被侵权人的损失或者侵权人因侵权所获得的利益难以确定的，人民法院可以根据权利人权利的类别、侵权恶意程度、侵权持续时间、侵权规模等因素合理酌定。本案中，由于被上诉人汉高乐泰公司无法提供其损失的数额，上诉人泰盛精化公司也拒绝提供其因侵权所获得的利润，一审法院根据上诉人泰盛精化公司生产相应产品的包装、装潢绝大多数与被上诉人汉高乐泰公司知名商品特有包装、装潢极为近似这一事实，结合上诉人泰盛精化公司侵权的时间、后果及汉高乐泰公司为本案支付的律师费、公证费、差旅费等诉讼支出的合理费用，酌定上诉人泰盛精化公司赔偿被上诉人汉高乐泰公司因侵权造成的损失40万元并无不妥，上诉人泰盛精化公司关于一审法院判赔数额过高的上诉理由不能支持。

综上，一审法院认定事实清楚，适用法律正确，上诉人泰盛精化公司几项上诉理由均不能成立，根据《民事诉讼法》第一百五十二条第一款之规定判决如下：

驳回上诉，维持原判。

二审案件受理费10 795元由上诉人泰盛精化公司承担。

案例34：香山公司与纳赛龙公司、西王公司仿冒知名商品名称、包装、装潢纠纷案

原告（上诉人）：宁夏香山酒业（集团）有限公司（以下称“香山公司”）
被告（被上诉人）：宁夏银川纳赛龙酒业有限公司（以下称“纳赛龙公司”）
被告（被上诉人）：宁夏西王啤酒饮料集团有限责任公司（以下称“西王公司”）

一审法院：银川市中级人民法院
一审案号：（2004）银民知初字第11号
一审合议庭成员：
一审结案日期：❶

二审法院：宁夏回族自治区高级人民法院
二审案号：（2005）宁民知终字第4号
二审合议庭成员：侯玉琦、白岩、刘银厚
二审结案日期：2005年9月21日

案由：仿冒知名商品特有名称、包装、装潢纠纷

关键词：知名商品，特有名称、包装、装潢，仿冒，混淆，误认

涉案法条

《反不正当竞争法》第五条第（二）项、第二十条
《民事诉讼法》第一百五十三条第一款第（三）项、第一百五十八条

争议焦点

- 知名商品是指在特定市场上具有一定知名度，为相关公众所知悉的商品。即通过从广告量、销售时间、销售量、市场占有率、声誉、公众知悉程度上，来看某种商品在一定范围的市场上是否具有一定的知名度，为相关公众所知悉，从而认定其为知名商品。
- 如果某种知名商品的名称、包装、装潢由某家生产经营者首先在市场使用，且自使用以来在广告促销、宣传报道、产品展示等方面均为该名称，同时依靠其产品良好

---

❶ 因未收集到银川市中级人民法院（2004）银民知初字第11号民事判决书，故一审合议庭成员及一审结案日期不明。

的质量受到消费者的认可，消费者逐渐将这种与其生产经营者联系到一起，成为特定生产经营者的产品标识，有别于其他同类产品，形成了显著的区别性特征，可认定该名称、包装、装潢为该生产经营者特有。

- 如果其名称、包装、装潢在整体印象、要部特征、色彩搭配方面均与他人生产、销售的商品相近似，使一般购买者施以普通注意力难以区分，足以产生误认或混淆，则其行为已构成仿冒他人生产、销售的知名商品名称、包装、装潢的不正当竞争，依法应承担相应的民事责任。

审判结论

一、撤销银川市中级人民法院（2004）银民知初字第11号民事判决；

二、被上诉人纳赛龙公司立即停止生产、销售与上诉人香山公司生产、销售的“宁夏红·枸杞酒”名称、包装、装潢相近似的“宁夏枸杞红酒”（椭圆瓶）。

三、销毁“宁夏枸杞红酒”（椭圆瓶）及其包装、装潢制品。

四、被上诉人纳赛龙公司于判决生效后10日内赔偿上诉人香山公司经济损失14万元。逾期支付承担法律责任。

五、驳回上诉人香山公司的其他诉讼请求。

一审案件受理费9 710元，二审案件受理费9 710元，上诉人香山公司各承担3 884元，被上诉人纳赛龙公司各承担5 826元。

起诉及答辩

原告香山公司诉称：纳赛龙公司、西王公司生产、经销的“纳赛龙”牌宁夏枸杞红酒仿冒其知名商品宁夏红·枸杞酒、枸杞红酒特有的名称、包装、装潢，二者名称近似、包装相同、装潢相似，造成消费者误认，以不正当竞争手段抢夺市场。请求判令纳赛龙公司、西王公司立即停止侵害行为，销毁侵权产品，向香山公司赔礼道歉；纳赛龙公司、西王公司赔偿给香山公司造成的经济损失49万元；赔偿香山公司因调查、制止侵权行为所支付的费用。

事实认定

宁夏红·枸杞酒、枸杞红酒系香山公司所属的宁夏香山中宁枸杞制品有限公司生产的产品。宁夏红·枸杞酒2001年9月18日上市，枸杞红酒2002年10月28日上市。宁夏红·枸杞酒上市后，在区内具有一定的知名度和保有一定的市场占有率。2002年9月和12月，宁夏红·枸杞酒获宁夏金秋食品节组委会授予的“宁夏畅销食品”和宁夏放心食品工程领导小组授予的“宁夏地产品牌放心食品”证书。2003年6月和9月，该酒获得中国名牌产品市场保护调查所授予的“2003年度中国知名品牌”证书、宁夏名牌战略推进委员会和质量技术监督局授予的“2003—2006年宁夏名牌产品”证书。2002年12月30日，中卫县工商局作出宁夏红枸杞酒属知名商品，其名称、包装、装潢特有的认定。

2002 年 10 月 29 日，纳赛龙公司与西王公司签订《委托加工合同》，约定西王公司接受纳赛龙公司的委托加工生产“纳赛龙”牌宁夏枸杞红酒，根据纳赛龙公司对酒的质量、数量需要进行加工生产，包装物由纳赛龙公司订购，西王公司负责保管；委托加工产品的商标、酒瓶包装如出现法律纠纷与西王公司无关，由纳赛龙公司负责处理。纳赛龙公司委托西王公司生产的“纳赛龙”牌宁夏枸杞红酒于 2002 年 11 月份上市，并销往宁夏、四川、湖北、江西等地，香山公司认为其有仿冒之嫌。于 2002 年 12 月 5 日向原中卫县人民法院提起诉讼，认为纳赛龙公司、西王公司生产、经销的“纳赛龙”牌宁夏枸杞红酒仿冒其知名商品宁夏红·枸杞酒、枸杞红酒特有的名称、包装、装潢，二者名称近似、包装相同、装潢相似，造成消费者误认，以不正当竞争手段抢夺市场。请求判令纳赛龙公司、西王公司立即停止侵害行为，销毁侵权产品，向香山公司赔礼道歉；纳赛龙公司、西王公司赔偿给香山公司造成的经济损失 49 万元；赔偿香山公司因调查、制止侵权行为所支付的费用。

上述事实，有双方当事人提供的宁夏红·枸杞酒、枸杞红酒实物、照片；“纳赛龙”牌宁夏枸杞红酒实物、照片；宁夏红·枸杞酒获奖证书；中卫县工商局认定书；香山公司与相关公司签订的《广告发布业务合同》及广告费支出明细表；宁夏红枸杞酒、枸杞红酒销售发票和“纳赛龙”牌宁夏枸杞红酒销售发票；《委托加工合同》；证人证言；当事人陈述等证据予以证明，一审法院予以认定。

一审判决及理由

宁夏红·枸杞酒属知名商品，其名称、包装、装潢特有。枸杞红酒尚不具备知名商品的必要条件，不属知名商品。

宁夏红·枸杞酒与“纳赛龙”牌宁夏枸杞红酒的名称不同，在瓶贴、包装盒的装潢设计上，虽然材质相同、底色相近，但文字的字体、排序和图案的内容及文字和图案的组合均有差异，整体视觉印象上不相近似，在普通消费者施以一般注意力的情况下是可以辨别的；枸杞红酒与“纳赛龙”牌宁夏枸杞红酒的名称、包装、装潢有明显区别。“纳赛龙”牌宁夏枸杞红酒使用的酒瓶与宁夏红·枸杞酒、枸杞红酒所使用的酒瓶虽相近似，但消费者对同类商品的辨认是通过整体视觉差异来识别的，仅酒瓶形状近似尚不至于产生误认。被告纳赛龙公司、被告西王公司生产的宁夏枸杞红酒的名称、包装、装潢并未构成对原告香山公司生产的宁夏红·枸杞酒、枸杞红酒的名称、包装、装潢的仿冒，原告香山公司的主张不能成立。

依照《反不正当竞争法》第五条第（二）项规定，判决：

驳回原告香山公司的诉讼请求。

案件受理费 9 710 元由原告香山公司负担。

上诉理由

香山公司不服一审判决，向宁夏回族自治区高级人民法院提起上诉，请求二审法院撤销原判，将本案裁定移送中卫市中级法院一审审理，或查清事实后改判。

香山公司的上诉理由是：

1. 原审认定事实不清，证据不足。

（1）上诉人的商品名称为宁夏红·枸杞酒，被上诉人的商品名称为宁夏枸杞红酒，两种商品名称相近似；酒瓶形状、规格型号、包装材质完全相同；瓶贴装潢上的色彩搭配、图案文字组合上存在相同和相近之处，使消费者施以一般视觉较难区分，构成仿冒；

（2）上诉人出示的证据8证明上诉人生产、销售的宁夏红·枸杞酒属知名商品，为上诉人所特有。被上诉人生产、销售的宁夏枸杞红酒的名称和上诉人完全相同，包装使用的酒瓶、包装盒子材质、规格型号和上诉人的完全相同，瓶贴、包装盒的色彩组合、图文搭配与上诉人的相同和相近，导致消费者混淆，构成仿冒。

2. 原审判决驳回上诉人诉讼请求不当。

3. 吴忠中院以本案属专利纠纷为由撤销原中卫县法院一审判决，将本案移送银川中院审理，程序违法，仿冒知名商品特有名称、包装、装潢纠纷属不正当竞争纠纷，本案侵权行为地、结果地均在中卫。

庭审中，香山公司递交补充上诉状，补充上诉理由主要为：原判关于被上诉人的“纳赛龙”牌宁夏枸杞红酒的名称、包装、装潢未构成对知名商品宁夏红·枸杞酒的仿冒的认定，缺乏事实依据，违反法律规定。被控侵权的“宁夏枸杞红酒”的名称、包装、装潢与香山公司的“宁夏红·枸杞酒”相似，足以且业已引起相关公众（购买者）产生误认，应认定其仿冒侵权成立。原判认定香山公司生产的“枸杞红酒”不属知名商品，并进而认定“纳赛龙”牌宁夏枸杞红酒（圆瓶）的名称、包装、装潢与“枸杞红酒”不相同或近似，缺乏事实依据，违反法律规定。

纳赛龙公司、西王公司服从原审判决。

二审查明事实

二审法院与一审法院查明的事实基本相同。

二审判决及理由

知名商品是指在特定市场上具有一定知名度，为相关公众所知悉的商品。

宁夏红·枸杞酒自面市以来，通过多种媒介对该产品进行了大量的广告促销和广泛的宣传报道，仅2002年的广告宣传费就为3 300多万元，产品销往区内外十多省，具有一定的销售规模，其质量也得到政府质监部门的肯定，较受消费者欢迎、信赖，在一定范围的市场上具有一定的知名度，为相关公众所知悉，应认定为知名商品。“枸杞红酒”与宁夏红·枸杞酒相比，其在广告量、销售时间、销售量、市场占有率、声誉、公众知悉程度上均有较大差别，不应认定为知名商品。

宁夏红·枸杞酒是地名、颜色、通用名称的组合，由上诉人香山公司首先在市场使用，且自使用以来在广告促销、宣传报道、产品展示等方面均凸显宁夏红·枸杞酒名称，同时依靠其产品良好的质量受到消费者的认可，消费者逐渐将宁夏红·枸杞酒与其生产经营者联系到一起，成为特定生产经营者的产品标识，有别于其他同类产品，形成了显著的区别性特征，可认定其名称、包装、装潢特有。

将“纳赛龙”牌宁夏枸杞红酒与上诉人香山公司生产的宁夏红·枸杞酒进行比对。在名称方面，二者起主要识别作用的均是“宁夏红”三字，在隔离状态下比对，二者极易引起消费者混淆。二者名称的共同特征为（1）名称字数为六个；（2）名称组成要素相同；（3）名称的文字排列组合相似。二者的主要不同之处在于“红”字所在的具体位置，在一般消费者施以普通注意力的情况下，这种差异是容易被忽略的，容易引起误认。从隔离观察来看，一般消费者可能只知道其中知名度较高的商品存在，在大脑没有准确参考对比信息的情况下，二者的误认可能性是存在的。在装潢方面，二者存在以下共同点：（1）外包装装潢主色调相同，均为正红色；（2）用色种类及颜色分布对象基本一致；（3）布图构思内容基本相同，均为红底色，黑字体，白线条，山水背景，在整体视觉上相近似。对二者装潢进行要部比对，最具识别作用的主要部分均是红色背景、黑色字体和白色线条。其中，“纳赛龙”牌宁夏枸杞红酒的外盒和瓶贴采用了与宁夏红·枸杞酒相同的红底色；“宁夏枸杞红”五字相对突出，字体颜色也是黑色；文字周围也有白色线条图案；外盒和瓶贴下方也有较为浅淡的山水背景。在装潢设计构思上，前者对后者在主观上存在靠近故意，在字体、山水背景、线条图案等方面的差别不能起到让一般消费者在隔离状态下正确选购商品的作用。在包装方面，二者外包装盒的尺寸、规格、材质、颜色、构图均相近似；内瓶包装中酒瓶形状相同，足以引起一般消费者混淆、误认。

综上所述，“宁夏红·枸杞酒”属知名商品，其名称、包装、装潢为其特有，应受法律保护，“枸杞红酒”不具备知名商品的必要条件，不属知名商品，原判的这一认定正确。

被上诉人纳赛龙公司生产、销售的“宁夏枸杞红酒”（椭圆瓶）的名称、包装、装潢在整体印象、要部特征、色彩搭配方面与上诉人香山公司生产、销售的“宁夏红·枸杞酒”相近似，使一般购买者施以普通注意力难以区分，足以产生误认或混淆，其行为已构成仿冒上诉人香山公司生产、销售的“宁夏红·枸杞酒”的名称、包装、装潢的不正当竞争，依法应承担相应的民事责任。被上诉人西王公司受被上诉人纳赛龙公司委托加工，在合同中约定相关法律责任由被上诉人纳赛龙公司承担，故被上诉人西王公司不承担民事责任。

原判认定被上诉人纳赛龙公司生产、销售的“宁夏枸杞红酒”（椭圆瓶）的名称、包装、装潢不构成对上诉人香山公司生产、销售的“宁夏红枸杞酒”的名称、包装、装潢的仿冒系认定事实错误，应予纠正。

依照《反不正当竞争法》第五条第（二）项、第二十条、《民事诉讼法》第一百五十三条第一款第（三）项、第一百五十八条之规定，判决如下：

一、撤销银川市中级人民法院（2004）银民知初字第11号民事判决；

二、被上诉人纳赛龙公司立即停止生产、销售与上诉人香山公司生产、销售的“宁夏红·枸杞酒”名称、包装、装潢相近似的“宁夏枸杞红酒”（椭圆瓶）。

三、销毁“宁夏枸杞红酒”（椭圆瓶）及其包装、装潢制品。

四、被上诉人纳赛龙公司于判决生效后10日内赔偿上诉人香山公司经济损失14万元。逾期支付承担法律责任。

五、驳回上诉人香山公司的其他诉讼请求。

一审案件受理费9 710元，二审案件受理费9 710元，上诉人香山公司各承担3 884元，被上诉人纳赛龙公司各承担5 826元。

案例35：正茂塑胶与远洋塑料侵犯知名商品特有名称、包装、装潢纠纷案

原告（上诉人）：福建正茂塑胶制品有限公司（以下称“正茂塑胶”）
被告（被上诉人）：福州远洋塑料用品有限公司（以下称“远洋塑料”）

一审法院：福州市中级人民法院
一审案号：（2006）榕民初字第12号
一审合议庭成员：阮秀全、陈跃芳、张卫民
一审结案日期：2006年4月5日

二审法院：福建省高级人民法院
二审案号：（2006）闽民终字第314号
二审合议庭成员：吴新民、陈一龙、黄从珍
二审结案日期：2006年6月21日

案由：擅自使用知名商品特有名称、包装、装潢纠纷

关键词：知名商品，特有名称、包装、装潢，专利，特有

涉案法条

《反不正当竞争法》第五条第（二）项
《民事诉讼法》第六十四条第一款、第一百五十三条第一款第（一）项
《最高人民法院关于民事诉讼证据的若干规定》第二条、第三十四条

争议焦点

- 所谓“知名商品”，是指在特定的市场范围内为相关公众普遍知悉的商品。人民法院在认定知名商品时，通常应考虑该商品在市场上销售时间的长短、销售区域、销售额和市场占有率，以广告或其他方式宣传该商品的资金投入、持续时间、程度和地理范围，该商品曾经被行政主管机关或者人民法院认定为知名商品记录等因素进行综合判断。
- 经营者不得擅自使用知名商品特有的名称、包装、装潢，或者使用与知名商品近似的名称、包装、装潢，造成和他人的知名商品相混淆，使购买者误认为是该知名商

品的不正当手段从事市场交易，损害竞争对手。

- 主张其知名商品的名称、包装、装潢受侵犯的，应对其产品为知名商品及其产品装潢的特有性进行举证或者说明，举证不能或者举证不充分的，法院对其主张不予支持。

审判结论

驳回原告福建正茂塑胶制品有限公司的诉讼请求。

本案一审案件受理费，由正茂塑胶负担。

二审判决驳回上诉，维持原判。

本案二审案件受理费人民币 10 090 元，由正茂塑胶负担。

起诉及答辩

原告正茂塑胶诉称：该公司于 1998 年 6 月正式投产，生产各种塑胶产品，为中国最完整之塑胶注塑工厂。企业名列 2004 年福建省日用塑料杂品制造行业榜首。被告远洋塑料是从事塑胶及生活日用品开发、设计、制造的民营企业。

原告与被告同属于福建省福州地区，且生产的产品类型、销售渠道、销售对象也基本相同，双方具有直接的、完全的竞争关系。原告投入大量的人力、物力、财力精心设计、生产"home by"牌 C－300 型和 C－500 型"快意轮式收纳箱"系列产品。本产品的"多功能卡式滑轮装置"、"智能多用途盖子扣紧装置"于 2001 年 11 月 29 日申请实用新型专利（专利号为 01275397.1 和 01275396.3），本产品外观也同时申请了外观设计专利（专利号为 01357959.2）。本产品于 2002 年 7 月生产并投入市场，投入市场以来，深受消费者喜爱，享有良好的声誉，供不应求，成为知名商品。

目前市场上有大量仿冒原告知名"home by"牌 C－300 型和 C－500 型"快意轮式收纳箱"系列产品的同种类产品，均为被告生产，为"CHAHUA"牌 CH－1、CH－4、CH－5 系列轮式收纳箱。这些产品的名称、包装、装潢、外观设计和全部技术特征和原告生产的"home by"牌 C－300 型和 C－500 型"快意轮式收纳箱"系列产品一致，造成众多普通消费者的误认，直接导致原告市场份额的损失，严重损害了原告和众多普通消费者的合法权益，扰乱了公平正当的市场竞争秩序，构成了不正当竞争。

原告请求判令被告：1. 立即停止生产和销售轮式收纳箱系列不正当竞争产品；2. 就其不正当竞争行为向原告公开赔礼道歉；3. 向原告赔偿 50 万元的损失和就本案的合理支出费用 8 000 元，以上共计人民币 50.8 万元；4. 本案诉讼费用全部由被告承担。

被告远洋塑料辩称：该公司的产品有良好的市场占有率，为公众所知晓并信赖，原告未提供任何证据证实其"home by"品牌为"全国知名品牌"，且未提供任何证据证明被告在开发、生产、销售自身产品过程中使用了原告产品特有的名称、包装、装潢。被告生产、销售的是产品编号"CH"是本公司注册商标"茶花"拼音的缩写，被告将讼争产品投放市场的时间早于原告产品投放时间，该产品名称"收纳箱"名称早于原告产品投放市场之前即进入公知领域，该名称不具有原创性，更不具有独占权。该公司在开发、生产、销售自身产品的过程中，未采用任何不正当手段从事市场交易，损害原告利益，原告的诉讼请求应予以驳回。

事实认定

原告正茂塑胶的经营范围之一为“生产各类家用塑料制品”，其自认于2002年7月开始生产“home　by”牌C－300型和C－500型“快意轮式收纳箱”系列产品并投入市场，该系列产品于2001年11月29日同时申请了的“多功能卡式滑轮装置”“智能多用途盖子扣紧装置”实用新型专利（专利号为ZL01275397.1和ZL01275396.3）和“带有滑轮的整理箱”外观设计专利（专利号为ZL01357959.2）。2002年9月之后原告生产的该讼争系列产品的销售额为人民币14 632.08元。

被告远洋塑料的经营范围之一为“塑料日用制品”，其拥有第3048562号“茶花Cha Hua”和第3048566号“CHA HUA”注册商标，核定使用商品为第20类，注册的有效期限自2004年2月7日至2014年2月6日。被告在原告“home　by”牌C－300型和C－500型“快意轮式收纳箱”系列产品投入市场之前的2002年2月2日即生产、销售CH系列收纳箱。

福建省知识产权局出具检索报告证明名称为“一种收纳箱盒”的实用新型专利和名称为“物品收纳箱”的外观设计专利分别于1998年3月19日和2001年2月22日申请了专利，并在之后获得了专利。

原告正茂塑胶与被告远洋塑料同属于福建省福州地区，原告于2005年6月27日在福州地区市场上购买到被告生产的收纳箱，其认为被告生产的CH系列收纳箱产品的名称、包装、装潢、外观设计和全部技术特征和该公司生产的“home　by”牌C－300型和C－500型“快意轮式收纳箱”系列产品一致，造成众多普通消费者的误认，构成了不正当竞争，遂向一审法院起诉。

一审判决及理由

本案的争议焦点为：原告正茂塑胶生产的“home　by”牌C－300型和C－500型“快意轮式收纳箱”系列产品是否“知名商品”？被告远洋塑料生产、销售CH系列收纳箱的行为是否构成不正当竞争？

原告正茂塑胶认为其生产的上述系列产品有三项专利，在投入市场以来，深受消费者喜爱，享有良好的声誉，供不应求，应属于知名商品。被告远洋塑料生产、销售的CH系列收纳箱的名称、包装、装潢和该公司生产上述知名商品一致，造成众多普通消费者的误认，构成不正当竞争。原告正茂塑胶提供了《商品采购合同》、增值税专用发票和销货清单等证据，证明原告正茂塑胶该讼争产品的市场销售等情况。

被告远洋塑料认为原告正茂塑胶未提供任何证据证实其“home　by”品牌为“全国知名品牌”，其生产、销售CH系列收纳箱的行为不构成不正当竞争。被告远洋塑料提供了福建省知识产权局的检索报告等证据证实“收纳箱”并非讼争产品的名称。

一审法院认为《反不正当竞争法》第五条第（二）项所称的“知名商品”，是指在特定的市场范围内为相关公众普遍知悉的商品。人民法院在认定知名商品时，通常应考虑该商品在市场上销售时间的长短、销售区域、销售额和市场占有率，以广告或其他方式宣传该商品的资金投入、持续时间、程度和地理范围，该商品曾经被行政主管机关或者人民法院认定为知名商品记录等因素进行综合判断。

根据原告正茂塑胶提供的有效证据证明“home by”牌 C－300 型和 C－500 型“快意轮式收纳箱”系列产品的销售额为 14 632.08 元，原告正茂塑胶自认其该产品的销售开始时间为 2002 年 7 月，原告正茂塑胶未对其他方面进行举证。从原告正茂塑胶提供的证据来看无法认定其生产“home by”牌 C－300 型和 C－500 型“快意轮式收纳箱”系列产品为知名商品。因原告正茂塑胶的产品无法认定是知名商品，“收纳箱”并非讼争产品的特有名称，且被告远洋塑料生产 CH 系列收纳箱的时间早于原告正茂塑胶，被告远洋塑料的行为不构成不正当竞争。

综上，一审法院认为根据《反不正当竞争法》第五条第（二）项之规定：“经营者不得擅自使用知名商品特有的名称、包装、装潢，或者使用与知名商品近似的名称、包装、装潢，造成和他人的知名商品相混淆，使购买者误认为是该知名商品的不正当手段从事市场交易，损害竞争对手”。本案构成不正当竞争的指控能否成立的关键在于原告正茂塑胶生产的“home by”牌 C－300 型和 C－500 型“快意轮式收纳箱”系列产品是否“知名商品”，从原告正茂塑胶提供的证据来看无法认定其生产的该系列产品为知名商品，“收纳箱”并非讼争产品的特有名称，且原告正茂塑胶自认该系列产品投入市场的时间为 2002 年 7 月，而被告远洋塑料提供的证据表明其 CH 系列收纳箱投入市场的时间早于原告正茂塑胶，被告远洋塑料的行为不构成不正当竞争。

依照《反不正当竞争法》第五条第（二）项、《民事诉讼法》第六十四条第一款、《最高人民法院关于民事诉讼证据的若干规定》第二条的规定，判决如下：

驳回原告正茂塑胶的诉讼请求。

本案案件受理费人民币 10 090 元，由原告正茂塑胶负担。

上诉理由

正茂塑胶不服一审判决，向福建省高级人民法院提起上诉，请求：1. 撤销原审判决，依法予以裁判；2. 判令被上诉人承担本案的上诉费用及合理的诉讼支出。

正茂塑胶的上诉理由是：

1. 原审法院认定“被上诉人生产的 CH 系列收纳箱投入市场的时间早于上诉人”的事实有误。

①被上诉人提供的第 1214594 号商标注册证的核定使用商品仅限于“蝇拍”，并不能用于塑料制品上。

②被上诉人提供的第 3048562 号和第 3048566 号商标注册证，其核定使用商品虽均

为第20类，但注册有效期均为自2004年2月7日至2014年2月6日止。这些证据充分表明被上诉人不可能于2002年2月起就将CH（茶花）系列收纳箱投入市场。

③被上诉人提供的00330542号福建省增值税专用发票及销售货物清单是虚假的，因为该份证据中“销货清单”并未在税务部门备案，其真实性无从可考；“增值税专用发票”和“销货清单”要么全部都是手写，要么全部都是电脑打印，而该份证据中的“福建省增值税专用发票”系电脑打印，而“销货清单”中的“开票日期”和“增值税发票号码”则是手写，显然，“销货清单”系属事后伪造的。原审法院认定该份证据是真实的，显然是错误的。即便被上诉人提供的该证据是真实的，也与本案无关。它只能证明被上诉人自2002年2月起开始销售CH－B和CH－C收纳箱，并不能证明被上诉人早在2002年2月起就已开始销售本案涉及的CH－4收纳箱，因为对上诉人C－300型和C－500型“快意轮式收纳箱”构成仿冒的是被上诉人的CH－4收纳箱。上诉人向法院起诉后，被上诉人的法定代表人陈光生亲自来福清登门请求和解的行为已可证明被上诉人的侵权。

2. 一审法院认定上诉人生产的“home　by”C－300型和C－500型“快意轮式收纳箱”不是知名商品是错误的。

1999年正烽实业股份有限公司将“home　by”及图商标（第1273103号商标注册证）许可给上诉人使用，许可期限为自1999年8月13日至2009年5月13日，并经商标局备案。上诉人自1999年8月将该商标用于生产、销售的产品上，上诉人产品优良，知名度高。上诉人被评为福州地区百强重点企业之一。上诉人生产的C－300型和C－500型“快意轮式收纳箱”于2002年7月就开始生产并投入市场，销往国内各大城市及海外市场。由于该系列产品方便适用、价格合理，在广大消费者中享有良好的声誉。上诉人的C－300型和C－500型“快意轮式收纳箱”虽未被人民法院或工商行政主管部门认定为知名商品，但依据《关于禁止仿冒知名商品特有的名称、包装、装潢的不正当竞争行为的若干规定》第四条“商品的名称、包装、装潢被他人擅自作相同或者近似使用，足以造成购买者误认的该商品即可认定为知名商品。”的规定，应推定上诉人的产品为知名商品。原审法院未适用此规定认定上诉人生产的C－300型和C－500型“快意轮式收纳箱”为知名商品，是错误的。

在二审庭审中，上诉人正茂塑胶认为，被上诉人所使用的“收纳箱”产品名称不构成不正当竞争，被上诉人远洋塑料的不正当竞争行为是对正茂塑胶产品形状、色彩及其排列的模仿。

被上诉人远洋塑料未提供书面答辩，在二审庭审中辩称：根据正茂塑胶的诉讼请求及“事实与理由”，本案的焦点是远洋塑料是否有“擅自使用知名产品特有的名称、包装、装潢，或者使用与知名商品近似的名称、包装、装潢，造成混淆”的不正当竞争行为。但正茂塑胶未对其涉案商品是“知名产品”进行举证。远洋塑料没有使用正茂塑胶的商品名称、包装及装潢。正茂塑胶提供的企业荣誉称号及“收纳箱”产品申请专利的材料与本案不正当竞争诉讼没有关联性。因此请求驳回正茂塑胶的上诉请求。

二审查明事实

二审法院与一审法院查明的事实基本相同。

二审法院另外查明如下事实：根据正茂塑胶在原审提供的双方产品的照片可以看出，正茂塑胶的 C－300 收纳箱与远洋塑料 CH－4 收纳箱在外观和形状基本一样，且均在上盖中部和箱体侧面贴有产品名称、型号、商品条形码等内容的粘贴纸，但产品颜色、粘贴纸上的文字、图案、颜色以及他们之间的组合均不相同。

在二审庭审中，正茂塑胶提供了 C－300 型、C－500 型收纳箱和 CH－4 收纳箱实物，以及 2003 年至 2005 年度 C－300 型、C－500 型收纳箱销售情况表及清单等。远洋塑料认为这些证据材料已超过举证期限，不予质证。二审法院对此认为，这些证据在一审举证期限内已为正茂塑胶掌握，在一审审理中正茂塑胶没有将这些证据提交，且这些证据无法实质性地改变一审认定的事实，因此，根据《最高人民法院关于民事诉讼证据的若干规定》第三十四条的规定，视为正茂塑胶放弃举证权利。这些证据不能作为本案二审的新的证据。

二审判决及理由

根据起诉状的诉讼请求以及相应的事实和理由，上诉人正茂塑胶是以被上诉人远洋塑料生产的 CHAHUA 牌 CH－1、CH－4、CH－5 系列轮式收纳箱使用了与其“home by”牌 C－300 型和 C－500 型“快意轮式收纳箱”的名称、包装、装潢、外观设计和全部技术特征为由，认为被上诉人远洋塑料对其构成不正当竞争的。在二审庭审中，上诉人正茂塑胶已经表示使用“收纳箱”产品名称不构成不正当竞争。而在诉讼中，上诉人正茂塑胶没有对“收纳箱”产品的包装进行举证，所以，收纳箱的包装不构成不正当竞争。

上诉人正茂塑胶在诉讼中也没有对其产品装潢的特有性进行举证或者说明。在二审庭审中，上诉人正茂塑胶提出，被上诉人远洋塑料的收纳箱在形状、色彩及其组合上与其相同，构成不正当竞争。对此二审法院认为，上诉人正茂塑胶收纳箱产品的形状和线条均是常见的组合，并没有体现出明显的特有特征；其产品色彩也并非固定的、特有的，是可以任意调换或者组合的。另外，被上诉人远洋塑料在收纳箱产品上使用的装潢贴纸与上诉人正茂塑胶使用在收纳箱上的装潢贴纸在文字、图案、色彩及其组合均不一样。因此，上诉人正茂塑胶有关被上诉人远洋塑料侵犯其收纳箱产品装潢的意见，不予采纳。

综上，被上诉人远洋塑料产品的名称、包装、装潢与上诉人的产品名称、包装、装潢相比较均不能构成不正当竞争的要素，因而，上诉人正茂塑胶的“home by”牌C－300 型和 C－500 型“快意轮式收纳箱”是否为知名产品已没进行认定的必要。上诉人正茂塑胶上诉请求事实和法律依据不足，不予支持。原审认定事实清楚，适用法律正确，依照《民事诉讼法》第一百五十三条第一款第（一）项的规定，判决如下：

驳回上诉，维持原判。

本案二审案件受理费人民币 10 090 元，由上诉人正茂塑胶负担。

案例36：江口醇酒业公司与诸葛酿酒公司、千年酒业公司、永超超市仿冒知名商品特有名称、包装、装潢纠纷案

原告（被上诉人、再审被申请人）：四川江口醇酒业（集团）有限公司（以下称“江口醇酒业公司”）

被告（上诉人、再审申请人）：四川诸葛酿酒有限公司（以下称“诸葛酿酒公司”）

被告（上诉人、再审申请人）：泸州千年酒业有限公司（以下称“千年酒业公司”）

被告：湛江开发区永超超市（以下称“永超超市”）

一审法院：广东省湛江市中级人民法院

一审案号：（2004）湛中法民四初字第3号

一审合议庭成员：

一审结案日期：❶

二审法院：广东省高级人民法院

二审案号：（2006）粤高法民三终字第95号

二审合议庭成员：王恒、欧丽华、潘奇志

二审结案日期：2006年10月27日

再审法院：最高人民法院

再审案号：（2007）民三监字第15-1号

再审合议庭成员：于晓白、殷少平、夏君丽

再审结案日期：2009年1月16日

案由：仿冒知名商品特有名称、包装、装潢纠纷

关键词：知名商品，特有名称、包装、装潢，仿冒，近似，混淆，在先使用权

涉案法条

《反不正当竞争法》第五条第（二）项、第二十条

---

❶ 因未收集到广东省湛江市中级人民法院（2004）湛中法民四初字第3号民事判决书，故一审合议庭成员及一审结案日期不明。

《民法通则》第一百三十四条第一款第（一）、（七）、（九）项

《民事诉讼法》第一百五十三条第一款第（一）项、第一百五十八条、第一百七十九条、第一百八十一条第一款

《最高人民法院关于涉及注册商标授权争议的注册商标专用权利冲突纠纷的函复》

争议焦点

- 一方以仿冒知名商品名称、包装、装潢导致不正当竞争为由提起诉讼，一方以商标侵权纠纷为由向另一法院提起反诉，两个案件性质、案由不同，诉讼标的也不同，故属于不同的诉讼，不属于以同一事实、理由的重复诉讼，在程序上并不违反一事不再理的诉讼原则。
- 所谓仿冒知名商品名称、包装、装潢的不正当竞争行为，是指擅自将他人知名商品特有的商品名称、包装、装潢作相同或者近似使用，造成与他人知名商品相混淆，使购买者误认为或足以使购买者误以为是该知名商品的行为。仿冒知名商品名称、包装、装潢的不正当竞争行为，必须同时具备以下条件：1. 被冒仿的商品必须是“知名商品”；2. 被冒仿的商品名称、包装、装潢必须为知名商品所特有；3. 对知名商品特有的名称、包装和装潢擅自作相同或者近似的使用；4. 造成与知名商品相混淆，使购买者误以为是该知名商品。
- 所谓知名商品，是指在市场上具有一定知名度，为相关公众所知悉的商品。商品的名称、包装、装潢被他人擅自作相同或近似使用，足以造成购买者误认的，该商品即可以认定为知名商品。在实践中对知名商品的判断，可以通过综合考察商品的销售地区、数量、时间、产品质量、售后服务及广告宣传、获奖情况等原因予以分析认定。
- 被仿冒的商品名称、包装、装潢必须为知名商品所特有，一是看该商品名称、包装和装潢是否具有显著区别性特征，即是否具有特殊性和独创性。二是在时间上，必然是权利人对特有的商品名称、包装和装潢使用在先，冒仿者必然使用在后。
- 对使用与知名商品近似的名称、包装和装潢，可以根据主要部分和整体印象相近，一般购买者施以普通注意力会发生误认等综合分析认定。一般购买者已经发生误认或者混淆的，可以认定为近似。
- 商业标识的保护，并不绝对以注册作为必要条件。对商业标识的保护有强弱之分，主要取决于某一具体的商业标识自身的“独创性”和“显著性”的强弱。显著性强，保护就会大一些，反之，显著性弱一些，保护范围就会少些。
- 知名商品名称与注册商标的冲突及保护问题，尽管现行法律、行政法规并无明确规定，但是应当考虑的一个标准是：权利在先原则。首先，要看谁的商品名称使用在先，应当保护在先使用的权利；其次，还要看行为人在主观上是否存在着侵权的恶意，即谁在追求把两个不同的商品混淆起来，造成商品的区分度降低。

审判结论

一、被告永超超市于一审判决生效之日起立即停止销售擅自使用原告江口醇酒业公司“诸葛酿”酒知名商品所特有名称及近似包装、装潢的商品的行为；

二、被告诸葛酿酒公司和被告千年酒业公司于一审判决生效之日起立即停止生产及销售擅自使用原告江口醇酒业公司“诸葛酿”酒知名商品所特有的名称及近似的包装、装潢的商品的行为，并回收和清除在市场上流通的侵权产品；

三、被告诸葛酿酒公司、被告千年酒业公司于一审判决生效之日起10日内共同赔偿原告江口醇酒业公司经济损失30万元，并相互承担连带责任；

四、被告诸葛酿酒公司、被告千年酒业公司、被告永超超市自判决生效之日起30日内在《羊城晚报》《南方都市报》上发表声明，消除因其侵权行为给原告江口醇酒业公司造成的不良影响（声明内容须经一审法院审核，逾期不履行，一审法院将在该报上公开一审判决内容，费用由被告诸葛酿酒公司、被告千年酒业公司负担）。

五、对原告江口醇酒业公司的其他诉讼请求不予支持。

一审案件受理费1.1万元，由被告诸葛酿酒公司、被告千年酒业公司共同负担。

二审判决驳回上诉，维持原判。

二审案件受理费人民币1.1万元，由上诉人诸葛酿酒公司、上诉人千年酒业公司共同负担。

再审裁定驳回申请再审人四川诸葛酿酒有限公司、泸州千年酒业有限公司的再审申请。

一审事实认定

江口醇酒业公司原为平昌县江口醇酒厂，1995年更名为四川平昌江口醇酒厂，2000年8月更名为四川省江口醇酒厂，2002年3月企业改制成立四川江口醇酒业（集团）有限公司。经开发、宣传，1999年6月初，江口醇酒业公司将“诸葛酿”酒推向市场。为推广产品，2001年江口醇酒业公司在香港亚洲电视有限公司和广东电视台为“诸葛酿”酒做推广宣传活动；2001~2004年，江口醇酒业公司在有关媒体推广宣传，委托广告公司制作“诸葛酿”酒的墙体广告和电脑喷画。2002年12月，江口醇酒业公司的诸葛酿酒被广州酒类行业协会、信息时报社评为“2002年深受广州市民欢迎的白酒类品牌”“2002年深受广州市民欢迎的酒类评选活动十大新锐酒品”；2003年，仙乐诸葛牌诸葛酿白酒被四川省人民政府授予四川省名牌产品称号；2004年1月6日，江口醇酒业公司生产的诸葛酿白酒在川办发（2004）2号文件《四川省人民政府办公厅转发省质监局关于确认第六届四川名牌产品意见的通知》中被确认为“第六届四川名牌产品”；2003年12月，江口醇酒业公司的诸葛酿酒被广州酒类行业协会、信息时报社评为“2003年深受广州市民欢迎的白酒类品牌”“2003年深受广州市民欢迎的十大文化美酒”“2003年度深受广州市民欢迎的酒类评选活动最佳包装奖”；2004年4月，江口醇酒业公司的诸葛酿酒被广东省酒类行业协会、南方都市报评为“第一届广东市场白酒”“第一届广东市场消费者喜爱的酒品牌”；2004年12月，江口醇酒业公司的仙乐诸葛牌诸葛酿酒被广东省酒类行业协会评为“第二届广东市场名优酒年度大奖（名优酒）”。

江口醇酒业公司使用牛皮纸（宽盒）包装盒的第二代“仙乐诸葛”牌诸葛酿酒于2002年5月生产并投放市场，该包装盒一直使用至今。江口醇酒业公司使用牛皮纸（窄盒）的第一代“仙乐诸葛”牌诸葛酿酒于2001年1月生产。江口醇酒业公司现用的“诸葛酿”酒的酒瓶于2002年4月1日申请外观设计专利，2003年1月1日被授权公告。

“诸葛亮”商标1999年6月18日由武汉同和实业有限责任公司向国家工商行政管理总局提出注册申请，被核准注册有效期限自2000年12月21日至2010年12月20日。千年酒业公司成立于1999年11月12日，并于2002年7月22日申请“诸葛酿”商标注册，2004年1月28日被初步审定公告，2004年4月，江口醇酒业公司对该申请提出了异议。2002年12月28日，经国家工商行政管理总局商标局的核准，武汉同和实业有限责任公司将“诸葛亮”商标转让千年酒业公司。诸葛酿酒公司于2003年8月1日注册成立，并于同日与千年酒业公司签订许可使用“诸葛亮”商标合同。国家工商行政管理总局商标局于2004年6月15日对该许可合同发出备案通知书，明确许可期限自2003年11月20日至2008年11月19日。

诸葛酿酒公司、千年酒业公司主张其使用的“诸葛酿”酒包装、装潢是经原权利人唐晗的许可。唐晗的酒瓶（诸葛酿）外观设计专利于2003年9月29日提出申请，2004年7月21日被授权公告。唐晗的诸葛酿－B瓶酒包装盒外观设计专利于2003年10月21日提出申请，2004年7月14日被授权公告。诸葛酿酒公司、千年酒业公司提供了唐晗的许可转让声明复印件和成都市辅君专利代理有限公司的证明复印件，但在庭前证据交换及庭审时均无法提供原件核对。

永超超市是成立于2002年的个体工商户，持有湛江市酒类专卖管理局颁发的酒类零售许可证。为获取侵权的证据，2004年11月3日，江口醇酒业公司在湛江开发区海滨大道南湛江开发区永超超市购买了“优雅牌金装诸葛酿”酒一箱，并申请广东省湛江市公证处对江口醇酒业公司派员购买该酒的过程进行了公证，将购买的实物依法封存。根据江口醇酒业公司提供的查封实物，诸葛酿酒业公司、千年酒业公司生产的金装“诸葛酿”酒的包装盒正面有“诸葛酿TM”及与包装盒底色相同的“优雅”商标，其包装盒的侧面的屋顶处有“诸葛酿TM”及与底色相近的“诸葛亮”商标。庭审中江口醇酒业公司明确其商品名称是“诸葛酿”，商标是“仙乐诸葛”；诸葛酿酒公司、千年酒业公司明确其商品名称是“诸葛酿”，商标是“优雅”“诸葛亮”。双方对对方确认各自商品的名称和商标没有异议。

根据当事人提供的实物，江口醇酒业公司与诸葛酿酒公司、千年酒业公司的产品的包装盒均为上面屋顶体和下面长方体的组合，其屋顶体的高与长方体的高的比例以及主视图、侧视图中高与宽的比例基本一致。两者产品名称均使用文字“诸葛酿”，均放在包装盒主、后视图的正中央的显著位置，字体的大小相近，文字外均有外框，文字上方均印有各自的商标。两者产品主视图下方均有列队图案。侧视图方形左上方均有人物肖像图，肖像图下方及右方均为人物介绍。江口醇酒业公司产品包装盒用土黄色与红色为主色调，诸葛酿酒公司、千年酒业公司的用金黄色与红色为主色调，较为相似。江口醇酒业公司与诸葛酿酒公司、千年酒业公司酒瓶均由瓶盖、瓶颈和瓶身三部分组成，三部分的比例相近；江口醇酒业公司酒瓶盖呈椭圆形，诸葛酿酒公司、千年酒业公司的呈扁圆形，两者均由曲线组成呈花形。两者瓶颈呈梯形体，瓶身偏扁，瓶肩似斜膊，瓶身有凹凸感。两者酒瓶上所用文字均为“诸葛酿”，文字的排列均为从左至右横排，文字的大小、字体及放置在酒瓶的位置基本一致。

2003 年至 2004 年，四川省达州市渠县、广东省、东莞市等地工商局对多起仿冒、假冒江口醇酒业公司“诸葛酿”酒的行为做出行政处罚。

2004 年 9 月，千年酒业公司、四川诸葛亮酒业有限公司（下称“诸葛亮酒业公司”）、诸葛酿酒公司以江口醇酒业公司的“诸葛酿”商品标识侵犯“诸葛亮”商标专用权为由向长沙市中级人民法院起诉。江口醇酒业公司以千年酒业公司、诸葛亮酒业公司、诸葛酿酒公司生产、销售“诸葛亮”酒的行为侵犯江口醇酒业公司“诸葛酿”知名商品特有名称权为由提出反诉。该反诉长沙中院受理并已与本诉合并开庭审理。

一审判决及理由

本案是仿冒知名商品特有名称、包装、装潢纠纷。

（一）关于本案的受理是否违反一事不再理原则问题。因原告江口醇酒业公司在长沙中院的反诉是关于被告诸葛酿酒公司、被告千年酒业公司等生产、销售的“诸葛亮”酒侵犯原告江口醇酒业公司“诸葛酿”酒知名商品特有名称的不正当竞争行为。而本案原告江口醇酒业公司起诉的是三被告生产、销售“诸葛酿”酒侵犯原告江口醇酒业公司“诸葛酿”酒知名商品特有名称、包装、装潢行为，原告江口醇酒业公司在长沙中院的反诉与本案的诉讼标的不一样，长沙中院受理的是“诸葛亮”酒诉“诸葛酿”酒的纠纷，而本案是两个“诸葛酿”酒之间的纠纷，“诸葛亮”酒与“诸葛酿”酒是不同的两种酒，故本案与长沙中院受理的案件是两个不同的诉讼。所以，本案的受理并不违反一事不再理的原则。

（二）关于本案是否属于涉及注册商标授权争议的注册商标专用权权利冲突纠纷，应向有关行政主管机关申请处理，人民法院应不予受理的问题。被告诸葛酿酒公司、被告千年酒业公司根据《最高人民法院关于“涉及注册商标授权争议的注册商标专用权利冲突纠纷”的函复》，主张本案是涉及注册商标授权争议的注册商标专用权利冲突纠纷，应向有关行政主管机关申请处理，人民法院不予受理。庭审中，双方对各自产品的名称是“诸葛酿”都没异议。本案是关于商品名称、包装、装潢纠纷，而非注册商标专用权利冲突纠纷。因此，该《函复》不适用于本案，对被告诸葛酿酒公司、被告千年酒业公司的这一主张不予支持。

（三）关于被告诸葛酿酒公司、被告千年酒业公司、被告永超超市的行为是否属于仿冒知名商品特有的名称、包装、装潢不正当竞争行为的问题。

1. 原告江口醇酒业公司的商品为知名商品。国家工商行政管理局颁布的《关于禁止仿冒知名商品特有的名称、包装、装潢的不正当竞争行为的若干规定》第三条对知名商品的定义是：在市场上具有一定知名度，为相关公众所知悉的商品；第四条进一步阐释：商品的名称、包装、装潢被他人擅自作相同或近似使用，足以造成购买者误认的，该商品即可以认定为知名商品。本案中原告江口醇酒业公司生产的诸葛酿酒自1999年进入市场以来，先后被评为“2002年深受广州市民欢迎的白酒类品牌”“2002年深受广州市民欢迎的酒类评选活动十大新锐酒品”；2003年被四川省人民政府授予“四川省名牌产品称号”；2004年1月被确认为“第六届四川名牌产品”；2003年被评为“2003年深受广州市民欢迎的白酒类品牌”“2003年深受广州市民欢迎的十大文化美酒”“2003年度深受广州市民欢迎的酒类评选活动最佳包装奖”；2004年被评为“第一届广东市场白酒”“第一届广东市场消费者喜爱的酒品牌”和“第二届广东市场名优酒年度大奖（名优酒）”。同时，原告江口醇酒业公司还为其“诸葛酿”酒的生产和销售作了大量的宣传。经过原告江口醇酒业公司的商业努力，其“诸葛酿”酒在市场上具有一定的知名度，是相关公众所知悉的产品。由于原告江口醇酒业公司的“诸葛酿”酒在市场上具有一定的知名度，四川、广东等地相继出现不同厂家生产的“诸葛酿”酒。为此，原告江口醇酒业公司向有关工商部门投诉，相关工商部门亦对此进行了查处。根据原告江口醇酒业公司“诸葛酿”酒在市场上的知名度和本案的相关事实，应认定其为知名商品。

2. 原告江口醇酒业公司的“诸葛酿”酒的名称、包装、装潢为其所特有并使用在先。首先，被告诸葛酿酒公司、被告千年酒业公司对原告江口醇酒业公司最先使用“诸葛酿”作为酒名称并没有异议。其次，原告江口醇酒业公司的“诸葛酿”酒的包装和装潢具有显著的区别特征，并非相关商品所通用。被告诸葛酿酒公司、被告千年酒业公司为了否定原告江口醇酒业公司包装、装潢的显著性而提供了“醉八仙”等酒的包装、装潢。但“醉八仙”等酒的包装、装潢与原告江口醇酒业公司产品的包装、装潢不同，也不相近似，该证据不能实现其证明目的。被告诸葛酿酒公司、被告千年酒业公司认为原告江口醇酒业公司产品的包装、装潢非为原告江口醇酒业公司特有的理由不能成立。

3. 本案所涉双方当事人的商品包装、装潢相近似，足以使消费者产生误认和混淆。双方当事人的产品的包装盒均为上面屋顶体和下面长方体的组合，屋顶体与长方体的比例以及主视图、侧视图的比例基本一致。两者产品名称均使用文字“诸葛酿”，均放在包装盒主、后视图的正中央的显著位置，字体的大小相近，文字外均有外框，文字上方均印有各自的商标。两者产品主视图下方均有列队图案。侧视图方形左上方均有人物肖像图，肖像图下方及右方均为人物介绍。原告江口醇酒业公司产品包装盒用土黄色与红色为主色调，被告诸葛酿酒公司、被告千年酒业公司的用金黄色与红色为主色调，较为相似。双方酒瓶均由瓶盖、瓶颈、瓶身三部分组成，三部分的比例相近；原告江口醇酒业公司酒瓶盖呈椭圆形，被告诸葛酿酒公司、被告千年酒业公司酒瓶盖呈扁圆形；两者均由曲线组成呈花形，花纹相似。两者瓶颈呈梯形体，瓶身偏扁，瓶肩似斜膊，瓶身有凹凸感。两者酒瓶上所用文字均为“诸葛酿”，文字的排列均为从左至右横排，文字的大小、放置在酒瓶的位置基本一致。上述对比可以看出，被告诸葛酿酒公司、被告千年酒业公司在其产品的包装盒和酒瓶上均突出使用了与原告江口醇酒业公司产品名称最具显著特征的“诸葛酿”相近似的三个字。虽然被告诸葛酿酒公司、被告千年酒业公司的产品上标有“优雅”和“诸葛亮”的商标，但其“优雅”商标与包装盒的底色相同，“诸葛亮”商标则放置在包装盒侧面屋顶形的阴影处，不易为消费者注意，非仔细辨认是无法发现这两个商标标志。其目的是为了造成消费者对产品的混淆。因此，根据事实认定部分对双方当事人产品的比较及上述的分析，可以认定被告诸葛酿酒公司、被告千年酒业公司产品名称与原告江口醇酒业公司产品名称相同，包装、装潢相近似，足以造成消费者的混淆和误认。

综上，被告诸葛酿酒公司、被告千年酒业公司擅自使用与原告江口醇酒业公司产品相同的名称及相近似的包装、装潢，足以造成普通消费者混淆或误认，属于不正当竞争行为，应承担停止侵权、赔礼道歉、赔偿损失的民事责任。

（四）关于被告永超超市的责任问题。被告永超超市销售了被告诸葛酿酒公司、被告千年酒业公司生产的“诸葛酿”侵权产品，其行为也构成不正当竞争，依法亦应承担相应的民事责任，但根据被告永超超市提供的证据，被告永超超市不知道其所销售的诸葛酿酒是侵权产品，且能证明该商品的合法进货渠道并说明提供者，因此，被告永超超市不承担赔偿责任。

（五）关于赔偿数额问题。《反不正当竞争法》第二十条第一款规定：“经营者违反本法规定，给被侵害的经营者造成损害的，应当承担损害赔偿责任，被侵害的经营者的损失难以计算的，赔偿额为侵权人在侵权期间因侵权所获得的利润；并应当承担被侵害的经营者因调查该经营者侵害其合法权益的不正当竞争行为所支付的合理费用”。原告江口醇酒业公司要求被告诸葛酿酒公司、被告千年酒业公司承担因本案支付的律师代理费6万元，并提供了相应的证据，对此予以支持。但原告江口醇酒业公司无法提供其因侵权所遭受损失的证据，而被告诸葛酿酒公司、被告千年酒业公司侵权期间因侵权所获的利润也难以确认，依照我国民法通则规定的侵权原则和公平诚信原则，根据“诸葛酿”商品的知名度、侵权人的过错程度、侵权期间的长短、范围以及被侵权人为制止侵权行为支出的合理开支等具体情况，酌情确定赔偿数额。

综上，依照《反不正当竞争法》第五条第（二）项、第二十条和《民法通则》第一百三十四条第一款第（一）、（七）、（九）项之规定，判决：

一、被告永超超市于一审判决生效之日起立即停止销售擅自使用原告江口醇酒业公司“诸葛酿”酒知名商品所特有名称及近似包装、装潢的商品的行为；

二、被告诸葛酿酒公司和被告千年酒业公司于一审判决生效之日起立即停止生产及销售擅自使用原告江口醇酒业公司“诸葛酿”酒知名商品所特有的名称及近似的包装、装潢的商品的行为，并回收和清除在市场上流通的侵权产品；

三、被告诸葛酿酒公司、被告千年酒业公司于一审判决生效之日起10日内共同赔偿原告江口醇酒业公司经济损失30万元，并相互承担连带责任；

四、被告诸葛酿酒公司、被告千年酒业公司、被告永超超市自判决生效之日起30日内在《羊城晚报》《南方都市报》上发表声明，消除因其侵权行为给原告江口醇酒业公司造成的不良影响（声明内容须经一审法院审核，逾期不履行，一审法院将在该报上公开一审判决内容，费用由被告诸葛酿酒公司、被告千年酒业公司负担）。

五、对原告江口醇酒业公司的其他诉讼请求不予支持。

案件受理费1.1万元，由被告诸葛酿酒公司、被告千年酒业公司共同负担。

上诉理由

千年酒业公司、诸葛酿酒公司均不服一审判决，共同向广东省高级人民法院提起上诉，请求二审法院撤销原审判决第一、二、三、四项，依法改判。

千年酒业公司、诸葛酿酒公司的上诉理由是：

（一）一审法院在认定事实方面存在严重错误。未充分考虑到江口醇酒业公司“诸葛酿”商品名称与上诉人“诸葛亮”注册商标权的冲突。上诉人“诸葛亮”商标的申请日为1999年6月18日，而江口醇酒业公司“诸葛酿”商品名称的最早使用时间为1999年6月5日，这个日期仅比“诸葛亮”商标的申请日早13天，并未因使用或宣传而为相关公众知晓并具有一定的知名度，也就并未形成江口醇酒业公司所主张的“知名商品特有名称权”。而由于“诸葛酿”商品名称与“诸葛亮”注册商标构成近似，自“诸葛亮”商标申请注册之日1999年6月18日起，即排除了江口醇酒业公司“诸葛酿”商品名称形成权利的法律基础。且自“诸葛亮”商标核准注册之日2000年12月21日起，上诉人就产生了禁止他人在白酒类商品上使用与“诸葛亮”相同或相近似商业标识的权利。所以，江口醇酒业公司的“诸葛酿”商品名称的权利不但不存在法律基础，反而侵犯上诉人的“诸葛亮”注册商标专用权。

（二）江口醇酒业公司的“诸葛酿”酒的包装盒、酒瓶不属于知名商品特有包装。上诉人在一审程序中已举证证明，四川泸州醉八仙酒业有限公司使用“屋顶形”包装盒的时间是1999年3月，使用“麻袋瓶”酒包装瓶的时间为2000年2月，且该“屋顶型”包装盒及“麻袋瓶”酒包装瓶与江口醇酒业公司主张特有包装的“诸葛酿”酒包装盒及“诸葛酿”酒包装瓶构成近似，故江口醇酒业公司的“诸葛酿”酒包装盒及“诸葛酿”酒包装瓶并非其在先使用，也不属于其特有，也不具有区分商品来源的显著特征，即不属于知名商品特有包装。另外，众多同行业企业的广泛使用，更印证了该酒包装盒及酒包装瓶已经成为该行业通用的包装。

（三）江口醇酒业公司的“诸葛酿”酒装潢不属于其特有，且上诉人的“金装诸葛酿”酒装潢与江口醇酒业公司的“诸葛酿”酒装潢不构成近似。江口醇酒业公司的“诸葛酿”酒装潢仅为普通的白酒装潢，而非为其所特有。江口醇酒业公司在一审阶段所举证据都只是关于其“诸葛酿”文字知名的证据，而就“诸葛酿”装潢是否知名、是否为特有装潢并未举证证明。另外，上诉人的“金装诸葛酿”酒装潢与江口醇酒业公司的“诸葛酿”酒装潢亦不属于近似装潢。上诉人装潢简约、而江口醇酒业公司装潢繁杂，上诉人的装潢恰如其分地体现了“金装、优雅”二词，而江口醇酒业公司装潢力求突出古朴的风格。可见，二者装潢存在显著差别，并不属于近似装潢。

（四）一审法院在适用法律方面存在错误。一审法院依据《反不正当竞争法》及《民法通则》，认定上诉人擅自使用江口醇酒业公司“诸葛酿”知名商品特有名称、包装、装潢，属于法律适用错误。上诉人“诸葛亮”商标申请注册之前，江口醇酒业公司的“诸葛酿”商品名称虽使用但并未知名，即所谓的“知名商品特有名称”在先权利并不存在。因江口醇酒业公司主张的“诸葛酿”知名商品特有名称是依据《反不正当竞争法》产生的，而上诉人的“诸葛亮”商标是依据《商标法》产生。《商标法》为特别法，根据优先适用特别法的法律适用原则，在知名商品特有名称权与商标权相冲突时，应优先适用《商标法》。所以，一审法院应依据《商标法实施条例》第五十条及《商标法》第五十二条规定，江口醇酒业公司使用“诸葛酿”商品名称的行为侵犯了上诉人的“诸葛亮”商标专用权。

（五）一审法院违反“一事不再理”原则。江口醇酒业公司于2005年1月25日在长沙中院提起反诉，明确指出的是上诉人的“诸葛酿”商品名称侵犯了江口醇酒业公司的“诸葛酿”知名商品特有名称权，构成不正当竞争，该反诉请求与江口醇酒业公司在一审法院提出的诉讼请求属以同一事实、理由的重复诉讼，违反了一事不再理原则，应予驳回起诉。后虽然江口醇酒业公司又于2005年4月4日变更了反诉请求：上诉人的“诸葛亮”侵犯江口醇酒业公司的“诸葛酿”。但因这一变更已超过举证期限2005年1月25日，而属无效变更。因此，一审法院违反了“一事不再理”的原则。

江口醇酒业公司答辩称：（一）针对江口醇酒业公司“诸葛酿”知名商品特有名称的权利基础是否存在的问题上，被答辩人所述的上诉理由，与事实及法律不符。“诸葛亮”商标不能阻止“诸葛酿”这在先使用的商品名称继续使用。答辩人从1999年三四月开始，已正式将“诸葛酿”作为酒类产品的商品名称在使用并持续使用至今，早于“诸葛亮”商标的申请时间，更远远早于其核准注册时间。被答辩人无权用“诸葛亮”这在后权利阻止答辩人“诸葛酿”的使用。商标并不能因申请而产生排他的权利。被答辩人说从当日起即排除江口醇酒业公司“诸葛酿”商品名称的使用是没有任何法律依据的。被答辩人更不能以一个在后受让的权利来否定答辩人在先持续使用的权利。“诸葛亮”商标于2000年12月21日才正式获得注册，被答辩人于2002年10月28日才经转让获得该商标，而在该时间前后原商标权人武汉同和公司从来没有使用过该商标，被答辩人用一个从2002年10月才取得的商标来否定答辩人“诸葛酿”酒知名商品特有名称明显不成立。江口醇酒业公司将“诸葛酿”作为商品名称使用的最早时间不是1999年6月5日。实际上，江口醇酒业公司从1998年开始构思经营“诸葛酿”酒；并正式在1999年3月决定开发“诸葛酿”产品；1999年4月25日签署了“诸葛酿”酒的产品开发协议书；1999年4月27日签署购买“诸葛酿”酒瓶和包装盒的合同；1999年6月1日在电视台做广告宣传；1999年6月5日江口醇酒业公司的“诸葛酿”酒已可在市场上购买。被答辩人等将“诸葛酿”酒正式在市场上销售的时间等同于“诸葛酿”商品名称最早使用的时间是错误的，其大大缩小了商业标识使用的定义范围。

（二）江口醇酒业公司的“诸葛酿”酒的包装、装潢是特有的，被答辩人的“金装诸葛醇”酒的包装、装潢与答辩人的近似。被答辩人所提交的证据不足以证明江口醇酒业公司的“诸葛酿”酒的包装、装潢是通用包装、装潢。被答辩人的“金装诸葛酿”酒的包装、装潢与江口醇酒业公司的近似，给人的感觉只是同一种商品普通装与金装的区别，而不是两种商品的区别，仍造成普通消费者的混淆及购买误认。

（三）《反不正当竞争法》及《商标法》是两个平行的法律，知名商品特有名称权及商标权是两个平等的权利，权利本身没有优先或效力强弱之分。在我国知识产权方面的法律主要包括了《专利法》《商标法》《著作权法》《反不正当竞争法》等，同作为全国人大制定的法律，其效力是平等的。一个商标或商标标识受保护的强弱理应取决于商业标识自身的显著性，显著性强，保护就会大些；反之，显著性弱，保护范围就会少些。而本案，江口醇酒业公司的“诸葛酿”明显远高于“诸葛亮”，若说强弱也只可能说答辩人的“诸葛酿”知名商品特有名称权比“诸葛亮”的商标权强。

（四）一审法院并没有违反“一事不再理”原则。长沙中院的案件中，江口醇酒业公司在2005年1月25日提出反诉，在2005年4月4日反诉举证期满最后一日明确原反诉状中表达不甚清楚的诉讼请求，完全符合法律的规定。长沙案中，江口醇酒业公司反诉的是被答辩人的“诸葛亮”酒侵权，在本案江口醇酒业公司起诉的是其“诸葛酿”酒侵权，两者是不同的产品，两个是不同的诉讼。江口醇酒业公司并没有要求法院一事再理。

综上，一审法院依法定程序审理本案，适当地适用法律所作出的判决并无不当，请求二审法院维持一审判决，驳回上诉。

二审查明事实

原审查明的事实基本属实，二审法院予以确认。

二审法院另外查明如下事实：1999年11月12日，千年酒业公司登记成立。并于2002年7月22日申请“诸葛酿”注册商标。2000年12月21日，国家商标局核定武汉同和实业有限公司使用的商标为第33类酒精饮料（啤酒除外）、米酒、酒（饮料）、黄酒、葡萄酒、食用酒精、开胃酒、白兰地、烧酒、果酒（含酒精），商标注册号为第1494413号，注册有效期限为自2000年12月21日至2010年12月20日止。2002年6月，武汉同和实业有限公司将第1494413号“诸葛亮”注册商标转让给千年酒业公司，

2002年7月22日，千年酒业公司向国家商标局申请“诸葛酿”商标注册。2002年10月28日，国家商标局核准第1494413号商标转让注册，千年酒业公司开始使用该商标。2003年6月15日，千年酒业公司与诸葛亮酒业公司签订商标使用许可合同，千年酒业公司许可诸葛亮酒业公司使用第1494413号“诸葛亮”商标（工商登记资料反映：2003年9月28日，诸葛亮酒业公司登记成立）。2003年8月1日，诸葛酿酒公司登记成立，正式生产诸葛酿酒。2003年10月31日，四川省工商行政管理局扣留（封存）了诸葛酿酒公司生产销售的“诸葛酿”酒。

2003年11月20日，千年酒业公司与诸葛酿酒公司签订商标使用许可合同，千年酒业公司许可诸葛酿酒公司使用第1494413号“诸葛亮”商标。2004年1月28日，千年酒业公司申请的“诸葛酿”商标在2004年第4期（总第913期）初步审定公告。2004年6月15日，国家商标局对千年酒业公司与诸葛酿酒公司签订的商标使用许可合同登记备案。2004年10月26日，国家商标局对千年酒业公司与诸葛亮酒业公司签订的商标使用许可合同登记备案。

1999年4月25日，江口醇酒业公司与广东省顺德市大良镇华军宇贸易有限公司签订了《产品开发协议书》，决定共同开发“诸葛酿”酒，并在产品上使用“诸葛酿”商品名称。1999年6月5日，江口醇酒业公司正式生产“诸葛酿”酒，随后在广东市场上销售。2001年12月27日，江口醇酒业公司向国家商标局申请注册“诸葛酿加诸葛亮人像图形”商标，因该商标与武汉同和实业有限公司在相同、类似商品上已注册的第1494413号诸葛亮商标相近似，于2002年8月22日被国家商标局驳回。2003年8月12日，江口醇酒业公司又向国家商标局申请“大诸葛”商标时，发现千年酒业公司于2002年7月22日已向国家商标局申请“诸葛酿”注册商标，对此，江口醇酒业公司于2004年4月13日向国家商标局提出了异议。同年7月8日，国家商标局受理了此案。

江口醇酒业公司生产的诸葛酿系列产品1999年销售数量52 686瓶，金额671 477元；2000年销售数量40 968瓶，金额478 587元；2001年销售数量526 174瓶，金额4 658 639元；2002年销售数量4 387 952瓶，金额38 623 168元；2003年销售数量6 530 594瓶，金额142 786 198元。

2002年江口醇酒业公司获中国商业联合会颁发的中国商业名牌产品，2003年又获国家工商总局颁发的全国守合同重信用企业等称号。2002年至2004年，江口醇酒业公司生产的诸葛酿酒主要在广东、四川、湖南等地销售，销售量较好。该酒在我国南方地区具有一定的影响力和知名度。

又查，2004年11月5日，江口醇酒业公司向原审法院提起诉讼，请求判令：1. 永超超市停止销售擅自使用江口醇酒业公司“诸葛酿”酒知名商品所特有的名称及近似的包装、装潢的商品的行为；2. 诸葛酿酒公司和千年酒业公司停止生产及销售擅自使用江口醇酒业公司“诸葛酿”酒知名商品所特有的名称及近似的包装、装潢的商品的行为；并无条件回收在市场上流通的侵权产品，及清除现存产品中所有与江口醇酒业公司商品相同或相近似的标识；3. 永超超市、诸葛酿酒公司和千年酒业公司在《羊城晚报》《南方都市报》上公开道歉，内容由法院审定；4. 永超超市、诸葛酿酒公司和千年酒业公司共同赔偿江口醇酒业公司经济损失人民币60万元整；及与本案相关的调查取证费、诉讼代理费等共计人民币6万元；5. 本案一切费用由永超超市、诸葛酿酒公司和千年酒业公司承担。

再查：2004年9月27日，原告千年酒业公司、四川诸葛亮酒业有限公司（下称“诸葛亮酒业公司”）、诸葛酿酒公司向长沙市中级人民法院起诉被告江口醇酒业公司、周文、言德权商标侵权。

2005年1月25日，江口醇酒业公司向长沙中院提起反诉，请求法院判令：1. 千年酒业公司、诸葛亮酒业公司和诸葛酿酒公司生产、销售侵犯江口醇酒业公司“诸葛酿”知名商品特有名称权的行为是不正当竞争行为，应停止侵权行为；2. 千年酒业公司、诸葛亮酒业公司和诸葛酿酒公司在《长沙晚报》《三湘都市报》《南方都市报》上公开道歉，内容由法院审定；3. 千年酒业公司、诸葛亮酒业公司和诸葛酿酒公司共同赔偿江口醇酒业公司经济损失100万元；4. 千年酒业公司、诸葛亮酒业公司和诸葛酿酒公司共同承担本案的本诉和反诉的全部诉讼费用。长沙中院将该案件的本诉与反诉予以合并审理。

2005年4月4日，在反诉请求举证期限届满前，江口醇酒业公司向原审法院提交《诉讼请求明确书》，明确反诉请求为：1. 请求判令千年酒业公司、诸葛亮酒业公司和诸葛酿酒公司生产、销售“诸葛亮”酒的行为是侵犯江口醇酒业公司“诸葛酿”知名商品特有名称权的不正当竞争行为并判令停止侵权行为；2. 千年酒业公司、诸葛亮酒业公司和诸葛酿酒公司购买及利用“诸葛亮”商标来抢注“诸葛酿”商标和侵占江口醇酒业公司“诸葛酿”知名商品特有名称权的行为是违反诚实信用原则行为和不正当竞争行为，并判令千年酒业公司、诸葛亮酒业公司和诸葛酿酒公司停止该行为；3. 千年酒业公司、诸葛亮酒业公司和诸葛酿酒公司在《长沙晚报》《三湘都市报》《南方都市报》上公开道歉，内容由法院审定；4. 千年酒业公司、诸葛亮酒业公司和诸葛酿酒公司共同赔偿江口醇酒业公司经济损失100万元；5. 千年酒业公司、诸葛亮酒业公司和诸葛酿酒公司共同承担本案的本诉和反诉的全部诉讼费用。

二审判决及理由

本案属仿冒知名商品名称、包装、装潢纠纷。根据各方当事人的诉辩主张，以及本案已经查明的案件事实，各方当事人争议的主要问题，一是关于本案的程序问题，即原审法院是否违反一事不再理的原则。二是关于实体处理上，上诉人诸葛酿酒公司、上诉人千年酒业公司的行为是否构成仿冒知名商品特有的名称、包装和装潢的不正当竞争行为。

（一）关于本案程序上是否违反一事不再理原则的问题

本案中，被上诉人江口醇酒业公司以存在不正当竞争行为为由，起诉要求上诉人诸葛酿酒公司、上诉人千年酒业公司和永超超市停止生产及销售擅自使用被上诉人江口醇酒业公司“诸葛酿”酒知名商品所特有的名称及近似的包装、装潢的商品的侵权行为，故该案件系仿冒知名商品名称、包装、装潢纠纷；而长沙中院审理的原告上诉人千年酒业公司、诸葛亮酒业公司及上诉人诸葛酿酒公司诉被上诉人江口醇酒业公司、周文、言德权商标侵权纠纷案件中，被上诉人江口醇酒业公司提起反诉，其反诉的主要理由是，上诉人千年酒业公司、诸葛亮酒业公司和上诉人诸葛酿酒公司抢注“诸葛亮”商标的行为侵犯其享有的“诸葛酿”知名商品特有名称权。该案件的本诉与反诉均属于商标侵权纠纷，故长沙中院予以合并审理。长沙中院受理的上述商标侵权纠纷案，与本案的案件性质和案由不同，诉讼标的也不同。长沙中院受理的是“诸葛亮”酒诉“诸葛酿”酒之间的商标侵权纠纷，而本案是两个商品名称为“诸葛酿”酒的商品名称、包装、装潢之间的纠纷，商标为“诸葛亮”“优雅”、商品名称为“诸葛酿”的酒与商标为“仙乐诸葛”、商品名称为“诸葛酿”的酒，是不同的产品，属于两种不同的诉讼标的，故本案与长沙中院受理的商标侵权案件是两个不同的诉讼，不属于以同一事实、理由的重复诉讼。

至于上诉人千年酒业公司、上诉人诸葛酿酒公司上诉所称，被上诉人江口醇酒业公司在一审诉讼中变更或者明确反诉请求超过了举证期限，不符合法律的相关规定，属于无效变更的主张。依据《最高人民法院关于民事诉讼证据的若干规定》第三十四条第三款的规定：“当事人增加、变更诉讼请求或者提起反诉的，应当在举证期限届满前提出。”从本案查明的事实来看，被上诉人江口醇酒业公司在2005年4月4日，即反诉举证期限届满前变更或者明确反诉请求，符合上述法律的规定。故上诉人该上诉理由，二审法院不予支持。

另外，本案被上诉人江口醇酒业公司起诉的时间及原审法院受理的时间均是2004年11月5日，而被上诉人江口醇酒业公司向长沙中院提起反诉的时间则是在2005年1月25日。依照《民事诉讼法》第三十五条的规定，原告向两个以上有管辖权的人民法院起诉的，由最先立案的人民法院管辖。所以，就仿冒知名商品名称的不正当竞争行为引发的纠纷和诉讼，原审法院对本案的受理在先，被上诉人江口醇酒业公司向长沙中院提起反诉的时间在后，故原审法院受理该案件，并不违反法律的规定。

综上，本案在程序上并不违反一事不再理的诉讼原则。

（二）关于上诉人诸葛酿酒公司、上诉人千年酒业公司是否构成仿冒知名商品特有的名称、包装、装潢的不正当竞争行为问题

所谓仿冒知名商品名称、包装、装潢的不正当竞争行为，是指擅自将他人知名商品特有的商品名称、包装、装潢作相同或者近似使用，造成与他人知名商品相混淆，使购买者误认为或足以使购买者误以为是该知名商品的行为。依据《反不正当竞争法》第五条第（二）项：“擅自使用知名商品特有的名称、包装、装潢，或者使用与知名商品近似的名称、包装、装潢，造成和他人的知名商品相混淆，使购买者误认为是该知名商品”，以及国家工商行政管理局《关于禁止仿冒知名商品特有的名称、包装、装潢的不

正当竞争行为的若干规定》，构成仿冒知名商品名称、包装、装潢的不正当竞争行为，必须同时具备以下条件：1. 被冒仿的商品必须是“知名商品”；2. 被冒仿的商品名称、包装、装潢必须为知名商品所特有；3. 对知名商品特有的名称、包装和装潢擅自作相同或者近似的使用；4. 造成与知名商品相混淆，使购买者误以为是该知名商品。结合本案已经查明的案件事实，对上述构成条件分析如下：

1. 被上诉人江口醇酒业公司的“诸葛酿酒”应为知名商品。依据国家工商行政管理局颁布的《关于禁止仿冒知名商品特有的名称、包装、装潢的不正当竞争行为的若干规定》第三条的规定，所谓知名商品，是指在市场上具有一定知名度，为相关公众所知悉的商品。第四条还规定，商品的名称、包装、装潢被他人擅自作相同或近似使用，足以造成购买者误认的，该商品即可以认定为知名商品。在实践中对知名商品的判断，可以通过综合考察商品的销售地区、数量、时间、产品质量、售后服务及广告宣传、获奖情况等原因予以分析认定。

本案中，被上诉人江口醇酒业公司生产的诸葛酿酒自1999年进入市场以来，取得了国家相关部门和消费者的认可，获得了诸多荣誉称号。2002年被上诉人江口醇酒业公司获中国商业联合会颁发的中国商业名牌产品，被评为“2002年深受广州市民欢迎的白酒类品牌”；2003年被四川省人民政府授予“四川省名牌产品称号”，被评为“2003年深受广州市民欢迎的白酒类品牌”，2003年又获国家工商总局颁发的全国守合同重信用企业；2004年1月被确认为“第六届四川名牌产品”等。被上诉人江口醇酒业公司生产的诸葛酿系列产品的销量从1999年的52 686瓶，金额671 477元、2000年销售数量40 968瓶，金额478 587元；上升到2001年销售数量526 174瓶，金额4 658 639元；直至2003年销售数量6 530 594瓶，金额142 786 198元。2002年至2004年，被上诉人江口醇酒业公司生产的诸葛酿酒在广东、四川、湖南等地销售较好，该酒在我国南方地区具有一定的影响力和知名度，是相关公众所知悉的产品。根据被上诉人江口醇酒业公司“诸葛酿”酒在市场上的知名度、上述获奖情况和逐年递增的销售数量，应认定其为知名商品。

2. 被上诉人江口醇酒业公司的“诸葛酿”酒的名称、包装、装潢为其所特有。

被冒仿的商品名称、包装、装潢必须为知名商品所特有，一是看该商品名称、包装和装潢是否具有显著区别性特征，即是否具有特殊性和独创性。二是在时间上，必然是权利人对特有的商品名称、包装和装潢使用在先，冒仿者必然使用在后。结合本案的实际案情：首先，被上诉人江口醇酒业公司于1999年3月决定开发“诸葛酿”酒产品，1999年6月5日推向市场，已经开始使用“诸葛酿”商品名称。而“诸葛亮”商标则是于2000年12月21日获国家工商局核准注册，2002年10月28日经国家工商局核准转让后，上诉人千年酒业公司才可以使用该“诸葛亮”商标，直至2003年8月1日，上诉人诸葛酿酒公司登记成立，才开始正式生产“诸葛酿”酒。可见，被上诉人江口醇酒业公司最先使用“诸葛酿”作为商品名称是事实清楚的。其次，被上诉人江口醇酒业公司“诸葛酿”酒的包装和装潢具有显著的区别特征，具有一定的独创性，能起到与其他商品相区别的作用，并非相关商品所通用。上诉人诸葛酿酒公司、上诉人千年酒业公司为了否定被上诉人江口醇酒业公司包装、装潢的显著性，而提供了四川“醉八仙”等酒的包装、装潢。通过对比上述两种产品，“醉八仙”等酒的包装、装潢与被上诉人江口醇酒业公司“诸葛酿”酒产品的包装、装潢并不相同，也不相近似。被上诉人江口醇酒业公司使用的第一代“诸葛酿酒”牛皮纸包装（窄盒）早在2001年1月就开始生产，现在使用的“诸葛酿”酒酒瓶也已于2003年1月1日被授予外观设计专利，四川“醉八仙”等酒在后使用行为，并不能否定被上诉人江口醇酒业公司的在先权利。上诉人诸葛酿酒公司、上诉人千年酒业公司上诉认为被上诉人江口醇酒业公司产品的包装、装潢，并非为被上诉人江口醇酒业公司所特有的理由不能成立，二审法院亦不予支持。

3. 本案所涉两种产品的商品名称、包装和装潢相近似。上诉人诸葛酿酒公司、上诉人千年酒业公司对知名商品特有的名称、包装和装潢擅自作相同或者近似使用，足以使消费者产生误认和混淆。

依据《反不正当竞争法》第五条规定：“对使用与知名商品近似的名称、包装和装潢，可以根据主要部分和整体印象相近，一般购买者施以普通注意力会发生误认等综合分析认定。一般购买者已经发生误认或者混淆的，可以认定为近似。”经过对比涉案产品，可以看出：二者的包装盒均为上面屋顶体和下面长方体的组合，屋顶体与长方体的比例以及主视图、侧视图的比例基本一致。两者产品名称均使用文字“诸葛酿”，均突出放在包装盒主、后视图的正中央的显著位置，字体的大小相近，文字外均有外框，文字上方均印有各自的商标；只是略有区别：上诉人诸葛酿酒公司、上诉人千年酒业公司产品的“诸葛酿”三字为简体，而被上诉人江口醇酒业公司的则为繁体。两者产品主视图下方均有列队图案。侧视图方形左上方均有人物肖像图，肖像图下方及右方均为人物介绍。被上诉人江口醇酒业公司产品包装盒用土黄色与红色为主色调，上诉人诸葛酿酒公司、上诉人千年酒业公司产品包装盒用金黄色与红色为主色调，较为相似。双方酒瓶均由瓶盖、瓶颈、瓶身三部分组成，三部分的比例相近；被上诉人江口醇酒业公司酒瓶盖呈椭圆形，上诉人诸葛酿酒公司、上诉人千年酒业公司酒瓶盖呈扁圆形；两者均由曲线组成呈花形，花纹相似。两者瓶颈呈梯形体，瓶身偏扁，瓶肩似斜膊，瓶身有凹凸感。两者酒瓶上所用文字均为“诸葛酿”，文字的排列均为从左至右横排，文字的大小、放置在酒瓶的位置基本一致。从上述对比还可以看出，上诉人诸葛酿酒公司、上诉人千年酒业公司在其产品的包装盒和酒瓶上均突出使用了与被上诉人江口醇酒业公司产品名称最具显著特征的“诸葛酿”相近似的三个字，虽然上诉人诸葛酿酒公司、上诉人千年酒业公司的产品上标有“优雅”和“诸葛亮”的商标，但其“优雅”商标与包装盒的底色相同，“诸葛亮”商标则放置在包装盒侧面屋顶形的阴影处，不易为消费者注意，非仔细辨认是无法发现这两个商标标志。

因此，可以认定上诉人诸葛酿酒公司、上诉人千年酒业公司产品与被上诉人江口醇酒业公司产品的商品名称相同，二者的包装、装潢相近似，一般购买者和消费者施以普通注意力并不容易分辨，很容易发生误认，足以造成消费者的混淆。

（三）本案涉及商业标识的保护问题，即知名商品名称与注册商标的冲突与保护问题

商业标识的保护，并不绝对以注册作为必要条件。对商业标识的保护有强弱之分，主要取决于某一具体的商业标识自身的"独创性"和"显著性"的强弱。显著性强，保护就会大一些，反之，显著性弱一些，保护范围就会少些。"诸葛亮"作为一个历史名人，其独创性与显著性显然逊于"诸葛酿"，而"诸葛酿"作为被上诉人江口醇酒业公司独创、开发、生产并宣传推广的商品名称，并且逐步成为一个知名的商品名称。从这个角度来讲，被上诉人江口醇酒业公司"诸葛酿"知名商品特有名称权比"诸葛亮"的商标权要强，所受到保护的范围也更广泛一些。

知名商品名称与注册商标的冲突及保护问题，尽管现行法律、行政法规并无明确规定，但是应当考虑的一个标准是：权利在先原则。本案中被上诉人江口醇酒业公司于1999年6月就开始使用"诸葛酿"作为所开发产品的商品名称，在该"诸葛酿"商品名称形成一定知名度和影响力之后，2003年8月1日上诉人诸葛酿酒公司才正式生产诸葛酿酒，本案显然是知名商品的名称使用在先，故应当保护在先使用的权利；其次，还要看行为人在主观上是否存在着侵权的恶意。即谁在追求把两个不同的商品混淆起来，造成商品的区分度降低。从本案查明的事实来看，诸葛酿酒在"诸葛亮"注册商标前已经使用，并被消费者所熟知和认识，因此，诸葛亮商标权人生产的诸葛酿酒投入市场后，即使会造成消费者的混淆和误认，也不是被上诉人江口醇酒业公司的诸葛酿酒造成的，所以其不应当承担造成混淆的责任；如果产生混淆，则也应是在后的权利承担责任。本案中，上诉人诸葛酿酒公司、上诉人千年酒业公司与被上诉人江口醇酒业公司同属四川省，同属一个行业，都是生产酒类产品的企业，作为上诉人诸葛酿酒公司、上诉人千年酒业公司，不可能不知道存在着"诸葛酿"酒这一商品名称，故可认定上诉人诸葛酿酒公司、上诉人千年酒业公司主观上存有过错，存在着搭被上诉人江口醇酒业公司"诸葛酿"酒便车的行为。

综上所述，原审判决认定事实清楚，适用法律正确，应予维持。上诉人诸葛酿酒公司、上诉人千年酒业公司的上诉理由并不能成立，二审法院不予支持。上诉人诸葛酿酒公司、上诉人千年酒业公司擅自使用与被上诉人江口醇酒业公司产品相同的名称及相近似的包装、装潢，足以造成普通消费者混淆或误认，属于不正当竞争行为，应承担停止侵权、赔礼道歉、赔偿损失的民事责任。依照《民事诉讼法》第一百五十三条第一款第（一）项、第一百五十八条的规定，判决如下：

驳回上诉，维持原判。

二审案件受理费人民币1.1万元，由上诉人诸葛酿酒公司、上诉人千年酒业公司共同负担。

再审理由

申请再审人诸葛酿酒公司、千年酒业公司申请再审，请求最高人民法院撤销原审判决，驳回被申请人的原审诉讼请求。

二申请人的主要理由是：被申请人的“诸葛酿”商品名称缺乏显著性，不是在先使用，也不是知名商品的特有名称；被申请人的商品包装在使用之前，已成为白酒行业的通用包装；申请再审人的商品包装、装潢与被申请人的包装、装潢相比，颜色、图案、文字和组合方式等整体和要部均有明显不同，不构成不正当竞争，原审法院对此认定事实不清。“诸葛酿”商品名称与“诸葛亮”注册商标构成近似，“诸葛酿”是在侵犯“诸葛亮”商标权的前提下形成的，不能获得法律的保护，原审法院适用法律错误。

被申请人江口醇酒业公司辩称，“诸葛酿”是知名商品的特有名称，其商品的包装、装潢也有特有性；申请再审人使用的产品的包装、装潢与被申请人的构成近似，原审法院认定事实清楚，适用法律正确。请求再审法院维持原审判决，驳回申请再审人的再审请求。

再审查明事实

一审、二审法院认定的事实基本属实，再审法院予以确认。

再审判决及理由

本案争议的焦点是再审申请人诸葛酿酒公司、再审申请人千年酒业公司生产、销售的“诸葛酿”酒，是否构成仿冒再审被申请人江口醇酒业公司的“诸葛酿”酒特有名称、包装、装潢的不正当竞争行为。

《反不正当竞争法》第五条第（二）项规定的知名商品，是指在中国境内具有一定的市场知名度，为相关公众所知悉的商品。原审法院综合考虑“诸葛酿”商品的销售时间、销售区域、销售额和销售对象等因素，认定再审被申请人江口醇酒业公司的“诸葛酿”商品为知名商品并无不妥。受反不正当竞争法保护的知名商品的“特有的名称、包装、装潢”，应当具有区别商品来源的显著特征。再审被申请人江口醇酒业公司将“诸葛”和“酿”结合作为商品名称在酒类商品上使用，在其使用前并非为相关商品所通用；其按照特定比例由上面屋顶体和下面长方体组合而成的包装盒有其独特性；其商品包装、装潢使用的“诸葛酿”文字、图案、人物肖像图、人物介绍等的布局、包装盒的整体色调等组合在一起，也具有显著性，加之经宣传和持续使用，具有了区别商品来源的作用，故原审法院认定其商品名称、包装和装潢为特有并无不当。关于再审申请人诸葛酿酒公司和再审申请人千年酒业公司主张案外人在先将含有“诸葛酿”的文字作为商品名称使用，再审被申请人江口醇酒业公司并非在先使用“诸葛酿”商品名称，“诸葛酿”不具有特有性的申请再审理由，因涉及另外的法律关系，且并无影响再审被申请人江口醇酒业公司在本案中主张权利的相关证据，故再审法院不予支持。

比较再审被申请人江口醇酒业公司生产销售的“诸葛酿”酒与再审申请人诸葛酿酒公司、再审申请人千年酒业公司生产的“诸葛酿”酒，除包装盒上所使用的“诸葛酿”文字中“诸”字的简、繁体略有区别外，二者在文字的大小、形状、包装盒的形状、比例上基本相同，包装盒上图案、人物肖像及文字介绍等整体布局、包装盒的颜色也构成近似。虽然再审申请人诸葛酿酒公司、再审申请人千年酒业公司的产品上标有“优雅”和“诸葛亮”的商标，但其“优雅”商标与包装盒的底色相同，“诸葛亮”商标则放置在包装盒侧面屋顶形的阴影处，不易为消费者注意，需仔细辨认才能发现，普通消费者施以一般注意力并不容易分辨，足以造成混淆。而且，再审申请人诸葛酿酒公司、再审申请人千年酒业公司与再审被申请人江口醇酒业公司同属四川省，同属一个行业，都是生产酒类产品的企业，再审申请人诸葛酿酒公司、再审申请人千年酒业公司不可能不知道“诸葛酿”酒，故难以认定再审申请人诸葛酿酒公司、再审申请人千年酒业公司在“诸葛酿”商品名称、包装、装潢使用上具有善意。据此，原审法院认定再审申请人诸葛酿酒公司、再审申请人千年酒业公司的行为构成不正当竞争并无不妥。

本案并不涉及知名商品特有名称与注册商标的冲突问题。再审申请人诸葛酿酒公司、再审申请人千年酒业公司关于“诸葛酿”商品名称与“诸葛亮”注册商标构成近似，“诸葛酿”是在侵犯“诸葛亮”商标权的前提下形成的，不能获得法律的保护的再审申请理由，再审法院不予支持。

综上，原审法院认定事实基本清楚，适用法律正确。再审申请人诸葛酿酒公司、再审申请人千年酒业公司的再审申请不符合《民事诉讼法》第一百七十九条的规定，依据《民事诉讼法》第一百八十一条第一款之规定，裁定如下：

驳回申请再审人诸葛酿酒公司、千年酒业公司的再审申请。

案例37：林桎华与卢敦兵、朱世田、益迪豪公司仿冒知名商品特有名称、装潢纠纷案

原告（被上诉人）：林桎华

被告（上诉人）：卢敦兵

被告（上诉人）：朱世田

被告：南宁市益迪豪机电有限责任公司（以下称“益迪豪公司”）

一审法院：广西壮族自治区柳州市中级人民法院

一审案号：（2006）柳市民三初字第7号

一审合议庭成员：黄琪宣、王朝君、徐宝华

一审结案日期：2007年9月5日

二审法院：广西壮族自治区高级人民法院

二审案号：（2007）桂民三终字第67号

二审合议庭成员：刘拥建、周冕、韦晓云

二审结案日期：2008年2月2日

案由：仿冒知名商品名称、装潢纠纷

关键词：知名商品，特有名称、装潢，仿冒，审理程序

涉案法条

《反不正当竞争法》第二条、第五条第（二）项、第二十条

《民法通则》第一百零六条、第一百三十条、第一百三十四条第一款第（一）、（七）、（九）、（十）项及第二款

《民事诉讼法》第一百五十三条第一款第（一）、（三）项，第二百一十九条，第二百三十二条

争议焦点

- 合伙经营者侵犯他人合法权益的，为共同侵权，应对侵权行为承担连带民事责任。
- 诉讼过程中，当事人在起诉状、答辩状、陈述及其委托代理人的代理词中承认的对己方不利的事实和认可的证据，人民法院应当予以确认，但当事人反悔并有相反证

据足以推翻的除外，即“自认”。

- 在中国境内具有一定的市场知名度，为相关公众所知悉的商品，应当认定为《反不正当竞争法》第五条第（二）项规定的“知名商品”。人民法院认定知名商品，应当考虑该商品的销售时间、销售区域、销售额和销售对象，进行任何宣传的持续时间、程度和地理范围，作为知名商品受保护的情况等因素，进行综合判断。原告应当对其商品的市场知名度负举证责任。
- 经营者擅自使用知名商品特有的名称、包装、装潢，或者使用与知名商品近似的名称、包装、装潢，造成和他人的知名商品相混淆，使购买者误认为是该知名商品的，属于采用不正当手段从事市场交易、损害竞争对手的不正当竞争行为。

审判结论

一、维持柳州市中级人民法院（2006）柳市民三初字第7号民事判决的第一、三、四、五、六项；

二、撤销柳州市中级人民法院（2006）柳市民三初字第7号民事判决的第二项；

三、上诉人朱世田在二审判决生效之日起10日内赔偿被上诉人林柽华的经济损失2.3万元。

一审案件受理费2 562元、其他诉讼费1 098元，二审案件受理费3 660元，合计7 320元人民币，由朱世田负担2 928元，卢敦兵负担2 928元，益迪豪责任公司负担732元，林柽华负担732元。

上述有履行义务的当事人如逾期，则依照《民事诉讼法》第二百三十二条规定办理，权利人可依照《民事诉讼法》第二百一十九条规定，在二审判决规定的履行期限最后一日起1年内，向柳州市中级人民法院申请强制执行。

起诉及答辩

原告林柽华诉称：鹿寨县华光机械厂是原告于1996年开办的一家独资私营企业，主要生产和销售水泵、打米机、打粉机等农用机械产品。

1996年4月开始生产“华光”水泵，水泵机身为绿色，并在机身上铸有“华光”二字，字上描红，其皮带轮为红色，设计独特，这不仅成为该产品特有的名称及装潢，也是与同类产品最显著的区别，凝聚了原告的无数智力投入。至今有近十年的历史，为广大的消费者所熟知，已成为知名商品。本着“质量至上”的宗旨及优质的售后服务，赢得了广大农民消费者的信赖和认可，在同类产品中市场占有率较高。“华光”水泵在消费者心目中已经树立了品牌，其销售遍布广西乡镇。凭着“华光”水泵过硬的质量及其品牌，2000年5月广西水力机械研究所授予原告生产的“华光”水泵字样为“广西水力研究所监制”的冠名。2002年12月，广西电视台“走进农家”栏目对原告生产的产品进行了专题报道，进一步提高了原告产品的知名度和影响力。2005年3月，获得了广西区农业机械鉴定站广泛推广，“华光”水泵已在广西具有很高的知名度。

被告朱世田于2005年10月在鹿寨县成立鹿寨县毕光机械厂，仿照原告生产的“华光”水泵大批量生产及销售，其水泵的名称、外观与原告的产品完全相同，也在机身铸有“华光”二字，其装潢也几乎一样，并且冒用原告的企业标准，足以使消费者购买“华光”水泵时产生误认。

被告卢敦兵不仅是鹿寨县毕光机械厂的合伙人，而且还于2005年11月在南宁市成立了南宁市华光机械厂，生产和销售的水泵与鹿寨县毕光机械厂生产“华光”水泵一模一样，进一步扩大了侵权影响范围。

被告朱世田、卢敦兵的行为一方面欺骗了消费者，对消费者将来维修、更换易损配件产生混淆，扰乱市场秩序，另一方面在一定程度上造成原告产品销售量的减少。这给原告造成极坏影响，侵犯了原告的合法权益，构成了不正当竞争。

被告益迪豪公司是鹿寨县毕光机械厂和南宁市华光机械厂的广西总经销，其明知被告朱世田、卢敦兵生产的“华光”水泵是冒充“鹿寨县华光机械厂”生产的“华光”水泵，仍然肆无忌惮地使用“华光”名称进行销售。其行为造成的影响极其恶劣，已经侵犯了原告的合法权益，构成了不正当竞争。

综上所述，三被告行为具有明显“搭知名商品便车”之故意，有悖于经营者在市场交易中应当遵循的公平、诚实信用原则和最基本的商业道德，给原告造成了巨大的损失。根据《反不正当竞争法》《国家工商行政管理局关于禁止仿冒知名商品特有的名称、包装、装潢的不正当竞争行为的若干规定》《民法通则》《广西壮族自治区反不当竞争条例》及《民事诉讼法》《最高人民法院关于适用〈中华人民共和国民事诉讼法〉若干问题的意见》等法律的相关规定，特向人民法院起诉，请求法院：1. 判令被告朱世田、卢敦兵停止生产销售“华光”牌水泵，并销毁现有的侵权产品和模具；2. 判令被告益迪豪公司停止销售“华光”牌水泵，并销毁现有的侵权产品；3. 判令三被告赔偿原告经济损失10万元；4. 判令三被告在媒体上公开赔礼道歉并消除影响；5. 判令三被告承担本案的全部诉讼费用。

被告朱世田在答辩期内未提交书面答辩。其口头答辩称：1. 卢敦兵不是鹿寨县毕光机械厂的合伙人，原告诉状称卢敦兵是合伙人是错误的；2. 根据《反不正当竞争法》第五条第（二）项的规定，原告所生产的产品与鹿寨县毕光机械厂所生产的产品在产品装潢上存在区别，不足以让消费者产生混淆，故不认为是不正当竞争；3. 根据《最高人民法院关于审理不正当竞争民事案件运用法律若干问题的解释》第一条规定，原告所生产的两款产品，依法不具备知名商品的条件，不属于知名产品；4. 原告起诉状第4点请求没有任何法律依据。综上所述，朱世田的行为不构成不正当竞争。

被告卢敦兵在答辩期内未提交书面答辩。其口头答辩称：1. 同意朱世田的答辩意见；2. 原告起诉卢敦兵没有法律依据，卢敦兵不应当作为本案的被告，因鹿寨县毕光机械厂的业主是朱世田，卢敦兵不是该厂的合伙人，不应当作为本案的被告；3. 原告在诉状中起诉南宁市华光机械厂与本案是两个独立的诉讼，应当分别审理，不应在本案中审理。

被告益迪豪公司在答辩期内未提交书面答辩。其口头答辩称：1. 首先同意朱世田、卢敦兵的答辩意见；2. 原告的举证不足以证明其是知名商品；3. 被告的经营行为并未违反《反不正当竞争法》、《最高人民法院关于审理不正当竞争民事案件若干问题的解释》的规定，原告的诉请没有任何的事实依据和法律依据，请求法院予以驳回。

事实认定

鹿寨县华光机械厂 是原告林柽华个人出资开办的独资私营企业，于1996年5月在鹿寨县工商行政管理局登记注册，经营范围是生产和销售水泵、打米机、打粉机等农用机械产品。

鹿寨县华光机械厂从1996年开始研制生产“华光”牌水泵等农用机械产品，其产品销往广西各地，设有80多个销售点。鹿寨县华光机械厂生产的“华光”牌水泵机身为绿色，机身上铸有“华光”二个铁字，用红漆上描上醒目的红色，字体突出，如同浮雕，皮带轮为红色。铭牌上标注有厂名、厂址、执行标准、型号等内容。

1999年9月15日，鹿寨县华光机械厂参加并带着“华光”牌系列水泵由广西区人民政府举办的“99乡镇企业技术与经济合作招商会”，其生产的水泵被广西区乡镇企业管理局评为优秀奖。2000年5月8日，广西水利机械研究所经过检验，同意“鹿寨县华光机械厂”生产的“华光”牌水泵（HQ80－65－150和HQ80－80－150）铭牌上冠以“广西水利机械研究所监制”字样。2002年11月，鹿寨县华光机械厂带着“华光”牌系列水泵参加由广西区农业厅、广西区农业机械化管理中心、广西区科技厅、广西区畜牧水产局、南宁市人民政府联合举办的“2002年中国－东南亚（南宁）首届农业博览会”。2002年12月5日，广西电视台经济频道《走进农家》栏目播出了名为《现代农机入户来》的专题片，该片主要表现鹿寨县华光机械厂开拓市场的内容。2004年10月，鹿寨县华光机械厂带着“华光”牌系列水泵参加由商务部、广西区人民政府举办的“2004年中国－东盟国际博览会”。2005年2月4日，鹿寨县华光机械厂取得了水泵的企业产品标准备案登记证，标准编号：Q/LZHG03。2005年4月25日，鹿寨县华光机械厂生产的“华光”牌水泵（HQ80－65－150和HQ80－80－150）经省级推广鉴定合格，广西区农业机械化管理中心向其颁发《农业机械推广鉴定证书》。2005年9月，鹿寨县华光机械厂带着“华光”牌系列水泵参加由广西区农业机械化管理中心、桂林市人民政府举办的“中国（桂林）农机产品配件国际博览展销会”。鹿寨县华光机械厂在上述国内国际招商会和博览会期间，均进行产品的宣传和展销。

此外，2004年和2005年鹿寨县华光机械厂生产的“华光”牌水泵，在广西水利机械质量监督检验站定期监督检验中全部为合格。2006年8月，广西区政协授予鹿寨县华光机械厂为“重点协作单位”。2006年11月，广西区农业机械化管理中心授予鹿寨县华光机械厂为“自治区农机扶贫点农机产品捐赠单位”。鹿寨县华光机械厂分别于2003年荣获“柳州市文明诚信经营者”、2004年荣获“诚信私营企业”、2006年荣获“诚信私营企业”、2007年荣获“诚信私营企业”。

2005年8月，朱世田与卢敦兵合伙投资在广西鹿寨县成立鹿寨县毕光机械厂，该厂生产和销售的水泵名称、外观等与鹿寨县华光机械厂的水泵完全相同，机身铸有“华光”二字，其装潢颜色也一样，并使用鹿寨县华光机械厂的企业标准（Q/LZHG03）。卢敦兵在南宁市负责销售鹿寨县毕光机械厂的水泵。此外，2005年11月，由卢敦兵个人出资又在广西南宁市成立了南宁市华光机械厂，其生产和销售的水泵名称、外观等也与鹿寨县华光机械厂的水泵完全相同，机身铸有“华光”二字，其装潢颜色也一样。2006年4月11日的《广西日报》刊登文章介绍“华光”牌水泵是由南宁市华光机械厂生产的产品。

2005年11月，鹿寨县华光机械厂向鹿寨县工商行政管理局投诉鹿寨县毕光机械厂存在着仿冒行为。为此，鹿寨县工商行政管理局依法对鹿寨县毕光机械厂进行了查处，并将有关情况向广西百色市平果县、贵港市港北区、北海市合浦县的工商行政管理部门反映，上述三地的工商行政管理部门对被举报涉嫌侵权产品进行了查扣。

2006年3~4月间鹿寨县华光机械厂陆续接到其在广西南宁市、邕宁县、河池市、合浦县、环江县、武宣县、田阳县、平果县等地销售商的信函，均反映在当地销售的南宁市华光机械厂生产的水泵与鹿寨县华光机械厂生产的水泵基本相同，同样使用“华光”牌子，用户无法分清二厂的产品等情况，使其销售鹿寨县华光机械厂生产的水泵受到严重影响。

益迪豪公司负责经销由南宁市华光机械厂生产的水泵。2005年12月20日，原告林柽华委托律师对被告朱世田、卢敦兵、益迪豪公司的侵权行为进行调查。2006年1月10日，原告林柽华为获取侵权的证据，申请南宁市公证处对其委托代理人丘观成到益迪豪公司购买南宁市华光机械厂生产的“华光”牌水泵的过程进行保全证据公证，并封存了购买的水泵和保修单、发票。2006年1月11日，南宁市公证处出具了（2006）桂南内证字第0154号公证书。

一审判决及理由

一、关于被告卢敦兵诉讼主体资格的问题

虽然鹿寨县毕光机械厂的工商营业执照登记是由被告朱世田个人开办的，但是被告卢敦兵在鹿寨县工商行政管理局依法调查中，自认了“鹿寨县毕光机械厂”是由其与被告朱世田合伙投资经营的，朱世田、卢敦兵应是合伙关系，且被告卢敦兵个人开办的南宁市华光机械厂生产的水泵同样涉及原告林柽华的合法权益，故原告林柽华合并起诉卢敦兵并将其作为本案的被告，符合法律规定。被告朱世田、卢敦兵、益迪豪公司对此的抗辩理由不成立，一审法院不予支持。

二、关于原告林柽华开办的鹿寨县华光机械厂生产的“华光”牌水泵是否属于知名商品的问题

鹿寨县华光机械厂自1996年开始研制、生产、销售“华光”牌水泵等农用机械产品，其产品销售往广西各地，设有80多个销售点，至今已有11年；从1999年至2005

年鹿寨县华光机械厂带着“华光”牌系列水泵多次参加由商务部、广西等部门举办的国内国际招商会和博览会，并进行大量产品的宣传和展销；鹿寨县华光机械厂的“华光”牌系列水泵在有关部门的定期监督检验中均为合格；广西电视台经济频道的《走进农家》栏目播出了《现代农机入户来》的专题片，表现了鹿寨县华光机械厂开拓市场的内容；鹿寨县华光机械厂及其“华光”牌系列水泵因轻巧、耐用、水量大等特点取得了广西相关部门和消费者的认可，获得了诸多荣誉称号以及相应的农机推广证书等。综合考虑上述因素，一审法院认为原告林桎华所提交的证据足以证明鹿寨县华光机械厂生产的“华光”牌水泵在广西地区具有一定的影响力和知名度，为相关公众所知悉的商品，故依据《反不正当竞争法》第五条第（二）项的规定，应认定为知名商品。被告朱世田、卢敦兵、益迪豪公司对此的抗辩理由不成立，一审法院不予支持。

三、关于被告朱世田、卢敦兵、益迪豪公司生产销售被控侵权产品是否构成不正当竞争

1. 原告林桎华用“华光”这一名称来命名鹿寨县华光机械厂生产的水泵时间，最早是在1996年。由于其生产的水泵质量好，价格合理等，“华光”牌水泵也逐步为越来越多的消费者所知悉和认可，通过参加各种国内国际招商会和博览会以及媒体对“华光”牌水泵报道，对提升该产品也起到积极的作用。虽然水泵只是一种普通的农业机械，但是在水泵这一产品通用名称前冠以独创性的“华光”二字就使其具有了与其他水泵产品相区别的显著特征，非相关商品所通用。被告朱世田、卢敦兵没有证据表明在原告林桎华之前，其使用“华光”的名称。故一审法院依据国家工商行政管理局《关于禁止仿冒知名商品特有的名称、包装、装潢的不正当行为的若干规定》第三条第三款和第四条第二款的规定，认定“华光”是原告林桎华及其鹿寨县华光机械厂在广西地区生产经营的知名商品的特有名称，对该名称享有专用权；其与原告林桎华及其鹿寨县华光机械厂生产经营的水泵的质量、声誉以及原告林桎华及其鹿寨县华光机械厂商业信誉密不可分，已经具有商品品牌识别性，消费者以此识别原告林桎华及其鹿寨县华光机械厂生产经营的水泵。

2. 原告林桎华及其鹿寨县华光机械厂生产的“华光”牌水泵在装潢上比较独特，机身为绿色，机身上铸有“华光”二个铁字，用红漆上描上醒目的红色，字体突出，如同浮雕，其皮带轮为红色，尤为醒目，搭配相得益彰，布局合理，具有鲜明的特色，非相关商品所通用。被告朱世田、卢敦兵没有证据表明在原告林桎华之前，亦使用该装潢。故一审法院依据国家工商行政管理局《关于禁止仿冒知名商品特有的名称、包装、装潢的不正当行为的若干规定》第三条第五款和第四条第二款的规定，认定为其所特有的装潢，对该装潢享有专用权。

3. 如上所述，“华光”牌水泵是知名商品，该名称及其装潢是特有的，根据《反不正当竞争法》之规定，擅自使用知名商品特有的名称、包装、装潢或者使用与知名商品近似的名称、包装、装潢等不正当手段从事经营活动，损害竞争对手和消费者的利益的，构成不正当竞争行为。

被控侵权水泵与知名商品“华光”牌水泵相比，铭牌所处的位置、名称的书写方式、字体大小、颜色搭配等基本相同，在直观上难以区分，且在铭牌中标注鹿寨县华光机械厂的企业标准（Q/LZHG03）。虽然在铭牌中的厂名不同及部分技术参数不同，但这些细微的区别并不能改变两者之间的相同性，一般消费者在购买时施以一般的注意力，很难将被控侵权水泵与知名商品“华光”牌水泵的名称、装潢区分开来，造成和知名商品“华光”牌水泵相混淆，使消费者误认为被控侵权水泵就是知名商品“华光”牌水泵，从而挤占了原告林柽华及其“鹿寨县华光机械厂”生产的“华光”牌水泵本应享有的市场份额，被告朱世田、卢敦兵实属搭乘知名商品的便车，其行为既破坏了市场竞争秩序，又损害了知名商品经营者和消费者的合法利益，妨碍了知名商品进一步开拓市场和提高竞争的能力。被告朱世田、卢敦兵的行为违背了公平竞争、诚实信用的法律原则。

因此，被告朱世田、卢敦兵生产、销售被控侵权产品的行为已侵犯了原告林柽华及其鹿寨县华光机械厂对其知名商品“华光”牌水泵特有的名称、装潢的专有使用权，已构成不正当竞争，依法承担相应的侵权民事责任。

4. 被告益迪豪公司销售了上述被控侵权产品，且在举证期限内未提交证据材料以支持其抗辩主张，无法证实其在进货时已尽审验义务，故亦应依法承担相应的侵权民事责任。

四、关于被告朱世田、卢敦兵、益迪豪公司承担民事责任的问题。

依照《反不正当竞争法》第二十条、《民法通则》第一百三十四条的规定，原告林柽华有权要求被告朱世田、卢敦兵、益迪豪公司停止侵害，消除影响、赔礼道歉、赔偿损失。

因原告林柽华提供的证据只证实为制止侵权行为支出的部分费用，未能提供其因侵权所遭受其他直接经济损失的证据，而被告朱世田、卢敦兵、益迪豪公司侵权期间因侵权所获的利润也难以确认，故一审法院依照我国民法通则规定的侵权原则和公平诚信原则，并综合考虑知名商品“华光”牌水泵的知名度、侵权人的过错程度、侵权范围以及被侵权人为制止侵权行为支出的合理开支等具体情况，依据《反不正当竞争法》第二十条第一款规定，酌情确定赔偿数额为：被告朱世田、卢敦兵共同赔偿原告林柽华经济损失 4 万元，被告卢敦兵赔偿原告林柽华经济损失 4 万元，被告益迪豪公司赔偿原告林柽华经济损失 5 000 元。

被告朱世田、卢敦兵与原告林柽华作为同业经营者，在原告林柽华在广西地区进行了大量的广告宣传后，理应知道原告林柽华对其生产的“华光”牌水泵的名称、装潢享有专有权，但被告朱世田、卢敦兵仍然擅自在广西地区销售生产、销售被控侵权水泵，上述行为不仅在主观上有明显过错，而且客观上已经对原告林柽华造成了较大的不良社会影响，本着在同等范围内消除不良影响和过错与损害赔偿相当的原则。故原告林柽华要求被告朱世田、卢敦兵在媒体上公开赔礼道歉并消除影响的诉讼请求应予支持。

原告林柽华的其他诉讼请求不予支持。

综上所述，依照《反不正当竞争法》第二条、第五条第（二）项、第二十条和《民法通则》第一百零六条、第一百三十条、第一百三十四条第一款第（一）、（七）、（九）、（十）项及第二款的规定，判决如下：

一、被告朱世田、卢敦兵生产销售的“华光”牌水泵侵犯了原告林柽华对其知名商品“华光”牌水泵特有的名称、装潢的专有使用权。被告朱世田、卢敦兵在一审判决生效之日起，立即停止使用与原告林柽华的知名商品“华光”牌水泵特有的名称、装潢相同的名称、装潢；

二、被告朱世田、卢敦兵于一审判决生效之日起10日内共同赔偿原告林柽华经济损失4万元，并相互承担连带责任；

三、被告卢敦兵于一审判决生效之日起10日内赔偿原告林柽华经济损失4万元；

四、被告益迪豪公司在一审判决生效之日起，立即停止销售与原告林柽华的知名商品“华光”牌水泵特有的名称、装潢相同的水泵，并于一审判决生效之日起10日内赔偿原告林柽华经济损失5 000元；

五、被告朱世田、卢敦兵自一审判决生效之日起30日内在《广西日报》上刊登声明赔礼道歉，消除因其侵权行为给原告林柽华造成的不良影响（声明内容须经一审法院审核，逾期不履行，一审法院将在该报上公开一审判决内容，费用由三被告负担）；

六、对原告林柽华的其他诉讼请求不予支持。

本案案件受理费2 562元、其他诉讼费1 098元，合计3 660元（由原告林柽华预交），由被告朱世田、卢敦兵、益迪豪公司共同负担。

上述有履行义务的当事人如逾期，则依照《民事诉讼法》第二百三十二条规定办理，权利人可依照《民事诉讼法》第二百一十九条规定，在一审判决规定的履行期限最后一日起1年内，向一审法院申请强制执行。

上诉理由

卢敦兵与朱世田不服，向广西壮族自治区高级人民法院提起上诉，请求：1. 撤销柳州市中级人民法院（2006）柳市民三初字第7号民事判决；2. 驳回林柽华的诉讼请求；3. 本案的一、二审诉讼费由林柽华承担。

卢敦兵的上诉理由是：一、一审法院判令作为南宁市华光机械厂经营者的卢敦兵承担侵权责任程序违法。鹿寨县毕光机械厂及南宁市华光机械厂是由不同的经营者卢敦兵、朱世田分别投资设立的两个独立的个人独资企业，林柽华对之提起的侵权之诉系两个独立之诉，不应合并审理；二、一审判决认定卢敦兵与朱世田合伙投资设立鹿寨县毕光机械厂并共同连带赔偿林柽华经济损失4万元缺乏事实和法律依据；三、林柽华生产的“华光”牌水泵不属于知名商品。

朱世田的上诉理由是：一、林柽华开办的鹿寨县华光机械厂生产的“华光”牌水泵不属于知名商品，因为其提供的证据不能证明销售地域、销售额、产品做过持续宣传或作为知名商品受过保护，不符合《最高人民法院关于审理不正当竞争民事案件应用法律若干问题的解释》第一条之规定；二、朱世田生产、销售被控侵权产品的行为不构成不正当竞争。

林柽华答辩称：请求二审法院驳回上诉，维持原判。一、一审判决认定林柽华生产、销售的“华光”牌水泵为知名商品是正确的。证人证言及相关单位证明证实，“华光”牌水泵在广西设有80多个销售点；自1996年开始生产以来每年销售数万台，每台销售价150元；自1999年至2005年，林柽华带着“华光”牌水泵参加各种招商会和博览会，对产品进行大量的宣传和展销。二、卢敦兵与朱世田生产、销售被控侵权产品的行为已违反《反不正当竞争法》第五条第（三）项之规定，构成不正当竞争。三、卢敦兵在鹿寨县工商行政管理局调查中自认了其与朱世田合伙投资经营鹿寨县毕光机械厂，卢敦兵还自己开办了南宁市华光机械厂，上述两厂均生产了被控侵权产品侵犯了林柽华的合法权益，一审法院将两诉合并审理并作出相应判决符合法律规定。

二审查明事实

一审判决认定的事实基本属实，但认定卢敦兵与朱世田合伙投资设立鹿寨县毕光机械厂证据不充分。根据工商营业执照记载，鹿寨县毕光机械厂是由朱世田个人经营的企业，朱世田是字号名称为“鹿寨县毕光机械厂”个体工商户的业主。南宁市华光机械厂是由卢敦兵个人经营的企业，卢敦兵是字号名称为“南宁市华光机械厂”个体工商户的业主。

二审法院另外查明如下事实：2005年11月27日鹿寨县工商行政管理局执法大队询问笔录证实，鹿寨县毕光机械厂生产的被控侵权产品的数量为230多台，生产成本130~140元/台，销售价为150元/台。二审期间，被上诉人林柽华对鹿寨县毕光机械厂生产的被控侵权产品的数量、价格等情况予以认可，二审法院予以确认。另，2005年11月17日鹿寨县工商行政管理局对卢敦兵询问时，卢敦兵陈述鹿寨县毕光机械厂是由其与朱世田合伙投资经营，但在诉讼中，卢敦兵、朱世田均否认鹿寨县毕光机械厂系其两人合伙投资经营。

二审判决及理由

（一）关于一审法院审理程序是否违法、上诉人卢敦兵是否应对鹿寨县毕光机械厂的被控侵权行为承担连带民事责任的问题

被上诉人林柽华在一审时是以鹿寨县毕光机械厂及南宁市华光机械厂生产、销售的水泵侵犯了其知名商品“华光”水泵特有的名称、装潢为由提起诉讼，虽然系两个独立之诉，但因上诉人卢敦兵不仅是南宁市华光机械厂的业主，而且在鹿寨县工商行政管理局对其调查询问时，其承认其与上诉人朱世田合伙投资经营鹿寨县毕光机械厂，被上诉人林柽华据此起诉上诉人卢敦兵与上诉人朱世田共同侵权，一审法院根据《民事诉讼法》第五十三条第一款之规定进行合并审理，并无不当。上诉人卢敦兵的相关上诉理由不能成立。

《最高人民法院关于民事诉讼证据的若干规定》（法释［2001］33号）第七十四条规定“诉讼过程中，当事人在起诉状、答辩状、陈述及其委托代理人的代理词中承认的对己方不利的事实和认可的证据，人民法院应当予以确认，但当事人反悔并有相反证据足以推翻的除外。”本案上诉人卢敦兵向鹿寨县工商行政管理局陈述称鹿寨县毕光机械厂是由其与上诉人朱世田合伙投资，不属于上述司法解释中所称的“诉讼中的自认”，且其陈述不仅涉及其个人利益，还涉及另一方当事人上诉人朱世田的利益，上诉人朱世田未予确认，与鹿寨县毕光机械厂工商营业执照记载的情况也不符，上诉人卢敦兵、朱世田在诉讼中均予以否认，被上诉人林柽华亦未能提交书面合伙协议或其他证据证实，故一审判决认定上诉人卢敦兵、上诉人朱世田合伙投资设立鹿寨县毕光机械厂证据不充分，判决上诉人卢敦兵对鹿寨县毕光机械厂的侵权承担连带赔偿责任，理由不成立，即判决“被告上诉人朱世田、上诉人卢敦兵于二审判决生效之日起10日内共同赔偿原告被上诉人林柽华经济损失4万元，并相互承担连带责任”没有事实依据，应予撤销。上诉人卢敦兵的相关上诉理由成立，二审法院予以支持。

（二）被上诉人林柽华生产的“华光”牌水泵是否为知名商品

《最高人民法院关于审理不正当竞争民事案件应用法律若干问题的解释》（法释［2007］2号）第一条第一款规定“在中国境内具有一定的市场知名度，为相关公众所知悉的商品，应当认定为《反不正当竞争法》第五条第（二）项规定的‘知名商品’。人民法院认定知名商品，应当考虑该商品的销售时间、销售区域、销售额和销售对象，进行任何宣传的持续时间、程度和地理范围，作为知名商品受保护的情况等因素，进行综合判断。原告应当对其商品的市场知名度负举证责任。”

本案被上诉人林柽华在一审提交的证据中，第二组证据的证据1、第二组证据的证据6等证实了被上诉人林柽华自1996年开始生产销售“华光”牌水泵等农机产品；第一组证据的证据12、第二组证据的证据1、证据6、证据13、证据14等证实了被上诉人林柽华生产的“华光”牌水泵在广西各县市有80多个销售点；第一组证据的证据12、第二组证据的证据6、证据13等证实，许多销售点每年销售被上诉人林柽华生产的“华光”牌水泵数量均在1000多台以上，柳城县2000年至2004年使用该产品有1万多台；第一组证据的证据10证明了被上诉人林柽华曾在广西电视台的《走进农家》节目中做广告；第一组证据的证据14证实了自1999年至2005年被上诉人林柽华带着“华光”牌水泵多次参加由商务部、广西壮族自治区人民政府等举办的国内国际招商会和博览会，并进行了大量产品的宣传和展销；第一组证据的证据6、证据8、证据11、证据13等分别证实了被上诉人林柽华生产的“华光”牌水泵历年来经政府部门检验，产品质量合格，1999年被广西区乡镇企业管理局授予优秀奖、2005年广西区农业机械化管理中心向其颁发了《农业机械推广鉴定证书》，还获得政府有关部门颁发的多种荣誉证书。综上，被上诉人林柽华的举证已证实其生产、销售的“华光”牌水泵系在广西境内具有一定的市场知名度、为相关公众所知悉的商品，一审法院认定为知名商品并无不当。

上诉人卢敦兵、上诉人朱世田上诉称一审判决认定被上诉人林柽华生产、销售的“华光”牌水泵为知名商品证据不足的上诉理由不能成立，二审法院不予支持。

（三）上诉人卢敦兵与上诉人朱世田生产、销售“华光”牌水泵的行为是否构成不正当竞争

《反不正当竞争法》第五条第（二）项规定：经营者擅自使用知名商品特有的名称、包装、装潢，或者使用与知名商品近似的名称、包装、装潢，造成和他人的知名商品相混淆，使购买者误认为是该知名商品的，属于采用不正当手段从事市场交易、损害竞争对手的不正当竞争行为。

本案被上诉人林柽华自1996年开始生产、销售的“华光”牌水泵机身上铸有“华光”两个字，消费者称之为“华光”牌水泵，该名称是被上诉人林柽华经营的鹿寨县华光机械厂在广西区域将产品推上市场时首先使用；产品的机身为绿色，机身上的“华光”两字字体突出，用红漆涂为红色，皮带轮亦为红色，这种装潢亦比较独特，区别于同类产品；上述产品的名称和装潢经过鹿寨县华光机械厂十余年的使用，进行了广泛的营销和得当的宣传，并依靠产品优良的品质赢得了广大消费者的欢迎和信赖，使“华光”牌水泵及其装潢与鹿寨县华光机械厂形成特定的紧密联系，成为了识别鹿寨县华光机械厂产品的重要标志，构成了竞争法意义上的知名商品的特有名称和装潢。

上诉人朱世田经营的鹿寨县毕光机械厂、上诉人卢敦兵经营的南宁市华光机械厂生产的被控侵权产品机身上相应的位置铸有“华光”两字，字体突出，字体的书写方式、大小、颜色与被上诉人林柽华经营的鹿寨县华光机械厂的“华光”牌水泵基本相同，被控侵权产品机身亦为绿色，皮带轮亦为红色，只是颜色的深浅与被上诉人林柽华经营的鹿寨县华光机械厂的“华光”牌水泵略有细微差异，更为甚者，被控侵权产品的铭牌上直接使用鹿寨县华光机械厂的企业标准（Q/LZHG03），一般消费者在购买时施以一般的注意力，很难将被控侵权产品与鹿寨县华光机械厂的知名商品“华光”牌水泵的名称、装潢区别开来，造成混淆。上诉人朱世田、卢敦兵未经被上诉人林柽华的许可，擅自使用其知名商品“华光”牌水泵特有的名称和装潢于相同产品上，造成和被上诉人林柽华的知名商品相混淆，使购买者误认为是该知名商品，上诉人朱世田、卢敦兵生产、销售被控侵权产品的行为侵犯了被上诉人林柽华对其知名商品“华光”牌水泵特有的名称、装潢的专有使用权，已构成不正当竞争，依法应承担相应的侵权民事责任。

上诉人朱世田、卢敦兵上诉称其行为不构成侵权的理由不能成立，二审法院不予支持。

由于鹿寨县毕光机械厂生产的被控侵权产品的数量为230多台，生产成本130～140元/台，销售价为150元/台，一审法院判决上诉人朱世田赔偿被上诉人林柽华经济损失4万元，显然偏高，二审法院酌情变更为2.3万元。

综上，依照《民事诉讼法》第一百五十三条第一款第（一）、（三）项之规定，判决如下：

一、维持柳州市中级人民法院（2006）柳市民三初字第7号民事判决的第一、三、四、五、六项；

二、撤销柳州市中级人民法院（2006）柳市民三初字第7号民事判决的第二项；

三、上诉人朱世田在二审判决生效之日起10日内赔偿被上诉人林柽华的经济损失2.3万元。

一审案件受理费2 562元、其他诉讼费1 098元，二审案件受理费3 660元，合计7 320元人民币，由上诉人朱世田负担2 928元，上诉人卢敦兵负担2 928元，益迪豪公司负担732元，被上诉人林柽华负担732元。

上述有履行义务的当事人如逾期，则依照《民事诉讼法》第二百三十二条规定办理，权利人可依照《民事诉讼法》第二百一十九条规定，在二审判决规定的履行期限最后一日起1年内，向柳州市中级人民法院申请强制执行。

案例38：金门公司与农工商公司、健必依厂侵犯知名商品名称、包装、装潢、侵犯商标权纠纷案

原告（上诉人）：上海金门营销有限公司（以下称“金门公司”）

被告（被上诉人）：上海农工商工业发展有限公司（以下称“农工商公司”）

被告（被上诉人）：上海健必依保健品厂（以下称“健必依厂”）

一审法院：上海市浦东新区人民法院

一审案号：（2007）浦民三（知）初字第55号

一审合议庭成员：

一审结案日期：❶

二审法院：上海市第一中级人民法院

二审案号：（2007）沪一中民五（知）终字第20号

二审合议庭成员：刘军华、胡震远、刘静

二审结案日期：2008年5月10日

案由：擅自使用知名商品特有名称、包装、装潢及商标权纠纷

关键词：知名商品，特有名称、包装、装潢，商标，联营协议，销售代理协议，合作协议

涉案法条

《合同法》第一百二十五条第一款

《反不正当竞争法》第五条第（二）项

《商标法》第五条、第九十六条

《民事诉讼法》第一百五十三条第一款第（一）项

争议焦点

- 当事人应当采用书面形式订立技术转让合同。技术转让合同内容一般应明确转让技术的范围、转让的对象、受让人使用转让技术的范围和方式、转让费的支付和技术

---

❶ 因未收集到上海市浦东新区人民法院（2007）浦民三（知）初字第55号民事判决书，故一审合议庭成员及一审结案日期不明。

的保密等。当事人因该技术转让合同发生争议的，应当结合合同的有关条款、双方合作关系前后发展的经过与技术转让惯例等进行综合判断。

- 产品的生产方在产品质量方面为产品的知名度形成发挥了积极作用，且与该产品名称和装潢图案形成了不可分割的关系，故该生产方有权在法律规定的范围之内使用该产品名称和装潢图案。
- 如果除产品本身及其名称之外，产品使用的商标和外包装均是在合同履行过程中产生的，且由此所形成的相关权利如果未作特别约定，则不应当由合作一方独享，因此，在未就基于多年合作而产生的共有权利之归属问题进行合作关系终止后的分割处理之前，任何一方都不能以独占权利人的身份主张其他方使用涉案商标和外包装之行为构成侵权或不正当竞争。
- 涉讼协议虽然约定产品外包装由一方负责提供，但这并不能说明该方就单独享有与外包装有关的权利。一方面，负责提供外包装可以理解为合作过程中的一种分工，合作各方对该方提供的外包装是否适用于共同经营之产品均有发言权，另一方面，一旦产品的外包装最终发展成为知名商品的包装、装潢。其间，必定会聚了包括生产者、销售者在内的所有经营合作者长期、共同的努力与投入，由此产生的知识产权应当由合作各方共同拥有，其他方也已与产品名称、装潢图案形成了不可分割之关系。
- 商标共有协议的签订是为了达到签约双方共同拥有、共同使用商标的目的，协议签订的实质是，其将国家商标局原来核准其独自享有的商标专用权，以让渡部分权利的方式实现与合作中的其他方共享的状态，在依法履行了经国家商标局核准并予公告之手续后，涉案商标共有协议实际上已基本履行完毕，故一审法院认为其单方发函解除缺乏法律依据并无不当。

审判结论

原告金门公司的诉讼请求不予支持。

一审案件受理费 3 900 元，由原告金门公司负担。

二审判决驳回上诉，维持原判。

二审案件受理费人民币 3 900 元，由上诉人金门公司负担。

事实认定

金门公司成立于 1993 年 8 月 13 日，经营范围包括生产、加工、销售预包装食品、建材、五金、汽配、日用百货等。

上海农工商工业发展有限公司原名上海农工商工业发展公司，成立于 1992 年 12 月 8 日。1994 年 2 月 4 日，袁亦丞（甲方）与农工商公司（乙方）签署技术服务协议，约定乙方因企业发展需要委托甲方研制健必依营养口服液，甲方提供配方及工艺条件，根据乙方要求对所提供的配方进行调整，并提供小样样品和报批必需的全部书面资料，乙方则提供做小样的原材料和辅助材料并支付技术劳务费7 000元。2002 年 11 月 11 日，袁亦丞书面声明，其在 1994 年 2 月 4 日与农工商公司签署技术服务协议，由其将健必依营养口服液的原始配方转让给农工商公司，该公司支付7 000元转让费用，且已履行完毕。

1994 年 6 月 27 日，农工商公司将健必依营养口服液送交上海市食品卫生监督检验所检验，1994 年 7 月 8 日检验报告显示检验结果符合企标草案。1994 年 8 月 19 日，农工商公司为生产、销售健必依营养口服液专门成立了下属分支机构健必依厂 1994 年 8 月 31 日，上海市农场管理局工业管理处核准农工商公司使用的产品标准企业代号为 BKEE、图样与技术文件企业代号为 EE。农工商公司在 1994 年 9 月 1 日发布并于 10 月 1 日实施编号为 Q/BKEE1 -94 的健必依营养口服液上海市企业标准。1997 年 9 月 5 日，国家卫生部向农工商公司、健必依厂就健必依营养口服液颁发保健食品证书。

1994 年 8 月 20 日，金门公司与农工商公司签署《健必依营养口服液联营协议书》。协议对资料提供义务、产品质量责任、产品结算价格、市场铺底数量、产品包装、销售指标、货款结算方式、协议期限和违约责任等做了规定。协议还规定，经双方协商，确认健必依营养口服液为金门公司的产品，由金门公司委托农工商公司生产，由金门公司开拓全国市场。农工商公司向金门公司提供产品所需的全套生产许可证、卫生许可证、广告证明及产品配方和生产工艺、上海食品卫生检验监督所的批准文号及各项所需资料，金门公司销售的是农工商公司生产的健必依营养口服液。双方共同认为健必依营养口服液盒子包装采用金门公司出品，健必依厂生产，产品的商标、条形码和外包装由金门公司提供。农工商公司未经金门公司同意不得生产此产品，否则金门公司作假冒产品处理，并追究由此造成的重大经济损失。该协议有效期为 1994 年 9 月 30 日至 1999 年 12 月 31 日。

1999 年 3 月 4 日，金门公司与农工商公司签署《健必依营养口服液销售代理协议书》。协议同样对资料提供义务、产品质量责任、产品结算价格、市场铺底数量、产品包装、销售指标、货款结算方式、协议期限和违约责任等做了规定，但是对 1994 年的《健必依营养口服液联营协议书》做了修改和补充。该协议约定，经双方协商，确认健必依营养口服液由农工商公司负责生产，金门公司负责销售。农工商公司向金门公司提供产品销售所需全套的卫生部批准文号、保健品批准证书、生产许可证、卫生许可证、广告证明等资料。双方共同认为健必依营养口服液盒子包装采用健必依厂出品、金门公司总代理。为了维护产品在市场的稳定性，产品的商标和包装由金门公司提供，产品包装维持原状。双方确认以黄河为界划分销售区域，黄河以北由农工商公司自行销售，但不能采用与金门公司相同或相仿包装，以免造成不必要的市场混乱，黄河以南则由金门公司负责销售。该协议有效期为五年，从 2000 年 1 月 1 日至 2005 年 12 月 31 日止。

2005 年 11 月 17 日，金门公司与农工商公司签署《健必依营养口服液合作协议书》。协议继续对资料提供义务、产品质量责任、产品结算价格、市场铺底数量、产品包装、销售指标、货款结算方式、协议期限和违约责任等做了规定，但是对 1999 年的

《健必依营养口服液销售代理协议书》做了修改和补充。该协议约定，健必依营养口服液由农工商公司下属非独立分支机构健必依厂生产，农工商公司同意由金门公司在上海、江苏、浙江和安徽四地区范围内销售。农工商公司向金门公司提供生产厂有关产品销售所需的资料，包括卫生部批准文书复印件、卫生许可证复印件及国家规定的其他销售文件复印件。双方共同确认金门公司销售的健必依营养口服液产品包装盒上印制“上海健必依保健品厂生产、上海金门营销有限公司销售”的文字，外包装仍按原样不变。金门公司的销售区域为江、浙、沪、皖地区。金门公司若需进入除江、浙、沪、皖外的其他地区，必须事先征得农工商公司书面同意。农工商公司在江、浙、沪、皖地区不进行任何形式的销售。该协议有效期为2年，从2006年1月1日至2007年12月31日止。协议同时还约定了合同解除的情形。

金门公司与农工商公司在合作过程中，金门公司为推广健必依营养口服液产品陆续投入广告费用。其中，1997年1 161 306.51元、1998年2 764 553.76元、1999年5 251 648.56元。2000年至2005年，金门公司从原审被告处共进健必依营养口服液产品10万余箱。经金门公司和农工商公司、健必依厂共同努力，健必依营养口服液曾获得“94上海食疗文化节优秀奖”“上海市抗癌协会特别推荐产品”“95上海市场放心产品”“1999年度上海市级新产品”“2004年度和2006年度上海市保健食品行业名优产品”等荣誉称号。

健必依营养口服液产品外包装自1995年至2004年由金门公司委托上海大场中学印刷厂印制。外包装图案以绿、红、白三种颜色为基色，红、白色斜条纹交错布置。

金门公司先后取得两件“健必依”商标注册证。其中，第1155562号商标注册类别为非医用营养液，专用期限自1998年2月28日至2008年2月27日；第1583183号商标注册类别包括非医用营养胶囊、非医用营养粉等，专用期限自2001年6月7日至2011年6月6日。2003年，农工商公司就上述两商标与金门公司发生争议。同年9月18日，双方达成商标共有协议，约定：第1155562号和第1583183号“健必依”注册商标自协议签署之日起归双方共同拥有，双方都不得提供给第三方使用，金门公司同意农工商公司无时间限制、无偿使用。其后经国家商标局核准，农工商公司成为上述两商标的共有人。2006年4月10日，农工商公司经工商部门核准，企业名称变更为上海农工商工业发展有限公司。2007年5月，国家工商行政管理总局商标局出具注册商标变更证明，核准第1155562号与第1583183号商标变更注册人名义，变更后的注册人名义为金门公司与农工商公司。

2006年6月1日，农工商公司发函通知金门公司，鉴于其拖欠货款等违约行为，根据合同约定解除2005年11月17日双方合作协议书。金门公司当日即回函希望协商解决纠纷。2006年6月7日，金门公司发函通知农工商公司，终止委托其生产健必依营养口服液，未经许可不得生产销售使用“健必依”商标的任何产品。2007年3月，金门公司发函农工商公司通知其2003年9月18日商标共有协议解除，如其继续使用“健必依”商标应经金门公司同意。

一审判决及理由

本案争议焦点在于被告农工商公司和被告健必依厂是否有权进行“健必依营养口服液”的生产与销售、被告农工商公司和被告健必依厂是否有权使用“健必依营养口服液”商品名称、装潢和“健必依”商标。

一、被告农工商公司和被告健必依厂是否有权进行“健必依营养口服液”的生产与销售

被告农工商公司自1994年初从案外人袁亦丞处受让健必依营养口服液专有技术后，投资设立被告健必依厂，制定产品企业标准，将产品送交上海市食品卫生监督检验所检验并获通过，在1997年还获得了国家卫生部颁发的保健食品证书，并一直从事健必依营养口服液产品的生产经营。

本案中，原告金门公司提出其业已从被告农工商公司处受让健必依营养口服液专有技术，被告农工商公司未经许可不得从事“健必依营养口服液”的生产与销售，被告农工商公司则认为其从未将该专有技术转让给原告金门公司，且1994年协议书已经失效，由此引发双方争议。

关于这一问题，原告金门公司与被告农工商公司争议的焦点在于对1994年8月20日《健必依营养口服液联营协议书》相关条款的理解。原审法院认为对这一争议应当结合合同的有关条款、双方合作关系前后发展的经过与技术转让惯例等进行综合判断。我国法律规定，当事人应当采用书面形式订立技术转让合同。技术转让合同内容一般应明确转让技术的范围、转让的对象、受让人使用转让技术的范围和方式、转让费的支付和技术的保密等。从本案所涉合同条款的字面含义来看，1994年协议主要内容是约定双方在合作过程中的权利义务，相关条款针对的是健必依营养口服液产品，并未提及健必依营养口服液专有技术的转让，更没有关于技术转让内容的约定，原告金门公司实际也没有支付过任何转让费用。从双方合作前后发展的经过来看，1994年协议5年有效期期满之后，原告金门公司与被告农工商公司先后重新签订了1999年和2005年两份协议，该两份协议删除了1994年协议中“健必依营养口服液为原告金门公司的产品”“未经原告金门公司同意不得生产”等相关条款，改变了原告金门公司的独家销售地位，并约定被告农工商公司有权销售的地域范围。由此可见，1994年协议相关条款的目的在于约定被告农工商公司不得自行生产、销售，以此保障原告金门公司独家销售地位。1994年协议约定被告农工商公司提供“产品配方和生产工艺”是同提供“生产许可证、卫生许可证、广告证明”一并罗列，其约定目的在于规定被告农工商公司有义务提供资料以方便原告金门公司销售，同时说明原审被告生产的产品质量确有保障。而且，原告金门公司据此取得的配方及工艺是被告农工商公司在产品行政审批阶段提交的申报材料之一，内容较为简单，并不包含详细的生产工艺如原料在生产过程中的投放时机、投放顺序等，仅凭该份材料不能证明被告农工商公司将产品专有技术转让给了原告金门公司。

故原告金门公司主张其通过1994年协议的相关条款受让健必依营养口服液专有技术的观点难以成立，被告农工商公司和被告健必依厂有权在法律规定的范围之内从事“健必依营养口服液”的生产、销售等经营行为。

二、被告农工商公司和被告健必依厂是否有权使用“健必依营养口服液”商品名称和装潢

原告金门公司与被告农工商公司在合作过程中长期共同使用涉案“健必依营养口服液”商品名称和装潢，“健必依营养口服液”的商品装潢上附有生产者的企业名称。消费者一般通过长期购买或使用的经验对产品质量逐步了解并产生信任，在其看到“健必依营养口服液”产品名称和装潢图案后，内心对产品来源产生判断，并根据以往经验作出购买决定。由此可见，被告农工商公司和被告健必依厂作为健必依营养口服液的生产方不仅在产品质量方面为产品的知名度形成发挥了积极作用，而且与“健必依营养口服液”产品名称和装潢图案形成了不可分割的关系，故其有权在法律规定的范围之内使用上述产品名称和装潢图案。同时，涉案装潢系由原告金门公司与被告农工商公司共同选定并使用，长期以来任何一方对“健必依营养口服液”产品使用涉案装潢并无异议，原告金门公司现以案外人魏燕系装潢设计人为由对抗原审被告合法使用涉案装潢于法无据，原审法院不予支持。

三、被告农工商公司和被告健必依厂是否有权使用涉案“健必依”商标

2003年，农工商公司就涉案商标与原告金门公司达成的商标共有协议，约定：涉案商标自协议签署之日起归双方共同拥有，双方都不得提供给第三方使用，原告金门公司同意农工商公司无时间限制、无偿使用。其后经国家商标局核准，农工商公司已经成为商标的共有人。

农工商公司企业名称变更登记为上海农工商工业发展有限公司之后，在2007年5月办理了涉案注册商标变更手续。据此，被告农工商公司及其分支机构被告健必依厂当然有权使用涉案商标。原告金门公司2007年3月单方发函解除商标共有协议并无法律依据，原审法院不予支持。

综上所述，根据《合同法》第一百二十五条第一款、《反不正当竞争法》第五条第（二）项、《商标法》第五条之规定，判决：原告金门公司的诉讼请求不予支持。一审案件受理费人民币3 900元，由原告金门公司负担。

上诉理由

金门公司不服一审判决，向上海市第一中级人民法院提起上诉，请求撤销原审判决，依法改判，支持上诉人的原审诉讼请求，即请求判令两原审被告：停止对原审原告“健必依营养口服液”商品的生产与销售、停止对原审原告“健必依营养口服液”商品名称和装潢的侵害、停止对原审原告“健必依”商标的侵害，共同赔偿经济损失人民币18万元。

金门公司的主要上诉理由是：

1. 其与农工商公司于1994年签订的协议第一条约定为委托生产，被上诉人农工商公司向上诉人提供产品配方和工艺，并约定生产者未经同意不得擅自生产。而且，双方协议确定产品归属权这一民事法律行为并没有在此后的合同中予以变动。一审法院却认定为独家销售而提供，还武断地认为没有书面技术转让合同。

2. 双方协议规定，产品的外包装及装潢由上诉人提供，但一审法院却以装潢图案与产品名称不可分割为由否定了装潢设计人的著作权，亦否定了上诉人的独占许可使用权。

3. 根据双方的商标共有协议，任何一方不得未经另一方同意而擅自把商标给他人使用。此约定中的“他人”没有特别说明，应作广义解释，包括被上诉人农工商公司的下属单位或机构，否则就造成只要被上诉人农工商公司承认是其下属单位，该单位就可以使用涉讼商标的局面，上诉人的商标权利因此而受到侵犯。

另外，上诉人还根据《合同法》第九十六条的规定就商标共有协议依法行使了解除权，被上诉人没有提起确认或恢复效力的诉讼请求，然而一审判决却以解除无依据不予支持。

被上诉人农工商公司、健必依厂共同辩称：法律规定技术转让必须采取书面合同形式，而农工商公司与金门公司从没有签订过这种性质的合同，当时因为是独家销售才约定产品归金门公司所有，但后两份合同已经明确金门公司是销售商，农工商公司是生产商；产品名称和包装装潢是密不可分的，而对于装潢设计人的权利金门公司无权主张；商标转让事出有因，且商标转让合同已经生效又已经过公告，上诉人不能要求解除，故请求维持原判。

二审查明事实

经审理查明，一审法院认定的事实属实。

二审法院另外查明如下事实：金门公司与农工商公司于2005年11月17日所签《健必依营养口服液合作协议书》还约定，销往江、浙、沪、皖以外的产品由农工商公司在包装上用“JBY”商标予以区分。

二审判决及理由

上诉人金门公司以被上诉人农工商公司和被上诉人健必依厂擅自生产、销售“健必依营养口服液”为事实依据主张两者构成不正当竞争和商标侵权，然而二审法院注意到，上诉人金门公司与被上诉人农工商公司为涉案产品的生产、销售先后签订过3份协议并曾维持了长达10余年的合同关系，故对双方所签合同的正确定性将关系到上诉人金门公司要求保护之权利基础以及本案被控侵权行为能否成立的判断。上诉人金门公司认为双方依合同确立的是以被上诉人农工商公司为受托人的委托加工关系；被上诉人农工商公司则认为双方自始至终都是购销关系。对此，二审法院认为，从上诉人金门公司与被上诉人农工商公司签订之3份合同对双方权利、义务的约定以及对相关条款内容和文字表述的修订综合分析，上诉人金门公司与被上诉人农工商公司之间并非单纯的购销关系，两者为了“健必依营养口服液”的生产和销售而建立并长期维系的是一种采用购销方式作为价款结算形式的合作经营关系。现有证据表明，除“健必依营养口服液”产品本身及其名称之外，产品使用的商标和外包装均是在合同履行过程中产生的，由此所形成的相关权利如果未作特别约定，不应当由合作一方独享，因此，在未就基于多年合作而产生的共有权利之归属问题进行合作关系终止后的分割处理之前，上诉人金门公司尚不能以独占权利人的身份主张被上诉人农工商公司及被上诉人健必依厂使用涉案商标和外包装之行为构成侵权或不正当竞争。

上诉人金门公司认为，1994 年签订的协议中已确认“健必依营养口服液”为上诉人金门公司的产品，并明确由上诉人金门公司委托被上诉人农工商公司生产，且在此后签订的协议中也未改变双方协议确定产品归属权这一民事法律行为。二审法院认为，尽管 1994 年的协议约定了“健必依营养口服液”为上诉人金门公司的产品并确定包装采用“上海金门营销有限公司出品、上海健必依保健品厂生产”之标注，但双方在 1999 年的协议中已将包装采用的标注改为“上海健必依保健品厂出品、上海金门营销有限公司总代理”，在 2005 年的协议中又改为“上海健必依保健品厂生产、上海金门营销有限公司销售”，由此可见，即使双方在 1994 年时曾协议确定上诉人金门公司为产品的出品单位，也并非如上诉人所言双方从未对这一约定作过改变。后两份协议相关条款特别是对包装盒标注内容的约定已表明双方已经协议变更了上诉人金门公司此前的出品单位地位，故并不能仅以 1994 年的协议来确定涉案产品之归属权，上诉人金门公司该上诉理由不能成立。

上诉人金门公司认为，产品外包装及装潢是由其依协议约定提供的，一审法院不应该以装潢图案与产品名称不可分割为由否定上诉人金门公司的独占许可使用权。二审法院认为，涉讼协议虽然约定产品外包装由上诉人金门公司负责提供，但这并不能说明上诉人金门公司就单独享有与外包装有关的权利，一方面负责提供外包装可以理解为合作过程中的一种分工，合作各方对上诉人金门公司提供的外包装是否适用于共同经营之产品均有发言权，另一方面一旦产品的外包装最终发展成为知名商品的包装、装潢，期间必定会聚了包括生产者、销售者在内的所有经营合作者长期、共同的努力与投入，由此产生的知识产权应当由合作各方共同拥有，这也正是原审法院分析认为被上诉人农工商公司、被上诉人健必依厂已与产品名称、装潢图案形成了不可分割关系的原因之所在，上诉人金门公司指出一审法院以装潢图案与产品名称不可分割为由否定其独占许可使用权是对一审判决理由的误读。

上诉人金门公司认为，商标共有协议已约定不得擅自将商标给他人使用，这里的“他人”应当包括被上诉人农工商公司的下属单位或机构，且其已依法行使了对该协议的解除权，一审法院以单方解除无依据而不予支持是不公正的。二审法院认为，上诉人金门公司对“健必依营养口服液”一直以来都是由被上诉人健必依厂生产之事实是清楚的，因此在协议约定的“他人”未指明也包括被上诉人健必依厂的情况下，被上诉人健必依厂不应当被排除在有权使用者之外。

对于上诉人金门公司提出的其已通知被上诉人农工商公司解除商标共有协议，一审法院却不予支持的问题，二审法院认为，商标共有协议的签订是为了达到签约双方共同拥有、共同使用商标的目的，从该协议签订背景来看，协议签订的实质是，上诉人金门公司将国家商标局原来核准其独自享有的商标专用权，以让渡部分权利的方式实现与被上诉人农工商公司共享的状态，在依法履行了经国家商标局核准并予公告之手续后，涉案商标共有协议实际上已基本履行完毕，故一审法院认为上诉人金门公司单方发函解除缺乏法律依据并无不当。

综上所述，原审法院认定事实清楚，适用法律正确，审判程序合法，应予维持。上诉人金门公司的上诉请求及其理由缺乏事实和法律依据，应予驳回。据此，依照《民事诉讼法》第一百五十三条第一款第（一）项的规定，判决如下：

驳回上诉，维持原判。

二审案件受理费人民币 3 900 元，由上诉人金门公司负担。

案例39：古井贡酒公司与皖酒公司、合家福超市仿冒、伪造知名商品特有名称、包装、装潢纠纷案

原告（上诉人）：安徽古井贡酒股份有限公司（以下称“古井贡酒公司”）

被告（被上诉人）：安徽皖酒制造集团有限公司（以下称“皖酒公司”）

被告（被上诉人）：合肥百大合家福连锁超市有限责任公司（以下称“合家福超市”）

一审法院：合肥市中级人民法院

一审案号：（2007）合民三初字第39号

一审合议庭成员：齐东海、朱治能、王怀庆

一审结案日期：2007年6月15日

二审法院：安徽省高级人民法院

二审案号：（2007）皖民三终字第0028号

二审合议庭成员：余听波、张红生、陶恒河

二审结案日期：2007年11月7日

案由：仿冒、伪造知名商品特有名称、包装、装潢纠纷

关键词：知名商品，特有名称、包装、装潢，仿冒、伪造，混淆

涉案法条

《民事诉讼法》第六十四条第一款、第一百五十三条第一款第（一）项

《反不正当竞争法》第五条第（二）项

《最高人民法院关于民事诉讼证据的若干规定》第二条

《最高人民法院关于审理不正当竞争民事案件应用法律若干问题的解释》第一条第一款、第二条第一款第（四）项、第四条

争议焦点

- 仿冒知名商品名称、包装、装潢的不正当竞争行为，是指擅自将他人知名商品特有的商品名称、包装、装潢作相同或者近似使用，造成与他人知名商品相混淆，使购买者误认为或足以使购买者误以为是该知名商品的行为。构成仿冒知名商品名称、包装、装潢的不正当竞争行为，必须同时具备以下条件：1. 被仿冒的商品必须是知

名商品；2. 被仿冒的商品名称、包装、装潢必须为知名商品所特有；3. 对知名商品特有的名称、包装和装潢擅自作相同或者近似的使用；4. 造成与知名商品相混淆，使购买者误以为是该知名商品。

- 能否认定其商品的包装、装潢是否足以造成相关消费者对他人的知名商品相混淆并对其商品产生误认，除二者形态差异比对以外，还应结合特定商品销售的交易习惯进一步分析，来比对二者间能否足以使相关消费者对两商品的来源产生误认，从而造成与他人的知名商品相混淆。
- 商品的包装、装潢相同性或近似性的判断，是以商品消费者的一般注意力作为观察评判的标准。如果诉争的包装、装潢的近似程度达到了足以引起购买者误认的程度，就可以认定侵权；否则，就不应认定侵权。
- 被诉侵权商品的销售者有合法来源的进货渠道且与原告之间不存在同业竞争关系，故其单纯的销售行为亦不构成不正当竞争。

审判结论

驳回原告古井贡酒公司的诉讼请求。

一审案件受理费 4 310 元，由古井贡酒公司负担。

二审判决驳回上诉，维持原判。

二审案件受理费 2 700 元，由古井贡酒公司负担。

起诉及答辩

原告古井贡酒公司诉称，其拥有的“古井牌”白酒类商标是中国驰名商标，2002 年，其将开发的“古井牌”淡雅型“古井酒”投放市场。为此，其在省内做了大量的广告，所以该酒市场畅销，为知名商品。

该酒使用的酒瓶是其自行设计的瓶型，瓶体为细长型将军罐罐体，瓶盖为圆台体，底色为白色；酒瓶图案分为三个部分，上部为圆形花纹，中部突出产品名称，下部圆形底座；瓶盖上、下部分别有两条线并绕盖一周。将军罐罐体及图案成为淡雅型“古井”酒特有的包装、装潢。该瓶型其于 2002 年 6 月 5 日申请专利，2003 年 1 月 8 日取得专利证书。

被告皖酒公司生产的“皖酒”酒瓶模仿原告的“古井牌”淡雅型“古井酒”的瓶型。从瓶型的形状看，均为将军罐罐体，从图案的布局看，均分为三部分，图案及名称虽有所区别，但构图的基本结构相似。因而被告使用的“皖酒”的包装、装潢与原告淡雅型“古井”酒的包装、装潢近似，足以造成消费者对两商品的来源产生误认。

2005 年被告皖酒公司的“皖酒”刚投放市场时，原告发现皖酒公司的瓶型侵权，发函制止。后在工商部门协调下，皖酒公司同意不再使用该瓶型。2006 年原告发现皖酒公司仍使用该瓶型，向皖酒公司发出律师函，要求停止使用该瓶型。现皖酒公司对原瓶型略微进行了改动，但仍与原告的淡雅型“古井酒”酒瓶及装潢近似。被告皖酒公司仿冒其知名商品特有的包装、装潢，以及被告合家福超市销售该“皖酒”的行为，构成不正当竞争。

原告发现被告皖酒公司的产品在合肥、蚌埠市大量销售，在宿州、淮北、太和、怀宁、宿松等地也有销售。2007 年 2 月 6 日原告发现被告合家福超市里大量摆放“精品特醇皖酒”，原告在柜面上购买了此酒。原告的淡雅型“古井酒”超市零售价每瓶 35 元，被告的产品超市零售价每瓶 31 元，现原告要求以被告获利作为赔偿依据，请法院责成两被告提供销售数量及获利依据。考虑到被告皖酒公司侵权时间、销售范围和销售数量，提出诉讼请求的赔偿数额。为此，请求法院判令被告皖酒公司立即停止使用与原告淡雅型“古井酒”相近似的包装、装潢；判令两被告立即停止销售与淡雅型“古井酒”相近似瓶型的“皖酒”；判令两被告立即销毁与淡雅型“古井酒”相近似瓶型的“皖酒”的酒瓶；判令被告皖酒公司、合家福超市分别赔偿原告损失 10 万元和 2 万元并共同负担本案的诉讼费。

被告皖酒公司辩称：原告的上述指控不能成立。原告的淡雅型“古井酒”酒瓶与其的“特醇精品皖酒”（原告称之为“老版”）、“精品特醇皖酒”酒瓶（原告称之为“新版”）的颜色、图案及白酒名称均不相同，且原告与其酒瓶均有外包装盒，不可能造成误认或混淆，不构成不正当竞争。

1. 原告的涉案酒瓶不构成知名商品的包装、装潢。原告与其酒瓶均封装于防伪包装盒内，消费者购买时无法看出酒瓶，酒瓶对于消费者的购买行为无任何影响，消费者购买“精品特醇皖酒”“特醇精品皖酒”时不可能误认其为“古井酒”。

2. 原告的“古井”商标和其“皖酒”商标均为安徽省著名商标，因此“古井酒”与“皖酒”不可能造成误认或混淆。况且，淡雅型“古井酒”与“精品特醇皖酒”的酒包装盒与酒瓶上在正面主视位置分别标注“古井”和“皖酒”字样，不可能造成消费者的混淆或误认。

3. 淡雅型“古井酒”与其“精品特醇皖酒”“特醇精品皖酒”的酒瓶图案、颜色与产品名称完全不同，二者不相近，不可能造成消费者的误认或混淆。前者酒瓶图案为蓝色，后者为红色。2005 年原告以淡雅型“古井酒”酒瓶被侵权为由向安徽省工商局投诉，该局认为淡雅型“古井酒”酒瓶亦属于通用瓶型，不具有显著性，投诉理由不成立。其“特醇精品皖酒”的酒瓶不侵犯原告的商标权，故没有对其处理。

另外，双方取得共识，由其修改瓶型，争议已解决。现原告又以同样事由提起诉讼，不符合商业诚信原则，请求法院依法驳回原告的诉讼请求。

被告合家福超市辩称，其是商品零售类企业，而原告是酒制品生产企业，两企业间不存在竞争关系。其销售“皖酒”属正常的经营活动，不构成损害淡雅型“古井酒”的不正当竞争行为。其在销售某种商品前只有能力核查该商品的商标、产品质量等是否符合国家强制规定的标准，而对于产品是否仿冒、伪造知名商品特有名称、包装、装潢纠纷这种专业性很强的问题，销售商在销售商品的过程中没有很好的手段辨别，更无法定审查义务。即使销售商所销售的商品存在仿冒、伪造知名商品特有名称、包装、装潢的现象，法律亦没有规定销售商要对此承担赔偿义务，至多是依据法院生效判决停止销售而已。

因此，原告请求判令其承担赔偿责任没有法律依据。

事实认定

1999年3月5日古井贡酒公司依法成立，2000年7月14日经国家工商局商标局核准注册，依法取得由“蓝天白云、古树、古井”等组成的图案与汉字“古井”组合而成的注册商标。商标注册号为第1421038号，核准使用商品为第33类，即白酒；葡萄酒；苹果酒；杜松子酒；黄酒；白兰地酒；威士忌酒；米酒；果酒（含酒精）；梨酒。同日，经国家工商局商标局核准注册，依法取得相同图案与汉字“古井贡”组合而成的注册商标。商标注册号为第1421039号，核准使用商品为第33类。

2002年5月以来，亳州古井销售有限公司和相关酒业公司通过多家广告公司对淡雅型“古井酒”开展各种形式的广告宣传活动。2002年12月18日，淡雅型“古井酒”被安徽省消费者协会推荐为“第四届优质白酒”。2004年6月7日，又经国家工商局商标局核准注册，依法取得瓶体为细长型将军罐罐体，瓶盖为圆台体，瓶上端一圈带框的青花图案，下中部有汉字“淡雅型”，中部由碎花组成的椭圆形图案其中央有汉字“古井酒”和一圈底部边框组成的立体商标，核准使用商品为第33类，即酒（饮料）；葡萄酒；威士忌酒；杜松子酒；黄酒；白兰地；果酒（含酒精）；米酒；苹果酒；梨酒。2005年9月1日，安徽省质量技术监督局、安徽省名牌战略推进委员会向古井贡酒公司颁发“古井贡牌”“古井牌白酒”为安徽名牌产品证书。2006年7月14日，国家质量监督检验检疫总局向古井贡酒公司发出白酒全国工业产品生产许可证。

安徽金亚太律师事务所受古井贡酒公司委托，于同年11月向皖酒公司发出律师函，指出淡雅型“古井酒”是其知名商品特有的包装装潢，该公司生产的“特醇精品皖酒”的酒瓶与淡雅型“古井酒”的酒瓶近似，图案布局基本相同，虽在图案的色彩略作变动，但整体构成模仿，极易造成消费者误认，构成不正当竞争行为。要求立即停止生产与淡雅型“古井酒”酒瓶近似的“特醇精品皖酒”并限期将市场上销售的“特醇精品皖酒”和未用的上述酒瓶销毁。随函提供购买“特醇精品皖酒”1件计112元的收据、比对实物图片等。后在工商部门的协调下，皖酒公司启用新瓶型即“精品特醇皖酒”。

2006年11月9日，原告古井贡酒公司分别在蚌埠市副食品批发部购买了带有外包装并可视瓶型及图案的“特醇精品皖酒”1件，价格为112元；2007年2月6日在被告合家福超市购买了“特醇精品皖酒”1瓶，单价为31.50元后由此成诉。

在诉讼期间即2007年3月26日，亳州普信会计师事务所接受古井贡酒公司委托，对亳州古井销售有限公司、上海古井贸易有限公司2002～2006年度的淡雅型“古井酒”销售情况进行审计。根据古井贡酒公司提供的资料显示，该酒最早销售日期为2002年4月27日，销售地点为河南省洛阳市，规格42°，净含量450ML，数量3 000瓶；该酒在安徽的第一笔销售日期为同年5月16日，数量2 000瓶。该酒自2002～2006年总销售量为22 784 383瓶，含税销售额为369 514 354.14元。销售区域有安徽、北京等15个省市地区，其中安徽省内遍布46个县市。

另查，2003年皖酒公司使用在白酒商品（服务）上的“皖”商标被安徽省工商行政管理局认定为安徽省著名商标（有效期4年）。皖酒公司在一审法院指定的举证期内，提供了带外包装的“特醇精品皖酒”“特醇精品皖酒”以及淡雅型“古井酒”实物。

被告合家福超市提供的证据证实，其作为商品零售商，长期销售原告古井贡酒公司和被告皖酒公司生产的涉案商品。

一审判决及理由

（一）《反不正当竞争法》所称的“知名商品”系指在中国境内具有一定的市场知名度，为相关公众所知悉的商品。原告古井贡酒公司提供的证据表明，淡雅型“古井酒”自2002~2006年总销售量为22 784 383瓶，含税销售额为369 514 354.14元，销售区域有安徽、北京等15个省市地区，其中安徽省内遍布46个县市。同时，通过多家广告公司对淡雅型“古井酒”开展各种形式的广告宣传活动。鉴于此，认定原告古井贡酒公司生产、销售的淡雅型“古井酒”为知名商品。

（二）原告古井贡酒公司生产、销售的淡雅型“古井酒”的瓶体为细长型将军罐罐体，瓶盖为圆台体，瓶上端一圈带框的青花图案，下中部有汉字“淡雅型”，中部由碎花组成的椭圆形图案其中央有汉字“古井酒”和一圈底部边框组成的立体商标和由“蓝天白云、古树、古井”等组成的图案与汉字“古井”组合而成的注册商标均具有区别商品来源的显著特征的名称、包装、装潢。

（三）被告皖酒公司生产、销售的“精品特醇皖酒”和被告合家福超市参与销售的“特醇精品皖酒”的瓶体均为细长型将军罐罐体，瓶盖为圆台体，端面有其注册商标，瓶盖圆柱上有咖啡色汉字“安徽集团　皖”字，酒瓶上端一圈带框的咖啡色小花图案，下中部有汉字“特醇精品”或“精品特醇”，中部前者由咖啡色碎花组成的扁圆形图案，其中央均有汉字“皖酒”，下方注有汉字“安徽皖酒”“安徽皖酒制造集团有限公司”和前者有一圈底部咖啡色边框，后者有一圈底部咖啡色的古代酿酒图案组成。

（四）能否认定被告皖酒公司生产的“皖酒”的酒瓶及外包装、装潢能否足以造成相关消费者对原告的淡雅型“古井酒”相混淆并对其商品产生误认，除二者形态差异比对以外，还应结合销售品牌白酒的交易习惯进一步分析，来比对二者间能否足以使相关消费者对两商品的来源产生误认，从而造成与他人的知名商品相混淆。1. 从淡雅型“古井酒”与“特醇精品皖酒”“精品特醇皖酒”的各自酒瓶的实物进一步观察：“特醇精品皖酒”“精品特醇皖酒”的各自酒瓶与淡雅型“古井酒”的酒瓶外形虽相同或相似，但各自酒瓶上注有生产厂商名称、注册商标标记、酒瓶的中央分别以醒目的汉字书写为淡雅型“古井酒”和特醇精品“皖酒”、精品特醇“皖酒”字样；2. 各自酒瓶基色不同：前者以青花为边框色，而后者则以咖啡色作边框；3. 两生产厂商的外包装

（包括带可视瓶型的外包装）从基色、生产厂商的企业名称、注册商标标记、汉字书写分别为淡雅型“古井酒”和特醇“精品皖酒”、精品“特醇皖酒”字样等，且淡雅型“古井酒”的外包装实属缺乏显著特征的商品名称、包装、装潢。

上述分析表明，被告皖酒公司生产、销售的“特醇精品皖酒”“精品特醇皖酒”的酒瓶上显示安徽省著名商标的“皖”商标标记和外包装、装潢不足以使相关消费者对商品的来源产生误认，造成和原告生产、销售的知名商品即淡雅型“古井酒”的特有名称、酒瓶和外包装、装潢相混淆，使购买者误认为是该知名商品。被告合家福超市的进货渠道均有合法来源且与原告之间不存在同业竞争关系。据此，依照《民事诉讼法》第六十四条第一款以及《最高人民法院关于民事诉讼证据的若干规定》第二条，《最高人民法院关于审理不正当竞争民事案件应用法律若干问题的解释》第一条第一款、第二条第一款第（四）项、第四条的规定，判决如下：

驳回原告古井贡酒公司的诉讼请求。

本案案件受理费 4 310 元，由原告古井贡酒公司负担。

上诉理由

古井贡酒公司不服一审判决，向安徽省高级人民法院提起上诉，请求二审法院依法撤销原判，改判支持古井贡酒公司的诉讼请求。其上诉理由是：（一）原判虽认定淡雅型古井酒系知名商品，但未对其瓶体包装、装潢是特有的包装、装潢作出认定，且在无任何证据证明的情况下认定淡雅型古井酒的外包装缺乏显著性特征是错误的。（二）原判仅以涉案皖酒的名称、瓶体图案的色彩与淡雅型古井酒不同，判定该两种产品销售时不会引起消费者的混淆和误认，是对法律的误解。皖酒公司、合家福超市的行为构成不正当竞争。

皖酒公司书面答辩称：其与古井贡酒公司均是安徽省知名企业，其所有的“皖”商标是安徽省著名商标，且涉案皖酒与淡雅型古井酒瓶体的颜色不同、图案不同、基调不同、外包装盒完全不同，结合消费者的购买习惯和对上述两种酒的认知，消费者不可能混淆、误认。原判认定事实清楚，适用法律正确。请求二审法院依法维持原判，驳回古井贡酒公司的上诉请求。

合家福超市未提交书面答辩状，二审庭审中答辩称：其作为商品零售企业与古井贡酒公司不存在竞争关系，且有合法的进货渠道。涉案皖酒无论在外包装还是内包装上均与淡雅型古井酒有着显著的区别。故请求二审法院依法维持原判，驳回古井贡酒公司的上诉请求。

二审查明事实

二审法院对一审法院认定的事实予以确认。

二审法院另外查明如下事实：淡雅型古井酒瓶体及外包装盒上均标注“古井”商标（商标注册号为第 1421038 号），瓶体的背面是奔马图案，外包装盒上标注有生产厂家。特醇精品皖酒、精品特醇皖酒瓶体及外包装盒上均标注“皖”商标、生产厂家，瓶体背面为古代酿酒图案。

二审判决及理由

所谓仿冒知名商品名称、包装、装潢的不正当竞争行为，是指擅自将他人知名商品特有的商品名称、包装、装潢作相同或者近似使用，造成与他人知名商品相混淆，使购买者误认为或足以使购买者误以为是该知名商品的行为。依据《反不正当竞争法》第五条第（二）项的规定，构成仿冒知名商品名称、包装、装潢的不正当竞争行为，必须同时具备以下条件：1. 被仿冒的商品必须是知名商品；2. 被仿冒的商品名称、包装、装潢必须为知名商品所特有；3. 对知名商品特有的名称、包装和装潢擅自作相同或者近似的使用；4. 造成与知名商品相混淆，使购买者误以为是该知名商品。

本案中，上诉人古井贡酒公司生产的淡雅型古井酒自进入市场以来，取得了国家相关部门和消费者的认可，获得了诸多荣誉称号。且上诉人古井贡酒公司还通过多家广告公司对淡雅型古井酒进行了大量的宣传，致使该酒在安徽省内畅销并行销全国部分城市，在白酒类消费者中具有一定的知名度。因此，可以认定该酒为知名商品。同时，从本案的事实和证据看，上诉人古井贡酒公司的淡雅型古井酒的包装、装潢具有一定的独创性，且经过持续的使用、宣传，能起到与其他商品相区别的作用，并非相关商品所通用，属于其特有的包装、装潢。

商品的包装、装潢相同性或近似性的判断，是以商品消费者的一般注意力作为观察评判的标准。如果诉争的包装、装潢的近似程度达到了足以引起购买者误认的程度，就可以认定侵权；否则，就不应认定侵权。本案中，上诉人古井贡酒公司的淡雅型古井酒外包装盒与被上诉人皖酒公司的特醇精品皖酒、精品特醇皖酒外包装盒完全不同，不具可比性。而淡雅型古井酒与特醇精品皖酒、精品特醇皖酒的瓶体虽都为细长型将军罐罐体，但瓶体装潢的颜色不同；在瓶体的主要部位即瓶体的中央分别书写有醒目的汉字淡雅型“古井酒”和特醇精品“皖酒”或者精品特醇“皖酒”；淡雅型古井酒的瓶体背面是奔马图案，而特醇精品皖酒、精品特醇皖酒的瓶体背面为古代酿酒图案。另外，特醇精品皖酒、精品特醇皖酒在瓶体上的醒目位置还附加了区别商品来源的“皖”商标、生产厂家等。由此可见，特醇精品皖酒、精品特醇皖酒的包装装潢与淡雅型古井酒的包装装潢既不相同，也不近似。加之上诉人古井贡酒公司的“古井牌”白酒系安徽省名牌产品、被上诉人皖酒公司的“皖”商标系安徽省著名商标，结合消费者认牌购酒的消费习惯，以及淡雅型古井酒和特醇精品皖酒、精品特醇皖酒均带有各自的外包装盒销售的实际情况，消费者施以一般注意力，不会对二者产生混淆，导致误认误购。

综上，上诉人古井贡酒公司的淡雅型古井酒的包装、装潢虽是知名商品特有的包装、装潢，但被上诉人皖酒公司的特醇精品皖酒、精品特醇皖酒并未使用与其相同或者近似的包装、装潢，不会造成相关公众对该两种商品的混淆、误认。故被上诉人皖酒公司不构成仿冒知名商品特有的包装、装潢的不正当竞争行为。被上诉人合家福超市作为商品零售企业有合法的进货渠道，且与上诉人古井贡酒公司不存在竞争关系，故其销售涉案皖酒的行为亦不构成不正当竞争。至于淡雅型“古井酒”的外包装是否是具有显著特征的包装、装潢，因当事人未提出主张，故二审法院不予审查。上诉人古井贡酒公司的上诉理由不能成立，其上诉请求应予驳回。原判认定事实清楚，适用法律正确，应予维持。

据此，依照《民事诉讼法》第一百五十三条第一款第（一）项之规定，判决如下：

驳回上诉，维持原判。

二审案件受理费 2 700 元，由上诉人古井贡酒公司负担。

案例 40：开关公司与一分厂、王从根、长江开关厂、正泰公司仿冒知名商品特有名称、包装、装潢纠纷案

原告（被上诉人）：常熟开关制造有限公司（以下称“开关公司”）
被告（上诉人）：常熟市长江开关厂一分厂（以下称“一分厂”）
被告：王从根
被告：常熟市长江开关厂（以下称“长江开关厂”）
被告：常熟市正泰电气有限公司（以下称“正泰公司”）

一审法院：江苏省苏州市中级人民法院
一审案号：（2004）苏中民三初字第 049 号
一审合议庭成员：
一审结案日期：[1]

二审法院：江苏省高级人民法院
二审案号：（2005）苏民三终字第 0108 号
二审合议庭成员：汤小夫、王天红、吕娜
二审结案日期：2005 年 11 月 28 日

案由：仿冒知名商品特有名称、包装、装潢纠纷

关键词：知名商品，特有名称、包装、装潢，仿冒，专有型号，特有标识

涉案法条

《民事诉讼法》第六十四条、第一百五十三条第一款第（一）项
《反不正当竞争法》第二条、第五条第（二）项、第二十条

争议焦点

- 知名商品是指在市场上具有一定知名度，为相关公众所知悉的商品。认定知名商品一般应考虑以下因素：（1）在一定地域或相关市场上，相关公众对该商品的知晓程

---

[1] 因未收集到江苏省苏州市中级人民法院（2004）苏中民三初字第 049 号民事判决书，故一审合议庭成员及一审结案日期不明。

度；（2）该商品在相关市场上所占有的份额比例；（3）该商品的声誉；（4）该商品广告宣传的持续时间、程度和地理范围。

- 知名商品特有名称，是指知名商品所特有的与通用名称相区别且具有显著识别性的商品名称。认定知名商品特有的名称，一般应考虑以下因素：（1）不为相关商品所通用；（2）具有显著的区别性特征；（3）通过使用使消费者将该商品与其他经营者的同类商品相区别。
- 主观上有冒用他人产品名称、包装、装潢的故意，客观上其行为导致了消费者的混淆和误认，同时给被侵犯者带来了损失，则其构成不正当竞争，应承担法律责任。
- 侵权公司系由个人投资设立的个人独资企业，其分支机构也构成侵权的，则由该企业、投资者个人及分支机构应共同承担侵权责任。
- 销售商在诉讼中未有效举证证明其销售涉及侵权的相关产品具有合法来源，则依法不能免除其侵权责任。但考虑到其仅为侵权产品的销售商，其涉案侵权责任不应与生产商等同，故可判定销售商应就其侵权情节独立承担侵权责任。
- 关于侵权赔偿额，被侵权人请求判令侵权人赔偿经济损失，但未提供有效证据证明其在被侵权期间因侵权所受具体损失或侵权人在侵权期间因侵权所获得的具体利益，侵权人获益及被侵权人损失难以计算，则应根据双方各自生产销售规模、时间及侵权区域范围等因素依法酌定。

审判结论

一、长江开关厂、一分厂、王从根立即停止擅自在塑料外壳式断路器上使用 CM1 型号及与 CM1 字形相似的 CMI 型号的不正当竞争行为，正泰公司立即停止销售长江开关厂生产的上述塑料外壳式断路器产品。

二、长江开关厂、一分厂、王从根共同赔偿开关公司经济损失人民币 5 万元，正泰公司赔偿开关公司经济损失人民币 1 万元，于判决生效后 10 日内履行。

三、驳回开关公司其他诉讼请求。

一审案件受理费 15 010 元，财产保全费 5 520 元，合计 20 530 元，由开关公司负担4 503元，由长江开关厂、一分厂、王从根负担 13 357 元，由正泰公司负担 2 670 元。

二审判决驳回上诉，维持原判决。

二审案件受理费 15 010 元，由一分厂负担。

起诉及答辩

原告开关公司诉称：其于 1994 年始投资研制出 100A 至 630A 不同电流等级规格的塑料外壳式断路器，并自 1995 年始根据用户需求相继开发生产各系列塑料外壳式断路器。为保护自身工业产权，增强产品的竞争力，开关公司根据《机电产品型号管理办法》和《低压电器产品型号注册管理办法》有关规定，对上述产品分别申请产品型号，注册为 CM1（C 代表常熟开关厂，M 代表塑料外壳式断路器，1 表示设计序号）。

开关公司于1995～1999年间，先后获得原机械工业部上海电器科学研究所颁发的CM1系列产品型号证书。该系列塑料外壳式断路器性能优越，是目前国内唯一能满足核工业条件（IE）级试验的低压断路器产品，深受市场青睐，在国内销量第一，市场占有率达30%以上。该系列产品先后被国家科技部、国家质量技术监督局等部委认定为“国家级新产品”“国家重点新产品”，从1996～2002年多次被江苏省名牌认定委员会认定为“江苏名牌产品”。1999年被国家质量技术监督局列入“121”计划，成为国家重点保护的100个名优产品中的唯一国产断路器。2003年9月，该产品荣获“中国名牌”称号。

因开关公司CM1系列产品在国内市场上较高的知名度和良好的信誉，长江开关厂、一分厂、王从根作为低压电器同行企业，明知CM1是开关公司的企业产品专有型号，仍在其塑料外壳式断路器产品机身、产品包装、说明书、报价单上使用与CM1相近似的CMI型号名称，并在互联网上公开发布有关长江开关厂及“CMI系列塑料外壳式断路器”产品简介，混淆产品制造商，误导市场消费者。正泰公司未经审查，大量销售侵权产品。

长江开关厂、一分厂、正泰公司、王从根以不正当手段利用开关公司商业信誉及工业产权，以与CM1相近似的CMI招揽客户，违背了商业经营中诚实信用的基本原则和公认的商业道德，侵犯了开关公司的合法权利，违反《民法通则》及《反不正当竞争法》相关规定，构成不正当竞争，给开关公司造成巨大经济损失及商誉损失。

请求法院判令：1. 长江开关厂、一分厂、正泰公司立即停止擅自使用开关公司CM1系列塑料外壳式断路器知名商品特有名称及与此类似的CMI名称的不正当竞争行为；2. 长江开关厂、一分厂、正泰公司在全国性报刊上公开刊登致歉声明，向开关公司赔礼道歉；3. 长江开关厂、一分厂、正泰公司共同赔偿开关公司经济损失人民币100万元；4. 王从根对上述1、2、3项承担连带责任；5. 本案诉讼费由长江开关厂、一分厂、正泰公司、王从根负担。

被告长江开关厂、一分厂、正泰公司一审共同答辩称：1. 开关公司CM1塑料外壳式断路器是否为知名商品，我国法律并无明确规定，其认为不构成，请法院依法裁判；2. 开关公司CM1是产品型号的组成部分，并非产品名称，开关公司产品名称为塑料外壳式断路器，CM1型号不具备区分产品的功能；3. 其使用的CMI是通过合法认证获得的一个产品型号，其与开关公司的产品价格等都有区别，不可能构成混淆。本案不适用赔礼道歉。

此外，被告一分厂另单独答辩称：其系长江开关厂的分支机构，开关公司将其列为第二被告主体错误。

被告王从根未作答辩。

事实认定

开关公司前身为常熟开关厂，自1994年始投资开发并成功研制出从100A至630A

不同电流等级规格的塑料外壳式断路器。

开关公司根据原机械工业部《机电产品型号管理办法》及《低压电器产品型号注册管理办法》规定，于1995年1月1日、1995年9月6日、1998年9月22日、1999年6月9日先后申请并获得原机械工业部上海电器科学研究所颁发的编号为0010、0024、0094、0095、0125的CM1系列塑料外壳式断路器产品型号证书，其中，C代表常熟开关厂、M代表塑料外壳式断路器、1为设计代号。开关公司CM1系列塑料外壳式断路器产品自1995年研制成功上市，即被国家科学技术委员会、劳动部、中国专利局等五部委联合评为“国家级新产品”，被江苏省专利管理局认定为“江苏省优秀专利产品”。其后，在1996年、1998年又先后为国家科学技术部、国家对外经济贸易委员会、国家质量技术监督局等五部委联合认定为“国家级新产品”“国家重点新产品”。1995~1998年间，被江苏省科学技术委员会多次认定为“江苏省高新技术产品”。1998年被江苏省计划与经济委员会评定为“江苏省优秀新产品”。1996~2002年间，被江苏省名牌认定委员会多次认定为“江苏名牌产品”。1999年，国家质量技术监督局列“常熟开关厂‘日月’牌CM1系列塑壳断路器”为“121”计划第三批重点保护名优产品名单。2002年7月，开关公司CM1系列电子式塑壳断路器获科学技术部火炬高技术产业研发中心“国家级火炬计划项目证书”。2003年9月，开关公司塑料外壳式断路器产品获评国家质量监督检验检疫总局“中国名牌产品”。经过十年市场开拓，开关公司成为国内最主要塑料外壳式断路器产品生产商。根据中国电器工业协会2004年度统计，开关公司CM1系列塑料外壳式断路器产品市场占有率达27%，国内同档产品市场份额第一。根据中国电器工业协会通用低压电器分会在2005年4月对105家设计院所及50家分会内行业企业的问卷调查后所形成“关于进行低压电器产品品牌调查的情况报告”统计结果显示：“塑料外壳式断路器低压电器产品领域，企业产品型号可区别出不同制造商。目前最具影响力（产量、质量、性能、市场）的塑料外壳式断路器国内制造厂商及产品型号统计排序为：1. 开关公司CM1系列；2. 上海人民电器厂RMM1系列；3. 杭州之江开关厂HSM1系列；4. 天津百利电气有限公司YM30系列；5. 华通开关厂五分厂SM30系列。开关公司及其CM1塑料外壳式断路器在行业内具有较高影响，在相关用户中亦有较高知名度，其CM1产品专有型号已为相关用户所熟知，并已成为与其他厂商的同类产品相区分的特有标识。”2003年9月，开关公司经换发取得中国电器工业协会及其通用低压电器分会共同颁发的第000001号《低压电器产品型号证书》，认定：开关公司相关产品型号为CM1系列。通用低压电器协会在随证函中对“CM1－□”进行了注释（C表示企业代码；M表示塑料外壳式断路器；1表示设计序号；□内表示额定电流值）。

开关公司生产、销售的CM1系列塑料外壳式断路器产品外包装设计以白底绿字作为主设计色彩，包装盒左、右上角分别印有醒目“日月”注册商标和CM1型号，中部为“塑料外壳式断路器”品名，右下角印有“常熟开关厂”企业名称。塑料外壳式断路器产品塑壳贴蓝底白字标签，内容分别为“日月”注册商标、CM1系列产品型号、各项技术参数、生产日期及“常熟开关厂”企业名称。

自1997年始，开关公司在经营中发现市场中出现冒用其CM1产品型号、“蓝箭”“日月”注册商标的侵权产品，遂授权律师在《新华日报》上多次公开发布声明：“所有仿冒CM1产品型号及冒用国营常熟开关厂之“蓝箭”“日月”注册商标及厂名的行为，均属侵权行为，必须立即停止侵害，对侵权者，国营常熟开关厂将追究其法律责任”。其后，又因发生甘肃天水长城电器集团有限公司、天正集团宁夏分公司、上海华通电器厂等单位擅自在塑料外壳式断路器产品上使用CM1型号的情况，开关公司依法进行了交涉，或提起诉讼。相关厂商最终均承诺停止了使用CM1产品型号。其中，对浙江华通电气股份有限公司、乐清三德电器厂自成都机床电器研究所申请取得CM1系列塑料外壳断路器产品型号使用证”事件，开关公司通过异议程序，成都机床电器研究所于2001年5月16日发出“关于我所发放的‘CM1’产品型号使用证作废收回的函”，通知浙江华通电气股份有限公司、乐清三德电器厂作废收回发给其的CM1系列塑料断路器产品型号使用证，并明确CM1系列塑壳式断路器为全国重点保护名优产品，非研制开发单位不得使用该型号和冒名生产”。其间，《中国经济导报》《中国质量报》《中国企业报》等媒体对开关公司维护其CM1塑料外壳式断路器产品专有型号的事项进行了报道，陈述了CM1为开关公司企业产品专有名称的观点。

长江开关厂系自然人王从根于2003年1月在江苏省常熟市个人投资设立的个人独资企业，经营范围为交流接触器、空气开关、按钮、刀开关、成套开关制造、加工。该厂在常熟市无生产基地，产品生产实际由设立在浙江省乐清市的一分厂进行。长江开关厂依原机械工业部《机电产品型号管理办法》向中国电器工业协会申请获得塑料外壳式断路器产品型号为CCKM1，其中，C代表常熟，C代表长江，K代表长江开关厂，M代表塑料外壳式断路器，1为设计序号。但在进行产品质量认证时，长江开关厂却以CMI为产品型号向中国质量认证中心申请并取得塑料外壳式断路器产品的中国国家强制产品认证证书。在塑料外壳式断路器生产、销售过程中，在其网络宣传资料宣传其主要产品为CMI系列断路器的同时，冒用开关公司相关证书，宣传其CMI系列塑料断路器“通过核工业条件（IE）级试验和船舶条件的试验，成为国产产品中唯一能用于核工业基地的产品”。在对其CMI型号所作注释中，则解释C为常熟开关厂，M为塑料外壳式断路器，I为设计代号。长江开关厂在其塑料外壳式断路器“常熟开关价目表”、使用说明书等资料中，分别标注型号为CCKM1（CM1）或CMI。开关生产、销售的系列塑料外壳式断路器产品，外包装设计采用了与开关公司相似的白底绿字主设计色彩，包装盒左、右上角分别印有醒目“日月”商标或“日月”注册商标及“CMI”型号，中部为“塑料外壳式断路器”品名，右下角则印有“常熟开关厂”企业名称。塑料外壳式断路器塑壳上贴有相似与开关公司的蓝底白字标签，内容分别为“日月”商标或“日月”注册商标、“CMI”系列产品型号、各项技术参数、生产日期及“常熟开关厂”企业名称。

2004年5月间，开关公司发现常熟市招商北路127号正泰公司在代理销售长江开关厂产“CMI”系列塑料外壳式断路器，认为侵害其合法权益，遂购得4台，并同时申请常熟市公证处对该采购过程予以公证。常熟市公证处先后出具（2004）熟证经内字第239号、（2004）熟证经内字第460号、（2004）熟证经内字第463号3份公证书，对正泰公司销售长江开关厂CMI系列塑料外壳式断路器行为及长江开关厂www. cskg. cn网站内容予以公证保全。开关公司其后对长江开关厂、一分厂、正泰公司、王从根提起不正当竞争侵权诉讼。

另查明，1996年7月1日实施的原机械工业部（现国家经贸委下属国家机械工业局）机械科（1996）415号《机电产品型号管理办法》第二条规定：“机电产品型号是识别和选择机电产品品种与规格的基本标识……”第四条规定：“机电产品型号注册一般应以规定产品型号编制方法的国家标准或行业标准作为依据。必要时，产品型号内可增加区别不同制造企业的标识。”第六条规定：“机械工业各专业标准化技术委员会或专业技术归口研究所承担归口专业产品型号的注册管理业务……”第十六条规定：“各专业使用的产品型号申请表和注册证书的具体格式及产品型号注册工作实施细节，由相应专业的注册管理机构按照本办法的规定，并结合专业特点拟定并报送原机械工业部标准化管理机构备案。”经查，中国电器工业协会是国家经贸委委托中国机械工业联合会代行管理权行业协会，通用低压电器分会是其专业分会之一，常设办事机构设于上海电器科学研究所，该所原承担低压电器行业的技术归口工作。2003年8月8日前，由上海电器科学研究所负责低压电器产品型号的注册管理业务。该所依据原机械工业部机械科（1996）415号文、（97）机科标便第33号文，制定《低压电器产品型号注册管理办法》及两个附件，其第三条规定：“低压电器产品型号是识别和选择低压电器产品品种与规格的基本标识。”第十一条规定：“经产品生产企业申请并经审核后颁发了产品型号证书以后，该型号即为申请企业拥有的该产品标识，其他企业不准擅自使用该型号，否则作为侵权行为而对责任人加以追究。”第十五条规定：“获得产品型号注册的企业应按照产品型号注册证书确定的产品型号制作产品标牌、图样和技术文件。”2003年8月8日后，低压电器产品型号的登记管理工作，由中国电器工业协会负责，具体由其通用低压电器分会受理。新的《低压电器产品型号管理办法》规定：“型号登记以有关标准为依据，型号的命名具有一定规则，企业自主开发的产品型号确保其唯一性。企业产品型号登记后，其他单位一律不得使用。预发或已发产品型号在质检部门，中国电器工业协会和通用低压电器分会相关网站、杂志、会刊上予以公示。”2002年，就低压电器行业中时有发生冒用他人产品型号恶意扰乱市场行为，上海电器科学院研究所向国家质量监督检验检疫总局提出“关于低压电器型号有关问题的情况反映”，就低压电器产品型号保护的问题向国家质量监督检验检疫总局进行请示，该报告以常熟开关厂的CM1低压电器产品型号作范例，提出对低压电器产品型号予以重点保护。国家质量监督检验检疫总局在复函中答复：“低压电器产品型号必须按《中华人民共和国质量法》第二十七条的要求标注。假冒或者滥用产品型号，属于法律禁止的违法行为。”

再查明，国内低压电器重点企业中，开关公司在低压电器产品上重点型号为

"CM"，上海人民电器厂在低压电器产品上重点型号为"RM"，德力西集团在低压电器产品上重点型号为"CD"，天津百利低压电器有限公司在低压电器产品上重点型号为"TM"，杭州之江开关股份有限公司低压电器产品上重点型号为"HS"。在产品外包装及产品塑壳标贴上，各主要企业设计风格迥异，区别特征强。其中，上海人民电器厂"RM"系列塑料外壳式断路器外包装为白底、蓝字，中下部饰以红色宽边条并加注企业名称，其产品塑壳标贴则为黑底白字。天津百利低压电器有限公司"TM"系列塑料外壳式断路器外包装为纸箱本色（米黄色）、左侧饰上下贯穿红、黑两装饰条并黑字，其产品塑壳标贴则为白底黑字加以红色商标。杭州之江开关股份有限公司"HS"塑料外壳式断路器外包装为左红右白底色，白底面印灰字并加以蓝色商标、产品型号，产品塑壳标贴则为横向一蓝底白字狭条，及一透明白字狭条，狭条上分别标注商标、型号、商号及各项技术参数。

还查明，在天津市第二中人民法院（2004）二中民三初字第1号、浙江省杭州市中级人民法院（2004）杭民三初字第197号民事判决书中，均认为低压电器产品型号具有识别性特征，并分别认定"TM30"为天津百利低压电器有限公司知名商品特有名称，"HS"为杭州之江开关股份有限公司知名商品特有名称。擅自使用他人低压电器专用产品型号，违反诚实信用、公平竞争市场竞争原则，构成侵权。

一审判决及理由

知名商品是指在市场上具有一定知名度，为相关公众所知悉的商品。开关公司为国家重点高新科技企业，其CM1系列塑料外壳式断路器自1995年投放市场，先后被各部委局认定为"国家级新产品""国家重点新产品""中国名牌产品""江苏省优秀专利产品""江苏省高新技术产品"，被列入"国家级火炬计划项目""国家质量技术监督局重点保护名优产品"名单。该产品销量、产值、市场占有率、技术含量多年来在全国同类产品中均名列前茅，具有极高的商业声誉。根据上述事实，足以认定开关公司生产、销售的CM1系列低压电器产品属在市场上具有一定知名度，为相关公众所知悉的知名商品。

知名商品特有名称，是指知名商品所特有的与通用名称相区别且具有显著识别性的商品名称。本案所涉塑料外壳式断路器属低压电器产品，属我国《产品质量法》《标准化法》及相关法规、部门规章规定的可能危及人体健康和人身财产安全、应进行强制性认证的工业产品。根据低压电器产品型号注册管理规范，先后实行国家经贸委（原机械工业部）委托中国电器工业协会代管及行业协会根据国务院行政主管部门规定实行行业自律管理，管理机构自始依一定的编制命名规则对低压电器产品型号进行的授权颁证以确保企业自创产品型号在注册范围内的唯一性，并进行了相应公示，从而使低压电器产品型号产生识别性特征，用以区别不同生产商，同时，又禁止冒用企业专有产品型号，以保护具有专有型号的产品和企业。从产品使用消费角度来看，低压电器产品的消费也有别于其他行业的普通消费者，往往是对低压电器产品具有一定知识，对低压电器行业有一定了解的人员，对产品的判断经常凭借于对产品型号的熟悉度。因此，根据低压电器产品的相关管理规范，综合低压电器产品的历史发展、现状，以及低压电器产品的消费习惯等诸多因素总体情况判断，可以认定产品型号是识别和选择低压电器（塑料外壳式断路器）产品品种与规格的基本标识。

本案中，开关公司自1995年向低压电器行业型号注册管理部门申请注册CM1为其低压电器产品专有型号后，长期以来在其产品宣传、包装、标贴等生产销售环节均突出标注其CM1产品型号，并强势宣传CM1系列为其专有自发研制低压电器产品。多年间，对他人仿冒CM1型号及非法使用CM1型号而侵害其对CM1塑料外壳式断路器产品识别型号专有性的行为进行侵权维权，同时通过公众媒体一再宣传其CM1产品型号的专有性，CM1经开关公司的长期、反复使用，在行业内及相关消费者心中已实际与开关公司的特定产品相紧密关系，具有了在型号以外的更深一步的标识特定商品的意义，能够成为区分开关公司（常熟开关厂）与其他低压电器公司塑料外壳式断路器产品的重要商业标识，具有了显著性区别特征。开关公司为维护其CM1产品型号专有性的相关事项为《新华日报》《中国经济导报》《中国质量报》《中国企业报》等国家级媒体所报道，表明了CM1为开关公司企业产品专有名称的观点。综合上述情节，可认定CM1为开关公司特有的产品标识或产品名称，依法受法律保护。

长江开关厂作为同业低压电器生产企业，对该行业内相关品牌及型号标识管理规范及市场状况应为熟知，也依行业管理规范申请取得CCKM1系列塑料外壳式断路器产品型号。但长江开关厂在其实际生产经营过程中，却擅自改换其注册CCKM1产品型号为CMI，向中国质量认证中心申请并取得塑料外壳式断路器产品认证证书。在其产品及广告宣传中，则大量地以CCKM1（CM1）或是CMI作为产品型号标志突出加以使用，其所使用CMI中"I"在使用字型上及文字意义上均等似于"1"。同时，在其企业广告宣传中冒用开关公司CM1系列塑料外壳式断路器高科技认证项目内容，并在其产品包装装潢上亦采用了与开关公司相似风格的白底绿字外包装及蓝底白字内标贴。长江开关厂的上述一系列行为，既违反低压电器产品行业管理规范中"获得产品型号注册的企业应按照产品型号注册证书确定的产品型号制作产品标牌、图样和技术文件"的规则，其对CMI型号的突出使用及相关联产品宣传、包装等行为，更清楚地表明了其刻意地模仿开关公司产品标识并意图造成混淆的主观意图，在客观上亦会造成混淆。长江开关厂在明知低压电器产品领域内CM1为开关公司专有塑料外壳式断路器专有型号情况下，未经开关公司许可而擅自使用开关公司特有塑料外壳式断路器CM1型号及突出使用与CM1字形相似的"CMI"型号的行为，依法当认定为"搭便车"行为，其行为有悖诚实信用、公平竞争的市场交易原则，客观上损害了开关公司的合法权益，构成了对开关公司知名商品特有名称的不正当竞争行为，依法应承担停止停权，消除影响，赔偿权益人损失的民事侵权法律责任。长江开关厂、一分厂、正泰公司在本案诉讼中以其擅自以CMI为产品型号而申请取得的中国国家强制性产品认证证书为由，主张其有权使用CMI型号，是混淆产品型号使用规范与产品质量认证两种不同的法律关系，长江开关厂以

CMI 为产品型号申报强制性产品质量认证无合法依据，其相关抗辩理由，不予支持。

关于本案侵权责任的承担，因长江开关厂系王从根投资设立的个人独资企业，一分厂系长江开关厂的分支机构，长江开关厂、一分厂、王从根应共同承担侵权责任。正泰公司系销售商，诉讼中未有效举证证明其销售涉及侵权的塑料外壳式断路器产品具有合法来源，依法不能免除其侵权责任。但考虑到正泰公司仅为侵权产品的销售商，其涉案侵权责任不应与生产商等同，故可判定正泰公司应就其侵权情节独立承担侵权责任。

关于侵权赔偿额，开关公司请求判令长江开关厂、一分厂、正泰公司、王从根赔偿经济损失 100 万元，但未提供有效证据证明其在被侵权期间因侵权所受具体损失或侵权人在侵权期间因侵权所获得的具体利益，侵权人获益及被侵权人损失难以计算，故根据双方各自生产销售规模、时间及侵权区域范围等因素依法酌定。

同时，考虑到赔礼道歉的民事责任承担方式主要适用于侵害公民姓名、肖像、名誉、隐私等方面的人格及法人名誉、名称权的侵权行为，而本案系不正当竞争纠纷，不涉及商誉，故赔礼道歉的侵权责任方式不再适用。

综上，一审法院依照《民事诉讼法》第六十四条、《反不正当竞争法》第二条、第五条第（二）项、第二十条之规定，判决：

一、长江开关厂、一分厂、王从根立即停止擅自在塑料外壳式断路器上使用 CM1 型号及与 CM1 字形相似的 CMI 型号的不正当竞争行为，正泰公司立即停止销售长江开关厂生产的上述塑料外壳式断路器产品。

二、长江开关厂、一分厂、王从根共同赔偿开关公司经济损失人民币 5 万元，正泰公司赔偿开关公司经济损失人民币 1 万元，于判决生效后 10 日内履行。

三、驳回开关公司其他诉讼请求。

一审案件受理费 15 010 元、财产保全费 5 520 元，合计 20 530 元，由开关公司负担4 503元，由长江开关厂、一分厂、王从根负担 13 357 元，由正泰公司负担2 670元。

上诉理由

一分厂上诉称：

1. 一审法院对本案争议范围认定错误。理由是：被上诉人一审请求为“判令第一至第四被告立即停止擅自使用原告 CM1 系列塑料外壳式断路器知名商品特有名称及与此类似的 CMI 名称的不正当竞争行为”。根据《民事诉讼法》的规定，本案的争议范围应仅限于知名商品特有名称，而不包含包装、装潢的问题。一审法院应根据当事人的请求，仅就争议范围作出裁判。一审法院审理本案时的思路，一直受到双方讼争产品包装、装潢的影响，甚至还在判决书中将双方产品的包装、装潢情况作为附件。

2. 一审判决认定事实有误。理由是：（1）一审法院认定被上诉人的 CMl 塑料外壳式断路器为知名商品，属认定事实错误。理由是：被上诉人没有证据证明 CMl 塑料外壳式断路器为知名商品。被上诉人在一审中提供的有关证据绝大部分是其公司本身的一些获奖情况、市场占有率、媒体报道等。但被上诉人作为一家大型企业，其产品十分庞杂，单位获奖与争议产品是否构成知名商品并无必然联系。（2）被上诉人提供的有关调查问卷是其自行联系、填写，相关机构与单位显然与被上诉人存在利害关系，缺乏公信力。（3）上诉人提供的相反证据，一审法院未能足够重视，虽认定其真实，但并未在判决时予以引用。

3. 一审判决适用法律错误。CMI 与 CMl 均属于产品型号（严格讲应当是产品型号的一个组成部分），而非产品名称。上诉人与被上诉人的产品名称系通用名称，即塑料外壳式断路器。作为一种生活常识，产品名称与产品型号各有其功能、用途，显然不能等同。上诉人使用 CMI 产品型号获得中国质量认证中心认证，具有合法授权，不构成不正当竞争。理由如下：

（1）上诉人认为《反不正当竞争法》采取的是法定主义原则。任何个人、机关均不能超越《反不正当竞争法》的规定，增设新的不正当竞争行为或对法律作扩大解释。《反不正当竞争法》第五条前三项对商品标志采取了列举性规定，即只有假冒、仿冒注册商标，商品的名称、包装、装潢以及他人的企业名称或姓名的，才予以禁止，而对此外的假冒、仿冒其他标志的行为未予规范。这种规定实质上又是在商品标志的种类上采取了法定主义，即明文限定了受保护的商品标识的范围。只有这些商品标识才受《反不正当竞争法》保护，而对于假冒、仿冒这些商品标识以外的类似的标识，应适用其他法律、法规予以调整。也就是说，《反不正当竞争法》只保护知名商品特有的名称、包装、装潢，而不延及对单纯产品型号的保护。

（2）产品型号，特别是讼争塑料外壳式断路器的产品型号，因涉及人民群众人身、财产安全，是由相关行政机关统一授予的，具有强制性，体现的是行政管理、质量监督的职能。单纯的产品型号之争，并非《反不正当竞争法》的调整范围，而应通过行政途径解决相关争议。

（3）即使 CMI 属于产品的名称，根据《反不正当竞争法》第五条第（二）项的规定，适用此条款还应符合“使购买者误认为是该知名商品”的条件。而被上诉人在一审过程中，没有提供过任何证据证明其产品与上诉人的产品在相关公众中引起过混淆。事实上，上诉人的产品与被上诉人的产品从未也不可能引起市场混淆。这是因为：第一，购买塑料外壳式断路器的主要是专业建筑、装潢公司；第二，上诉人与被上诉人同样产品相比，价格差距悬殊（被上诉人产品售价比上诉人的同类产品贵二至三倍）；第三，双方所用厂名、商标均不相同。

因此，请求：1. 撤销一审判决第一、第二项；2. 依法改判驳回被上诉人的全部诉讼请求；3. 判令被上诉人承担本案一、二审全部诉讼费用。

开关公司二审辩称：

1. 开关公司的 CM1 系列塑料外壳式断路器产品系知名商品。

（1）开关公司系国家重点高新科技企业，其 CM1 塑料外壳式断路器自 1995 年投放市场，先后被国家各部委局认定为“国家级新产品”“国家重点新产品”“中国名牌产品”“江苏省高新技术产品”，被列入“国家级火炬计划项目”及“国家质量监督局重点保护产品”名单。该产品销量、产值、市场占有率及技术含量多年来在全国同类产品中均名列前茅，具有极高的商业声誉。

（2）部分同行企业及浙江省乐清一带一些不法制造商纷纷冒用答辩人的型号名称，答辩人进行了维权，相关维权行动被国内各大媒体报刊报道。而其他不法厂商的仿冒行为，也从反面证明了CM1产品的知名性。

2. CM1型号名称系开关公司的塑料外壳式断路器产品所特有的型号名称，是区别于其他厂商同类产品的特有标识。

（1）自1995年起，根据相关法律法规及部门规章的规定，开关公司向低压电器行业型号注册管理部门申请注册CM1为专有型号后，长期以来一直在产品的宣传、包装、标贴等生产销售环节均突出标注CM1型号，并强势宣传CM1系列产品为其专有自发研制低压电器产品。

（2）多年来，开关公司对他人仿冒CM1及非法使用CM1型号而侵害其对CM1塑料外壳式断路器产品识别型号专有性的行为进行了不懈的维权行动，同时通过公众媒体一再宣传CM1产品型号的专有性。

（3）CM1经过多年反复使用，在行业内及相关消费者心中已实际与开关公司的特定产品紧密联系，具有了在型号以外的更深一步的标识特定商品的意义，已成为区分开关公司与其他低压电器公司同类产品的重要商业标识，具有了显著性区别特征。

3. 上诉人具有明显的侵权故意。

（1）一分厂作为低压电器的同行企业，对行业内相关品牌及型号标识管理规范及市场情况应当熟知，而且也依行业规范申请取得了CCKM1系列塑料外壳式断路器产品型号，但在实际生产经营时，舍去注册的CCKM1不用，而用CCKM1（CM1）或CMI作为产品型号标志突出加于使用，其所使用的CMI中的“I”在使用字型及文字意义上均等似于“1”，同时，在其企业产品宣传中冒用开关公司CM1系列塑料外壳式断路器系科技认证项目内容，并在其产品包装装潢上亦采用了与开关公司相似风格的白底绿字外包装及蓝底白字内标贴。在网络宣传中，还冒用开关公司相关证书，宣传其CMI塑料外壳式断路器“通过核工业条件（1E）级试验和船舶条件的试验，成为国内产品中唯一能用于核工业基地的产品”。

（2）长江开关厂在常熟进行工商注册，但其在常熟并无生产基地，产品生产实际由设立在浙江省乐清市的一分厂进行，而在产品销售宣传中又以散发“常熟开关价目表”等形式宣传其CMI产品及价格，其曲线注册企业及使用CM1型号的行为目的，就是为了引起消费者的混淆。由此可见，一分厂的行为，清楚地表明了其刻意地模仿开关公司产品标识并意图造成混淆的主观意图，在客观上亦会造成混淆。其行为显属“搭便车”行为，有悖于诚实信用、公平竞争的市场交易原则。

综上所述，一分厂的行为已构成了对开关公司知名商品特有名称的不正当竞争行为，依法应承担停止侵权，消除影响，赔偿开关公司损失的法律责任。因此，一审判决认定事实清楚，适用法律正确，一分厂的上诉理由不能成立，请求二审法院依法驳回上诉，维持原判。

正泰公司二审开庭前提交了以下书面意见，但表示因该纠纷与其并无重大关联，不委托代理人参加二审庭审：

1. 在此纠纷中，正泰公司最多应承担一个停止销售的责任。一审法院判决正泰公司赔偿人民币1万元，并无法律、事实依据。正泰公司进、销货物均有严格的内部制度把关，在经销一分厂生产的CMl型号相关产品时，对产品的相关质量、包装等均进行了审核。至于其是否侵犯他人“知名商品特有名称”显然是正泰公司无法预见、无法判断的。而且，在开关公司起诉要求停止销售后，正泰公司也立即停止了销售相关产品。

2. 常熟开关厂、一分厂也不存在侵权问题。理由是：

（1）开关公司所称的“CMl”并非产品名称，仅是塑料外壳式断路器中某一产品型号中的一部分。《反不正当竞争法》只保护“知名产品的特有名称、包装、装潢”，不保护如“CMl”之类的产品型号。《反不正当竞争法》第五条前三项对商品标志采取了列举性规定，即只有假冒、仿冒注册商标、商品的名称、包装、装潢以及他人的企业名称或姓名的，才予以禁止，而对此外的假冒、仿冒其他标志的行为未予规范。而对于假冒、仿冒这些商品标识以外的类似的标示，即使产生市场混淆的结果，也不能认定为不正当竞争行为并予以禁。

（2）长江开关厂、一分厂生产的产品与开关公司产品的商标不同、生产厂家不同、包装、装潢不同、型号也不相同。同样产品间价格差距明显，事实上两家产品从未、也不可能引起市场棍淆。

二审查明事实

双方当事人对一审认定的事实均无异议。因此，二审法院对一审认定的事实予以确认。

二审判决及理由

二审争议焦点：1. 开关公司的CMl系列产品是否知名商品；2. “CMl”是产品名称还是产品型号；3. 如果CM1是开关公司知名商品特有名称，一分厂使用“CMI”是否构成侵权并应承担赔偿责任；4. 一审判决是否超出一审原告的诉讼请求范围。

一、开关公司的CM1系列产品属于知名商品

认定知名商品一般应考虑以下因素：（1）在一定地域或相关市场上，相关公众对该商品的知晓程度；（2）该商品在相关市场上所占有的份额比例；（3）该商品的声誉；（4）该商品广告宣传的持续时间、程度和地理范围。

在本案中，开关公司生产的CM1系列塑料外壳式断路器具备了知名商品的诸多要素。首先，CM1系列塑料外壳式断路器自1995年投放市场，先后获得多项省级和国家级荣誉；其次，开关公司是国内最主要塑料外壳式断路器产品生产商，其生产的CM1

系列塑料外壳式断路器产品市场占有率2004年达27%，国内同档产品市场份额名列前茅。最后，中国电器工业协会低压电器分会在2005年4月对105家设计院所及50家分会内行业企业的问卷调查显示，目前国内最具影响力（产量、质量、性能、市场）的塑料外壳式断路器国内制造厂商及产品型号统计排序中，常熟开关公司CM1系列排名第一。据此，可以认定开关公司的CM1系列塑料外壳式断路器在全国范围内具有良好的声誉，在行业内具有较大影响，在相关用户中亦有较高知名度。

由于中国电器工业协会低压电器分会的调查是经一审法院的批准而进行的，且相关单位与机构也只与中国电器工业协会低压电器分会联系，因此，一分厂二审中提出的关于开关公司提供的有关调查问卷是其自行联系、填写，相关机构与单位与开关公司存在利害关系，因而缺乏公信力的主张不能成立的主张，不能成立。一审法院根据上述事实认定开关公司生产的CM1系列塑料外壳式断路器为知名商品并无不当。

一分厂关于开关公司的CM1系列产品不属于知名商品的上诉理由不能成立。

二、CM1构成开关公司知名商品的特有名称

认定知名商品特有的名称，一般应考虑以下因素：（1）不为相关商品所通用；（2）具有显著的区别性特征；（3）通过使用使消费者将该商品与其他经营者的同类商品相区别。

在本案中，CM1虽然是开关公司的产品型号，但其同时符合知名商品特有名称的特征，在实际使用中起到了知名商品特有名称的作用。因为：

第一，CM1系列是开关公司经中国电器工业协会及其通用低压电器分会审核注册的专用产品型号，具有唯一性，其他企业一律不得使用。这表明其不为相关商品所通用，具有显著的区别性特征。

第二，CM1系列产品是国家重点保护的低压电器产品型号，其中，C表示开关公司；M表示塑料外壳式断路器；1表示设计序号。这表明CM1产品型号同开关公司有着天然的联系，是消费者区别同类产品的生产厂家的标志。

第三，开关公司经一审法院批准委托中国电器工业协会低压电器分会在2005年4月对105家设计院所及50家分会内行业企业的问卷调查显示，开关公司及其CM1塑料外壳式断路器在行业内具有较高影响，在相关用户中亦有较高知名度，其CM1产品专有型号已为相关用户所熟知，并已成为与其他厂商的同类产品相区分的特有标识。因此，一审法院认定CM1构成开关公司知名商品的特有名称是正确的。一分厂关于CM1是开关公司的产品型号而不构成其产品的特有名称的主张不能成立。

三、一分厂在其产品及包装上使用“CMI”构成侵权，依法应当承担赔偿责任

第一，一分厂在申请产品质量体系认证、广告宣传及产品的包装上不使用自己的产品注册专用型号CCKM1，而使用与开关公司的专用产品型号CM1相似的CMI，表明其主观上有冒用开关公司专用产品型号的故意。因为：作为低压电器行业的生产厂家，一分厂应当知道CM1是开关公司的专用型号，其申请产品的质量认证，应当使用本企业合法注册的产品型号CCKM1，而非其自行编制的与CM1相似的CMI。一分厂以其使用

的 CMI 产品型号获中国质量认证中心的认证，具有合法授权的抗辩理由不能成立，因为中国质量认证中心并不负责产品型号的注册。

第二，一分厂在申请产品质量体系认证、广告宣传及产品的包装上使用与开关公司的专用产品型号 CM1 相似的 CMI 的行为，可能导致消费者的混淆。因为 CMI 与 CM1 极为相似，而一分厂的开办单位常熟市长江开关厂与开关公司的前身是常熟开关厂在厂址、厂名上也有相同和相似之处。作为涉案产品的消费者的建筑、装潢公司，并非涉案产品领域的专业公司，很难将一分厂和开关公司的产品区分开来。因此，一分厂在其产品及包装上使用“CMI”构成侵权。

第三，在开关公司对其所遭受的损失不能提供确凿的证据的情况下，一审法院酌情判决一分厂赔偿开关公司 5 万元的损失，并无不当。

四、一审判决没有超出开关公司的诉讼请求范围

第一，一审判决虽然提到，一分厂的产品、外包装的设计采用了与开关公司相似的设计，但重点强调的是一分厂在其产品、外包装上使用了 CMI 型号。这与开关公司请求一审判令一分厂立即停止擅自使用开关公司 CM1 系列塑料外壳式断路器知名商品特有名称及与此类似的 CMI 名称的不正当竞争行为的诉讼请求是一致的。

第二，一审判决主文部分没有判决一分厂停止使用有关的产品的包装、装潢。因此，一分厂关于一审判决超出开关公司诉讼请求范围的主张不能成立。

由于正泰公司没有提起上诉，因此，其在向二审法院提交的书面意见中提出的正泰公司不应承担赔偿责任以及长江开关厂、一分厂不存在侵权的问题，不属于本案二审审理的范围，二审法院不予理涉。

综上，一分厂的上诉理由均不能成立。一审判决认定事实清楚，适用法律正确，应予维持。依照《民事诉讼法》第一百五十三条第一款第（一）项的规定，判决如下：

驳回上诉，维持原判决。

二审案件受理费 15 010 元，由一分厂负担。

后 记

《务实知识产权判例精选》系列丛书历经近两年的策划、收集、整理、修改，终于正式出版。务实中心在本套丛书的收集、整理编辑、出版过程中，力求从便于读者使用的角度出发，为其分析、研究、利用浩如烟海的知识产权裁判文书提供全方位的立体化信息服务。在此谨对参与此丛书编写的刘晓军法官、岑宏宇法官、陈勇法官表示由衷的感谢。

同时，要特别感谢知识产权出版社的李琳编辑、卢海鹰编辑，没有她们对众多案例的辛勤编辑、审读工作，本丛书是难以面世的。另外，还要感谢曾经和正在北京务实知识产权发展中心工作的全体同仁，中心的每一步发展都承蒙他们付出的辛勤工作。

由于种种因素，书中一定有不少谬误与不妥之处，欢迎知识产权界同行及广大读者来信（infor@ bipi. org）雅正。

北京务实知识产权发展中心

(www. bipi. org)

2010 年 6 月